U0593754

XINSHIDAI
ZHONGGUO TESE SHEHUIZHUYI
JINGJI LUNCONG
新时代中国特色社会主义经济论丛

新时代中国特色社会主义税收理论探索 2022

厦门大学《新时代中国特色社会主义税收理论探索》编写组/著

厦门大学出版社
XIAMEN UNIVERSITY PRESS
国家一级出版社
全国百佳图书出版单位

图书在版编目(CIP)数据

新时代中国特色社会主义税收理论探索. 2022 / 厦门大学《新时代中国特色社会主义税收理论探索》编写组著. -- 厦门 : 厦门大学出版社, 2023.12

(新时代中国特色社会主义经济论丛)

ISBN 978-7-5615-9155-0

Ⅰ. ①新… Ⅱ. ①厦… Ⅲ. ①税收理论-理论研究-中国 Ⅳ. ①F812.42

中国版本图书馆CIP数据核字(2023)第207487号

责任编辑 江珏玙

美术编辑 李夏凌

技术编辑 朱 楷

出版发行 厦门大学出版社

社 址 厦门市软件园二期望海路39号

邮政编码 361008

总 机 0592-2181111 0592-2181406(传真)

营销中心 0592-2184458 0592-2181365

网 址 http://www.xmupress.com

邮 箱 xmup@xmupress.com

印 刷 厦门集大印刷有限公司

开本 787 mm×1 092 mm 1/16

印张 27.5

插页 1

字数 576 千字

版次 2023 年 12 月第 1 版

印次 2023 年 12 月第 1 次印刷

定价 89.00 元

本书如有印装质量问题请直接寄承印厂调换

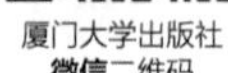

厦门大学出版社
微信二维码

厦门大学出版社
微博二维码

厦门大学
《新时代中国特色社会主义税收理论探索》
编委会

（以姓氏笔画为序）

邓力平　纪益成　杨　斌　张铭洪

张　馨　陈　工　童锦治　雷根强

厦门大学
《新时代中国特色社会主义税收理论探索》
编写组

（以姓氏笔画为序）

王　晔　邓力平　邓　明　冯俊诚

刘　晔　杨　斌　林细细　梁若冰

覃志刚　童锦治　谢贞发　雷根强

蔡伟贤　熊　巍　魏志华

前　言

党的十九大以来，在以习近平同志为核心的党中央带领下，我国税制改革实现了体制、职能和原则上的重大突破，充分发挥了税收在国家治理中的基础性、支柱性和保障性作用。在此基础上，党的二十大报告进一步指出，“健全现代预算制度，优化税制结构，完善财政转移支付体系”，对新时代下税制改革提出了新的要求。可见，实践没有止境，理论创新也没有止境。需要继续推进实践基础上的理论创新，不断提出真正解决问题的新理念、新思路和新办法。因此，本书通过汇集2019—2021年厦门大学财政学科各位师生在中国特色社会主义税收理论上的探索和思考，提出了对新时代税收理论创新的诸多可能性。

厦门大学财政学科源于1928年的“银行学系”，1951年设立了厦门大学财政金融系。1981年开始招收财政学硕士研究生，1984年开始招收财政学博士研究生。1985年成立了厦门大学财政科学研究所。1987年获评全国首批唯一的财政学国家重点学科点，在2001年与2007年的评审中，再度获评国家级重点学科。财政系科学研究水平高、成果丰硕。经过几十年的积累，在财政基础理论、税收理论与政策、公共投资、公共经济与管理等方面已形成了自己的研究特色和优势，具有深厚的学术底蕴和扎实的理论基础。现已成为我国研究财政理论与政策、培养财政经济人才的最重要的基地之一，也是我国高等学校财政学专业重要的具有骨干和示范作用的教学、科研基地。

本书将2019—2021年厦门大学财政系教师关于中国特色社会主义税收理论的部分研究成果大致分为税收治理篇、税收政策篇和税收征管篇三个专题，内容覆盖税制创新、治税思想、政策效应、政企关系和央地关系等共22章内容。各章的主要作者包括：邓力平（负责第一章、第二章和第六章）、杨斌（负责第三章）、王晔（负责第四章）、谢贞发（负责第五章、第二十一章和第二十二章）、邓明（负责第七章、第十三章和第二十章）、童锦治（负责第八章）、雷根强（负责第九章和第十九章）、覃志刚（负责第十章）、魏志华（负责第十一章和第十七章）、熊巍（负责第十二章）、刘晔（负责第十四章）、梁若冰（负责第十五章和第十八章）、蔡伟贤（负责第十六章）、林细细（负责第十八章）等。受能力所限，本书很多观点可能还不成熟，还有很多值得完善的地方，欢迎读者批评指正。

本书的研究和出版工作获得厦门大学经济学院和王亚南经济研究院、福建省特色新型智库——社会经济政策量化评估中心、福建省高校人文社科重点研究基地——厦门大学公共经济研究中心、福建省财政厅绩效处的资助，在此一并致谢。

CONTENTS 目录

第一部分 税收治理篇

第二部分 税收政策篇

第三部分　税收征管篇

第一部分
税收治理篇

第一章　中国特色“人民税收”理念新论*

邓力平**

2019年6月，笔者在《东南学术》上发表了《新时代中国特色社会主义市场经济下的税收定位》一文，首次提出“人民税收”（即税收的人民性）这一中国特色社会主义税收理念。而后笔者在多个场合重申了“人民税收”理念，对中华人民共和国成立70年、改革开放40年，特别是新时代我国税收发展的人民性做了初步论述。2019年底，党的十九届四中全会提出“坚持和完善中国特色社会主义制度、推进国家治理体系和治理能力现代化”的明确要求，这是加快中国特色社会主义税收制度发展、推进税收治理现代化的指导思想，也是推进中国特色税收理论体系形成的指导思想。学习领悟这些要求，笔者更坚定地认为，“人民当家作主”制度体系对应的就是要坚持“人民税收”的本质属性，就是税收发展要与制度安排相适应，就是要回答新时代坚持和完善“人民税收”表现形式的重大问题。基于此，笔者将这段时间对“人民税收”理念的研究体会做更全面的梳理，分四个部分加以阐述。

第一节　把握“人民税收”理念必须明确回答的四个基本问题

纵观“人民税收”理念提出后近一年的研究发展，笔者认为，把握这一理念必须准确回答四个方面基本问题。

（一）坚持“人民性”是中华人民共和国财政和税收的共同本质属性这一基本判定

古今中外，任何国家都有财政和对应的税收，就其与国家联系而言，都是国家财政和国家税收，这是共性。但各国国家性质、制度安排、国体政体的差异，决定了特定国家的财政和税收有其独特的、更为深沉的本质属性。中华人民共和国是人民当家作主的社会主义国家，对应的国家财政和税收从来都是社会主义国家财政和税收，中华人民共和国的定位从来都要求我国财政和税收应该具有鲜明的“人民性”，“取之于民，用之于民”从来是财政税收一切活动必须坚持的本质属性，都是财政税收战线一以贯之坚持的标志性

* 本章写作时间为2020年，故本章论述以2020年为时间节点。

** 邓力平，教授，博士生导师，厦门大学经济学院，厦门国家会计学院。

口号。从这一判断出发,“人民财政”和“人民税收”应该是始终与共和国财政税收同在的本质属性和基本范畴。事实上,在计划经济年代,老一辈财政理论工作者就鲜明地提出“人民财政”概念,并将其作为社会主义财政的第一优越性和本质表现。这一概念始终是财政理论界的主流观点,并曾在公有制与计划经济结合中探寻人民财政的实现方式。改革开放后,我国在坚持公有制前提下实行了社会主义市场经济,在这种资源配置方式下,共和国财政税收和对应的财政税收人民性应该如何体现,是无先例可循的新课题。应该说,改革开放四十多年来我国财政和税收的发展,就是不断深化财政和税收人民性的实践进程。但也应看到,曾有一段时期,财政税收理论界在这方面的研究相对滞后,对在社会主义市场经济下坚持财政和税收的人民性研究不够,观念上、理论上都有些模糊。

正是基于这一认识和对研究现状的思考,笔者特别强调新时代对我国财政和税收人民性的研究。特别是 2019 年,笔者先后发表《人民财政:共和国财政的本质特征与时代内涵》和《资源配置方式变革中的人民税收》两篇文章,对财政和税收的人民性做了进一步阐述。总的观点是,从中华人民共和国成立开始,我国财政和税收就体现出“人民性”这一特质,就是“人民财政”和“人民税收”,就是“人民当家作主”的财政和税收,就是党领导下为中国人民谋幸福、为中华民族谋复兴的财政和税收。七十多年来,“财政和税收为人民”这一本质属性一以贯之。今天,我们在以习近平同志为核心的党中央领导下走进新时代,就应既重申财政和税收的人民性,更研究这一理论所具有的时代内涵。

笔者已在相关文章中从共性与个性、历史与现状、理论与实践、制度与机制等角度论证了人民性是共和国财政和税收共同的本质属性。而之所以在新时代再次强调财政和税收的人民性,原因有二:一是“取之于民、用之于民”始终是共和国财政和税收的本质特征,与根本制度相关,不因资源配置方式选择而改变;二是该理念在“以人民为中心”思想指引下必须寻求符合新时代要求的表现形式。这就是笔者对第一个基本问题的回答,也是对基本立场的重申。

(二)明确为何强调“人民财政”理念的同时还要单独研究“人民税收”理念

必须看到,在认同“人民财政”理念的同时,是不是还需要突出“人民税收”理念,这在财税理论界并没有达成共识。改革开放前,老一辈财税理论工作者使用过“人民财政”概念,这没有异议。但就税收而言,理论界长期使用的是“社会主义税收”的提法。究其原因,主要是“人民财政”理念源于“取之于民、用之于民”的基本定位,而这一定位反映的财政性质是一个整体。财政是包括以税收为主的收入和支出的“一收一支”,只有当“取之于民”的税收“用之于民”时,“人民财政”的本质属性与外在表现才得以体现,因此没有必要专门强调“人民税收”。这一理解有一定道理,但不够全面。

笔者认为,坚持“人民性”是我国财政税收共同特性,并在强调“人民财政”概念的同时还要单独研究“人民税收”理念,主要有两方面原因。

其一,强调“人民税收”是由中华人民共和国国家性质决定的。与共和国财政是“人民财政”相对应，共和国税收的本质属性当然是“人民税收”。没有人否认我国税收是“社会主义国家税收”，而“工人阶级领导的、以工农联盟为基础的、人民民主专政的社会主义国家”的税收当然就是“人民税收”，这和我们国家的公安局、法院、检察院等都是“人民公安局”、“人民法院”和“人民检察院”是一个道理。因此，“取之于民、用之于民”既是“人民财政”的本质属性，也是作为财政重要组成部分的“人民税收”的内在属性。

其二，“人民财政”（以及对应的“人民支出”）和“人民税收”既有共性，也有各自独特的表现形式和特定要求。一方面，我们不仅要通过寻求“用之于民”的各种做法来对应佐证“人民税收”的实现，还要通过“取之于民”过程中对特定对象的把握和特定方式的选择来更加确认“人民税收”的实现。另一方面，与“取之于民、用之于民”对应的两方面是和特定时期资源配置方式变革相联系的，这就是我们要专门研究“人民税收”的现实意义。

（三）理解“人民税收”理念的基本内涵与新时代对这一理念运用的要求

当我们坚持了“人民性”是我国财政税收的共同本质属性并认为有必要研究“人民税收”理念之独立存在，就必须对“人民税收”理念的基本内涵和时代特征有全面把握。近年来，在认真学习“以人民为中心的发展思想”过程中，理论界对共和国税收的本质属性和新时代中国特色社会主义治税思想的研究不断深入。在笔者逐步提出并论述“人民税收”理念后，理论界对此的研究正在持续深化。

中国税务学会汪康会长在 2019 年发表了《关于新时代税收治理问题的研究》一文。该文在学习党的十九届四中全会精神的基础上，将新时代我国治税思想分为税收的“人民性、法定性、发展性、科学性、共治性”五个方面，明确将“税收的人民性”列为新时代治税思想（或新时代税收治理观）之首，并分解为“为民收税、为民改革、为民服务”三个部分。研读这些提法，笔者颇有同感，因为其中很多观点与笔者所提的是一致或相似的，同时也感到将“人民税收”理念归为“为民收税、为民改革、为民服务”还不够全面，值得继续探讨。

2019 年 12 月在中国税务学会召开的《新编国家税收》海口审稿会议上，笔者欣慰地看到，中国税务学会编写组已经明确将“税收的人民性”作为新时代中国特色社会主义治税思想写入该教材送审稿，并置于引人注目、提纲挈领的重要地位。在审稿会上，学会领导传达了税务总局主要领导对“人民税收”（税收的人民性）提法的充分肯定，这一认同鼓舞了参会的理论工作者，引发了强烈共鸣。笔者也在审稿会上旗帜鲜明地表达了自己的一贯坚持和研究进展。看到新时代“人民税收”理念不断得到理论界支持，相关内涵讨论不断深化，笔者感到无比欣慰，这既是税收理论工作者的责任和担当，也是新时代对中国特色社会主义税收理论体系建设的期待。本章第二、第三部分将围绕这一基本问题的新认识展开。

（四）认识“人民税收”理念在中国特色社会主义税收理论体系中的重要地位

笔者长期和理论界同人一道，始终以“中国特色社会主义税收”作为研究对象，坚信我们走的是中国特色社会主义道路，对应的税收就是中国特色社会主义税收，构建的也必须是中国特色社会主义税收理论体系。新中国成立以来，我们长期围绕社会主义国家税收职能力图构建中国特色税收理论。改革开放后，我们围绕资源配置方式变革对税收的要求来探讨市场经济税收理论，结合初级阶段基本国情来研究中国特色税收理论的特殊性，也依据对外开放进程提出开放经济税收理论，还根据全面深化改革和全面推进依法治国新要求形成改革税收和法治税收理论。这些努力都从不同角度为中国特色税收理论体系构建做出了贡献。今天走在新时代，特别是学习党的十九届四中全会精神，笔者更加坚定对我国税收发展和税收理论定位的信心。我们要按照“坚持和完善”的要求来发展中国特色社会主义税收理论，特别要突出“人民税收”理念在税收理论体系形成中的统领作用。我们要在中国特色社会主义制度、国家治理现代化和社会主义市场经济新发展中加深对税收人民性的认识，既一以贯之坚持，又与时俱进丰富。我们要在对“人民税收”内涵从学理和实践上进行深入思考的基础上，将这一理念和市场税收理论、初级阶段税收理论、改革税收和法治税收理念、统筹税收理念等结合起来，并特别注重“人民税收”理念在整个税收理论体系中的独特地位和重要作用。

第二节　对“人民税收”基本内涵的全面理解与重点说明

作为对“人民税收”理念研究的阶段性总结，笔者将“人民税收”的特定内涵表述为相互联系的七个方面，即“党管税收、为民收税、向民收税、为民轻税、为民改革、为民服务、为民用税”。这一内涵可以从三个层面来把握：其一，“党管税收”是居于最高层面、属于统领地位的，是确保人民税收的基本性质与发展方向的；其二，“为民收税”和“为民用税”必须统筹于“取之于民、用之于民”中理解，强调的是从税收和支出一体的角度来看待“人民税收”；其三，“向民收税”“为民轻税”“为民改革”“为民服务”突出的都是与“取之于民”直接联系的，是“人民税收”理念的特定内涵，是从学理上理解“人民税收”理念独立存在的关键。

（一）深刻认识“党管税收”在“人民税收”理念体系中的统领地位

在中华人民共和国税收体系中，“党管税收”、“人民税收”和国家税收是高度统一的。党没有自身的利益，党的利益就是人民的利益，因此党代表人民来“统领管理”税收，来确保“人民税收为人民”的根本方向，这就是“党管税收”和“人民税收”的本质联系。在近年来的文章中，笔者坚持树立税收为根本政治制度的长治久安做贡献的基本理念，始终坚持“党管税收”要求，明确“人民税收”属性，探寻实践落实路径。这里再强调三个观点：其一，把握从“党领导一切”到“党管经济”再到“党管税收”的逻辑联系。“党领导一切”决定了“党管经济”，进而决定了党对经济重要方面的税收实现全面领导的“党管税收”，这是新时代中国特色社会主义税收本质的最突出体现。其二，“党管税收”是“坚持党对税收工作的全面领导”的简要表述，就是要领悟党必须“管”什么、主要“管”什么，这是把握“党管税收”的特定内涵。党的十八大以来的税收实践表明，“党管税收”要管的是税收发展方向，是税收政策运用，是税收制度改革及其出台时机，也包括提供实现这些管理必要的“集中力量办大事”制度保障。其三，“党管税收”体现为“党中央有号令，税务铁军有行动”。从“收好税、带好队”的响亮口号到“干好税务、带好队伍”的时代强音，中国税务人从来都是坚决听党指挥，全力干好税务。党中央有决策，铁军队伍能落实，这就是“党管税收”的体现，就是“人民税收为人民”的保障。例证比比皆是，大家有目共睹。

（二）在坚持“党管税收”前提下，将“人民税收”其他六个方面作为有机整体把握

在任何税收关系中，要回答的都是“向谁收”、“如何收”和“收了做什么用”这三个方面。我们既要研究这一共性，更要研究我国制度安排和国情特征下的特性。在社会主义中国，关于“向谁收”和“收了做什么用”，答案就是“取之于民、用之于民”，体现的就是“为民收税”“为民用税”；关于“如何收”，对应的就是由我国国体政体和社会主义市场经济决定的“为民轻税”“为民改革”“为民服务”要求。同样，就任何国家一般税收关系而言，都会涉及“纳税人”、“征税人”和“用税人”。作为共性，我们应该予以认可，但必须同时记住，在中国更应该强调“人民群众”、“人民税务”和“人民政府”三个方面，共性个性可以统一，个性把握更是要求。正是基于这一考虑，在分析“为民轻税”“为民改革”“为民服务”时，考虑的不仅是对“一般纳税人”的轻税、改革和服务，而是对“人民群众”的轻税、改革和服务。同样，笔者提出了“向民收税”的概念，因为这更是直接把握“纳税人”和“人民群众”在我国之异同的关键。

（三）将“为民收税”和“为民用税”统筹考察和把握

我们既要看到“为民收税”和“为民用税”的统一是与“取之于民、用之于民”相一致的，也要从税收角度来看待这一财税人民性的特定表现形式。这里重申三个观点：其一，必须将“为民收税”和“为民用税”结合起来考察。这对关系强调的是“人民税收”和“人民财政”的相通性，就是坚持“人民性”是共和国财政税收的本质属性，这是与制度相联系的。汪康(2019)指出，“为民收税”就是“要求税务部门坚守为国聚财、为民收税的神圣使命，把依法收税作为税务部门的中心任务，努力做到应收尽收，为政府公共服务、社会保障、人民福祉等提供财力保证，让广大人民共享改革发展的成果”，这显然是将“为民收税”和“为民用税”结合起来阐述。其二，“为民收税”和“为民用税”的统筹考察要研究税收人民性要求的“为民收税、为民用税”（取之于民、用之于民）和社会主义市场经济要求的“取之有道、用之有方”的统一。高效配置私人产品与有效提供公共产品要求“取之有道、用之有方”，这是从市场机制角度来审视“收支联动”；而“取之于民、用之于民”是从人

民理念审视的“收支关系”,社会主义市场经济要求两者的有机结合。笔者已多次论述这两者的结合,这里不再展开。其三,在新时代“以人民为中心”的社会主义市场经济下,更要把握“为民收税”和“为民用税”统一的新表现形式。例如,精准扶贫等为民支出和生态文明建设等为中华民族永续发展的支出,都体现了“为民用税”和“用之有方”的统一。再如,面对经济下行压力,党和政府过“紧日子”以换取人民群众过“好日子”的全新做法,同样既诠释了“为民收税”和“为民用税”理念,也表明了“为民用税”和“用之有方”的一致。

(四)深刻理解社会主义市场经济下的“为民轻税”基本内涵

我们要在“为民轻税”和“为市场主体轻税”的异同点中尽力寻求两者的统一。关于“为市场主体轻税”,简单说就是市场本不欢迎税收,但作为行为主体“必要负担”的税收又要与市场长期同在。于是国家在获取必要收入的同时,尽量不要去影响供求和价格,尽量要对市场主体实行“轻税”。现在的关键是,在社会主义市场经济下要将“人民性”本质和“市场性”要求结合起来,要尽可能地将“为民轻税”和“为主体轻税”结合起来。在给定轻税前提下,不应仅以要素贡献大小衡量轻税需要,而要同时考虑轻税政策对社会主义基本经济制度和分配制度的巩固发展。资本主义市场经济“劫贫济富”式的减税轻税措施,即使有利于资源配置效率提高,在我国也必须慎用限用乃至不用。“为民轻税”强调的是让最广大人民群众受益,而不是只让少部分资本受益。“为民轻税”和“为市场主体轻税”有时可以统一,有时则需要取舍。

(五)从坚持“为民改革”所强调的人民立场看待我国税制改革

这里强调的是我国税收人民性与改革性的高度统一,强调的是在税制改革中体现“以人民为中心”思想,突出站稳人民立场。从这一基点出发,笔者认同汪康(2019)将“加快税制改革、优化税收制度、不折不扣落实税收政策,全面释放改革红利,促进发展红利共享”作为“为民改革”的表述,但认为还有不足。这里强调三点:

其一,要强调我国“人民当家作主”政治制度、基本经济制度和分配制度对税制改革的制约要求。这里仅以直接税与间接税在税收体系中的配置特别是个人所得税改革为例。对于主体税种选择,我们不仅应从市场经济共性看待,还要看到政治经济制度对这一配置的制约。在逐步提高直接税比重成为税制改革方向时,笔者就多次强调要注重我国制度安排对直接税制大规模使用的制约。正在推进的个人所得税改革已经体现了这方面考虑:税基实现综合与分类结合,边际税率加强七档中前三档的集聚,提高基本减除费用标准,实行六项专项附加扣除,明显让低收入者有获得感,让中收入者多做贡献。显然,这一改革反映了广大人民群众(特别是中低收入群众)的利益,既有利于社会主义市场经济运行,又有利于实现“以人民为中心”的社会分配格局,在公平与效率的权衡中促进公平公正。

其二,要在坚持中国特色税收治理现代化前提下深化税制改革,这是“为民改革”的应有之义。必须看到,"中国特色社会主义制度和国家治理体系"是研究新时代税制改革和税收现代化的基本框架,我们不可以只讲现代税收制度,而不讲税收的中国特色与时代站位,不研究国家治理现代化对税收现代化的要求。我们要从党的十八届三中全会提出"完善和发展"目标到党的十九届四中全会提出"坚持和完善"要求中认真领会,不断坚持党对税收工作的全面领导,坚持国体政体对税制改革和税收治理现代化的要求,将已经长期坚持的成功做法制度化和规范化,使之符合国家治理现代化新要求。

其三,要把握税制改革在维护社会稳定、减少政治风险方面的要求。我们追求的是符合人民需要的税制,中国税制无论如何改,这一方向不能偏,这一特色不能没。强调"为民改革",就是既要推进符合人民意愿的税制改革,还要防范税制改革可能遇到的风险挑战,绝不能让税制改革中出现的问题危害党和人民利益。任何税制改革都要以有利于党长期执政、有利于人民群众根本利益为出发点,都要重视税制改革可能遇到的社会承受力问题,及时化解风险。在当前面对国内外错综复杂形势时,这一基本要求不能忘,为民改革宗旨不能丢。

(六)全面把握"为民服务"所体现的"人民税收服务人民"特质

笔者曾提出并论证了中国特色三层次的"服务税收"理念。这一观点的形成是源于对"以人民为中心"思想的学习,是用"人民税收"之"为民服务"理念对"纳税服务、税收服务、服务税收"做一体研究的体会。第一个层次讲的是"纳税服务",讨论的是依法征管与纳税服务之间的关系,是收税人与纳税人之间的关系,对应于税收征管中对纳税人的涉税服务。第二个层次讲的是高于"纳税服务"的"税收服务",讨论的是税收反映的政府与市场关系,是政府职能转变、服务经济行为主体而体现的税收服务,也是与"放管服"改革相联系的税收服务。对于"为民服务"的这两个层次,笔者赞同汪康(2019)所做的表述,就是要"打造以纳税人为中心的办税服务体系,无论是税务部门提供的与依法征管相对应的'纳税服务',还是税务部门为政府'放管服'改革提供的'税收服务',营造良好的营商环境,都给纳税人带来了获得感"。但还要强调的是,当我们用"人民税收"理念来审视"纳税服务"和"税收服务"时,还要看到这两个层面都反映的共性和个性的结合。纳税服务和税收服务既体现一般税收征纳关系和一般政府市场关系的要求,又在"以人民为中心"的社会主义市场经济中彰显中国特色。当我们坚持了"人民税收"理念,把握了"纳税人个体"和"广大人民群众"关系,把握了政府前面始终有"人民"二字的要求后,"纳税服务"和"税收服务"的中国特色就更加凸显,意义就更加深远。第三层次是建立在"纳税服务"和"税收服务"之上但高于这两者的"服务",讨论的是税收与政治、税收与大局、税收与人民的关系,意义极其深刻。这里的"服务",讲的是税务部门做好提升站位、围绕中心、服务大局、展示作为工作中的"服务",讲的是税收为国家政治制度和经济制度发展做贡献的"服务"。基于这样认识的"服务",当然可以更确切地称之为"为政治、大局和人民的服务"。和前面两个层次服务税收同时具有双重特征不同,"为政治、大局和人民的服

务”就是中国特色，这是中国特色社会主义制度所决定的，是人民税收本质在服务税收领域中的体现。

第三节　对基于“取之于民”的“向民收税”理念的特别说明

在对“人民税收”理念七个方面内在联系做出说明并对其中六个方面做了阐释后，这里重点分析“向民收税”。这是“人民税收”是否能独立于“人民财政”而存在的重要一点。之所以在赞同“向纳税人收税”共性认知的同时，还要强调“向民收税”的个性提法，因为这是直接与“取之于民”相联系的特定表述，强调的是对纳税个体与人民群众关系的基础性理解。这里谈三个方面。

（一）“纳税人”是和一般国家（即“征税人”）对应的概念范畴

所谓纳税人，是在一个国家境内具有纳税义务的公民和居民。纳税人和国家的关系，主要体现在税收“强制性、无偿性、固定性”之三性范围中，这里强调的是共性，我国当然也要遵循这个一般要求。《中华人民共和国税收征管法》第四条对纳税人的定义也是这样明确的，“法律、行政法规规定负有纳税义务的单位和个人为纳税人”。但理论和实践都告诉我们，纳税人及其群体，在不同国家制度安排下具有不同含义。在资本主义国家及其对应的政治选择下，纳税人通过缴纳税金体现其对国家政治活动的话语权，这一话语权常常是同资本力量相联系的，具有强大资本背景的特定纳税人群体在国家政治生活中起着举足轻重的作用。换言之，在资本主义国家，税收关系不仅有三性，还必然有资本性。而在人民当家作主的社会主义国家，纳税人和国家的关系，既有着一般征纳关系的定位，更有作为人民群众整体中一员与国家整体的关系。在我国，人民群众是国家主人，每一位纳税人都同时是人民群体中的一员。纳税人不是因缴纳税金（包括不是因为缴纳税金的多少）而在我国政治生活中发挥作用，纳税人依法缴纳税金，既是体现一般纳税人和国家的关系，也是为共和国人民事业发展应尽的职责。因此，我国税收征纳关系既体现为税收三性要求，同时还体现税收人民性要求。国家“向纳税人收税”和“向民收税”在形式上是统一的，但两者所表明的内在关系却不尽相同。基于这一判断，西方国家的纳税人定位、做法和纳税人群体作用等，在我国都不能照搬照用，对于蕴含在西方纳税人理论与实践中的所谓“普世价值”必须保持警惕，我们要努力构建体现人民当家作主国体政体、基于税收人民性的中国特色税收征纳关系。

（二）理解税收“新三性”在维护我国根本政治制度方面的重要作用

长期以来，我们强调税收的“强制性、无偿性、固定性”，是从国家实现职能出发定位的税收基本要求。改革开放以来，我们在社会主义市场经济下又对税收三性，特别是“无偿性”进行了长期研究，取得了不少成果。党的十八届三中全会以来，我们强调税收在国家治理中的"基础性、支柱性、保障性"作用,可将其称之为社会主义市场经济下的税收"新三性"。当前对税收"新三性"的研究主要集中在服务国家治理现代化方面,这是必要的;但我们还要在坚持税收人民性和推进中国特色国家治理现代化的统一中认识税收"新三性",深化理解"向纳税人收税"与"向人民群众收税"的异同。税收的基础性和支柱性作用与财政的对应作用相一致,重点要研究的是税收保障性作用。我国税收的"保障性"作用不仅是一般意义上的保障支出与改善民生,更应该理解为税收为党长期执政和国家长治久安起"保障性"作用。从这一认识出发,我们就不能仅仅满足于要求"纳税人"缴纳必要的税收来支付纳税人所需要的公共产品和服务,而是强调"人民群众中的每一员"都要为代表人民利益的中华人民共和国存在、繁荣与发展提供必要"税收贡献",以保障人民当家作主的江山千秋万代永不变色。

(三)把握"增强纳税人获得感"提法的全面理解

党的十八大以来,以习近平同志为核心的党中央明确提出要"增强人民群众获得感",这是党对人民群众的庄严承诺,各行各业都要为"增强人民群众获得感"做贡献。税务部门也围绕这一主题做了大量工作,并相应提出"增强纳税人获得感"的口号。笔者对这一口号表示理解、赞同和支持,但同时认为,对这一提法的把握要全面。除了要同时从"依法纳税有获得感、得到服务有获得感、明显减税更有获得感"来理解外,更重要的是深刻认识"增强纳税人获得感"的根本目标是为"增强人民群众获得感"做贡献。这一层面的理解相当重要,因为这是和税收人民性的理解密切相关的。在我国,纳税人及特定群体(主要指自然人)不能完全等同于人民,西方制度下关于自然人纳税人及其群体的提法与做法在我国不适用,因此"增强纳税人获得感"不能完全等同于"增强人民群众获得感",我们强调"增强纳税人获得感"和围绕这一概念所做的税收工作,目的都是为"增强人民群众获得感"做贡献。与此相对应,"以纳税人为中心"的提法也应局限在依法征管与纳税服务范围内。对于这点,必须头脑清醒、心中有数,这是坚持"人民税收"理念的必要要求。

第四节　认识"人民税收"在中国特色社会主义税收理论中的重要地位

强调"人民税收"是中国特色社会主义税收的本质属性,是为了坚持税收发展的正确方向,也是为了丰富完善中国特色社会主义税收理论体系。我们应该在领悟党的十九届四中全会提出的"十三个坚持和完善"中把握中国特色社会主义税收理论体系的构建,认识"人民税收"理念在这一理论体系中的重要地位。

其一,在"十三个坚持和完善"中,第一个和第二个要求分别是"坚持和完善党的领导

制度体系，提高党科学执政、民主执政、依法执政水平”和“坚持人民当家作主制度体系，发展社会主义民主政治”。前者在税收领域对应的就是“党管税收”，后者对应的就是“人民税收”。如前所述，两者的有机统一就是“人民税收”理念。在我国制度安排下和实践佐证中，“党管税收”“人民税收”和国家税收始终高度统一，并在中国特色社会主义进入新时代后得到了最充分体现。基于此，笔者认为，“人民税收”理念应该在中国特色社会主义税收理论体系构建中发挥统领导向的重要作用。

其二，“十三个坚持和完善”的第三个要求是“坚持和完善中国特色社会主义法治体系，提高党依法治国、依法执政能力”，在税收领域对应的有两个层面：一是根本层面，强调的是构建中国特色社会主义法治税收体系，让税制改革和税收发展在法治轨道上前行；二是运作层面，坚持的是“税收法定”和“依法治税”，具体体现在“坚持走中国特色的税收法定道路”和“依法完成预算确定的税费收入任务”这两个重要内容上。“税收法定”，既有现代国家税收法治的一般要求，更体现中国税收在实践中形成的独特模式；“依法治税”同样既体现现代国家税收活动的法治要求，又体现为确保“收入任务”之合法性。中国特色“法治税收”与“人民税收”理念密不可分。“税收法定”强调的是要坚持走好中国特色税收法定之路，是在人民代表大会制度内实现的税收法定，今天要做的是使中国特色税收法定模式尽快定型；而“法定任务”强调的是，“税收任务”的长期存在是人民政府的职能所致，这一任务的法定则是人民代表大会制度安排的必然要求。因此，我们要坚持依法全力完成“预算确定的税费收入任务”的共识，推进中国特色“税收法治”之法治完备性、执行法治性和监督合法性的高效统一。

其三，“十三个坚持和完善”的第四个要求是“坚持和完善中国特色社会主义行政体制，构建职责明确、依法行政的政府治理体系”，在税收领域对应的就是税收在服务政府“放管服”改革、优化营商环境和国家治理体系形成中的作用。前述的“为民服务”已经揭示了“人民税收”和“服务税收”之间的内在联系，一目了然，必须牢记。

其四，“十三个坚持和完善”的第五个要求是“坚持和完善社会主义基本经济制度，推动经济高质量发展”，在税收领域要求的有两个方面：一是要将作为基本经济制度组成部分的税收制度坚持和完善好；二是要为巩固基本经济制度和推动经济高质量发展做出税收贡献。笔者曾将这两方面要求表述为中国特色的“市场税收”理念和“经济税收”理念，并始终坚持“人民税收”与这两个税收理念的内在联系。“市场税收”强调的是在坚持和完善社会主义基本经济制度，特别是在“以人民为中心”的社会主义市场经济中，要力图实现“市场税收”和“人民税收”的统一，要坚持“取之有道、用之有方”和“取之于民、用之于民”的统一，并在实践中形成具有治理现代化特征的制度安排。“经济税收”强调的是坚持与完善在我国制度安排下形成的“经济决定税收，税收反作用于经济”的理念与实践，要在党领导下的人民当家作主制度安排中，把握“市场税收”和“能动税收”统一，充分发挥“集中力量办大事”的制度优势，充分发挥税收在推进经济高质量发展中的积极作用,并按照新时代的要求将这些行之有效的做法尽快制度化和现代化。

其五,“十三个坚持和完善”的第六个要求是“坚持和完善繁荣发展社会主义先进文化的制度,巩固全体人民团结奋斗的共同思想基础”,在税收领域同样提出了新的要求。就国内税收发展而言,坚持和完善社会主义先进文化制度的要求有两方面:一是税收要为社会主义文化发展提供支持保障;二是要努力将中华文化因素嵌入我国税制之中。我们还要从坚持中华文化的特定角度出发,在文化多样化的多元世界中,以强烈的文化自信来审视和发展中国特色社会主义税收现代化道路。这些观点可以用“文化税收”理念来把握,这里仅做简要提及。就税收为社会主义文化发展提供保障而言,体现的是“人民税收”理念中的“为民收税”与“为民用税”。将中华文化因素嵌入税制和税收征纳关系中,突出的就是基于中华民族优秀传统的“税收文化自信”的运用;而对因中华文化自信而强化的中国税收现代化道路的坚持,就是“人民税收”在世界税收现代化道路比较中具有生命力和吸引力的展现。

其六,“十三个坚持和完善”的第七个要求是“坚持和完善统筹城乡的民生保障制度,满足人民日益增长的美好生活需要”,在税收领域就是要求更好发挥税收在保障和改善民生、增强人民群众获得感方面的保障性作用。这里强调的是“人民税收”的本质体现与能力展示,是在新时代中对税收“取之于民、用之于民”的更深理解。因此从本质上,对税收的这方面要求可以在“人民税收”理念及对应的“经济税收”理念内加以把握。

其七,“十三个坚持和完善”的第八个要求是“坚持和完善共建共治共享的社会治理制度,保持社会稳定、维护国家安全”,这就要求税收既为社会治理提供支持保障,也要将征纳关系等基本税收实践与社会治理有效衔接。总体上看,对这方面所涉及的税收活动的研究也可以在“人民税收”理念和对应的“服务税收”理念中加以体现。

其八,“十三个坚持和完善”的第九个要求是“坚持和完善生态文明制度体系,促进人与自然和谐共生”,就是要求税收按照新发展理念要求,发挥其在中华民族永续发展的生态文明建设中的独特优势,努力构建绿色税制并探索对应的税收政策运用,同时也要为清洁美丽世界贡献中国税务力量。对于这些时代要求,笔者用“生态税收”理念来概括。可以认为,绿色税制构建是致力于人民利益最大化的税制改革的重要部分,是“为民改革”的要求;而发挥税收保障性作用来提供生态公共产品和满足人民对优秀生态环境的追求则是“为民用税”的内在之义。因此,“人民税收”理念在“生态税收”理念中是起到引领作用并得到充分体现的。

其九,“十三个坚持和完善”的第十个要求是“坚持和完善党对人民军队的绝对领导制度,确保人民军队忠实履行新时代使命任务”,站在税收战线上来理解,就是既要看到人民军队强大和现代国防建设对税收始终如一的要求,看到税收在践行“为民用税、建设国防”职能方面的责任担当,更要看到“党指挥枪”和“党管税收”等都是中国特色社会主义伟大事业持续向前的基石保障。基于这一判断,笔者更加坚定对“党管税收”为统领的

“人民税收”理念的坚持。

其十,“十三个坚持和完善”的第十一个要求是“坚持和完善‘一国两制’制度体系,推进祖国和平统一”,在税收领域就要深刻领悟税收对推进祖国和平统一的重要作用。要通过税制完善和海峡两岸暨香港、澳门税收联系助力“一国两制”重要制度成功稳定,特别是要结合习近平总书记 2019 年 3 月 10 日参加十三届全国人大第二次会议福建代表团审议时关于“探索促进海峡两岸融合发展新路”的重要指示来理解。习近平总书记强调:“要探索海峡两岸融合发展新路。对台工作既要着眼大局大势,又要注重落实落细”,“要在对台工作中贯彻好‘以人民为中心’的发展思想,对台湾同胞一视同仁,像为大陆百姓服务那样造福台湾同胞”。这些重要论述为新时代两岸关系发展指明了方向,更为我们用“以人民为中心”思想来把握海峡两岸融合发展新路中的税收作用提供了指导思想。在相关课题研究中,笔者已将基于“人民税收”的对台税收主张概括为“融合税收”理念,还要继续做深入研究。

其十一,“十三个坚持和完善”的第十二个要求是“坚持和完善独立自主的和平外交政策,推动构建人类命运共同体”,这就要求税收在捍卫国家利益方面展示作为,还要能为人类命运共同体下的国际税收秩序形成做出贡献。长期以来,笔者将这方面的理论和实践归纳为“统筹税收”理念。今天,当我们认真领会统筹“中华民族伟大复兴战略全局和世界百年未有之大变局”新要求,认真把握从“以人民为中心”思想到构建“人类命运共同体”目标对中国税收工作的新要求,就能深刻感到“人民税收”和“统筹税收”的内在联系,就会在总结多年来税收服务内外统筹做法的基础上,更好服务实践,不断提升理论,形成适应新时代的中国特色国际税收理论体系。

其十二,“十三个坚持和完善”的第十三个要求是“坚持和完善党和国家监督体系,强化对权力运行的制约和监督”,这既要求筹集税收收入为监督体系有效运行提供保障,也要从制度上研究税收在这一中国特色体系中必须履行的职责。这是实践要求,也是全新课题,可以在“人民税收”理念和对应的“法治税收”理念中加以把握。

总之,用“十三个坚持和完善”作为指导思想,我们就有了中国特色社会主义税收理论体系的九个理念,分别是:以“党管税收”统领的人民税收理念、法治税收理念、服务税收理念、市场税收理念、经济税收理念、文化税收理念、生态税收理念、融合税收理念和统筹税收理念。对中国特色社会主义税收理论体系的探索是动态的,我们已经在中华人民共和国成立 70 年和改革开放 40 年的基础上对此不断丰富与发展,今天更要用新时代新要求来再审视。笔者的基本结论是,在这一理论体系中,“人民税收”理念应该居于引领性、基础性和关键性地位,我们要坚定对这一方向的把握,也当驰而不息地深入研究。

本章参考文献

邓力平，2019.人民财政：共和国财政的本质属性与时代内涵[J].财政研究(8)：3-12，59.

邓力平，2019.新时代社会主义市场经济发展下的税收定位[J].东南学术(3)：81-90，248.

邓力平，2019.中国特色三层次“服务税收观”及其运用[J].中国税务报，2019-02-20.

邓力平，2019.资源配置方式变革中的人民税收[J].税务研究(10)：5-14.

黄诗睿，李乐，邓力平，2019.新时代中国特色社会主义税收迎来新发展[J].中国税务(12)：10-13.

汪康，2019.关于新时代税收治理问题的研究[J].税务研究(12)：58.

第二章　资源配置方式变革中的人民税收[*]

邓力平[**]

中华人民共和国的70年，是中国共产党带领中国人民努力创造美好生活的70年，是中华人民共和国坚持人民属性的70年。在这一进程中，人民当家作主目标的实现始终与资源配置方式变革相联系。与此相对应，共和国税收的本质属性始终是"人民税收"，"取之于民、用之于民"的税收人民性始终努力在资源配置方式变革中加以实现。在新中国成立70周年之际研究共和国税收，就是要紧扣人民税收这一主线，研究在资源配置方式变革中税收人民性的实现方式，在"以人民为中心的发展思想"引领下，探寻"人民税收为人民"的时代内涵。

习近平总书记2018年12月18日在庆祝改革开放40周年大会上指出，我们"从传统的计划经济体制到前无古人的社会主义市场经济体制再到使市场在资源配置中起决定性作用和更好发挥政府作用"，精辟概括了新中国成立以来资源配置方式的变革轨迹，为研究资源配置方式变革中的人民税收发展提供了分析框架。本章要回答的基本问题是：税收人民性在"传统的计划经济"中曾经如何体现并存在哪些不足；改革开放以来，税收人民性在与"前无古人的社会主义市场经济"结合中是如何体现制度优越与体制要求，进而在"使市场在资源配置中起决定性作用和更好发挥政府作用"的新时代社会主义市场经济中又是如何更有效地体现人民税收本质属性。在对这些问题回顾归纳的基础上，本章提出新时代"以人民为中心"的社会主义市场经济下实现税收人民性要把握的五个重要方面。

第一节　从计划经济到社会主义市场经济进程中的人民税收发展

对于税收人民性在我国70年资源配置方式变革中的体现，有三点把握。

其一，共和国税收人民性体现与资源配置方式变革始终力求统一。共和国成立至今，党对政府与市场关系的把握处在变革优化中，而资源配置方式每一次变革都离不开

---

* 本章写作时间为2019年，故本章论述以2019年为时间节点。

** 邓力平，教授，博士生导师，厦门大学经济学院，厦门国家会计学院。

对税收的定位调整。方式有变革，本质依始终，配置在优化，使命更突出。在“传统的计划经济体制”下，随着政府与市场关系从国民经济恢复时期的“各司其职，良性互动”到计划经济时期的“高度集中，淡化市场”，税收从“统一税政，建立税制”转向“简化税制，淡化税收”，税收作用随着计划经济体制强化逐渐降低。而在改革开放初期，在从“计划经济为主，市场调节为辅”到“有计划的商品经济”进程中，税收在国民经济中的调节作用逐步得到重视，“改革税制”“建立涉外税制”“两步‘利改税’”稳步推进都是主要例证。1992 年邓小平同志南方谈话明确了社会主义市场经济改革方向，开始了“前无古人的社会主义市场经济体制”伟大实践。党的十四大提出“建立社会主义市场经济体制，使市场在国家宏观调控下对资源配置起基础性作用”，再经党的十五大、十六大到十七大，这个理论界定一直是经济体制市场化改革的指导思想。在这一进程中，共和国税收进入发展的辉煌时代，“分税制改革”“农村税费改革”“货物、劳务、所得、财产税制改革”等有序进行，税收发力为市场增添活力并为人民生活提高贡献力量。党的十八大以来，中国特色社会主义进入新时代，社会主义市场经济更加成熟完善，市场在资源配置中的作用从“基础性”上升为“决定性”，政府更好发挥作用。财税体制改革全面推进，“营业税改征增值税”、“增值税税率简并下调”、“个税实施综合与分类相结合”、税收立法提速、国地税机构合并、直到当前大规模的“减税降费”，税收正为助力经济高质量发展、推动保障和改善民生不断展示作为。

回顾共和国税收伴随资源配置方式变革的发展轨迹，可以认为，不论政府与市场关系如何调整，不论税收相应如何变动，人民性始终体现在税收发展中。无论是早期确定的计划经济，还是而后选择的市场经济，税收人民性的体现与资源配置方式的变革从来力求统一，这一判断是坚持改革开放前后税收发展的两个时期不能相互否定的根本依据。计划经济下“发展经济，保障供给”时的税收是为了改善人民生活，改革开放中强调“统一税法，集中税权，公平税负，简化税制”的税收是为了满足人民物质文化需要，中国特色社会主义“为国聚财，为民收税”的税收也是为了实现人民根本利益，而在新时代“围绕中心，服务大局”的税收践行的更是具有更高要求的税收人民性。我们既要坚持目标、驰而不息地契合资源配置方式变革深化税收改革，更要一以贯之、与时俱进地坚守人民税收的本质属性。这是中国税收应有的立场，必须认真把握，务必长期坚持。

其二，“传统的计划经济”下税收定位相对缺失，税收人民性作用发挥不足。从改革开放前后两个时期不能相互否定的判断出发，我们既要看到计划经济下税收作为国家为主体的分配关系始终以人民为导向，但又要看到公有制加计划经济组合中税收作用的范围有限，税收是在曲折中发展并经历了由强转弱的轨迹。新中国成立后，《全国税政实施要则》统一税政，建立了以多种税、多次征为特征的复合税制，巩固了人民当家作主目标，促进了国民经济恢复发展。“税收是国家经济的重要工具”的认识得到普遍认同。1958 年进行了以“简化税制，试行工商税”为主要内容的税制改革，“非税论”对税收的影响开

始显现,税收地位开始下降。尤其是十年"文革"时期,极左思潮和"非税论"占据主导地位,税收制度被批为"烦琐哲学""条条专政",税制建设受到极大干扰,缩小了税收在经济领域中的活动范围和对社会生活的影响。最为典型的是 1975 年和 1978 年两次修改宪法,取消了 1954 年宪法中"中华人民共和国公民有依照法律纳税的义务"的内容,可知税收在当时经济社会中之定位。只有在党的十一届三中全会后,税收战线才有了拨乱反正由弱再强的可能,1984 年以适应有计划商品经济要求的国营企业"利改税"提升了税收在国民经济中的地位,开始注重多环节、多层次、多方面发挥税收作用,也才为下一步税制改革提供了再起步的基础。

从计划经济时期的税收发展来看,税收人民性在新中国成立初期得到了较明显的体现,为恢复国民经济、满足人民需求起到了积极作用。但在"文革"期间,税收作用被弱化,基本处于"无用武之地"状态。这一期间"税收无用论"大行其道有着经济体制方面的深层次原因。社会主义计划经济以公有制为实现基础,强调政府在资源配置中的绝对地位,国家下达指令性计划,没有市场的地位。在高度集中的计划体制下,以"统收统支"为主要特征的全能财政能够完成财政收支基本职能,税收存在既"无用"也"没必要",税收人民性的发挥受到了极大限制。对于这段历史必须实事求是加以认识,而回顾是为了从税收发展的角度佐证改革开放的意义,是为了佐证"市场经济是人类社会至今为止最有效、最可行的资源配置方式"之论断,是为了要从坚持税收人民性和寻求有效资源配置方式结合的角度来把握社会主义市场经济下的税收定位。

其三,"前无古人的社会主义市场经济"为发挥税收人民性提供了重要机制平台。在经历了改革开放初期对市场与政府关系持续探索后,1992 年党的十四大明确提出了建立社会主义市场经济,从此税收有了日益明确的定位与不断提升的站位、要发挥税收支持市场、促进发展、改善民生、维护稳定等作用逐步成为共识,在市场经济配置资源方式下实现"人民税收为人民"初衷逐步成为可能。对于在社会主义市场经济下的税收发展、税制改革与政策运用,包括分税制财政体制的建立,包括从"统一税法、公平税负、简化税制、合理分权"税制迈向"简税制、宽税基、低税率、严征管"现代税制的进程,大家都很熟悉,这里不予展开。对于在市场经济下税收发展过程体现税收人民性的具体举措,这里也不细述。总体上看,在改革开放 40 年的税收发展进程中,关键是对社会主义市场经济之"前无古人"特征的把握,是对社会主义加市场经济组合下税收定位的把握,是对国家的税收、市场经济的税收和人民的税收三者统一性的确切把握。

必须指出,改革开放以来,税收理论界对中国特色社会主义市场经济下的税收发展进行了持续探索,提出了不少中国特色的、符合社会主义市场经济规律的理论观点,特别是对国家税收与公共税收等的统一已有共识,值得欣慰。但如何将改革开放前后两个时间的税收发展统一起来研究,如何认识共和国税收一以贯之的本质属性并以此统领对新中国成立以来税收发展的持续研究,应该说还有所不足。笔者认为,沿着从传统的计划经济走到前无古人的社会主义市场经济的改革轨迹，应该在资源配置方式变革中坚持对共和国税收人民性的把握，探寻在不同配置方式下人民税收的实现形式，特别是要加强对社会主义市场经济下国家税收、公共税收等与人民税收关系的研究，而这一研究的目的旨在从税收角度认识坚持社会主义制度与发展社会主义市场经济的内在统一，这是我们这一代税收理论工作者的职责所在。

第二节　对社会主义市场经济下税收人民性的再审视

对于中国特色社会主义市场经济下税收人民性的体现，有三点体会：

其一，坚持在对我国税收"共性"与"个性"结合的把握中认识税收人民性。长期以来，笔者一直坚持"共性"与"个性"相结合来研究中国特色社会主义税收，从资源配置方式变革角度来审视，就是研究"前无古人的社会主义市场经济"下的税收定位。这种"共性"与"个性"结合有着既有区别又有联系的两个维度。一个维度是在社会主义国家制度框架内对税收发展的探讨，这里的"共性"就是社会主义国家本质特征对税收的要求，"个性"就是对改革开放前后计划经济与市场经济两个不同资源配置方式下税收发展特性的研究，这是一种纵向比较。另一个维度是在市场经济资源配置方式框架内对税收发展的把握，这里的"共性"就是强调市场经济资源配置方式对税收的一般要求，而"个性"研究的是不同社会制度安排与资源配置方式结合对税收发展的特定要求，这是一种横向比较。今天在共和国70周年的时点上再度审视上述两个维度的研究，可以认为，这一思路既要继续坚持，更要抓住关键，特别是必须紧扣共和国税收人民性之本质特征，要持续地在纵向与横向的深入比较中，用税收人民性特质来把握70年共和国税收之发展轨迹，来为税收走在新时代提供能贯穿始终的研究主线。一方面，应该将改革开放40年来对我国税收发展基本特征的把握与共和国70年一以贯之的人民税收本质属性结合起来，这有助于弥补对70年税收发展连贯研究相对不足的缺憾。我们既要讲资源配置方式持续变革，更要讲始终不变的共和国人民税收本质特征。另一方面，应该认识同样是在市场经济资源配置下，当这一资源配置方式与特定社会制度结合后，就有对不同制度下税收本质属性的认知，关键要把握社会主义市场经济下税收"人民性"与资本主义市场经济下税收"资本性"的根本不同，从而对中国特色社会主义税收的优越性有更坚定的自信。

其二，坚持用共和国税收人民性来深化对中国特色社会主义税收基本特征的理解。这是对原有纵向比较研究的拓展。多年来，笔者从国体政体、配置方式、所处阶段、前进动力与涉外程度五个方面入手，提出了中国特色社会主义税收"国家性、公共性、发展性、改革性、统筹性"五个特征的分析框架（邓力平，2016）。在庆祝改革开放40周年之际，笔者用这一分析框架对社会主义市场经济下税收定位做了进一步分析（邓力平，2018）。今天从税收人民性本质角度再来审视这些研究，笔者认识又有提升，简要点题之。一是中

国特色社会主义税收国家性与税收人民性从来高度统一。我国税收既有国家税收一般要求,又有社会主义国体及政体的特殊要求。税收是以国家为主体的收入分配关系,这是共性;但我国税收国家性又始终与制度安排密不可分。当社会主义国家选择了市场经济作为资源配置方式,就形成了不可分割的"社会主义市场经济",这是明确载入宪法的。因此,社会主义的人民共和国税收的国家性,其本质特征与首要表现就是税收的人民性。二是中国特色社会主义税收公共性与税收人民性可以且必须贯通。长期以来,笔者一直琢磨市场经济对税收公共性的一般期盼与我国基本制度与发展阶段等因素对税收公共性的特殊要求,并在此基础上形成了税收必须在市场经济"供求决定,价格导向"机制中找准定位、必须坚持"取之有道,用之有方"基本思路、必须坚持"轻税政策,减轻负担"基本导向等观点,这些判断今天依然成立。但随着对社会主义市场经济规律认识的深化,特别是用税收人民性来审视税收定位,必须强调将税收"取之于民、用之于民"的人民性同市场经济对税收的一般要求贯通起来,税收公共性与税收人民性的统一应该体现为"取之有道、用之有方"与"取之于民、用之于民"的协调同行,应该去寻找实现统一的新载体方式,有时也应妥善处理两者间可能的矛盾。三是中国特色社会主义税收发展性从来与税收人民性紧密相连。只要我国依然处在社会主义初级阶段,发展就始终是第一要务,而市场经济是最能有效解决"人民需要"与"现实能力"社会主要矛盾的机制保障。基于这一判断,现阶段我国市场经济下的税收必然具有发展性。税收在保障与改善今天民生的同时,还必须承担服务发展以求明天更多民生的任务。本质上说,我国税收发展性之所以存在,是为实现人民利益最大化目标服务的,是为了解决社会主要矛盾、满足人民需要服务的。在共和国税收职能的展示上,发展性与人民性从来都同行同向。四是中国特色社会主义税收改革性是税收持续发展的动力,其本质是体现税收人民性。改革与资源配置方式变革相关,目的是破除体制束缚,更好满足人民需求。税制改革在任何国家都是常态,但我国税制改革不仅要体现市场经济下税制设置的一般要求,还要体现"人民税收为人民"之价值取向。这是中国税制改革的鲜明特点,税收改革性与人民性的统一内在地嵌入这一进程中,是一种更高的境界。五是中国特色社会主义税收统筹性从涉外层面展示着社会主义国家税收人民性的内在要求。笔者对于涉外税收发展,多年来从构建能"使国家利益最大化和更加关注国际问题的主权国家税收"角度来分析,从为国际税收秩序完善做出中国贡献角度来把握,这是正确的。但还应该看到,这一进程既是为中国人民谋利益,也是为世界人民共同利益服务的。从注重主权国家利益到同时也为人类共同利益谋划,这是当今多元国际关系中社会主义国家税收性质决定的,也是站在更高层面上解读人民税收本质属性的必然结论。

其三,坚持对社会主义市场经济税收"人民性"与资本主义市场经济税收"资本性"本质差异的认识,从而更加坚定对中国特色社会主义人民税收的高度自信。这是对原有横向比较研究的拓展。笔者长期注重对各国税制的比较研究,20 世纪 80 年代中期就着手分析美国加拿大的税制改革。这一研究的前期重点在于对市场经济与现代税制设置一般的把握上，主要通过评价西方发达国家市场经济下税制改革的主要特点，来对当时我国正在推进的税制建设上提供借鉴(邓子基、邓力平，1991)。例如，在国内尚处在“有计划的商品经济”时期时，国内财税部门希望了解现代市场经济下税制改革的一般要求，希望能在比较借鉴中对我国税制发展有所启示。笔者据此重点介绍了反映在美国、加拿大等国税制改革中的效率、公平与简便等现代税收原则，介绍了与市场经济发展对应的税制基本框架，这些介绍在特定时期起到了一定作用。而随着我们对社会主义市场经济改革方向的确立，研究重点开始调整为对社会主义市场经济下税收与资本主义市场经济下税收差异的比较上，以期加深对中国特色社会主义税收发展规律的认识。笔者从来认为，资本主义国家市场经济与我国社会主义国家采用的市场机制有着重大不同，对应的税制改革与政策运用也必然有重要差异。基于此，笔者在评价国外税制改革时始终铭记制度性差异。笔者曾明确指出美国税制改革与减税措施中存在“劫贫济富”的政策导向，明确提出这些做法不适用于社会主义中国要推进的税制改革。而在中国特色社会主义市场经济方向明确之后，笔者在延续对中国特色社会主义税收发展研究的同时，持续关注国际税收发展与外国税制改革，通过比较税制研究来说明我国税收职能的发挥要牢记社会主义市场经济的要求。对于嵌印在国外税制改革中的所谓“普世价值”与资本主义市场经济之影响与印记，必须始终警惕，必须坚决抵制。西方那种“劫贫济富”税收政策反映的是资本利益，这种税收本质上说就具有“资本性”。资本主义市场经济下的税收从来就是市场经济税收一般与税收资本性的统一。今天用社会主义国家税收人民性与资本主义国家税收资本性的鲜明对比来审视这一研究过程，笔者更加坚定研究特定国家税收共性与个性结合的思路，更加坚定对中国特色社会主义人民税收的高度自信。

第三节　对“以人民为中心”的社会主义市场经济下税收人民性的新认识

对于新时代中国特色社会主义市场经济中的税收人民性体现，谈以下五点认识：

其一，“以人民为中心”的市场经济就是社会主义市场经济，中国特色社会主义市场经济在新时代的这一重要特征为税收人民性体现提供了前所未有的广阔空间。党的十八大以来，中国特色社会主义进入了新时代，从资源配置方式变革角度来把握，就是“从前无古人的社会主义市场经济再到使市场在资源配置中起决定性作用和更好发挥政府作用”。我们要用习近平新时代中国特色社会主义思想，特别是“以人民为中心”发展思想来认识从“前无古人”到“再到”的连续轨迹，并据此把握税收人民性在新时代的体现。首先要全面把握“使市场在资源配置中起决定性作用和更好发挥政府作用”的深刻内涵，因为这不仅包含着对市场经济资源配置方式规律，特别是对市场与政府在市场经济配置资源中各自作用的把握，更包含着党领导的中华人民共和国在使用市场机制时对人民利益予以保障的制度要求。当我们用“以人民为中心”的发展思想来审视从“前无古人”到“再到”的发展轨迹时，有三点必须强调，一是要始终坚持人民中心与市场经济的高度统一，既要使“市场在资源配置中起决定性作用”，让市场经济迸发出无限活力，创造出更多财富，又要坚持让人民群众享受到市场经济发展带来的成果。二是要深刻理解“更好发挥政府作用”的两层含义，不仅要求正确厘清市场与政府作用的边界，加强必要调控，弥补市场失灵，更要求不忘政府前面的“人民”二字，努力履行社会主义国家政府“为人民服务”的各项职责。三是要坚持在党长期执政、全面领导前提下用好市场经济，把握市场经济发挥作用的范围，“要使市场在资源配置中起决定性作用，但绝不能让资本在社会生活中成为决定性力量”，“无论采用何种资源配置方式，都要坚持人民当家作主，而绝不能让资本当家作主”，“坚持市场经济方向的同时，绝不能让资本利益凌驾于人民和社会利益之上”。在社会主义制度下坚持社会主义市场经济改革方向，市场可以在一般资源配置中起决定性作用，但商品交易原则必须排除在国体政体、党政军群等重要领域之外，这和资本主义制度下包括政治领域在内的所有领域都由市场机制决定形成鲜明对比。市场经济运行必然形成资本，在资本主义制度下运作，资本就会成为社会的决定性力量，“以资本为中心”的市场经济就是资本主义市场经济。同理，市场经济运行的成果不一定就必然为人民所享用，但在“以人民为中心”的社会主义制度下就可以实现这一目标。基于上述基本认识，笔者坚定认为，“以人民为中心”的市场经济就是社会主义市场经济，这是新时代社会主义市场经济发展的重要特征。“以人民为中心”的社会主义市场经济当然强调人民属性，对应的税收当然具有并更突出人民性，就要紧扣这一新特征来研究税收人民性的新表现形式。

其二，在“以人民为中心”的社会主义市场经济中，“党管税收”就是人民税收的首要特征与本质要求，两者高度统一。中国共产党的领导是中国特色社会主义的最本质特征，党“代表人民利益”领导着“人民当家作主”的国家，“为中国人民谋幸福，为中华民族谋复兴”是中国共产党人的初心和使命。党的领导在经济领域体现为党对资源配置方式的选择调整、党对社会主义市场经济运行的引导把控，必然也包括党对社会主义市场下税收发展的全面领导和统领把关。简言之，“党领导一切”决定了“党管经济”，决定了“党管税收”，这是新时代中国特色社会主义市场经济下税收人民性的突出体现与时代内涵，至少体现在三个方面：

一是“党管税收”强调党对税收发展方向的把握。税收是国家税收，在党领导的社会主义国家中，国家税收与“党管税收”是一致的。同理，市场经济对应的税收是公共税收，在党领导下的“以人民为中心”的社会主义市场经济中，公共税收与“党管税收”必须是一致的。在更有效“用好市场经济”的新时代中，“党管税收”原则必须坚守，人民税收使命必须时刻牢记。社会主义制度与社会主义市场经济的结合，决定了党领导下的新时代中国特色社会主义税收兼具市场经济一般要求与社会主义价值取向。在任何条件下都应该明确，社会主义市场经济与资本主义市场经济的本质区别在于市场经济的决定力量与服务宗旨，这决定了不同条件税收的发展方向。社会主义市场经济"以人民为中心"，坚持"发展为了人民，发展依靠人民，发展成果由人民共享"，这一方向必须靠"党管经济"来加以保证。任何时候税收都要服务"人民当家作主"，而绝不能演变为服务"资本当家作主"，而要做到这一点，唯有坚持"党管税收"才能确保。

二是"党管税收"体现为党对税制改革方向、税收政策运用与政策出台时机的全面把握。"党管税收"作为"党管经济"的重要方面，从税收角度体现着党对社会主义市场经济方向的把握和特定时期经济形势的判断。党的十八大以来，党中央适应把握引领新常态，坚持新发展理念，紧扣供给侧结构性改革主线、应对国内外形势变化挑战，有效推动经济社会健康发展。在这一大格局中，党中央直接部署了税收政策运用与税制改革推进。适应供给侧结构性改革，党中央做出了"营改增"的决策，推进经济结构调整优化；根据国家治理体系与能力现代化的要求，党中央做出了国地税机构合并的决策，完善了征管体制，减轻了纳税人负担；为了应对当前错综复杂的国际形势与经济下行压力，党中央又做出了实施更大规模减税和更明显降费的重大决策，有效引领今年经济社会发展的稳中求进。同样，从个人所得税制改革到增值税改革，再到房地产税制改革，以及对这些改革的内容确定与出台时机的选择，党中央都有明确部署。简言之，坚持"党管税收"，就是要从思想到行动上和党中央对经济形势的判断和工作部署保持一致，和党中央做出的税收政策运用与税制改革步伐保持一致，这是"以人民为中心"的社会主义市场经济下税收人民性体现的必然要求。

三是"党管税收"要求中国税务铁军贯彻党制定的税收政策、完成党交办的税收任务，这是确保新时代"党管税收"落实到位的内在之义。一路走来，从"收好税、带好队"响亮口号的提出到"干好税务、带好队伍"时代强音的奏响，中国税务人从来都是坚决听党指挥，都是全力干好税务，例证比比皆是。2018 年，党中央做出了"国地税征管机构合并"的决策，税务部门坚决贯彻，"事合、人合、力合、心合"，按照中央要求朝着税收征管体系与能力现代化迈出了重要一步。2019 年，全国税务系统又坚决贯彻党中央做出的大规模减税降费重大决策部署，将减税降费确定为全年税收工作的主题，作为全年重中之重的政治任务加以推进，用实打实硬碰硬的举措确保减税降费的政策措施落地生根。简而言之，党中央有决策，铁军队伍能落实，这就是"党管税收"的重要体现，就是"人民税收为人民"的重要保障。

其三，坚持"市场税收"与"能动税收"统一，是"以人民为中心"的社会主义市场经济税收人民性体现的重要特征与实现载体。"以人民为中心"的社会主义市场经济是市场经济的一种表现形式，当然要体现"市场税收"的本质，但还要同时体现"以人民为中心"的导向要求并反映制度优势，必须体现我国独有的"集中力量办大事"制度优势，简而言之就是必须体现“能动税收”，使税收更好地、能动地为实现人民利益服务。“市场税收”与“能动税收”结合的要义就是要统一到市场经济条件下“人民税收为人民”的本质要求上来。笔者这些年对这两个方面及其结合做了持续研究，这里不予展开，仅简要围绕税收人民性体现做个归纳。

一是必须坚持并持续探寻“市场税收”在新时代社会主义市场经济下的基本定位与实现形式。简而言之，就是要将“取之有道、用之有方”与“取之于民、用之于民”相统一做得更到位，载体寻找得更准确。首先在“取之有道”和“取之于民”统一方面，高效配置私人产品要求“取之有道”，从人民群众中获取必要收入是“取之于民”，在社会主义市场经济下必须统一。“向民取时有道，获取之时想民。”“取之有道”既要考虑获取必要收入，又要尽量不影响市场配置资源。要坚持对于经济行为主体来说税收是“必要负担”的定位，处理好“坚持市场机制与不断降低税负”的关系，坚持“把握税收中性，缴纳必要税收，尽力减轻负担”要求。既要在税制设置上有利于市场机制运行，又要在征管模式上体现减负的原则导向。“取之于民”立意在绝大多数税收被取者皆为民之理念上，既要考虑对行为主体一般减负的共同要求，又要在减轻税负方式选择上考虑广大群众负担的减轻，绝不可以“劫贫济富”。还要坚持“降低税负、轻税政策”既是市场经济长期要求，又在特定时期可以成为有利于人民利益的政策安排。今年以来的大规模减税降费就是这样“长期要求与特定使命”结合的范例。这次减税降费的要求是，“做到简明易行好操作，切实减轻企业负担，确保减税降费措施落地生根，让企业轻装上阵，增强人民群众获得感”。这一要求诠释了社会主义市场经济下“市场税收、减轻负担”与“人民税收、共同受益”结合的含义。通过政策制定与措施落实，既减轻企业“负担”，让其“轻装上阵”，又通过普惠性减税措施应对经济下行压力，克服外部风险挑战，最终“增强人民群众获得感”，是为人民利益的。其次看“用之有方”与“用之于民”之统一。“用之有方”就是有效提供公共产品，在初级阶段还要平衡发展与民生关系，“用之于民”则要从人民利益出发全力保障和改善民生，同时还要基于人民利益审视发展与民生之平衡。在新时代中两者的结合已在“以人民为中心”引领下不断深化。今天的保障和改善民生，已经在“教育、就业、住房、医疗、养老”五大民生基础上增加了“育幼”和“扶弱”，这些都是“既有方又为民”，是社会主义市场经济下的公共产品提供，是以人民利益最大化为目标的民生福祉。在这一新导向下，以税收为主体的财政收入用于生态文明建设是提供生态公共产品，用于精准脱贫、“奔小康一个也不能少”是提供具有社会主义价值取向的公共产品，用于为中华民族未来发展的学前教育事业发展也是公共产品。这些都是“以人民为中心”的社会主义市场经济区别于“以资本为中心”的资本主义市场经济的制度优势，是社会主义市场经济税收公共性与人民性结合的最新体现。

二是必须研究“能动税收”在新时代的更有效表现形式，更好提升税收站位，服务人民利益。能动税收的要义在于既坚持市场经济对税收的要求，更强调税收在满足人民群众对美好生活向往、在社会生活与国家治理建设中的积极作用。能动税收从来都是与“集中力量办大事”制度优势密切相连,并据此展示作为的。一方面,税收工作本身就是服务党长期执政、国家长治久安、社会安定团结、生活美好幸福的大事;另一方面,税务部门按照“集中力量办大事”的制度性要求来发挥独特作用,为党和国家大局提供更有力的支持。我国税收的这一重要特征在新时代“以人民为中心”的思想引领下正在更有效地展示,其主要标志是,既坚持立足于作为能动税收基础的经济税收观,又在新时代国家社会、政治、文化、生态等领域中持续地发挥独特作用。首先是继续坚持“经济决定税收,税收作用经济”的经济税收观。前者是共性,后者是特性,是中国特色,是辩证唯物论、马克思主义再生产理论与“集中力量办大事”制度优势共同决定的。中国特色税收实践长期体现着“围绕中心、服务大局、促进发展、支持就业”等作为,并在新时代被不断赋予新含义。从国家税务总局提出的契合“经济新常态”的“税收新常态”理念,到服务“经济高质量发展”的“高质量推进税收现代化”,都是经济税收观的生动体现。其次是在坚持经济税收观的基础上拓展能动税收作用的新领域。在税收服务政治方面,坚持“政治制约税收,税收服务政治”;在税收服务社会方面,坚持“社会影响税收、税收反馈社会”;在坚持“文化自信”新进程中,倡导“文化作用税收,税收体现文化”,强调税收与中国传统文化结合,坚持税收文化自信;在税收促进生态文明方面,强调“生态呼唤税收,税收保护生态”,生态环境治理、资源能源节约、环境状况改善等绿色税收在不断发挥作用。实践表明,中国特色能动税收正在新时代经济社会发展中起到越来越重要的作用,并与市场税收一起成为社会主义市场经济税收发展的主要体现形式。

其四,加快中国特色税收治理体系与能力现代化体系成型步伐,从而在“以人民为中心”的社会主义市场经济中更好体现税收人民性。党的十八大以来,税收在国家治理中起着基础性、支柱性和保障性作用,正经历从“适应市场经济体制”到“匹配国家治理体系”的重大跨越,全力推进中国特色税收现代化。对于这一进程,必须立足坚持和完善中国特色社会主义制度、推进国家治理体系和治理能力现代化之全局视野,在“以人民为中心”思想的引领下,不断完善税收治理体系现代化中的税法、税制、征管、服务、信息与组织等体系建设目标。笔者多年来一直关注这些具有中国特色的税收治理方式之完善,今天站在强化税收人民性高度再予把握,总体感觉是,成绩充分肯定,步伐必须加快,这里仅就税收法定和服务税收两个方面简要点题。

一是要以“以人民为中心”思想来完善与推进已经取得重大进展的中国特色税收法定进程。税收法定是现代法治税收重要准则,但从来不存在脱离具体国情的各国通用的普遍模式。这些年来,按照“落实税收法定原则”要求,我们已在符合国体政体、体制特征、发展阶段等要求的税收法定道路上迈出了坚实步伐,尤其是 2015 年《立法法》对原来就已体现的税收法定原则进行了重申与强化,对全国人大及其常委会的税收专属立法权做出了单列细化规定,我国税收法定进程进入了快车道,成效显著。笔者在全国人大常

委会与地方人大常委会中参与了有关工作，体会深刻。今天应在“以人民为中心”的思想引领下来再次审视并坚定这一进程，要明确税收法定目的是为人民利益而用好税收权力，要探索更有利于实现人民利益的税收法定模式，而不是单纯为法定而法定，更不能简单照搬资本主义市场经济国家税收法定做法。这些年根据党中央统一部署，全国人大及其常委会与国务院密切配合，在现行税收条例平移为税法过程中形成了许多成形的做法，并在授权地方执行中创造性规范了地方人大常委会与省级政府的关系，效果不错。但笔者也感到，在立法实践中还存在对人大及其常委会税收专属立法权绝对化理解的倾向，条款设计中对行政部门可操作性存在限制的倾向，在授予地方部分特定税权方面，绝对化地强调“省政府报告、省人大常委会批准”模式。笔者认为，要站在“以人民为中心”高度来审视中国税收法定模式，要坚持人民利益至上，哪一种方式更有利于人民利益、更有利于发展就应该用哪一种。在我国，人民代表大会和人民政府都在党领导下分工协作，目标一致，代表的都是广大人民群众的根本利益，而不是西方国家议会与政府相互制约的关系，不是西方议会代表纳税人制约政府征税权力的关系，因此不能简单套用西方国家税收专属立法权的模板。这一点在税法制定进程中必须注意，在税收法定模式最终成型时必须坚持。

二是要用“以人民为中心”思想来把握中国特色的服务税收实践。笔者曾提出中国特色的三层次税收服务观(邓力平，2019)，今天用“以人民为中心”思想来再审视，就是要在把握市场经济之税收服务与“为人民服务”之服务税收关系上来再认识。笔者提出的第一层次是“纳税服务”，讲的是依法征管与纳税服务关系，这是税收征纳关系的基本范畴。不论是社会主义市场经济还是资本主义市场经济，税收征纳关系始终存在，坚持依法征管，优化纳税服务都是正常的，应该说这是市场经济之税收服务的共性。我国纳税服务的一些做法，也是前些年从发达国家实践中借鉴与引进的。但在强调“以人民为中心”的社会主义市场经济下，我们应该有理由做到更好、更到位，这些年实践已经证明了这一点。笔者提出的第二层次是高于“纳税服务”的“税收服务”，讲的是税收所反映出的政府与市场关系。这是政府职能转变、政府支持市场经济和服务行为主体而体现出的税收服务。在资本主义市场经济下，体现政府与市场关系的税收服务也存在，也是共性；但在社会主义市场经济下，我国税收服务层次更高、内容更深刻，既有市场经济体制要求的服务，更有“人民政府”性质所致与“集中力量办大事”制度优势支撑的服务，这是个性。这些年来，我国税务部门强化服务意识，建设服务型税收，顺应“放管服”改革大形势与新要求，发挥“集中力量办大事”优势提升总体营商环境，效果良好。因此这一层次的税收服务，主要是社会主义市场经济“更好发挥政府作用”下税收职能的体现。笔者提出的第三层次是“服务”，是建立在“纳税服务”和“税收服务”之上但远高于这两者的“服务”，讨论的是税收与政治、税收与大局的关系。这里的“服务”，讲的是税务部门做好“提升站位，围绕中心，服务大局、展示作为”工作中的“服务”，讲的是税收为国家基本经济制度发展和根本政治制度长治久安做贡献的“服务”，讲的是税收体现集中力量办大事制度性优势所做的“服务”。这一层面的服务税收，在资本主义市场经济下显然不存在，也不可能实现。只有在“以人民为中心”的社会主义市场经济下才必须展示，才能够实现。党的十八大以来我国税务工作的许多实践与贡献都应放在这一层面上把握。笔者曾经认为，在新时代中将“服务税收”理解为“纳税服务”、“税收服务”与“服务”三个层次，从而形成缺一不可、依次递进的完整体系，有其理论与现实意义。而今天用“以人民为中心”的思想来再次审视，用税收人民性的角度来衡量，则底气更足、信心更强。我们既要将税收征纳工作中的“纳税服务”做好，也要把服务经济社会的“税收服务”做好，更要把服务大局的“服务”做好，要把征纳过程中的“增强纳税人获得感”提升到为“增强人民群众获得感”做贡献的高度来认识，要将体现在税收征纳关系中的“为纳税人服务”提升到税收工作都是“为人民服务”、都要实现“人民税收为人民的”高度来认识，要将日常纳税服务范畴中的“以纳税人为中心”提升到税收“以人民为中心”的高度来认识。简而言之，就是要将服务税收提升到人民税收的层面上来把握。

其五，在“百年未有之大变局”的新形势下，在世界资源配置方式市场化大背景下，应根据“为人民谋幸福、为民族谋复兴，为世界谋大同”的目标，探寻中国税收人民性在世界范围内的体现与作为。简而言之，就是要在现代世界市场经济已是全球资源配置方式的大趋势中，把税收为中国人民谋幸福的任务与为世界大同之国际税收关系做贡献的任务协调起来。这里谈两点体会：

一是立足今天，要做好税收服务大国外交战略工作，在应对错综复杂国际形势、防御各种风险挑战中做出贡献。在推动形成对外开放新格局、服务“一带一路”建设、构建人类命运共同体等进程中，中国特色社会主义税收统筹内外两个大局的作用还要进一步发挥。进而，中国在国际上的地位与话语权直接影响着我国税收在国际税收关系中的地位，而我国税收则通过参与国际税收治理等活动推动国家对外关系的发展。中国税收既要在国际税收竞争中维护国家税收利益，又要灵活运用涉外税收手段推动构建新型国际关系，统筹内外两个大局，对内促进经济高质量发展，满足人民对美好生活的需求，对外服务全方位对外开放，持续提升中国国际税收发展的能力与水平。对于这些年我国国际税收的发展与贡献，大家都很熟悉，笔者也始终跟踪，这里不予展开，要强调的是，当我们把这一进程放在税收人民性展示之涉外侧面加以审视时，体会更加深刻，目标更加明确。

二是面向未来，要坚持辨所选道路之别，顺世界大同之势，努力发挥中国特色社会主义市场经济包括税收之制度优势，为各国税收现代化道路提供中国方案。当今世界，市场经济已在全球范围配置资源，“供求决定、价格导向”引导资源要素跨国流动，主权国家依然在国际经济活动中起重要作用。国家税收对于主权国家始终重要，国家间税收关系日益成为国际经济政治关系的重要部分。中国税收要面对这一现实，把握这一趋势，既要在国内适应市场经济对税收的要求，也要遵循现代世界市场经济对主权国家涉外税收

活动的制约，以求顺利发展，以得福利增进，因为这既符合中国人民对美好生活向往的目标，也符合各国人民的共同利益。同时还要认识到，在全球资源配置方式市场化进程中，相当历史时期内都将存在"以人民为中心"的社会主义市场经济和"以资本为中心"的资本主义市场经济之分之争，也必然存在对应的两种税收发展模式的差异与碰撞。我们既要坚持对社会主义市场经济及对应税收发展的高度自信，又要善于与资本主义市场经济及税收发展模式共存、合作与竞争，从国家税收角度体现社会主义市场经济对于资本主义市场经济的优势，进而为构建"大同世界"中的国际税收关系做出努力。在共和国税收70 年的今天讨论这些问题，就是要坚持"人民税收为人民"理念，就是要坚持"中国税收为大同"目标，就是要让中国税收人民性之特性在现代税收发展中占据独特地位，不断展示优势，逐步更为接受，引领时代前行。

本章参考文献

邓力平，2018.中国税收：四十年彰显特色，新时代展示作为[J].税务研究(10).

邓力平，2019.中国特色三层次"服务税收观"及其运用[N].中国税务报，2019-02-20.

邓力平，2016.中国特色社会主义财税思考[M].厦门：厦门大学出版社.

邓子基，邓力平，1991.美国加拿大税制改革比较研究[M].北京：中国财政经济出版社.

刘佐，2009.新中国税制 60 年[M].北京：中国财政经济出版社.

习近平，2017.决胜全面建成小康社会 夺取新时代中国特色社会主义伟大胜利[N].人民日报，2017-10-28(001).

习近平，2018.在庆祝改革开放 40 周年大会上的讲话[N].人民日报，2018-12-19(002).

第三章　思维方式与理财治税*

杨　斌**

第一节　理财治税思维方式及其变化特征

思维方式是人们长期积累或潜移默化而形成的观察、研究问题的习惯性方式，具体一点讲是认知主体（可以是个人也可以是群体）使用不同的方法对认知对象进行调查、分析、规划、决策、管理的习惯性方式。所有处理问题的方案、所有研究分析的结论都是某种思维方式的结果。换一种思维方式，方案、结论就会不一样。思维方式从不同角度存在很多类别。从方法角度，有系统思维、辩证思维、逻辑思维、抽象思维、形象思维、定性思维、定量思维等；从思维的范围（广度深度）角度，有战略思维、创造思维、底线思维、换位思维、复杂思维、简单思维、纵向思维、横向思维、顺向思维、逆向思维、联想思维、线性思维、立体思维、平面思维、静态思维、动态思维等；从思维涉及的历史文化、地域、语言角度，有古代思维、现代思维、后现代思维、东方思维、中国思维、西方思维、美国思维、大陆思维、海洋思维、汉语思维、英语思维等；从思维对象要达到的格局，有法治思维、共赢思维、冷战思维等；从思维对象的具体领域，则有无数多的类别，例如中国的治国理政思维方式、美国的治国理政思维方式，相应有美国的理财治税思维方式、中国的理财治税思维方式等。思维方式还有其他很多分类（连淑能，2002）。

一个国家普遍的理财治税思维方式就是一定时期流行的对财政税收及相关问题进行调查、分析、规划、决策、管理的习惯性方式，包括对财政收入方式、税收制度、支出管理制度、财政体制（中央地方财政关系）等领域各种问题进行思考分析和判断决策的习惯性方式。国家理财治税思维方式的形成与一个人或群体思维方式的形成一样，来源于学习也来源于实践，不同的人会有不同的理财治税的思维方式，一个国家普遍或一般的理财治税思维方式是有关人员之多数人学习、实践的结晶。

哲学是学习的最高层面，所有的哲学流派都提供了不同的思维方式。老子庄子哲学从宇宙人生宏观终极角度思考观察世界发展和人生本质，主张按“无为（第四声）”（无私

* 本章写作时间为2020年，故本章论述以2020年为时间节点。

** 杨斌，教授，博士生导师，厦门大学经济学院财政系。

地按客观规律生活、做事)和“至一”(认识万物本质无差异因而心平气和地顺应自然)原则做人行事。孔子儒家哲学以礼教等级为出发点,为维护社会秩序而提出允执厥中、和而不同等思考解决问题的方式方法。马克思主义哲学主要从物质生产活动中形成的阶级和阶级斗争角度思考分析历史发展的动因和本质。人们除了学习哲学以外,还要学习专门知识,专门的知识体系也提供特定的思维方式。例如经济学提供的典型思维方式就是以成本效益比较计算择优选择来分析问题和解决问题。

实践出真知,供人们学习的理论知识体系都是对实践的总结提炼。不断发展变化的丰富实践,包括政治、经济、文化、科学实践,源源不断地为知识、理论、真理提供源泉。社会经济问题的分析解决以及治理模式的形成,更离不开一个国家的社会历史文化积淀。虽然各国之间相互交往、相互学习,乃至相互融合,但不同国家之间的差距还是很大,特别是中国与西方国家之间的差异还相当大。

在现代科技迅速发展的年代,在学习的时代,学习往往先于实践,多数人先学习后实践。人们花很长时间用于学习,学习对人们普遍的思维方式起了关键作用。能从实践中总结经验教训或规律然后上升到理论并用于指导实践的人越来越少了,主要是因为这种机会越来越少了。因此,成为决策者以及参与决策咨询的人多是从大学(包括硕士、博士)毕业生中选拔而来。此外,从事理论创新和教化、在媒体发表言论的人也大多是学习的人,而不是实践的人。在这种形势下,学习时间多、学习能力强的人拥有更多的话语权。因此,学习对一般思维方式包括理财治税思维方式的形成起了基础性关键作用。通过教科书编写使用、课堂的思想灌输、官员出国进修或脱产学习、研究成果的发表、论坛或研讨会的信息传输、媒体特别是网络信息的发布等各种学习途径综合作用,近些年来我们的理财治税思维方式发生了变化。其特点主要有:

一是美标至上,生吞活剥,以美国的主流为主流。新中国成立 70 年来特别是实行改革开放以来,我们在经济发展、经济建设和制度创新方面取得了巨大成就,甚至在不少领域已经成为引领者。实践上不仅精彩纷呈,而且创新频繁。但在学术界,在理论和思维方式方面仍存在对西方特别是美国的理论以及实践方法不假分析地奉为圭臬的现象,将西方特别是美国的做法当成至上的标准来遵守,以美国的想法为想法,以美国的结果为结果,简单地认为美国做过的才是可靠的,美国存在的现象才是合理的,美国发生的在中国也会发生,美国没有做过的在中国做了就觉得奇怪甚至不可思议。简单地把西方特别是美国的发展历程、经济成长的因素、危机爆发的条件当成普遍规律或普遍现象,认为西方特别是美国没有发生的事件都是古怪的、不正常的(如土地财政),西方特别是美国发生的(如金融危机、房地产泡沫等)在中国必定会产生。

他山之石,可以攻玉。借鉴学习包含美国在内的西方国家的财政税收管理经验,是对外开放的应有之义,是必须的,也是应该的。但是我们在学习吸收西方特别是美国的财政经济理论和理财治税方法时,不能忽视一个很重要的特点,即任何理论模型都是在非常严格的假定下并且基于特定的社会现实才是正确的。将理论成果当成一般、普遍适用的加以照抄照搬，结合中国实际，分析、批判、创新做得很不够，甚至没有。有的文献虽然结合了中国现实，关注了中国案例，使用了中国数据，但对理论模型中约定俗成的观念、思维方式不加深究，对其所针对或作为基础的社会现实、历史传统等既定前提不予识别，而是简单套用，使许多研究结论在中国基础上似是而非。

二是照猫画虎，生搬硬套，理论模型直接使用多、改造创新少；制度设计和政策措施移植多、独创少。在理论研究方面，方法越来越规范，建立数学模型进行推导、基于数据进行实证，这些都是可喜的进步。但在研究中国问题的时候，往往选择西方特别是美国流行的著名理论模型，没有进行必要的穿透式的分析，就其前提和假定进行验证，更没有进行大胆的创新、根植于中国特殊情况提出中国自己的理论模型。有的情况下，理论模型本身没有问题，但对主体行为的假定与中国情况不相符。例如在假设地方政府目标函数时，没有能进行实地调查并基于实地调查而准确反映中国地方政府的特殊性质及其行为特征，即中国地方政府本身就是拥有资产和资本的“企业”，而不是简单地接受西方学者的认识，或从表面上简单看问题，说中国地方政府与西方国家的地方政府一样是追求选举取胜或晋升。地方政府供给公共产品的约束条件也是简单地以获得的税收和转移支付为限，而没有考虑中国地方政府实际拥有土地等资产和地方企业，因此其提供公共产品或广义公共产品的约束条件与西方国家的地方政府的情况不同。

在制度设计和政策措施方面，我们过于看重西方主要是美国的制度发展结果和经验，热衷移植西方特别是美国的相关制度，将它们正在运行的制度视为现代财政制度的样本、改革的目标指向或标准模型。对中国自身发展状态及其需求关注不够，对自身经验的总结更是薄弱。在制度移植过程中对有关文化和国情差异及其影响的关注不足，导致一些制度水土不服，运行效果不佳、运行成本较大。对经济运行出现的问题进行调控时，也往往以西方特别是美国的现象为考量依据，不经常从现象看本质，较少关注中国经济体的特殊性质、发展规律以及对国际通行管控办法手段的适应性，较少认真深入具体地探索研究内在不同的发生机制和原因，简单地采用与西方特别是美国相同的调控措施(如货币和财政的宽松或紧缩、简单地去地方政府债务等)。

三是固守成见，墨守成规，将过时的思维方式视为新颖的条条框框。由于教科书，特别是翻译而来的教科书创新严重滞后，某些过去被视为正确且十分流行而现在已经被证明不完全正确甚至是错误的观点、解决问题思路或方式方法，仍然被我们当成应当遵循的条条框框。这使得某些西方特别是美国的理论和经验甚至是过时了的或是错误的理论和经验，通过学习过程固化为我们的思维方式，如果不加以反思很难脱离(如迷信以所得税为主的税制结构和综合性个人所得税模型等)。

总之，我们现在流行的理财治税思维方式相当程度上受西方影响，特别是受美国影响。在很多方面，美国思维方式成为我们主流的思维方式，即以美国为代表的可能过时

了的西方理财治税思维方式在很多方面成为我们思考问题和解决问题的习惯性方式方法。我不反对充分地学习借鉴西方包括美国的经验，洋为中用；更不反对汲取西方经济发展的教训，洋为中戒。但在较少考虑经济体性质差异、政府性质差异、文化差异的情况下，简单地采用西方特别是美国的思维方式（还可能是过时了的、落后的思维方式）试图解决当下中国的财政问题，会出现种种误解、误判、误导。鉴于理财治税领域广事项多，本章篇幅有限，难以一一涉及，本章选择税制结构、土地财政、地方政府债务等中国目前面临的理财治税主要问题加以阐述分析。

第二节　关于税制结构选择的思维方式

学术界很普遍的观点认为，要建立市场经济就必须实行以直接税（主要是所得税，特别是个人所得税）为主体的税制结构。这是典型地依据西方特别是美国思维方式进行思考得出的结论，而且是中国人从较为老旧的书本、论文中获得并当成“先进”的结论。但是这样的结论或观点很值得推敲。实际上，认为所得税特别是个人所得税是理想的税种、是对社会福利损害最小的税种、是最公平的税种等观念是 19 世纪后期到 20 世纪早期西方的流行观点，其代表性人物是埃奇沃思（Edgeworth F.Y.，1897）。埃奇沃思认为要实现税收负担公平，就要让每一个纳税人对因纳税感受到的牺牲相同，但由于收入或所得边际效用递减，不同收入水平的人对牺牲的感受不同，较高收入的人对付出较多货币而感受到的牺牲与较低收入的人对付出较少货币而感受到的牺牲可以相同，因此征收累进所得税，让收入多的人以更高的比率缴税符合均等牺牲原则，不会导致福利损失。20 世纪 60 年代最优所得税理论出现以后，上述观点就已经被认为是不正确的了，因为累进所得税会损害能力强的人的工作积极性而使可分配“蛋糕”缩小（杨斌，2005）。且不说，实行申报加抽样稽查的综合课征的美国模式个人所得税与中国社会经济文化存在极大的不相容，美国模式个人所得税不具有可行性（杨斌，2002、2016、2017）。

在美国，也有很多有识之士早就认为所得税弊病多多。曾任美国众议院筹款委员会主席的比尔·阿彻（Bill Archer），曾经尖锐地指出要把美国所得税连根拔掉（Stephen Moore，1995）。2013 年美国推行所得税政策 100 周年的时候，美国学者爱德华兹写了一篇文章来纪念，文章题目叫作《所得税：一个世纪足够了》（Chris Edwards，2013）。他说“所得”这个词从来就没有被定义清楚，自由派、保守派和政治家从来没有达成一致意见，因此美国所得税从一开始就是含糊不清、混乱、扭曲、迎合各种利益集团需要的，其法律条款支离破碎，而且随着时间推移日益复杂。他主张抛弃个人所得税制度，认为实行简便甚至单一税才能提高奉行水平，减少逃税。公平是税制的基本原则之一，追求公平是对的，但公平是一个说起来容易、做起来很困难的事情。税收公平要求同等纳税能力缴纳同量的税、同样条件缴纳同样税收，但能力千差万别，条件更是因时因地而异，为了公平需要在税法中假定并表达千千万万的条件差异，然后确定纳税的性质和数量，这必然导致法条极其庞大复杂。

以美国为例。截至2017年，美国国内收入法典的字数已达到240万字，是1955年的6倍，几乎是1985年的2倍；除此之外，美国税法还包括美国财政部发布的解释性规章，其字数已达770万字；美国法院涉税判例近6万页。其中，大部分是关于所得税的条文。这里所谓美国税法是指美国联邦税法，还不包括各州、地方自行发布的形形色色的州和地方税法。复杂的税法使奉行费用居高不下。美国税收基金会（Tax Foundation）提供的数据表明，美国联邦所得税的奉行费用居高不下，1990年相当于联邦所得税收入的14.1%，2003年为24.8%，2004年为24.4%，之后的年份估计都在21%～23%（Scott et al., 2005）。以2016年数据为例，仅计算填报各种申报表，每年动用的人数相当于430万全时制员工，耗费的工作时数89亿小时（其中个人所得税26亿小时），按私人部门员工平均工资计算相当于耗费4092亿美元（其中个人所得税987亿美元、企业所得税1474亿美元、小规模公司所得税463亿美元）（Scott et al., 2016）。填写申报表耗费的大量时间和人力，还只是奉行成本的一部分。

所得税不仅要耗费奉行成本，还要承受征税成本。税法要落实靠税收征管，一般说来，好的税收征管以精细的申报信息系统和科学合理的稽查审计为前提。一方面，要求履行申报义务的纳税人越多越好，且申报的信息越具体细致越好，内容除了申报自己的收入信息外，最好包括支出信息（等于第三方收入），以便提供可相互勾稽的信息；另一方面，强化对申报表的稽查审计，达到非常细致的程度，从而建立“威慑力”促使纳税人认真履行申报义务。但是新的研究（Yulia Kuchumova,2017）表明，这二者在一定条件下不可兼得，信息申报和审计稽查之间存在相互抵消问题。该项发现表明，并不是申报面越广、申报的信息越多越具体越好，也不是审计稽查越强越好，信息申报的价值对预算中安排的征税费用的函数是倒U形的，即稽查审计会随着预算中安排的稽查审计经费的增加而强化，但申报信息准确率却随着审计稽查的强化而降低。因为在征税费用已定的情况下，增加稽查审计开支会相应减少用于建设维护申报信息系统的费用。同样，也不是申报越多越具体越好，用于建设维护申报信息系统的费用增加，相应会减少稽查审计的经费，从而导致稽查审计功能减弱，最终因为“威慑力”下降导致申报信息的准确性下降，使逃税增加。因此，不绝对地增加征税成本很难解决问题。

个人所得税特别是个人申报加稽查的美国模式，其奉行成本和征税成本都高企不下，因此在20世纪90年代的美国，就有专家提出多个代替所得税的方案，如迪克·阿米的单一税方案（the Dick Armey flat tax）、多米尼西-纳恩的消费税方案（the Domenici-Nunn consumed income tax）、比尔·阿彻的国民销售税法案等（the Bill Archer national sales tax）。用单一税代替所得税早已成为世界性浪潮，目前全球已有四十多个国家实行

了单一税。①

第三节　关于土地财政的思维方式

查近几年主要刊物的文献,发现只有少数学者对土地财政持积极态度。如岳树民等(2016)、贾点点(2018)认为土地财政显著改善了基础设施,促进了经济发展,甚至认为构成了中国经济高速增长的核心竞争力。但多数学者对土地财政诟病甚多,基本上是一片骂声。有的学者认为土地财政是不合理的、不规范、不可持续的(贾康 等,2012)。有的学者认为土地财政不是正常的经济行为,只是分税制下不合理的中央地方财政关系的产物,是地方政府的“无奈之举”,或只是分税制改革留下的一个尾巴(白彦锋 等,2013;范子英,2015;周彬 等,2018;崔华泰,2019)。有的学者认为土地财政是引发土地资源粗放利用、地方政府性债务规模扩张、国有土地权益流失、房地产市场泡沫、征地拆迁矛盾冲突、粗放式经济增长方式难以转变等经济社会问题的根源(财政部财政科学研究所 等,2014)。有的学者认为土地财政是房价上涨的主要推手,已成为当前中国房地产投机泡沫积累和经济波动的重要原因(赵扶扬 等,2017)。有的学者认为土地财政会损害长期的经济增长(周彬 等,2018)、阻碍区域技术创新(鲁元平 等,2018)、恶化经济结构(邵朝对 等,2016)。也有学者认为土地财政中隐含了寻租、土地资源利用代际不公、土地资源配置效率损失、收入分配不公加剧、财政风险加大等一系列问题(程瑶,2009;蒋震 等,2015)。还有学者认为土地财政扭曲了政府职能、削弱了宏观调控、加大了金融风险等(侯作前 等,2008)。总之,大部分学者认为土地财政积累了严重的经济风险,导致了贫富差距,而且与我国当前的根本发展方向相违背,阻碍了社会主义市场经济体制的完善,延缓了社会主义法治国家建设的进程,妨碍了国家治理体系和治理能力现代化的实现,应当及时废除(符启林,2017)。

土地财政正面的实际经济后果与基本负面的理论评价形成了鲜明对照。之所以学术界多数学者对土地财政持否定态度,是因为他们采用了美国思维方式。在美国思维方式下,土地是私有的,基本不归政府拥有(少数土地如军用土地、公园土地、政府楼宇占地等除外),政府只能提供公共产品,不能参与土地买卖等经济活动,财政只能是公共财政。因此,对政府从事经济活动,甚至“卖地”感到奇怪和不可思议,西方国家哪有政府卖地的事情?经济学哪有讨论政府卖地的?也就是说他们简单地以美国经验和现状为衣钵、为标准,没有更多地考察中国实行社会主义市场经济以公有制为主体的实际情况,也不了解在这个大制度背景下中国政府的特性,只看到政府这个名称,没有见到政府的实质。

① 冯兴元,克里斯·爱德华兹,丹尼尔·J.米切尔.国际单一税改革发展现状与启示[J].财经问题研究,2017(6).

殊不知,中国是社会主义国家,土地属于全民所有或集体所有,而全民所有通过政府所有的形式来体现,因此,中国各级政府具有不同于美国各层次政府的性质。根据笔者的分析(杨斌,2014),与美国各层级政府不同,中国各级政府除了是公共管理机构外,还是资产公司,实际拥有包括土地在内的公有资产。那么土地作为政府资产公司重要的资产,政府作为"地主"适时运用这一重要生产要素和天赋资源,拨动其他资源,发展经济,是一件无可厚非的事情。美国的土地是私有的,在国家发展历程中自然由私人开发;而中国的土地为政府所有,即使是集体土地,政府也可以征用,土地实际上由政府这个资产公司主导开发。

土地财政实际的积极作用是不可忽视的:(1)土地滚动开发已经成为中国城镇化、现代化的快速推进机制。(2)通过土地资产变现,增大市县财力,加速中国基础设施建设,缩小城乡差距,改善民生,也改善教育条件;通过吸引人才、举办高等教育、创办产业园区等提升区域人力资本水平,促进区域科技创新。(3)通过土地开发经营过程,提升土地价值,实现国有资产的保值增值,壮大中国政府这一特大型资产公司的资产总量。土地财政也是可持续的。中国幅员辽阔,户籍角度城镇化进程刚刚过半,地理角度城镇化还只是点的进行,未实现面的展开,未开发的土地还很多。且中国的建筑寿命普遍较短,即使地理角度的城镇化完成,还将面临旧城改造。西方发达国家经过几百年的发展,不是还有房地产市场而且某些时候还很红火吗?因此,关于土地财政不可持续的担心是多余的。

不可否认,当前土地财政也存在一些问题。

一是土地供应垄断。在房地产市场中,市、县政府成为唯一的土地供应主体,没有任何竞争性,每次土地发盘竞拍,均以相似地块上次成交地价为底价,土地供应本身就提供了地价不断上升的机制,新盘商品房楼面价总是比前一个楼盘节节上升,同时土地成块拍卖且价格高昂,排除了中小资本参与一线二线城市土地竞拍的机会,能参与一线二线城市房地产开发的开发商都是大资本大企业,开发商少数化构成房屋供应垄断。这个双重垄断使房地产市场,特别是一线二线城市的房价处于垄断价格地位,难怪无论政府如何调控,房价都是大升不降。但这是垄断问题,而不是土地财政本身的问题,需要通过进一步改革加以解决,如破除土地供应垄断,其办法是回归全民土地全国人民共享权益,市、县政府不再作为土地供应主体,而是中央政府代表全民利益,在全国范围内建立多家土地供应公司,土地供应试行竞争供给。

二是全民土地、市县受益。按照中国经济制度和宪法等法规,土地归全民所有或集体所有。对集体所有的土地,政府可以通过征用办法转化为全民土地。但是,在有关土地的实际运作中,全民土地收益并不归属于全民,也不归属于中央政府和省级政府。实际运营土地并获得绝大部分收益的是土地所在地的市或县一级政府。这就是全民土地,市、县受益。其结果,经济发展好、房地产市场好的市县,通过土地征用、收储、拍卖获得

大量收入(即基金收入),其收入规模有时还大于一般预算规模。这些获得土地收入多、财力雄厚的地区有能力超前或超强提供公共产品,吸收其他地方的资本、人力、科技资源,获得超前发展的机会。其结果大大加剧地区差异,不利于均衡发展、集约发展。

三是农民利益被剥夺。这体现在集体土地低价征用、高价出售。对集体土地法定所有者而言,作为集体土地所有者的集体经济组织不可能在土地市场上与土地开发商进行对等谈判,从而获得由市场决定的土地收益,实际上处于被征用地位,虽然征地拆迁补偿待遇不断提高,但仍只能获得土地出售最终价值的一部分甚至是一小部分(取决于当地政府的政策选择和农民抗争实力),法律上拥有土地的农民集体不仅不能从土地升值中获得对应权益,而且还往往处于被剥夺地位,导致城乡发展进一步不均衡。这需要通过确定集体土地权益,实现土地市场城乡一体化来解决。这些问题属于运作体制、分配体制、管理体制的问题,并且都有相应的措施加以解决,不能以此否定土地财政的合理性和必然性。

第四节　关于地方政府债务的思维方式

地方政府债务无疑也是目前理财治税的热点问题之一。多数文献是从财政分权、联邦主义等典型的美国思维角度加以研究,认为地方政府债务是制度缺陷引起的,如分税制度不完善、地方官员激励扭曲、地方融资平台不规范等(龚强 等,2011)。大量文献从不同角度对地方政府债务进行了研究。一些学者(如杨志勇,2017)认为,中国地方政府债务会导致金融危机。一些学者(如梁琪 等,2019)认为,地方政府债务的增加降低了商业银行对实体经济的信贷供给数量,会加剧金融系统和民营企业的融资困境。一些学者(如马文涛 等,2018)认为,地方政府债务增加是政府过度担保和对市场过度干预的结果。一些学者从城投债溢价或价差变化情况以及城投债收益率与国债收益率利差等角度实证分析地方政府债务风险及其传导机制,如王永钦等(2016)认为城投债风险可能引致系统性风险。也有少数学者通过实证研究表明,地方政府债务的违约风险并没有在城投债的收益率价差中得到反映(牛霖琳 等,2016)。有的学者(如李腊生 等,2013;庞保庆 等,2015)则认为,因为存在中央政府对地方政府的“父爱主义”,所以不存在地方政府债务违约风险,债务总体上仍处于可控范围之内。在财政集权的大趋势下,预算内财政缺口或预算外收入支配力下降会导致地方政府负债动力的进一步增强,对此,政策制定者应予以充分的预期及重视。有的学者(如熊虎 等,2019)还把民营企业融资难也归罪于地方政府债务,认为地方政府债务加剧非国有企业的投资不足程度。少数学者(胡奕明 等,2016)研究了地方政府债务的积极作用,认为与经济增长存在正相关关系。有的学者(吴洵 等,2017)也感觉到了某些规律性的现象,如发现房地产投资占 GDP 比重越高,房地产价格越高,城投债风险溢价越低。李升等(2018)研究表明,为基础设施建设举债虽然短期增加了债务风险,但基础设施对经济增长的促进作用也在一定程度上间接降低了相应的债务风险。毛捷等(2019)发现,地方政府债务与土地等国有资产的紧密捆绑、地方政府举债过程中的政府信用金融化等事实。

在如何防范政府债务方面,多数学者也是从西方主要是美国的做法中寻找答案。例如伏润民等(2014)从地方政府未获得合法的发债权,却实际或间接拥有发债权且不承担足够的还债责任,导致债务非常规增长及风险产生。因此,解决问题的办法当然在于给予地方政府合法的发债权并赋予相应责任。有的学者(马恩涛 等,2017)主张借鉴美国控制政府债务的做法即限额管理。有的学者(缪小林 等,2015)主张通过更多采用公私合营(即 PPP)来防范地方政府债务风险。有关部门受学术界担心的影响,近几年出台不少政策来防范地方政府债务增长可能导致的风险,其主要办法是通过行政命令授予地方政府按中央确定的限额发行或由中央代发地方政府债券。

笔者认为,在处理地方债务问题上,不论政府还是学术界都带着明显的西方(主要是美国)思维方式。在政府债务方面,西方特别是美国思维方式存在如下特征:从债务用途上,认为政府发行的债务只能用于补充公共产品提供上的资金缺口;从债务归还的途径上,债务只能通过增加税收、减少预算支出,或在上述两个途径都不能采用的情况下借新债还旧债;从债务规模及其后果上,债务不能超过 GDP 的一定比例(即所谓的债务上限或债务红线),如果发行的债务超过这个经验性限额,就可能出现债务违约风险,小则导致政府“停摆”,中则发生主权债务危机,大则爆发全国性甚至国际区域性、全球性金融危机。目前学术界多数同志和政府有关部门就是按照上述思维方式来处理中国地方政府债务问题的,就是把美国等西方国家政府发生的主权债务风险的逻辑,简单地移植到中国,从现象出发进行简单类比。其主要特征是简单地把中国地方各级政府等同于美国各层级政府,仅仅从名称角度看待政府,而不顾他们之间存在的性质差异。相应地在处理地方政府债务所采取的对策上也基本上采用西方特别是美国的套路,例如授予地方政府发行公共债务(政府债券)的权力(过去地方政府没有这个权力)、对发行的公共债务试行限额管理并纳入预算、先剥离后制止地方政府举借经济性债务(即用于可获利有回报的项目建设的债务,也就是长期以来通过地方政府融资平台举借的债务)、通过借新债还旧债(当其他路径无法使用时)。

撇开教科书所带给我们的西方特别是美国的惯性思维,回到中国的现实来分析处理地方政府债务,就会看到不同的天地和耐人寻味的境界,从而也会找到独特的能有效解决问题的思路和对策。首先,回到中国各级地方政府的性质,中国各级地方政府除了具备美国地方政府一样的区域社会管理服务中心、提供地方公共产品这一类似性质和功能外,还具备不同的性质和功能。

其一,中国各级地方政府是地方全民所有财产的实际所有者、集体财产的实际监护者。国有土地这一全民财产以及可通过征用变换为国有土地的集体土地,名义上归全民

所有、集体所有，实际上归地方政府(主要是市和县政府)所有。地方政府可以通过占有、处分、出售土地获得收益，也就是说中国各级地方政府正在履行西方市场经济国家中的土地所有者(地主或土地公司)职能。据审计署 2013 年发布的《36 个地方政府本级政府性债务审计结果》，17 个省会和直辖市政府，以土地出让收入来偿债的比例高达 95%。[①] 这说明中国地方政府不同于美国等西方国家的地方政府，中国地方政府(市和县)具备"地主"性质，因为它们是土地实际所有者。地方政府除了实际拥有除了土地这一大宗资产外，还拥有地方金融资产、金融以外地方国有企业资产、地方医院和地方大学科研院所等各类事业单位资产，以及除了归中央管理以外的海洋、江河、湖泊、矿山、油田、森林、山脉、景区等自然和人文资源资产。西方国家的地方政府只是地方公共产品的提供者，一般不拥有土地等经营性资产。

其二，相应地，中国地方政府要履行不同于西方国家政府的功能，其债务性质以及后果也不一样。西方国家政府无论是地方还是中央或联邦借债都是用于公共消费，都属于公共债务。而中国地方政府举债大多不是为了公共消费公共服务，而是用于土地开发、基础设施建设、举办新的国有企业，形成新的资产。一方面，中国地方政府作为土地资产实际所有权主体，必然要承担土地开发、出售职能，这些职能在西方国家均由私人地主承担。在促进地方经济发展和公共设施不断现代化的过程中，房地产是先导产业，但在中国必须靠地方政府推动，政府推动的先行抓手就是债务。要开发土地不能也不可能动用主要靠税收提供的公共预算资金，只能主要靠银行等金融机构提供的贷款，而要获得金融机构贷款就需要一定方式的融资平台。为土地开发或基于土地收入的公共基础设施建设举借的债务，属于开发性债务，具有企业债性质，会形成新的经营性资产，不同于西方国家政府举借的公共债务。西方国家政府包括地方政府不拥有土地等经营性资产，它们的债务只能是公共债务，不用于开发，也不可能形成新的经营性资产，因此不可能通过资产变现来偿还，最终必须通过增税来归还。西方国家政府公债建立在税收的基础上，当发行的债务总量超过了政府税收的承受能力时，只能借新债还旧债，累积到一定程度，就难以为继，轻则导致政府缺乏资金而"停摆"，重则发生债务违约，导致主权债务危机直至政府破产。中国地方政府债务建立在资产基础上，可以通过资产变现来偿还债务，所以只要发行的债务总量不超过资产总量，且地方政府不被剥夺辖区内的资产收益权，即享有将辖区内的土地、金融等资产进行变现的权力，就不会发生债务违约而导致债务危机。

其三，中国地方政府预算资金的冗余滚存也会在一定程度上抵销债务风险。中国预算管理有其自身特点，即在不少地方尤其是发达地区，常常出现财政资金滞留或累积的现象，即单位当年财政资金用不完，每年收支有结余，滚存若干年就形成一笔可观的资金

① 审计署发布 36 个地方政府本级政府性债务审计结果[EB/OL].(2013-06-10)[2019-08-20].http://www.gov.cn/gzdt/2013-06/10/content 2424167.htm.

量。一方面资金紧张要借债，另一方面又有资金冗余。这也不同于西方国家。因此，我们判断地方政府债务是否有风险还要考虑这种特殊情况，只要债务数额不超过冗余资金，仍是资可抵债，没有风险的。例如某大学把过去若干年冗余的资金用于新校区建设，只要财政拨款机制没有改变，这个大学就能通过资金调配，在不借外债(即没有显性债务)的情况下通过盘活内部资源实现新的财政平衡，并且加速发展。如果实行“一年一清”的西式预算管理办法，当年的拨款当年都要花掉，那么就会因为丧失资金跨年调剂的机制而导致债务显性化，达到一定规模时会出现违约风险。因此，在研究加强预算管理措施时也不要简单照搬西方特别是美国的做法，而要根据各种经济形态具有不同周期的规律和要求，创造性地实施中国特色的中长期预算管理制度，不必恪守一年一清的简单思维。

总之，不能简单地按照西方特别是美国的思维方式和它们过去的经验教训，不顾中国实际情况，任意地将地方政府债务风险扩大化，然后推行各种美国式对策。简单地去“杠杆”，看上去财政风险似乎降低了，但违背了中国经济发展的规律，最终会损害经济发展，导致经济停滞的更大风险。当然，我们也不能对地方政府债务放任不管，任其发生发展。而是要立足中国实际，看清实际情况，认识特殊规律，寻找合理办法来研究解决地方政府债务问题。从风险防范的角度出发，居安思危是应该的，地方政府举债过程仍然必须实现科学化、民主化，避免由于决策失误造成的资产损失，也要防范经济周期变动(如房价增速放缓甚至下跌、土地出让收入下降)情况下，地方政府债务超过资产估值而发生违约风险。我们的对策应该是，在理论上摒弃西方特别是美国的思维方式，摒弃看名称不重实际的思路，深入实际分析研究中国情况；对地方政府债务进行分类管理，严控公共债务，规范以资产为基础发行的建设性、开发性债务；根据中国各地地方政府也是“企业”的性质，制定中国自己的债务评价标准体系，建设性、开发性债务以资产(包括土地等各种可抵押资产、资源)为对应标的，以是否“资不抵债”为准则判断债务风险，建立类似企业债的预警机制，形成处置方案，而不采用公共债务的预警标准。当然，对公共债务可参考借鉴西方特别是美国的做法实行限额管理，制定债务红线，建立严格的预警防范机制。

总之，在比任何时候都更加接近民族复兴的今天，我们中国财政税收学术界要有自信，要摒弃唯美是从的思维定式，跳出美国思维方式，坚持中国人的世界观、方法论，用中国人的思维方式，立足中国实际，体悟财税实践、创新理论模型，提出解决中国财税问题、人类财税问题的中国方案，形成中国特色、中国风格、中国气派的财税新学。

本章参考文献

白彦锋，刘畅，2013.中央政府土地政策及其对地方政府土地出让行为的影响：对“土地财政”现象成因的一个假说[J].财贸经济(7).

财政部财政科学研究所，北京大学林肯中心“中国土地财政研究”课题组，2014.中国土地财政研究[J].经济研究参考(34).
程瑶,2009.制度经济学视角下的土地财政[J].经济体制改革(1).
崔华泰,2019.我国土地财政的影响因素及其溢出效应研究[J].数量经济技术经济研究(8).
范子英,2015.土地财政的根源:财政压力还是投资冲动[J].中国工业经济(6).
龚强,王俊,贾珅,2011.财政分权视角下的地方政府债务研究:一个综述[J].经济研究(7).
伏润民,缪小林,2014.地方政府债务权责时空分离:理论与现实——兼论防范我国地方政府债务风险的瓶颈与出路[J].经济学动态(12).
符启林,2017.论土地财政的历史命运[J].比较法研究(6).
侯作前,刘明明,2008.从"土地财政"看我国地方财税制度的问题与完善[J].社会主义研究(3).
胡奕明,顾祎雯,2016.地方政府债务与经济增长:基于审计署 2010—2013 年地方政府性债务审计结果[J].审计研究(5).
贾点点,2018.中国"土地财政"性质及历史作用的政治经济学研究[J].政治经济学评论(5).
贾康,刘微,2012."土地财政":分析及出路——在深化财税改革中构建合理、规范、可持续的地方"土地生财"机制[J].财政研究(1).
蒋震,安体富,2015.地方政府"土地财政"对收入分配的影响[J].税务研究(7).
李腊生,耿晓媛,郑杰,2013.我国地方政府债务风险评价[J].统计研究(10).
李升,杨武,凌波澜,2018.基础设施投融资是否增加地方政府债务风险?[J].经济社会体制比较(6).
连淑能,2002.论中西思维方式[J].外语与外语教学(2).
梁琪,郝毅,2019.地方政府债务置换与宏观经济风险缓释研究[J].经济研究(4).
鲁元平,张克中,欧阳洁,2018.土地财政阻碍了区域技术创新吗:基于 267 个地级市面板数据的实证检验[J].金融研究(5).
马恩涛,孔振焕,2017.我国地方政府债务限额管理研究[J].财政研究(5).
马文涛,马草原,2018.政府担保的介入、稳增长的约束与地方政府债务的膨胀陷阱[J].经济研究(5).
毛捷,徐军伟,2019.中国地方政府债务问题研究的现实基础:制度变迁、统计方法与重要事实[J].财政研究(1).
缪小林,程李娜,2015.PPP 防范我国地方政府债务风险的逻辑与思考:从"行为牺牲效率"到"机制找回效率"[J].财政研究(8).
牛霖琳,洪智武,陈国进,2016.地方政府债务隐忧及其风险传导:基于国债收益率与城投债利差的分析[J].经济研究(11).
庞保庆,陈硕,2015.央地财政格局下的地方政府债务成因、规模及风险[J].经济社会体制比较(5).

邵朝对，苏丹妮，邓宏图，2016.房价、土地财政与城市集聚特征：中国式城市发展之路[J].管理世界(2).

王永钦，陈映辉，杜巨澜，2016.软预算约束与中国地方政府债务违约风险：来自金融市场的证据[J].经济研究(11).

吴洵，俞乔，2017.地方政府债务；负债原因与实证分析[J].公共管理评论(1).

熊虎，沈坤荣，2019.地方政府债务对非国有企业投资效率的影响研究[J].当代财经(2).

杨斌，2005.对西方最优税收理论之实践价值的质疑[J].管理世界(8).

杨斌，2017.论中国式个人所得税征管模式[J].税务研究(2).

杨斌，2014.论中国政府特性和非对称型分税制加分益制财政体制[J].税务研究(1).

杨斌，2002.西方模式个人所得税的不可行性和中国式个人所得税的制度设计[J].管理世界(7).

杨斌，2016.综合分类个人所得税税率制度设计[J].税务研究(2).

杨志勇，2017.地方政府债务风险研判与化解策略[J].改革(12).

岳树民，卢艺，2016.土地财政影响中国经济增长的传导机制：数理模型推导及基于省际面板数据的分析[J].财贸经济(5).

赵扶扬，王忏，龚六堂，2017.土地财政与中国经济波动[J].经济研究(12).

周彬，周彩，2018.土地财政、产业结构与经济增长：基于 284 个地级以上城市数据的研究[J].经济学家(5).

CHRIS EDWARDS，2013.The income tax：a century is enough，daily caller[EB/OL].(2013-10-03)[2019-08-20].https：/www.cato.org/publications/commentary/income-tax-century-enough.

EDGEWORTH F Y，1897.The pure theory of taxation[C]//MUSGRAVE R A，PEACOCK A T，1958.Classics in the theory of public finance. International economic association series.Palgrave Macmillan，London：119-136.

STEPHEN MOORE，2013.The economic and civil liberties case for a national sales tax[EB/OL].(1995-05-11)[2019-08-20].https：// www.cato.org/publications/speeches/economic-civil-liberties-case-national-sales-tax? print.

YULIA（PARAMONOVA）KUCHUMOVA，2017. The optimal deterrence of tax evasion：the trade-off between information reporting and audits[J].Journal of public economics，145(1)：162-180.

第四章　新时代推进我国自然人税收治理现代化的思考*

漆亮亮　王　晔**

第一节　自然人税收的概念界定与治理特性

（一）自然人税收概念的四层理解

所谓自然人，是指自然状态下出生的具有自然生物属性的人。法律上的自然人不仅包括本国公民（具有本国国籍的人），还包括外国公民和无国籍的人。各国（地区）民法几乎都将自然人视为最基本的民事主体，我国《民法典》也将民事主体分为自然人、法人和非法人组织三类。在税收理论和实践中，通常把自然人纳税人缴纳的税收称为自然人税收。然而，综观国内外相关研究及税收实践，自然人税收并未形成统一规范的概念界定，存在狭义、中义、广义和泛义的四层理解。

狭义的自然人税收仅指个人所得税。国内外已有关于自然人税收的研究成果大都聚焦于个人所得税。中义的自然人税收指自然人缴纳的直接税，主要指个人所得税和自然人缴纳的财产税。我国因尚未开征遗产税，所以中义的自然人税收主要体现为个人所得税和立法推进中的房地产税。广义的自然人税收指自然人缴纳的所有税收（包括直接税和间接税）。在我国，广义的自然人税收不仅包括个人所得税和立法推进中的房地产税，还涉及契税、车辆购置税、印花税、增值税及其附加税费等诸多税收。泛义的自然人税收指自然人最终实际负担的所有税收。税负转嫁归宿理论认为所有税收最终均由自然人实际负担，因此泛义的自然人税收囊括了所有税收。

根据党中央相关改革指示精神，并基于税收的特征属性，本章从中义层面理解自然人税收，即自然人缴纳的直接税，在我国主要指个人所得税和立法推进中的房地产税。

（二）自然人税收的治理特性

如果把企业（包括法人和非法人组织）缴纳的税收统称为企业税收，那么自然人税收与之相比，更能实现精准量能负担和强化再分配调节。因此，提高自然人税收比重是一

---

* 本章写作时间为 2021 年，故本章论述以 2021 年为时间节点。

** 漆亮亮，副教授，厦门大学公共事务学院；王晔，助理教授，厦门大学经济学院财政系。

国推进税收治理现代化的重要体现。与企业税收相比，当前我国自然人税收的特征主要有纳税人数量多且流动性强、涉税信息隐蔽(尤其是现金交易)且分散、纳税人诚信纳税意识和自主申报意识弱、纳税人的税务知识有限、纳税人税痛感直接且强烈、纳税遵从受人群环境和社会网络影响大、税收争端易发且社会关注度高、纳税人对税款使用的关注度高、税收收入随经济状况波动的幅度大，等等。这些特征使得我国自然人税收具有法治化要求高、信息化要求高、协同化要求高、服务化要求高、享化要求高的治理特性。具体如图 4-1 所示。

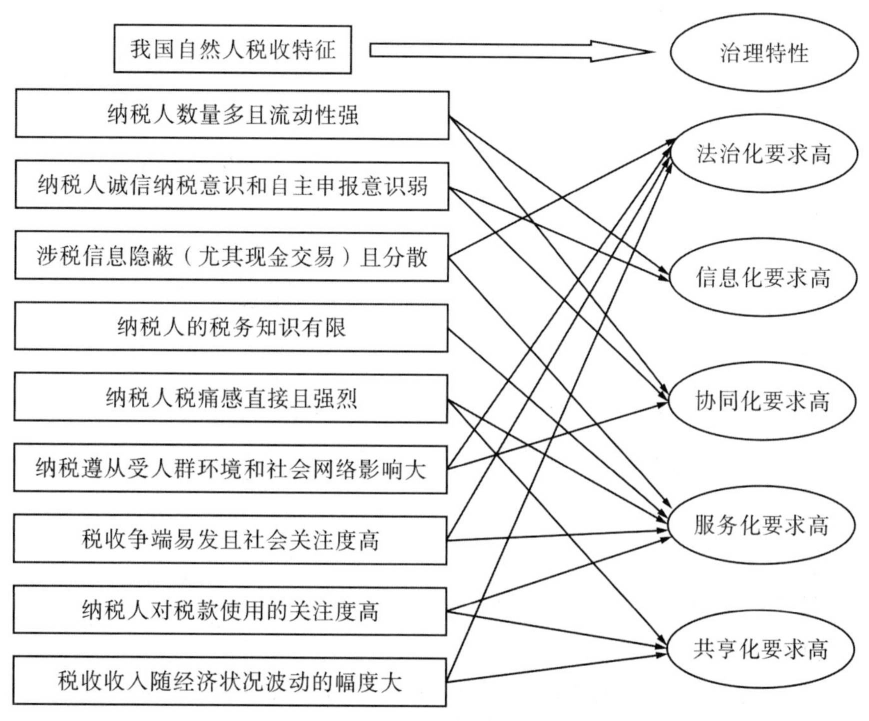

图 4-1　我国自然人税收的特征及其治理特性

第二节　新时代推进我国自然人税收治理现代化的机遇和挑战

新时代推进我国自然人税收治理现代化就是要推进我国自然人税收治理体系和治理能力现代化。该目标具有五大特征：一是税收法定。自然人税收立法的公众参与机制健全，立法质量高且法律体系完备，依法征纳税款和解决税收争议。二是征管质效高。自然人税收征管的信息化、科学化、精准化和协同化水平高，单位税收的征纳成本低，征管执行结果符合税制设计初衷。三是纳税服务好。自然人税收的纳税服务体系健全，纳税人权益有保障，纳税人满意度高。四是税收意识强。税法教育普及，全社会的税法意

识、诚信纳税意识和纳税人意识强。五是功能发挥好。自然人税收的比重高,财政保障有力,再分配调节作用强,具有“自动稳定器”功能。新时代推进我国自然人税收治理现代化既有机遇,也面临挑战,以下基于税务机关视角,从内部优势、内部劣势、外部机遇、外部风险和挑战四个方面进行态势分析。

(一)内部优势

(1)税务机构合并统一。省级和省级以下国税地税机构的合并,使得税务机关职能范围拓展,管理标准统一规范,资源配置充分优化,有利于加强自然人税收征管。

(2)征管能力不断提高。金税三期个人所得税扣缴系统已升级为自然人税收管理系统,有利于在未来实现自然人税收的统一规范管理。依托金税三期工程强大的信息共享能力,以及 2020 年建成的智慧税务大数据平台的强大计算能力,税务机关的自然人税收征管能力大大增强。

(3)纳税服务持续优化。新时代税务机关坚持“以纳税人为中心”和“最大限度便利纳税人,最大限度规范税务人”的理念和原则,并依托现代信息技术,加快建设人民满意的“服务型”税务机关,从而有利于充分做好自然人纳税服务。

(二)内部劣势

(1)征纳习惯路径依赖。税务机关长期依赖扣缴义务人管理自然人税收的习惯,在短期之内还难以完全转变。绝大多数自然人也习惯依赖扣缴义务人扣缴税收,缺乏自主申报意识。

(2)征纳成本大幅增加。自然人纳税人数量大且流动性强,加之自然人涉税信息隐蔽且分散,将大大增加税务机关的征管成本。自然人税收强调每位自然人的自主申报责任,加之部分政策专业性较强,因而大大增加了纳税奉行成本。

(3)资源配置严重不足。机构设置方面,税务机关尚未设立统一的自然人税收管理部门。人力资源方面,现有的税务人员配置难以应对自然人税收对征管和服务的巨大需求。征管系统方面,金税三期工程在自然人税收征管方面的功能仍有待加强。

(三)外部机遇

(1)强化税收调节已成共识。自然人税收是税收再分配调节的主力军,强化税收再分配调节有助于解决新时代我国社会的主要矛盾。社会主义核心价值观培育和中国抗疫成就,进一步激发和增强了我国公民的爱国情感和社会责任感,有利于强化自然人税收再分配调节的社会共识。

(2)现代信息技术发展迅猛。大数据技术可以对自然人纳税人进行精准“画像”,有利于强化风险管理和实现个性化服务。泛在的移动互联则实现了自然人通过非接触的掌上方式办税,可大大降低征纳成本。区块链和数字货币的普及和发展,也将为自然人税收治理的智慧化提供更为广阔的空间。

(3)税收协同治理稳步推进。新时代我国不断推进涉税信息共享,拓展跨部门税收合作,并加强国际税收征管合作,逐步与其他国家(地区)实现金融账户涉税信息自动交换。这些都为自然人税收的协同治理打下了基础。

(四)外部风险和挑战

(1)法律制度滞后的风险。房地产税立法尚在推进中,目前未明确出台时间。遗产税限于国际引资竞争和征管技术条件,短期内也并无立法开征计划。《个人所得税法》虽经修订完善,但在征收模式、申报单位、扣除项目等方面还有很多优化的空间。《税收征管法》大大滞后于自然人税收征管现状,而修订进程又过于迟缓。此外,自然人税收立法的公众参与机制也有待进一步健全。

(2)税收争端加剧的风险。根据近年全国税务行政诉讼案件的大数据信息,自然人提起诉讼的比重较高且事由多样。随着税务机关对自然人税收征管能力的增强,未来税收争端可能加剧,加之自然人税收争端更受社会关注,极易引发社会舆情。因税收管辖权和重复征税等问题,自然人税收还容易引发国际税收争端。

(3)财政收入波动的风险。自然人税收受经济影响导致的收入波动幅度较大,因此提高自然人税收比重不仅会加大财政收入波动幅度,还可能对现行分税制财政体制产生冲击。

综上,基于税务机关视角,新时代推进我国自然人税收治理现代化的态势分析结果如表 4-1 所示。

表 4-1　新时代推进我国自然人税收治理现代化的态势分析

税务机关内部		税务机关外部	
优势	劣势	机遇	风险与挑战
•税务机构合并统一 •征管能力不断提升 •纳税服务持续优化	•征纳习惯路径依赖 •征纳成本大幅增加 •资源配置严重不足	•强化税收调节已成共识 •现代信息技术迅猛发展 •税收协同治理稳步推进	•法律制度滞后的风险 •税收争端加剧的风险 •财政收入波动的风险

第三节　新时代推进我国自然人税收治理现代化的方案

基于前述分析,新时代推进我国自然人税收治理现代化,应遵循系统治理和依法治理原则,既要发挥优势和利用机遇,又要弥补劣势和应对挑战,从法律框架、制度设计、征管方式、技术支撑、资源配置、服务救济、价值共享等方面协同推进。

(一)构建法律框架

(1)推进《宪法》司法化。我国《宪法》明确规定依法纳税是公民的义务,一定程度上

体现了税收法定原则。然而，现行法律对《宪法》司法化尚无明确规定，《宪法》还无法作为人民法院裁判案件的直接法律依据。在坚持依宪治国和依宪执政的当下，有必要推进《宪法》司法化建设，明确自然人未依法纳税的违宪责任。

(2)制定税收基本法。自然人税收治理现代化要求税法的法律精神和法理规则更为明晰，以减少争议。税收基本法旨在阐明税收的法律精神和法理规则，在税收法律体系中居于母法地位，统领着税收的实体法和程序法。制定税收基本法可避免《税收征管法》扮演税收基本法角色的错位，从而填补现行税法体系中宪法和单行税法之间的脱节和空白。

(3)加快修订《税收征管法》。在2015年《税收征管法(征求意见稿)》基础上，结合自然人税收，重点对涉税信息共享机制、纳税人涉税信息保密机制、税务代理人和涉税专业服务社会组织的资质和作用等方面作出明确规定，为完善自然人税收征管提供法律保障。

(4)完善自然人税收的单行税法。《个人所得税法》应考虑引入家庭(或夫妻)联合申报制度和相关性成本费用扣除制度，最终建立综合所得征税模式。房地产税立法应统筹考虑房地产税与土地出让金、房地产交易环节税费和个人所得税等其他税费的关系，从而实现稳妥推进。

(5)健全自然人税收立法公众参与机制。应根据“以人民为中心”思想和《立法法》的要求，建立健全自然人税收立法公众参与机制，促进自然人税收立法的科学化和民主化。可借助房地产税立法契机，拓展公众有序参与自然人税收立法的途径和方式，积极回应公众的意见和建议，提高公众参与立法的积极性。对已实施的自然人税收法律，应持续进行跟踪调研，根据反馈信息及时查找问题和总结经验，为进一步优化自然人税收法律提供依据。

(二)加强制度设计

(1)完善自然人纳税信用管理制度。在现行的个人所得税申报信用承诺制基础上，以纳税人识别号为唯一标识，依法依规全面采集和评价自然人纳税信用信息，形成全国自然人纳税信用信息库，并与全国信用信息共享平台建立数据共享机制，充分发挥自然人纳税信用在社会信用体系中的基础性作用。完善自然人纳税信用联合奖惩机制，鼓励自然人纳税人在规定期限内主动进行纳税信用修复，消除不良影响。

(2)完善自然人税收共治制度。推行税务行政协助制度，扩大税务机关与相关政府部门、金融机构等的合作范围和领域，实现自然人税收的信息共享，管理互助和信用互认。健全自然人税收司法保障机制，加大检举自然人税收违法行为的奖励力度。以金融账户涉税信息自动交换和“一带一路”税收合作机制为推手，推动自然人税收的国际合作与协调机制建设。

(三)完善征管方式

(1)完善自然人纳税申报制度。在明确自然人负有纳税申报法定义务的基础上，进一步细化自然人纳税申报管理办法。建立税务代理人制度,对税务代理人进行代理申报资质准入管理,以提升税务管理水平、明晰申报法律责任。

(2)加强自然人税收税源管理。依托现行的自然人税收管理系统,并在完善不动产统一登记制度的基础上,建设全国统一的自然人税收征管系统模块,实现自然人收入和财产信息系统互联互通。自然人税收征管系统模块应涵盖自然人纳税人信息采集、税款申报、个人财产及收入汇集等内容,实现对自然人纳税登记、纳税申报、税款入库等各项信息的实时监管。同时,对自然人纳税人实行分级分类管理,由国家税务总局和省级税务局集中开展对高收入和高财产纳税人的税收风险分析,并将分析结果推送给相关税务机关,提高税收风险应对措施的针对性和科学性。

(四)强化技术支撑

(1)建设自然人涉税数据平台。依托 2020 年建成的智慧税务大数据平台,建立全国统一的自然人涉税数据平台,实现自然人涉税数据跨区域、跨部门和跨国境互联互通,通过对海量涉税数据的动态收集和分析,实现对自然人纳税人的动态风险画像。

(2)建设统一的网上税务局。税务机关应充分利用基于交易云的自然人税收管理系统、移动互联和人工智能等信息技术,提供在线申报纳税、在线答疑辅导、政策精准推送等全方位的税费事项办理,为自然人纳税人提供远程(非接触)、即时、智能、友好的办税体验。

(3)推广互联网支付方式。鼓励网银、移动支付等互联网支付方式,减少现金交易,为自然人税收精准管理提供信息支撑。同时,建立大额现金备案管理制度,要求自然人在使用一定数额以上现金进行交易时,须在金融机构和税务机关登记,并通过设置违规惩罚措施的方式督促纳税人合法合规交易。

(五)优化资源配置

(1)加快自然人税收管理队伍建设。税务机关应当积极推进人才强税战略,加强与高等院校、大型企业、涉税专业服务社会组织、国外政府机构、国际组织等的合作,优先培养在信息技术、业务分析和国际税收等方面具有较高专业素养的适应自然人税收管理的人才队伍。

(2)加强自然人税收机构及其能力建设。税务机关应设置专门的自然人税收管理部门,并加强和充实涉及自然人税收的服务部门、法规部门和国际税收部门的力量,增强对自然人税收的征收管理、纳税服务、争议解决和国际合作的能力。

(六)重视服务救济

(1)完善自然人纳税服务体系。在不断优化税务机关纳税服务的同时,引导和规范税务师事务所、会计师事务所、律师事务所等涉税专业服务社会组织的市场服务行为,充分发挥其在自然人税收代理服务中的积极作用。充分挖掘和利用社会各界的税收专业

人才资源,组建自然人税收服务志愿队,为自然人纳税人提供公益性的税法教育和纳税服务。

(2)保障自然人合法税收权益。在税务机关全面推行和有效落实税收法律顾问和公职律师制度,统一和规范自然人税收的执法行为。建立健全自然人税收权益保护组织或机构,为自然人纳税人提供税收救济服务,保障自然人纳税人的合法权益。规范和扶持税务律师行业发展,满足自然人纳税人的税收救济需求。

(七)推进价值共享

(1)推进自然人税收信息价值共享。自然人税收大数据蕴藏着自然人的消费、收入和财产等海量基础信息,故应加强相关部门对自然人税收大数据的增值应用,以强化社会管理和优化公共服务,并实现"智辅科学决策"。当然,必须依法规范税务机关对外提供自然人税收信息机制,并通过数据加密或脱敏等方式,达到平衡信息公共利用和个人隐私保护的关系。

(2)推进自然人税收公共价值共享。应提高自然人税收比重,进一步减轻企业税费负担,激发市场活力,促进就业和税收增长。广泛开展面向自然人的税法宣传,并强化自然人税收再分配调节能力,在营造良好的税收环境的同时,助力实现社会公平与正义。完善自然人税收收入分享体制,促进公共服务均等化和高质量发展,切实改善民生和提高保障水平,实现税收取之于民、用之于民和造福于民。

本章参考文献

李万甫,2018.精准施策 助力提升高质量发展的税收治理[J].税务研究(4):37-41.

漆亮亮,陈莹,2011.房产税改革应有新思路[J].中国国情国力(3):22-24.

漆亮亮,陈莹,2018.中华传统家庭美德视域的个人所得税改革:我国香港特区薪俸税及个人入息课税的启示[J].税收经济研究(1):21-28.

漆亮亮,赖勤学,2019.共建共治共享的税收治理格局研究:以新时代的个人所得税改革与治理为例[J].税务研究(4):19-23.

杨斌,2010.论税收治理的现代性[J].税务研究(5):3-8.

杨斌,2020.思维方式与理财治税[J].税务研究(1):5-13.

第五章　消费税向地方税转型的改革研究*

谢贞发　夏宁潞　吴惠萍**

第一节　引　言

1994 年分税制改革确定了当前中国财政体制和税收制度的基本架构，作为中央税之一的消费税兼具筹集财政收入和调节消费的职能。1994 年分税制改革之后的诸多税制改革，如 2002 年所得税分享改革、2006 年取消农业税改革、2016 年全面营改增改革等，几个主要税种（增值税、企业所得税、个人所得税）都成为共享税，使得分税制逐渐演化为共税制。在这一过程中地方税一直处于逐渐萎缩、弱化的过程（王振宇，2018）。因此，如何构建地方税体系一直是理论界和实务界讨论的重要问题。其中，消费税能否作为地方税主体税种是讨论最多的一个话题。

2019 年 9 月 26 日国务院印发了《实施更大规模减税降费后调整中央与地方收入划分改革推进方案》（以下简称"《方案》"），明确了消费税的改革方向为"后移消费税征收环节并稳步下划地方"。《方案》关于消费税改革主要包括三方面内容：一是明确了消费税作为地方税的发展定位；二是逐步后移征收环节；三是消费税收入在央地间划分采取"定基数、调增量"的模式。这一改革方案为当前的消费税转型改革指引了方向。本章以《方案》为基本导向，研究新形势下消费税向地方税转型的改革问题，并利用《中国税务年鉴》《中国贸易外经统计年鉴》等相关数据进行了测算分析，在此基础上，提出了消费税向地方税转型的改革建议。

第二节　1994 年以来消费税发展概况

作为中央税的消费税自 1994 年开征以来，经历过多次征收范围、税率结构等方面的改革，已经成为中央政府筹集财政收入和调节消费的重要税种。不同于增值税的"中性税收"特征，消费税除了承担筹集财政收入职能外，还承担着引导消费、保护资源环境、调

* 本章写作时间为 2020 年，故本章论述以 2020 年为时间节点。

** 谢贞发，教授，博士生导师，厦门大学经济学院财政系。

节收入分配等重要职能,"寓禁于征、引导消费"是消费税不同于其他税种的鲜明特征(罗秦,2019)。营改增后,消费税成为流转税体系中除增值税之外的主要税种,在税制改革和理顺央地间财政关系中扮演着重要角色(郑涵 等,2017)。

根据《中国税务年鉴》资料,1994 年消费税收入 515.98 亿元,其中国内消费税收入 502.35 亿元;2018 年消费税收入 11536.87 亿元,其中国内消费税收入 10800.11 亿元。可以看出,无论是全国消费税收入,还是国内消费税收入,2018 年相比 1994 年均增长了 20 多倍。鉴于消费税征收范围和税率结构的多次调整,我们难以对消费税收入进行简单的长时序比较,但从图 5-1 显示的国内消费税收入增长情况看,1994—2018 年,国内消费税收入总体保持增长,但每年的增长率波动较大。2018 年,国内消费税收入占全国税收收入的比重为 6.79%,占中央税收收入的比重为 12.23%,占地方税收收入的比重为 15.26%,这意味着消费税收入无论对于中央还是地方,都是一笔较大的税收收入来源。

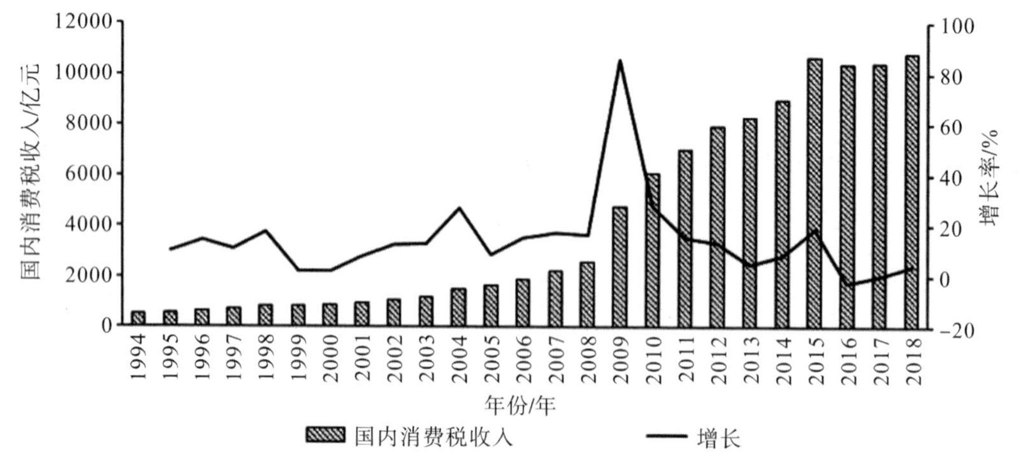

图 1　1994—2018 年国内消费税收入增长变化情况

资料来源:根据《中国税务年鉴》相关数据测算绘制。

从消费税收入结构看,不同税目税收收入的占比差异非常大。从 2018 年国内消费税各税目税收收入占比情况看,烟的国内消费税收入占比为 52.34%,成品油占比为 33.81%,小汽车占比为 8.85%,酒及酒精占比为 3.80%,这几个主要税目的国内消费税收入占国内消费税总收入的比重达到了 98.80%。这意味着对于消费税的分析必须至少涵盖这些税目的情况。

第三节　消费税改革的理论争议与改革导向

关于消费税改革问题,理论界已形成几点共识:第一,消费税要逐步扩大征税范围,尤其是要把高档服务业纳入征收范围;第二,需要根据经济增长及居民消费结构变化动态调整征税范围;第三,调整税率,适当调高需要重点调控税目的税率。这些理论共识推进了消费税制相关方面的改革进程。

但理论界仍然对消费税改革的两个核心问题存在着争议:一是消费税能否作为地方税主体税种;二是消费税的征收环节是否必须后移到销售环节。实际上,这两个问题存在着密切关联,因为不同征收环节会影响到消费税收入下划地方后地方政府财力和经济行为的差异。

(一)消费税作为地方税主体税种的理论争议与改革导向

一种观点坚持认为消费税不宜作为地方税主体税种。理由之一是消费税税基具有较强流动性,理论上不宜作为地方税(冯俏彬,2017)。理由之二是担心消费税下划地方后会扭曲地方政府的激励行为。若是消费税仍在生产环节征收,则担心会重蹈 20 世纪 80 年代各地竞相设立酒厂、烟厂等的乱象(葛静,2015)。若是消费税后移至销售环节征收,则担心地方政府为了消费税收入而刺激相应品目的消费行为,与消费税力图“寓禁于征”的调节功能相悖(杨志勇,2014)。理由之三是消费税在地区间财力分配不均,下划地方后会引起地区间新的财力不均衡问题(王金霞 等,2018)。

另一种观点主张消费税适宜作为中央地方共享税。理由之一是消费税作为共享税有利于统筹考虑中央与地方财权、事权的对应关系(王金霞 等,2018)。理由之二是共享模式有利于调动中央和地方调控消费经济的积极性。理由之三是共享模式可以充分调动地方政府对成品油等消费税监管的积极性(厉荣 等,2019;韩仁月 等,2019)。但学者们提出了各种迥异的共享模式:分成型共享税(尹音频 等,2014)、税基型共享税(郑涵 等,2017;谷彦芳,2017)、附加型共享税(冯俏彬,2017)等。

《方案》明确了消费税作为地方税的发展定位,对以上争议作出了明确回应。但这些理论上的讨论和争议对完善消费税转型改革仍有所助益。例如,消费税税基的流动性特征和地区间税收竞争行为要求我们注意消费税作为地方税对地方政府行为的激励效应,要从制度层面尽可能引导地方政府良性的税收竞争行为;消费税下划地方后的财力分布不均问题,需要我们在科学估算基础上完善消费税分配方案,同时辅之以合理的均衡性转移支付制度,以平滑消费税转型改革对地区财力差距造成的影响;共享税方案提醒我们,消费税不同税目的差异很大,是否都适宜作为地方税,还需要认真研究和改革探索。

(二)消费税征收环节的理论讨论与改革导向

理论上,将消费税征收环节由生产环节后移至销售环节有几点优势:一是与消费税的调节职能设计保持理论上的直接相关性,可以增强消费者对税收变动的敏感度和认知度,有利于凸显消费税的特点(朱为群 等,2018);二是有利于弱化地方政府对生产环节税收的依赖,增强消费税的调节功能和对消费环境的关注,保障国家财政收入,有利于扩大内需和优化经济结构(张学诞,2018);三是销售环节征税符合税收收入与税源一致性原则,有利于实现地区间税收收入分配公平(谷彦芳,2017);四是销售环节征税有助于避免

因生产地原则征税下地区间地方保护主义和市场分割的扭曲性税收竞争行为(谷彦芳,2017);五是可以弱化生产企业的逃避税行为,有助于增加消费税收入(谷彦芳,2017;朱为群 等,2018;厉荣 等,2019;韩仁月 等,2019);六是销售环节征税可以减少生产企业营业税金,减少企业生产环节周转资金的占用,减轻企业负担(谷彦芳,2017;朱为群 等,2018)。

虽然后移消费税征收环节有许多理论上的优势,但许多学者并不主张所有税目都后移至销售环节征收。因为生产环节征收消费税具有便于源泉控管、监管成本低、征收效率高且不容易产生税源流失的优势(国家税务总局税收科学研究所课题组,2015),因此大多数学者基于国际经验和现实征管约束,建议根据税目特征和征管条件选择适当的征收环节(国家税务总局税收科学研究所课题组,2015;谷彦芳,2017;施文泼,2018)。

《方案》明确提出,"在征管可控的前提下,将部分在生产(进口)环节征收的现行消费税品目逐步后移至批发或零售环节征收"。这既明确了消费税征收环节改革的方向,也要求注意这一改革与现实征管体制和条件的协调性问题。当前的税收征管体制和征管条件为稳步推进消费税后移征收环节改革提供了较为有利的环境:国地税合并后税收征管机构的统一管理体制、金税三期等新信息技术系统的应用、部门间信息共享机制建设等。

第四节 不同征收环节下消费税收入的地区分布

根据《方案》,消费税未来的改革定位是后移征收环节并下划地方。那么,这一改革定位对地方政府未来财政收入的影响如何,需要进行相对准确的估算。为此,我们基于以下数据来源,估算了不同征收环节主要消费税税目国内消费税收入①的地区分布②:一是从《中国税务年鉴》等相关统计资料中直接获取按生产环节征收③得到的各省份分税目的国内消费税收入。二是基于《中国税务年鉴》《中国贸易外经统计年鉴》等相关数据,估算得到按销售环节征收的各省份主要税目的国内消费税收入。由于我们无法获取所有消费税税目对应的各省份销售额数据,所以我们根据《中国贸易外经统计年鉴》统计的各省份限额以上批发和零售业商品销售类值的分类,分别提取与主要消费税税目类同的类

① 由于进口环节征收的消费税收入难以简单分解到各地区,所以这里仅计算分析国内消费税收入的地区分布。进口环节消费税收入占全国消费税收入比重较低,因此我们的分析结论受这一因素的影响较小。

② 孟莹莹(2016)、蒋云赟等(2018)曾利用有限的数据间接模拟分析了消费税收入下划地方及不同征收环节下的地区间财力差距。相比她们的研究,本章有以下改进:一是数据来源更为可靠准确,且覆盖的消费税税目更为全面;二是依据《方案》进行测算分析,可以得到与《方案》更为契合且准确的评估结果。

③ 根据现有消费税制的征管规定,国内消费税收入基本都在生产环节征收,仅有一级税目"烟"中的二级税目"卷烟"同时采取生产环节和批发环节征收方式,一级税目"贵重首饰及珠宝玉石"中的二级税目"金银首饰、铂金首饰和钻石及钻石饰品"在零售环节征收。虽然有这些特殊情况,但从一级税目的总体情况看,现行消费税制的征收环节基本都在生产环节。我们这里是基于一级税目的数据,所以可以基本上认为这些税目的国内消费税收入是基于生产环节征收的。

别:烟酒类≈(烟+酒)、化妆品类≈化妆品(或高档化妆品[①])、金银珠宝类≈贵重首饰及珠宝玉石、石油及制品类≈成品油、汽车类≈小汽车。基于这些类别数据,我们计算得到各省份各类别销售额占全国的比重,再将对应税目的全国国内消费税收入按照这些比重计算得到各省份按销售环节征收得到的相应税目的国内消费税收入。我们所计算分析的消费税税目的国内消费税收入占全国国内消费税总收入的比重在99%以上(2015年为99.77%、2016年为99.47%、2017年为99.38%),因此,基于这些税目的分析结论基本可反映国内消费税的总体情况。

表5-1报告了2015—2017年不同征收环节下主要税目及这些税目总和的国内消费税收入地区分布的基尼系数。[②] 虽然相比生产环节,在销售环节征收并分配地区消费税收入不会出现一些地区在某些税目上的消费税收入为零的极端情况,但从地区分布差异看,销售环节征收消费税收入的地区分布差异程度并没有比生产环节变得更小。从主要税目总和收入的地区分布基尼系数看,2015—2017年销售环节的基尼系数都要略大于生产环节,说明由生产环节改为销售环节,从国内消费税收入的地区分布而言,会产生更大的地区财力差异性。从具体税目情况看,烟+酒、化妆品(或高档化妆品)、小汽车在生产环节征收消费税比在销售环节征收消费税在地区间收入分布的基尼系数更大,但贵重首饰及珠宝玉石、成品油在生产环节征收消费税比在销售环节征收消费税在地区间收入分布的基尼系数要小。

表5-1　2015—2017年不同征收环节国内消费税收入地区分布的基尼系数

税目	2015年		2016年		2017年	
	生产环节	销售环节	生产环节	销售环节	生产环节	销售环节
烟+酒	0.50	0.37	0.48	0.38	0.47	0.38
化妆品(或高档化妆品)	0.85	0.60	0.88	0.61	0.91	0.61
贵重首饰及珠宝玉石	0.50	0.65	0.51	0.64	0.50	0.65
成品油	0.46	0.48	0.46	0.48	0.46	0.49
小汽车	0.64	0.55	0.62	0.55	0.61	0.56
主要税目总和收入	0.37	0.39	0.37	0.39	0.36	0.40

资料来源:根据《中国税务年鉴》《中国贸易外经统计年鉴》等相关数据测算。

① 《财政部 国家税务总局关于调整化妆品消费税政策的通知》(财税〔2016〕103号)调整了化妆品消费税征收范围,规定自2016年10月1日起,取消对普通美容、修饰类化妆品征收消费税,将"化妆品"税目名称更名为"高档化妆品",征收范围包括高档美容、修饰类化妆品、高档护肤类化妆品和成套化妆品。明显地,化妆品销售的地区分布一定会比高档化妆品的地区销售更为均衡,因此,我们这里的近似估计会低估高档化妆品按销售环节征收时的地区差异。

② 我们计算了多个不平等指数,包括相对均值偏差、变异系数、基尼系数、泰尔熵指数等,各指数反映出的结果大同小异,这里仅报告具有代表性的基尼系数。

表 5-1 显示的基尼系数结果似乎与一般直觉和认知不完全一致。但实际上，这些结果恰恰反映了人们认知上的偏差，即更多关注了现实的分布差异和烟酒类的分布差异，而对于销售环节征收可能引起的地区分布差异却由于缺乏现实感知和可靠数据的支持而被人们所忽视。理论上，若按销售环节征收消费税，则地区间人口规模、收入水平、边际消费倾向、消费结构和消费习惯等都会放大地区间消费税收入的分布差异。上述结果提醒我们，除了要关注现有消费税收入分布的地区差异外，也需要注意消费税后移征收环节及下划地方后所带来的地区间消费税收入分配不均衡的问题。①

进一步，我们计算了各省(区、市)在不同征收环节下国内消费税收入的数额差，由此可以更为具体地反映出后移征收环节对各省(区、市)国内消费税收入的影响。我们以 2017 年为例进行分析(见表 5-2)。从主要税目的总差额看，将消费税后移至销售环节征收，相比生产环节征收，仅有 13 个省(区、市)总差额为正，其他省(区、市)总差额为负，且经济相对发达省(区、市)的总差额多为正，如北京、上海、天津、广东、浙江、福建、重庆等，这些结果与表 5-1 的地区间分布差异结果保持了一致。从具体税目的差额情况看，不同税目差异较大，且地区分布特征与表 5-1 的结果也保持了一致。如烟酒类差额为正的省(区、市)有 20 个，化妆品类差额为正的省(区、市)有 28 个，这些结果反映了这些税目消费税在生产环节的地区分布更为集中的现象；而金银珠宝类仅有 8 个省(区、市)为正，这反映了该类消费品在消费上的地区分布要比生产上的分布更为不均衡。从这些具体差额数值可以发现，消费税后移征收环节会使得消费税收入在不同地区间重新分配，且总体分布更偏向于经济发展程度高的地区。

表 5-2　2017 年各省(区、市)按销售环节和按生产环节征收国内消费税收入差额

单位：万元

省(区、市)	烟酒类	化妆品	金银珠宝	成品油	小汽车	总差额
北京	1783769	487	45364	1864338	44797	3738755
天津	371741	146	6064	933847	35984	1347782
河北	193308	318	−11555	−748065	138904	−427090
山西	342226	114	−3708	242386	101351	682369
内蒙古	−136520	121	−3018	−212984	64238	−288163
辽宁	308765	263	−14708	−1135877	−552878	−1394435
吉林	−246956	142	−1191	440326	−1048445	−1736776
黑龙江	114318	198	−5485	−1024024	34642	−880351

① 这里没有考虑消费税改为地方税后的地方政府行为反应的影响，若要准确估计这一效应的影响，还需要更为系统科学的研究分析。

续表

省(区、市)	烟酒类	化妆品	金银珠宝	成品油	小汽车	总差额
上海	−1181645	1403	2680	1775866	899358	1497662
江苏	−242837	−153	−18104	96543	−25160	−189711
浙江	−306495	782	−17868	957276	317092	950787
安徽	13708	496	−10061	−295242	73654	−217445
福建	800935	430	14531	617398	183527	1616821
江西	−17683	113	−1860	−463048	58839	−423639
山东	1201616	607	−7542	−1630635	301205	−134749
河南	443672	788	3342	111121	199606	758529
湖北	−846154	995	−14276	491987	−582036	−949484
湖南	−3147093	291	−5053	−194123	−82371	−3428349
广东	1216161	−9351	64584	1555107	71327	2897828
广西	−398125	171	−4248	−757563	−143956	−1303721
海南	352842	200	−2392	−394213	19755	−23808
重庆	1217454	560	−1275	550621	−239100	1528260
四川	1578384	609	−5625	533351	−326199	1780520
贵州	725402	93	−3754	287700	107312	1116753
云南	−4645459	−444	10672	430344	108258	−4096629
西藏	109 434	5	53	33333	3749	146574
陕西	86717	370	−3167	−1297124	89841	−1123363
甘肃	−415410	89	−816	−798315	43822	−1170630
青海	203239	30	−3672	−71192	18207	146612
宁夏	119750	30	−1349	−422123	22611	−281081
新疆	400936	99	−6563	−596366	62068	−139826

资料来源：根据《中国税务年鉴》《中国贸易外经统计年鉴》等相关数据测算。

第五节　“定基数、调增量”改革对地方财政收入的短期影响

《方案》明确了消费税下划地方的改革采取“定基数、调增量”的模式，以保持中央与地方既有财力格局稳定。由图 5-1 可知，国内消费税收入增长率波动较大，这意味着基数年份的选择对改革的影响较大。而且各省(区、市)情况差异大，该改革模式对各省(区、

市)短期财力影响将会出现较大差异。为了观察这一改革模式对各省(区、市)财政收入的短期影响,我们利用不同征收环节下各省(区、市)主要税目国内消费税收入数据,以上年为基期年,计算了 2016 年、2017 年的增量及占各省(区、市)当年税收收入的比重。从结果看,不同征收环节下各省(区、市)主要税目及加总的国内消费税收入增量都存在着负数的情况,即部分省(区、市)短期内会出现“保基数”的问题,从而对短期财政收入产生负向冲击。①

具体地,我们以主要税目加总的数据进行分析(见表 5-3)。从表 5-3 的结果看,无论是基于生产环节还是销售环节,“定基数、调增量”的改革都存在着部分地区增量为负的情形,这意味着一些省(区、市)难以在短期内保证上解基数的任务。从生产环节征收的消费税看,2016 年有 18 个省(区、市)出现负增长,2017 年也有 14 个省(区、市)出现负增长。少数省(区、市)年度缺口数额占其当年税收总收入的比重较大,如云南省 2016 年的缺口占其税收总收入比重高达10.16%。销售环节的结果显示,2016 年 25 个省(区、市)出现负增长,2017 年也有 15 个省(区、市)出现负增长。这些结果表明,“定基数、调增量”改革模式会对部分地区短期财力产生负向冲击,需要考虑维持中央与地方财力稳定的综合措施。

表 5-3 2016—2017 年不同征收环节各省消费税主要税目国内消费税收入增量及占当年税收总收入的比重

省(区、市)	生产环节征收消费税				销售环节征收消费税			
	2016 年		2017 年		2016 年		2017 年	
	增量/万元	比重/%	增量/万元	比重/%	增量/万元	比重/%	增量/万元	比重/%
北京	−49462	−0.11	−21394	−0.05	−399135	−0.90	21204	0.05
天津	−102303	−0.63	−105224	−0.65	−322581	−1.99	−491343	−3.05
河北	−87134	−0.44	197854	0.90	−178311	−0.89	156671	0.71
山西	30198	0.29	44645	0.32	−255002	−2.46	37025	0.26
内蒙古	138588	1.04	−31528	−0.24	−75482	−0.57	−81475	−0.63
辽宁	−587413	−3.48	−326996	−1.80	−642679	−3.81	182083	1.00
吉林	120632	1.38	−78396	−0.92	−71324	−0.82	−101193	−1.18
黑龙江	−179015	−2.16	133832	1.48	−153137	−1.85	−48603	−0.54
上海	86164	0.15	−1495995	−2.55	−121168	−0.22	−34485	−0.06
江苏	269743	0.41	−182384	−0.28	−104085	−0.16	85379	0.13
浙江	−83732	−0.18	−183044	−0.37	−129271	−0.28	225575	0.46

① 我们以 2015 年为基期年,计算了 2016 年和 2017 年的连续增长情况,也发现类似的情形。篇幅所限,具体数据略。

续表

省（区、市）	生产环节征收消费税				销售环节征收消费税			
	2016 年		2017 年		2016 年		2017 年	
	增量/万元	比重/%	增量/万元	比重/%	增量/万元	比重/%	增量/万元	比重/%
安徽	−70366	−0.38	166027	0.84	−129365	−0.70	55033	0.28
福建	−704793	−3.59	−166292	−0.81	−156181	−0.80	−87171	−0.42
江西	157360	1.07	2450	0.02	−78658	−0.53	31929	0.21
山东	228138	0.54	457734	1.04	−554450	−1.32	19698	0.04
河南	−119595	−0.55	185170	0.79	−326	−0.00	−32633	−0.14
湖北	−60142	−0.28	625498	2.78	−566193	−2.67	−276730	−1.23
湖南	−309899	−2.00	301801	1.72	−58907	−0.38	−69420	−0.39
广东	37104	0.05	137553	0.16	301436	0.37	536823	0.61
广西	123097	1.19	−109837	−1.04	−35294	−0.34	23594	0.22
海南	68691	1.36	−251504	−4.63	3716	0.07	−4325	−0.08
重庆	86157	0.60	−149318	−1.01	130008	0.90	−162835	−1.10
四川	42047	0.18	301300	1.24	221326	0.95	240204	0.99
贵州	−29226	−0.26	251394	2.13	1049495	9.37	−58379	−0.49
云南	−1192167	−10.16	243698	1.98	−38459	−0.33	−45026	−0.36
西藏	13318	1.34	4209	0.34	3149	0.32	6545	0.53
陕西	−713877	−5.93	208512	1.40	−26269	−0.22	119036	0.80
甘肃	−41137	−0.78	10435	0.19	−156623	−2.98	−214266	−3.92
青海	−11974	−0.68	−9250	−0.50	−28641	−1.62	−12096	−0.66
宁夏	−22594	−0.92	27928	1.03	−66171	−2.68	13862	0.51
新疆	−28579	−0.33	−7396	−0.08	−381388	−4.39	146802	1.55

资料来源：根据《中国税务年鉴》《中国贸易外经统计年鉴》等相关数据测算。

当然，如果消费税下划改革是采取部分税目后移征收环节后稳步下划地方，则对地方政府短期财力冲击较小。而且，随着时间推移，各地消费税收入的增长将会弱化这一改革的影响。另一个相关的问题是，如果改变消费税征收环节，还会影响到各地区以消费税为计税依据的城市维护建设税及教育费附加等收入。因此，需要综合考虑消费税后移征收环节及下划地方对地方财力的综合影响，完善相关配套改革，以实现消费税向地方税转型改革的平稳过渡。

第六节　消费税向地方税转型的改革建议

基于上述分析，我们提出以下消费税向地方税转型的改革建议：

第一，从完善央地间财政关系和地方税体系建设出发推进消费税转型改革。既然《方案》已经明确了消费税作为地方税的发展定位，那就意味着消费税制的完善需要从这一定位出发，与中央和地方财政事权和支出责任划分改革相适应，立足于地方税体系建设推进消费税的转型改革。

第二，积极试点与现有征管体制及征管条件相适应的消费税后移征收环节改革，加快推进相关系统配套改革。当前的征管体制和征管条件已经为诸多消费税品目后移征收环节改革提供了良好条件，因此，除了先选择高档手表、贵重首饰和珠宝玉石等条件成熟的品目实施改革外，其他品目也应尽快开展试点。同时，应加快消费税后移征收环节改革与其他相关系统的配套改革（朱云飞，2016；张学诞，2018）。如对烟草消费税后移征收环节的改革，可以通过与烟草专卖部门进行数据交换予以保障；对酒类消费税后移征收环节的改革，可以与大型商场或超市的 ERP 系统相对接，对酒类经销商的征管可以通过税控系统予以保障；对成品油消费税后移征收环节的改革，可以通过税控加油机予以保障；对小汽车消费税后移征收环节的改革，可以通过与车辆管理部门进行数据交换或委托代征予以保障。

第三，后移征收环节基础上稳步推进消费税收入下划地方改革。前面的研究表明，若在现有征管环节下全面推进“定基数、调增量”的改革，会对地方财政收入带来较大的短期冲击，因此，建议根据消费税品目属性和征管质效，将适宜后移征收环节的品目先划为地方税，将一些目前还不适宜后移征收环节的品目继续作为中央税，待条件成熟后再推进后移征收环节及下划地方的改革。

第四，谨慎选择“定基数、调增量”中的基数年份，同时完善均衡性转移支付制度。由于消费税收入增长波动幅度大，且各省份差异也较大，因此，在消费税下划地方时须谨慎选择基数年份，以保证中央与各省份的财力平稳过渡。基数确定后，建议将之作为各地固定上解中央的数额，并切断其与各地消费税收入增长的关联。同时，对于该改革对地方财力的综合影响及改革后消费税收入在地区间的不均衡分布问题，应通过完善均衡性转移支付制度来缓解改革对各地区财政收入的冲击。

第五，消费税新增征税品目直接探索销售环节征收并作为地方税。对于拟新增的消费税品目，如高档服务类，直接探索在销售环节征收并作为地方税，以减少转型改革的成本。同时，对于短期内需要调出的消费税品目，可以与消费税转型改革一并考虑。

第六，规范地方政府竞争消费税税源的行为，引导地方改善消费环境。首先，对于许多学者所担心的消费税下划地方后会激励地方政府竞争税源的异化行为，我们认为还需要更多深入的研究。因为不同于一般的消费品，许多消费税品目具有特殊性，如烟酒既属于有害消费品，但它们又是上瘾品；高档消费品消费存在着攀比效应和虚荣效应。税收对这些消费品的影响效应需要综合考虑多重因素。而且，不同于地方政府对企业生产的直接干预，政府对消费的干预要相对间接和弱得多。因此，消费税下划地方后会引起地方政府哪种形式的税收竞争行为及产生多大程度的影响效应，还需要更为严谨的研究。其次，需要通过完善法律法规，优化市场机制，约束消费税下划地方后地方政府为争夺税源所采取的不利于消费税品目流动和消费的行为，引导地方政府通过优化消费环境，实现资源配置、消费升级和消费税收入增长的良性共生结果。

本章参考文献

冯俏彬，2017.从整体改革视角定位消费税改革[J].税务研究(1).

葛静，2015."营改增"后重构我国地方税体系的思路和选择[J].税务研究(2).

谷彦芳，2017.后营改增时代消费税改革的再思考[J].税务研究(5).

国家税务总局税收科学研究所课题组，2015.消费税征收环节及收入归属的国际比较研究与借鉴[J].国际税收(5).

韩仁月，张春燕，2019.论成品油消费税的完善：基于山东省地方炼油企业的调查分析[J].税务研究(3).

蒋云赟，钟媛媛，2018.消费税收入归属对地方财政收入均衡性的影响[J].税务研究(7).

厉荣，孙岩岩，2019.改革完善成品油消费税制度浅议[J].税务研究(3).

罗秦，2019.我国促消费背景下深化消费税改革之探讨：历史回顾、国际经验与现实选择[J].税务研究(6).

孟莹莹，2016.基于地方主体税种重构的消费税改革展望[J].经济纵横(8).

施文泼，2018.地方税的理想与现实[J].财政科学(4).

王金霞，王佳莹，2018.新时代消费税职能定位的思考[J].税务研究(10).

王振宇，2018.分税制以来地方税萎缩的现实、危害及其改革取向[J].财政科学(4).

杨志勇，2014.消费税制改革趋势与地方税体系的完善[J].国际税收(3).

尹音频，张莹，2014.消费税能够担当地方税主体税种吗？[J].税务研究(5).

张学诞，2018.关于消费税作为省级政府主体税种的探讨[J].财政科学(4).

郑涵，汤贡亮，2017.从消费税职能定位看营改增全面实施后的消费税改革[J].税务研究(1).

朱为群，陆施予，2018.我国奢侈品消费税改革探讨[J].税务研究(7).

朱云飞，2016.流转税能否成为地方税主体税种：兼论我国流转税的改革方案与利弊[J].地方财政研究(4).

第二部分
税收政策篇

第六章　双边税收协定与中国企业“一带一路”投资*

邓力平　马　骏　王智烜**

第一节　引　言

当前，中国企业“走出去”的步伐明显加快，中国对外直接投资流量和存量都呈现上升趋势。党的十八大以来，习近平主席在 2013 年 9 月和 10 月出访中亚和东南亚国家期间，先后提出共建“丝绸之路经济带”和“21 世纪海上丝绸之路”的重大倡议，引起世界相关国家的高度重视和广泛共鸣。“一带一路”倡议的提出，为新时代改革开放继续推向前进提供助力，极大拓展了中国企业对外投资的区域和领域。《2018 年度中国对外直接投资统计公报》显示，我国对外直接投资流量和存量连续两年稳居全球前三，2018 年境外企业雇用外方员工 187.7 万人，缴纳税金总额达 594 亿美元，对东道国的就业和税收贡献明显。

实施五年以来，“一带一路”建设大幅提升了我国的投资便利化水平，有效降低了中国企业“走出去”的风险（孙焱林 等，2018）。但由于我国企业自身国际化经验缺乏以及近年来国际“逆全球化”趋势升温，企业境外投资仍然面临较大挑战。尤其是与经营密切相关的国际税收领域，企业在境外投资面临和国内完全不同的税收法律环境，涉税风险很大（方芳 等，2017）。因此，我国与“一带一路”共建国家签署的避免双重征税和防止偷漏税的协定（Bilateral Double Tax Treaty，英文缩写 DTT，以下简称“税收协定”）对企业成功“走出去”至关重要，加强税收协定磋商也是税收服务“一带一路”的重点内容。

从理论上分析，税收协定可以规范和降低境外投资企业的税收支出，从而对企业的对外投资活动产生积极影响（何杨 等，2013）。但由于不同国家税制结构的差异，以及企业所得税法对境外税收抵免措施的差异，税收协定发挥避免双重征税的作用可能会弱化（朱青，2015）。并且税收协定所包含的反避税条款以及对转让定价的规范，将对跨国公

* 本章写作时间为 2019 年，故本章论述以 2019 年为时间节点。

** 邓力平，教授，博士生导师，厦门大学经济学院，厦门国家会计学院；马骏，博士研究生，厦门大学经济学院；王智烜，副教授，厦门国家会计学院“一带一路”财经发展研究中心。

司的利润构成负面影响，因此税收协定是否能够促进企业对外直接投资以及具体的作用机制一直充满争议。依据历史数据得到的实证结果，不论是采用宏观加总的 FDI 存量或者流量数据，还是微观层面的企业数据，都可能得到正向、负向以及不显著三种结果(Davies et al.,2009;Baker,2014)。

目前关于税收协定对企业对外直接投资影响的研究主要集中于发达国家之间或者发达国家对发展中国家，而国内现有的研究主要是从国际税收理论或者国际法角度研究税收协定的作用，缺乏对税收协定作用机制的定量分析。由于税收协定具有标准的范本和相似的条款内容，已有的研究大多假设税收协定具有同质性。但与不同国家签署的税收协定中，部分主要条款存在差异，因此税收协定之间也存在异质性。对于不同制度环境的东道国，异质性的税收协定对企业对外直接投资是否仍具有同质的正向效应？税收协定的作用机制是否都是单一地通过避免双重征税传递？未来税收协定的磋商是否应该重点关注降低协定税率、增加税收饶让条款？

本章的主要贡献在于：(1)按照税收协定的条款将税收协定进行了差异化处理，分析了是否签署税收协定、税收协定的协定税率高低以及税收协定中是否包含税收饶让条款的不同影响；(2)结合我国税制结构和“一带一路”共建国家制度环境，拓展了税收协定对企业对外直接投资的作用机制；(3)从税收协定拓展到税收协定网络，探讨了东道国的税收协定网络广度对东道国制度环境的替代作用；(4)探讨了税收协定对不同所有制企业“走出去”的影响，在一定程度上回答了“一带一路”建设是否由市场化主导的问题。

第二节　文献综述与研究假设

(一)文献综述

国际税收协定的主要目标是避免法律性双重征税以及防止避税和偷漏税，它的出现与全球资本流动密不可分，因此对税收协定的研究很自然会和全球 FDI 活动联系在一起。早期的研究主要通过理论模型分析税收协定对国家间税收竞争以及企业对外投资决策的影响，认为税收协定对 FDI 的作用机制主要通过两个渠道传递：一是通过规范税收管辖权以及明确受益所有人(beneficial owner)避免对纳税主体双重征税(Janeba,1996)；二是通过税收协定规定了股息、利息、特许权使用费等预提所得税税率(withholding tax rate,简称“协定税率”)，这些低于东道国国内所得税率的协定税率可以降低跨国公司税收负担。在早期研究中，普遍认为税收协定能够促进企业对外直接投资。

Blonigen 和 Davies(2002)是较早通过实证分析检验税收协定和 FDI 关系的研究。该研究采用 OECD 国家 1982—1992 年的宏观数据，首先分析了已生效的税收协定对 FDI 的影响，发现税收协定对 FDI 的促进作用为正；但如果以 1983 年为界限区分存量和新增税收协定,发现新增税收协定对 FDI 存量和流量的影响显著为负。Blonigen 和 Davies(2004)又采用类似的分析框架检验了美国 1980—1999 年双向 FDI 和税收协定的关系,发现不论是流入美国的 FDI 还是流出的 OFDI,税收协定对其影响都不显著。Egger 等(2006)基于 OECD 国家 1985—2000 年的宏观数据,采用 PSM-DID 方法同样发现税收协定对 OFDI 的平均处理效应显著为负。这些实证结果对税收协定的预期作用提出了质疑,但同时也有部分实证研究得到了不同的结果。Davies 等(2009)利用瑞典企业的微观数据,发现税收协定对企业对外直接投资有正向激励。因此从 OFDI 二元边际的视角,可以认为税收协定对 OFDI 广延边际(投资区位决策)有正向影响。实证结果的差异,使学术界认识到税收协定的作用机制不是单向的,对于不同特征的东道国,税收协定的作用存在异质性。资本流出国以及流入国的差异,都会导致税收协定产生不同影响(Baker,2014;Blonigen et al.,2014;Hearson,2018)。同时,税收协定对 FDI 的传导机制也得到了进一步拓展,税收协定除了对 FDI 的正向作用,还可能从另外两方面抑制资本流动:一是税收协定中的反避税措施,例如对关联企业进行了界定,对转让定价的规则进行了规范以及包含税收情报交换条款,使跨国公司难以通过利润操作减少应税义务,进而降低跨国公司的投资意愿(Blonigen et al.,2004);二是税收协定在实际操作中会和国内法产生冲突,国内法以及国内对税收协定的解释条款可能会弱化税收协定的作用(Baker,2014)。

上述主要基于发达国家数据得到的结论,为本章的研究提供了启示。对于中国这样的发展中国家,还鲜有文献探讨税收协定对其 OFDI 的影响。目前国内的研究主要也集中于税收协定的正向作用(崔晓静,2017),只有少量研究关注到随着税基侵蚀和利润转移行动计划(BEPS)推进,国际税收领域的焦点从如何避免双重征税向如何避免双重不征税转移的趋势(张瑶,2018)。此外,以往的研究通常会忽略税收协定的谈判和签署是有成本的。在假设税收协定对签署双方无成本的前提下扩大税收协定网络自然是可取的。但在实际运行中,税收协定存在以下三方面的成本:第一,时间和人力成本。从我国目前已经签署的税收协定可以看出,税收协定从协商到正式实施,时间周期一般都长达五年以上,因此在国家税务机关资源有限的情况下,税收协定磋商就存在较大的机会成本。第二,除了税收协定谈判的成本,缔约双方为适应税收协定条款而对国内已有税收规则的调整也需要成本(Barthel et al.,2010)。第三,在跨国公司收入不变的情况下,通过降低协定税率和加入税收饶让条款,必然意味着资本输入国和流出国中的一方放弃了部分税收收入。这部分放弃的税收收入对于签约国也构成了成本(Easson,2000)。

(二)理论机制与研究假设

在考虑税收协定作用异质性的基础上,结合我国税制结构和"一带一路"共建国家制度环境,本章拓展了税收协定对企业对外直接投资的作用机制,并提出了三个相应的假设。

首先，与发达国家以所得税为主体的税制结构不同，我国的流转税还占主导地位。“一带一路”共建国家以发展中国家居多，流转税占有较大比重（朱为群 等，2016）。而税收协定适用的主要税种为所得税，对企业增值税的影响较小，这就意味着税收协定对我国企业税收成本的影响可能会小于发达国家。在企业所得税方面，根据我国企业境外所得税税收抵免的规定，企业税收抵免有限额约束，因此当东道国所得税税率高于我国时，我国企业在境外缴纳的税款不能得到全部抵免；而当东道国所得税税率低于我国时，根据抵免制的原理，企业境外投资所得又需要在国内补缴税款。而在反避税方面，我国已加入《BEPS 多边公约》，现有的税收协定网络为税收情报交换提供了便利；同时国内税务机关的征税能力和税收努力也在逐步提高。当资本流向实际税负水平较低的国家，尤其是传统避税地国家时，将面临更多的监管，这会降低企业的投资动机。在现有的税收制度下，对于税负水平较高的东道国，税收协定达成的优惠税率可以降低税收成本，对企业对外直接投资有促进作用；而境内税负水平较低的东道国，税收协定并不能有效降低税收成本，而且还可能因为反避税监管产生负向作用。综上所述，从消除国际双重征税和防止跨国避税的作用机制分析，本章提出以下研究假设：

假设1：从平均效应而言，是否签订税收协定对我国企业参与“一带一路”共建国家对外直接投资影响不明显。

在与国内税制衔接中，税收协定在降低企业税收成本方面的效果可能并不明显。但从企业对外直接投资税收风险防范方面，税收协定作为国家间的法律，体现了缔约双方国家的意志，具有法律约束力和强制力，相当于对企业提供了国家层面的投资保护。在企业对外投资的影响因素中，制度性因素、税收因素以及自然资源因素是文献中关注较多的三类重要因素（王永钦 等，2014）。与双边投资协定的功能类似，税收协定可以通过对东道国制度环境的替代作用（杨宏恩 等，2016），降低企业投资风险。结合东道国制度环境因素，税收协定对我国企业在“一带一路”共建国家投资的影响还可能通过以下两种机制形成。

第一，税收协定为母国政府合法介入投资争端、维护母国企业合法利益提供了机会。当企业选择跨境投资以后，在外的子公司或者分支机构就与东道国政府之间形成了一系列显性或隐性契约。由于东道国政府不但是缔约方，而且拥有属地管辖权和行政特别权，因此跨国公司和东道国政府双方的法律地位是不平等的（李国学，2018）。东道国政府可以制定或者调整对外资的政策对跨国公司行为进行干预，而跨国公司无法单纯依靠自身力量化解东道国滥用行政特别权所引致的政治风险。税收协定作为缔约国家间的一种契约，其中的无差别待遇条款和协商机制在一定程度上可以规避这种政治风险。尤其是我国政府将“一带一路”建设提升到“参与全球开放合作、改善全球经济治理体系、促进全球共同发展繁荣、推动构建人类命运共同体的中国方案”的高度，可以使企业充分相信母国对企业对外直接投资的保护力度。

第二,双边税收协定对于制度质量较差的国家相当于一个信号发送(signaling)的过程,可以降低不对称信息带来的投资风险(Christians,2005)。发展滞后并且营商环境不透明的国家对于境外投资者而言,就存在不对称信息的情况,投资者难以通过外部信息了解东道国真实的投资环境。不对称信息可能会导致逆向选择问题,使优质的境外投资者选择观望。因此一个发展中国家如果需要吸引潜在的境外投资者,就需要借助信号发送来降低不对称信息带来的负面影响。需要吸收 FDI 的东道国拥有比境外投资者更全面的国内经济信息,如果它对外界发送的信号是有效的,需要具备两个必要条件,即信号的可观察性(signal observability)和一定的信号成本(signal cost)。双边税收协定就符合这两个必要条件:首先,双边税收协定的内容是公开且具有实际操作性的,境外投资者可以获取东道国税收协定的具体条款以及了解东道国税收协定网络的构成;其次,双边税收协定的达成需要国家层面的协商,达成协定在时间、人力和调整本国税法方面都需要较高的成本,并且达成以后单方面中止的成本很高。因为一个税收协定的非正常中止对于外界是一个显著的负面信号。如果一个发展中国家建成了较为密集的税收协定网络,说明该国对 FDI 的流入持积极态度,会为境外投资创造较好的营商环境。作为国际 FDI 的主要流入国,中国改革开放以来构建的税收协定网络就是一个成功的案例。虽然在改革开放初期,国内的投资信息和经济政策存在很大的不确定性,但是我国从 20 世纪 80 年代开始就和大量发达国家进行了税收协定的谈判和签署,税收协定网络的建立在一定程度上降低了外商投资的涉税风险。因此我国在营商环境存在不足的情况下,仍然多年保持 FDI 流量的高速增长。税收协定通过减少企业对外直接投资的不确定性,为企业对外直接投资提供国家层面的保护,可以降低东道国制度风险带来的冲击,对企业参与"一带一路"建设有积极作用,为此本章提出第二个假设:

假设 2:东道国的税收协定网络广度与东道国的制度环境在作用方面存在替代性,即税收协定对企业到制度环境不足的东道国投资有正向影响。

2008 年企业所得税进行重大调整以后,国内税法以及税收协定对不同所有制的企业不存在所有制歧视,东道国也不会因为跨国公司所有制提供差异性税收待遇。并且"一带一路"倡议是一个开放包容的框架,对不同所有制企业提供了同样的支持力度,因此从理论上来说,企业对外直接投资的收益并不会产生税收不公平问题。但与非国有企业相比,国有企业还会承担更多的社会责任和目标,比如在税收支付、保证就业等方面对政府提供支持(陈东 等,2016),国有企业进行税收筹划的激励会小于非国有企业,因此对税收的敏感性低于非国有企业。关于税收协定对不同所有制企业的影响,本章提出第三个假设:

假设 3:税收协定对非国有企业到"一带一路"共建国家投资具有更大的促进作用。

第三节 研究设计

(一)实证背景

本章重点研究的区域是"一带一路"共建国家。截至 2016 年底,中国与"一带一路"54 个共建国家签署了税收协定,其中有 18 个国家与我国的税收协定中包含双方相互饶让条款,部分协定中的饶让条款约定了有效期限。① 根据联合国贸易和发展会议(UNCTAD)的统计数据,目前全球已签署的双边税收协定超过 3000 个,大部分国家都已形成一定规模的税收协定网络。

关于中国企业对外直接投资,2004 年 7 月颁布的《国务院关于投资体制改革的决定》(以下简称《决定》)是对外投资管理体系的一个转折性文件。《决定》的出台,实现了企业境外投资由审批制向核准制、备案制的转变,因此实证部分的时间起点使用 2005 年。

(二)数据来源

首先对于微观层面的企业数据,本章选取了 2005—2016 年中国 A 股所有上市公司以及在全国中小企业股份转让系统(俗称"新三板")挂牌的公司数据,数据来源于 CSMAR 数据库、Choice 数据库以及 Wind 数据库。截至 2016 年,"新三板"挂牌企业数量已超过 1 万家,主要以民营企业和中小企业为主,而在中国对外非金融类投资流量中,非公有经济控股的境内投资者不论在数量还是规模上都占较大比例。"新三板"公司采用与 A 股上市公司同样的会计准则,并且财务报表经过会计师事务所审计,是对 A 股上市公司样本的有效补充。通过商务部公布的《企业对外直接投资名录》,可以获取中国企业在共建"一带一路"64 个国家(地区)进行对外直接投资的信息,在与企业财务数据匹配后②获得初始样本。其后按照常规处理方法,剔除了金融类以及 ST 和 PT 类公司。经过处理后获得的样本数据包括在共建"一带一路"60 个国家(地区)进行对外直接投资的

---

① "一带一路"沿线 64 个国家的名单参考刘洪铎等(2016)和崔晓静(2017)。与我国签署了税收协定的 54 个"一带一路"国家分别为:(1)东南亚 9 国:印度尼西亚、马来西亚、菲律宾、新加坡、泰国、文莱、越南、老挝、柬埔寨;(2)南亚 5 国:尼泊尔、印度、巴基斯坦、孟加拉国、斯里兰卡;(3)中亚 5 国:哈萨克斯坦、土库曼斯坦、吉尔吉斯斯坦、乌兹别克斯坦、塔吉克斯坦;(4)西亚 10 国:伊朗、土耳其、叙利亚、以色列、沙特阿拉伯、巴林、卡塔尔、阿曼、阿拉伯联合酋长国、科威特;(5)中东欧 16 国:阿尔巴尼亚、波黑、保加利亚、克罗地亚、捷克、斯洛伐克、爱沙尼亚、立陶宛、匈牙利、拉脱维亚、马其顿、黑山、罗马尼亚、波兰、塞尔维亚、斯洛文尼亚;(6)独联体 7 国:俄罗斯、白俄罗斯、乌克兰、摩尔多瓦、格鲁吉亚、阿塞拜疆、亚美尼亚;(7)东亚 1 国:蒙古国;(8)非洲 1 国:埃及。截至 2016 年尚未与我国签署税收协定的国家有 10 个,分别为:缅甸、东帝汶、不丹、马尔代夫、阿富汗、伊拉克、约旦、巴勒斯坦、也门、黎巴嫩。税收协定中包含双方相互饶让条款的有泰国、马来西亚、越南、文莱、印度、巴基斯坦、斯里兰卡、阿曼、科威特、斯洛伐克、保加利亚、塞尔维亚、马其顿、波黑、黑山、沙特阿拉伯、尼泊尔、柬埔寨等 18 国;明确税收饶让条款执行期为 10 年的有斯里兰卡、沙特阿拉伯、文莱和柬埔寨等 4 国。

② 匹配过程使用了全部 A 股企业和"新三板"企业的全资总公司和一级控股子公司名称,匹配使用的软件为 Python(Version:3.6.0)。由于《企业对外直接投资名录》中具有时间信息的记录截至 2015 年 12 月,本章 2016 年数据的界定是使用 2017 年 2 月和 2015 年 12 月 31 日之间的新增企业备案信息。

609 家企业和 1323 条企业－国家－年份投资记录。

对于国家层面的宏观数据，本章使用了世界银行数据库、CEPII 数据库以及 State Fragility Index and Matrix(1995—2016)的数据。部分国家的缺失数据使用 CIA World Factbook 数据进行补充。双边税收协定的签订日期以及具体条款内容，参考了国家税务总局官方网站、IBFD(International Bureau Of Fiscal Documentation)以及威科先行财税数据库的信息。

(三)模型构建和变量选取

根据 Kennedy(2008)和 Wooldridge(2010)的定义，当因变量存在多项选择时，有三种构建随机效用模型的方法。第一种是拥有决策者(如本章中的企业)若干特征信息，但不具有备选项(如本章中的东道国)的特征信息，因此解释变量并不随着备选项不同而变化，这种模型适合于备选项的特征对研究不重要或者无法获取的情形，例如职业选择模型(Wooldridge,2010)，这类模型一般被称为多项 Logit(multinomial logit,MNL)模型。第二种是拥有备选项(东道国)的特征信息，但不具有决策者(企业)的特征信息，因此解释变量随备选项改变而变化，但不随个体改变，这类模型一般被称为条件 Logit(conditional logit,CL)模型。在限于数据无法捕捉企业特征的情况下，这类模型可用于厂商基于备选项特征进行选址决策的问题，目前国内关于 OFDI 区位选择的问题大多基于这一框架(阎大颖,2013；王永钦 等,2014)。第三种方法是第一种和第二种方法的综合，即当数据中具有备选项(东道国)特征信息，又捕捉到决策者(企业)特征信息时，考虑这两种影响机制同时发生的混合情形，这类模型被称为混合 Logit(mixed logit,ML)模型。由于企业在进行 OFDI 区位选择时，不仅会考虑东道国的特征，也会结合自身的财务信息进行投资评估，因此使用混合 Logit 模型可以缓解遗漏变量的问题。

本章的被解释变量是一个二分因变量，对应于 2005 年到 2016 年在商务部备案的 1323 条企业—国家投资记录。在同时考虑东道国特征和企业特征的情况下，本章采用混合 Logit 模型进行估计。混合 Logit 模型中假设企业 i 选择东道国 j 所能带来的随机效用为：

$$U_{ij} = x_{ij}^{'}\beta + z_i^{'}\gamma_j + \epsilon_{ij}(i=1,\cdots n;j=1,\cdots,J) \tag{6-1}$$

其中解释变量 x_{ij} 是随备选东道国变化的变量(例如东道国的实际 GDP 等)，z_i 是只随企业变化的变量(例如企业的营业收入)。因此企业 i 选择东道国 j 作为投资目的地的概率为：

$$P(y_i = j \mid x_{ij}) = \frac{\exp(x_{ij}^{'}\beta + z_i^{'}\gamma_j)}{\sum_{k=1}^{J}\exp(x_{ij}^{'}\beta + z_i^{'}\gamma_k)} \tag{6-2}$$

根据混合 Logit 模型的结构，本章核心的估计方程如下：

$$\begin{aligned} P(Y_{ij,t}=1) = {} & X_{ij,t-1}^{'}\beta + Z_{i,t-1}^{'}\gamma_j + \delta_1 \times \mathrm{DTT}_{j,t-1} + \\ & \delta_2 \times (\mathrm{DTT}_{j,t-1} \times \mathrm{Tax}_{j,t-1}) + \delta_3 \times \mathrm{Tax}_{j,t-1} + \epsilon_{ij} \end{aligned} \tag{6-3}$$

其中 $P(Y_{ij,t}=1)$ 表示的是 t 年中国企业 i 进入东道国 j 的概率。$Y_{ij,t}$ 是一标识变量，当企业 i 在 t 年进入市场 j 时赋值为 1，如果企业 i 在 t 年未进入市场 j 则赋值为 0。因此全样本中 $Y_{ij,t}=1$ 的样本数为 1323，对应 1323 条投资记录。为避免内生性问题，本章所用的国家层面和企业层面的控制变量都滞后一期。

双边税收协定变量 DTT 是本章的核心解释变量。对于双边税收协定变量的构建，税收协定的签订年份和生效年份都有学者使用，本章采用税收协定生效时间，在稳健性检验中使用了税收协定的签署时间，研究结论未发生改变。基于对税收协定条款的研究，可以将 DTT 分为 DTT1、DTT2、DTT3 三个细项，用于衡量税收协定异质性的影响。其中 DTT1 为税收协定是否生效的虚拟变量；DTT2 表示税收协定中是否包含税收饶让条款，如果包含且税收协定已生效，则取值为 1；DTT3 用于衡量中国与不同国家签署的税收协定中约定的协定税率水平的差异。税收协定中协商的优惠税率水平按照 10%税率的标准值为界限（OECD 范本中的常用值），低于 10%取 1，等于 10%取 2，大于 10%取 3，没有签订税收协定的其他东道国预提税率都超过协定税率，取值为 4。东道国本国企业的整体税负水平用 Tax_j 表示，该变量使用实际税收（不含个人所得税和增值税）在企业利润中所占比例（total tax rate of commercial profits）衡量，数据来源于世界银行数据库。将每年东道国国内的税负水平划分为高、中、低三类，其中低于第一个三分位点的国家定义为低税负水平国家，高于第二个三分位点的国家定义为高税负水平国家，处于第一个三分位点和第二个三分位点之间的国家为中税负水平国家（包含正好等于两个分位点数值的国家）。在进行稳健性检验时，划分为高、低两类，高于（或等于）中位数为高税负水平国家。

根据本章的假说二，实证部分对东道国税收协定网络和制度质量的关系也进行了检验。税收协定网络的衡量采用东道国历年已签署的所有双边税收协定数量，数据来源于 IBFD。本章选择 WGI 数据库的相关指标度量制度质量。该数据库包含六个维度的指标，分别是公众参与（va）、政权稳定（ps）、政府效率（ge）、监管稳定（rq）、法律规则（rl）与腐败控制（cc）。同时还使用了状态脆弱性指数与矩阵（state fragility index and matrix）中衡量政治稳定性的两个指标 seceff 和 poleff，这两个指标分别表示国家发生战争和政治动荡的频率。参考 Karolyi（2015）研究新兴市场风险指标的方法，使用主成分分析法，取八个维度的子指标的第一主成分作为制度质量的代理变量。

参考以往文献，研究中还使用了以下控制变量：(1)东道国市场规模，用东道国实际 GDP 的自然对数值衡量。(2)东道国的 GDP 增长率，一般认为较高的 GDP 增长率可能会增加企业的投资收益，对企业投资产生正向激励。(3)东道国的 GDP 波动率，使用相邻五年 GDP 增长率的标准差衡量，较大的市场波动会抑制企业投资的意愿。(4)东道国商品贸易依存度，采用商品进出口贸易额占 GDP 的比重表示，部分文献认为东道国贸易依存度越大，对外开放的程度越高，营商环境对境外投资者更友好。(5)双边距离，地理距离的增加会对企业的进入形成制约。(6)企业规模，使用企业营业收入的自然对数值衡量，企业规模越大，抗风险能力和融资能力可能更强。(7)企业的资产收益率，使用企业的净利润除以资产总值得到，资产收益率高的企业更有可能控制好境外投资的沉没成本，同时也更有可能面临境外所得税抵免问题。东道国实际 GDP、商品贸易依存度数据来源于世界银行数据库，双边距离数据来源于 CEPII 数据库。

表 6-1　主要变量描述性统计

变量	样本数	均值	标准差	最小值	最大值
税收协定(已实施＝1)	79380	0.840	0.370	0	1
协定税率	79380	1.970	1.040	1	4
饶让条款(有＝1)	79380	0.260	0.440	0	1
税负水平	79380	1.900	0.650	1	3
税收协定网络	79380	43.02	22.35	0	80
制度质量	79380	－0.0600	2.280	－5.530	5.590
与中国地理距离(对数值)	79380	8.567	0.375	7.067	8.952
实际 GDP(对数值)	79380	24.86	1.580	20.15	28.46
GDP 增长率	79380	3.970	5.080	－28.10	54.16
商品贸易占 GDP 比重	79380	80.34	43.83	20.07	345.4
GDP 波动率	79380	3.280	3.100	0.170	31.76
企业资产收益率	79380	0.0600	0.310	－0.420	11.22
企业营业收入(对数值)	79380	22.45	2.490	15.02	28.69

本章所使用的主要变量描述性统计如表 6-1 所示，①可以看出样本中只有四分之一的国家与中国的税收协定中包含饶让条款，同时大多数国家都具有一定存量的税收协定(税收协定网络)。对外直接投资企业的营业收入有较大差异，说明样本对大中小企业都有所涵盖。

第四节　实证结果与稳健性测试

(一)全样本基准回归

表 6-2 是采用全样本的回归结果。

① 根据区位选择问题的一般处理方法，是将有效样本乘以可供选择的区位数量，因此本章实证分析中所用的样本量为 1323×60＝79380。感谢匿名审稿人的建议。

表 6-2　税收协定对企业对外投资影响

	全样本基准回归			加入影响选择的国家特征变量			
	(1)	(2)	(3)	(4)	(5)	(6)	(7)
税收协定 (签订为 1)	−0.246 (0.384)			0.149 (0.426)			
税收协定税率		0.033 (0.119)			−0.125 (0.126)		−1.046*** (0.327)
税收饶让条款 (有该条款为 1)			0.188 (0.563)			0.539 (0.466)	
东道国与中国距离 (对数值)				−4.780*** (0.754)	−4.848*** (0.758)	−4.594*** (0.765)	−4.810*** (0.762)
东道国实际 GDP (对数值)				1.644*** (0.178)	1.647*** (0.175)	1.627*** (0.178)	1.610*** (0.177)
GDP 增长率				0.003 (0.010)	0.005 (0.010)	0.003 (0.010)	0.005 (0.010)
商品贸易比重				0.001 (0.002)	0.001 (0.002)	0.001 (0.002)	0.002 (0.002)
经济波动率				−0.041 (0.028)	−0.040 (0.027)	−0.040 (0.028)	−0.043 (0.028)
东道国税负水平				−0.738* (0.433)	−0.688 (0.435)	−0.847* (0.444)	−1.334*** (0.491)
东道国税负水平与 协定税率交互项							0.455*** (0.144)
企业特征变量	是	是	是	是	是	是	是
国家固定效应	是	是	是	否	否	否	否
N	79380	79380	79380	79380	79380	79380	79380
pseudo R^2	0.191	0.191	0.191	0.176	0.176	0.176	0.176

注：括号外数值为系数，括号内数值为稳健标准误，* 代表 $p<0.10$，** 代表 $p<0.05$，*** 代表 $p<0.01$。

列(1)～(3)中控制了国家固定效应和企业自身的特征变量(企业资产收益率和营业收入)。回归结果表明，东道国与中国是否签署税收协定、税收协定的协定税率高低以及税收协定中是否包含税收饶让条款对企业对外直接投资的区位选择影响并不显著。从列(4)开始，回归方程中加入关于国家特征的控制变量，这些变量在关于 OFDI 区位选择的研究中得到过较好的验证(Holburn et al.,2010；宗芳宇 等,2012；刘青 等,2017)。在加入对 OFDI 区位选择有影响的国家特征变量后，从列(4)～(6)中可以发现税收协定对吸引境外企业投资有正向影响；东道国的协定税率越高，其吸引力会降低；如果税收协定中包含税收饶让条款，其吸引力会升高。虽然这些变量的作用方向符合理论预期，但是回归的结果并不显著。通过列(4)～(6)可以发现,东道国国内实际税负水平对企业投资选择有负向影响。那么通过协定税率来降低这种负向影响的作用机制是否存在?列(7)通过加入协定税率和东道国税负水平的交互项检验了这种机制。结果表明,交互项系数显著为正,说明通过降低协定税率可以减小东道国国内税负水平对企业的负向影响。

根据表 6-2 列(7),通过协定税率降低东道国实际税负水平负向影响的作用机制得到了检验,但从列(1)～(6)的结果看,对于所有"一带一路"共建国家而言,税收协定在降低税收成本方面发挥的作用并不明显,这也支持了本章的假设 1。说明税收协定的作用存在正负两个方面,一方面可能通过避免双重征税降低企业的对外直接投资成本,另一方面也可能由于不同东道国国内税负水平以及税制结构存在差异,弱化了这种作用机制,导致税收协定的处理效应不具有同质性。例如东道国是低税负国家,对企业经营所得和资本利得的税率很低,那么按照中国现行的企业所得税抵免机制,税收协定降低投资成本的作用就不能完全发挥。由于税收协定的作用机制主要是通过降低企业税收成本实现,而东道国国内税负水平与境外投资企业税收成本密切相关,因此按照东道国国内税负水平将东道国分组进行检验。

(二)按东道国税负水平分组检验

参考王永钦等(2014)的研究方法,表 6-3 显示了按照东道国国内税负水平分组回归的结果。表 6-3 中的列(1)和列(3)分别检验了税收协定的协定税率对低税负水平和高税负水平东道国的影响,列(2)和(4)分别检验了税收饶让条款对这两种类型东道国的影响,可以发现税收协定对于低税负水平和高税负水平东道国的影响存在显著差异。

表 6-3　税收协定在不同税率东道国对企业投资选择的影响

	低税负水平东道国		高税负水平东道国	
	(1)	(2)	(3)	(4)
税收协定税率	0.049 (0.060)		−0.105** (0.053)	
税收饶让条款 (有该条款为 1)		−0.424*** (0.159)		0.178** (0.080)
东道国与中国距离 (对数值)	−1.712*** (0.128)	−1.552*** (0.132)	−1.392*** (0.104)	−1.233*** (0.105)
东道国实际 GDP (对数值)	0.673*** (0.044)	0.644*** (0.045)	0.582*** (0.028)	0.563*** (0.030)
GDP 增长率	0.012 (0.015)	0.007 (0.015)	0.015 (0.011)	0.011 (0.011)
商品贸易比重	0.008*** (0.001)	0.007*** (0.001)	0.002** (0.001)	0.001 (0.001)

续表

	低税负水平东道国		高税负水平东道国	
	(1)	(2)	(3)	(4)
经济波动率	-0.140^{***} (0.039)	-0.120^{***} (0.039)	-0.053^{**} (0.022)	-0.058^{**} (0.023)
N	11753	11753	41976	41976
pseudo R^2	0.243	0.245	0.130	0.130

注：括号外数值为系数，括号内数值为稳健标准误，* 代表 $p<0.10$，** 代表 $p<0.05$，*** p 代表<0.01。

列(1)表明，在低税负水平东道国，协定税率对企业投资选择影响不显著。这可能由于两方面的因素：第一，这些低税率国家的国内税负水平较低，协定税率与东道国国内税率相比优势不明显，因此协定税率所能降低的税收成本有限；第二，如果东道国所得税税率较低，根据我国所得税法的抵免规则，企业境外投资收益仍要按我国的企业所得税税率补税，从而享受不到境外低税负的好处(朱青，2015)。与传统税收协定理论是相悖的是，列(2)中税收饶让条款对企业的投资选择产生负面影响。通过对样本进行分析，可以发现"一带一路"共建国家中，符合低税负国家特征又与我国有税收饶让条款的东道国主要是文莱、科威特、阿曼、沙特阿拉伯等资源型国家，我国企业在这些国家的投资主要以石油行业为主。2011 年印发的《关于我国石油企业在境外从事油(气)资源开采所得税收抵免有关问题的通知》，规定石油企业可以选择按"分国(地区)不分项"或者"不分国(地区)不分项"分别计算其来源于境外的应纳税所得额，并且石油企业境外所得税的抵免范围还从三层扩大到了五层，因此这些国家的税收饶让条款作用弱化。模型(3)表明，在高税负水平东道国，税收协定的协定税率越低越具有吸引力，税收饶让条款对企业投资选择也有正向影响。如果与高税负水平东道国的税收协定中引入了饶让条款，在其他条件不变的情况下，中国企业选择进入的概率将是原来的 1.19 倍。

(三)税收协定网络与制度质量的交互作用

由于"一带一路"共建国家大多是发展中国家或者是资源型国家，因此大量研究"一带一路"投资风险的文献都会关注制度性风险带来的负面影响(李兵 等，2018)。税收协定是国与国之间的双边契约，东道国协商和签订这样一个契约就相当于引入了母国的监督。如果一个东道国存在大量生效的税收协定，表明该国的开放措施得到了其他缔约方的认可，也表明该国的税收制度和会计准则有同国际接轨的倾向。

根据表 6-4 列(1)的结果，可以发现中国企业在"一带一路"共建国家投资也倾向于制度质量较好的东道国，当制度质量提升一个等级(根据制度质量分数从高到低等分为 10 个等级)时，中国企业选择进入的概率将是原来的 1.31 倍。列(2)表明，东道国税收协定网络的规模对吸引中国企业投资也有正向作用。那么在制度质量和税收协定网络都有显著影响的情况下,二者是否存在互动机制?根据列(3)的结果,税收协定网络与制度质量的交互项为负值,说明二者存在一定程度的替代作用,但作用并不显著。

表 6-4 税收协定网络与制度质量对企业投资选择的影响

变量	全样本基准回归			按东道国制度质量分组	
	(1)	(2)	(3)	(4)	(5)
东道国制度质量	0.271*** (0.095)	0.232** (0.102)	0.570** (0.238)	0.942*** (0.284)	−0.522 (0.829)
东道国税收协定网络		8.930*** (1.870)	8.592*** (2.012)	8.445*** (2.067)	7.655*** (2.120)
税收协定网络与制度环境交互项			−0.135 (0.100)	−0.340*** (0.129)	0.297 (0.301)
企业特征变量	是	是	是	是	是
国家固定效应	是	是	是	是	是
N	79380	79380	79380	21887	31936
pseudo R^2	0.191	0.191	0.192	0.169	0.256

注:括号外数值为系数,括号内数值为稳健标准误,* 代表 $p<0.10$,** 代表 $p<0.05$,*** 代表 $p<0.01$。

根据以往的文献,可以发现中国企业对不同制度质量的国家存在差异性的偏好(蒋冠宏 等,2012),因此本章对样本国家进行分组检验。分组的标准是以母国(中国)的制度质量为基准,这也符合制度距离的研究视角。列(4)的回归结果表明,如果东道国制度质量低于中国,那么税收协定网络对东道国制度质量的不足具有显著的替代作用,通过税收协定,可以降低制度风险对企业的负面影响。列(5)的结果表明,在制度质量优于中国的东道国,税收协定对制度质量的替代作用不显著。这是因为在制度质量较好的国家,其国内法律体系较为成熟,境外企业遇到的税收风险往往可以在东道国境内通过司法程序解决。而在制度质量较差的东道国,政府监管、司法体制等公共产品供给不足,同时存在腐败和寻租等现象,因此当境外企业面临税收风险时,往往需要通过税收协定中的"相互协商程序"求助于母国税务机关。表 6-4 的回归结果可以为本章假设 2 提供实证支持。

(四)税收协定对不同所有制企业的影响

由于对外直接投资的动机的差异和受到的政策支持力度的差异(Buckley et al., 2007),税收协定对于不同所有制企业对外直接投资也可能产生不同影响。表 6-5 按所有制差异对样本企业分组进行检验,列(1)、(3)、(5)检验了是否签署税收协定、协定税率和是否具有税收饶让条款对国有企业的影响,列(2)、(4)、(6)是对非国有企业的检验。

表 6-5 税收协定对不同所有制企业投资选择的影响

	(1)	(2)	(3)	(4)	(5)	(6)
税收协定（签订为 1）	0.078 (0.578)	−0.508 (0.540)				
税收协定税率			−0.010 (0.183)	−0.127 (0.196)		
税收饶让条款（有该条款为 1）					0.273 (0.647)	0.608 (0.985)
东道国税负水平	−0.184 (0.831)	−2.094*** (0.686)	−0.180 (0.834)	−2.064*** (0.690)	−0.222 (0.837)	−2.288*** (0.723)
控制变量	是	是	是	是	是	是
N	37320	42060	37320	42060	37320	42060
pseudo R^2	0.137	0.239	0.137	0.240	0.137	0.240

注：括号外数值为系数，括号内数值为稳健标准误，* 代表 $p<0.10$，** 代表 $p<0.05$，*** 代表 $p<0.01$。

通过对国有企业回归的结果可以发现，税收协定以及东道国国内税负水平对企业的投资决策影响不显著。东道国的税负水平对非国有企业具有显著的负向影响；税收饶让条款对国有和非国有企业具有投资吸引力，但都不显著。从表 6-5 的回归结果看，只能验证东道国的税负水平对非国有企业具有负向影响，说明非国有企业对税收成本更敏感，但并不能表明税收协定对不同所有制企业具有显著差异，因此假设 3 无法得到实证支持。

可能的原因在于以下两点：第一，税收协定存在异质性。根据前文实证的结果，税收协定并不是对所有东道国都能产生相同的影响。税收协定对于高税负水平东道国或者制度质量较差的东道国作用更为显著，而对于低税负水平和制度质量较好的东道国，税收协定的作用可能已经被东道国和中国的国内法所包容，影响不显著。第二，与以往研究在样本时间上的差异。以往研究的样本时间一般在 2013 年以前，国有企业和非国有企业在境外投资数量和规模上还存在较大差异。通过对本章样本的观测，中国企业对“一带一路”共建国家的投资主要集中在 2013 年以后，2013—2016 年这四年的投资记录就占了样本总数的 51%。2013 年以来，中国政府先后主导发起亚洲基础设施投资银行(AIIB)和丝路基金，推动境外经贸合作区建设，这些举措都不存在所有制歧视，因此在“一带一路”建设过程中，国有企业与非国有企业受到了同样的支持力度。

（五）稳健性检验[①]

对于条件 Logit 模型以及多项 Logit 模型，模型假定的前提是基于“无关选择的独立性”(IIA)，目前主要的检验方式是利用 Hausman 检验，检验的主要原理是剔除某一方案

① 囿于篇幅限制，稳健性检验部分未报告相关实证结果，可联系索取。

后不影响对其他方案参数的一致估计。本章对所有备选方案(60 个东道国)进行了检验，在临界 P 值为 0.1 时发现绝大多数备选方案符合条件。

本章还通过以下三方面对上述实证结果进行了稳健性检验：首先，在双边税收协定变量的构建中，使用税收协定的签订时间代替生效时间，实证结果表明主要解释变量的符号和显著性未发生改变。其次，在对低税负水平国家和高税负水平国家的划分上，本章表 6-3 采用第一个三分位点进行划分，稳定性检验中使用东道国税率的中位数作为划分依据。实证结果表明表 6-3 得出的结论保持不变。最后，对双边投资协定可能带来的影响进行了处理。根据宗芳宇等(2012)的研究结果，双边投资协定在一定程度上能够替代东道国对中国企业海外投资保护的制度缺位，进而促进企业对外直接投资。因此如果一国与中国同时签署了税收协定和投资协定，对于税收协定的制度替代作用就难以识别。但是根据杨宏恩等(2016)和卢进勇等(2018)的研究，双边投资协定并不像税收协定一样存在国际通用的范本，不同投资协定的条款存在较大差异性，部分投资协定并不包含争端解决机制和保护伞条款。因此本章选择未与中国签署投资协定以及投资协定中不包含争端解决机制和保护伞条款的国家进行分析，①便于识别税收协定网络的制度替代作用。实证结果表明主要解释变量的符号和显著性未发生改变，说明在排除了双边投资协定的类似功能后，东道国的税收协定网络对东道国制度质量仍然存在替代性。

第五节　结论与政策启示

本章以 2005—2016 年在“一带一路”沿线投资的中国企业(A 股、新三板)为样本，研究了双边税收协定对中国企业在“一带一路”投资选择的影响及作用机制。在现有税收协定理论的基础上，拓展了税收协定的影响机制，并得到以下结论：(1)税收协定的作用存在异质性，因此在不考虑东道国差异的情况下，是否签订税收协定以及协定中是否包含税收饶让条款对企业投资的区位选择无显著影响；(2)税收协定对企业到高税负水平和制度环境不足的东道国投资有显著的正向影响；(3)东道国的存量税收协定，即税收协定网络的广度可以增加东道国的投资吸引力，并且在一定程度上可以替代制度环境的不足；(4)税收协定对中国企业在“一带一路”共建国家投资的影响不存在所有制差异。

“一带一路”倡议提出以来，“政策沟通”作为“一带一路”建设的重要保障始终备受各方关注。双边税收协定是“政策沟通”的重要内容，根据研究结果，笔者认为未来推进双边税收协定服务“一带一路”应注意以下三点内容：

一是双边税收协定工作要由“大写意”转向“工笔画”。本章重要的结论就是，税收协

① 参考卢进勇等(2018)表 2 的整理结果，样本中剔除的国家包括：阿联酋、埃及、俄罗斯、柬埔寨、卡塔尔、科威特、黎巴嫩、罗马尼亚、北马其顿、缅甸、塞尔维亚、斯里兰卡、泰国、乌兹别克斯坦、新加坡、匈牙利、伊朗、印度。

定谈判中需要重视“一带一路”共建国家间的差异，并不是每个缔约方都适合较低的协定税率和税收饶让条款。在五年立柱架梁的建设过后，共建“一带一路”正在向落地生根阶段迈进。特别是以双边税收协定为代表的国际税收工作必须适应这一思路的转换，从而更好地围绕中心、服务大局。

二是双边税收协定工作要抓住重点着重用力。未来“一带一路”建设将集中力量、整合资源，以基础设施等重大项目建设和产能合作为重点，解决好关键性问题。从双边税收协定出发，必须关注在资源有限的情况下，税收协定的新签和续签过程的重点方向。根据研究结论，在其他条件相同的情况下，税务机关更应该优先考虑税负水平较重以及制度环境不足的东道国，从而更好发挥双边税收协定的促进作用。

三是双边税收协定工作要统筹内外两个大局。笔者始终认为要从统筹内外两个大局出发来考虑税收工作。可以看到，正是由于税制结构以及特定税制设计等国内税收因素，才会导致双边税收协定落实中还存在很多待完善的空间。在全面深化改革的背景下，在加快建立现代财政制度的过程中，在建立现代化税收征管体系的实践上，我们既要关注国内改革的直接效应，更应看到国际的间接效应，只有通过国内税制改革与完善才能使双边税收协定发挥预期作用。

最后，当前外部环境复杂严峻，要努力在这场“百年未有之大变局”中把握航向，重要措施就是“以共建‘一带一路’为实践平台推动构建人类命运共同体”。本章从中国实践和经验证据两个维度证明税收协定网络可以弥补发展中国家制度不足的问题，这一结论拓展了发展中国家对外开放的思路。同时，这一拓展又具有包容性，不存在所有制的差异，这也为完善全球发展模式贡献了中国方案。未来，无论外部环境如何变化，我们要坚持走自己的路，持续推进“一带一路”建设，实现构建人类命运共同体。

本章参考文献

陈冬，范蕊，梁上坤，2016.谁动了上市公司的壳？：地方保护主义与上市公司壳交易[J].金融研究(7).

崔晓静，2017.中国与“一带一路”国家税收协定优惠安排与适用争议研究[J].中国法学(2).

方芳，陈佩华，2017.我国企业境外投资的涉税风险及防范[J].税务研究(12).

何杨，马宏伟，2013.中国对外直接投资企业的税收负担探究[J].税务研究(7).

蒋冠宏，蒋殿春，2012.中国对发展中国家的投资：东道国制度重要吗？[J].管理世界(11).

李兵，颜晓晨，2018.中国与“一带一路”沿线国家双边贸易的新比较优势——公共安全的视角[J].经济研究(1).

李国学，2018.不完全契约，国家权力与对外直接投资保护[J].世界经济与政治(7).

刘洪铎,蔡晓珊,2016.中国与"一带一路"沿线国家的双边贸易成本研究[J].经济学家(7).

刘青,陶攀,洪俊杰,2017.中国海外并购的动因研究:基于广延边际与集约边际的视角[J].经济研究(1).

卢进勇,王光,闫实强,2018.双边投资协定与中国企业投资利益保护:基于"一带一路"沿线国家分析[J].国际贸易(3).

孙焱林,覃飞,2018."一带一路"倡议降低了企业对外直接投资风险吗[J].国际贸易问题(8).

王永钦,杜巨澜,王凯,2014.中国对外直接投资区位选择的决定因素:制度,税负和资源禀赋[J].经济研究(12).

阎大颖,2013.中国企业对外直接投资的区位选择及其决定因素[J].国际贸易问题(7).

杨宏恩,孟庆强,王晶等,2016.双边投资协定对中国对外直接投资的影响:基于投资协定异质性的视角[J].管理世界(4).

张瑶,2018.情报交换协定是否能遏制企业的税基侵蚀和利润转移行为[J].世界经济(3).

朱青,2015.鼓励企业"走出去"与改革我国避免双重征税方法[J].国际税收(4).

朱为群,刘鹏,2016."一带一路"国家税制结构特征分析[J].税务研究(7).

宗芳宇,路江涌,武常岐,2012.双边投资协定,制度环境和企业对外直接投资区位选择[J].经济研究(5).

BAKER P L,2014.An Analysis of double taxation treaties and their effect on foreign direct investment[J].International journal of the economics of business,21(3).

BARTHEL F,BUSSE M,NEUMAYER E,2010.The impact of double taxation treaties on foreign direct investment: evidence from large dyadic panel data [J].Contemporary economic policy,28.

BLONIGEN B A,DAVIES R B,2002.Do bilateral tax treaties promote foreign direct investment? [R]NBER working paper(8834).

BLONIGEN B A,DAVIES R B,2004.The effects of bilateral tax treaties on US FDI activity[J].International tax and public finance,11(5):601-622.

BLONIGEN B A,OLDENSKI L,SLY N,2014.The differential effects of bilateral tax treaties[J].American economic journal:Economic Policy,6(2):1-18.

BUCKLEY P J,2007.The strategy of multinational enterprises in the light of the rise of China[J].Scandinavian journal of management,23(2):107-126.

CHRISTIANS A D,2005.Tax treaties for investment and aid to sub-saharan africa-a case study[J].Brooklyn law review,71(2):639-700.

DAVIES R B,NORBACK P J,TEKIN-KORU A,2009.The effect of tax treaties on multinational firms:new evidence from microdata[J].World economy,32(1).

EASSON A,2000.Do we still need tax treaties? [J].Bulletin for international fiscal documentation,54(12):619-625.

EGGER P,LARCH M,PFAFFERMAYR M, et al.,2006.The impact of endogenous tax treaties on foreign direct investment:theory and evidence[J].Canadian journal of economics,39(3):901-931.

HEARSON M,2018.The challenges for developing countries in international tax justice [J].The journal of development studies,54(10):1932-1938.

HOLBURN G L F,ZELNER B A,2010.Political capabilities policy risk,and international investment strategy:evidence from the global electric power generation industry[J].Strategic management journal,31,(12):1290-1315.

JANEBA E,1996.Foreign direct investment under oligopoly:profit shifting or profit capturing? [J].Journal of public economics,60(3):423-445.

KAROLYI G A,2015.Cracking the emerging markets enigma[M].New York: Oxford University Press.

KENNEDY P,2008.A guide to econometrics (6th edition) [M].Malden:Blackwell.

WOOLDRIDGE J M, 2010.Econometric analysis of cross section and panel data (2nd edition) [M].Cambridge: MIT Press.

第七章　企业所得税有效税率与资本结构*

邓　明**

第一节　引　言

近年来,中国企业债务规模增长迅速,杠杆率不断上升。根据国际清算银行测算,截至 2016 年 3 月末,中国债务总规模达 175.4 万亿元,总杠杆率即总债务与 GDP 比值超过 250%,其中企业部门资本负债率高达 169%。企业负债率的上升不仅增加了企业的利息负担,也积累了经营风险;而且,从整个宏观经济看,企业整体负债率的上升也提高了宏观经济的运行风险。为了应对这一问题,2016 年底国务院发布了《关于积极稳妥降低企业杠杆率的意见》,希望通过相关的财税政策积极稳妥降低企业杠杆率。由此引申出来的一个问题是:政府税收政策尤其是针对企业征收的企业所得税政策能在多大程度上影响企业的融资决策?

事实上,这一问题很早之前就引起了学术界的关注。学术界关于企业所得税税率与资本结构之间关系的研究始于 20 世纪 60 年代,经典的资本结构理论认为,企业面临的所得税税率会影响企业资本结构,其原因在于债务利息可以作为一项费用在税前扣除;因此,有效边际税率较高的企业会更倾向于债务融资来获得债务税盾(Modigliani and Miller, 1958, 1963)。Modigliani 和 Miller 的研究为企业所得税与企业资本结构之间关系的研究打开了一扇窗户,但研究者发现从实证上检验两者之间的联系有一定难度,Myers(1984)称之为"资本结构之谜"。最近越来越多的研究表明资本结构受到税收的影响,因为权衡理论有效地确定了税收效应(Barclay et al.,2013; Heider and Ljungqvist, 2015; Doidge and Dyck, 2015)。尽管如此,关于企业税收与资本结构的经验研究仍然存在较多争论。经验研究中最大的一个问题是,如何识别出企业税率与企业资本结构之间的因果关系,这一点在利用微观层面的企业数据或是上市公司数据进行研究尤为突出,因为企业纳税额与财务杠杆之间可能存在相互影响,同时,解释变量可能出现遗漏或测量误差,导致实证研究过程中遇到内生性问题并导致有偏的估计结果(Graham, 2003;

* 本章写作时间为 2019 年,故本章论述以 2019 年为时间节点。

** 邓明,教授、博士生导师,厦门大学经济学院财政系。

Welch, 2007; Frank et al., 2008)[①]。虽然现有文献试图解决这一问题,但如我们后文的文献梳理所言,现有方法或多或少存在一定缺陷,而且这些解决思路应用于中国企业的债务税盾研究时还有更大的局限性。

为了解决这一问题,本章遵循龙小宁等(2014)和邓明(2018)的思想,并借鉴Devereux和Griffith(1999, 2003)的技术手段,使用来自中国工业企业数据库的微观企业数据合成地级市层面的企业所得税后视性平均有效税率、前视性平均有效税率和前视性边际有效税率三类企业所得税有效税率指标,在此基础上分析了地区层面的企业所得税有效税率对该地区内企业资本结构的影响。同时,我们在加总地区层面有效税率时,区分了后视性有效税率和前视性有效税率,前者直接利用工业企业当期的纳税数据和利润数据加总得到当期的地区层面有效税率,因此包含以往税收政策的累积影响,无法将税收政策与同期的企业投资决策匹配起来;后者由跨时优化模型计算得到,体现了税收激励对企业当期投资决策的影响,因此可以更好地估算税收政策对企业资本结构的影响[②]。此外,在加总前视性有效税率时,我们还区分了前视性平均税率和前视性边际税率。

相比于现有文献,本章的贡献在如下几个方面:第一,从方法论上看,本章解决了债务税盾的检验中直接使用微观企业数据带来的企业所得税内生性问题、地区名义税率差异性较小或是无差异性、使用DID方法导致的信息不足和边际效应无法估计等问题;第二,在税率加总方法上,本章将Devereux和Griffith(1999, 2003)发展的测算企业实际有效税率的方法扩展到测算地区层面,不仅避免了个体层面测算的企业实际有效税率可能带来的内生性问题,同时合成得到的地区层面的企业所得税有效税率也能更好地反映出地方政府的税收政策;第三,在实践意义上,我们区分了后视性平均有效税率和前视性平均有效税率,并且发现两者对于资本结构具有异质性影响,企业在基于企业所得税税率来决定企业资本结构时,更多的是基于对政府未来税收行为的预期和企业投资项目未来收益的预期,而不是基于对过去的所得税政策的判断。

本章余下内容安排如下:第二部分对现有文献进行梳理并引出本章的研究思路,第三部分基于中国工业数据库加总得到地区层面的有效税率,第四部分介绍本章的实证模型、变量和数据,第五部分对企业有效税率与资本结构的关系进行实证研究,最后是本章的结束语。

---

① 与很多使用上市公司财务报表提供的纳税数据不同,Devereux等(2018)使用了英国税务部门提供的企业纳税申报数据来研究企业税收负担对融资决策的影响,虽然使用纳税申报数据能更好地度量企业的税务状况,降低测量误差,但依然无法解决内生性问题。

② 袁宏伟(2010)也使用企业有效税率分析了企业税收负担对资本结构的影响,但其测算的企业有效税率没有在地区层面进行加总,因此也存在税率内生性的问题。

第二节　文献梳理与研究思路的提出

Modigliani 和 Miller(1958)首次提出了著名的资本结构无关理论,即在有序的资本市场中,企业的资本结构和企业价值之间没有联系,但是,这一结论要成立需要非常严苛的前提条件,其中非常重要的一点是不存在税收,这显然是与现实相违背的。为了修正这一点,Modigliani 和 Miller(1963)将企业所得税因素引入他们之前的分析框架中,认为在考虑企业所得税时,由于债务利息是税前抵扣的,因此,相对于股权融资,债务融资可以增加企业税后现金流量,企业价值也会随着债务融资比率的上升而上升,这就是所谓的"债务税盾"效应。Modigliani 和 Miller(1963)首次阐述了"债务税盾"效应之后,学术界对"债务税盾"的存在性进行了大量实证检验,并持续至今。早期,研究者一般是基于企业尤其是上市公司的数据展开经验研究(Givoly et al., 1992; Graham, 1996; Richardson and Lanis, 2007)。但是,使用企业纳税数据来检验债务税盾很容易存在内生性问题,因为大多数国家的企业所得税税率均是超额累进税率,因此,企业通过债务融资会减少企业的应税所得,从而降低企业所得税适用税率,企业债务发行量越大,边际税率的减少就越大,这导致企业的债务融资决策会影响到企业的所得税税率。为解决这一问题,学术界提出了多种解决办法。

第一种办法就是为内生的寻找合适的工具变量,例如使用滞后的边际税率来解释当期的融资决策(Mackie-Mason, 1990),或是利用企业作出融资决策之前的税率(Graham et al., 1998)。但是,从工具变量本身的定义上看,使用滞后的税率作为当期税率的工具变量并不是非常有效的工具变量。

第二种办法是用一国地区层面或是行业层面的企业所得税税率代替用企业纳税数据和利润数据计算得到的企业所得税税率。由于微观企业的资本结构很难影响到政府的税率,因此可以很好地解决内生性问题。这一点在一些西方国家是可行的,因为很多西方国家的地方政府具有企业所得税的立法权,例如,美国的企业所得税分为联邦企业所得税和州企业所得税,联邦企业所得税税率在各州是相同的,但州企业所得税税率在不同州存在差异,例如,Heider 和 Ljungqvist(2015)利用 1990—2011 年美国不同州的企业所得税税率变动研究企业融资决策对地区税率变动的响应。然而,尽管不同州的企业所得税税率存在差异,但这种差异毕竟不是特别大且每年的变动很小(Alworth and Arachi, 2001; Temimi et al., 2016)。利用差异较小的州所得税税率研究其对微观企业的资本结构的影响,必然导致系数估计量方差过大,使得估计结果极易受到研究样本变动的影响。还有用税率的跨行业变动来研究税率对资本结构的影响(Auerbach, 1985; Bradley et al., 1984; Graham, 1996, 1999; Graham et al., 1998),这类研究同地区层面的研究一样,也可以很好地解决内生性问题,但也同样面临税率差异较小的问题(Gordon and Lee, 2001)。

第三种办法同第二种办法类似，一些文献利用跨国数据来研究税率对资本结构的影响，相对于一国内部不同地区之间的企业所得税税率差异而言，不同国家的所得税税率差异显然要大得多，例如 Rajan 和 Zingales(1995)基于 1987—1991 年 G-7 国家 2583 家企业的数据发现，企业所得税越高的国家，其企业的平均债务融资率也越高。Temimi 等(2016)利用海湾合作委员会国家中除阿曼以外其他国家税率为零这一特殊的制度安排，比较了阿曼的企业同其他 5 个国家企业在资本结构上的差异；Krämer(2015)基于 27 个欧盟国家、Chen 和 Green(2008)基于 11 个欧洲国家的跨国研究均认为税率越高的国家，该国企业的债务融资的比率越高。还有一类研究是用跨国企业在不同国家的子企业资本结构的差异来研究企业所得税的跨国差异对子企业资本结构的影响，这样做的好处可以更好地控制对资本结构有影响的企业层面因素，例如 Buettner 等(2009)基于德国跨国企业的数据表明，不同国家的税率确实会影响这些跨国企业在不同国家的资本—债务比率。但是，无论如何，与使用一国内部不同地区的数据相比，跨国数据虽然满足了所得税税率异质性的要求，始终存在突出的遗漏变量问题，主要是无法控制住所有对企业资本结构产生影响的制度因素和政策因素。

第四种办法是利用外生性的税收政策变动，通过税收政策变动前后企业资本结构的变动来检验所得税税率变动对企业资本结构的影响。例如 Givoly 等(1992)和 Graham(1996)利用美国 1986 年税率调整研究了所得税税率对美国企业资本结构的影响。这样的思路在对中国企业的研究中也广泛存在，李增福和李娟(2011)以 2008 年中国新的《企业所得税法》的实施为背景，研究企业资本结构在企业所得税变更前后的变化，吴联生和岳衡(2006)研究了“先征后返”所得税优惠政策的取消对企业资本结构的影响，黄明峰和吴斌(2010)讨论了新的《企业所得税法》规定的内资企业和外资企业的税率统一导致的企业资本结构的变动。虽然外生性的税收政策变动解决了内生性问题，但上述研究也存在突出问题，这些研究仅仅是比较了政策变动前后企业资本结构的变动，无法将与税收政策同时变动的且影响企业资本结构变动的其他因素同税收政策分离开来。将税收政策与同期变动的其他因素分离开来的一个较好办法是通过设置一个处理组和一个对照组，使用双重差分方法研究处理组和对照组的资本结构在税收政策变动前后有何差异。例如 An(2012)利用 2008 年中国的企业所得税调整对内资企业和外资企业的差异化影响这一特征事实，构建双重差分模型研究税率变动对企业资本结构的影响。但双重差分模型需要找到受政策影响存在差异的对照组和实验组，而很多政策变动是一刀切的，并不能很好地找到对照组和实验组。而且，即使能使用双重差分方法将税收政策同其他同期因素分离开来，这种策略也仅仅是识别了税收政策变动对资本结构的影响，其蕴含的信息量相对较少，没法度量税率变动对资本结构的边际影响。

由此可见，要准确地估计所得税税率变动对企业资本结构的影响，关键是寻找一个合理的变量去度量企业面临的企业所得税税率，该变量既要不受企业资本结构的影响，又要存在较强的跨时期、跨个体的变异性。而根据前面的文献梳理，我们发现现有文献在解决这一问题上或多或少存在一定缺陷。而且，上述第二种和第三种解决思路在针对中国企业的债务税盾研究时是不可行的，因为与西方联邦制国家不同的是，中国是一个税收立法权高度集中的国家，改革开放以后，中国一直强调税权集中、税法统一，因此各地方的名义税率是相同的。

本章提出的解决思路源于现有文献对中国地方政府有效税率问题的研究①，尽管中国各地方的名义税率是相同的，但同时我们也应该注意到，中国的分税制以及与之相配套的税收法律体系并没有十分严密地限定各级政府的税收行为。尽管地方政府无权设定或变更税率，但实际上地方政府在税收政策上的"自由裁量权"比理论上所允许的要宽泛得多(安体富，2002)；而且，由于中央政府与地方政府的信息不对称，地方政府的征税强度存在较大差异。这使得各地区的实际税率也存在较大程度的差异，经常出现"中央决定名义税率、地方决定有效税率"的现象(邓明、魏后凯，2016)。因此，如果我们能够合理地测算出中国地方政府的有效税率，用地区层面的有效税率来分析其对该地区内企业资本结构的影响，则可以很好地解决我们上面提到的税率内生性和差异性问题。而且，从财税政策的角度看，使用地区层面的税率来研究企业资本结构更有意义，因为相对于企业或是公司的税率，地区层面的税率直接体现了一个地区的财税政策。事实上，已经有一些文献通过测算中国地方政府的税收努力强度来描述地区有效税率的差异(乔宝云 等，2006；黄夏岚 等，2012；刘小勇，2012；胡祖铨 等，2013；邓明、魏后凯，2016；邓明，2018)。在已有研究中，地方政府的税收努力程度通常表示为有效税收与预期税收的比值，而预期税收通常是通过税柄法②估计得到，这需要控制所有可能影响税收收入的因素，而实际操作中我们很难控制所有因素，因此，遗漏变量往往会导致估计的预期税收收入是有偏的。因此，一些文献开始使用含有企业缴税信息的微观数据加总得到地区层面的有效税率，通常使用的数据是中国工业企业数据库(龙小宁 等，2014；邓明，2018)，该数据库包含了具有独立法人资格的企业的纳税信息和企业经营信息以及所在地信息。因此，根据该数据库加总得到的地区有效税率能够很好地将企业与地区匹配起来③。

因此，本章遵循龙小宁等(2014)和邓明(2018)的做法，利用来自于1998—2007年的中国工业企业数据库的微观企业数据，加总得到中国地级市层面的所得税有效税率，以

---

① 很多文献将有效税率称为实际税率，如安体富(2002)、乔宝云等(2006)、邓明(2016)等。

② 税柄法是国际货币基金组织提出的用于估算一个国家或地区预期税收收入的方法，该方法建立"基于回归的税收努力指数模型"(regression-based tax effort index model)来预测预期税收收入。

③ 上市公司的年报数据中同样提供了公司纳税数据和利润数据，但利用上市公司数据加总得到地区层面的实际税率存在匹配上的问题。这是因为中国上市公司提供的公司所在地信息是上市公司注册所在地，而公司生产经营活动并不完全在其注册所在地展开，这一点对于存在大量具有独立法人资格子公司的大型上市公司而言尤为突出，因此，这种方法加总得到的公司所得税税率匹配到的是公司注册地，而非具有独立法人资格的非子公司生产经营活动所在地。

解决利用上市公司数据所存在的内生性问题、地区名义税率差异性较小或是无差异性、基于税收政策变动研究所存在的信息量不足等问题。同时，我们在加总地区层面有效税率时，区分了后视性有效税率和前视性有效税率，后视性有效税率直接利用工业企业当期的纳税数据和利润数据加总得到当期的地区层面有效税率，因此包含了以往税收政策的累积影响，无法将税收政策与同期的企业投资决策匹配起来；前视性有效税率由跨时优化模型计算得到，体现了税收激励对企业当期投资决策的影响，因此可以更好地估算税收政策对企业资本结构的影响①。此外，在加总前视性有效税率时，我们还区分了前视性平均税率和前视性边际税率。

第三节　中国地区层面的企业所得税有效税率：估算及其特征事实

我们使用 1998—2007 年的中国工业企业数据来加总得到地区层面的企业所得税有效税率，该数据库包含了具有独立法人的规模以上工业企业（销售额大于 500 万元）的大量信息，包含所在地、经营状况、税收状况等本章所需要的信息，是目前可获得的最大的中国企业数据库。为了保证数据质量和满足计算要求，我们对样本做如下筛选：第一，剔除了数据缺失较为严重的西藏自治区的所有企业以及缺少注册地等基本信息的企业；第二，选择在 1998—2007 年内连续经营的企业。经过这样的筛选，我们最后得到 137 个地级市中 21464 家连续经营的企业。根据这 21464 家企业的数据，我们来计算企业所在的 137 个地级市在 1998—2007 年的企业所得税有效税率。

我们计算的第一个地级市层面的企业所得税有效税率指标是将该地级市内所有企业的企业所得税加总，然后将所有企业的利润总额加总，将加总的所得税比上加总的利润总额。这种方法计算过程简单，但包含了以往税收政策（例如投资税减免、折旧提成等）的累积影响，而且是所有企业税率的平均，因此是后视性平均有效税率（backward-looking average effective tax rates, BAETR）。这种指标设计所使用的当前投资项目很多在此之前投资决策的结果，而这种投资是基于之前而非当前的税收政策作出的，因此无法将企业的投资决策结果与企业面临的真实税收激励匹配起来。欧洲委员会（European Commission）利用一个税收分析器模型给出一种测算典型企业前视性有效平均税率（forward-looking average effective tax rate, FAETR）的方法，该方法在不同国家和地区之间具有良好的可比性，可较好捕捉税收激励对企业离散型投资决策的影响，但该方法严重依赖典型企业的具体特征，故缺乏普遍性。为解决这一问题，Devereux 和 Griffith（1999, 2003）提出了一种前视性有效平均税率和前视性有效边际税率的测算方

① 袁宏伟（2010）也使用企业有效税率分析了企业税收负担对资本结构的影响，但其测算的企业有效税率没有在地区层面进行加总，因此也存在税率内生性的问题。

法，他们的方法不仅可以全面地捕捉一国税制（包括企业所得税制和个人所得税制等）的现实特点以及企业融资方式的影响，而且假设条件较为宽松、与现实的契合度较高，因此近年来得到了广泛应用。但他们的方法也存在一个明显不足，即忽略了企业和地区因素的影响。因此，与贾俊雪和应世为（2016）一样，我们根据中国工业企业数据库中提供的企业所在地区信息，在地级市层面对 Devereux 和 Griffith（1999，2003）所提出的计算方法中的参数进行赋值，从而计算得到地级市层面的有效税率。

具体而言，Devereux 和 Griffith（1999，2003）提出的有效边际税率（EMTR）测度的则是对企业投资所得征税导致的边际投资项目（是指处于盈亏平衡点，即预期收益等于资本成本的项目）的必要报酬率的下降比例。有效平均税率（effective average tax rate，EATR）测度的是对企业投资所得征税导致的投资项目的经济租金的下降比例，建立在税前现金流的净现值与税后现金流的净现值的比较之上。

根据上面的定义，FEATR 可以定义如下：

$$\text{FEATR}=\frac{R^{*}-(1-z)R}{p/(1+r)} \tag{7-1}$$

其中，p 为投资回报率，z 为资本利得所得税税率，$r=\frac{1+i}{1+\pi}-1$ 为实际利率，i 为名义利率，π 为通货膨胀率。R^{*} 为投资项目的税前净现值，R 为投资项目的税后净现值，亦即投资项目的经济租，z 为资本利得税。由于 $R^{*}=\frac{p-r}{1+r}$，因此，FEATR 的计算主要取决于投资项目的税后净现值 R，税收净现值由资本市场的均衡值推导得到。均衡状态下，股东将股权资产以名义利率贷出同重置上述等量资产是没有区别的。因此，均衡状态下，企业在时期 t 的价值 V_t 应当满足如下条件：

$$[1+i(1-m^{i})]V_t=\frac{(1-m^{d})(1-w^{d})}{1-c}D_t-N_t+V_{t+1}-z(V_{t+1}-V_t-N_t) \tag{7-2}$$

其中，m^{i} 为利息所得税税率，因此式（7-2）左边表示股东将资产以名义利率 i 贷出后的税后收益。D_t 表示股息收入，m^{d} 表示股息所得税，w^{d} 表示股息预扣税率，c 表示个人所得税对股息的税收抵免率，N_t 为时期 t 的股票发行量与回购量。式（7-2）右边表示投资者投资于企业得到的收益减去企业所得税与个人所得税的净收益。因此，式（7-2）可以重写为：

$$V_t=\frac{\gamma D_t-N_t+V_{t+1}}{1+\rho} \tag{7-3}$$

其中，

$$\rho=\frac{i(1-m^{i})}{1-z},\ \gamma=\frac{(1-m^{d})(1-w^{d})}{(1-c)(1-z)}$$

根据式（7-3）可得，股东个人所得税的作用体现在两个方面，一是股东的名义贴现率

ρ,二是股东留存收益的机会成本 γ。当给定 ρ 和 γ 时,利用式(7-3)可以得到投资项目的税后净现值:

$$R=(1+\rho)\mathrm{d}V_t=\sum_{s=0}^{\infty}\frac{\gamma \mathrm{d}D_{t+s}-\mathrm{d}N_{t+s}}{(1+\rho)^s} \tag{7-4}$$

根据上述分析,企业的融资来源包括留存收益、股权融资和债权融资。由于每个时期的不同的融资方式或是资金使用均应该相同,因此,股息收入 D_t 满足如下条件:

$$D_t=Q_{K_{t-1}}(1-\tau)-I_t+B_t-[1+i(1-\tau)]B_{t-1}+\tau\varphi K_{t-1}^T+N_t \tag{7-5}$$

式(7-5)表明,时期 t 的资金来源有:基于上一期资本得到的产出的税后价值 $Q_{K_{t-1}}(1-\tau)$;当期债券发行量 B_t;折旧提成的价值 $\tau\varphi K_{t-1}^T$,该价值等于投资的税收抵扣率 $\varphi=1/T$ 乘以上一期资本 K_{t-1} 的税收减记价值 K_{t-1}^T 再乘以企业所得税法定税率 τ,其中 T 为折旧年限。资金的用途则主要有:投资 I_t,支付上期债务 B_{t-1} 以及上期债务产生的可扣除税款的利息支出 $i(1-\tau)B_{t-1}$。如前所述,新的股权发行量或是回购量为 N_t。

根据式(7-5),我们可以在企业不进行债务融资和股权融资的假定下,通过分析单期投资如何影响企业价值推导出基于留存收入的税收净现值 R^{RE}。将式(7-5)代入式(7-4)可得基于留存收入的税后净现值 R^{RE} 为:

$$\begin{aligned}R^{RE}&=\sum_{s=0}^{\infty}\gamma\frac{\mathrm{d}D_{t+s}}{(1+\rho)^s}\\&=\gamma\left[\sum\frac{(1-\tau)\mathrm{d}Q_{K_{t-1+s}}}{(1+\rho)^s}-\sum\frac{\mathrm{d}I_{t+s}}{(1+\rho)^s}+\tau\varphi\sum\frac{(1-\tau)\mathrm{d}K_{t-1+s}^T}{(1+\rho)^s}\right]\end{aligned} \tag{7-6}$$

上述分析是基于单期投资,我们可以很自然地将其应用于两期投资的相对现金流分析。同样在只有留存收入的情形,企业在第一期通过减少股息分红来增加资本投入;然后,在第二期,以股息分红的方式支付投资回报。所有的现金流均乘以 γ,以便得到个人所得税的作用。在第一期,企业投资 1 单位资本($\mathrm{d}I_t=1$),但是,投资的初始成本要减去单位投资税收抵免额的净现值 A,该净现值 A 由式(7-6)右边的最后一项得到,因此,$1-A$ 为投资成本。在第二期,第一期投资会产生一个数量为 $\mathrm{d}Q(K_{t+1})=(p+\delta)(1+\pi)$ 的财务利润,其中,δ 为资产的经济折旧率。第一期的投资意味着所有的资本存量需要在第二期末售出,其价值为剩余价值 $\mathrm{d}I_{t+1}=-(1-\delta)(1+\pi)$。将其代入式(7-6)即可得到如下的基于留存收入的税后净现值 R^{RE}:

$$R^{RE}=-\gamma(1-A)+\frac{\gamma}{1+\rho}[(p+\delta)(1+\pi)(1-\tau)+(1-\delta)(1+\pi)(1-A)] \tag{7-7}$$

外部融资成本 F 可以表示为:

$$F=\gamma \mathrm{d}B_t\left[1-\frac{1+i(1-\tau)}{1+\rho}\right]-(1-\gamma)\mathrm{d}N_t\left[1-\frac{1}{1+\rho}\right] \tag{7-8}$$

不管是债务融资还是股权融资,每单位投资都必须在第一期融资。在债权融资的情形下，第二期的回报包括免税利息支出$[1+i(1-\tau)]$、以股息方式支付的投资回报，所以这些现金流需要乘以γ。在股权融资的情形下，股票回购必须在第二期中将资本补足为1单位，所有的现金流需要乘以$(1-\gamma)$。因此，γ体现了债务融资与股权融资之间的区别。在债务融资下，$dB_t=1$且$dN_t=0$；在股权融资下，$dB_t=0$且$dN_t=1$。最后，我们可以得到投资项目的税后净现值的表达式为：

$$R=R^{RE}+F \tag{7-9}$$

当以股权融资时，$F=-\rho\dfrac{1-\gamma}{1+\rho}$；当以债务融资时，$F=\gamma\dfrac{\rho-i(1-\tau)}{1+\rho}$；当以留存收益融资时，$F=0$。将式(7-9)代入式(7-1)即可得到前视性有效平均税率FEATR的表达式为：

$$\text{FEATR}=\frac{\dfrac{p-r}{1+r}-(1-z)\left(\dfrac{\gamma}{1+\rho}\{(p+\delta)(1+\pi)(1-\tau)-[(1+\rho)-(1-\delta)(1+\pi)](1-A)+F\}\right)}{\dfrac{p}{1+r}} \tag{7-10}$$

企业不仅有债务融资，还有股权融资，因此对式(7-10)中的外部融资成本，我们取股权融资外部成本和债务融资外部成本的加权平均，权重为地区内样本企业总的债务比率。

如前文所述，有效边际税率度量的是边际投资的有效税率。为了得到有效边际税率的表达式，我们令投资项目的税后净现值为0，在此基础上求解相应的投资回报$\widetilde{p}$。投资项目的税后净现值为0时的投资回报为：

$$\widetilde{p}=\frac{(1-A)[\rho+\delta(1+\pi)-\pi]}{(1+\pi)(1-\tau)}-\frac{F(1+\rho)}{\gamma(1+\pi)(1-\tau)}-\delta \tag{7-11}$$

因此，前视性有效边际税率FEMTR可以表示为：

$$\text{FEMTR}=\frac{\widetilde{p}-s}{} \tag{7-12}$$

其中，s为股东税后回报率，

$$s=\frac{(1-m^i)i-\pi}{1+\pi} \tag{7-13}$$

式(7-10)和(7-12)给出了有效平均税率和有效边际税率。与贾俊雪(2014)、贾俊雪和应世为(2016)一样，对于其中的参数，我们均从中国地级市层面进行测算，因此，最后测算出来的有效平均税率和有效边际税率也是地级市层面的。我们参照贾俊雪和应世为(2016)，对式(7-10)和(7-12)中的参数作如下设定：

(1)投资回报率(p)。地级市范围内样本企业投资回报率的加权平均，权重为企业固定资产占该地级市所有样本企业固定资产总和的比值，单个企业的投资回报率为$\dfrac{\text{利润总额}+\text{利息支出}}{\text{企业固定资产}}$。

(2)经济折旧率(δ)。地级市范围内样本企业经济折旧率的加权平均，权重同样为企业固定资产占该地级市所有样本企业固定资产总和的比值，单个企业的经济折旧率为$\frac{\text{当年折旧}}{\text{当年固定资产原值}}$。

(3)实际利率(r)。r 的计算公式为：$r=\frac{1+i}{1+\pi}-1$，其中，名义利率 i 为一年期银行间拆借利率，因此各地级市均是相同的，通货膨胀率 π 用消费价格指数(CPI)的年度变化率来度量，由于地级市的 CPI 数据缺失严重，因此用地级市层面的 CPI 数据用该地级市所在省份的 CPI 代替。

(4)企业所得税法定税率(τ)。在本章样本的时期范围(1998—2007 年)，中国建立了内资企业和外商投资企业两套企业所得税制度，内资企业的法定税率为 33%，外商投资企业的法定税率为 30%(另有 3%的地方所得税)，但为了吸引外资进入，中国政府规定设在沿海开放地区、经济特区和国家级经济技术开发区以及上述地区所在城市老城区的生产性外商投资企业分别适用 15%和 24%的税率(另有 3%的地方所得税)。对于上述地区的外商投资企业 3%的地方所得税，国务院规定由各省自主决定是否征收，但在具体操作中，几乎所有省份都予以免征。因此，我们对外商投资企业，根据其所在地的不同分别采用 30%和 15%的税率，在此基础上，利用加权平均的方法得到一个地区的企业所得税法定税率：$\frac{33\%\times\text{内资企业利润总额}+30\%(\text{或 }15\%)\times\text{外资企业利润总额}}{\text{内资企业利润总额}+\text{外资企业利润总额}}$。

(5)单位投资税收抵免额的净现值(A)。中国企业所得税法规定，固定资产按照直线法折旧，因此有：$A=\varphi\tau\,\frac{1+\rho}{\rho}\left[1-\left(\frac{1}{1+\rho}\right)^{T+1}\right]$；由于缺少企业不同资产投资的数据，所以参考机器机械等生产设备投资，取折旧年限 $T=10$，税前扣除率 $\varphi=1/\mathrm{T}=0.1$。

(6)股东的名义贴现率(ρ)。股东的名义贴现率 $\rho=i\,\frac{1-m^i}{1-z}$，本章的分析中没有考虑个人所得税的影响，利息所得税率 $m^i=0$，股票资本利得税率 $z=0$，则 $\rho=i$。

(7)股东留存收益的机会成本(γ)。股东留存收益的机会成本 $\gamma=(1-m^d)(1-w^d)/(1-c)(1-z)$，如果不考虑个人所得税的影响，则股息税率 $m^d=0$，股息抵免率 $c=0$，股息的预扣税率 $w^d=0$。

根据上述计算方法，通过将工业企业数据库中的企业数据与中国地级市数据匹配起来，我们可以得到 1998—2007 年 137 个地级市的企业所得税前视性有效性平均税率(FEATR)和企业所得税前视性有效边际税率(FEMTR)，结合之前测算的企业所得税后视性有效平均税率(BEATR)，我们总共得到了三种测算地级市层面企业所得税有效税率。图 7-1 给出了上述三类企业所得税有效税率的时序图。

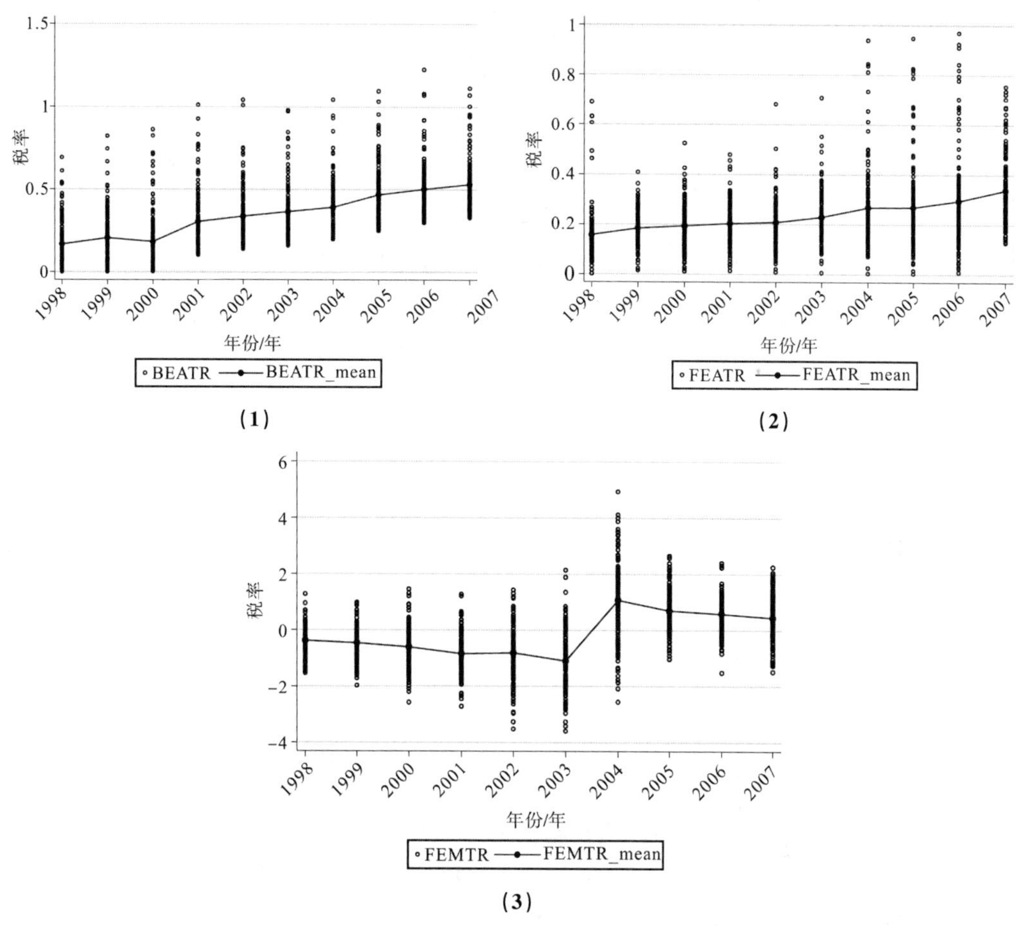

图 7-1　地级市层面的企业所得税有效税率(1998—2007 年)

图 7-1 的(1)和(2)表明,从 1998 年到 2007 年,不论是后视性有效税率还是前视性有效税率,中国地级市层面的企业所得税平均有效税率均呈现一种上升的趋势。在 1994 年的分税制改革之前,中央政府与地方政府之间的纵向财政关系是财政包干制,财政包干的本意是作为一种固定合约的变种提高地方政府对增加收入的努力,但中国的财政体制设计一直给地方政府留下了较大的自由裁量权,也为机会主义打开大门。在包干制下,地方政府均知道,财政收入快速增长的地区,上缴比重可能调高;因此,事先预料到中央的这种事后机会主义,地方政府的最优策略是降低税收努力程度(王绍光,1997)。而且,降低税收努力程度不仅可以防止中央政府提高上缴比重,还可以增加对企业的税收激励来吸引企业进入,推动当地经济增长。这样的结果是中央财力严重不足。1993 年 11 月,中共第十四届三中全会通过了《关于建立社会主义市场经济体制的若干问题的决定》,明确提出要在 1994 年起建立新的政府间财政税收关系,将原来的财政包干制度改造成合理划分中央与地方职权基础上的分税制。分税制改革后,大量税源归中央征收,中央财政收入占比大幅度上升。在 1994 年的分税制改革后,中央政府还不断调整中央

与地方在税收上的分成比例(例如 2002 的所得税分享改革)来提高中央的财政收入占比;此外,中央政府通过取消“先征后返”等方式压缩地方政府在税收上的自由裁量权。这种转变使得在 1994 年的分税制改革后,地方政府竞争的主要工具由税收的“逐底竞争”转变为财政支出的“逐顶竞争”,地方政府能够提供给企业的税收激励也逐渐减少,地方政府税收征管强度不断提升(吕冰洋、郭庆旺,2011)。因此,企业所得税作为地方政府税收收入的主要部分,其有效平均税率不断上升也就在预料之中。

图 7-1 的(3)则表明,在 2003 年之前,企业所得税有效边际税率不断下降,但在 2004 年有个比较显著的上升趋势,但之后又有所降低。这一点与贾俊雪和应世为(2016)的结论是一致的。相对于离散型投资决策而言,企业的边际投资行为对税收政策变动和地方政府征税行为变化更加敏感。2002 年,中国进行了企业所得税分享改革,企业所得税由 2002 年以前的按行政隶属关系征收改变为共享税,而且 2002 年之后新成立企业的企业所得税统一由国家税务总局负责征收;此外,2000 年中央政府规定,从 2002 年 1 月 1 日起禁止地方政府对企业所得税实施“先征后返”优惠政策,上述政策变动明显削弱了地方政府对企业所得税政策的影响,使得有效边际税率在 2003 年到 2004 年出现了一个较大的跳跃。

另外,为了区分不同类型的企业的所得税实际税率的差异,我们将样本企业划分为国有企业和非国有企业(包含集体企业和民营企业)、内资企业和外资企业(含港、澳、台企业),分别计算了这几类企业在地级市层面的有效税率。在本章的样本企业中,国有企业占比为 38.2%,外资企业占比为 25.5%。图 7-2 给出了不同类型企业的三类有效税率的时序图,从中我们可以发现:(1)国有企业的后视性平均有效税率要高于非国有企业的后视性平均有效税率,这其中的原因在于国有企业的企业所得税由国税局征收,而非国有企业的所得税由地税局征收,地方政府出于吸引资本流入等方面的考虑,地税部门税收征管强度往往会低于国税部门[①]。(2)内资企业的后视性平均有效税率要高于外资企业的后视性平均有效税率,这主要是因为在 2008 年之前,内资企业的企业所得税税率要高于外资企业的企业所得税税率;同样的道理,内资企业的前视性平均有效税率要高于外资企业。(3)所有类型企业的前视性边际税率均在 2003—2004 年出现了较大变动,但国有企业和外资企业的影响相对小些,我们认为原因在于国有企业与外资企业的所得税均是由国税局征收的,其征收强度受外部因素的影响较小。

---

① 虽然 2002 年进行了所得税分享改革,规定 2002 年之后新成立的所有类型企业的所得税均归国税局征收,但本章研究的是 1998—2007 年内持续经营的企业,因此均是在 2002 年之前成立。

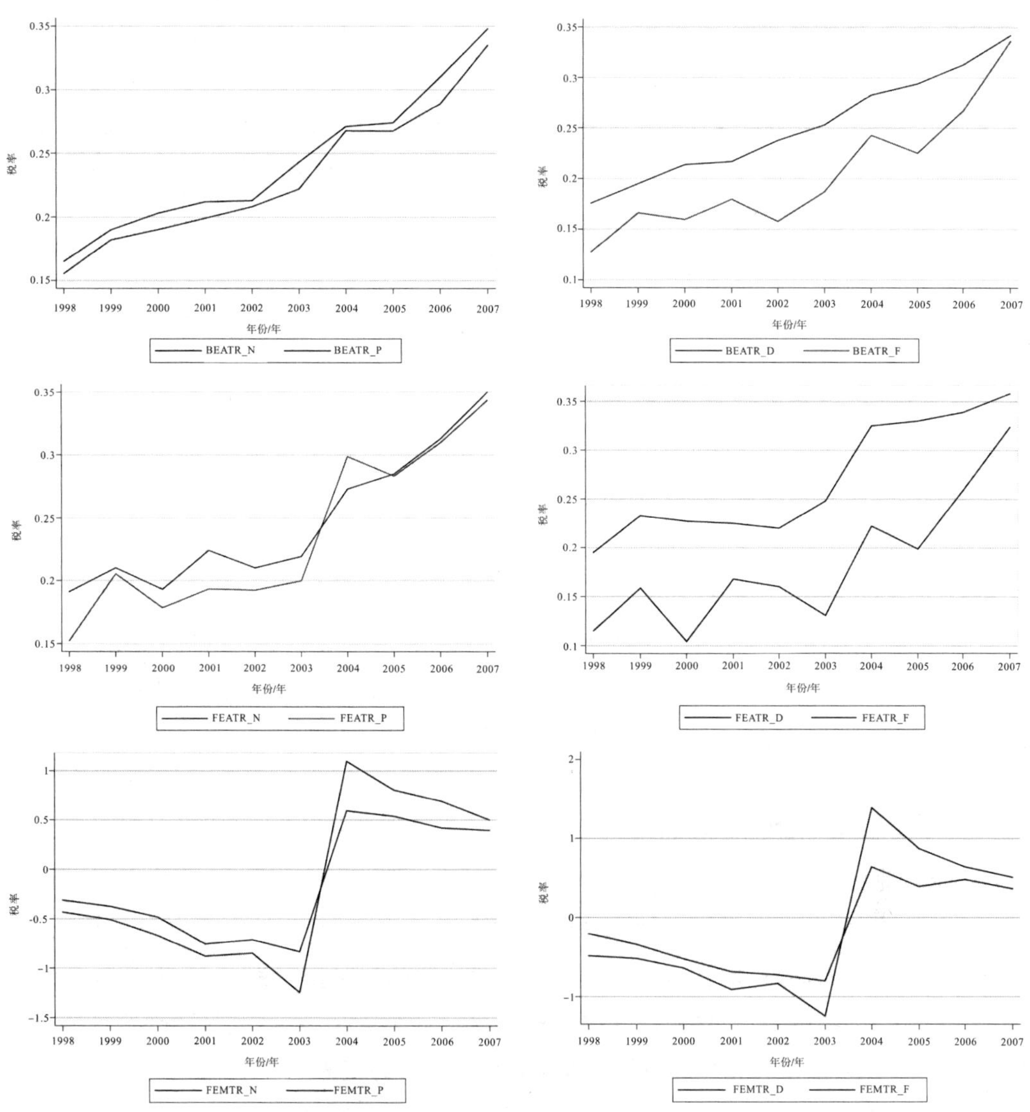

图 7-2　不同类型企业的企业所得税有效税率(1998—2007 年)

(注:_N、_P、_D 和_F 分别表示国有企业、非国有企业、内资企业和外资企业)

第四节　实证分析的模型、变量与数据

基于我们在第三部分估算得到的三类地级市层面的有效税率,我们构建如下的面板数据模型来实证研究地级市层面的企业所得税有效税率与企业资本结构之间的关系:

$$\mathrm{LEV}_{ijt}=\beta_0+\beta_1\mathrm{TAX}_{it}+\alpha X_{ijt}+u_i+\lambda_t+\varepsilon_{ijt} \tag{7-14}$$

其中 LEV_{ijt} 表示地级市 i 的第 j 家企业在第 t 年的资本结构。TAX_{it} 表示地级市 i 第 t 年的企业所得税有效税率,X_{itj} 表示影响企业资本结构的主要微观变量,u_i 为地级市

个体效应，用以控制可能对企业资本结构产生影响的地级市层面的因素，λ_t 用以控制时期效应，ε_{ijt} 为随机扰动项，由于企业数量较大，为了避免待估计参数过多的问题，我们没有控制个体效应。企业资本结构的度量指标有很多种，其中使用最多的是总负债与总资产的比重，我们也用该指标进行基准回归分析，并使用其他度量指标对基准回归的结果进行稳健性检验。结合现有研究（黄贵海和宋敏，2004；吴联生和岳衡，2006）以及本章所使用的数据库，我们在影响企业资本结构的因素中控制了如下企业微观因素：

(1)盈利能力(AROA)。基于税收的资本结构理论认为，盈利能力强的企业倾向于提高企业杠杆率，因为它们有更强烈的动机利用债务合法避税；但是融资优序理论却认为企业会优先选择未分配利润作为融资来源，因此，盈利能力强的企业通常会选择降低负债率。从经验研究的结果来看，大部分研究显示二者之间是负相关的。在本章中，我们将盈利能力定义为税前的收入同总资产的比值。

(2)有形资产比重(TAN)。Jensen 和 Meckling(1976)指出，债务同样存在代理成本，因为企业可以将债务融资所获得的资金用于具有较高风险的投资项目，利用股东权益的期权性质将财富从债权人向股东转移。如果企业的有形资产较多，这些资产可以用作抵押，从而减少债权人承担上述代理成本的概率。因此，有形资产比例的提高通常被认为会提高企业资本负债率。在本章中，有形资产比重用固定资产与总资产的比率来度量。

(3)企业规模(SIZE)。Rajan 和 Zingales(1995)认为，同小企业相比，规模较大的企业通常会向企业外部的投资者披露更多信息。这样的话，一方面大企业的信息不对称问题相对较小，因此会倾向于更多地选择股权融资而非债务融资，从而其财务杠杆较低。但是，另一方面，大企业的经营更多元化，其风险分散能力也相对更强，其破产概率要小于小企业，因此企业规模同财务杠杆之间应该存在一个正相关关系(Harirs and Raviv, 1990)。本章用企业资产总额的自然对数作为企业规模的度量指标。

(4)企业成长性(GROWTH)。Myers(1977)指出，同低成长性的企业相比，高成长性的企业往往会为未来的投资持有更多的实际期权。如果高成长性公司需要额外的权益融资才能在未来执行这种期权，有外部债务的高成长性企业可能会放弃该投资机会，因为这种融资行为事实上会导致财富由股东向债权人转移。因此高成长性的企业不会将发债作为首选的融资途径，由此可以预期财务杠杆同企业的增长前景之间会是负相关的。我们用企业总资产的增长率来度量企业成长性。

(5)非债务税盾(NTAX)。与债务税盾相对应，资本折旧的税收减免和投资税收抵免通常被称为非债务性税盾。Bardley 等(1984)的研究表明，企业债务杠杆大小同非债务性避税强度正相关。然而，非债务性避税同公司的有形资产比例是高度相关的，正如前文所述，有形资产比例也会影响财务杠杆大小，但 Bardley 等(1984)并没有考虑考虑这一点。为了纠正这一点，Wald(1999)用折旧同总资产的比例来衡量企业非债务避税强度，发现企业财务杠杆大小同非债务性避税规模负相关的结论。与 Wald(1999)类似，我们用折旧同总资产的比值来度量企业的非债务性避税。

(6)经营风险(RISK)。Wald(1999)发现经营风险越大的企业会试图降低其资产负债率。但 Hsia(1981)基于股权的或有求偿权特征，认为当企业资产价值的波动增大时，股权的系统风险会下降；黄贵海和宋敏(2004)基于此认为，企业经营风险同财务杠杆之间正相关。我们用企业样本年份当年及之前年份的税前收入的标准差来衡量经营风险。

(7)资产流动性(LIQ)。企业资产流动性对企业负债率的影响，既有正面的，也有负面的。一方面，资产流动性高的企业支付短期债务的能力较强，因此应有较高的负债率；另一方面，具有较多流动资产的公司也许会用其为投资融资，那么资产流动性就会与负债率负相关(连玉君和钟经樊，2007)。我们用企业流动资产同流动负债的比重来度量企业资产流动性。

(8)上期资本结构(LEV(−1))。资本结构理论认为，企业存在最优的资本结构，如果上期财务杠杆太高，本期则会降低财务杠杆；反之亦然。因此我们在解释变量中引入资本结构的滞后项。

由于变量中有些需要对样本进行之后处理，因此我们最终用于实证分析的样本是 137 个地级市的 21464 家企业在 1998—2007 年的平衡面板数据。表 7-1 给出了上述变量的描述统计。

表 7-1 变量描述性统计

变量	均值	标准差	极小值	极大值
BEATR	0.2359	0.1376	0.0005	0.9691
FEATR	0.2467	0.2079	0.0000	1.2260
FEMTR	−0.1323	1.1322	−3.5969	4.9337
LEV	0.5228	0.3353	−6.6400	15.2516
LEV(−1)	0.5814	0.3018	−6.6400	15.2516
AROA	0.0643	0.0507	−0.2432	0.3571
INTAN	0.5659	0.2320	−3.2444	9.4271
SIZE	10.6735	1.5475	0.0000	18.6698
GROWTH	0.2415	0.3860	−0.8433	6.7128
NTAX	0.1547	0.1203	0.0000	0.7538
RISK	0.0317	0.0425	0.0000	0.6074
LIQ	1.6534	1.5439	0.1317	36.5211

第五节 实证分析结果

(一)基准回归结果

由于我们在回归模型(7-14)的控制变量 X 中引入了资本结构的一阶滞后项,因此,式(7-14)变成了一个动态面板数据模型。动态面板数据模型主要有两种估计方法:差分 GMM(difference generalized methods of moment)和系统 GMM(system generalized methods of moment)。差分 GMM 估计仅对差分方程进行估计,因此可能损失部分信息。系统 GMM 同时对水平方程和差分方程进行估计,并以差分变量的滞后项作为水平方程的工具变量,以水平变量的滞后项作为差分方程的工具变量,因此比差分 GMM 利用了更多的样本信息,从而估计也更为有效;而且,系统 GMM 估计法是目前最好的同时解决被解释变量动态变化、解释变量内生性问题并同时控制地区和时间固定效应的面板数据估计方法(Madariaga and Poncet,2007)。因而本章也采用系统 GMM 方法对式(7-14)进行估计。但系统 GMM 方法的有效性是有前提的,即新增工具变量是有效的。为验证工具变量的有效性,我们对估计结果进行了 Sargan 检验,并对残差项是否存在一阶和二阶序列自相关进行了检验。系统 GMM 可分为一步法(one-step system GMM)和两步法(two-step system GMM)估计。相比一步法,两步法不容易受到异方差的干扰,但是在有限样本条件下,两步法的标准误可能产生向下偏倚。对此,本章利用 Windmeijer(2005)的方法对两步法标准差的偏差进行矫正。估计结果如表 7-2 所示。

表 7-2 基准回归结果(全样本)

变量	(1)	(2)	(3)	(4)	(5)	(6)
BEATR	0.3155 (0.4563)	0.0785* (0.0431)				
FEATR			0.3359*** (0.0517)	0.2558** (0.0603)		
FEMTR					0.2750** (0.0099)	0.2127* (0.1119)
LEV(−1)		−0.1944*** (0.0503)		−0.2018*** (0.0518)		−0.1976*** (0.0522)
AROA		−35.8216** (17.7085)		−35.9258** (17.6879)		−35.9300** (17.6901)
TAN		−3.2580*** (0.6626)		−3.4829*** (0.6478)		−3.4007*** (0.6368)

续表

变量	(1)	(2)	(3)	(4)	(5)	(6)
SIZE		0.0049 (0.0158)		0.0050 (0.0161)		0.0049 (0.0160)
GROWTH		0.2001*** (0.0381)		0.1992*** (0.0325)		0.1986*** (0.0344)
NTAX		−0.1158* (0.0606)		−0.1172* (0.0610)		−0.1132* (0.0612)
RISK		2.1118** (1.0020)		2.1421** (1.0021)		2.1003** (1.0176)
LIQ		0.2105 (0.3438)		0.2142 (0.3307)		0.2008 (0.3385)
N	193176	193176	193176	193176	193176	193176
地区效应	控制	控制	控制	控制	控制	控制
时期效应	控制	控制	控制	控制	控制	控制
AR(1)检验 p 值		0.0047		0.0050		0.0049
AR(2)检验 p 值		0.3026		0.2953		0.2816
Sargen 检验 p 值		0.2701		0.2548		0.2593

注：(1) *、** 和 *** 分别表示在10%、5%和1%的显著性水平上显著，下同；(2)动态面板数据模型估计结果的系数下方括弧号里为 Windmeijer(2005)的两阶段一纠偏一稳健标准误，下同；(3)在所有的回归中，我们均同时控制了地区固定效应和时期固定效应，下同；(4)列(1)、(3)、(5)没有使用系统GMM方法。

我们首先在回归中仅仅引入企业所得税有效税率，结果如列(1)、(3)和(5)所示，结果表明，企业所得税后视性平均有效税率不会对企业资本结构产生显著影响，但前视性平均有效税率和前视性边际有效税率的提高均会显著提高企业的债务—资产比率，前视性平均有效税率和前视性边际有效税率每提高一个单位，企业债务—资产比率则会提高0.336和0.275个单位。由此可见，企业在调整其资本结构时，更多的是基于企业对政府税收行为的预期和投资项目收益的预期，而不是基于对过去的所得税政策的判断。因此，地区层面的前视性有效税率支持了我们在第二部分中指出的基本结论，即企业所得税税率越高，企业债务融资的激励越强。

接下来，我们引入前文所介绍的其他控制变量，并使用系统 GMM 方法进行估计。从动态面板数据模型的检验结果来看，AR(1)检验的 p 值均小于 0.1，说明残差项存在显著的一阶自相关，而 AR(2)检验的 p 值均大于 0.4，说明残差项不存在二阶自相关，符合模型的设定条件；此外，Sargan 检验的 p 值均大于 0.1，不能拒绝“所有工具变量均有效”的原假设，说明残差项与解释变量不相关，工具变量是合理的。在引入更多控制变量后，

后视性平均有效税率对企业债务—资产比率的影响在10%的显著性水平下显著，前视性有效税率依然会显著影响企业的债务—资产比率。在其他控制变量中，上一期的债务—资产比率、企业盈利能力、有形资产比重和非债务税盾的提高均能显著提高当期的债务—资产比率；企业成长性和经营风险则能显著提高企业债务—资产比率。

然后，我们将总样本划分为国有企业和非国有企业、内资企业和外资企业，对四个子样本分别进行回归，回归结果如表7-3和表7-4所示。国有企业子样本的估计结果表明，后视性有效平均税率和前视性有效边际税率对企业资本结构均没有显著影响，前视性有效平均税率对企业债务—资产比率的正向影响也仅仅在10%的显著性水平下显著。与此相对应的是，在非国有企业子样本中，三类企业所得税有效税率指标均对企业的债务—资产比率产生了显著的提升作用。由此可见，国有企业的资本结构对企业所得税税率并不敏感，但非国有企业会根据企业所得税有效税率的高低来调整其资本结构。

表7-3　基准回归结果（国有企业与非国有企业）

变量	国有企业			非国有企业		
	(1)	(2)	(3)	(4)	(5)	(6)
BEATR	0.1284 (0.0958)			0.2153* (0.1675)		
FEATR		0.2148* (0.1143)			0.3048** (0.1451)	
FEMTR			0.3154 (0.4407)			0.1897*** (0.0527)
N	73791	73791	73791	119385	119385	119385
AR(1)检验 p 值	0.0133	0.0124	0.0121	0.0081	0.0079	0.0078
AR(2)检验 p 值	0.5007	0.4664	0.4812	0.1289	0.1354	0.1300
Sargen检验 p 值	0.4325	0.4607	0.5180	0.3999	0.4458	0.4714

注：(1)国有企业和非国有企业的有效税率分别是用国有企业和非国有企业的数据计算得到的；(2)篇幅所限，只列出了所得税有效税率的估计结果，下同。

表7-4　基准回归结果（内资企业与外资企业）

变量	内资企业			外资企业		
	(1)	(2)	(3)	(4)	(5)	(6)
BEATR	0.4073 (0.3215)			0.1260 (0.3184)		
FEATR		0.1259* (0.0699)			0.4300** (0.1963)	
FEMTR			0.0895** (0.0447)			0.2416*** (0.0575)

续表

变量	内资企业			外资企业		
	(1)	(2)	(3)	(4)	(5)	(6)
N	143930	143930	143930	49266	49266	49266
AR(1)检验 p 值	0.0009	0.0014	0.0012	0.0243	0.0240	0.0239
AR(2)检验 p 值	0.4710	0.4663	0.4685	0.1289	0.1295	0.1282
Sargen 检验 p 值	0.2085	0.2113	0.2108	0.1743	0.1726	0.1756

注：内资企业和外资企业的有效税率分别是用内资企业和外资企业的数据计算得到的，下同。

表 7-4 的结果表明，内资企业和外资企业两个子样本的结果并没有太大差异，而且与全样本的估计结果也比较一致，即企业所得税后视性有效平均税率不会对内资企业和外资企业的资本结构产生显著影响，但企业所得税前视性有效税率对内资企业和外资企业均会产生显著影响。内资企业和外资企业在企业所得税与资本结构关系的差异在于，企业所得税前视性有效税率对外资企业资本结构的边际作用要大于内资企业，也就是说，外资企业对其面临的企业所得税更为敏感，在税收筹划上更为激进。

总结表 7-4 的回归结果，我们可以得到如下结论：第一，后视性平均有效税率对企业资本结构的影响并不显著，但前视性平均有效税率和平均边际税率会对企业债务—资产比率产生显著的提升作用，这一点在分组样本中更为明显；第二，国有企业不会根据其面临的有效税率调整资本结构，但非国有企业面临的有效税率会显著影响其资本结构；第三，内资企业和外资企业在如何调整资本结构以应对企业所得税税率变动时并不存在差异，只是外资企业更为敏感而已。

（二）稳健性检验

由于度量企业资本结构的指标有很多，正如 Rajan 和 Zingales(1995)所言，采用不同的指标来衡量资本结构会得到相当不同的分析结果。因此，我们首先通过改变资本结构的度量指标进行回归，以此检验前文基准回归结果的稳健性。除了用负债与资产的比重来度量资本结构外，长期负债与总资产的比重也是度量资本结构的常用指标，因此，我们用长期负债与总资产的比重作为资本结构的表征指标对式(7-14)再次进行回归，回归结果如表 7-5 所示。

表 7-5 的全样本回归结果与表 7-2 的全样本回归结果相比，区别在于后视性平均有效税率对企业资本结构的影响不再显著，而前视性平均有效税率和边际有效税率对企业债务融资比率的影响依然显著为正。在对企业进行分组检验中，我们发现在国有企业子样本中，三类有效税率指标对企业资本结构产生显著影响；在非国有企业子样本中，两类前视性有效税率能显著影响企业资本结构，但后视性有效税率同样不会显著影响企业资本结构。在内资企业和外资企业子样本中，我们发现，改变资本结构的度量方式没有影

响三类有效税率对内资企业和外资企业的资本结构,即后视性有效税率对两类企业的资本结构均没有显著影响;两类前视性有效税率中,除了前视性平均有效税率对内资企业的资本结构不会产生显著影响之外,其余情形下均能显著影响内资企业和外资企业的资本结构。总之,在改变了资本结构的度量方式之后,我们发现回归结果并没有发生太大的变动。

表 7-5　稳健性检验(改变资本结构的度量方式)

变量	全样本			国有企业			非国有企业		
	(1)	(2)	(3)	(4)	(5)	(6)	(7)	(8)	(9)
BEATR	0.0605 (0.0488)			0.1715 (0.2246)			0.0907 (0.0742)		
FEATR		0.0917** (0.0453)			0.2530 (0.1989)			0.0813* (0.0449)	
FEMTR			0.0533* (0.0287)			0.1365 (0.1101)			0.0436** (0.0213)
N	193176	193176	193176	73791	73791	73791	119385	119385	119385
AR(1)检验 p 值	0.0065	0.0023	0.0035	0.0061	0.0007	0.0012	0.0037	0.0025	0.0063
AR(2)检验 p 值	0.2938	0.3404	0.3354	0.3882	0.3716	0.3699	0.1929	0.2001	0.2215
Sargen检验 p 值	0.6047	0.5216	0.2148	0.3895	0.4421	0.2580	0.3001	0.4484	0.3500

变量	内资企业			外资企业		
	(1)	(2)	(3)	(4)	(5)	(6)
BEATR	0.0742 (0.0559)			0.1583 (0.1174)		
FEATR		0.0488 (0.0937)			0.0828*** (0.0217)	
FEMTR			0.0821** (0.0405)			0.1664* (0.0875)
N	143930	143930	143930	49266	49266	49266
AR(1)检验 p 值	0.0502	0.0831	0.0442	0.0069	0.0083	0.0075
AR(2)检验 p 值	0.5527	0.5038	0.5002	0.3721	0.3389	0.3069
Sargen检验 p 值	0.2145	0.1870	0.2295	0.1773	0.1800	0.2217

接下来,我们进行的稳健性检验则是改变有效税率的度量方式。前文中,我们使用

企业所得税纳税数据来合成地级市层面的企业所得税有效税率，这样做的目的是可以在解决内生性的同时获取更多的信息。但是，我们在合成地级市层面的有效税率时还可能有些瑕疵，主要问题有两个方面：第一，个别地级市符合条件的企业只有 1 个，这样导致合成的地级市层面的有效税率依然是该企业自身的有效税率，存在一定的内生性；第二，一些地级市中存在个别企业规模远远高于其他企业的情形，使得合成的该地级市企业的有效税率受该大型企业的影响非常大。因此，我们对前文中符合条件的 21464 家连续经营企业再次进行了筛选：首先，剔除地级市内连续经营企业小于等于 2 个的地级市及其范围内的企业[①]；第二，在余下的企业中删除 10 年内企业所得税纳税总额最高的那家企业，利用余下的企业来合成地级市层面的所得税有效税率。这样得到了 123 个地级市中 21031 个企业构成一个新的全样本。

我们利用同样的样本筛选方法来计算地级市层面不同类型企业的所得税有效税率，最后得到的国有企业数量为 8536 家，分布在 121 个地级市中；得到的非国有企业数量为 12480 家，分布在 120 个地级市中；得到的外资企业为 4822 家，分布在 115 个地级市中；得到的内资企业为 16191 家，分布在 122 个地级市中。

在改变有效税率的度量后，表 7-6 的估计结果与表 7-2～表 7-4 的基准回归结果也没有发生太大变化，只有如下几点变化：国有企业子样本中，前视性边际有效税率对资本结构产生了显著影响；非国有企业子样本中，后视性平均有效税率对资本结构的影响不再显著；外资企业子样本中，后视性平均有效税率对资本结构的影响是显著的。总体而言，我们依然可以发现，前文基于表 7-2～表 7-4 得到的三点基本结论在表 7-6 中也是基本成立的。

表 7-6　稳健性检验(改变有效税率的度量方式)

变量	全样本			国有企业			非国有企业		
	(1)	(2)	(3)	(4)	(5)	(6)	(7)	(8)	(9)
BEATR	0.3027 (0.2459)			0.0082 (0.1046)			0.0993 (0.0860)		
FEATR		0.3018*** (0.0721)			0.2189 (0.2840)			0.2436* (0.1296)	
FEMTR			0.2477* (0.1297)			0.1628** (0.0799)			0.2242* (0.1225)
N	189279	189279	189279	76824	76824	76824	112320	112320	112320

① 删除企业数小于等于 2 个的地级市，是因为后面要删除所得税纳税额最高的企业，如果该地级市仅有 2 个符合要求的企业，则删除之后只剩下 1 个企业，地级市层面的有效税率就等于该企业的有效税率。

续表

变量	全样本			国有企业			非国有企业		
	(1)	(2)	(3)	(4)	(5)	(6)	(7)	(8)	(9)
AR(1) 检验 p 值	0.0033	0.0038	0.0037	0.0061	0.0059	0.0057	0.0214	0.0203	0.0195
AR(2) 检验 p 值	0.4133	0.4087	0.4105	0.3713	0.3746	0.3706	0.1828	0.1900	0.1863
Sargen 检验 p 值	0.2156	0.2201	0.2189	0.4435	0.4517	0.4326	0.6613	0.6219	0.6581

变量	内资企业			外资企业		
	(1)	(2)	(3)	(4)	(5)	(6)
BEATR	0.1117 (0.0836)			0.2414* (0.1244)		
FEATR		0.2047** (0.0984)			0.3012*** (0.0852)	
FEMTR			0.1619* (0.0880)			0.2417** (0.1155)
N	143930	143930	143930	49266	49266	49266
AR(1) 检验 p 值	0.0415	0.0386	0.0400	0.0073	0.0068	0.0071
AR(2) 检验 p 值	0.2493	02530	0.2501	0.3147	0.3006	0.2947
Sargen 检验 p 值	0.5552	0.5418	0.5437	0.4277	0.4408	0.4155

第六节　结束语

自 Modigliani 和 Miller(1958, 1963)的 MM 理论之后，企业面临的税率尤其是企业所得税税率对企业资本结构的影响就一直是学术界关注的问题，现有文献也对中国语境下的企业所得税与资本结构的关系进行了大量经验研究。抛开这些经验研究尚未达成一致的结论不说，现有研究普遍存在一些问题，这些问题主要集中在无法有效地度量企业实际的企业所得税税收负担上。但是，我们注意到了中国的地方政府虽然没有税收立法权，但在税收征管上具有较大的自由裁量权，致使各地区的企业所得税有效税率存在较大差异。利用这一现实背景，我们使用 1998—2007 年的中国工业企业数据库中规模以上工业企业的税收数据，加总得到了地区层面的企业所得税有效税率，从而有效地解决了内生性问题和信息不足问题。而且，我们在加总得到地区层面的企业所得税有效税率时，不仅计算了后视性有效平均税率，还使用了 Devereux 和 Griffith(1999, 2003)的方法计算了前视性有效平均税率和前视性有效边际税率。在此基础上,我们实证研究了上述三类不同的企业所得税有效税率对企业资本结构的影响。

本章的研究结果表明:第一,企业所得税有效税率的测算表明,从 1998 年到 2007 年,不论是后视性有效税率还是前视性有效税率,中国地级市层面的企业所得税平均有效税率均呈现一种上升的趋势;在 2003 年之前,企业所得税有效边际税率不断下降,但在 2004 年有个比较显著的上升趋势,但之后又有所降低。第二,企业所得税后视性平均有效税率对企业资本结构没有显著影响,但前视性平均有效税率和前视性边际有效税率越高,企业的债务融资比率越高,这说明企业在基于企业所得税税率来决定企业资本结构时,更多的是基于对政府未来税收行为的预期和企业投资项目未来收益的预期,而不是基于对过去的所得税政策的判断。第三,基于分组样本的研究表明,国有企业并不会根据企业所得税税率的变动来调整企业资本结构,但非国有企业会根据企业所得税有效税率的变动来调整其资本结构;内资企业和外资企业的企业所得税有效税率对其资本结构的影响是类似的,唯一不同的是外资企业的资本结构变动对企业所得税前视性有效税率更为敏感。

本章的研究不仅是在学术研究上对中国企业所得税与资本结构关系的一个补充和拓展,同时在当前中国全面深化财政体制改革的时代语境下具有一定的现实意义。除了验证了债务税盾的存在性之外,我们的研究还表明,企业在调整其资本结构时,更多的是考虑对企业未来盈利能力的预期和对政府未来税收政策的预期。结合本章结论,我们认为:

对企业而言,由于前视性平均有效税率和边际有效税率对企业融资决策均会产生显著影响,因此,在当前中国经济面临“防范系统性金融风险”这一攻坚战以及企业债务比率不断上升的背景下,企业应当在融资条件允许的条件下,调整自身的融资结构,降低债务融资比率,增加股权融资比率。正如本章研究结论所指,降低债务融资比率可以很好地契合当前政府“减税降费”的财税政策。

对政府而言:第一,应当降低地方政府在征税强度上的自由裁量权,使得“减税降费”落到实处,切实降低企业实际税收负担,从而激励企业更多地进行股权融资而不是债务融资,以降低整个经济的杠杆率;第二,政府的税收政策应当尽量减少不确定性,以便企业生产自己的前视性有效税率,调整企业的资本结构;第三,企业应当引导企业对政府税收政策的预期,防止税收政策变动导致的企业融资、投资行为的剧烈波动。此外,政府在制定税收政策时,也应当考虑到税率对不同类型企业的异质性影响,以防止对企业债务融资比率的过大冲击。

本章参考文献

安体富，2002.如何看待近几年我国税收的超常增长和减税的问题[J].税务研究(8)：10-17.

邓明，魏后凯，2016.自然资源禀赋与中国地方政府行为[J].经济学动态(1)：15-31.

邓明，2018.经济集聚如何影响了中国地方政府的税收执法强度？[J].财政研究(3)：112-123.

胡祖铨，黄夏岚，刘怡，2013.中央对地方转移支付与地方征税努力：来自中国财政实践的证据[J].经济学(季刊)，12(3)：799-822.

黄贵海，宋敏，2004.资本结构的决定因素：来自中国的证据[J].经济学(季刊)，3(1)：395-414.

黄明峰，吴斌，2010.税收政策的变化影响公司资本结构吗?：基于两税合并的经验数据[J].南方经济(8)：17-28.

黄夏岚，胡祖铨，刘怡，2012.税收能力，税收努力与地区税负差异[J].经济科学，34(4)：80-90.

贾俊雪，应世为，2016.财政分权与企业税收激励：基于地方政府竞争视角的分析[J].中国工业经济(10)：23-39.

贾俊雪，2014.税收激励，企业有效平均税率与企业进入[J].经济研究(7)：94-109.

李增福，李娟，2011.税率变动与资本结构调整：基于2007年新企业所得税法实施的研究[J].经济科学(5)：57-69.

连玉君，钟经樊，2007.中国上市公司资本结构动态调整机制研究[J].南方经济(1)：23-38.

刘小勇，2012.分税制，转移支付与地方政府财政努力[J].南方经济，30(5)：38-53.

龙小宁，朱艳丽，蔡伟贤，李少民，2014.基于空间计量模型的中国县级政府间税收竞争的实证分析[J].经济研究(8)：41-53.

乔宝云，范剑勇，彭骥鸣，2006.政府间转移支付与地方财政努力[J].管理世界(3)：50-56.

王绍光，1997.分权的底限[M].北京：中国计划出版社.

吴联生，岳衡，2006.税率调整和资本结构变动：基于我国取消“先征后返”所得税优惠政策的研究[J].管理世界(11)：111-119.

吴联生，岳衡，2006.税率调整和资本结构变动：基于我国取消“先征后返”所得税优惠政策的研究[J].管理世界(11)：111-118.

袁宏伟，2010.企业税收负担与投资结构的关系研究：基于我国上市公司有效税率的测度[J].中央财经大学学报(10)：7-12.

ALWORTH J，ARACHI G，2001.The effect of taxes on corporate financing decisions：evidence from a panel of Italian firms[J].International tax & public finance，8(4)：353-376.

AN Z,2012.Taxation and capital structure: empirical evidence from a quasi-experiment in China[J].Journal of corporate finance,18(4):683-689.

AUERBACH A J,1985.The theory of excess burden and optimal taxation [C]//AUERBACH A J,FELDSTEIN M.Handbook of public economics,61-127.

BARCLAY M J,HEITZMAN S M,Smith C W,2013.Debt and taxes: evidence from the real estate industry[J].Journal of corporate finance,20(1):74-93.

BRADLEY M,JARRELL G,KIM E H,1984.On the existence of an optimal capital structure: theory and evidence [J].Journal of finance,39(3):857-878.

BUETTNER T,OVERESCH M, SCHREIBER U, WAMSER G,2009. Taxation and capital structure choice: evidence from a panel of german multinationals [J].Economics letters,105(3):309-311.

CHANG C,1999.Capital structure as optimal contracts[J].North American journal of economics and finance,10(2):363-385.

CHENG Y,GREEN C J,2010.Taxes and capital structure:a study of European companies [J].Manchester school,76(s1):85-115.

DEVEREUX M P, GRIFFITH R, 2003. Evaluating tax policy for location decisions [J].International tax and public finance, 10(2):107-126.

DEVEREUX M P, GRIFFITH R, 1999. The taxation of discrete investment choices [R].Institute for fiscal studies,working paper series No.W98/16.

DEVEREUX M P, MAFFINI G, XING J, 2018. Corporate tax incentives and capital structure: new evidence from UK firm-level tax returns[J].Journal of Banking and Finance,88:250-260.

DOIDGE C,DYCK A,2015.Taxes and corporate policies: evidence from a quasi natural experiment[J].Journal of finance, 70(1):45-89.

FRANK M A,GOYAL V K,2008. Tradeoff and pecking order theories of debt[C]// Eckbo B. Handbook of corporate finance [A]. Empirical corporate finance, Amsterdam:North-Holland,135-202.

GIVOLY D, HAYN C, OFER A R, SARIG O, 1992. Taxes and capital structure: evidence from firms'response to the tax reform act of 1986 [J].Review of financial studies,5(2): 331-355.

GORDON R H, LEE Y, 2001. Do taxes affect corporate debt policy? Evidence from U.S. corporate tax return data[J].Journal of public economics,82(2):195-224.

GRAHAM J R,LEMMON M,SCHALLHEIM J,1998.Debt,leases,taxes,and the endogeneity of corporate tax status[J].Journal of finance,53(1):131-162.

GRAHAM J R,1996.Debt and the marginal tax rate[J].Journal of financial economics,41(1):41-74.

GRAHAM J R,1999.Do personal taxes affect corporate financing decisions? [J].Journal of public economics,73(2):147-185.

GRAHAM J R,2003.Taxes and corporate finance:a review[J]. Journal of financial studies,16(4):1075-1129.

HARRIS M,RAVIV A,1991.The theory of capital structure[J].Journal of finance,46(1):297-355.

HEIDER F, LJUNGQVIST A, 2015. As certain as debt and taxes: estimating the tax sensitivity of leverage from state tax changes[J].Journal of financial economics,118(3):684-712.

HSIA C C,1981.Coherence of the modern theories of finance[J].Financial review,Winter:27-42.

JENSEN M, MECKLING W, 1976. Theory of the firm: managerial behavior, agency costs,and ownership structure[J].Journal of financial economics,3(4):305-360.

KR MER R, 2015.Taxation and capital structure choice:the role of ownership[J]. Scandinavian journal of economics, 117(3): 957-982.

KRAUS A,LITZENBERGER R,1973. A state-preference model of optimal financial leverage[J].Journal of finance,28(4):911-922.

MACKIE-MASON J K,1990.Do taxes affect corporate financing decisions? [J].Journal of finance,45(5):1471-1493.

MADARIAGA N, PONCET S, 2007. FDI in Chinese cities: spillovers and impact on growth[J].World economy,30(5):837-862.

MODIGLIANI F,MILLER M H,1963.Corporate income taxes and the cost of capital:a correction (in Communications)[J].American economic review,53(3):433-443.

MODIGLIANI F, MILLER M H,1958.The cost of capital,corporation finance and the theory of investment[J].American economic review,48(3):261-297.

MYERS S C,1977.Determinants of corporate borrowing[J].Journal of financial economics,5(2):147-175.

MYERS S C,1984.The capital structure puzzle[J].Journal of finance,39(3):575-592.

RAJAN R G, ZINGALES L,1995.What do we know about capital structure choice? Some evidence from international data [J].Journal of finance,50(5):1421-1460.

RICHARDSON G, LANIS R,2007.Determinants of the variability in corporate effective tax rates and tax reform:evidence from Australia [J].Journal of accounting and public policy,26(6):689-704.

RUBINSTEIN M E, 1973. Corporate financial policy in segmented securities markets [J]. Journal of financial & quantitative analysis, 8(5):749-761.

SCOTT J H JR, 1976. A theory of optimal capital structure [J]. Bell journal of economics, 7(1):33-54.

TEMIMI A, ZEITUN R, MIMOUNI K, 2016. How does the tax status of the country impact capital structure? Evidence from the GCC region[J]. Journal of multinational financial management(37-38):71-89.

WALD J K, 1999. How firm characteristics affect capital structure: an international comparison[J]. Journal of financial research, 22(2):161-187.

WELCH I, 2007. Common flaws in empirical capital structure research[R]. Brown university working paper.

WILLIAMSON O, 1988. Corporate finance and corporate governance [J]. Journal of finance, 43(3):567-591.

WINDMEIJER F, 2005. A finite sample correction for the variance of linear efficient two-step gmm estimatiors[J]. Journal of econometrics, 126(1):25-51.

第八章　固定资产加速折旧政策对企业融资约束的影响*

童锦治　冷志鹏　黄浚铭　苏国灿**

第一节　引　言

融资难融资贵是当前我国中小企业发展面临的普遍性问题，在当前经济下行和去杠杆的宏观背景下，这一问题显得更为突出，已经成为制约我国经济转型和升级的重要瓶颈之一(邓可斌、曾海舰，2014)。国家对此问题高度重视，在2018年的中央经济工作会议上强调要改善货币政策传导机制，提高直接融资比重，解决好民营企业和小微企业融资难融资贵的问题。众多学者也对融资约束问题的成因和解决路径展开了研究。研究表明，资本市场的信息不对称(Myers and Majluf，1984；屈文洲 等，2011)、资本市场摩擦的存在(Greenwald et al.，1984)、银行等金融机构受到信贷总量控制(陈海强 等，2015)和金融市场的不完善(谢军和黄志忠，2014)等是导致企业融资约束问题的重要原因，解决路径则包括了企业参股金融机构(黎文靖、李茫茫，2017)、实行宽松的货币政策(喻坤 等，2014)、深化金融供给侧结构性改革(李建强、高宏，2019))和优化地方政府考核晋升体系(田国强、赵旭霞，2019)等。遗憾的是，现有文献较少涉及税收政策对企业融资约束的影响。

事实上，部分税收政策天然具有缓解企业融资约束的作用，并且已经被企业广泛使用，其中最典型的就是企业所得税政策中的固定资产加速折旧政策(以下简称"加速折旧政策")。该政策允许企业将固定资产在未来会计期间的折旧提前至较早的会计期间甚至是购买当期进行税前扣除。这样一来，企业在固定资产使用前期将获得更多的折旧计提和成本列支，从而减少前期的应税所得和所得税款，对缓解企业现金流起到了重要的作用。第二次世界大战以后，为鼓励企业投资发展，不少国家纷纷在企业所得税制度中实行了加速折旧政策(任泽平，2014)。我国由于企业所得税制度建立较晚，对加速折旧

* 本章写作时间为2020年，故本章论述以2020年为时间节点。

** 童锦治，教授、博士生导师，厦门大学经济学院财政系；冷志鹏，博士研究生，厦门大学经济学院财政系；黄浚铭，硕士研究生，厦门大学经济学院财政系；苏国灿，博士，厦门市审计局。

政策控制一直较为严格，[①]直到近年来才开始逐步推行。从加速期限上看，我国加速折旧政策主要分为一次性扣除和多年加速折旧：前者规定企业可以将一定限额以内的固定资产购置支出作为成本费用在当期一次性扣除，在2014年首次实行时针对持有的固定资产的限额是5000元，针对新购进的科研用固定资产的限额是100万元，2018年将新购进设备、器具的限额提高至500万元；后者则规定特定行业可以通过缩短折旧年限或者更改折旧方法的方式递延纳税，这类政策最早开始于2012年的集成电路生产企业，其后在2014年扩大至生物药品制造业等6个行业，2015年又增加了轻工、纺织、机械、汽车等四个领域重点行业，2019年进一步扩大至全部制造业行业。[②]

有不少学者对加速折旧政策效应进行了研究，并得出有益的结论，具体可以分为研发激励、投资促进、融资约束缓解等三个方面。一是研发激励效应方面。该类研究较为丰富，结论也较为一致，均认为研发激励效应显著存在，而且在不同类型企业之间存在异质性。比如，李昊洋等(2017)利用上市公司数据，运用DID模型探究了2014年加速折旧政策对企业研发投入的影响，发现加速折旧政策显著提高了企业的研发创新投入，而且对资产形式和人力资源形式的研发投入均有促进作用。曹越和陈文瑞(2017)、伍红等(2019)等学者的研究也得到了类似的结论。二是投资促进效应方面。该类研究也较为丰富，且均认为加速折旧政策对企业投资促进效应并不明显，但在不同地区不同类型企业间存在较大差异。比如，河北省国税局固定资产加速折旧课题组(2015)对于河北省企业新政效应的调研结果显示，购置新增和改造升级固定资产是企业享受该优惠政策后最愿意进行的行为，占受访企业的80.3%；唐飞鹏(2017)结合东莞市企业问卷调查结果分析发现，加速折旧新政对固定资产投资的促进作用效果有限；曹越和陈文瑞(2017)基于上市公司数据的实证研究发现，加速折旧政策总体上并不具有投资促进效应，但是对于国有企业和低成长性企业会有正向影响。三是融资约束缓解效应方面。该类相关研究较少，结论不一，且主要以调查规范分析为主。比如，赵美娜(2015)和唐恒书等(2018)从案例分析角度认为加速折旧政策能够改善企业现金流情况，河北省国税局固定资产加速折旧课题组(2015)的调研结果也显示有46.69%受访户认为新政策可以减轻企业资金压力，但唐飞鹏(2017)的调研结果显示仅有8.21%受访企业认为该政策对缓解资金压力有很大帮助。由此可知，现有研究对加速折旧政策的研发激励效应和投资促进效应有较为清晰的认识，但是对融资约束缓解效应的研究尚显不足，且缺乏相关的理论和实证研究，

---

① 我国固定资产加速折旧政策最早见于《外商投资企业和外国企业所得税法实施细则》第四十条中，“固定资产由于特殊原因需要缩短折旧年限的，可以由企业提出申请，经当地税务机关审核后，逐级上报国家税务局批准”；2008年两税合并后新颁布的《企业所得税法》第四章税收优惠也规定，“企业的固定资产由于技术进步等原因，确需加速折旧的，可以缩短折旧年限或者采取加速折旧的方法……本法规定的税收优惠的具体办法，由国务院规定”。

② 详见：财税〔2012〕27号，财税〔2014〕75号，财税〔2015〕106号，财税〔2018〕54号，财政部、税务总局公告2019年第66号。

因此本章的研究具有一定的理论意义。基于此，本章尝试利用沪深两市 A 股上市公司 2011—2017 年的数据，运用 DID 模型，研究 2014 年和 2015 年两次固定资产加速折旧政策对缓解企业融资约束的效果。该问题的探讨对全面认识固定资产加速折旧政策效应、解决我国企业融资难问题提供新的政策思路，具有重要的理论和现实意义。本研究可能贡献在于：第一，从税收政策的角度探究缓解企业融资约束的路径；第二，丰富了加速折旧政策的相关研究；第三，为完善加速折旧政策提供决策参考。

第二节　理论分析与研究假设

（一）加速折旧政策对企业融资约束的影响

从严格意义上说，加速折旧政策是一项具有融资属性的财税措施。相比传统的直线折旧法，不论是一次性扣除还是多年期加速折旧，其本质都是增加原有折旧期内前期部分的折旧，减少（甚至不进行）后期部分的折旧，相当于是企业从外部（政府）获得的一项融资。本章将从模型推导和财务理论两方面进行分析。

首先，加速折旧政策是一项给企业带来正向现金流的融资性财税措施。本章将通过模型推导的方式论证这一观点。设定企业在 $T-1$ 年末购进价值为 EXP 的固定资产，该固定资产自 T 年第一个月起开始计提折旧，折旧期为 n 年。出于讨论的方便，这里假设企业自第 T 年第一个月起无其他需要计提折旧的固定资产，且该固定资产无净残值。在传统的直线折旧模式下，企业在折旧期限内每年的税前利润如式(8-1)所示：

$$\mathrm{EBT}_0 = S - C - D \tag{8-1}$$

其中，S 表示企业的各项收入，C 表示除折旧外企业各项成本和费用支出，D 表示企业在第 T 年内的折旧额，假设企业各期的收入和支出水平相同。此外，将企业适用的企业所得税税率设为 t。当企业税前利润为正时，企业在直线折旧模式下每年应交的企业所得税税额如式(8-2)所示：

$$T_0 = t(S - C - D) \tag{8-2}$$

若企业采用缩短折旧年限的加速折旧方式，原有的 n 年折旧期间将被拆分为 m 年的加速折旧期间和 $(n-m)$ 年的不折旧期间 $(m<n)$。在 m 年的加速折旧期间中，企业每年的税前利润如式(8-3)所示：

$$\mathrm{EBT}_1 = S - C - aD \tag{8-3}$$

其中，a 表示折旧比率提升倍数，满足 $a = n/m$，反映加速折旧的程度。假设经过加速折旧后的企业税前利润仍然为正，则企业在加速折旧模式下其 m 年加速折旧期间内每年应交的企业所得税税额如式(8-4)所示：

$$T_1 = t(S - C - aD) \tag{8-4}$$

因此，从第1年到第 m 年，相比直线折旧法，企业采用加速折旧方法每年增加的现金流如式(8-5)所示：

$$\Delta \mathrm{Cash}_i = t(a-1)D \tag{8-5}$$

在第 $m+1$ 年到第 n 年间，由于购进该固定资产的相关支出已在前期全部计提完毕，企业不再计提固定资产折旧。在此期间内，企业每年的税前利润如式(8-6)所示：

$$\mathrm{EBT}_2 = S - C \tag{8-6}$$

上文已假设在直线折旧情况下企业每年税前利润为正，加速折旧下不折旧期间由于少了折旧的税前扣除，其税前利润必然高于直线折旧下的税前利润，其每年应交的企业所得税税额如式(8-7)所示：

$$T_2 = t(S-C) \tag{8-7}$$

因此，从第 $m+1$ 年到第 n 年，相比直线折旧法，企业采用加速折旧方法每年减少的现金流如式(8-8)所示：

$$\Delta \mathrm{Cash}_i = -tD \tag{8-8}$$

若不考虑时间成本，则采用加速折旧和直线折旧对企业总现金流的影响如式(8-9)所示：

$$\Delta \mathrm{Cash} = \sum_{1}^{m} t(a-1)D + \sum_{1}^{n-m}(-tD) = (ma-n)tD = 0 \tag{8-9}$$

由此可知，加速折旧政策对企业的影响在于现金流关系的重构，在税前利润足够的情况下，等价于为进行投资行为的企业带来一笔免息贷款。

其次，加速折旧政策具有不以风险回报为目标、交易成本较低的特点，有利于缓解企业的融资约束。根据融资约束理论，由于现实世界的资本市场并非完美，企业股东和管理者之间的委托代理问题、企业内外的信息不对称以及信贷市场的交易成本都会产生企业的融资约束(韩林静，2017)。其中，企业内外的信息不对称会导致外部投资方要求更高的风险回报，使企业外部融资成本明显高于内部融资成本，融资活动变得困难(Fazzari et al.，1988)。然而，在加速折旧政策中，作为投资方的政府税务部门的主要目标是扶持企业而非风险回报，因而会大幅度减轻因信息不对称而产生的融资约束。此外，信贷市场的交易成本主要是由于借贷双方存在严重的信息不对称，使投资方需要花费较多的时间和人力进行信息搜集以加强对企业的监督，这不仅会增加融资负担，还将限制企业从外部获取资金的渠道，进而增加融资难度(Whited and Wu，2006)。与之不同的是，加速折旧政策的享受方式是申报备查制而非申报审核制，企业仅需要在每年汇算清缴企业所得税时额外申报一页固定资产加速折旧情况统计表即可享受该项优惠政策，相对于银行等其他外部融资部门来说，交易成本大为降低。

基于上述分析，本章提出第一个假设：

假设8-1：加速折旧政策有助于缓解企业的融资约束。

(二)企业盈利状态对融资约束缓解效应的影响

以上分析仅仅针对盈利足够的企业,但对于亏损企业或税前利润不充足的企业而言,情况有所不同。亏损企业在加速折旧后的税前利润为负,如式(8-10)所示:

$$\mathrm{EBT}_1 = S - C - aD < 0 \tag{8-10}$$

此时,由于企业不用缴纳企业所得税,加速折旧政策产生的现金流红利也会消失。虽然企业盈亏情况多变,但每种模式都在“亏损—盈利—亏损—盈利—……”中循环,因此我们假设:无论企业采用直线折旧法还是加速折旧法计提折旧,在第 1 期到第 k 期每期收入均为 S_1 且是亏损的,从第 $k+1$ 期开始,每期收入均为 S_2,且均出现盈利,前期的亏损直到第 p 期才弥补完。当 $k < p < m$ 时,在第 p 期,直线折旧法和加速折旧法的累计净利润分别满足条件如式(8-11)和(8-12)所示:

$$\mathrm{APsl}_p = (S_2 - C - D)(p-k) + (S_1 - C - D) \quad k = (S_2 - C - D)p + (S_1 - S_2)k \tag{8-11}$$

$$\begin{aligned}\mathrm{APac}_p &= (S_2 - C - aD)(p-k) + (S_1 - C - aD)k \\ &= (S_2 - C - aD)p + (S_1 - S_2)k \geqslant 0\end{aligned} \tag{8-12}$$

进一步地,假设企业的融资成本为 r,则与直线折旧法相比,采用加速折旧法获得的现金流增额的净现值如式(8-13)所示:

$$\mathrm{NPV}(p) = \frac{(\mathrm{APsl}_p - \mathrm{APac}_p)t}{(1+r)^p} + \sum_{i=p+1}^{m} \frac{(a-1)tD}{(1+r)^i} + \sum_{j=m+1}^{n} \frac{-tD}{(1+r)^j} \tag{8-13}$$

由式(8-13)可得式(8-14):

$$\mathrm{NPV}(p) - \mathrm{NPV}(p-1) = -\frac{(a-1)(p-1)rtD}{(1+r)^p} < 0 \tag{8-14}$$

因此,净现金流 NPV 随着 p 的上升而下降,即随着企业盈利的时间越晚,企业采取加速折旧所获得的免息融资额也越低。

当企业盈亏平衡点在企业第 m 年之后,即 $k < m < p$,此时采用加速折旧法获得的现金流增额的净现值如式(8-15)所示:

$$\mathrm{NPV}(p) = \frac{(n-p)tD}{(1+r)^p} + \sum_{i=p+1}^{n} \frac{-tD}{(1+r)^i} \tag{8-15}$$

由式(8-15)可得式(8-16):

$$\mathrm{NPV}(p) - \mathrm{NPV}(p-1) = -\frac{(n-p+1)rtD}{(1+r)^p} < 0 \tag{8-16}$$

因此,净现金流 NPV 随着 p 的上升而下降,进一步地,当 $p = n$ 时,根据上式可得,企业的净现金流 NPV 为 0。

综上所述,对于亏损企业而言,加速折旧政策对企业融资约束的缓解作用不如盈利企业,且随着亏损额的增加和扭亏为盈时间的延后,政策效应越不明显。因此,理性的亏损企业经营者可能会放弃加速折旧政策的使用,以规避由于未来期间中盈亏状态不确定

性带来的风险。据此,本章提出第二个假设:

假设 8-2:加速折旧政策对试点盈利企业融资约束的缓解作用显著大于试点亏损企业。

(三)企业所有权属性对融资约束缓解效应的影响

从所有权性质方面来看,已有的研究表明,国有企业得益于其与国有银行间的密切关联,融资渠道较为畅通(Brandt and Li,2003),非国有企业则由于金融机构的"信贷歧视"现象,通常面临着比国有企业更高的融资约束(Allen et al.,2005;江伟、李斌,2006;饶品贵、姜国华,2013)。此外,有研究认为国有企业运作机制使得国有企业经理人缺少通过争取税收优惠来达到避税的动机,造成国有企业对相关激励类型的税收优惠政策敏感度较小(胡文龙,2017)。与之相对应的是,河北省国税局固定资产加速折旧课题组(2015)对 2014 年加速折旧政策在河北省实施第一年的情况进行调研,发现该政策对于非国有企业具有更强的吸引力。综合以上分析,相比于国有企业,加速折旧政策对于非国有企业融资约束的缓解有更加明显的作用。据此,本章提出第三个假设:

假设 8-3:加速折旧政策对试点民营企业融资约束的缓解作用大于试点国有企业。

(四)企业固定资产比重对融资约束缓解效应的影响

固定资产加速折旧政策针对的是新增的固定资产,因此企业所享受的政策福利也会因企业的资产结构而异。对于固定资产占比较高的企业而言,折旧对企业税负的影响更大,因此,加速折旧产生的融资福利也更强。据此,本章提出第四个假设:

假设 8-4:加速折旧政策对固定资产比重大的试点企业融资约束的缓解作用大于固定资产比重小的试点企业。

第三节　研究设计

(一)样本选择与数据来源

本章采用我国 A 股上市公司在 2011—2017 年的相关数据构建面板数据。我们执行了如下筛选程序:(1)剔除 ST 公司以及《国民经济行业分类》和《上市公司行业分类指引》中划分为证券业、金融业和保险业的上市公司(行业门类代码为 J);(2)剔除重要数据存在缺失状况的上市公司样本;(3)剔除总资产增长率在 2011—2017 年曾出现大于 1 情况的上市公司样本,以尽可能避免上市公司重大并购重组(如"借壳上市")所带来的影响。此外,本章对所有连续变量均采取前后 1%的缩尾处理,以避免极端值对实证结果造成影响。数据主要来源于 CSMAR 数据库。

(二)变量定义与度量

1.被解释变量

本章的被解释变量为"现金持有量变化"(ΔCashholding)。现有衡量融资约束的方

法主要分为两类：第一类是现金流敏感性类模型，包括投资—现金流敏感性模型和现金—现金流敏感性模型；第二类是指数类指标，包括 KZ 指数、WW 指数、SA 指数等。由于投资—现金流敏感性与企业融资约束的关系存在较大的争议(Fazzari et al.,1988;Kaplan and Zingales,1997;曾爱民和魏志华,2013)；KZ 指数在实际使用中需要大量的信息作为支撑，可行性较差(Erickson and Whited,2000)；WW 指数由于在构造过程中使用的假设条件过多，存在一定的缺陷；SA 指数的相关文献还比较少。因此，本章采用当前受认可度较高、较为成熟的现金—现金流敏感性模型衡量企业的融资约束(Almeida et al.,2004;乔睿蕾、陈良华,2017)。

2.核心解释变量

(1)现金流量(CF)。借鉴 Almeida 等(2004)和 Bao 等(2012)等学者的研究，定义为上市公司当期净利润、当期固定资产折旧、当期无形资产摊销和当期长期待摊费用之和，减去当期因分配股利、利润以及偿付利息所付出现金后的净值，再除以总资产。

(2)"加速折旧政策变量"(Reform)。该变量为虚拟变量，属于加速折旧政策的试点行业上市公司在试点会计年度之后的 Reform 变量值设为 1(其中财税〔2014〕75 号文规定的"6 个行业"所属上市公司对应试点会计年度为 2014 年，财税〔2015〕106 号文附件中规定的"四个领域重点行业"所属上市公司对应试点会计年度为 2015 年)，非试点行业的各年度以及试点行业试点以前的 Reform 变量设为 0。值得注意的是，由于试点行业的划分标准是国家统计局制定的《国民经济行业分类(GB/T 4754-2011)》，而《上市公司行业分类指引(2012 年修订)》中规定的行业分类仅到"大类"层级，部分企业无法直接确认是否属于试点行业范围。针对这些企业，本章参照《上市公司行业分类指引(2012 年修订)》的做法，根据上市公司单项业务营业收入占所有业务营业收入之比达到 50%，或营业收入的占比为 30%～50%，且满足营业收入及利润均为所有业务中最高的条件，将"文教、工美、体育和娱乐用品制造业"、"化学原料及化学制品制造业"、"医药制造业"和"橡胶和塑料制品业"四个大类行业所属上市公司再用人工识别的方式做进一步的划分，并据此明确各上市公司是否属于加速折旧政策的试点行业以及参与试点的会计年份。

3.控制变量

借鉴已有文献，本章的控制变量主要包含上市公司的托宾 Q 值(Q)、资产负债率(DARatio)、企业规模(Size)、非现金净营运资本变动(ΔNCWC)、短期债务变动(ΔSDebt)、资本支出(Expen)、净资产收益率(ROE)、股利支付率(Div)、企业上市时间(Age)和流动比率(CurrentRatio)。各变量的定义如表 8-1 所示。

表 8-1　各变量符号、名称及定义一览

变量符号	变量名称	变量定义
ΔCashholding	现金持有量变化	Δ现金及现金等价物/总资产
CF	现金流量	(企业当期净利润＋当期固定资产折旧＋当期无形资产摊销＋当期长期待摊费用的摊销－当期分配股利、利润和偿付利息所支付的现金)/总资产
Reform	加速折旧新政试点	符合为 1,不符为 0
Q	托宾-Q	(股权市场价值＋债权账面价值)/总资产
DARatio	资产负债率	期末总负债/期末总资产
Size	企业规模	总资产的对数
ΔNCWC	非现金净营运资本变动	Δ(流动资产－流动负债－现金及现金等价物)/总资产
ΔSDebt	短期债务变动	Δ流动负债/总资产
Expen	资本支出	资本支出/总资产
ROE	净资产收益率	净利润/股东权益期末余额
Div	股利支付率	每股税前现金股利/基本每股收益
Age	企业上市时间	ln(会计年度－上市年份)
CurrentRatio	流动比率	流动资产/流动负债

(三)模型构建

在模型选择上,本章主要借鉴 Almeida 等(2004)所提出的现金—现金流敏感性经典模型,同时结合了乔睿蕾和陈良华(2017)的改进模型,构建出加速折旧新政对现金—现金流敏感性影响的回归模型:

$$\Delta \text{Cashholding}_{i,t}=\beta_0+\beta_1\text{CF}_{i,t}+\beta_2\text{Reform}_{i,t}+\beta_3\text{CF}_{i,t}\times\text{Reform}_{i,t}+\sum\gamma X+\mu_i+\omega_t+\varepsilon_{i,t} \tag{8-17}$$

这里的 i 代表某一家上市公司,t 代表某一会计年度。该回归模型中对样本企业和年份进行了固定,其中 μ_i 表示企业 i 不随时间变化的非观测效应,ω_t 表示年度固定效应。模型中的残差项用 $\varepsilon_{i,t}$ 表示。当模型中 β_3 显著为负,说明加速折旧政策显著降低了企业的现金—现金流敏感性,故而缓解了企业的融资约束。由于不同行业之间存在较大的异质性,且本次加速折旧政策使用对象的选择并不是随机的,采用传统 DID 模型估计的结果可能会发生偏误,且方向未知。因此,本章在具体估计时,先通过倾向性得分匹配(PSM)为处理组寻找相似的对照组,再用 DID 方法进行政策评估。

第四节 实证结果与分析

(一)描述性统计

经过前期数据处理,我们得到上市公司在 2011—2017 年的样本数为 8289 个。各变量描述性统计如表 8-2 所示。被解释变量"现金持有量变化"(ΔCashholding)的平均值为 0.001,由此可知上市公司的现金持有量变化在总资产中的占比较小。加速折旧政策变量(Reform)平均值为 0.321,表示全部样本中有三成左右的样本来自试点行业在试点会计年度后的上市公司,这一比例基本符合研究需要。此外,各控制变量的平均值、极值和离散程度符合预期范围,基本可以满足回归分析的建模需要。

表 8-2 主要变量的描述性统计结果

变量	样本规模	平均数值	标准差	最小数值	最大数值
ΔCashholding	8289	0.001	0.081	−0.268	0.442
CF	8289	0.047	0.038	−0.1	0.183
Reform	8289	0.321	0.467	0	1
Q	8289	2.508	1.677	0.918	12.915
DARatio	8289	0.412	0.2	0.047	0.926
Size	8289	22.334	1.27	19.489	25.954
ΔNCWC	8289	0.014	0.09	−0.263	0.37
ΔSDebt	8289	0.041	0.089	−0.329	0.362
Expen	8289	0.051	0.046	0	0.235
ROE	8289	0.087	0.061	−0.325	0.36
Div	8289	0.382	0.308	0.047	2
Age	8289	1.902	0.924	0	3.178
CurrentRatio	8289	2.609	2.79	0.272	19.111

(二)加速折旧政策对企业融资约束的影响分析

表 8-3 给出了不同匹配方式匹配变量的平衡假设检验。从表中可知,核密度匹配和 1∶2 匹配的效果较好,经过匹配处理后的处理组和对照组变量之间存在的显著差异基本得到消除。出于稳健考虑,我们对三种匹配方式均进行了回归检验。

表 8-3　PSM 平衡假设检验

变量	类型	1∶1 PSM		核密度 PSM		1∶2 PSM	
		%bias	$p>\|t\|$	%bias	$p>\|t\|$	%bias	$p>\|t\|$
Q	匹配前	55.9***	0.000	55.9***	0.000	55.9***	0.000
	匹配后	22.1***	0.000	7.2***	0.002	3.8*	0.098
DARatio	匹配前	−63.1***	0.000	−63.1***	0.000	−63.1***	0.000
	匹配后	−42.0***	0.000	1.7	0.391	2.9	0.142
Size	匹配前	−63.9***	0.000	−63.9***	0.000	−63.9***	0.000
	匹配后	−46.2***	0.000	3.1*	0.091	4.2**	0.022
ΔNCWC	匹配前	10.3***	0.000	10.3***	0.000	10.3***	0.000
	匹配后	2.7	0.212	1.8	0.399	0.4	0.853
ΔSDebt	匹配前	6.8***	0.002	6.8***	0.002	6.8***	0.002
	匹配后	7.9***	0.001	−0.5	0.797	0.3	0.867
Expen	匹配前	14.7***	0.000	14.7***	0.000	14.7***	0.000
	匹配后	11.5***	0.000	−3.0	0.159	−0.5	0.830
ROE	匹配前	−4.7**	0.029	−4.7**	0.029	−4.7**	0.029
	匹配后	−6.8***	0.002	2.8	0.154	0.1	0.941
Div	匹配前	7.2***	0.001	7.2***	0.001	7.2***	0.001
	匹配后	4.2*	0.058	2.2	0.284	1.7	0.417
Age	匹配前	−49.2***	0.000	−49.2***	0.000	−49.2***	0.000
	匹配后	−30.5***	0.000	−1.5	0.500	0.0	0.991
CurrentRatio	匹配前	45.6***	0.000	45.6***	0.000	45.6***	0.000
	匹配后	12.4***	0.000	6.8***	0.004	4.6*	0.058

注：*、**、*** 分别表示在 10%、5%和 1%的水平上显著。

表 8-4 给出了模型(8-17)的实证结果。其中，第(1)列为传统 DID 模型的实证结果；第(2)～(4)列分别为采用最近邻匹配、核密度匹配和 1∶2 匹配进行 PSM 之后的回归结果。从表中可知，四个实证回归结果中 CF×Reform 的系数值显著为负，其中传统的 DID 模型和进行核密度匹配以及 1∶2 匹配的 PSM-DID 模型在 1%的水平上显著。根据 Almeida 等(2004)提出的现金—现金流敏感性模型设定，CF 变量系数显著为正表明企业经营现金流量的增加将使得企业的现金持有量显著增加，说明上市公司整体存在正的现金—现金流敏感性，反映其在经营业务规模扩大的情况下缺乏足够的低成本融资渠道，只能通过更多地持有现金来解决相应的资金需求，可见其存在一定的融资约束。实证结果表明 2014 年和 2015 年的加速折旧政策降低了上市公司的现金持有量，即降低了上市公司的现金—现金流敏感性，在一定程度上拓宽了企业的融资通道，缓解了上市公司的

融资约束状况，验证了本章的研究假设 8-1。

表 8-4 基准回归分析结果

变量	(1)	(2)	(3)	(4)
	DID	PSM+DID(1∶1)	PSM+DID（核密度）	PSM+DID(1∶2)
CF	0.712***	0.713***	0.801***	0.789***
	(11.11)	(10.76)	(12.31)	(12.07)
Reform	0.010**	0.002	0.005	0.007
	(2.26)	(0.49)	(1.19)	(1.55)
CF×Reform	−0.191***	−0.105*	−0.201***	−0.209***
	(−3.32)	(−1.67)	(−3.34)	(−3.48)
Q	0.001	0.004***	0.001	0.001
	(0.73)	(2.90)	(1.29)	(1.37)
DARatio	−0.026	0.012	−0.026	−0.031*
	(−1.60)	(0.70)	(−1.59)	(−1.89)
Size	0.087***	0.077***	0.093***	0.095***
	(17.87)	(15.49)	(18.55)	(18.75)
ΔNCWC	−0.468***	−0.406***	−0.490***	−0.483***
	(−41.05)	(−32.72)	(−42.50)	(−41.57)
ΔSDebt	−0.151***	−0.109***	−0.164***	−0.161***
	(−12.05)	(−8.55)	(−12.28)	(−12.08)
Expen	−0.569***	−0.514***	−0.616***	−0.624***
	(−19.70)	(−16.92)	(−21.38)	(−21.56)
ROE	−0.110***	−0.138***	−0.175***	−0.159***
	(−3.10)	(−3.83)	(−4.38)	(−3.97)
Div	−0.005	−0.007*	−0.005	−0.003
	(−1.41)	(−1.85)	(−1.25)	(−0.75)
Age	0.039***	0.042***	0.039***	0.039***
	(9.43)	(9.60)	(9.27)	(9.08)
CurrentRatio	0.006***	0.011***	0.005***	0.005***
	(8.67)	(10.90)	(8.11)	(7.75)
Constant	−1.955***	−1.796***	−2.217	−1.629
	(−18.72)	(−16.71)	(−0.00)	(−0.00)
N	8289	7495	8289	8192
F	154.138	115.901	102.037	54.882
Within R^2	0.309	0.273	0.339	0.335

注：*、**、*** 分别表示在 10%、5%和 1%的水平上显著；括号中的数值为 *T* 值。

（三）异质性分析

我们进一步分析固定资产加速折旧政策对不同盈利水平、不同所有权性质以及不同固定资产比重的企业融资约束的缓解作用。为保证结果更加准确，我们逐一对回归子样本进行 PSM 平衡假设检验，并选择最优匹配方式，最后采用核密度匹配（回归(1)、(3)～(7)）和最近邻匹配（回归(2)和(8)）的 PSM-DID 进行分析，具体如表 8-5 所示。

表 8-5　异质性分析结果

变量	(1)	(2)	(3)	(4)	(5)	(6)	(7)	(8)
	盈利	亏损	国企	非国企	纺织	机械	轻工	交通运输
CF	0.758***	0.974**	0.662***	0.784***	1.046***	0.675***	0.687***	0.618***
	(11.26)	(2.38)	(6.94)	(9.09)	(3.43)	(5.84)	(8.22)	(7.53)
Reform	0.010**	0.005	−0.009	0.019***	0.045**	0.010	0.006	0.011
	(2.25)	(0.28)	(−1.47)	(3.24)	(2.04)	(1.24)	(1.11)	(0.87)
CF×Reform	−0.211***	−0.177	0.015	−0.291***	−0.574**	−0.197*	−0.081	−0.295
	(−3.47)	(−0.54)	(0.16)	(−3.88)	(−2.52)	(−1.69)	(−1.12)	(−1.61)
N	6650	506	3220	5069	525	2271	4630	4131
F	132.398	3.429	49.203	103.257	5.759	50.548	72.858	60.780
Within R^2	0.310	0.278	0.266	0.335	0.277	0.361	0.279	0.260

注：*、**、*** 分别表示 10%、5%和 1%的显著性水平；括号中的数值为 T 值；限于篇幅，本表仅给出了主要变量的回归结果，控制变量和常数项均未在表中报告。

其中，第(1)列和第(2)列为分盈亏状态的实证结果，分别为盈利企业组和亏损企业组的实证结果，企业的盈亏状态根据 2013 年企业扣除非经常性损益之后的净利润判断，大于 0 为盈利企业，小于 0 则为亏损企业。第(3)列和第(4)列为分所有权性质的实证结果，分别为国有企业组和非国有企业组的实证结果。企业的所有权性质根据 CSMAR 数据库中“实际控制人性质”指标来判断：若为国有企业、行政机关、事业单位、中央机构等国家机构的上市公司，则认定为国有企业；若为民营企业、港澳台资企业、集体所有制企业、外国企业、社会团体、自然人等，则为非国有企业。第(5)列至第(8)列为分不同固定资产比重的实证结果，分别为纺织制造业、机械制造业、轻工制造业和交通运输制造业四个行业的实证结果。这里的分法以 2015 年加速折旧政策“四大领域”的分类方式为基础，将 2014 年试点的“6 个行业”归类到这四个领域中。由于 2014 年试点的“6 个行业”中还包含了“信息服务”领域，但信息服务业与制造业存在较大的区别，且 2019 年的最新政策也主要针对制造业，因此，在这部分分析中我们将“信息服务”剔除，不做分析。重新划分后，各类别所包含的行业如表 8-6 所示。此外，我们进一步根据 2013 年的财务数据，计算了各制造业领域固定资产账面价值与非流动资产账面价值之比的平均值，发现纺织

业的比重最大，达到了 63.54%，其次是机械制造业，为 57.08%，再次是轻工业，为56.17%，最后是交通运输制造业，为 52.93%。

表 8-6 两次加速折旧新政制造业试点行业的领域分类

类别	行业
轻工	农副食品加工业，食品制造业，皮革、毛皮、羽毛及其制品和制鞋业，木材加工和木、竹、藤、棕、草制品业，家具制造业，造纸和纸制品业，印刷和记录媒介复制业，文教、工美、体育和娱乐用品制造业，日用化学产品制造业，医药制造业，塑料制品业，专用设备制造业，计算机、通信和其他电子设备制造业
纺织	纺织业，纺织服装、服饰业，化学纤维制造业
机械	仪器仪表制造业，金属制品业，通用设备制造业，电气机械和器材制造业
交通运输	汽车制造业，铁路、船舶、航空航天和其他运输设备制造业

首先看分盈亏状态的实证结果。从表 8-5 中可知，无论是盈利公司组或是亏损公司组，其 CF 变量系数均显著为正，表明两组中的上市公司均存在一定的融资约束问题，这一结论与上文回归分析中的结论相一致。不过，盈利公司组的 CF×Reform 变量系数为−0.211，且在 1%的置信度水平上显著为负，而亏损公司组的 CF×Reform 变量系数并不显著，说明加速折旧政策有助于缓解处于盈利状态的企业的融资约束，但对处于亏损状态的企业的影响则不显著。正好验证了本章的研究假设 8-2。

其次看分所有权性质的实证结果。从表 8-5 中可知，国有企业组与非国有企业组的 CF 变量系数都显著为正，说明两类所有权性质的上市公司都具有一定程度的融资约束状况。不过，国有企业组 CF×Reform 变量系数并不显著，而非国有企业组的 CF×Reform 变量系数在 1%的置信度水平上显著为负，说明加速折旧政策能够有效缓解非国有企业的融资约束，但对国有企业融资约束的缓解作用并不明显。正好验证本章的研究假设 3。

最后看分领域的实证结果。从表 8-5 中可知，四个制造业领域组的 CF 变量系数分别为 1.046、0.675、0.687 和 0.618，且均在 1%的置信水平上显著为正，表明各个制造业领域在不同程度上均面临着融资约束的问题。进一步地，我们通过 CF×Reform 这一变量来看加速折旧政策对各领域企业的影响情况，由表 5 可以看出该政策对不同制造业企业的融资约束缓解作用出现了明显的分化：纺织领域和机械领域的 CF×Reform 变量系数分别为−0.574 和−0.197，均显著为负，其中纺织领域的显著性水平为 5%，机械领域则为 10%；轻工领域与交通运输领域的 CF×Reform 变量系数分别为−0.081 和−0.295，均不显著。由此可知，加速折旧政策在缓解纺织领域企业的融资约束难题方面具有显著的积极作用，对于机械领域企业的融资约束状况也有一定程度的缓解，但其在缓解轻工领域和交通运输领域所属企业的融资约束问题上作用却不甚明显。结合上文运用 2013

年数据得出的各制造业领域固定资产比重的平均值,可知加速折旧政策对固定资产比重较大的企业融资约束的缓解作用优于固定资产比重较小的企业。

(四)稳健性检验

为确保研究的可靠性,本章主要进行了如下稳健性检验:(1)检验处理组与对照组在两次加速折旧政策实施之前是否存在共同趋势;(2)检验"现金持有量"衡量指标的稳健性;(3)检验企业融资约束衡量指标的稳健性。

1.共同趋势检验

为检验处理组和对照组在加速折旧政策之前是否存在共同趋势,我们采用了反事实检验,即假设加速折旧政策发生在 2014 年以前的某一年度,如果回归结果表明模拟政策会显著影响企业的融资约束,则说明处理组和对照组在 2014 年之前不存在共同趋势,此时 DID 的回归结果就不是准确的。反之,如果回归结果显示模拟政策不会对企业的融资约束产生影响,则表明处理组和对照组在 2014 年之前符合共同趋势假设,此时 DID 的回归结果是准确的。表 8-7 的第(1)～(4)列给出了共同趋势检验的结果。从表 8-7 中可知,无论模拟政策时点选择在政策发生前一年、政策发生前两年、2012 年还是 2013 年,Reform 和 CF×Reform 变量的回归系数均不显著,说明处理组和对照组在加速折旧政策实施之前满足共同趋势假设。

表 8-7　稳健性检验结果

变量	共同趋势检验				更换被解释变量	更换融资约束衡量方法
	(1)	(2)	(3)	(4)	(5)	(6)
	两次政策均提前一年	两次政策均提前两年	两次政策均发生在 2013 年	两次政策均发生在 2012 年		
CF	0.706*** (9.32)	0.720*** (9.36)	0.716*** (9.41)	0.667*** (8.26)	0.809*** (9.55)	−0.016 (−0.28)
Reform	0.001 (0.15)	−0.002 (−0.34)	−0.000 (−0.04)	0.000 (.)	0.005 (0.86)	0.003 (0.67)
CF×Reform	0.046 (0.54)	−0.069 (−0.74)	−0.072 (−0.86)	0.166 (1.41)	−0.264*** (−3.42)	−0.100* (−1.87)
N	5626	5626	5626	5626	5966	8237
F	87.953	88.029	87.990	93.235	70.564	24.246
Within R^2	0.292	0.292	0.292	0.292	0.279	0.112

注:*、**、*** 分别表示在 10%、5%和 1%的水平上显著;括号中的数值为 T 值;限于篇幅,本表仅给出了主要变量的回归结果,控制变量和常数项均未在表中报告。

2.更换被解释变量

借鉴 Almeida 等(2004)、张晓玫等(2015)的研究,本章使用"货币资金+交易性金融资产"重新定义现金持有量,再次运用模型(8-17)对全样本进行回归分析,结果如表 8-7 第(5)列所示。从表中可以看出, CF 变量在 1%的水平上显著为正,且 CF×Reform 在 1%的水平上显著为负,与前文的实证结果相一致。

3.更换融资约束衡量方法

为进一步提高结果的稳健性,本章参考 Fazzari 等(1988)的思路,运用投资—现金流敏感性方法对结果进行检验。实证结果如表 8-7 第(6)列所示。从表中可知,CF×Reform 变量系数在 10%的水平上显著为负,表明加速折旧政策的运用显著降低了试点企业的投资—现金流敏感性,与前文的研究结论相一致。由此可知,本章的研究结论是较为稳健的。

第五节　结论与政策建议

本章对 2014 年和 2015 年两次固定资产加速折旧政策进行了研究,结果表明两次加速折旧政策均有效降低了企业的现金—现金流敏感性,缓解了试点企业的融资约束。政策效果因企业的盈亏状态、所有权性质和固定资产比重而异:政策对盈利企业融资约束问题的改善作用较为明显,而亏损企业由于不需缴纳企业所得税,加速折旧所带来的现金流改善福利也随之消失,效果不佳;政策对非国有企业融资约束的缓解效果优于国有企业,其原因在于国有企业更受银行的青睐,融资成本较低,受到的融资约束较小;政策对固定资产占比较大的行业效果较为明显,其原因在于固定资产占比较小的企业可计提折旧的数额较小,折旧税盾的作用也较小,因此受到加速折旧政策的影响也较小。

本章的研究结论对政府完善固定资产加速折旧政策提供了决策参考。第一,研究表明,现有加速折旧政策主要通过调整企业税收现金流出的时间来实施优惠,从金额上看并非"减税",对融资约束较小的企业而言优惠力度不足,缺乏足够的吸引力。因此,在减税降费的背景下,建议政府借鉴日本的成功经验,在既有加速折旧政策的基础上制定额外折旧政策,即允许企业在现有固定资产原值的基础上增加一定比例的折旧额,这样税收抵扣在不考虑折现因素的情况下实际增加,融资的效果也更加明显。对政府而言,额外折旧率可以根据宏观经济状况和产业需要作出调整,在实现既定调控目标上,如刺激经济、扶持特定产业和特定地区等具有很强的针对性,有助于推进供给侧结构性改革,促进企业转型升级,助力我国高质量发展。

第二,研究表明,现有加速折旧政策仅对盈利企业的融资约束有缓解作用,对于亏损企业的效应则不足。因此,建议政府借鉴荷兰的成功做法,在既有加速折旧政策的基础上进一步实施任意折旧政策。相比于加速折旧政策只能单向调整现金流的效果,任意折旧政策允许企业自主确定每年对固定资产的折旧额，可以加速折旧、可以减速折旧、可以停止折旧，给予企业基于自身生产经营状况的灵活调节度，不会造成过度折旧，对企业具有很好的吸引力。此外，任意折旧政策的灵活特性使得小微企业、暂时亏损型企业也能充分运用，相比于既有的加速折旧政策规定而言更具有普适性，更加贴合我国对于小微初创企业的政策需要，可以很好地拓展对于加速折旧政策的运用。

本章参考文献

曹越，陈文瑞，2017.固定资产加速折旧的政策效应：来自财税〔2014〕75 号的经验证据[J].中央财经大学学报(11)：58-74.

曾爱民，魏志华，2013.融资约束，财务柔性与企业投资—现金流敏感性：理论分析及来自中国上市公司的经验证据[J].财经研究(11)：48-58.

陈海强，韩乾，吴锴，2015.融资约束抑制技术效率提升吗?：基于制造业微观数据的实证研究[J].金融研究(10)：148-162.

陈煜，方军雄，2018.政策性优惠：馅饼还是陷阱?：基于固定资产加速折旧税收政策的检验[J].证券市场导报(6)：32-41.

邓可斌，曾海舰，2014.中国企业的融资约束：特征现象与成因检验[J].经济研究(2)：47-60.

韩林静，2017.金融发展，公司治理与微观资本配置效率[M].武汉：武汉大学出版社.

河北省国税局固定资产加速折旧课题组，2015.对固定资产加速折旧企业所得税新政效应的调研[J].税务研究(12)：86-90.

胡文龙，2017.当前我国创新激励税收优惠政策存在问题及对策[J].中国流通经济(9)：100-108.

江伟，李斌，2006.制度环境，国有产权与银行差别贷款[J].金融研究(11)：116-126.

姜付秀，蔡文婧，蔡欣妮，等，2019.银行竞争的微观效应：来自融资约束的经验证据[J].经济研究(6)：72-88.

黎文靖，李茫茫，2017.“实体＋金融”：融资约束，政策迎合还是市场竞争?：基于不同产权性质视角的经验研究[J].金融研究(8)：100-116.

李春霞，田利辉，张伟，2014.现金—现金流敏感性：融资约束还是收入不确定？[J].经济评论(2)：115-126.

李建强，高宏，2019.结构性货币政策能降低中小企业融资约束吗?：基于异质性动态随机一般均衡模型的分析[J].经济科学(6)：17-29.

连玉君，苏治，丁志国，2008.现金—现金流敏感性能检验融资约束假说吗？[J].统计研究(10)：92-99.

刘伟江,吕镯,2018.固定资产加速折旧新政对制造业企业全要素生产率的影响:基于双重差分模型的实证研究[J].中南大学学报(社会科学版)(3):78-87.

乔睿蕾,陈良华,2017.税负转嫁能力对"营改增"政策效应的影响:基于现金—现金流敏感性视角的检验[J].中国工业经济(6):117-135.

屈文洲,谢雅璐,叶玉妹,2011.信息不对称和融资约束与投资—现金流敏感性:基于市场微观结构理论的实证研究[J].经济研究(6):105-117.

饶品贵,姜国华,2013.货币政策对银行信贷与商业信用互动关系影响研究[J].经济研究(1):68-82.

任泽平,2014.发达国家实施加速折旧的经验与我国的选择[J].经济纵横,340(3):112-116.

唐飞鹏,2017.固定资产加速折旧新政在东莞制造业的实施效果研究:基于东莞制造业的调查[J].南方经济,332(5):18-34.

唐恒书,刘俊秀,程余圣鸿,2018.固定资产折旧模式与企业价值研究[J].会计之友,596(20):112-114.

田国强,赵旭霞,2019.金融体系效率与地方政府债务的联动影响:民企融资难融资贵的一个双重分析视角[J].经济研究(8):4-20.

伍红,郑家兴,王乔,2019.固定资产加速折旧,厂商特征与企业创新投入:基于高端制造业A股上市公司的实证研究[J].税务研究,418(11):34-40.

谢军,黄志忠,2014.宏观货币政策和区域金融发展程度对企业投资及其融资约束的影响[J].金融研究(11):64-78.

喻坤,李治国,张晓蓉,徐剑刚,2014.企业投资效率之谜:融资约束假说与货币政策冲击[J].经济研究(5):106-120.

赵美娜,2015.新政策下固定资产加速折旧对企业的影响研究[J].会计之友,510(6):55-57.

ALLEN F, QIAN J,QIAN M,2005.Law, finance and economic growth in China[J].Journal of financial economics,77:57-116.

ALMEIDA H,CAMPELLO M,WEISBACH M, 2004.The cash flow sensitivity of cash[J].The journal of finance,59:1777-1804.

BAO D,CHAN K C,ZHANG W,2012. Asymmetric cash flow sensitivity of cash holdings[J].Journal of corporate finance,18(4): 690-700.

BRANDT L,LI H,2003.Bank discrimination in transition economies: ideology, information or incentives? [J]. Journal of comparative economics,31(3):387-413.

ERICKSON T,WHITED T M,2000.Measurement error and the relationship between investment and Q[J].Journal of political economy,108(5):1027-1057.

FAZZARI S M, HUBBARD R G, PETERSEN B C, et al., 1988. Financing constraints and corporate investment[J].Brookings papers on economic activity, 1(1):141-206.

GREENWALD B, STIGLITZ J E, WEISS A, 1984. Informational imperfections on the capital market and macro-economic fluctuations [J]. Social science electronic publishing, 74:194-99.

KAPLAN S N, ZINGALES L, 1997. Do investment-cash flow sensitivities provide useful measures of financing constraints? [J]. Quarterly journal of economics, 112(2): 169-215.

MYERS S C, MAJLUF N S, 1984. Corporate financing and investment decisions when firms have information that investors do not have[J]. Journal of financial economics, 13(2):187-221.

WHITED T M, WU G, 2006. Financial constraints risk[J]. The review of financial studies, 19(2):531-559.

第九章　产业政策、税收优惠与企业技术创新

——基于我国 2009 年十大产业振兴规划自然实验的经验研究*

雷根强　孙红莉**

第一节　引　言

产业政策是国家为了调节与促进产业发展而制定的一系列制度和安排的总和(周振华,1990)。通过制定和实施产业政策,政府可以较快地进行资源配置。20 世纪 80 年代末,我国开始实施产业政策,逐渐成为实施产业政策比较多的国家。进入 21 世纪,我国的产业政策更为细化、全面和系统,对微观经济活动的影响明显加强。"十二五"规划强调政府工作的重点是"转变经济发展方式,促进产业转型升级"。产业政策能否促进国民经济产出质量和效益的提高,推动产业转型升级并取得经济效果,关乎一国经济的持续健康发展。而创新能够推动产业和技术升级(林毅夫,2002)、新兴产业发展、产业链上各个环节不断完善,对关联产业产生不同效应(张同斌、高铁梅,2012),从而为打造中国经济的升级版提供源源不断的动力。微观经济主体创新效率高、成本低,是整个国家的创新主体。因此,从企业创新的微观角度考察产业政策的实施效果,对发挥产业政策引导企业创新,推动产业优化升级,利用创新驱动因素拉动经济持续健康发展,有着重要的理论意义和实践价值。

为应对全球金融危机冲击,我国政府于 2009 年年初相继出台了汽车产业、钢铁产业、纺织工业、装备制造业、船舶工业、电子信息产业、轻工业、石化产业、有色金属产业和物流业等十大产业的调整和振兴规划(以下简称"十大产业振兴规划"),与之配套的实施细则多达 160 余项,涉及产业活动的各个方面。"十大产业振兴规划"出台时间很快,对企业而言满足外生冲击特征,而且其作用力度大,覆盖行业的界定也十分清晰,这为本章运用双重差分法考察这一产业政策冲击如何影响企业技术创新提供了很好的研究题材。

---

*　本章写作时间为 2019 年,故本章论述以 2019 年为时间节点。

**　雷根强,教授,博士生导师,厦门大学经济学院财政系;孙红莉,讲师,南京审计大学。

基于此,本章从“十大产业振兴规划”出台这一自然实验切入,考察选择性产业政策对企业技术创新的影响。本章旨在回答以下问题:(1)“十大产业振兴规划”出台后,不同行业企业的技术创新水平显现出怎样的变化趋势?(2)将十大产业以内的企业设定为实验组(十大产业以外的企业设定为对照组),运用双重差分方法考察产业政策冲击对企业技术创新的影响,并进一步检验该影响是否存在地区和企业特征维度差异性?(3)产业政策冲击通过何种机制对企业技术创新施加作用?本章的实证研究结果表明,“十大产业振兴规划”能显著提高企业创新水平,尤其是国有企业的技术创新水平。另外,与轻工业相比,产业政策对重工业企业技术创新的影响更大。进一步地,本章检验了产业政策影响技术创新的具体机制,验证产业政策能够通过税收优惠促进振兴规划产业中企业的技术创新水平。

本章的贡献主要体现在以下三个方面:(1)丰富了有关企业创新直接影响因素的研究。国内文献表明影响企业创新的直接因素很多,但目前鲜有文献研究产业政策与企业创新的直接因果关系。本章利用“十大产业振兴规划”对行业规划调整的鼓励,选取实验组和控制组进行双重差分估计分析,发现产业政策能够促进企业技术创新,因而从国家产业规划调整的视角,为企业创新的直接影响因素提供一定的新证据。(2)尝试通过双重差分估计方法,识别产业政策对企业创新的直接促进效应以及影响机制。这不仅为澄清产业政策有效性的争议提供微观层面的新的经验证据,而且为经济“新常态”下政府通过合理的产业规划来优化资源配置、促进产业结构优化升级和经济持续发展提供一定的依据。(3)实证检验了产业政策的影响机制,发现产业政策对企业创新的促进效应在国有企业和重工业企业中更为显著,以及产业政策能够通过税收优惠机制促进企业创新。这些研究结论为政府进一步深化改革,采用科学合理的产业政策手段来推动产业结构优化升级、促进经济增长方式转变,具有一定的参考价值。

第二节　文献回顾与理论框架

(一)文献回顾

目前关于产业政策对企业创新影响的文献较少,且相关研究并没有统一的结论。余明桂等(2016)利用中央“五年规划”对一般鼓励和重点鼓励产业的规划信息,采用手工收集的 2001—2011 年上市公司及其子公司的专利数据,研究发现产业政策可以促进企业创新,尤其是民营企业的技术创新。黎文靖和郑曼妮(2016)采用 2001—2010 年沪深 A 股上市公司的专利数据的研究进一步发现,选择性产业政策只会激励企业策略性创新,其实质性创新并没有显著增加,即出现企业为“寻扶持”而增加创新“数量”,但创新“质量”并没有显著提高。Aghion 等(2015)认为产业政策的实施效果与企业特征相关:如果

将产业政策置于竞争性部门或者产业政策目标定位于促进部门中企业间的竞争，那么产业政策会鼓励企业创新，从而提高产业技术水平；反之，企业则会逃避竞争，走向多元化生产，单纯追求企业的规模扩张。而我国用“熊彼特假说”作为“以限制竞争、限制进入造就大企业和推动集中的方式来促进技术创新”政策的依据，完全是对熊彼特创新理论的误读，中国的产业政策试图通过严格限制进入和提高集中度来促进创新，会使得被扶持的大企业因缺乏竞争压力而丧失创新的动力，又抑制了其他企业的创新活动（江飞涛和李晓萍，2010）。

（二）理论框架

为了配合产业政策的实施，政府会采取多种措施。其中，税收优惠是政府配合产业政策实施的主要财政手段。一般而言，产业政策鼓励的行业是税收激励的主要对象。现有文献关于税收优惠对企业创新影响的研究观点并不一致。一些研究表明，税收优惠对企业创新存在促进效应：第一，创新活动是一个时间长、个体风险大、不确定性强，而且失败率很高的复杂过程（Po-Hsuan Hsu et al.，2012），需要大量的资金支持（Chemmanur et al.，2014）。但是不同于普通投资，企业创新的正外部性、高风险性以及投入产出的高不确定等异质性特征，大大限制了企业创新活动的融资能力。在创新活动中，企业外部融资渠道失效，需要动用自有资金进行内源性融资（林志帆、刘诗源，2017）。而税收优惠能够提高创新活动的内源融资能力。一方面，由于税收需要以现金支付，税收优惠能够直接降低企业现金流的流出量，促使企业不断积累内部资金，提高创新活动的内源融资能力（Ran D et al.，2010）；另一方面，税收优惠能够提高企业经营利润率，从而增加企业内部现金流流入量。企业内部现金流的增加将帮助企业抓住更好的创新项目，使得企业能够更好地在市场上与对手展开竞争，从而促进研发创新活动。充足的现金流和留存收益不仅是企业为研发创新进行内源性融资的基础，还是研发失败时的“风险准备金”（Manso，2011）。充裕的资金可使遭受失败的企业得以维系生存并开展“干中学”的后续研发。第二，税收优惠能够提高创新活动收益，降低创新活动的成本。一方面，税收优惠能够提高研发项目的税收投资回报率，从而促使企业所有者进行创新活动或增加研发支出。另一方面，对创新投入设备的加速折旧、研发费用的加计扣除、降低税率等税收手段不仅会直接降低企业创新活动的边际成本（林洲钰 等，2013）。

其他研究表明，税收优惠会对企业创新存在抑制效应：由于研发费用在企业进行盈余管理时能够作为税盾，研发支出在计算企业所得税时可被记为可抵扣的费用，且专利可以作为无形资产进行折旧（Jorgenson，1963；Hall and Jorgenson，2009），此时，税收优惠可能会抑制企业研发创新活动（Berger，1993）。聂辉华等（2009）研究发现增值税转型带来的税收负担的减轻显著促进了企业的固定资产投资，但企业的研发支出反而下降、研发密度也没有显著提高；以发明专利数量衡量创新产出；张希等（2014）也发现，地区宏观税负越重，创新产出越多。

基于以上分析,本章提出以下两个竞争性假设:

假设 9-1:产业政策促进企业创新,税收优惠力度越大,促进效应越大;

假设 9-1A:产业政策抑制企业创新,税收优惠力度越大,抑制效应越大。

(三)研究问题提出

我国推出的"十大产业振兴规划"中的产业,有的是国民经济的支柱产业,有的是重要的战略性产业,有的是重要的民生产业,在我国国民经济中的地位举足轻重。这十个产业虽然各具特点,但大而不强是其共性,创新能力薄弱是其表现之一。为了保障这一产业政策尽快发挥作用,国务院不仅给出了该产业政策实施的指导思想和基本原则,还分别针对十大产业的现状和存在的问题出台了相应的实施细则,列出了 76 项主要任务和 100 余项具体措施。对比相关细则可以发现,几乎在每一产业规划中均提及税收优惠政策,足见政府重视税收优惠政策的作用。由于"五年规划"等政策制定周期往往较长,企业可能在产业政策出台之前就已经有所预期并做出反应,这不利于有效识别出产业政策与企业技术创新之间的因果关系及其作用机理。与"五年规划"等政策需要经过较长时间讨论才能出台不同,十大产业振兴规划的出台时间很快,对企业而言满足外生冲击特征。因此,本章尝试利用十大产业振兴规划考察产业政策对企业创新水平的影响,以及税收优惠在其中的作用。

第三节　研究样本与数据

(一)数据样本

本章选取 2006—2011 年沪深 A 股上市公司作为研究样本。原因如下:由于"十大产业振兴规划"出台时间是 2009 年,其实施期间为 3 年,因此本章将 2009—2011 年作为产业政策出台之后的时期;作为对照,本章选取 2006—2008 年作为产业政策出台之前的时期。在样本筛选过程中,本章剔除了以下样本:(1)同时发行 B 股或 H 股的上市公司;(2)当年上市的公司;(3)资产负债率大于 1 的上市公司;(4)金融类上市公司;(5)ST 类上市公司;(6)数据不全的上市公司。最终,本章得到了公司年度样本 7436 个。其中,十大产业范围以内的上市公司(企业样本数量)有 1032 家(6014 个),十大产业范围以外的上市公司(企业样本数量)有 250 家(1422 个)。此外,为避免奇异值的影响,本章对所有连续变量进行 1%的双边缩尾处理。本章数据来源于 Wind 数据库和 CSMAR 数据库。

(二)变量定义和数据描述

1.产业政策激励

本章从"十大产业振兴规划"出台这一自然实验切入,考察选择性产业政策对企业技术创新水平的影响。与以往产业政策相比,"十大产业振兴规划"表现出两个特点:一是

从产业政策出台的时间角度看，与中国产业政策（例如“五年规划”中的重点产业政策）往往要经过数年讨论出台不同，作为应对全球金融危机不利影响的措施，“十大产业振兴规划”在不到 42 天的时间内相继推出。由于企业既无法预知全球金融危机何时发生，也无法在短时间内干预政府决策，因而对企业而言，“十大产业振兴规划”出台是一个明显的外生冲击。二是从产业政策的影响对象角度看，“十大产业振兴规划”的覆盖范围较广，不仅包括汽车产业、钢铁产业等重工业，还包括轻工业及物流业，在一定程度上避免了特定行业冲击对实证结果造成干扰，有助于识别出产业政策的经济影响；同时，“十大产业规划”的行业界定清晰，为本章运用双重差分方法识别产业政策的政策效应提供了很好的研究素材。具体地，本章将“十大产业振兴规划”覆盖的企业设定为实验组，将十大产业以外的企业设定为对照组，在此基础上运用双重差分法考察产业政策对企业技术创新的影响。同时，根据“十大产业振兴规划”的出台时间设置时间变量 After，当样本观测值位于 2009 年及之后时，该变量取值为 1，否则取 0。

2.企业创新能力

本章主要被解释变量是企业技术创新水平，现有文献主要采用研发投入和专利产出衡量企业创新。由于研发活动存在失败率高、不确定性强等特征，与研发投入相比，创新产出更直观地体现了企业的创新水平。关于创新产出，文献中主要有两种衡量方法：(1)企业申请专利的数量、专利授权量或引用量。由于专利授予需要检测和缴纳年费，存在更多的不确定性和不稳定性（周煊，2012），也易受官僚因素的影响（Tan et al.，2014），而专利技术很可能在申请过程中就对企业绩效产生影响，因此专利申请量比授予量更能真实反映创新水平。(2)企业研发或者改进后的新产品的数量。由于企业研发的新产品数据难以获得，本章以专利申请数量来衡量企业的创新产出。《中华人民共和国专利法》规定，专利分为发明专利、实用新型专利和外观设计专利。其中，实用新型专利和外观设计专利获得较为容易，技术要求相对较低，而发明专利是对产品、方法或者流程所提出的新技术方案，获得难度较大、技术要求高，更能代表企业的创新能力。黎文靖和郑曼妮(2016)也认为发明专利更能体现创新质量。由于纳入上市公司合并报表的子公司等关联公司可能作为单独的主体申请专利，仅仅考虑上市公司本身的专利数是不够的。因此，为了更准确地反映上市公司的创新水平，本章采用上市公司及其子公司发明专利申请数量加 1 的自然对数(lnpati)作为技术创新的代理变量。

表 9-1　主要变量定义

变量	变量类型	变量定义
ten	产业虚拟变量	当公司所处的行业在“十大产业振兴计划”范围内时，ten 赋值为 1，否则为 0
lnpat	技术创新代理变量 1	上市公司及其子公司专利申请数量加 1 的自然对数

续表

变量	变量类型	变量定义
lnpati	技术创新代理变量 2	上市公司及其子公司当期发明专利申请数量加 1 的自然对数
nature	企业产权性质虚拟变量	国有企业赋值为 1,民营企业赋值为 0
ETR	企业实际税率	(当期所得税费用－递延所得税费用)/(税前会计收益＋除坏账准备外的七项减值准备当年变化额－投资收益＋收到的现金股利＋收到的现金债券利息)
Size	企业规模	以总资产的自然对数表示
Lev	资产负债率	以总负债与总资产的比率表示
Roa	资产收益率	以企业利润与总资产的比率表示
PPE	企业固定资产规模	以企业固定资产与总资产的比率表示
Capital	企业资本性支出	以公司年度资本性支出与总资产的比率表示
Cash	企业现金流	以货币资金除以总资产表示
Age	企业年龄	以企业上市年限表示

3.实际所得税率

实际所得税率衡量企业真正的所得税税负。根据我国所得税征收的实际处理方法，参考王延明(2003)和吴联生、李辰(2007)和吴文锋等(2009)的 ETR 计算方法,我们对应纳税所得额进行 7 项减值准备(不包括坏账准备)、投资收益、收到的现金股利和债券利息等项目调整。我们采用下面公式(9-1)的方法计算实际所得税率:

$$ETR = \frac{TE - DTE}{PTI + DV - IG + CD + CBI} \tag{9-1}$$

其中:ETR 表示实际所得税率,TE 表示所得税费用,DTE 表示递延所得税费用,PTI 为税前会计收益,DV 为当期即替的资产减值准备(7 项,不包括坏账准备),IG 为投资收益,CD、CBI 分别表示收到的现金股利和债券利息,分母项即为按照中国实际征税方法进行调整的税前会计收益。用产业政策与税收优惠的交乘项 IPE 衡量产业政策税收优惠手段。

4.控制变量

本章参考相关文献,选取企业规模、资产负债率、资产收益率、企业固定资产规模、企业资本性支出、企业现金流、企业年龄和所有制属性作为企业层面的控制变量。变量的具体定义见表 9-1。

(三)识别策略与模型设定

本章运用双重差分法考察中国 2009 年出台的“十大产业振兴规划”如何影响企业创新水平。具体而言,本章设置分组变量 Ten,如果企业属于“十大产业振兴规划”以内的企业,该变量取值为 1,否则取 0。同时,根据“十大产业振兴规划”的出台时间变量

After,当样本观测值位于 2009 年之后时,该变量取值为 1,否则取 0。计量模型如模型(9-2)所示。

$$\mathrm{lnpat}_{it} = \beta_0 + \beta_1 \mathrm{Ten}_i \times \mathrm{After}_i + \beta_2 \mathrm{Ten}_i + \beta_3 \mathrm{After}_i + \beta_4 \mathrm{Control}_{it} + \mu_i + \lambda_t + \varepsilon_{it} \tag{9-2}$$

在模型(9-2)中,下标 i 表示企业,t 表示年份;lnpat_{it}是企业的创新水平,用企业发明专利申请数量衡量;Ten_i 为分组变量,After_i 为时间变量;$\mathrm{Control}_{it}$ 为企业层面的控制变量;μ_i 为个体效应,λ_t 为时间效应。需要指出的是,为了减少企业个体效应和时间效应影响本章识别效果,本章采用包括企业个体效应和时间效应的双向固定效应模型进行实证检验。在该模型中,Ten_i 的系数和 After_i 的系数分别被个体固定效应和时间固定效应吸收,本章主要观察 Ten_i 和 After_i 交互项的系数 β_1,衡量了"十大产业振兴规划"这一产业政策冲击对企业创新水平的因果效应。

表 9-2 给出了主要变量的描述性统计。发明专利自然对数的平均值为 0.758,标准误为 1.202,这说明不同企业创新水平的差异很大。"十大产业振兴规划"的平均值为0.809,即 80.9%的企业处于"十大产业振兴规划"的产业之中。这说明产业振兴规划的覆盖范围较广,是中央政府进行产业政策调整的重要手段。企业性质的均值为 0.670,说明 67%的企业为国有企业。

表 9-2 主要变量描述性统计

变量	观测值	均值	标准差	最小值	1/4 分位数	1/2 分位数	3/4 分位数	最大值
lnpati	7436	0.758	1.202	0	0	0	1.386	8.464
ten	7436	0.809	0.393	0	1	1	1	1
nature	7436	0.670	0.470	0	0	1	1	1
Size	7436	21.71	1.367	10.84	20.86	21.64	22.47	28.28
Lev	7436	0.684	2.914	0	0.399	0.544	0.676	142.7
roa	7436	3.291	272.8	−1.30	0.0100	0.0304	0.0582	23510
PPE	7436	0.280	0.194	0	0.127	0.244	0.409	0.971
Capital	7428	0.0532	0.0570	0	0.0124	0.0352	0.0743	0.545
Age	7436	11.14	4.425	1	8	11	14	27

第四节 实证分析结果

为考察产业政策冲击是否以及如何影响企业技术创新,本章进行以下三个实证检验工作:(1)绘制实验组和对照组企业技术创新的时间趋势图,观察两组企业技术创新的变化趋势;(2)运用单变量双重差分法,初步考察产业政策对企业技术创新的影响;(3)引入企业特征控制变量,运用包括企业个体和时间固定效应的双重差分模型进行实证检验,进一步考察"十大产业振兴规划"对企业技术创新的影响。

(一)企业技术创新的时间趋势图

本章绘制了实验组企业(十大产业以内企业)和对照组企业(十大产业以外的企业)技术创新的时间趋势图,以直观揭示两组企业创新水平的变化差异。趋势图表示在产业政策实施之前,实验组和对照组企业技术创新水平均表现出相似的上升趋势,在产业政策实施之后,2009 年实验组创新水平增长速度有所下降,2010 年之后,创新水平显著增加,与之形成鲜明对比的是,2009 年控制组实质性创新水平表现出略微下降的趋势。

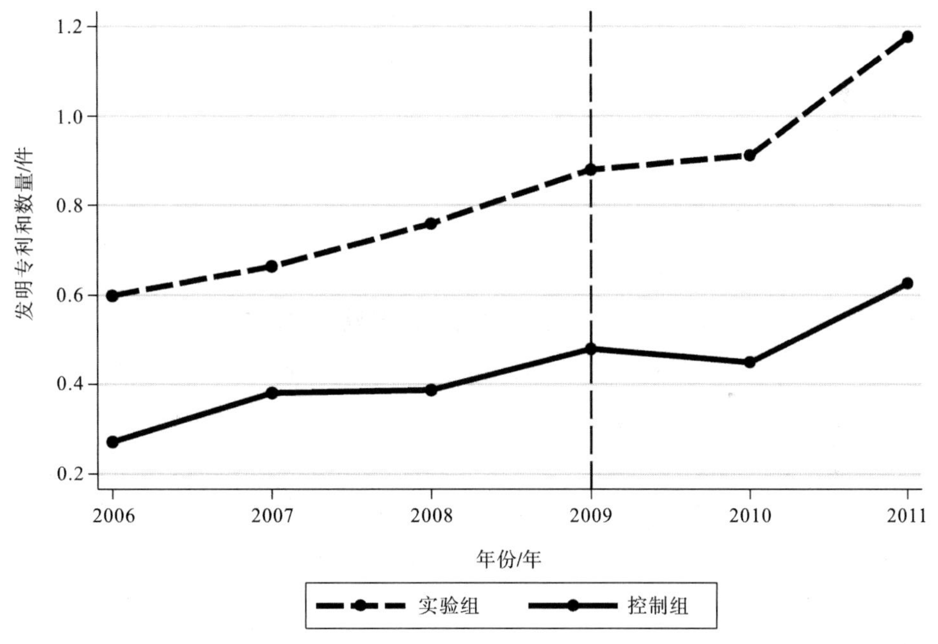

图 9-1　实验组和控制组发明专利的时间趋势

(二)单变量分析

本部分采用单变量双重差分方法进行实证检验。具体而言,本章仍然将十大产业以内的企业设定为实验组,将十大产业范围意外的企业设定为对照组。Before 表示产业政策出台之前的时期(2006—2008 年),After 表示产业政策出台之后的时期(2009—2011 年)。在此基础上,本章分别计算出实验组和对照组企业创新水平(发明专利数量)在 Before 和 After 时期的平均值,然后运用 t 检验方法考察两组企业创新水平的差异是否在产业政策出台前后表现出系统差异,结果如表 9-3 所示。

表 9-3　产业政策对企业技术创新的影响:单变量双重差分

Lnpat	实验组	对照组	Diff
Before	0.6737	0.3542	0.3195*** (0.0000)
After	0.9860	0.5224	0.4635*** (0.0000)
$Diff_i$	0.3123*** (0.0000)	0.1682*** (0.0003)	0.1440*** (0.0000)

注:*、** 和 *** 分别表示 10%、5%和 1%的显著性水平,括号内为 p 值。以下各表同。Diff 表示实验组企业的创新水平均值减去对照组企业的创新水平均值;$Diff_i$ 表示企业在 After 时期的创新水平均值减去企业在 Before 时期的创新水平均值。

表 9-3 显示,对于对照组企业而言,其创新水平均值在产业政策出台之前为 0.3542,在产业政策出台之后提高了 0.1682,这一效应在 1%的水平下显著;与之相似,实验组企业在"十大产业振兴规划"出台之后提高了 0.3123,这一效应也在 1%水平下显著。这些结果表明,"十大产业振兴规划"出台之后,实验组和对照组企业创新水平均有所上升。整体而言,与对照组相比,"十大产业振兴规划"出台导致实验组企业创新水平显著增加,政策效应为 0.1440,这一效应在 1%水平下显著。

(三)"十大产业振兴规划"对企业技术创新的影响:双重差分回归结果

前文运用单变量双重差分的检验结果初步显示,"十大产业振兴规划"出台之后,与对照组相比,实验组企业技术创新水平上升。但需要指出的是,在前述检验中,本章并未控制其他可能影响企业技术创新的因素,基于此,为了更加清晰地识别出产业政策冲击影响企业技术创新水平的因果效应,本章引入企业资产收益率(Roa)、企业年龄(Age)等特征变量,采用包括企业个体(Firm)和时间(Year)的双向固定效应进一步分析,结果如表 9-4 所示。

表 9-4 第(1)列结果显示,在不加入任何控制变量的情况下,tenafter 系数在 1%水平下显著为正;第(2)列结果显示,在引入企业特征变量之后,tenafter 仍显著为正,也通过了 1%的显著性检验。这些结果表明,产业政策冲击显著提高了企业创新水平。而且,需要指出的是,为了揭示产业政策冲击影响企业创新水平的动态效应,本章还引入了 year2009、year2010 和 year2011 变量,分别在 2009 年、2010 年和 2011 年取值为 1,其他年份取值为 0,然后将其分别与鼓励产业 ten 作交互项,结果如表 9-4 第(3)、(4)列所示。由于发明专利质量较高,产业政策促进效果的发生需要一定的时间,因而 2009 年交互项的系数符号为正,但并不显著。在此之后,随着时间的增加,交互项系数的大小和显著性均有所增加,这表明,产业政策冲击对企业创新的促进作用逐渐增加。综合上述结果可知,"十大产业振兴规划"出台之后,与对照组相比,实验组企业创新水平显著增加,而且动态地看,产业政策对企业创新水平的促进作用随时间增加逐渐增加。

表 9-4　产业政策对企业创新的影响:双重差分检验

变量	企业创新水平			
	(1)	(2)	(3)	(4)
tenafter	0.1344*** (0.0398)	0.1161*** (0.0394)		
tenyear9			0.0711 (0.0440)	0.0578 (0.0435)
tenyear10			0.1198*** (0.0448)	0.0959** (0.0444)
tenyear11			0.2129*** (0.0562)	0.1950*** (0.0564)
CV	no	yes	no	yes
Constant	0.5155*** (0.0170)	−4.1240*** (0.6701)	0.5155*** (0.0170)	−4.0119*** (0.6688)
Observations	7436	7428	7436	7428
R-squared	0.090	0.106	0.090	0.106
Number of code	1282	1282	1282	1282
year	yes	yes	yes	yes
Firm	yes	yes	yes	yes

(四)稳健性检验

为保证实证结果的稳健性,本章进一步做了以下检验:

(1)平行趋势检验。对于本章研究而言,双重差分法要求在产业政策冲击之前,实验组和对照组企业的创新水平维持基本平行的时间趋势,图 9-1 初步显示,“十大产业振兴规划”出台之前,实验组和对照组企业创新变化水平基本保持平行,这初步验证了平行趋势假设。在此基础上,本章引入实验组产业分组变量与产业政策出台之前各年度虚拟变量的交叉项进行平行趋势检验,具体的实证结果如表 9-5 列(1)所示。结果表明,“十大产业规划”产业虚拟变量与 2007 年和 2008 年交互项的系数均不显著。这表明,在产业政策出台之前,实验组与对照组企业创新水平的差异没有发生显著变化,从而进一步验证了双重差分方法的平行趋势假设。

(2)改变创新的度量方式。为了避免企业创新水平的度量方式不同影响本章实证结果,本章改变企业创新水平的度量方法。具体而言,分别采用企业总体专利申请数量和企业非发明专利申请数量度量企业创新水平。其中,总专利申请数量衡量的是企业总体创新水平;与发明专利申请数量相对应的是,非发明专利申请数量衡量的是企业的非实质性创新水平。结果如表 9-5 列(2)～列(5)所示,检验结果与前文基本一致。

表 9-5　稳健性检验——平行趋势检验和改变创新的度量方式

变量	平行趋势检验	改变创新的度量方式			
	(1)	(2)	(3)	(4)	(5)
	lnpati	lnpat	lnpatud	lnpat	lnpatud
tenafter	0.1373** (0.0541)	0.1225** (0.0531)	0.0899** (0.0407)		
tenyear7	−0.0059 (0.0427)				
tenyear8	0.0658 (0.0499)				
tenyear9				0.0770 (0.0581)	0.0480 (0.0432)
tenyear10				0.1283** (0.0602)	0.1100** (0.0473)
tenyear11				0.1629** (0.0721)	0.1120** (0.0551)
Constant	−4.0866*** (0.6736)	−5.1225*** (0.8070)	−3.3386*** (0.6015)	−5.0624*** (0.8083)	−3.3014*** (0.6012)
CV	yes	yes	yes	yes	yes
Observations	7428	7417	7417	7417	7417
R-squared	0.106	0.120	0.117	0.120	0.117
Number of code	1282	1282	1282	1282	1282
year	yes	yes	yes	yes	yes

(3)排除“五年规划”的影响。考虑到本章研究期间内(2006—2011 年),除了“十大产业振兴规划“以外,还包括“十一五”规划(2006—2010 年)和“十二五”规划(2011—2015 年)两个“五年规划”。基于此,为了避免“五年规划”中重点产业政策对本章实证结果造成干扰,本章引入“五年规划”行业虚拟变量与“五年规划”实施时间虚拟变量的交叉项,以控制“五年规划”对企业创新水平的影响,实证结果如表 9-6 列(1)～列(4)所示,结果表明,检验结果与前文基本一致。由于“十二五”规划在 2011 年出台,本章还剔除 2011 年样本,基于 2006—2010 年时间窗口进行双重差分检验,以排除“十二五”规划的影响,实证结果如表 9-5 列(5)和列(6)所示,虽然显著性有所下降,但检验结果仍然与前文基本一致。

表 9-6　稳健性检验 2——排除“五年规划”的影响

变量	(1)	(2)	(3)	(4)	(5)	(6)
	lnpati	lnpati	lnpati	lnpati	lnpati	lnpati
tenafter	0.1196*** (0.0394)		0.1236*** (0.0400)		0.0751* (0.0384)	

续表

变量	(1)	(2)	(3)	(4)	(5)	(6)
	lnpati	lnpati	lnpati	lnpati	lnpati	lnpati
tenyear9		0.0577 (0.0435)		0.0577 (0.0435)		0.0573 (0.0436)
tenyear10		0.0959** (0.0445)		0.0957** (0.0444)		0.0930** (0.0446)
tenyear11		0.2072*** (0.0563)		0.2302*** (0.0627)		
elevenperiod	0.0762* (0.0459)	0.0860* (0.0458)				
twelveperiod			0.0586 (0.0481)	0.0908* (0.0525)		
Constant	−4.2234*** (0.6707)	−4.1128*** (0.6690)	−4.0832*** (0.6688)	−3.9164*** (0.6684)	−3.8569*** (0.6691)	−3.8190*** (0.6691)
CV	yes	yes	yes	yes	yes	yes
Observations	7428	7428	7428	7428	6164	6164
R-squared	0.106	0.107	0.106	0.107	0.062	0.062
Number of code	1282	1282	1282	1282	1282	1282
year	yes	yes	yes	yes	yes	yes

(4)考虑城市特征影响。考虑到企业创新水平可能会受到企业所在城市特征因素的影响，本章进一步引入城市特征因素进行稳健性检验。具体而言，借鉴孔东民等(2014)等研究控制地区因素的处理方法，本章在前文双重差分模型的基础上引入城市固定效应进行检验。结果如表 9-7 所示，其中第(1)～(2)列控制了时间效应和城市固定效应，第(3)～(4)列进一步控制了行业固定效应。实证结果如表 9-7 所示，tenafter 的系数估计值均显著为正，动态效应的检验效果也与原文基本一致，这表明在控制了城市特征因素之后，本章的实证结果依然稳健，即“十大产业振兴规划”仍会显著促进企业创新。

表 9-7　稳健性检验 3——考虑城市特征

变量	(1)	(2)	(3)	(4)
	lnpati	lnpati	lnpati	lnpati
tenafter	0.1153*** (0.0348)		0.1108*** (0.0348)	
tenyear9		0.0561 (0.0487)		0.0528 (0.0488)
tenyear10		0.0948* (0.0488)		0.0887* (0.0489)

续表

变量	(1)	(2)	(3)	(4)
	lnpati	lnpati	lnpati	lnpati
tenyear11		0.1954*** (0.0487)		0.1913*** (0.0488)
Constant	−4.4631*** (0.7688)	−4.4620*** (0.7679)	−4.6657*** (0.8782)	−4.6660*** (0.8773)
CV	yes	yes	yes	yes
Observations	7428	7428	7428	7428
Number of code	1282	1282	1282	1282
year	yes	yes	yes	yes
city	yes	yes	yes	yes
codeind	no	no	yes	yes

第五节　产业政策冲击对企业技术创新影响的异质性检验

前文实证结果显示,“十大产业振兴规划”这一选择性产业政策提高企业创新水平。需要指出的是,选择性产业政策是由政府代替市场对经济进行干预的产业政策。在此背景下,不同类型的企业受到选择性产业政策的作用力度可能存在差异。因而,如果本章关于企业创新水平提高这一实证结果是由“十大产业振兴规划”出台导致,那么,也应该观察到这一效应在不同维度表现出异质性。基于此,为了进一步研究产业政策影响企业创新水平的运作机理,分别从企业所有制和行业性质视角切入,运用分组回归方法考察产业政策冲击影响企业创新水平的截面差异,如表 9-8 所示。

表 9-8　产业政策对企业创新的影响:企业性质分组回归影响

变量	Panel A:按产权性质分组				Panel B:按行业性质分组			
	国有企业		非国有企业		重工业企业		非重工业企业	
	(1)	(2)	(3)	(4)	(5)	(6)	(7)	(8)
tenafter	0.1469*** (0.0537)		0.0371 (0.0544)		0.1698** (0.0685)		0.0533 (0.0439)	
tenyear9		0.0794 (0.0578)		0.0159 (0.0677)		0.0885 (0.0747)		0.0265 (0.0500)
tenyear10		0.1079* (0.0570)		0.0340 (0.0747)		0.1134 (0.0746)		0.0788 (0.0520)

续表

变量	Panel A:按产权性质分组				Panel B:按行业性质分组			
	国有企业		非国有企业		重工业企业		非重工业企业	
	(1)	(2)	(3)	(4)	(5)	(6)	(7)	(8)
tenyear11		0.2539*** (0.0755)		0.0625 (0.0777)		0.3074*** (0.0991)		0.0552 (0.0610)
Constant	−4.7539*** (0.9345)	−4.6195*** (0.9326)	−3.2922*** (0.8355)	−3.2488*** (0.8428)	−8.4380*** (1.2251)	−8.2596*** (1.2231)	−1.0676** (0.4432)	−1.0579** (0.4461)
CV	yes	yes	yes	yes	yes	yes	yes	yes
year	yes	yes	yes	yes	yes	yes	yes	yes
Firm	yes	yes	yes	yes	yes	yes	yes	yes
Observations	4983	4983	2445	2445	3943	3943	3485	3485
R-squared	0.121	0.122	0.075	0.075	0.170	0.172	0.045	0.045
Number of code	911	911	474	474	676	676	606	606

(一)基于企业所有制视角的检验

在政府希望通过"十大产业振兴规划"来拉动经济增长的背景下,由于我国政府(包括中央政府和各级地方政府)对不同所有制企业的干预能力存在系统差异,"十大产业振兴规划"对不同所有制企业创新水平的影响也会表现出异质性。具体而言,与非国有企业相比,国有企业的实际控制人为各级政府,其管理者由政府任免。这样一来,对非国有企业而言,政府一般通过货币政策和财税机制来间接调控企业行为;与之形成鲜明对比的是,作为国有企业的实际控制人,政府可以直接干预国有企业的行为。

基于企业所有制的分组检验结果如表 9-8 第(1)~(4)列所示,在国有企业分组样本中,Ten×After 系数显著性与总样本一样,"十大产业振兴规划"在 1%的显著性水平下提高企业创新水平。在民营企业分组样本中,Ten×After 系数符号依然为正,但均不显著。这表明产业政策对国有企业施加了相对较大的影响,产业政策能够促进当期国有企业创新水平。

(二)基于行业属性视角的检验

从"十大产业振兴规划"所覆盖的行业来看,覆盖范围较广,不仅包括了汽车产业、钢铁产业等重工业,还包括轻工业及物流业。而重工业和轻工业及物流业等的行业属性不同,其创新水平也有所不同,一般而言,前者的创新水平要高于后者。因此,有必要对其进行分组讨论。本章按照将样本行业划分为重工业和非重工业两组样本,基于行业属性视角分别进行检验。检验结果如表 9-8 第(5)~(8)列所示,结果表明,"十大产业振兴规划"能够促进重工业企业的创新水平,而对非重工业企业的创新水平没有显著影响。

第六节　机制检验

为考察产业政策影响企业创新的财税扶持机制，本章参考 Tan 等(2014)、Tong 等(2014)、黎文靖和李耀淘(2014)、黎文靖和郑曼妮(2016)的做法，在模型(9-2)的基础上加入税收优惠(ETR)、财政补贴(sub)及其分别与产业政策激励的交乘项 IPE，IPS 作为考察产业政策激励手段的指标。构建的模型(9-3)如下：

$$\mathrm{lnpat}_{it} = \alpha_0 + \alpha_1 \mathrm{Ten}_i \times \mathrm{After}_i + \alpha_2 \mathrm{IPE}_{it} + \alpha_3 \mathrm{etr}_{it} + \alpha_4 \mathrm{IPS}_{it} + \alpha_5 \mathrm{sub}_{it} + \alpha_6 \mathrm{Control}_{it} + \mu_i + \lambda_t + \varepsilon_{it} \tag{9-3}$$

机制分析的结果如表 9-9 所示，第(1)列是全样本的实证结果，结果表明产业政策与实际税率的交互项 IPE 的系数显著为负，且通过了 5%的显著性检验，这表明“十大产业振兴规划”能够通过降低企业实际税率提高企业技术创新水平。一方面，企业实际税率的降低有可能体现在其研发投入的加计扣除，降低企业的创新成本，直接促进企业创新；另一方面，企业税收负担的降低，在某种程度上减少了企业现金流，促使企业不断积累内部资金，提高创新活动的内源融资能力，间接促进企业的创新从而研制，税收优惠最终能够提高企业的技术创新水平。而产业政策与财政补贴交互项 IPS 的系数不显著，这表明财政补贴不是产业政策激励企业发明专利申请数量的有效手段之一。这与黎文靖和郑曼妮(2016)的实证结果一致。

表 9-9　产业政策、财税扶持与企业创新

变量	全样本	国有企业	非国有企业	重工业	非重工业
	(1)	(2)	(3)	(4)	(5)
	lnpati	lnpati	lnpati	lnpati	lnpati
tenafter	0.1651** (0.0700)	0.1450* (0.0837)	0.1334 (0.1410)	0.1549 (0.1077)	0.0833 (0.0858)
IPE	−0.3930** (0.1925)	−0.4890** (0.2239)	0.0030 (0.3983)	−0.3935 (0.3123)	−0.1188 (0.2255)
ETR	0.0142 (0.1251)	0.0478 (0.1486)	−0.1198 (0.2529)	−0.0849 (0.2046)	0.0065 (0.1416)
IPS	−0.0421 (0.1522)	1.5373 (1.3900)	0.0360 (0.7631)	0.4861 (1.0534)	−0.0277 (0.1254)
sub	0.0292 (0.1494)	−0.0426 (0.4820)	0.0044 (0.1620)	−0.4989 (0.8539)	0.0206 (0.1231)
Constant	0.7175*** (0.1008)	0.6789*** (0.1183)	0.8204*** (0.1976)	0.9284*** (0.1506)	0.4700*** (0.1232)
CV	yes	yes	yes	yes	yes

续表

变量	全样本	国有企业	非国有企业	重工业	非重工业
	(1)	(2)	(3)	(4)	(5)
	lnpati	lnpati	lnpati	lnpati	lnpati
Observations	3099	2171	928	1759	1340
R-squared	0.044	0.061	0.016	0.060	0.021
Number of code	1122	796	354	620	502
year	yes	yes	yes	yes	yes

由前文可知，产业政策激励企业创新受企业产权性质和行业属性的影响，因此，在进行机制分析时也应该进行分组分析。就产权性质而言，产权政策对国有企业的创新激励效应更大。因此，本部分也按照产权性质分析产业政策影响企业创新的机制。列(2)和列(3)是按产权性质分组的机制检验。实证表明，产业政策通过税收优惠激励企业技术创新这一机制仅存在于国有企业样本中，而财政补贴机制则在国有企业和非国有企业之间不存在显著差异。列(4)和列(5)的实证结果显示，税收优惠和财政补贴对企业创新的促进作用在不同行业之间并不存在显著差异。

第七节　结论与政策建议

在我国实施产业政策的背景下，产业政策是否以及如何影响企业技术创新等重要问题亟待回答。本章基于中国 A 股上市公司 2006—2011 年数据，以我国 2009 年出台的“十大产业振兴规划”为自然实验，运用双重差分法考察产业政策对企业技术创新水平的影响。本章的实证结果发现：(1)“十大产业振兴规划”出台之后，实验组企业技术创新水平变化趋势与控制组企业创新水平的变化趋势有所不同。(2)双重差分检验结果显示，与对照组相比，“十大产业振兴规划”导致实验组企业技术创新水平表现出上升趋势；而且与“十大产业振兴规划”这一选择性产业政策主要通过政府直接干预手段发挥作用的经济直觉一致，产业政策对企业技术创新水平的影响具有丰富异质性。一方面，与非国有企业相比，国有企业技术创新水平受产业政策影响相对更大；另一方面，企业所处行业为重工业行业时，产业政策对企业技术创新水平的提高作用更大。

进一步地，本章进行机制检验揭示产业政策对企业创新的影响机制。本章的机制检验结果表明，“十大产业振兴规划规划”出台之后，与对照组相比，实验组实际税率下降，该效应对于国有企业和非重工业企业而言尤为显著，这揭示出产业政策通过税收优惠机制对企业技术创新水平产生了影响。本章实证结果清晰揭示出了“十大产业振兴规划出台—企业实际税率变化—企业创新水平变化”这一产业政策传导机制。进一步的研究表

明,产业政策对企业实质性创新的影响具有一定的长期性。

本章的分析结果有以下的政策含义和建议:

(1)我国实施的重点产业政策起到了促进创新的作用。本章的研究表明,通过制定和实施产业政策,政府这只“看得见的手”可以较快地进行资源配置,进而促进企业技术创新。现实生活中,我国产业政策涵盖的范围特别广,本研究样本中 80.9%的企业所处的行业均为“十大产业振兴规划”政策所支持。本章的研究显示产业政策能够促进国有企业和重工业企业创新水平,税收优惠机制能够有效激励企业创新,而财政补贴在此次产业政策中的作用并不显著。因而,从短期来看,针对不同类型产业和微观主体,政府在制定并推行产业政策时不能一刀切,政府应该基于企业所有制特征和行业属性采取差别化策略,进一步发挥产业政策对其创新的激励效应。长期来看,政府应该积极推动产业政策转型,减少使用行政指令、贷款核准等直接干预手段,增加功能性产业政策的使用;同时通过推进混合所有制改革等举措为产业政策转型和实施创造良好制度环境。

(2)税收优惠政策是促进创新产出的有效政策。尽管自 1994 年分税制改革以来,我国的财税制度改革主要是减税意义的税种与税制调整,如企业所得税的“两税合并”政策、增值税转型政策等。但随着税控技术的进步、税务工作人员的专业素质与努力程度的提升,税收的实际征收率趋于上升,企业面临的实际税率越来越高,可能会对企业研发创新造成压力。作为目前我国的第一大税种,增值税贯穿于企业生产、销售的诸多环节,增值税负担对企业面对的价格信号形成扭曲,从而抑制了企业的研发创新;相对而言,企业所得税的影响较小(林志帆、刘诗源,2017)。因此,在进行税收制度改革时,在减税降费的主基调下,应逐步提高企业所得税等直接税比重,减轻税收负担对企业创新的负面冲击。除此之外,我国现有激励创新的税收优惠政策,侧重于鼓励企业增加研发投入,而对创新产出激励不足,这在一定程度上导致企业重投入、轻产出,创新效率不高。本章的研究表明,“新常态”经济中,降低企业实际税率这一税收优惠政策是激励企业创新的重要举措。因此,应以激励企业创新产出为政策目标导向,以降低企业实际税率为目标完善现行税收优惠政策。

(3)在促进创新方面,要注重税收优惠与其他产业政策的配合。为了配合产业政策的实施,政府会采取直接干预或者间接引导等多种措施,具体可能通过政府补贴、信贷、税收以及市场行政壁垒等手段来影响企业的创新活动。其中,财政补贴和税收是地方政府通常用于干预企业创新活动的手段。本章的研究结果表明,“十大产业振兴规划”产业政策能够通过税收优惠政策提高企业创新水平,而财政补贴的作用则不显著。因此,在促进创新方面,要更加注重税收优惠与其他产业政策的配合,发挥产业政策促进企业创新的最大效用。从宏观层面上看,税收优惠政策要突出国家未来产业政策的导向,扶持力度要有层次和重点,对国家重点发展的领域如重工业产业要提供充分支持。从微观层面上看,税收优惠政策的制定应考虑针对性,政府在制定产业政策激发企业创新时,应根据企业产权性质和行业属性进行细化,更好地促进企业的实质性创新。

综上所述,本章尝试通过双重差分估计方法,识别和检验产业政策对企业创新的直接促进效应以及可能的影响机制。这不仅为澄清产业政策有效性的争议,提供新的微观层面的经验证据,而且也可为经济"新常态"下政府通过合理的产业规划来优化资源配置、促进产业结构优化升级和经济持续发展提供一定依据。需要说明的是,本章研究还存在一定的局限性:(1)由于行业自身创新水平和发展周期等遗漏变量可能会影响到国家产业政策标准的制定,本章没能很好地解决这一内生性问题。如何克服宏观经济活动中遗漏变量等内生性问题,识别产业政策和经济发展之间的因果联系,还有待今后进一步的研究。(2)企业创新是多方面的,虽然本章尝试利用专利数量来衡量企业的创新,但是其依旧无法全面衡量企业的创新水平。如何有效地衡量企业创新水平,还有待进一步的研究。

本章参考文献

江飞涛,李晓萍,2010.直接干预市场与限制竞争:中国产业政策的取向与根本缺陷[J].中国工业经济(9):26-36.

孔东民,代昀昊,李阳,2014.政策冲击、市场环境与国企生产效率:现状,趋势与发展[J].管理世界(08):4-17,187.

黎文靖,李耀淘,2014.产业政策激励了公司投资吗[J].中国工业经济(5):122-134.

黎文靖,郑曼妮,2016.实质性创新还是策略性创新?:宏观产业政策对微观企业创新的影响[J].经济研究,51(04):60-73.

林毅夫,2002.发展战略、自生能力和经济收敛[J].经济学(季刊)(1):269-300.

林志帆,刘诗源,2017.税收负担与企业研发创新:来自世界银行中国企业调查数据的经验证据[J].财政研究(2):98-112.

林洲钰,林汉川,邓兴华,2013.所得税改革与中国企业技术创新[J].中国工业经济(03):111-123.

聂辉华,方明月,李涛,2009.增值税转型对企业行为和绩效的影响:以东北地区为例[J].管理世界(5):17-24.

王延明,2003.上市公司所得税负担研究:来自规模、地区和行业的经验证据[J].管理世界(1):115-122.

吴联生,李辰,2007."先征后返"、公司税负与税收政策的有效性[J].中国社会科学(4):61-73.

吴文锋,吴冲锋,芮萌,2009.中国上市公司高管的政府背景与税收优惠[J].管理世界(3):134-142.

余明桂，范蕊，钟慧洁，2016.中国产业政策与企业技术创新[J].中国工业经济(12)：5-22.

张同斌，高铁梅，2012.财税政策激励、高新技术产业发展与产业结构调整[J].经济研究(5)：58-70.

张希，罗能生，彭郁，2014.税收安排与区域创新：基于中国省际面板数据的实证研究[J].经济地理，34(9)：33-39.

周煊，程立茹，王皓，2012.技术创新水平越高企业财务绩效越好吗?：基于16年中国制药上市公司专利申请数据的实证研究[J].金融研究(8)：166-179.

周振华，1990.产业政策分析的基本框架[J].当代经济科学(6)：26-32.

AGHION P，DEWATRIPONT M，DU L，et al.，2015.Industrial policy and competition[J].Cepr discussion papers，7.

BERGER P G，1993.Explicit and implicit tax effects of the R & D tax credit[J].Journal of accounting research，31(2)：131-171.

CHEMMANUR T J，LOUTSKINA E，TIAN X，2014. Corporate venture capital，value creation，and innovation[J].Social science electronic publishing，27(8)：2434-2473.

HALL R E，JORGENSON D W，2009.Tax policy and investment behavior：reply and further results[J].American economic review，59(3)：388-401.

JORGENSON D W，1963.Capital theory and investment behavior[J].American economic review，53(2)：247-259.

MANSO G，2011.Motivating innovation[J].Journal of finance，66(5)：1823-1860.

PO-HSUAN HSU，XUAN TIAN，YAN XU，2014.Financial development and innovation：cross-country evidence[J].Journal of financial economics，112(1)：116-135.

RAN D，OZBAS O，SENSOY B A，2010.Costly external finance，corporate investment，and the subprime mortgage credit crisis[J].Journal of financial economics，97(3)：418-435.

TAN Y，TIAN X，ZHANG C，et al.，2014.Privatization and innovation：evidence from a quasi-natural experience in China[J].Social science electronic publishing.

第十章　家乡效应与企业避税*

覃志刚　张丽萍　黄君洁**

第一节　问题提出

“举头望明月，低头思故乡”，诗仙李白脍炙人口的诗句道出了家乡在中国人心中的特殊地位。受几千年来的儒家思想和传统文化的影响，中国是一个乡土情怀特别浓厚的国家。家乡情结不可避免地对人们的决策和行为产生影响，进而影响到公司的决策和行为。

已有的大量研究表明，在资本市场上，投资者广泛地存在着“家乡偏好”。投资者偏好投资本国公司的股票，而本国公司的股票又更多地被公司所在地的投资者所持有(Pool et al.，2012)。虽然“家乡偏好”获得了较多研究的关注，但主要侧重于股票投资方面，本章则尝试探讨高管的家乡效应是否会影响公司的避税行为，以此在公司决策和行为层面拓展家乡效应的经济后果研究。

税收规避作为一个全球性的问题，在中国也同样严峻。据国家税务总局的统计，“十八大以来的5年，全国税务系统反避税工作对税收增收贡献2204.64亿元。在管理方面，通过提示企业存在特别纳税调整税收风险，规范跨境纳税人遵从，引导企业自行补税1605.03亿元；……在调查方面，反避税调查立案1048件，结案920件，补缴税款334.99亿元”。而这仅为反避税调查中浮出水面的个案，更多避税行为可能并没有被发现。在2017年7月G20汉堡峰会上，习近平主席将打击避税作为完善全球经济治理的重要内容予以强调(王懿和苏婷婷，2017)。

企业避税是一个经典而重要的研究领域。现在文献大多集中于探讨企业避税的影响因素和经济后果。在企业避税的影响因素方面，国内外学者已经从公司治理、所有权结构、薪酬设计以及制度环境等多个方面进行了研究(Desai and Dharmapala，2006；Cheng et al.，2012；范子英、田彬彬，2013；Armstrong et al.，2015；蔡宏标、饶品贵，2015；等)。

---

* 本章写作时间为2021年，故本章表述以2021年为时间节点。

** 覃志刚，副教授，厦门大学经济学院；张丽萍，中国建设银行福建省分行；黄君洁，副教授，厦门大学公共事务学院。

然而,已有的研究更多的是从正式制度的角度分析企业避税的影响因素。对于反避税治理而言,仅仅依靠正式制度是不够的,因为如果通过正式制度约束得过于严格,可能导致过多的双重征税等负面后果。根据新制度经济学理论,由于非正式制度具有传染延续性,在某些情况下,其约束力往往比正式制度更加明显。因此,对于企业避税问题,不应该忽视非正式制度的作用。非正式制度一般由宗教、文化、习俗和关系等因素组成,已有文献表明,非正式制度对微观个体和企业行为都具有重要影响。如陈冬华等(2013)的研究发现,宗教文化能够显著提升公司治理水平,并且非正式制度与正式制度具有互补作用;陆瑶和胡江燕(2014)指出,CEO 与董事间的"老乡"关系对企业风险水平有显著的正向影响。

在国外一些研究中,相关文献也分别阐述了同事关系、社团关系等非正式制度对公司治理的影响(Fracassi and Tate,2012)。尽管已有一些文献从非正式制度的角度阐述了宗教文化、老乡和校友关系等非正式制度对公司治理的影响,但关于非正式制度与企业避税的研究还较少被涉及。本章试图从"家乡效应"这一独特的研究视角,分析非正式制度对企业避税的影响并揭示其作用机制。

与现有文献相比,本章可能的研究贡献在于:首先,丰富和补充了"文化与金融"的相关研究。Zingales(2015)指出,目前金融经济学的研究中正在进行一场文化革新。已有的大量文献发现文化会影响经济主体的认知、互动和策略选择(DiMaggio,1997;Portes et al.,2001)。本章利用高管籍贯与公司注册地一致度量出高管个体的家乡效应,考察了高管家乡效应对企业避税的影响,深入剖析中国浓厚的家乡情结背后的经济意义,为证实文化对金融的影响提供了来自文化底蕴深厚的转型经济国家的证据,呼应了"文化与金融"这一新兴交叉领域的研究思潮。其次,拓展了企业避税行为影响因素领域的研究视角。已有文献主要从内外部公司治理或宏观经济特征等角度考察企业避税的影响因素,鲜有文献深入探讨非正式制度对企业避税的影响。本章探索了高管家乡效应是否以及如何影响企业的避税行为,揭示了文化因素这一非正式制度对企业避税行为所产生的重要作用,为更深入地理解企业避税活动背后错综复杂的驱动因素提供了新颖的视角。最后,根据高层梯队理论,国内外学者们尝试打开高管异质特征这一黑箱,从性别、海外背景、学术背景等方面展开了系列研究。本章则从企业避税的视角研究了公司高管的家乡效应这一异质性对上市公司高管行为决策的影响,研究结论有助于进一步打开高管异质特征如何影响公司决策和行为的黑箱。

本章后面的结构安排如下:第二节进行理论分析并提出研究假设;第三节介绍本章的研究设计,包括样本选择、研究变量,并构建实证模型;第四节讨论文章的描述性统计和主要实证结果;第五节做稳健性检验以及进一步的研究;第六节是结论与启示。

第二节 研究假设

本章认为，董事长的家乡效应会抑制企业避税程度，其作用机制在于董事长的家乡效应会降低企业的融资约束水平，并提高企业的社会责任水平，从而抑制企业避税程度。

(一)董事长的家乡效应与公司避税

“家乡”一词，不仅具有地理含义，还包括人文、环境和社会心理等内涵。“家乡认同”是人们由于在家乡成长和生活过程中形成的对家乡的特殊情感联结关系。最早将家乡认同引入学术研究的是人文地理学家 Tuan(1974)和环境心理学家 Proshansky(1978)。Tuan 将家乡认同引入地理学研究，用以表达人对地方的爱恋之情。Proshansky 提出后来成为环境心理学中的核心概念和重点研究领域之一的“地方认同”(place identity)的概念(胡珺 等,2017)。

中国是一个家乡认同极其浓厚的国家，从李白的“低头思故乡”到余光中的《乡愁》，各朝各代的文人墨客都有脍炙人口的表达家乡认同的诗篇。家乡认同深刻融于中国的传统文化之中，对中国人的思想行为必然产生重要影响。中国特有的“春运”现象就是家乡认同对当今中国社会的影响的具体表现之一。

鉴于家乡认同在国人心中的重要性，国内一些学者尝试用家乡认同解释中国的一些政治经济现象。例如，张平等(2012)发现，中央官员对其籍贯来源省区的经济增长有显著的促进作用，对其曾工作过的省区经济增长的影响则并不显著，并且这一促进作用主要是通过提高其籍贯来源地的投资率来实现的。范子英等(2016)发现，新任部长对其出生地的经济增长具有显著的促进作用，相当于在平均水平上增加 27%，而对其籍贯地和工作地的影响则不明显；李书娟和徐现祥(2016)的研究表明，平均而言，省级官员的家乡身份认同在 2001—2010 年促进了家乡经济增长约 0.6 个百分点。李书娟等(2016)发现，省级官员在任期间，其辖区外家乡县的夜间灯光亮度提高约 8 个百分点，市内相邻县提高约 1.8 个百分点，市外相邻县则没有显著的变化，揭示了身份认同等文化因素是影响经济发展的深层因素。但是，从已有文献来看，学者们的研究更多集中在具有政治资源的官员对家乡经济的影响。只有极少的几篇文献关注了家乡情怀对企业高管行为产生的影响。胡珺等(2017)发现高管的家乡认同对企业环境治理行为具有积极的推动作用；曹春方等(2018)发现公司会更多在 CEO 的家乡建立异地子公司，公司投资中确实存在 CEO 的“家乡偏好”，并且其更适合以代理问题假说来解释，而非信息和熟悉假说。

综上可知，家乡认同在我国是非常具有代表性传统文化，是一种非常重要的非正式制度，对社会、文化和经济发展都具有重要影响，通过对关键决策者的影响，从而影响到组织的决策和行为。

有别于“家乡认同”，本章用“家乡效应”来概括家乡对个人的影响。“家乡认同”更多地强调个人对于家乡的认同和偏好，而除此之外，家乡的社会网络关系等各种资源，也会对个人产生影响，例如：在家乡工作生活相比人生地不熟的外地，肯定有更多的社会关系可以提供更多的便利；同样，中国各地大量存在的同乡会、商会这类组织，就是在外地工作生活的人们为了利用家乡资源而采取的一种办法。因此，本章把个人对家乡的认同，以及家乡对个人的影响这种双向的作用统称为“家乡效应”。

那么，家乡效应是否能够影响到公司避税呢？由于避税是企业一项非常重大的决策和行为，一般而言，企业避税属于企业战略层面的决策，需要由董事会决定，而董事长往往对企业避税具有极为重要的影响。结合人文地理学和身份认同经济学等学科的理论基础，本章认为董事长的家乡效应会抑制企业避税。原因在于以下几点：

第一，家乡是董事长的出生地和成长所在地，也是董事长祖祖辈辈生活的地方，是个人社会关系网形成的起点。相对于在外地任职的董事长，在家乡任职的董事长更多地被嵌入当地人的人际网络中，有更加充足的人脉资源和更加稳定的社会关系，可以利用自身的社会网络关系帮助企业传递和获取信息，减少内外部信息不对称，缓解企业外部融资约束，进而减轻公司避税动机。

第二，在中国传统文化的熏陶下，中国人往往对故土有着特殊情感，国人常讲“落叶归根”，其中“根”就代表一个人的故乡，对故乡怀有桑梓之情和回报之心是自古以来为人称颂的传统美德，因此董事长往往对家乡具有强烈的社会责任感，而这种家乡身份认同能够直接影响董事长的价值观念和行为决策。避税是公司经营决策之一，对企业来说避税是一项纯粹的自利行为，能帮助节省企业成本，增加企业利润，提升企业价值。但是对于家乡地政府来说，避税减少当地财政收入，降低政府提供公共服务的能力，同时影响收入分配公平，不利于家乡经济的发展，因此采取避税策略可能会使具有本地身份的公司董事长背负沉重的心理负担和道德约束。

第三，避税是一种高风险的行为，其所带来的机会成本是巨大的，如果企业采取过于激进的避税行为，如利用税收法规的空白进行税收规划，但存在被税务机关认定为逃税的可能性等，被媒体曝光或者被政府公开，会对董事长个人乃至其家庭和宗族在当地的声誉带来极坏的影响。基于上述分析，本章认为，当企业的董事长的籍贯与企业注册地一致时，由于存在着家乡效应，会影响其对避税行为的态度，从而在一定程度上约束企业的避税行为。因此，本章提出以下假设：

假设 10-1：当董事长籍贯地与企业注册地相同时，相对于其他企业，由于董事长具有家乡效应，企业避税程度较低。

（二）作用机制检验

董事长的家乡效应通过何种作用机制影响企业避税行为，是另一个值得深入探索的重要问题。本章认为，董事长的家乡效应会降低企业的融资约束水平，并提高企业的社会责任水平,这是董事长家乡效应影响公司避税的两个作用途径。

根据社会资本理论,个人拥有的社会关系等资源能为其带来资本,同时企业管理者能将其拥有的社会关系和社会网络带入企业之中,实现个人资本向企业资本的转化。近些年来,一些学者也开始关注企业社会资本对企业融资约束的影响。陈德球等(2011)通过实证研究发现较高的社会资本水平能够帮助家族企业获取融资机会,缓解融资约束水平;于蔚等(2012)发现,民营企业家通过与政府建立各种形式的政治关联,减少信息不对称,增强企业资源获取能力,从而降低企业融约束水平;尹筑嘉等(2018)指出,董事网络能通过减少信息不对称和抑制代理问题来缓解企业面临的融资约束。

梁漱溟(1949)指出,中国文化的基本伦理特征是关系本位,籍贯出身构成了社会关系中的一个重要维度。籍贯是董事长的出生地和成长所在地,同时也是董事长社会关系形成的起点。具体来说,董事长的家庭、朋友、亲属、宗族、同学等都可能更多集聚在此,因此,董事长可以在籍贯地形成一个庞大的社会关系网络。这种社会关系网络作为一种社会资本能为公司降低信息不对称提供良好的渠道。通过董事长社会关系网,公司能将自身信息层层传递到潜在的资金供给方,同时也可以获取市场上的资金借贷信息,降低企业信息不对称程度,从而缓解企业面临的融资约束。此外,这种通过亲属、朋友、同事等形成的社会关系网络,相互之间的亲密度和信任度更高,能促进融资契约协议的迅速达成,帮助企业寻找到更多的融资资源,拓宽企业的融资渠道。

税收对企业来说是一项成本,会导致现金流出。当企业面临较大的融资约束时,税收支出会使企业现金流更加捉襟见肘,因此,企业更有动机选择通过避税减少现金支出,从而缓解融资约束带来的现金短缺。刘行和叶康涛(2014)认为,当上市公司面临融资约束时,将采取税收规避措施作为其他融资方式的替代,企业的税收规避程度将伴随企业融资约束的缓解而显著下降。综上所述,本章认为企业融资约束水平是影响企业避税的重要因素,进而也是董事长籍贯地任职影响公司避税的作用机制。因此,本章提出第二个假设:

假设 10-2:当董事长籍贯地与企业注册地相同时,相对于其他企业,由于董事长存在家乡效应,企业的融资约束水平较低,从而使得企业避税程度较低。

董事长对家乡怀有天然的情感,企业社会责任作为公司经营决策的之一,必然带有董事长个人特征的烙印。而对于董事长来说,积极承担社会责任,既是他们主观情感的表达,也是客观因素的驱动。从主观上看,董事长对家乡怀有特殊的情感,在“衣锦还乡”“光宗耀祖”“落叶归根”等传统文化的熏陶下,总是希望能功成名就反哺家乡,因此企业的董事长作为当地的成功人士,在事业上取得一定成绩后,会产生为家乡发展做贡献的强烈使命感和责任感;而从客观上来说,在家乡任职的董事长,其本地人身份也会使其背负对家乡的道德义务。董事长在家乡地履行社会责任,这种高尚的行为将在“乡亲父老”中间口口相传,能够给企业和董事长个人带来社会声誉和更高的社会地位,使其本人乃

至所属宗族受到家乡人民的认可;而不积极承担社会责任,则可能会被认为是“不近人情”,受到家乡人民的议论和质疑。不少学者也发现,董事长对家乡身份认同会影响企业社会责任的履行,例如胡珺等(2017)发现当高管在籍贯地任职时,其家乡效应会使企业高管对家乡环境展现更加友好的态度,减少以牺牲环境为代价的利己心态,从而促进企业的环境资本支出,提升企业保护环境的社会责任感;曹春方等(2018)在文章中指出,在公司投资中存在 CEO“家乡偏好”,CEO 在异地投资中会更加倾向于与家乡人合作,帮助家乡人民就业、提高收入。

企业税收规避会将利益从公共领域转移到私人领域,会影响公民的社会福利,因此企业的税收规避是一种较没有社会责任的体现。而对于一个重视社会责任的公司而言,在进行税收规划时,会更倾向于做出不进行过度税收规避的决策。Lanis 和 Richardson (2015)发现企业社会责任与公司避税之间存在显著的负相关关系。Hoi 等(2013)重点关注采取不负责的社会责任行为的企业,发现不负责的社会责任行为发生越频繁的企业,其采取税收规避的动机越强。因此,本章认为企业对社会责任越重视,采取避税的可能性越小。综上所述,本章认为企业社会责任是董事长籍贯地任职影响公司避税的另一个作用机制。因此,本章提出以下研究假设:

假设 10-3:当董事长籍贯地与企业注册地相同时,相对于其他企业,由于董事长存在家乡效应,企业社会责任的履行情况较好,从而使得企业避税程度较低。

第三节　研究设计

(一)样本选择和数据来源

本章的研究样本为 2008—2017 年中国 A 股上市公司。之所以选择 2008 年作为样本起始年度,是因为中国从 2008 年起开始执行新的企业所得税法及其实施条例,基准所得税税率发生了重大变化,样本期间从 2008 年开始可以保证企业面临的税收环境具有稳定性。其次,中国上市公司从 2007 年开始实行新《企业会计准则》,要求企业统一采用资产负债表债务法核算企业的所得税信息。因此,2007 年之后的企业所得税信息具有较强的可比性。

为提高研究样本数据的有效性,本章按以下标准进行样本筛选:(1)剔除金融类上市公司;(2)剔除 ST、* ST 类上市公司;(3)剔除关键变量存在缺失的样本;(4)剔除所得税或利润总额为负数的公司。这类公司的实际税率不能反映企业真实税负水平。此外,为了避免极端值对研究结论的干扰,本章对连续变量进行了 1%和 99%分位数上的缩尾。最后,本章共获得了 1492 家公司的 7407 个有效观测值。财务数据、公司治理数据均来自 CSMAR 数据库,上市公司适用税率数据来自 Wind 数据库,董事长籍贯等个人特征数据以 CSMAR 数据库的上市公司人物特征和治理结构数据库为基础，结合百度等互联网工具，并翻阅上市公司招股说明书、权益变动书、收购报告书等手工搜集和整理。

（二）变量定义

1. 家乡效应的衡量

本章选择 A 股上市公司董事长作为研究对象，因为董事长是企业重大事项的决策者，代表董事会领导公司的方向与策略，对企业的避税决策起决定性作用。当董事长的籍贯地与其任职的企业的注册地一致时，表明存在着家乡效应，则对该董事长赋值为 1，否则赋值为 0，变量符号用 Hometown 表示。在搜集董事长籍贯信息时，我们发现多数籍贯信息仅能检索到行政省份，考虑到数据的可获得性，本章在衡量上市公司董事长籍贯地任职时，以省份为基准度量其籍贯地，并以此与公司注册地所在省份比较。在稳健性测试中，本章将用“省＋市”的办法来衡量家乡效应。

2. 企业避税程度

借鉴 Desai 和 Dharmapala(2006)、刘行和叶康涛(2014)、魏志华和夏太彪(2020)等，本章采用税会差异(BTD)以及名义税率与实际税率之差(Rate_diff)来衡量企业避税程度。具体而言，BTD 等于企业利润总额减去应纳税所得额除以期末总资产，其值越大说明企业避税程度越高。其中，应纳税所得额为企业当期所得税费用减去递延所得税费用除以企业名义税率。Rate_diff 等于名义税率减去实际税率。其中，实际税率等于所得税费用除以利润总额，其值越大说明企业避税程度越高。

3. 融资约束程度

借鉴魏志华等(2014)、Kaplan 和 Zingales(1997)，本章采取 KZ 指数来衡量企业的融资约束程度。具体而言，按以下步骤计算 KZ 指数：(1)按经营性现金净流量/上期总资产金额(CF)、现金股利/上期总资产金额(Div)、现金持有/上期总资产金额(C)、资产负债率(LEV)以及托宾 Q 值对全样本各个年度进行分类。如果 CF 低于中位数，则 KZ_1 取 1，反之则取 0；依此类推，如果 Div、C、D、Q 低于中位数，则相应的 KZ_2、KZ_3、KZ_4、KZ_5 分别取 1，反之则取 0。(2)按 KZ＝KZ_1＋KZ_2＋KZ_3＋KZ_4＋KZ_5，计算 KZ 指数。(3)采用排序逻辑回归(ordered logistic regression)，以 KZ 指数为因变量对 CF、Div、*C*、*D* 和 *Q* 进行回归，估计各变量的回归系数。运用上述回归模型的估计结果，计算每一家上市公司的 KZ 指数，该指数越大，代表上市公司面临的融资约束程度越高。

4. 企业社会责任

本章选择由第三方专业机构出具的社会责任履行报告——和讯网企业社会责任评分作为企业社会责任的衡量指标。和讯网企业社会责任专业测评体系中的数据主要来源于中国证券交易所上市公司官方发布的社会责任报告及年报，该评分越高，说明企业社会责任履行情况越好。

5. 控制变量

借鉴刘行和赵晓阳(2019)、吴联生(2009)、刘行和吕长江(2018)、Tang 等(2017)等的研究,本章在模型中加入了影响企业避税的若干控制变量。表 10-1 报告了本章主要变量的具体定义。

表 10-1 主要变量说明及计算方法

变量名称	变量符号	变量描述
企业避税程度	BTD	(利润总额—应纳税所得额)/总资产
	Rate_diff	名义税率—所得税费用/利润总额
董事长家乡效应	Hometown	董事长籍贯地与企业注册地所在省份一致时为 1,否则为 0
企业融资约束	KZ	具体计算公式和定义见前文
企业社会责任	CSR	具体定义见前文
两职合一情况	CEODUAL	董事长和总经理是同一人时为 1,否则为 0
第一大股东持股比例	BLOCKHLD	第一大股东持股数/公司总股数
股权制衡	SHRZ	第一大股东持股比例/第二大股东持股比例
审计质量	BIG4AUDIT	若由四大会计师事务所审计取值 1,否则取 0
公司规模	SIZE	总资产的自然对数
财务杠杆	LEV	负债总额/总资产
盈利能力	ROA	净利润/总资产
固定资产密集度	CINT	固定资产净额/总资产
存货密集度	INVINT	存货净额/总资产
无形资产密集度	INTANG	无形资产净额/总资产
成长性	GROWTH	(本年营业收入—上年营业收入)/上年营业收入
市净率	MKTBK	资产的市场价值/账面价值
投资收益	ROI	投资收益/总资产
现金持有	CASH	现金及现金等价物/总资产

(三)实证模型

1. 家乡效应与企业避税

为了检验家乡效应与企业避税的关系,本章构建了如下回归模型:

$$TA_{it} = \beta_0 + \beta_1 \text{Hometown}_{it} + \sum(\beta_j \times \text{Control}_{it}) + \lambda_t + \mu_i + \varepsilon_{it} \tag{10-1}$$

其中,TA 为企业避税程度,分别取 BTD 和 Rate_diff 代入;Hometown 为董事长家乡效应;Control 为控制变量;ε 为残差项。若 Hometown 的回归系数 β_1 显著为负,说明董事长的家乡效应显著增加了企业避税程度,即假设 10-1 得到实证支持。

2. 作用机制检验

为了检验家乡影响企业避税的作用机制，本章使用近年来在公司财务领域得到广泛应用的中介效应检验进行实证分析。借鉴温忠麟和叶宝娟(2014)的研究，本章通过以下步骤进行中介效应检验：

$$Mediator_{it} = \alpha_0 + \alpha_1 Hometown_{it} + \sum(\alpha_j \times Control_{it}) + \varepsilon_{it}$$

$$Mediator_{it} = \alpha_0 + \alpha_1 Hometown_{it} + \sum(\alpha_j \times Control_{it}) + \varepsilon_{it} \tag{10-2}$$

$$TA_{it} = \theta_0 + \theta_1 Hometown_{it} + \theta_2 Mediator_{it} + \sum(\theta_j \times Control_{it}) + \varepsilon_{it}$$

$$TA_{it} = \theta_0 + \theta_1 Hometown_{it} + \theta_2 Mediator_{it} + \sum(\theta_j \times Control_{it}) + \varepsilon_{it} \tag{10-3}$$

其中，Mediator 代表中介变量，分别用企业融资约束(KZ)和企业社会责任(CSR)代入。在模型(10-1)成立的基础上，首先使用模型(10-2)检验家乡效应与企业融资约束以及企业社会责任之间的关系，如果 Hometown 对融资约束的回归系数 α_1 显著为负，则说明家乡效应显著降低了企业的融资约束问题；如果 Hometown 对企业社会责任的回归系数 α_1 显著为正，则说明家乡效应显著提高了企业履行社会责任水平。其次，在模型(10-3)中同时将家乡效应(Hometown)与企业融资约束(企业社会责任)作为自变量对企业避税程度进行回归，如果 Hometown 的回归系数与在模型(10-2)中相比变得不再显著或显著性下降，则说明企业融资约束(企业社会责任)是家乡效应影响企业避税的作用机制，即假设 10-2(假设 10-3)得到实证证据支持。

第四节　实证结果与分析

(一)描述性统计

首先，本章对我国各省(区、市)的上市公司数量，以及董事长在籍贯地任职的数量及比例进行了描述性统计。结果表明，广东省的上市公司数量最多，其后是浙江省、北京市、江苏省和上海市。从董事长籍贯地与公司注册地一致性情况来看，湖南省、山东省、浙江省等比率较高，接近 90%，而青海省、北京市等地比率较低，不到 30%。董事长在籍贯地任职的总体情况与胡珺等(2017)的研究一致，说明了本章研究样本的有效性。

此外，我们还发现，各省份全部上市公司的数量与各省份董事长在籍贯地任职的上市公司数量并不一致，例如，广东省拥有的上市公司数量最多，但董事长在籍贯地任职的上市公司所占比例为 55.41%，与其他省份相比，处在中游水平。而北京市上市公司数量为 656 家，在全部省份中排在第二位，但是董事长籍贯地与公司注册地相一致的比例仅为 26%左右，排名较为靠后。这在一定程度上说明，籍贯地是董事长选择任职地的一个重要因素，但不是起决定作用的因素。

本章主要变量的描述性统计如表 10-2 所示。其中,从 BTD 和 Rate_diff 看,平均而言样本公司的实际税率低于名义税率,说明在剔除税收优惠等政策后,多数公司可能仍然存在一定的避税行为。从上市公司注册地与籍贯地是否一致的情况来看,Hometown 的均值为 0.6434,说明在样本中有 64.34%的上市公司董事长在籍贯地任职。其他变量的描述性统计与现有文献相似。

表 10-2 主要变量的描述性统计

变量	样本量	均值	校准差	最小值	中位数	最大值
BTD	7407	−0.0010	0.0273	−0.0905	−0.0028	0.1503
Rate_diff	7407	0.0363	0.0922	−0.4426	0.0297	0.2500
Hometown	7407	0.6434	0.4790	0	1	1
CEODUAL	7407	0.2033	0.4025	0	0	1
BLOCKHLD	7407	36.3037	15.5998	8.1351	34.1525	78.0170
SHRZ	7407	13.4003	24.2026	1.0016	4.6151	205.7191
BIG4AUDIT	7407	0.0797	0.2708	0	0	1
SIZE	7407	22.3877	1.3641	18.9169	22.1874	26.7052
LEV	7407	0.4683	0.2064	0.0274	0.4743	1.4255
CINT	7407	0.2312	0.1718	0.0015	0.1942	0.7935
INVINT	7407	0.1759	0.1646	0	0.1310	0.8023
INTANG	7407	0.0478	0.0526	0	0.0342	0.3625
ROA	7407	0.0539	0.0469	−0.0024	0.0419	0.3177
GROWTH	7407	0.2226	0.5282	−0.6627	0.1270	6.3352
MKTBK	7407	3.4743	2.6478	−4.1957	2.7241	25.3462
ROI	7407	0.0084	0.0180	−0.0107	0.0017	0.1364
CASH	7407	0.1565	0.1173	0.0420	0.1254	0.7491

(二)多元回归分析

表 10-3 报告了董事长家乡效应对企业避税程度影响的回归结果。由表 10-3 可知,家乡效应(Hometown)对 BTD 和 Rate_diff 的回归系数分别为−0.0035 和−0.0161,分别在 10%和 5%水平上显著为正,这表明家乡效应显著抑制了企业避税程度,因此假设 10-1 得到了实证支持。同时,该回归结果在经济意义上也具有显著性,当董事长籍贯地与公司注册地一致时,公司的避税水平下降 0.0035 个单位,其实际税率上升 0.0161,本章的研究发现意味着,当董事长在籍贯地任职时,由于董事长存在着家乡效应,从而抑制了企业采取激进避税策略的动机。对此,本章还将在下文的作用机制检验中提供进一步的实证证据,以揭示家乡效应如何抑制上市公司采取较为激进的避税行为。

表 10-3 董事长家乡效应与公司避税

变量	(1)	(2)
	BTD	Rate_diff
Hometown	−0.0035*	−0.0161**
	(0.0019)	(0.0069)
CEODUAL	−0.0026*	−0.0008
	(0.0014)	(0.0043)
BLOCKHLD	−0.0001**	−0.0006***
	(0.0001)	(0.0002)
SHRZ	−0.0000	−0.0000
	(0.0000)	(0.0001)
BIG4AUDIT	0.0019	0.0046
	(0.0031)	(0.0102)
SIZE	−0.0038***	−0.0015
	(0.0012)	(0.0042)
LEV	−0.0054	0.0621***
	(0.0045)	(0.0143)
CINT	−0.0008	0.0330*
	(0.0050)	(0.0188)
INVINT	−0.0166***	−0.0663***
	(0.0063)	(0.0239)
INTANG	−0.0207	0.0284
	(0.0140)	(0.0423)
ROA	0.2292***	0.1763***
	(0.0177)	(0.0426)
GROWTH	−0.0021***	−0.0063***
	(0.0008)	(0.0024)
MKTBK	−0.0001	−0.0002
	(0.0002)	(0.0007)
ROI	0.2150***	0.4676***
	(0.0454)	(0.1126)
CASH	−0.0097*	−0.0540***
	(0.0050)	(0.0182)
年份固定效应	控制	控制
公司固定效应	控制	控制
常数项	0.0887***	0.0733
	(0.0262)	(0.0996)
样本量	7407	7407
Adj. R^2	0.158	0.0346

注：*、**、*** 分别表示在 10%、5%、1%的水平上显著。括号中是经过公司层面聚类调整后计算的标准误。本章的回归分析均控制了相关控制变量、年份固定效应和公司固定效应，限于篇幅，除了例外情况，下文不再注明。

在控制变量上,第一大股东持股比例与 BTD、Rate_diff 负相关,这说明第一大股东持股数越多,对企业的合规监督力度越强,从而越能减少企业的避税活动;公司规模 SIZE 与避税程度表现出显著的负相关关系,显著性水平为 1%,说明规模小的公司避税动机更强。财务杠杆 LEV 与避税水平显著正相关,说明财务杠杆越高,利息的抵税作用越强,实际税率越低。就资产结构来看,固定资产比例和避税程度显著正相关,说明长期资产的加速折旧可以降低税负,符合我们的预期;存货 INVINT 显著为负,说明存货密集度越高的公司,其避税程度越低;GROWTH 显著为负,说明成长性水平较低的上市公司的避税活动更活跃;ROA 和 ROI 均显著为正,说明企业的盈利能力越强,从税收规避中获得的收益就越多,因此越倾向于避税;而投资收益越多的公司,其企业所得税税负越低。现金持有率显著为负,说明现金流较为充裕的企业避税行为相对较少。控制变量的回归结果与已有的文献基本一致。

(三)作用机制检验

表 10-4 实证检验了假设 10-2 和假设 10-3,即融资约束和企业社会责任是否为家乡效应影响企业避税的作用机制。表 10-4 第(1)列显示,家乡效应(Hometown)在 10%水平上显著降低了企业的融资约束程度。上述发现与潘越等(2019)的研究发现非常类似,其认为地区内的宗族文化越浓厚,民营企业面临的融资约束越小。同样道理,董事长是本地人时,在当地具有更多的人脉等社会资本,能为企业获得更多的融资渠道,缓解企业外部融资约束。

表 10-4 第(2)和(3)列将家乡效应与融资约束同时置于模型中作为解释变量对企业避税程度进行回归。实证结果显示,融资约束(KZ)的回归系数在 1%和 10%水平上显著为正,同时,家乡效应(Hometown)回归系数的绝对值相比表 10-4 中有所减小。这表明融资约束越严重的企业,出于资金的需求,其避税程度越高。

表 10-4 董事长家乡效应影响公司避税的作用机制检验

变量	(1)	(2)	(3)	(4)	(5)	(6)
	KZ	BTD	Rate_diff	CSR	BTD	Rate_diff
Hometown	−0.1817* (0.1044)	−0.0033* (0.0019)	−0.0159** (0.0069)	0.6464** (0.2569)	−0.0026 (0.0018)	−0.0112* (0.0065)
KZ		0.0012*** (0.0003)	0.0014* (0.0008)			
CSR					−0.0013*** (0.0001)	−0.0079*** (0.0005)
样本量	7407	7407	7407	7377	7377	7377
Sobel		−3.988*** (0.0001)	−2.950*** (0.0032)		2.600*** (0.0093)	2.609*** (0.0091)

注:Sobel 检验报告的是中介效应检验的 Z 值,括号内为 p 值。第(4)~(6)列样本量有所减少,主要原因在于部分样本的社会责任数据缺失。

表 10-4 第(4)列显示,家乡效应(Hometown)在 5%水平上显著增加了企业社会责任得分(CSR)。当董事长在籍贯地任职时,受到家乡身份认同等文化心理因素的影响,他们具有更加强烈的社会责任感,更倾向于履行企业社会责任。表 10-4 第(5)和(6)列将家乡效应与企业社会责任同时置于模型中作为解释变量对企业避税程度进行回归。实证结果显示,企业社会责任(CSR)的回归系数在 1%水平上显著为负,同时,家乡效应(Hometown)回归系数的绝对值相比表 10-4 中有所减小,显著性水平也有所降低。这表明越是注重履行企业社会责任的企业,同时也会避免激进的避税行为。

总体看,上述结果支持了本章的研究逻辑,即家乡效应缓解了企业融资约束程度,促进了企业履行社会责任,进而降低了企业避税程度。为增强结论可靠性,本章在表 10-4 最后两行对家乡效应与企业避税的中介效应进行了 Sobel 检验。可以看到,Sobel 检验的 Z 值均在 1%水平上显著,即中介效应通过了显著性检验。这意味着融资约束和企业社会责任确实在家乡效应与企业避税二者关系中发挥了中介作用。综上,假设 10-2 和假设 10-3 得到了实证支持。

(四)内生性检验

由于个人的籍贯显然是外生的,个人一般无法选择自己的出生地和家乡,个人一般也无法影响上市公司的注册地选择。同时,从前文描述性统计中也可以发现,各地区籍贯地任职的董事长分布具有一定随机性,与地区的经济发展水平、上市公司数量等并不一致。因此,用上市公司注册地与董事长籍贯的一致性衡量的家乡效应是相对外生的。不过,我们不能完全排除可能存在董事长更倾向于在本地任职,从而出现避税程度较低的企业的本地董事长比率更高的情况。因此,上文的回归可能存在一定的内生性问题。为了缓解内生性问题的影响,本章分别使用了工具变量法、Heckman 两阶段估计法两种方法来进行进一步的分析。

本章的工具变量是借鉴胡珺等(2017)的做法,运用经济特区(Zone)作为工具变量。“经济特区”设立后,吸引更多的外地优秀管理人才进入该地区,所以这些地区的企业与董事长籍贯相同的概率应该相对较低,使得这一工具变量符合相关性原则。“经济特区”的确定属于中央宏观政策,显然不会受某家企业避税程度的影响,是完全外生的变量。统计检验的结果表明,第一阶段回归的 F 统计量大于临界值 10,拒绝存在弱工具变量的原假设,说明工具变量满足相关性要求。表 10-5 第一部分报告了以“经济特区(Zone)”作为工具变量的两阶段回归结果,(1)列为第一阶段的回归结果,Zone 与 Hometown 在 1%水平上显著负相关,说明经济特区对董事长籍贯与所在省份相同具有显著的负向影响。由(2)、(3)列的第二阶段回归结果可见,在控制内生性问题后,Hometown 仍与 Rate_diff 显著负相关,符合本章原假设的预期,表明在考虑了内生性问题之后,董事长的家乡效应与避税之间的负相关关系仍然成立。

表 10-5 内生性检验

工具变量法	(1)	(2)	(3)
	第一阶段	第二阶段:BTD	第二阶段:Rate_diff
经济特区	−0.1327*** (0.0173)		
Hometown_iv		−0.0821 (0.1493)	−1.5119*** (0.5358)
样本量	7407	7407	7407
F	12.3400		
Heckman 两阶段回归			
PHometown	0.3270** (0.1298)		
Hometown		−0.0678*** (0.0203)	−0.0966* (0.0539)
IMR		0.0397*** (0.0124)	0.0524 (0.0329)
样本量	7399	7399	7399

为了克服具有某些特定特征的上市公司更倾向于雇佣籍贯与本企业注册地相一致的人士担任董事长,从而造成自选择问题,我们采用 Heckman 两阶段回归模型来进行进一步检验。参考 Gul 等(2011)和周楷唐等(2017)的类似做法,我们将同年同行业其他公司中籍贯地与企业注册地相一致的董事长的比例(PHometown)作为 Heckman 两阶段估计中的工具变量进行第一阶段的估计,然后将第一阶段回归得到的 Inverse Mills Ratio (IMR)加入第二阶段的回归方程中进行估计。表 10-5 第二部分的(1)列报告了第一阶段的估计结果,发现 PHometown 的估计系数显著为正,表明同行业中其他公司籍贯地与企业注册地相一致的董事长比例会影响本公司对董事长的选择。(2)、(3)列报告了第二阶段的估计结果,可以发现,在(3)列中,IMR 显著为正,表明原来的回归分析中的确存在自选择偏差;BTD 和 Rate_diff 的回归系数仍然显著,表明在控制了样本自选择偏差后,董事长家乡效应与公司避税的负相关关系依然成立。

(五)稳健性检验

1.基于 Change 模型的稳健性检验

本章进一步采用 Change 模型再次检验了董事长的家乡效应对公司避税程度的影响。D.Hometown 为 Hometown 本期与上一期的差分,反映了董事长籍贯的变化情况。回归结果如表 10-6 第一部分所示,可以发现 D.Hometown 的系数仍为负数,其中当 BTD 做因变量时,D.Hometown 的系数在 10%的水平上显著,表明当董事长的籍贯与公司注册地从不同变成相同时,能显著降低企业避税,这进一步支持了前文的研究假设 10-1,即董事长的家乡效应能抑制公司避税。

表 10-6 稳健性检验

变量	D.BTD	D.Rate_diff
Change 模型:D.Hometown	−0.0066* (0.0034)	−0.0080 (0.0081)
出生地任职:Hometown2	−0.0032* (0.0019)	−0.0190*** (0.0068)

2. 基于董事长出生地的稳健性检验

使用籍贯度量家乡效应可能会被质疑的一点是,个人的出生成长地可能与籍贯地不一致。这种情况下,出生成长地对个人的影响可能比籍贯地更为重要,此时社会资本密集地和乡土情怀归附地更多地指向出生成长地,而非籍贯地,这可能导致本章基于籍贯地度量家乡效应出现偏差。因此,本章用董事长出生地进行稳健性检验,当董事长的出生地与其任职的企业的注册地一致时,则对 Hometown2 赋值为 1,否则赋值为 0。实际上,本章发现同时披露籍贯地和出生地的董事长个人简历中,籍贯地和出生成长地大多数是重合的。从表 10-6 第二部分的检验结果可见本章的结论保持稳健。

3. 替换关键变量的度量

本章重新计算了不考虑递延所得税的 BTD 和 Rate_diff。结果显示①,对上述关键变量进行重新测度,本章的结论保持稳健。

在前文的检验中,由于很大一部分的董事长籍贯信息仅披露到省级,仅少数披露到城市,所以本章以省份为基准衡量董事长的家乡效应。但考虑到用省份衡量家乡效应可能较粗糙,因此本章增加了以下两个检验:(1)综合用省份和城市层面的数据来度量董事长的家乡效应。具体而言,如果能够获得董事长籍贯地所在的城市,则用城市与公司注册城市比较以确定 Hometown 的取值;仅能获得籍贯地省份的样本,仍以省份为基准进行匹配,在数据可获得性的限制下尽可能提高了 Hometown 的测度精度。(2)仅保留可以获得董事长籍贯地所在城市的样本重新进行检验。结果表明本章的结论保持稳健。

4. 控制地区经济发展水平

为了消除地区经济发展水平可能对本章研究结论产生的影响,本章在回归中加入各地区人均 GDP 来控制地区经济发展水平的影响,结果显示,本章的结论保持稳健。

5. 基于 PSM 方法的稳健性检验

本章还采用倾向得分匹配方法(PSM)进一步进行稳健性检验。首先使用 Hometown 对所有的控制变量进行回归,再得到各个观测值的倾向得分。基于倾向得分,将董事长具有家乡效应与不具家乡效应的样本进行匹配。匹配之后两组样本在大多

① 限于篇幅,部分稳健性检验结果未全部报告,留存备索。

数控制变量上均没有显著差异。基于 PSM 后样本的回归结果,Hometown 的估计系数仍然显著为负,本章的结论保持稳健。

6. 基于 CEO 家乡效应的稳健性检验

那么,CEO 的家乡效应是否同样会影响企业的避税行为呢?我们用类似的方法,构建了 CEO 家乡效应,放入模型(10-1)进行回归检验,结果并不显著。可能的原因是避税往往涉及较大的金融和较高的风险,属于企业战略层面的重大决策,需要由董事会决定,因此董事长对企业避税具有重要的影响。而 CEO 主要处于战术执行层面,因此,其家乡效应对于企业避税不存在显著的影响。

第五节　进一步分析

董事长家乡效应与公司避税的关系会受到董事长个人特征和企业所面临的外部环境和内部治理等诸多因素的影响,这使得董事长家乡效应对公司避税的影响可能存在横截面差异。因此,在进一步研究中,本章分析了董事长个人特征以及公司面临的内外部环境的差异对董事长家乡效应与公司避税的关系的影响。

(一)董事长个人特征的异质性检验

年龄是董事长的典型特征,年龄大小代表董事长的经验和阅历,而经验和阅历又会对公司经营决策施加影响,因此我们认为年龄可能会对董事长家乡效应与公司避税的关系产生影响。本章按董事长年龄的大小将样本划分为两组,当董事长的年龄大于行业中位数,则分入"年龄较高"组,否则分入"年龄较低"组。由表 10-7 第一部分可见,在"年龄较低"组中,Hometown 的估计系数均在 5%的水平上显著,而且系数绝对值大于全样本的估计结果;在"年龄较高"组中,Hometown 的估计系数不显著。可能的解释是年龄较大的董事长在当地已经积累了一定的名气、声誉和社会地位,同时他们的经验阅历更加丰富,所以进行决策时会更加理性,而且他们在回报家乡上可能已有较多贡献,不太需要通过缴交税金来造福桑梓,因此削弱了个人情感对避税活动的抑制作用。

学历是董事长的另一个典型特征。学历高低,反映了董事长的文化素养和对税收知识的理解程度。本章按照学历是否高于本科水平,把全体样本划分为两组。由表 10-7 第二部分可见,当董事长的学历相对较高时,家乡效应对公司避税的抑制作用更加明显。而学历较低的样本组中,估计系数不显著。对此可能的解释在于,学历越高的董事长在籍贯地有更多基于同学、同事等建立起来的社会关系,拥有的社会资本更加充足,且他们在学校接受教育的时间更长,深受传统文化的熏陶,更容易受家乡效应的影响,从而增强了对公司避税行为的抑制作用。

表 10-7　董事长个人特征的异质性检验

	BTD	Rate_diff	BTD	Rate_diff
	年龄较低		年龄较高	
Hometown	−0.0072** (0.0031)	−0.0294** (0.0117)	0.0006 (0.0040)	−0.0179 (0.0131)
	学历较低		学历较高	
Hometown	−0.0005 (0.0071)	−0.0059 (0.0230)	−0.0041 (0.0025)	−0.0342** (0.0173)
	未持股		持股	
Hometown	−0.0050** (0.0022)	−0.0178* (0.0106)	−0.0025 (0.0043)	−0.0024 (0.0119)

董事长持股可以使得董事长与公司利益更加一致，追求公司价值最大化，这可以缓解公司受董事长个人情感左右，而不采取避税行为的情况。因此，本章根据董事长是否持有公司股份，将样本划分为两组。表 10-7 第三部分的回归结果表明，当董事长未持有本公司股份时，Hometown 的回归系数显著，但若董事长持有公司股份时，Hometown 的回归系数并不显著。这说明当家乡效应与自身经济利益相冲突时，董事长将权衡两者，从而减少了董事长出于个人情感的考虑而作出不利于企业价值提升的决策。

（二）内外部环境的异质性检验

对于国有企业而言，税收和利润分配实质上都是利益由企业流向国家，只是具体路径不同而已。因此，国有企业采取避税行为的动机更弱。本章按照产权性质把样本划分为国有企业和非国有企业两组分别进行回归。从表 10-8 第一部分可以发现，在国有企业中，Hometown 的回归系数不显著，而在非国有企业中，Hometown 的回归系数在 1% 的水平上显著为负，这验证了上文的预期。

内部控制是企业在经济活动中建立的一种相互制约的业务组织形式和职责分工制度。在内部控制质量比较差的情况下，董事长权力缺乏制衡，“人治”代替“法治”，董事长的个人情感可能会凌驾于股东的权益之上。出于个人声誉等因素的考量，董事长可能会为了自己的利益以权谋私，对避税行为一刀切，甚至不采取任何能减少税收的行为。因此在内部控制质量不同的企业，董事长家乡效应对企业避税的影响可能也是不同的。借鉴权小锋等(2015)、叶康涛等(2015)的做法，本章采用“迪博·中国上市公司内部控制指数”作为企业内部控制质量的衡量指标，按各行业内部控制指数的中位数为基准，将样本分成两组分别进行回归。表 10-8 第二部分的结果表明，在内部控制质量比较差的公司，Hometown 的系数显著为负，而在内部控制质量比较好的公司，Hometown 的系数不显著。

表 10-8 内外部环境的异质性检验

	BTD	Rate_diff	BTD	Rate_diff
	非国有企业		国有企业	
Hometown	−0.0097*** (0.0031)	−0.0394*** (0.0113)	−0.0003 (0.0020)	−0.0041 (0.0083)
	内部控制质量低		内部控制质量高	
Hometown	−0.0068* (0.0040)	−0.0297** (0.0130)	−0.0010 (0.0020)	−0.0089 (0.0067)
	税收征管强度低		税收征管强度高	
Hometown	−0.0058* (0.0032)	−0.0223* (0.0117)	−0.0014 (0.0024)	−0.0087 (0.0077)
	东部地区		中西部地区	
Hometown	−0.0051** (0.0024)	−0.0198** (0.0086)	0.0001 (0.0025)	−0.0032 (0.0135)

根据利益相关者理论，政府属于企业的外部利益相关者，以税收的形式对企业利润享有分配权。因此，作为政府税收征管的执行者，税务机关有义务对任何危害税源、逃避税收的行为进行监督和管理。所以，税收监管可视为监督企业经营运作的外部力量，对企业避税决策产生影响。税收监管力度越强，说明企业采取避税行为所面临的风险更高，那么企业将减少避税行为。本章借鉴陈德球等（2016）的做法，将税收努力作为税收监管的代理变量。由 10-8 第三部分可见，在税收征管强度较低的组中，Hometown 的估计系数均在 10%的水平上显著，而征管强度较高的组中，结果不显著，这表明，在税收征管强度低的地区，家乡效应这一非正式制度对正式制度起到了补充的作用。

我国幅员辽阔，不同地区间经济、社会、观念差异较大，为了进一步分析地区差异，本章根据国家统计局 2011 年发布的东西中部地区划分方法，将全部样本划为东、中、西三个地区并进行异质性分析。由表 10-8 第四部分可知，在东部地区，Hometown 的估计系数均显著，而在中西部地区并不显著。这说明家乡效应对公司避税的抑制作用存在地域上的差异。可能的原因在于，东部地区经济发展较快，市场化程度高，融资渠道更多，且文化发展水平也更好，更容易受到家乡身份认同等传统文化熏陶，更加注重企业社会责任的履行，所以家乡效应的抑制避税作用更加强烈。

第六节　研究结论与启示

(一)研究结论

本章以2008—2017年中国沪深A股上市公司为样本,分析了董事长的家乡效应对公司避税的影响,研究发现:(1)董事长在籍贯地任职时,会抑制公司的避税行为。(2)企业面临的外部融资约束和企业社会责任的履行是董事长家乡效应影响避税的作用渠道。(3)较年轻、受教育程度较高、未持有本公司股票的董事长会促进家乡效应对公司避税的影响;公司面临的内外部环境差异也会对二者的关系产生影响,具体体现在:非国有企业、内部控制质量较差的企业,位于税收征管强度较差地区的企业和位于东部地区的企业,董事长家乡效应对企业避税的抑制作用更加明显。

(二)启示与建议

首先,对于企业而言,要重视董事长的个人特征和文化背景对公司经营决策的影响。在选用董事长时,股东们可以将董事长的籍贯因素纳入考量范围。一方面,与在外地任职的董事长相比,在籍贯地任职的董事长拥有强大的社会关系网络,借助这一社会资本,可以降低公司内外部信息的不对称程度,为企业开拓融资渠道,缓解外部融资压力;另一方面,董事长在籍贯地任职还有利于企业社会责任的履行,为企业树立良好的社会形象,带来良好的社会声誉。但同时,企业也要建立良好的内部控制制度并给予董事长适当的股权激励,约束董事长的权力和行为,防止"一言堂",警惕董事长出于个人情感因素而过度减少避税策略的制定和执行,损害股东利益最大化。

其次,对于税务机关而言,由于董事长的家乡效应能抑制公司避税动机,且两者的关系在税收强度低的地区更加显著,这表明董事长籍贯地任职这一重要的个人背景特征,能在一定程度上弥补税收监管正式制度的不足。因此,税务机关应对企业董事长的籍贯背景加以关注,完善反避税工作。

最后,对于投资者而言,董事长家乡效应能够缓解企业融资约束程度并提高企业社会责任的履行,为企业带来更多现金流和提升企业社会形象,提高企业持续、稳健经营能力;此外,董事长家乡效应降低了公司采取激进避税的动机,抑制企业避税动机,降低企业的税务风险,但这也可能导致企业减少避税策略的实施,减少公司可支配收入,损害投资者的利益。因此,投资者可将董事长籍贯地任职纳入考虑,以期得出更合理的投资决策。

本章参考文献

蔡宏标，饶品贵，2015.机构投资者、税收征管与企业避税[J].会计研究(10)：59-65.

曹春方，刘秀梅，贾凡胜，2018.向家乡投资：信息、熟悉还是代理问题？[J].管理世界(5)：107-119，180.

陈德球，陈运森，董志勇，2016.政策不确定性、税收征管强度与企业税收规避[J].管理世界(5)：151-163.

陈德球，金鑫，刘馨，2011.政府质量、社会资本与金字塔结构[J].中国工业经济(7)：129-139.

陈冬华，胡晓莉，梁上坤，新夫，2013.宗教传统与公司治理[J].经济研究(9)：71-84.

范子英，彭飞，刘冲，2016.政治关联与经济增长：基于卫星灯光数据的研究[J].经济研究(1)：114-126.

胡珺，宋献中，王红建，2017.非正式制度、家乡认同与企业环境治理[J].管理世界(3)：76-94.

李书娟，徐现祥，2016.身份认同与经济增长[J].经济学(季刊)(3)：941-962.

李书娟，徐现祥，戴天仕，2016.身份认同与夜间灯光亮度[J].世界经济(8)：169-192.

梁漱溟，1949.中国文化要义[M].上海：商务印书馆.

刘行，吕长江，2018.企业避税的战略效应：基于避税对企业产品市场绩效的影响研究[J].金融研究(7)：158-173.

刘行，叶康涛，2014.金融发展、产权与企业税负[J].管理世界(3)：41-52.

刘行，赵晓阳，2019.最低工资标准的上涨是否会加剧企业避税？[J].经济研究(10)：121-135.

陆瑶，胡江燕，2014.CEO与董事间的"老乡"关系对我国上市公司风险水平的影响[J].管理世界(3)：131-138.

潘越，宁博，纪翔阁，2019.民营资本的宗族烙印：来自融资约束视角的证据[J].经济研究(7)：94-110.

权小锋，吴世农，尹洪英，2015.企业社会责任与股价崩盘风险：价值利器或自利工具[J].经济研究(11)：49-64.

王懿，苏婷婷，2017.维护国家税基安全 促进国际经济合作：十八大以来反避税工作综述[J].国际税收(11)：13-16.

魏志华，曾爱民，李博，2014.金融生态环境与企业融资约束：基于中国上市公司的实证研究[J].会计研究(5)：73-80，95.

魏志华，夏太彪，2020.社会保险缴费负担、财务压力与企业避税[J].中国工业经济(7)：136-154.

温忠麟，叶宝娟，2014.中介效应分析：方法和模型发展[J].心理科学进展(5)：731-745.

吴联生,2009.国有股权、税收优惠与公司税负[J].经济研究(10):109-120.

叶康涛,曹丰,王化成,2015.内部控制信息披露能降低股价崩盘风险吗?[J].金融研究(2):192-206.

尹筑嘉,曾浩,毛晨旭,2018.董事网络缓解融资约束的机制:信息效应与治理效应[J].财贸经济(11):112-127.

于蔚,王淼军,金祥荣,2012.政治关联和融资约束:信息效应与资源效应[J].经济研究(9):129-139.

张平,赵国昌,罗知,2012.中央官员来源与地方经济增长[J].经济学(季刊)(2):613-634.

周楷唐,麻志明,吴联生,2017.高管学术经历与公司债务融资成本[J].经济研究(7):169-183.

ARMSTRONG C,BLOUIN J L,JAGOLINZER A,et al.,2015.Corporate governance, incentives, and tax avoidance[J].Journal of accounting and economics,60(1):1-17.

CHENG C S A,HUANG H H,LI Y,et al., 2012.The effect of hedge fund activism on corporate tax avoidance[J].The accounting review,87(5):1493-1526.

DESAI M,DHARMAPALA D,2006.Corporate tax avoidance and high-powered incentives[J].Journal of financial economics, 79(1):145-179.

DIMAGGIO P,1997.Culture and cognition[J].Annual review of sociology,23:263-287.

FRACASSI C, TATE G, 2012. External networking and internal firm governance [J].The journal of finance,67(1):153-194.

GUL F A,SRINIDHI B,NG A C,2011.Does board gender diversity improve the informativeness of stock prices? [J].Journal of accounting and economics,51(3):314-338.

HOI C K,WU Q,ZHANG H, 2013.Is corporate social responsibility (CSR) associated with tax avoidance? Evidence from irresponsible CSR activities[J].The accounting review, 88(6):2025-2059.

KAPLAN S N,ZINGALES L,1997.Do investment-cash flow sensitivities provide useful measures of financing constraints[J]. Quarterly journal of economics, 112(1):169-215.

LANIS R,RICHARDSON G,2015.Is corporate social responsibility performance associated with tax avoidance? [J].Journal of business ethics,127(2):439-457.

POOL V K, STOFFMAN N, YONKER S E,2012.No place like home: familiarity in mutual fund manager portfolio choice[J]. The review of financial studies, 25(8):2563-2599.

PORTES R, REY H, OH Y,2001.Information and capital flows: the determinants of transactions in financial assets[J].European economic review,45(4-6):783-796.

PROSHANSKY H M,1978.The city and self-identity graduate school and graduate center of the city university of New York[J].Environment and behavior,10:147-169.

TANG T,MO P L L, CHAN K H,2017.Collector or tax avoider? An investigation of intergovernmental agency conflicts[J].Accounting review,92(2):247-270.

TUAN Y F,1975.Topophilia: a study of environmental perception attitudes and values [J].Leonardo,9(2):313.

ZINGALES L,2015.The “cultural revolution” in finance[J].Journal of financial economics,117(1):1-4.

第十一章　女性高管对企业税收激进行为影响研究*

曾爱民　魏志华　李先琦**

第一节　引　言

自 Hambrick 和 Mason(1984)提出“高层梯队理论”以来,越来越多的学者关注到企业家或高管背景异质性对企业战略选择和财务行为的影响。其中,性别便是一项重要的高管背景特征,其对公司治理和财务决策的影响,随着女性高管比例日益增长而受到广泛重视。税收决策作为一项重要财务决策,一向是公司财务和行为金融领域关注的焦点。相关研究将各种节税与避税的黑箱操作称作税收激进行为(Frank et al.,2019),意在降低企业税负,增加留存收益。但基于代理理论视角的研究发现,管理层精心设计的税收激进方案具有高度复杂性、模糊性和隐蔽性,使得避税行为通常更多地反映了管理层个人私利,却为股东带来效率损失(Chan et al.,2010)。

虽然现有文献对税收激进行为的影响因素展开了广泛研究,但鲜有研究基于税收行为的实施主体——高管进行分析。女性高管通常更加遵从道德、规避风险和不过度自信,在财务决策中表现得更为谨慎(李小荣,2012;Francis et al.,2014),那么,女性高管会如何影响企业税收决策行为呢?上述的性格特征和行为习惯是否会减轻以牺牲股东利益为代价的税收激进行为?同时,正如我们所知,税收征管是一项最重要的外部监督机制,由企业高管谋划的税收激进行为会影响当地税收收入,因此税务机关有动机抑制企业税收激进行为(叶康涛 等,2011)。同时,内部控制和薪酬激励分别作为公司内部的重要约束性和激励性制度安排,对有效缓解委托代理问题发挥着重要作用(Jesen et al.,1976)。那么,这些内外部机制能否发挥应有的治理效应,进而缓解企业税收激进行为的代理冲突呢?

鉴此,本章以 2008—2014 年我国沪深两市 A 股上市公司为研究样本,考察女性高管

---

* 本章写作时间为 2019 年,故本章表述以 2019 年为时间节点。

** 曾爱民,教授,浙江工商大学财务与会计学院;魏志华,教授,厦门大学经济学院财政系;李先琦,中国大地财产保险股份有限公司。

对企业税收激进行为的影响。主要贡献有以下几点：首先，有关女性高管对企业财务决策行为影响的现有研究，集中于投资效率、信息质量以及会计稳健性等方面。本章基于企业税收决策视角，剖析女性高管对企业税收激进行为的作用机理，丰富了现有女性高管经济后果的研究，也为女性高管在企业财务决策中的作用提供了进一步证据。其次，虽然已有文献对企业税收激进行为的影响因素展开了大量研究，但有关高管特征与企业税收激进行为的研究并不多见。本章以高管性别差异作为研究切入点，可进一步充实企业税收激进行为的影响因素研究。并且，本章实证结果表明，女性 CEO 能够显著降低企业税收激进度，而女性 CFO 对税收激进度的影响并不显著。这为 Feng 等(2011)提出的“CFO 压力假说”提供了进一步的经验证据，丰富了该领域的研究文献。最后，本章还考察了税收征管、内部控制和薪酬激励等不同治理机制对女性高管与企业税收激进行为关系的调节作用。实证结果表明，税收征管、内部控制和薪酬激励等治理机制能够显著增大女性 CEO 对税收激进行为的抑制性影响，不仅丰富了不同治理环境下女性高管与企业税收激进行为关系的理论，也对如何有效约束企业税收激进行为具有实践指导意义。

第二节　文献回顾、理论分析与研究假设

(一)女性高管与企业税收激进行为

管理层的税收决策通常是风险与收益相权衡的结果，但往往又是有限理性下各种可能性组合的选择，受到决策者认知偏差、个人偏好、情感信念以及情绪态度等因素的影响(姜付秀 等，2009)。高层梯队理论认为，高管的认知基础和行为表现都是从其个人背景特征演化而来，影响企业战略决策、行为选择和组织绩效。性别作为一项重要的高管背景特征，自然也会对企业税收决策产生显著影响。

首先，基于风险偏好视角，女性通常更为规避风险，在企业财务和经营决策中更不会出现过度自信(Huang et al.，2013)。同时，女性在职场中长期存在“玻璃天花板”现象，成为公司高管的女性已经付出了很大努力，一旦因为违规等原因被解雇，成本代价相对于男性更为高昂。加之女性高管比例较低，一旦发生违规行为，女性高管的辩护力量不足，更容易被解雇。因此，女性高管的风险规避程度更高，应更不愿意从事各种过激的税收规避活动。其次，从个体道德标准视角来看，中国传统文化中的“三从四德”“男主外、女主内”等妇道观念依然根深蒂固，女性高管通常更遵从道德，更关注社会责任，也更乐于帮助他人(Manner，2010)，因此女性对道德标准的要求更高，更愿意为遵从道德要求而放弃机会主义行为。这有助于降低女性高管在纳税决策中与所有者之间的委托代理问题，从而降低企业税收激进度。

CEO 和 CFO 是企业财务决策中的关键人物，CEO 是决策者，而 CFO 则是重要“参

谋”,为CEO的决策提供有力的支持。受我国传统文化影响,公司“一把手”在企业财务决策中起决定性作用(李小荣 等,2012),他们往往利用权力促使集体行动主义。CFO作为CEO的下属,其薪酬契约和职业生涯都受到CEO影响,因此,CFO在制定财务和税务决策时也更多地体现为CEO的意志(Feng et al.,2011)。据此,本章提出研究假设:

假设11-1:女性CEO与企业税收激进行为显著负相关,但女性CFO对企业税收激进行为的影响不显著。

(二)税收征管对女性高管与税收激进行为关系的调节影响

征税是政府分享企业剩余收益的一种“股东”权利(Desai et al.,2007)。为了保障利益,降低税收损失,税务机关通常会使用带有强制性的征管权力来严格控制企业税收行为。随着税收征管力度的加大,企业各种税收规避行为都将承担更高风险,面临的避税成本将显著增加。其中,直接成本包括所缴纳的税金,以及为应对税收检查所花费的时间成本等(Badertscher et al.,2013);间接成本则指税收激进行为被税务机关发现后,企业所需承担的罚款损失,以及因此被载入税务机关黑名单给企业带来的声誉损失。使得企业可能因此受到更加严格的监管,导致未来避税活动的实施更为困难,以及资本市场投资者可能会下调对公司的价值评估(Hanlon et al.,2009)等。

因此,当政府税收征管力度越强时,管理层的寻租空间越小,其利用复杂手段实施激进避税行为的可能性也会降低。尤其是趋向风险规避、遵从高道德标准的女性高管,应更不愿意从事激进的税收规避行为。故本章提出研究假设:

假设11-2:在税收征管越强的地区,女性CEO所在企业的税收激进度更低。

(三)内部控制对女性高管与税收激进行为关系的调节影响

内部控制是公司内部治理的一项重要工具,高质量的内部控制可有效保证企业资产安全、经营合法合规,以及合理保证财务报告信息的真实完整,有效缓解代理冲突。企业税收激进行为本质上是委托代理问题,在现有的治理体系下,高管很可能取代股东成为事实上的控制人(牟韶红 等,2006),在管理者权力缺乏制衡的情况下,作为信息优势一方,高管往往借助避税活动掩盖利益攫取行为,与其他利益相关者发生代理冲突。因此股东和董事会必将寻求恰当的控制与激励机制以减少企业代理问题(Jesen et al.,1976),以求确保经理人作出最有效率的税收决策。

实践表明,以合规为导向的内部控制有助于降低企业违法违规的风险(陈骏 等,2015)。在内部控制质量较差的公司,高管更容易凌驾于内部控制之上,CEO为实现个人目标,往往会铤而走险,实施税收激进行为,甚至突破法律法规的界限,采用非法的手段进行避税,例如,偷税、逃税等。而有效的内部控制可以通过一系列的约束和制衡,以保证企业税收决策的合法合规,降低企业税收激进度。鉴此,本章提出研究假设:

假设11-3:所在公司的内部控制质量越高,女性CEO的企业税收激进度更低。

(四)薪酬激励对女性高管与税收激进行为关系的调节影响

研究表明,高管可能会采用灰色或非法手段寻找高管薪酬的替代机制,例如在职消费和利益侵占等(陈信元 等,2009)。而税收激进行为通常与利益侵占行为在表现形式上一致,例如关联交易、虚拟交易等。对于企业外部人来说,这些复杂、模糊的交易行为并不容易察觉,也使得企业高管通过税收激进行为来掩盖和实施利益攫取的手段更加隐蔽。Desai 和 Dharmapala(2006)发现,如果提高其薪酬或给予薪酬激励,高管会有意愿降低税收激进度。有效的薪酬激励能为公司带来有利的经济后果(Kaplan et al.,2012)。

正如我们所知,CEO 的知识结构、技能水平和研判能力等是企业税收决策质量的保证,高水平的激励薪酬使得 CEO 与股东之间的价值取向一致,激励 CEO 能够更好地履行受托责任,放弃谋取私利的动机(Henry et al.,2011)。同时,薪酬激励还能实现管理层与企业的风险共担,将 CEO 个人利益与公司利益相互捆绑,协调股东和管理层之间代理问题,激励管理层更加努力地工作,从而实现股东财富最大化。因此,本章预期当享有更高的超额薪酬激励时,女性 CEO 通过税收激进行为谋取私利的动机更低。并提出研究假设:

假设 11-4:相比于没有享有超额薪酬激励的女性 CEO,享有超额薪酬激励的女性 CEO 所在公司的税收激进度更低。

第三节 研究设计

(一)样本选择与数据来源

本章选取 2008—2014 年度沪深两市 A 股上市公司作为研究样本,并进行了如下处理:(1)依据惯例,剔除金融类上市公司;(2)为保证税收指标口径一致,剔除西藏自治区的上市公司;(3)剔除税前利润为负或者所得税费用为负的样本;(4)剔除处于* ST 和 ST 状态的上市公司;(5)剔除财务数据异常或指标缺失的样本。经筛选处理后,共得到 8840 个样本观测值。企业名义所得税率取自 Wind 数据库,对于存在多个年度值的样本,则根据年报披露的信息进行识别与确认。用于计算各地区税收征管强度的宏观经济数据来自《中国统计年鉴》,其他数据取自 CSMAR 数据库。为了控制异常值对样本回归结果的影响,本章对连续变量在 1%和 99%的水平上进行了缩尾(Winsorize)处理。

(二)变量选择与度量

1.税收激进度的度量

(1)会计—税收差异(BTD)。具体计算公式如下,BTD 越大,意味着企业税收激进度越高,反之则越低。

$$\mathrm{BTD}_{i,t}=\frac{\left(\text{本年利润总额}-\dfrac{\text{本年所得税费用}}{\text{年末名义所得税率}}\right)}{\text{本年资产总额}} \tag{11-1}$$

(2)扣除应计利润影响后的会计—税收差异(DD_BTD)。计算公式如下:

$$\mathrm{BTD}_{i,t}=\alpha_1\times \mathrm{TACC}_{i,t}+\mu_i+\varepsilon_{i,t} \tag{11-2}$$

式中,BTD为根据式(11-1)计算的企业会计—税收差异;TACC为企业当年应计项目总额占期末资产总额的比例;μ_i 表示企业会计—税收差异中不随时间变化的固定特征部分;$\varepsilon_{i,t}$ 则表示企业会计—税收差异中的变动特征部分。DD_BTD即为 μ_i 和 $\varepsilon_{i,t}$ 之和,表示BTD中不能被应计项目TACC解释的部分。DD_BTD值越大,企业税收激进度越高,反之越低。

2.税收征管的度量

借鉴已有研究,首先,使用样本数据对模型(11-3)进行回归,得到企业所在地区预期税收收入 $T_{i,t}/\mathrm{GDP}_{i,t}$_EST。然后,采用模型(11-4),将实际税收收入除以预期税收收入,得到地区税收征管强度TE。

$$T_{i,t}/\mathrm{GDP}_{i,t}=\beta_0+\beta_1\times \mathrm{Ind1}_{i,t}/\mathrm{GDP}_{i,t}+\beta_2\times \mathrm{Ind2}_{i,t}/\mathrm{GDP}_{i,t}+\beta_3\times \mathrm{Open}_{i,t}/\mathrm{GDP}_{i,t}+\varepsilon_{i,t} \tag{11-3}$$

$$\mathrm{TE}_{i,t}=\frac{T_{i,t}/\mathrm{GDP}_{i,t}}{T_{i,t}/\mathrm{GDP}_{i,t}\_\mathrm{EST}} \tag{11-4}$$

其中,T 表示企业所在地区当年税收收入;Ind1和Ind2分别表示地区当年第一产业产值和第二产业产值;Open表示地区当年进出口总额;GDP则为地区当年国内生产总值。

3.内部控制的度量

本章采用深圳迪博公司发布的内部控制指数作为内部控制的替代变量。该指数依据《企业内部控制基本规范》和《企业内部控制配套指引》的要求,基于内部控制战略、经营、报告、合规和资产安全五大目标的实现程度,将内部控制五要素分解为65个二级指标,并根据内部控制重大缺陷对指数进行补充和修正。该内部控制指数(IC)越高,意味着企业内部控制质量越好。

4.薪酬激励的度量

本章通过模型(11-5)估计高管超额薪酬,若残差项为正,OverPay取值为1,否则为0。

$$\mathrm{Pay}_{i,t}=\beta_0+\beta_1\times \mathrm{Size}_{i,t}+\beta_2\times \mathrm{Lev}_{i,t}+\beta_3\times \mathrm{ROA}_{i,t}+\beta_4\times \mathrm{Intang}_{i,t}+\beta_5\times \mathrm{Region}_{i,t}+\sum \mathrm{Year}+\sum \mathrm{Ind}+\varepsilon_{i,t} \tag{11-5}$$

其中,Pay表示前三名高管货币薪酬的自然对数,Region表示公司注册地,其他变量定义见表11-1。

5.控制变量

借鉴相关文献,本章主要控制了产权性质(State)、名义税率(Rate)、公司规模(Size)、

资产负债率(Lev)、总资产报酬率(ROA)、成长性(Growth)、固定资产密集度(PPE)和存货密集度(Invent)等变量。此外,本章还控制了年度和行业固定效应。具体见表 11-1。

表 11-1　变量定义表

变量名称	变量符号	变量定义
税收激进度	TA	采用 BTD 和 DD_BTD 度量,详见税收激进度的度量说明
女性 CEO	FeCEO	CEO 性别为女性取 1,否则取 0
女性 CFO	FeCFO	CFO 性别为女性取 1,否则取 0
税收征管	DTE	TE 大于当年样本中位数,DTE 取 1,否则取 0
薪酬激励	OverPay	高管享有超额薪酬取 1,否则取 0
内部控制	DIC	IC 大于当年样本中位数,DIC 取 1,否则取 0
产权性质	State	国有企业取 1,否则取 0
名义税率	Rate	以年报中披露的名义税率确认
公司规模	Size	年末总资产的自然对数
财务杠杆	Lev	总负债/总资产
总资产报酬率	ROA	净利润/总资产
成长性	Growth	营业收入增长率
固定资产比例	PPE	年末固定资产净值/总资产
存货比例	Invent	年末存货净值/总资产

(三)模型设定

1. 女性高管对企业税收激进行为影响的检验模型

考虑到女性高管较低的风险偏好会促使其在择业过程中,倾向于选择盈利能力强、发展稳健和风险较低的企业,因为这样的企业特征与女性自身的风险承担水平相吻合。为了克服这种自选择可能带来的内生性问题,本章采用 Heckman 两阶段回归模型,分别选取公司所属行业中其他上市公司女性 CEO 比例(OtherCEO)和女性 CFO 比例(OtherCFO)作为工具变量,进行第一阶段回归。然后,以第一阶段回归的拟合值作为解释变量进行第二阶段回归。具体模型描述如下:

第一阶段:

$$\begin{aligned}\Pr(\text{FeCEO}_{i,t}/\text{FeCFO}_{i,t}=1)=&\beta_0+\beta_1\times\text{OtherCEO}_{i,t}/\text{OtherCFO}_{i,t}+\\&\beta_2\times\text{Size}_{i,t}+\beta_3\times\text{Lev}_{i,t}+\beta_4\times\text{ROA}_{i,t}+\\&\beta_5\times\text{Growth}_{i,t}+\beta_6\times\text{PPE}_{i,t}+\sum\text{Year}+\varepsilon_{i,t}\end{aligned} \tag{11-6}$$

第二阶段：

$$TA_{i,t}=\beta_0+\beta_1\times FeCEO_{i,t}+\beta_2\times FeCFO_{i,t}+\beta_3\times\sigma^1_{i,t}+\beta_4\times\sigma^2_{i,t}+\lambda\times ContrVars_{i,t}+\varepsilon_{i,t} \tag{11-7}$$

其中，第一阶段模型中控制了 Size、Lev、ROA、Growth 和 PPE 等影响女性高管择业的公司特征变量。在第二阶段模型中，TA 表示企业税收激进度，分别采用 BTD 和 DD_BTD 进行度量。σ1 和 σ2 分别表示模型(11-6)所计算的 IMR(Inverse Mills Ratio)，ContrVars 为系列控制变量，具体见表 11-1。若 β_1 显著为负，β_2 不显著，则说明女性 CEO 会降低企业税收激进程度，这与假设 11-1 的理论预期相符。

2.税收征管、内部控制和超额薪酬激励调节效应的检验模型

为检验税收征管、内部控制和超额薪酬激励对女性高管和企业税收激进行为关系的调节作用，本章在模型(11-7)的基础上，构建如下调节效应模型：

$$TA_{i,t}=\beta_0+\beta_1\times FeCEO_{i,t}+\beta_2\times FeCEO_{i,t}\times Moder_{i,t}+\beta_3\times FeCFO_{i,t}+\beta_4\times FeCFO_{i,t}\times Moder_{i,t}+\beta_5\times Moder_{i,t}+\beta_6\times\sigma^1_{i,t}+\beta_7\times\sigma^2_{i,t}+\lambda\times ContrVars_{i,t}+\varepsilon_{i,t} \tag{11-8}$$

式中，Moder 代表调节变量，分别为税收征管(DTE)、内部控制(DIC)和超额薪酬激励(OverPay)，若交乘项的回归系数 β_2 显著为负，β_4 不显著，则支持了假设 11-2、11-3、11-4 的理论预期。

第四节　实证分析

(一)描述性统计

表 11-2 描述性统计结果显示，两个衡量税收激进度的变量 DD_BTD 和 BTD 的均值都为 0.002，但标准差均达到 0.02，说明各企业间的税收激进度存在较大差异。FeCEO 和 FeCFO 的均值分别为 0.048 和 0.269，说明在本章研究样本中，女性 CEO 和女性 CFO 的比例分别占 4.8%和 26.9%，可见女性 CFO 较 CEO 而言相对更多。其他变量结果均与实际相符，故不再赘述。

表 11-2　变量描述性统计

变量	观测值	均值	标准差	最小值	p25	中位数	p75	最大值
DD_BTD	8840	0.002	0.020	−0.073	−0.008	0.000	0.009	0.081
BTD	8840	0.002	0.020	−0.065	−0.007	0.000	0.010	0.077
FeCEO	8840	0.048	0.213	0.000	0.000	0.000	0.000	1.000
FeCFO	8840	0.269	0.444	0.000	0.000	0.000	1.000	1.000

续表

变量	观测值	均值	标准差	最小值	p25	中位数	p75	最大值
TE	8840	1.302	0.175	0.607	1.239	1.329	1.415	1.741
OverPay	8840	0.411	0.492	0.000	0.000	0.000	1.000	1.000
IC	8231	6.537	0.103	6.239	6.490	6.540	6.583	6.834
State	8840	0.532	0.499	0.000	0.000	1.000	1.000	1.000
Rate	8840	0.193	0.050	0.100	0.150	0.150	0.250	0.250
Size	8840	21.97	1.17	19.66	21.14	21.79	22.63	25.82
Lev	8840	0.443	0.200	0.039	0.292	0.448	0.601	0.842
ROA	8840	0.056	0.045	0.001	0.022	0.045	0.078	0.233
Growth	8840	0.104	0.472	−0.981	−0.066	0.096	0.257	1.994
PPE	8840	0.240	0.167	0.003	0.113	0.206	0.337	0.719
Invent	8840	0.170	0.145	0.000	0.074	0.137	0.216	0.736

(二)多元回归分析

1.女性高管对企业税收激进行为的影响

如前所述,为了克服女性 CEO 和 CFO 在择业时潜在的自选择问题,本章采用了 Heckman 两阶段回归模型。表 11-3 第一阶段回归结果显示,女性 CEO 和 CFO 择业时更倾向于规模小、盈利能力强和固定资产比重低的公司,回归系数在 1%和 5%统计水平上显著。但两类女性高管的择业偏好也存有一定差别,女性 CFO 还倾向于选择财务杠杆低的公司。对于工具变量,OtherCEO 和 OtherCFO 分别在 1%和 10%的水平上显著正相关,这印证了女性高管的分布具有明显行业特征的观点。

表 11-3 Heckman 第一阶段回归结果

变量	FeCEO		FeCFO	
	系数	*P* 值	系数	*P* 值
OtherCEO	2.682***	0.006		
OtherCFO			0.579*	0.062
Size	−0.230***	0.000	−0.083***	0.000
Lev	0.235	0.123	−0.173*	0.061
Roa	1.949***	0.001	0.787**	0.030
Growth	−0.002	0.969	−0.002	0.947
PPE	−0.960***	0.000	−0.351***	0.000

续表

变量	FeCEO		FeCFO	
	系数	*P* 值	系数	*P* 值
Cons	3.069***	0.000	1.029 ***	0.001
Year	控制	—	控制	—
N	8840	8840	8840	8840
Pseudo R^2	0.049		0.013	
LR Statistic	164.99		128.93	

注：***、**、*分别表示在1%、5%、10%的水平上显著。

表11-4报告了Heckman第二阶段回归结果，其中(1)、(4)两列单独检验了女性CEO的影响，不论采用DD_BTD还是BTD衡量税收激进度，FeCEO的系数均在1%水平上显著为负，表明女性CEO能显著降低企业的税收激进度。而回归(2)和(5)则单独检验女性CFO对税收激进度的影响，结果显示女性CFO对税收激进度的影响并不显著。进而，回归(3)和(6)同时考察二者(FeCEO和FeCFO)的影响，结果仍显示，FeCEO的回归系数在1%水平上显著为负，而FeCFO的系数不显著。同时，从经济意义上来看，回归(1)、(3)、(4)和(6)的结果均表明，女性CEO所在公司的税收激进度大约比男性低0.011个单位，高达DD_BTD和BTD均值的5.5倍(0.011/0.002)，这意味着女性CEO对企业税收激进度的影响在经济意义上亦十分显著，进一步有力支持了研究假设11-1。

表11-4　Heckman第二阶段回归结果

变量	DD_BTD			BTD		
	(1)	(2)	(3)	(4)	(5)	(6)
FeCEO	−0.011*** (−6.99)		−0.011*** (−7.03)	−0.011*** (−6.81)		−0.011*** (−6.85)
FeCFO		−0.001 (−0.89)	−0.001 (−1.09)		−0.001 (−0.99)	−0.001 (−1.18)
控制变量	控制	控制	控制	控制	控制	控制
N	8840	8840	8840	8840	8840	8840
F	40.406***	37.710***	37.951***	43.542***	40.863***	40.921***

注：***、**、*分别表示在1%、5%、10%的水平上显著，括号中报告的是t值。

2.税收征管对女性高管与税收激进行为关系的调节作用

表11-5报告了税收征管调节效应的回归结果，我们重点关注DTE及其交乘项DTE

×FeCEO 和 DTE×FeCFO 的回归系数。结果显示,(1)～(6)列中 DTE 的回归系数均在 1%统计水平上显著为负,这说明在税收征管强度越大的地区,企业税收激进度越低。而 DTE×FeCEO 的回归系数均在 1%的水平上显著为负,说明在税收征管力度越强的地区,女性 CEO 所在公司的税收激进度更低;同时,虽然 DTE×FeCFO 的系数也均为负,但都不具有统计显著性。显见,这些结果支持了研究假设 11-2。

表 11-5　税收征管对女性高管与税收激进行为的调节作用(Heckman 第二阶段)

变量	DD_BTD			BTD		
	(1)	(2)	(3)	(4)	(5)	(6)
DTE	−0.003*** (−5.83)	−0.003*** (−5.93)	−0.003*** (−5.02)	−0.003*** (−5.64)	−0.003*** (−5.70)	−0.002*** (−4.84)
DTE×FeCEO	−0.009*** (−4.68)		−0.009*** (−4.73)	−0.008*** (−4.33)		−0.008*** (−4.39)
FeCEO	−0.006** (−3.14)		−0.006** (−3.14)	−0.006** (−3.18)		−0.006** (−3.19)
DTE×FeCFO		−0.000 (−0.49)	−0.000 (−0.18)		−0.000 (−0.50)	−0.000 (−0.20)
FeCFO		−0.000 (−0.49)	−0.001 (−0.96)		−0.000 (−0.57)	−0.001 (−1.01)
控制变量	控制	控制	控制	控制	控制	控制
Cons	−0.063*** (−7.76)	−0.072*** (−6.95)	−0.056*** (−5.15)	−0.065*** (−7.84)	−0.073*** (−6.90)	−0.055*** (−5.04)
N	8840	8840	8840	8840	8840	8840
F	40.410***	37.162***	37.025***	43.128***	40.003***	39.539***

注:***、**、* 分别表示在 1%、5%、10%的水平上显著,括号中报告的是 t 值。

3.内部控制对女性高管与税收激进行为关系的调节作用

表 11-6 结果表明,无论用 DD_BTD 还是 BTD 度量企业税收激进行为,内部控制代理变量(DIC)的回归系数都显著为负,并且均在 1%统计水平上显著。这说明高质量的内部控制能够降低企业税收激进度。同时,表中(1)～(6)列结果显示,交乘项 DIC×FeCEO 在 10%或 5%统计水平上显著为负;而交乘项 DIC×FeCFO 与税收激进行为的关系并不显著。这表明,在内部控制质量越好的情况下,女性 CEO 更能够显著降低企业税收激进度,但女性 CFO 的影响不显著。因此,研究假设 11-3 得到有力支持。

表 11-6　内部控制对女性高管与税收激进行为的调节作用(Heckman 第二阶段)

变量	DD_BTD			BTD		
	(1)	(2)	(3)	(4)	(5)	(6)
DIC	−0.015*** (−6.92)	−0.017*** (−7.11)	−0.015*** (−6.45)	−0.015*** (−6.66)	−0.016*** (−6.84)	−0.015*** (−6.15)
DIC×FeCEO	−0.004* (−2.36)		−0.004* (−2.35)	−0.005** (−2.59)		−0.005* (−2.56)
FeCEO	−0.010*** (−5.23)		−0.010*** (−5.24)	−0.009*** (−4.93)		−0.009*** (−4.95)
DIC×FeCFO		−0.000 (−0.64)	−0.000 (−0.44)		−0.001 (−0.84)	−0.000 (−0.62)
FeCFO		−0.000 (−0.18)	−0.000 (−0.41)		−0.000 (−0.10)	−0.000 (−0.33)
控制变量	控制	控制	控制	控制	控制	控制
Cons	0.039* (2.34)	0.040* (2.20)	0.047* (2.54)	0.035* (2.08)	0.037* (1.99)	0.044* (2.34)
N	8232	8232	8232	8232	8232	8232
F	37.830***	34.974***	34.665***	40.011***	37.174***	36.691***

注：***、**、* 分别表示在 1%、5%、10% 的水平上显著，括号中报告的是 t 值。

4.薪酬激励对女性高管与税收激进行为关系的调节作用

如表 11-7 所示，超额薪酬激励(OverPay)的回归系数分别在 1%或 5%统计水平显著为负，这说明高管的超额薪酬激励能够有效降低企业税收激进度。同时，交乘项 OverPay×FeCEO 的回归系数分别在 5%或 10%水平上显著为负；而交乘项 OverPay×FeCFO 的回归系数均不显著。这综合表明，享有超额薪酬激励的女性 CEO，其所在公司的税收激进度显著更低，而女性 CFO 的影响并不显著。显见，这支持了研究假设 11-4 的理论预期。

表 11-7　薪酬激励对女性高管与税收激进行为的调节作用(Heckman 第二阶段)

变量	DD_BTD			BTD		
	(1)	(2)	(3)	(4)	(5)	(6)
OverPay	−0.002*** (−4.23)	−0.002*** (−3.61)	−0.002** (−3.11)	−0.002*** (−4.22)	−0.002*** (−3.53)	−0.002** (−3.08)
OverPay×FeCEO	−0.006** (−2.60)		−0.006** (−2.62)	−0.005* (−2.24)		−0.005* (−2.27)
FeCEO	−0.007*** (−3.87)		−0.008*** (−3.90)	−0.008*** (−3.95)		−0.008*** (−3.98)

续表

变量	DD_BTD			BTD		
	(1)	(2)	(3)	(4)	(5)	(6)
OverPay×FeCFO		−0.001 (−1.50)	−0.001 (−1.52)		−0.002 (−1.56)	−0.002 (−1.58)
FeCFO		0.000 (0.13)	−0.000 (−0.16)		0.000 (0.08)	−0.000 (−0.20)
控制变量	控制	控制	控制	控制	控制	控制
Cons	−0.065*** (−7.90)	−0.066*** (−7.98)	−0.065*** (−7.88)	−0.066*** (−7.98)	−0.067*** (−8.05)	−0.066*** (−7.96)
N	8840	8840	8840	8840	8840	8840
F	38.922***	37.037***	36.746***	41.786***	40.044***	39.454***

注：***、**、*分别表示在1%、5%、10%的水平上显著，括号中报告的是 t 值。

(三)稳健性检验

1. PSM 模型

为进一步消除内生性的潜在影响，本章采用倾向得分配对(PSM)方法进行稳健性检验。首先，使用 Logistic 模型将女性高管对企业规模、财务杠杆、盈利能力以及行业和年度回归；然后，使用估计得到的倾向得分寻找最接近的公司进行 1∶1 配对，重新进行了前文回归分析。实证结果具有高度稳健性。

2. Change 模型

采用 Change 模型不仅可直接检验自变量和因变量间的因果关系，亦能部分消除遗漏变量所导致的内生性问题。为此，本章进一步采用 Change 模型考察 CEO 性别变更对公司税收激进度的影响。结果显示，当公司 CEO 由男性变更为女性时，会显著降低其税收激进程度，而 CFO 性别变更影响则不显著，这进一步支持了前文研究假设。

3.税收激进度量

税收激进度是本研究的核心变量，其度量合理性与准确性直接影响到研究结论的可靠性。为了增强研究稳健性，本章进一步采用有效税率 ETR 替代 DD_BTD 和 BTD，对全文所有研究假设重新进行检验。ETR 计算公式如下：

$$\mathrm{ETR}_{i,t}=\frac{\text{本年所得税费用}}{\text{本年利润总额}} \tag{11-9}$$

ETR 越小，意味着企业税收激进度越高，反之则越低。回归结果表明，女性 CEO 仍能有效降低企业税收激进度，且税收征管、内部控制和超额薪酬激励的调节作用仍显著成立。

第五节　结论与启示

随着我国女性高管强势崛起,越来越多的女性开始活跃在商业舞台,这为本章检验女性高管对企业税收激进行为的影响提供了一个良好的契机。本章以高层梯队理论和代理理论为基础,根据我国企业权力结构和制度环境的实际情况,实证检验了女性高管对企业税收激进行为的影响,结果发现:(1)女性 CEO 能够显著降低企业税收激进度,而女性 CFO 的影响并不显著。(2)税收征管强度越大,女性 CEO 与税收激进行为的负相关关系更为显著。(3)企业面临的内部控制水平越高,女性 CEO 对企业税收激进行为的负向影响更为显著。(4)相比于没有超额薪酬激励的女性 CEO,有超额薪酬激励的女性 CEO 的税收激进程度更低。

上述研究发现具有如下启示:第一,女性高管因具备特有的性格特征和思维方式,在公司治理和决策中发挥着独特作用。因此,企业应充分认可女性高管的积极作用,建立更为公平的聘任和晋升机制,允许和加大女性进入高管团队的力度,实现男性和女性的刚柔并济,最大限度地发挥人力资源优势。第二,女性 CEO 和女性 CFO 对于企业税收激进行为的作用全然不同,企业在未来的选聘和晋升中要充分考虑权力结构的设计,在职位安排上尽可能将性别纳入考虑当中。第三,健全的内部控制是企业内部监督机制的关键,企业应通过构建完善的税收合规内部控制体系实现合法避税,避免企业因盲目违规避税而导致的处罚和声誉风险。第四,有效的薪酬激励能够产生激励相容,能抑制高管以攫取私利为目的的避税动机,促使高管更好地履行受托责任而放弃机会主义行为的动机。因此,企业应建立以能力和对企业价值贡献为导向的薪酬激励体系,激励高管更好地为企业价值增值服务。第五,政府应完善税收法制体系,优化税收征管工作,服务企业价值增值;通过加强税收征管,监控企业税收激进行为,在保障税收收入顺利征缴的同时,对企业高管利用税收规避进行自利活动进行有效控制。

本章参考文献

陈骏,徐玉德,2015.内部控制与企业避税行为[J].审计研究(3):100-107.

陈信元,陈冬华,万华林,梁上坤,2009.地区差异,薪酬管制与高管腐败[J].管理世界(11):130-143.

姜付秀,伊志宏,苏飞,黄磊,2009.管理者背景特征与企业过度投资行为[J].管理世界(01):130-139.

李小荣,刘行,2012.CEO vs CFO:性别与股价崩盘风险[J].世界经济(12):102-129.

牟韶红，李启航，陈汉文，2016.内部控制、产权性质与超额在职消费：基于 2007—2014 年非金融上市公司的经验研究[J].审计研究(4)：90-98.

叶康涛，刘行，2011.税收征管、所得税成本与盈余管理[J].管理世界(5)：140-148.

BADERTSCHER B A，KATZ S P，REGO S O，2013. The separation of ownership and control and corporate tax avoidance[J]. Journal of accounting and economics，56：228-250.

CHAN K H，LIN K Z，MO P L L，2010. Will a departure from tax-based accounting encourage tax noncompliance? Archival evidence from a transition economy[J]. Journal of accounting and economics，50(1)：58-73.

DESAI M，DHARMAPALA D，2006. Corporate tax avoidance and high-powered incentives[J]. Journal of financial economics，79(1)：145-179.

DESAI M，DYCK A，ZINGALES L，2007. Theft and taxes[J]. Journal of financial economics，84(3)：591-623.

FENG M，GE W，LUO S，SHEVLIN T，2011. Why do cfos become involved in material accounting manipulations? [J]. Journal of accounting and economics，51(1-2)：21-36.

FRANCIS B B，HASAN I，WU Q，YAN M，2014. Are female cfos less tax aggressive? Evidence from tax aggressiveness[J]. The journal of the American taxation association，36(2)：171-202.

FRANK M M，LYNCH L J，REGO S O，2009. Tax reporting aggressiveness and its relation to aggressive financial reporting[J]. The accounting review，4(2)：467-496.

HAMBRICK D C，MASON P A，1984. Upper echelons：the organization as a reflection of its top managers[J]. The academy of management review，9(2)：193-206.

HANLON M，SLEMROD J，2009. What does tax aggressiveness signal? Evidence from stock price reactions to news about tax shelter involvement[J]. Journal of public economics，93(1-2)：126-141.

HENRY T F，SHON J J，WEISS R E，2011. Does executive compensation incentivize managers to create effective internal control systems? [J]. Research in accounting regulation，23(1)：46-59.

HUANG J，KISGEN D J，2013. Gender and corporate finance：are male executives overconfident relative to female executives? [J]. Journal of financial economics，108(3)：822-839.

JENSEN M C，MECKLING W H，1976. Theroy of the firm：managerial behavior，agency costs and ownership structure[J]. Journal of financial economics，3(4)：305-360.

KAPLAN S N,MINTON B A,2012.How has CEO turnover changed? [J]. International review of finance,12(1):57-87.

MANNER M H, 2010. The impact of CEO characteristics on corporate social performance[J].Journal of business ethics, 93(supplement 1):53-72.

第十二章　经济开放的税收效应研究[*]

胡文骏　顾　超　熊　巍[**]

第一节　引　言

经济开放是中国特色社会主义市场经济的重要特征。党的十九大报告指出,“必须坚定不移地贯彻开放的发展理念”,“主动参与和推动经济全球化进程,发展更高层次的开放型经济,不断壮大我国经济实力和综合国力”。在推动中国经济开放发展的同时,经济开放将不可避免地影响税收收入。然而,理论研究和各国实践均表明,经济开放对税收收入的影响存在着两种截然相反的作用机制,这使得经济开放的税收效应具有一定的不确定性:

一方面,经济开放极有可能扩大税收收入规模。具体而言:从经济增长的角度看,经济开放将会带来经济的发展,这将扩大税基,由此将带来税收收入的增长(Andersen and Sørensen,2012;Exbrayat,2017);从经济波动的角度看,经济开放将导致国内经济更易受到外部风险的冲击,政府往往会通过增加税收的形式筹集财政收入、进而提高公共支出规模,以期抵御外部风险、“补偿”经济开放进程中受损的群体(Rodrik,1998;Jetter & Parmeter,2015)。因此,经济开放有扩大税收规模的趋势。

另一方面,经济开放极有可能缩小税收收入规模。具体而言:从纳税人的角度来看,经济开放增强了生产要素的流动性,国内税基将会“用脚投票”、流向实际税率更低的国家和地区,由此将造成国内税收收入的减少(Neumann et al.,2009;Krautheim and Schmidt-Eisenlohr,2011);从征税方的角度看,政府也相应地具有通过降低实际有效税率的形式展开税收竞争、吸引国际要素流入的强烈动机(Alesina and Perotti,1997;Benarroch and Pandey,2012)。因此,经济开放也有缩小税收规模的趋势。

此外,经济开放极有可能对不同属性的税基产生不同程度、不同方向的影响,不同税种所贡献的税收收入将产生差异性变化(Onaran et al.,2012),而这势必从不同角度影响税收结构、带来明显的税收结构效应。

---

* 本章写作时间为2019年,故本章表述以2019年为时间节点。

** 胡文骏,博士研究生,厦门大学经济学院博士;顾超,硕士研究生,厦门大学经济学院;熊巍,助理教授,厦门大学经济学院。

随着中国经济进入新常态,经济开放将对中国税收带来怎样的影响?坚持开放发展是否会推动中国税收收入的增长和税收结构的优化?这一问题有着重要的理论意义和现实意义。本章首先在RCK模型的框架下分析了经济开放对税收收入和税收结构影响的不确定性,然后利用2001—2015年中国省级面板数据进行实证检验,结果发现经济开放整体上促进了中国税收收入的增长,同时使中国税收收入在流转税和所得税之间更倾向于所得税,从而推动中国税收结构进一步向"双主体"转变,且这一过程不会扭曲中央政府与地方政府之间的相对财政能力。此外,中国的涉外税收和政府性基金收入规模具有一定的稳定性,不会因经济开放程度的变化而产生较大波动。

本章的创新和贡献在于:(1)从税收总收入、进出口环节与国内环节税收规模、不同税种税收规模等角度出发,首次详细探讨了经济开放对中国税收总量的影响,从而丰富了关于经济开放税收收入效应的相关研究;(2)从中央—地方税收收入结构、流转税—所得税结构、涉外—非涉外税收结构等角度出发,首次详细探讨了经济开放对中国税收结构的影响,从而丰富了关于经济开放税收结构效应的相关研究;(3)在研究经济开放的税收效应时,关注了涉外税收这一由外国资本、外籍个人创造的税收,以及政府性基金这一具有"专款专用"特征的"杂税",从而在一定程度丰富了税收收入的内涵,拓展了相关研究。

第二节　文献综述

关于经济开放对税收收入的影响,学者们展开了大量的研究,但是研究结论存在着明显的分歧。

有的学者持较为积极的观点,认为经济开放会增加税收收入,具体而言:一派学者从经济开放将促进经济增长的角度出发,解释了经济开放为什么会扩大税收规模。Andersen和Sørensen(2012)的研究表明,经济开放在导致税收竞争的同时,也将带来本国产出水平和就业水平的增长,这将扩大国内税基,进而增加税收收入。Baunsgaard和Keen(2010)利用117个国家32年的面板数据实证检验了经济开放对税收收入的影响,结果发现:在低收入国家和中等收入国家,经济开放均能带来国内税收收入(特别是国内增值税收入)的增加,这些增加的税收收入能够有效弥补经济开放带来的税收损失。Exbrayat(2017)的理论分析和实证检验均表明,经济开放将增强国内市场的潜力,这将有助于税收收入的提高。白景明(2015)认为,经济开放将促进进口环节税收收入的增长,且经济开放所带来的经济增长与税收增长具有同向非固定系数性对应关系。王智烜等(2017)实证分析了福建自由贸易试验区的税收效应,结果表明自由贸易试验区的成立有效提升了当地的税收收入。另一派学者从经济开放将增大经济波动的角度出发,解释了经济开放为什么会扩大税收规模。Rodrik(1998)发现,经济开放会增加对外贸易的集中

度和贸易条件的波动性，使消费者面临更大的收入波动风险，因此需要政府筹集更多的税收收入用于社会保障等领域。进一步的实证检验表明，经济开放将显著促进进出口环节税收收入和国内间接税收入的增长，这一结果在加入相关控制变量之后依然稳健。Ram(2009)、Jetter 和 Parmeter(2015)等采用更加严谨的实证方法分析了经济开放对政府规模的影响，结果均支持 Rodrik(1998)的观点，认为经济开放程度高的国家倾向于拥有更大的政府规模。杨灿明和孙群力(2008)利用中国的数据进行实证研究，结果表明：在当前中国更为开放的市场经济中，外部风险导致了地方政府规模的扩大。高凌云和毛日昇(2011)认为，随着经济开放程度的提高，外部风险会更多地通过进出口的渠道传递，政府规模与贸易、风险等变量之间具有明显的函数关系，基于中国省级数据的实证分析则进一步表明经济开放促进了中国地方政府规模的扩张。

但是也有学者持较为消极的观点，认为经济开放会减少税收收入，具体而言：一派学者从经济开放增强了纳税人在国与国之间的流动性出发，解释了经济开放为什么会缩小税收规模。Neumann 等(2009)通过构造理论模型分析了经济开放对税收收入的影响，结果表明：经济开放强化了国内税基对于各国实际税率的反应强度，这将在一定程度上减小本国政府的税收能力。Egger 和 Seidely(2011)发现，经济开放会使得资本税税基更易流向税率较低的国家和地区。Krautheim 和 Schmidt-Eisenlohr(2011)的研究表明，大型跨国公司往往会利用国际避税地来减少在本国的纳税义务，企业异质性的增强将会促使其向国外转移利润。进一步，Azemar 和 Corcos(2009)发现，国与国之间的税收差异鼓励了跨国公司利用转让定价来向低税国家转移利润，从而降低其在东道国的整体税负。Klassen 等(2017)的研究表明，进行转让定价的跨国企业的实际有效税率将比不进行转让定价的企业要低 6.6%，当选择国际避税地进行转让定价时避税效果更加明显。何杨和徐润(2016)发现，跨国投资者会将有价证券资产转移至没有签订税收情报交换协定的国家，尤其是那些与被投资国签订了双边税收协定的国家。另一派学者从经济开放加剧了国与国之间的税收竞争出发，解释了经济开放为什么会缩小税收规模。Alesina 和 Perotti(1997)认为，在经济开放条件下，要素所有者可以通过威胁退出或退出的方式要求政府减少干预，因此政府将会降低税率，用提高“效率”的形式吸引国际要素流入。Benarroch 和 Pandey(2012)利用国别面板数据实证检验了经济开放对政府规模的影响，结果表明经济开放程度的增大将在一定程度上造成政府规模的缩小。胡兵等(2013)利用动态空间面板模型和中国的省级面板数据实证检验了经济开放对政府规模的影响，结果表明经济开放对中国政府规模影响的净效应为负，有利于抑制地方政府规模的膨胀。高翔和黄建忠(2016)的实证分析则进一步表明，政府在贸易开放中扮演“守夜人”角色，经济开放对中国政府规模的膨胀有明显抑制作用，且对沿海地区政府规模的抑制作用要远大于内陆地区。此外，龙小宁等(2014)利用空间计量模型定量研究了我国县级政府之间的税收竞争问题，结果表明县级政府在外资企业税率上的空间竞争程度要明显高于在内资企业税率上的空间竞争程度。

此外,还有学者持相对综合的观点,认为经济开放对税收收入的影响具有一定的不确定性。Onaran 等(2012)利用欧盟国家的数据进行实证分析,结果发现经济开放会降低资本税和消费税的实际税率,但同时也会提高劳务税的税率,经济开放对税收收入的影响表现出一定的多元性。梅冬州和龚六堂(2012)认为,经济开放对政府规模的影响取决于两股力量的博弈:一股是为了弥补外部风险冲击而增加税收收入的力量,另一股是为了吸引国际资本流入而减少税收的力量。基于国别面板数据的实证分析表明,在这两股力量的作用下,随着经济开放程度的增强,发展中国家的政府规模呈现倒 U 形变化,发达国家的政府规模则会相应减小。毛捷等(2015)利用 1850—2009 年的跨国数据进行实证分析,结果表明经济开放对政府规模的影响并非一成不变,政府职能在其中起着关键作用。

总的来看,已有的文献虽然对经济开放的税收效应进行了较为深入的探讨,但是仍然存在如下值得改进的地方:

第一,极少有文献关注经济开放对中国税收总量的影响。利用国别数据分析经济开放对国内税收总量影响的文献有很多(Baunsgaard and Keen,2010;Exbrayat,2017),但是以中国为样本、直接分析经济开放对中国税收总量影响的研究却并不多见。虽然已经有很多文献关注了经济开放对中国政府规模的影响,但这些文献大多利用财政支出规模来代表政府规模,而将“政府通过增减税收的形式来增减财政支出”当作一个隐含假设(高凌云、毛日昇,2011;梅冬州、龚六堂,2012)。目前,已经有学者开始以中国某个省级单位为研究对象,使用宏观数据来分析经济开放的税收效应(王智烜 等,2017),但是此类研究无法反映中国的整体情况,因而这个问题值得进一步深入探讨。

第二,极少有文献关注经济开放对中国进出口环节流转税和涉外税收的影响。随着经济开放程度的提高,进出口贸易将变得更加频繁,而这必将影响进口环节的增值税、消费税总量和出口环节的出口退税总量,由此将带来进出口环节流转税净收入的变化。已经有学者关注了经济开放对进出口环节税收收入的影响(Rodrik,1998;Baunsgaard and Keen,2010),也有学者利用中国的数据分析了出口退税与进出口贸易之间的关系(Chandra and Long,2013;刘怡 等,2017),但是尚未有文献研究经济开放对中国进出口环节流转税净收入的影响。与此同时,经济开放必将影响本国境内外国资本、外籍个人的税负贡献程度,而这极有可能造成国内涉外税收总量的变化,但已有的文献对这一现象也缺乏足够的关注。

第三,极少有文献关注经济开放对中国税收结构的影响。已经有研究表明,经济开放条件下,不同属性的税基所适用的税率极有可能产生方向截然相反的变化趋势(Onaran et al.,2012),国内流转税收入极有可能上升(Rodrik,1998;Baunsgaard and Keen,2010),而这必将带来国内税收结构的变化。目前已有学者开始关注经济开放对税

收结构的影响(Edmiston et al.,2003;Karimi,2016),但是尚未有文献专门研究经济开放对中国税收结构的影响。在中国"分税制"财税体制下,经济开放是否会引起中央政府与地方政府税收收入相对比重的变化?中国的税制结构呈现出流转税、所得税并重的"双主体"特征(杨斌,2011),经济开放是否会使这一特征发生变化?随着经济开放带来的涉外经济的发展,涉外税收的地位是否会越来越重要?这些问题都值得进一步探讨。

综上所述,本章将在理论分析的基础上,利用中国的省级面板数据实证分析经济开放对中国税收总量和税收结构的影响,以期填补相关领域的空白,得出更有价值的研究结论。

第三节　理论分析

接下来,本章首先在 RCK 模型的框架下,分析经济开放对税收收入所可能产生的影响;然后结合中国国情,分析经济开放对中国税收结构所可能产生的影响。

(一)经济开放的税收收入效应分析

从相关主题的已有文献来看,学者们一般不会直接分析经济开放对税收收入的影响,而是首先假设税收收入是财政支出的主要来源,然后分析经济开放对财政支出的影响(Alesina and Perotti,1997;Rodrik,1998;高凌云、毛日昇,2011;胡兵 等,2013)。有鉴于此,本章首先从经典理论和现实情况出发,建立税收与财政支出之间的联系;然后参考胡兵等(2013)的做法,在 RCK 模型的框架下建立经济开放与财政支出之间的联系;最后综合税收与财政支出之间的联系和经济开放与财政支出之间的联系,得出税收与经济开放之间关系的表达式,进而分析经济开放的税收收入效应。

自现代西方财政学的先驱、瑞典学派经济学家 Wicksell(1896)和 Lindahl(1918)开始,财政学界就普遍认为政府税收总收入与财政总支出应该大致相等。具体而言:Wicksell(1896)认为,税收是政府筹集资金的重要途径,通过征税筹集的资金被政府以财政支出的形式用于为辖区内的公民提供公共品,因此税收与财政支出之间存在着极强的关联性;Lindahl(1918)进一步分析了税收收入与公共品供给支出之间的关系,认为全体公民缴纳的税款总额等于政府为全社会提供公共品所花费的总支出。张馨(2001)将 Lindahl(1918)的这一观点阐述为"税收价格论",认为税收在一定程度上等同于向政府"购买"公共品所支付的"价格",因而具有"取之于民、用之于民"的特征。目前,学术界普遍接受 Wicksell(1896)和 Lindahl(1918)的基本观点,并用其指导理论分析。Barro(1990)在将财政支出引入内生经济增长模型时,直接假定政府的财政支出完全来源于税收收入。Barro 和 Sala-I-Martin(1992)进一步指出,税收收入是财政支出的最主要来源,当政府预算平衡时,税收收入总量应该与财政支出总量基本一致,即人均税收负担等于人均财政支出。然而，从各国财政实践来看，人均税收负担严格等于人均财政支出的情况极少出现，二者之间更多地呈现出一种正向对应关系。基于此，本章假定人均财政支出(exp)是人均税收负担(tax)的增函数，即：

$$\exp = h(\text{tax}), h' > 0$$

现在，假设在一个经济体中，代表性消费者的效用函数为：

$$\int_0^{\infty} [U(c) + V(\exp)] \cdot e^{-\rho t} dt$$

其中，c 表示人均私人消费，$U(c)$表示私人消费所带来的效用；exp 表示人均财政支出，$V(\exp)$表示政府利用财政支出给居民提供公共服务所带来的效用；$\rho > 0$，表示主观贴现率。参考 Romer(2012)提供的思路，本章将$U(c)$和$V(\exp)$设置为相对风险厌恶系数不变的形式：

$$U(c) = \frac{c^{1-\sigma} - 1}{1-\sigma}, V(\exp) = \frac{\exp 1 - \sigma - 1}{1-\sigma}, \sigma > 0$$

与此同时，参考 Barro(1990)的做法，将经济开放和财政支出视为生产要素，同时引入内生经济增长模型，用以构造该经济体的产出函数：

$$Y = AK^{\alpha} L^{\beta}\ \text{EXP}^{\gamma}\ \text{OPEN}^{\theta}$$

其中：Y 表示总产出，K 表示资本总投入，L 表示劳动力总投入，EXP 表示政府财政总支出，OPEN 表示经济开放程度，$0 < \alpha, \beta, \gamma, \theta < 1$ 且 $\alpha + \beta + \gamma + \theta = 1$，A 表示外生给定的技术水平。对上述模型进行人均化处理($y = Y/L$，$k = K/L$，$\exp = \text{EXP}/L$，$\text{open} = \text{OPEN}/L$)，则有：

$$y = Ak^{\alpha} \exp^{\gamma}\ \text{open}^{\theta}$$

$$k = y - c - (n + \delta)k - \text{tax}$$

假设政府的政策目标是居民福利最大化，综合税收与财政支出之间的关系($\exp = h(\text{tax})$)，则有如下最优控制问题：

$$\text{Max:} \int_0^{\infty} [U(c) + V(h(\text{tax}))] \cdot e^{-\rho t} dt$$

$$\text{s.t.}\quad k = Ak^{\alpha} h(\text{tax})^{\gamma}\ \text{open}^{\theta} - c - (n + \delta)k - \text{tax}$$

构造 Hamilton 函数：

$$H(c, \text{tax}, k, \mu) = \left(\frac{c^{1-\sigma} - 1}{1-\sigma} + \frac{h(\text{tax})^{1-\sigma} - 1}{1-\sigma}\right) \cdot e^{-\rho t} + \mu \cdot [Ak^{\alpha} h(\text{tax})^{\gamma}\ \text{open}^{\theta} - c - (n + \delta)k - \text{tax}]$$

求解上述 Hamilton 函数的一阶条件和横截条件，则有：

$$\frac{\partial H}{\partial c} = c^{-\sigma} e^{-\rho t} - \mu = 0 \tag{12-1}$$

$$\frac{\partial H}{\partial \text{tax}} = h(\text{tax})^{-\sigma} h' e^{-\rho t} + \mu \cdot [\gamma A k^{\alpha} h(\text{tax})^{\gamma-1} h' \text{open}^{\theta} - 1] = 0 \tag{12-2}$$

$$\frac{\partial H}{\partial k} = \mu \cdot [\alpha A k^{\alpha-1} h(\text{tax})^{\gamma} \text{open}^{\theta} - (n+\delta)] = -\dot{\mu} \tag{12-3}$$

$$\lim_{t \to \infty} \mu(t) k(t) = 0 \tag{12-4}$$

由式(12-1)、式(12-3)可得:

$$-\dot{\mu}/\mu = \alpha A k^{\alpha-1} h(\text{tax})^{\gamma} \text{open}^{\theta} - (n+\delta) = \sigma \cdot \dot{c}/c + \rho \tag{12-5}$$

当经济达到稳态时,有 $\dot{c}=0$,代入式(12-5)可得:

$$h(\text{tax}) = \left(\frac{n+\delta+\rho}{\alpha A}\right) \frac{1}{\gamma} k^{\frac{1-\alpha}{\gamma}} \text{open} - \frac{\theta}{\gamma} \tag{12-6}$$

则有:

$$\text{tax} = h^{-1}(k, \text{open}) \tag{12-7}$$

对式(12-7)等号两边求 open 的偏导数,则有:

$$\frac{\partial \text{tax}}{\partial \text{open}} = \frac{\partial h^{-1}}{\partial k} \cdot \frac{\partial k}{\partial \text{open}} + \frac{\partial h^{-1}}{\partial \text{open}} \tag{12-8}$$

从式(12-8)可知, $\partial \text{tax}/\partial \text{open}$ 的符号取决于 $\partial h^{-1}/\partial k$ 、$\partial k/\partial \text{open}$ 和 $\partial h^{-1}/\partial \text{open}$,既可能为正,又可能为负。也就是说,经济开放既可能扩大税收规模,又可能缩小税收规模。基于此,本章提出如下假设:

假设 12-1:经济开放将会显著影响税收收入,但是影响方向具有不确定性。

(二)经济开放的税收结构效应分析

事实上,经济开放不仅会影响税收总收入,还会影响构成税收总收入的各个税种的实际收入。从各国实践来看,在经济开放的影响下,不同属性的税基将产生不同程度、不同方向的变化,这将导致不同税种的实际收入产生差异性变化(Onaran et al.,2012)。因此,经济开放在带来税收收入效应的同时,也必然带来税收结构效应。

从中国的实际情况来看,增值税、消费税、营业税、企业所得税、个人所得税是中国的主体税种①。如果将这五大主体税种按照不同的属性进行划分,则可体现出不同维度的税收结构。

(1)从税款归属权的角度来看,在"分税制"财政体制下,中国的各个税种可划分为中央税、地方税、中央—地方共享税三大类型,其中中央税收入由中央政府独享,地方税收入由地方政府独享,共享税收入由中央、地方按照固定比例进行划分。基于此,中国的税

① 历年《中国税务年鉴》的数据显示,在 2001—2015 年,增值税、消费税、营业税、企业所得税、个人所得税的收入之和占税收总收入的比重为年均 86.83%。

收总收入可以相应地划分为中央级税收收入、地方级税收收入两大部分[①]。一般而言,中央级税收收入占比越高,表示中央政府的财力越强、越能进行有效的宏观调控。在五大主体税种中,消费税是中央税,营业税是地方税,增值税、企业所得税、个人所得税是中央—地方共享税。因此,在经济开放的影响下,共享税(如增值税、企业所得税、个人所得税)税基的变化不会影响中央—地方税收收入结构,然而一旦中央税(如消费税)税基和地方税(如营业税)税基对经济开放的反应强度或反应方向具有明显的差异性,势必导致中央—地方税收收入结构发生变化,使中国税收结构更倾向于中央级或地方级税收收入。

(2)从征税环节的角度来看,中国的各个税种可划分为流转税、所得税、财产税、行为目的税四大类型,其中流转税和所得税是中国的主要税收来源。基于此,中国的税收总收入可以相应地划分为流转税收入、所得税收入两大部分。一般而言,市场经济发达、人均收入水平较高的发达国家往往会实行以所得税为主体的税收结构,以期在筹集收入的同时调节收入分配;而市场经济欠发达、人均收入水平较低的发展中国家往往会实行以流转税为主体的税收结构,以期更好地筹集更多的收入(杨斌,2011)。在五大主体税种中,增值税、消费税、营业税是流转税,企业所得税、个人所得税是所得税,中国的税制结构表现出流转税、所得税并重的“双主体”特征,且流转税的规模一直大于所得税规模[②]。因此,在经济开放的影响下,一旦流转税(如增值税、消费税、营业税)税基和所得税(如企业所得税、个人所得税)税基对经济开放的反应强度或反应方向具有明显的差异性,势必导致流转税—所得税结构发生变化,使中国税收结构更倾向于流转税或所得税。

(3)从纳税人国籍身份的角度看,中国各个税种的税收收入均可划分为由外资和外籍个人创造的部分,以及由内资和中国公民创造的部分。基于此,中国的税收总收入可以相应地划分为涉外税收收入和非涉外税收收入两大部分[③]。一般而言,涉外税收占税收总收入的比重越高,则表示外资和外籍个人对本国的税收贡献度越大。在五大主体税种中,涉外税收所占比重均较为明显、不能直接忽略[④]。因此,在经济开放的影响下,一旦涉外税基(如五大主体税种当中由外资和外籍个人贡献的部分)和非涉外税基(如五大主

① 中央级税收收入=中央税税收收入+中央分享的共享税税收收入,地方级税收收入=地方税税收收入+地方分享的共享税税收收入。

② 历年《中国税务年鉴》的数据显示,在2001—2015年,增值税、消费税、营业税的收入之和占税收总收入的比重为年均57.79%,企业所得税、个人所得税的收入之和占税收总收入的比重为年均29.04%。

③ 根据《中国税务年鉴》,在中国的税收实践中,涉外税收指的是由外资企业、中外合资经营企业、中外合作经营企业、非居民企业以及外籍个人所创造的税收收入。

④ 历年《中国税务年鉴》的数据显示,在2001—2015年,增值税、消费税、营业税、企业所得税、个人所得税的税收收入中,涉外税收占比的年均值分别为27.01%、13.86%、10.16%、23.38%、19.78%。此外,2001—2015年中国税收总收入当中涉外税收占比的年均值为20.29%,可见中国的涉外税收收入规模已经占到税收总收入规模的1/5,在分析时不能直接忽略。

体税种当中由内资和本国公民贡献的部分)对经济开放的反应强度或反应方向具有明显的差异性,这势必导致涉外—非涉外税收结构发生变化、使中国税收结构更倾向于涉外税收或非涉外税收。

综上,本章进一步提出如下假设:

假设 12-2:经济开放极有可能影响中央级税收收入与地方级税收收入之间的相对比重、流转税与所得税之间的相对比重、涉外税收与非涉外税收之间的相对比重,从而造成税收结构的改变。

第四节　实证策略与指标设计

本章利用双向固定效应面板模型(Two-way FE)来实证分析经济开放的税收收入效应和税收结构效应,回归方程的基本形式如下:

$$Y_{it} = \alpha_0 + \beta_1 \text{Trade}_{it-1} + \beta_2 \text{Trade}_{it-2} + \beta_3 \text{FDI}_{it-1} + \beta_4 \text{FDI}_{it-2} ++ Z\Gamma + \mu_i + \varphi_t + \varepsilon_{it} \tag{12-9}$$

其中,Y 为代表税收收入、税收结构的被解释变量,Trade、FDI 为代表经济开放的核心解释变量,Z 为相关控制变量,μ_i 为个体固定效应,φ_t 为时间固定效应,ε_{it} 为随机扰动项。

接下来,本章将首先分析经济开放对不同维度的税收总收入的影响,然后分析经济开放对不同维度的税收结构的影响。具体而言:

(一)关于被解释变量 Y

在分析经济开放的税收收入效应时,首先必须对税收总收入进行合理的归类划分。鉴于中国的税收总收入可以按照纳税地点的不同而划分为进出口环节税收总收入和国内环节税收总收入两部分,国内环节税收总收入又可按照纳税人国籍身份的不同进一步划分为涉外税收、非涉外税收两部分,因此本章分别将税收总收入(Tax)、进出口环节流转税(TradeTax)、国内环节涉外税收(ForTax)、国内环节非涉外税收(NonForTax)作为被解释变量,用以分析经济开放对不同维度的税收总收入的影响。此外,中国还存在着数量非常庞大的、向特定对象征收的、用于特定公共事业发展的政府性基金收入[①],该类收入是政府为实现特定政策目标而征收的专项使用资金,具有“专款专用”的受益税(benefit tax)特征,这与旨在满足社会一般公共需要、没有专门设定资金用途的税收收入在资金使用方式上存在较大差别,因而在一定程度上可视为具有税收属性但又不同于正式税收的“杂税”(杨斌,2011)。如果经济开放能够影响政府性基金这种“专款专用”的

① 根据历年《地方财政统计资料》和各省级单位财政部门披露的数据显示,在 2001—2015 年,地方政府性基金总收入与地方税收总收入之间的年均比值为 27.1%,且表现出整体上升的趋势。

“杂税”规模，则表示经济开放能在一定程度上影响政府行为，使其实现某种特定政策目标的动机产生变化。因此本章也将政府性基金收入（GF）作为被解释变量，用以分析经济开放对“杂税”的影响。与此同时，本章还分别将增值税（VAT）、消费税（CT）、营业税（BT）、企业所得税（CIT）、个人所得税（PIT）作为被解释变量，用以分析经济开放对不同税种收入规模的影响。

在分析经济开放的税收结构效应时，鉴于中国的税收收入可根据税款归属权、征税环节、纳税人国籍身份的不同而划分为中央—地方、流转—所得、涉外—非涉外三个维度，因此本章分别将中央—地方税收收入结构（TaxStru01）、流转税—所得税结构（TaxStru02），以及国内环节涉外—非涉外税收结构（TaxStru03）、进出口环节涉外—非涉外税收结构（TradeTaxStru）作为被解释变量，用以分析经济开放对不同维度的税收结构的影响。与此同时，本章还分别将增值税、消费税、营业税、企业所得税、个人所得税的涉外—非涉外税收结构（VATStru、CTStru、BTStru、CITStru、PITStru）作为被解释变量，用以进一步分析经济开放对不同税种的涉外—非涉外税收结构的影响。

（二）关于核心解释变量 Trade、FDI

为了更加完整地刻画经济开放，本章将贸易开放（Trade）、资本开放（FDI）同时作为核心解释变量。考虑到经济开放对税收的影响在一定程度上具有长期性，即当期的经济开放对税收收入和税收结构的影响可能会在未来几期才逐渐表现出来，因此本章对代表经济开放的核心解释变量均进行滞后 1 期、滞后 2 期处理，这样一方面能更好地体现本章所要表达的经济含义，另一方面还能在一定程度上避免内生性的影响。

（三）关于相关控制变量 Z

参考关于经济开放对政府规模影响的相关文献（Rodrik，1998；Ram，2009；高凌云、毛日昇，2011；胡兵 等，2013；高翔、黄建忠，2016），本章选用经济增长（Pergdp）、财政分权（FD）、市场规模（Scale）、人口年龄结构（Popstru）、城镇化率（Urb）、产业结构（Stru）、所有制结构（Stateown）、通货膨胀率（CPI）作为控制变量。此外，鉴于地方政府所面临的财政压力将会影响其税收努力程度，而人口的跨区流动也将带来税负的区域间流动（胡文骏，2017），因此本章选用预算内财政缺口（FP）、人口迁徙率（Imr）作为控制变量。为了避免内生性的影响，回归方程中的 Pergdp、Stru、FP 均滞后 1 期。

相关数据来源于历年《中国统计年鉴》《中国税务年鉴》《中国财政年鉴》《中国人口和就业统计年鉴》《地方财政统计资料》，以及各省级单位的财政厅网站。由于 2000 年以前的出口退税数据无法获取，本章的数据样本期只能定为 2001—2015 年。基于此，本章采用 2001—2015 年 31 个省级单位的面板数据进行实证分析，模型所涉及的各个变量的具体算法详见表 12-1。

表 12-1　变量定义与计算方法

变量符号	变量名称	计算方法
Tax	税收收入	(税收总收入一出口退税)/GDP
TradeTax		(进口环节增值税、消费税一出口退税)①/GDP
ForTax		国内涉外税收/GDP
NonForTax		国内非涉外税收/GDP
GF		地方政府性基金总收入/GDP
VAT		增值税/GDP
CT		消费税/GDP
BT		营业税/GDP
CIT		企业所得税/GDP
PIT		个人所得税/GDP
TaxStru01	税收结构	(中央级税收收入一出口退税)/地方级税收收入
TaxStru02		(增值税+消费税+营业税一出口退税)/(企业所得税+个人所得税)
TaxStru03		国内涉外税收/国内非涉外税收
TradeTaxStru		涉外进出口环节流转税/非涉外进出口环节流转税
VATStru		涉外增值税/(增值税一涉外增值税)
CTStru		涉外消费税/(消费税一涉外消费税)
BTStru		涉外营业税/(营业税一涉外营业税)
CITStru		涉外企业所得税/(企业所得税一涉外企业所得税)
PITStru		涉外个人所得税/(个人所得税一涉外个人所得税)
Trade	经济开放	(进口额+出口额)/GDP
FDI		实际利用外商直接投资总额/GDP

① 严格地讲,进出口环节流转税还应包括关税。如果考虑关税的话,基于研究目的,本章需要使用省级层面的关税收入宏观数据,然而在中国的现行体制下,关税在数据披露方面相较于其他税种而言具有某种特殊性:(1)关税由海关系统(而非税务系统)负责征收管理,而《中国税务年鉴》是由税务系统编纂出版的统计资料、里面只披露了由税务系统负责征收管理的各个税种的相关信息,因此关税收入的省级宏观数据并未在此有所体现;(2)关税属于中央税、关税收入归中央政府独享,因此在《中国财政年鉴》当中,关税收入只体现在中央财政一般预算平衡表的收入一栏、反映的是全国层面的关税总收入宏观数据,而 31 个省级单位的一般财政预算平衡表当中并无关税信息,此外各省级单位的统计年鉴当中也不可能含有关税收入的相关信息(因为关税收入不属于地方政府的收入);(3)中国海关系统虽然公布了产品层面的关税税率,但是并未披露省级层面的关税收入宏观数据,虽然可利用企业产品的贸易额来推算企业缴纳的关税份额,但是只能得到微观层面的数据、不能得到可信的宏观层面的数据。综上,在《中国税务年鉴》《中国财政年鉴》、各省级单位的统计年鉴和中国海关数据库当中,均无法获取关税收入的省级宏观数据。此外,历年《中国财政年鉴》披露的数据显示,在 2001—2015 年,中国的关税收入占税收总收入的比重的年均值为 3.41%,数量非常小,因而即使不考虑关税收入也不会对本章的实证结果和核心结论有较大影响。基于数据可获得性方面的考虑,在本章的研究中,只能对关税收入予以忽略。

续表

变量符号	变量名称	计算方法
Pergdp	经济增长	人均 GDP 增长率
FD	财政分权	地方级民生支出/(中央级民生支出+地方级民生支出)
Scale	市场规模	万人/平方公里
Popstru	人口年龄结构	14 岁以上、65 岁以下人口/总人口
Urb	城镇化率	非农业人口/总人口
Stru	产业结构	二、三产业 GDP/GDP
Stateown	所有制结构	国有部门固定资产投资/全社会固定资产总投资
CPI	通货膨胀	环比计算的消费者物价指数
FP	预算内财政缺口	地方政府公共财政收入/地方政府公共财政支出
Imr	人口迁移率	户籍人口增长率—人口自然增长率

第五节　关于经济开放税收收入效应的实证检验

(一)经济开放对中国不同维度税收收入的影响

为了分析经济开放的税收收入效应,本章分别用不同维度的税收收入作为被解释变量进行实证分析,回归结果如表 12-2 所示。

表 12-2　经济开放的税收收入效应(1)

变量	Tax	TradeTax	ForTax	NonForTax	GF
Trade(−1)	0.0637*** (0.0150)	−0.00528 (0.00557)	0.00623 (0.00822)	0.0501*** (0.0107)	0.00931 (0.0190)
Trade(−2)	−0.00164 (0.0154)	0.00222 (0.00566)	0.00339 (0.00583)	−0.00717 (0.0142)	0.00762 (0.0165)
FDI(−1)	0.0395 (0.137)	0.134** (0.0619)	0.101 (0.108)	−0.139 (0.131)	−0.0762 (0.152)
FDI(−2)	0.0275 (0.129)	0.0427 (0.0502)	−0.0336 (0.107)	0.0549 (0.114)	−0.0223 (0.0885)
相关控制变量	是	是	是	是	是
时间固定效应	是	是	是	是	是
个体固定效应	是	是	是	是	是
截距项	是	是	是	是	是
样本量	465	465	465	465	465
R-squared	0.655	0.406	0.321	0.590	0.691

在 Tax 方程中，Trade(－1)的系数为 0.0637，显著为正，Trade(－2)、FDI(－1)、FDI(－2)的系数均不显著，说明经济开放将显著扩大税收总收入规模，且这一扩大作用主要来自贸易层面的开放，这意味着在经济开放影响税收收入的两种作用机制中，扩大税收收入规模的作用机制在中国占据了主导地位，即从整体上看，经济开放因推动经济增长而扩大税基，进而增加了税收总收入[①]。

在 TradeTax 方程中，FDI(－1)的系数为 0.134、显著为正，Trade(－1)、Trade(－2)、FDI(－2)的系数均不显著，说明经济开放将显著扩大进出口环节流转税净收入规模，且这一扩大作用主要来自资本层面的开放，这可能是因为资本层面的经济开放(如 FDI 的流入)增强了国内消费者对国外某些特定商品的需求(例如某种特定的原材料、零部件)，进而扩大了进出口环节增值税、消费税的规模。

在 ForTax 方程中，Trade(－1)、Trade(－2)、FDI(－1)、FDI(－2)的系数均不显著，这说明贸易、资本层面的经济开放均不会显著影响国内环节的涉外税收规模，意味着虽然涉外税收是中国税收总收入当中的有机组成部分，但是外国资本、外籍个人在中国的税收贡献程度整体处于一个较为稳定的状态，不会因经济开放程度的变化而产生较大波动。

在 NonForTax 方程中，Trade(－1)的系数为 0.0501、显著为正，Trade(－2)、FDI(－1)、FDI(－2)的系数均不显著，说明经济开放将显著扩大国内环节的非涉外税收规模，且这一扩大作用主要来自贸易层面的开放，这意味着在经济开放的影响下，中国国内非涉外税基得到了有效拓展，本国的企业和居民创造了更多的税收收入，进而带来了国内涉外税收收入的整体提高。

在 GF 方程中，Trade(－1)、Trade(－2)、FDI(－1)、FDI(－2)的系数均不显著，这说明贸易、资本层面的经济开放均不会显著影响政府性基金收入规模，意味着政府性基金这种“专款专用”的“杂税”的“税基”(即中国政府实现某些特定政策目标的动机)对经济开放程度的变化并不敏感，经济开放并不会导致中国政府通过政府性基金这一手段来筹集用于特定支出目的的“杂税”收入，亦即不会导致中国政府筹集收入行为的异化。

(二)经济开放对中国主体税种税收收入的影响

为了进一步分析经济开放的税收收入效应，本章分别用增值税、消费税、营业税、企业所得税、个人所得税的税收规模(VAT、CT、BT、CIT、PIT)[②]作为被解释变量进行实证分析，回归结果如表 12-3 所示。

---

① 从已有的研究来看，经济开放带来的外部风险也可能是促使中国政府筹集更多税收收入(用以增加财政支出、熨平经济波动风险)的原因(杨灿明、孙群力，2008；高凌云、毛日昇，2011)，然而在现实中，除了关税以外，中国政府几乎从未因经济开放程度的变化而改变各大税种的税率，因此本章认为该观点对中国税收规模因经济开放的影响而扩大的解释力有限，故而在正文分析时不予考虑。

② 在中国，增值税主要对销售货物和提供应税劳务的交易额征税(“营改增”之后，营业税的税基逐渐开始改征增值税)，消费税主要对奢侈品的交易额征税，营业税主要对提供服务所获得的报酬征税，企业所得税主要对企业净收入征税，个人所得税主要对个人所得征税。

表 12-3 经济开放的税收收入效应(2)

变量	VAT	CT	BT	CIT	PIT
Trade(−1)	0.0167* (0.00951)	−0.00368 (0.00399)	0.00819* (0.00421)	0.0219** (0.00926)	0.00587 (0.00502)
Trade(−2)	0.00863 (0.00991)	0.00155 (0.00255)	0.00241 (0.00291)	−0.00638 (0.00822)	0.00467* (0.00243)
FDI(−1)	0.0201 (0.0442)	−0.00676 (0.0317)	0.0301 (0.0345)	−0.0654 (0.0825)	0.0170 (0.0296)
FDI(−2)	0.0243 (0.0603)	0.0207 (0.0193)	0.0197 (0.0207)	−0.0311 (0.0644)	0.00424 (0.0224)
相关控制变量	是	是	是	是	是
时间固定效应	是	是	是	是	是
个体固定效应	是	是	是	是	是
截距项	是	是	是	是	是
样本量	465	465	465	465	465
R-squared	0.406	0.532	0.536	0.517	0.166

在 VAT 方程中，Trade(−1)的系数为 0.0167、显著为正，Trade(−2)、FDI(−1)、FDI(−2)的系数均不显著，说明经济开放将显著扩大增值税规模，且这一扩大作用主要来自贸易层面的开放，这可能是因为贸易层面的经济开放促进了国内的商品生产和交易流通，将导致增值税税基的扩大，进而引起增值税收入规模的整体增加。

在 CT 方程中，Trade(−1)、Trade(−2)、FDI(−1)、FDI(−2)的系数均不显著，说明贸易、资本层面的经济开放均不会显著影响消费税规模，这可能是因为经济开放不会导致中国奢侈品消费的明显增加或减少，因而消费税税基不会产生明显变化，消费税收入规模也将不受显著影响。

在 BT 方程中，Trade(−1)的系数为 0.00819、显著为正，Trade(−2)、FDI(−1)、FDI(−2)的系数均不显著，说明经济开放将显著扩大营业税规模，且这一扩大作用主要来自贸易层面的开放，这可能是因为贸易层面的经济开放促进了国内的服务业发展和服务业营业额的提高，将导致营业税税基的扩大，进而引起营业税收入规模的整体增加。

在 CIT 方程中，Trade(−1)的系数为 0.0219、显著为正，Trade(−2)、FDI(−1)、FDI(−2)的系数均不显著，说明经济开放将显著扩大企业所得税规模，且这一扩大作用主要来自贸易层面的开放，这可能是因为贸易层面的经济开放促进了国内企业营业收入和盈利能力的提高，将导致企业所得税税基的扩大，进而引起企业所得税收入规模的整体增加。

在 PIT 方程中，Trade(−2)的系数为 0.00467、显著为正，Trade(−1)、FDI(−1)、

FDI(-2)的系数均不显著,说明经济开放将显著扩大个人所得税规模,且这一扩大作用主要来自贸易层面的开放,这可能是因为贸易层面的经济开放促进了国内居民的人均收入水平,将导致个人所得税税基的扩大,进而引起个人所得税收入规模的整体增加。

(三)稳健性检验

为了检验回归结果是否稳健,本章参考毛捷等(2015)的做法,用 Trade02=(进口额+出口额)/(GDP-第三产业增加值)代替 Trade,用 FDI02=实际利用外商直接投资总额/(GDP-第一产业增加值)代替 FDI,同时用 VAT02=国内增值税[①]/GDP 代替 VAT,用 CT02=国内消费税[②]/GDP 代替 CT,重新对上述回归方程进行实证分析,所得出的结果与上述回归基本一致[③],这说明相关结论是较为可信的。

与此同时,鉴于中国政府自 2012 年 1 月 1 日起开始推行"营改增"税收制度改革[④],在 2012—2015 年,营业税的征税范围在逐渐缩小、增值税的征税范围在逐渐扩大,这势必在一定程度上影响增值税、营业税的税收收入规模。又由于增值税是进出口环节流转税的重要组成部分,因此进出口环节税收净收入也极有可能受到影响。基于此,本章利用"营改增"实施之前(2001—2011 年)的样本数据,重新对相关被解释变量(TradeTax、VAT、VAT02、BT)进行回归分析,所得出的结果与全样本(2001—2015 年)状态下基本一致[⑤],这进一步说明相关结论是较为可信的。

综上所述,关于经济开放的税收收入效应,可得出如下推论:(1)经济开放将从整体上扩大中国的税收规模,这一扩大作用主要来自进出口环节流转税和国内环节非涉外税收的增加;(2)经济开放不会导致中国国内涉外税收的增加,也不会导致中国政府增加政府性基金这类"专款专用"的"杂税"收入;(3)征税面较广的一般性流转税(增值税、营业税)和所得税(企业所得税、个人所得税)的税基均随着经济开放(特别是贸易层面的开放)而得到了扩展,征税面较窄的选择性流转税(消费税)的税基对经济开放程度的变化不敏感;(4)相对于资本开放而言,贸易开放更能起到扩展税基的作用。

第六节　关于经济开放税收结构效应的实证检验

(一)经济开放对中国不同维度税收结构的影响

为了分析经济开放的税收结构效应,本章分别用不同维度的税收结构作为被解释变量进行实证分析,回归结果如表 12-4 所示。

---

① 国内增值税=增值税-出口退增值税-进口环节征收的增值税。

② 国内消费税=消费税-出口退消费税-进口环节征收的消费税。

③ 限于篇幅,这里并未报告稳健性检验的实证结果。

④ 详见财政部、国家税务总局《关于印发〈营业税改征增值税试点方案〉的通知》(财税〔2011〕110 号)。

⑤ 限于篇幅,这里并未报告稳健性检验的实证结果,详见附录。

表 12-4　经济开放的税收结构效应(1)

变量	TaxStru01	TaxStru02	TaxStru03	TradeTaxStru
Trade(−1)	0.00171 (0.150)	−1.745*** (0.512)	−0.0826 (0.0696)	13.08 (17.92)
Trade(−2)	−0.00763 (0.131)	−0.0853 (0.389)	0.0957 (0.0900)	−15.68 (12.16)
FDI(−1)	0.386 (1.251)	−1.943 (3.810)	4.005 (2.814)	−490.0 (344.1)
FDI(−2)	−0.731 (1.142)	4.659 (3.443)	−2.165 (2.659)	108.5 (81.86)
相关控制变量	是	是	是	是
时间固定效应	是	是	是	是
个体固定效应	是	是	是	是
截距项	是	是	是	是
样本量	465	465	465	465
R-squared	0.557	0.744	0.238	0.095

在 TaxStru01 方程中,Trade(−1)、Trade(−2)、FDI(−1)、FDI(−2)的系数均不显著,说明贸易、资本层面的经济开放均不会显著影响中央—地方税收收入结构。而从上文的分析可知,在经济开放的影响下,属于中央税的消费税的规模不会产生明显变化,属于地方税的营业税的规模会明显扩大,在此情况下,中央—地方税收收入结构应该有产生变动的趋势,但是这一趋势却不显著,这可能是因为营业税的整体规模较小、其规模扩张的程度还不足以导致中国税制结构在中央—地方之间更偏向于地方。

在 TaxStru02 方程中,Trade(−1)的系数为−1.745、显著为负,Trade(−2)、FDI(−1)、FDI(−2)的系数均不显著,说明经济开放将显著影响流转税—所得税结构,使中国的税收结构在流转税与所得税之间更倾向于所得税,且这一影响主要来自贸易层面的开放。而从上文的分析可知,在经济开放(特别是贸易开放)的影响下,属于流转税的增值税、营业税,以及属于所得税的企业所得税、个人所得税的规模均会显著扩大,在此情况下流转税—所得税税制结构出现更偏向于所得税的变化,这可能是因为流转税规模扩大的程度相对于所得税规模扩大的程度而言比较小,以至于中国税制结构当中所得税占比相对上升。

在 TaxStru03 方程中,Trade(−1)、Trade(−2)、FDI(−1)、FDI(−2)的系数均不显著,说明贸易、资本层面的经济开放均不会显著影响国内环节的涉外—非涉外税收结构,同时也再次印证了上文在分析经济开放对涉外税收总量的影响时得出的观点:涉外税收对中国税收总量的贡献程度一直相对稳定,不会因经济开放程度的变化而产生较大波动。

在 TradeTaxStru 方程中，Trade(－1)、Trade(－2)、FDI(－1)、FDI(－2)的系数均不显著，说明贸易、资本层面的经济开放均不会显著影响进出口环节的涉外—非涉外税收结构，同时也意味着外国资本、外籍个人并不是推动进出口环节流转税收入增长的主要力量。

(二)经济开放对中国主体税种涉外—非涉外税收结构的影响

为了进一步分析经济开放对中国涉外—非涉外税收结构的影响，本章分别用增值税、消费税、营业税、企业所得税、个人所得税的涉外—非涉外税收结构(VATStru、CTStru、BTStru、CITStru、PITStru)作为被解释变量进行实证分析，回归结果如表 12-5 所示。

表 12-5　经济开放的税收结构效应(2)

变量	VATStru	CTStru	BTStru	CITStru	PITStru
Trade(－1)	0.146 (0.111)	0.430 (0.383)	0.00187 (0.0157)	0.707 (0.503)	0.0796*** (0.0276)
Trade(－2)	0.0751 (0.0743)	－0.399 (0.450)	0.0428** (0.0162)	0.345 (0.249)	0.0134 (0.0266)
FDI(－1)	0.0602 (1.499)	－3.586 (3.166)	0.327** (0.151)	2.405 (2.767)	－0.00784 (0.195)
FDI(－2)	－0.516 (0.586)	2.557 (4.202)	0.314* (0.173)	－2.955 (3.323)	0.438** (0.177)
相关控制变量	是	是	是	是	是
时间固定效应	是	是	是	是	是
个体固定效应	是	是	是	是	是
截距项	是	是	是	是	是
样本量	465	465	465	465	465
R-squared	0.171	0.093	0.644	0.714	0.362

在 VATStru 方程中，Trade(－1)、Trade(－2)、FDI(－1)、FDI(－2)的系数均不显著，说明贸易、资本层面的经济开放均不会显著影响涉外增值税与非涉外增值税之间的相对比重，这可能是因为经济开放程度的增加并不会显著提高外国资本、外籍个人在销售货物和提供增值税应税劳务方面的动机，由此导致涉外增值税税基对经济开放的反应程度不敏感。

在 CTStru 方程中，Trade(－1)、Trade(－2)、FDI(－1)、FDI(－2)的系数均不显著，说明贸易、资本层面的经济开放均不会显著影响涉外消费税与非涉外消费税之间的相对比重，这可能是因为经济开放程度的增加并不会显著提高外国资本、外籍个人在奢侈品交易方面的动机，由此导致涉外消费税税基对经济开放的反应程度不敏感。

在 BTStru 方程中，Trade(−2)的系数为 0.0428、显著为正，FDI(−1)的系数为 0.327、显著为正，FDI(−2)的系数为 0.314、显著为正，Trade(−1)的系数不显著，说明贸易、资本层面的经济开放均会扩大涉外营业税在营业税总收入中的比重，这可能是因为经济开放程度的增加会导致更多外国资本、外籍个人在中国从事服务业工作，由此将扩展涉外营业税税基，使得营业税内部涉外税收的比例相对提高。

在 CITStru 方程中，Trade(−1)、Trade(−2)、FDI(−1)、FDI(−2)的系数均不显著，说明贸易、资本层面的经济开放均不会显著影响涉外企业所得税与非涉外企业所得税之间的相对比重，这可能是因为经济开放程度的增加并不会显著提高国内涉外企业的营业收入和盈利能力，由此导致涉外企业所得税税基对经济开放的反应程度不敏感。

在 PITStru 方程中，Trade(−1)的系数为 0.0796、显著为正，FDI(−2)的系数为 0.438、显著为正，Trade(−2)、FDI(−1)的系数不显著，说明贸易、资本层面的经济开放均会扩大涉外个人所得税在个人所得税总收入中的比重，这可能是因为经济开放程度的增加会导致更多外籍个人在中国参加工作、获取报酬，由此将扩展涉外个人所得税税基，使得个人所得税内部涉外税收的比例相对提高。

(三)稳健性检验

为了检验回归结果是否稳健，本章同样用 Trade02 代替 Trade、用 FDI02 代替 FDI 重新对上述回归方程进行实证分析，所得出的结果与上述回归基本一致[①]，这说明相关结论是较为可信的。

与此同时，考虑到“营改增”以来，增值税、营业税的税收收入均在一定程度上受到了影响，而营业税属于地方税、一旦规模变动较大将有可能影响中央—地方税收收入结构。基于此本章利用“营改增”实施之前(2001—2011 年)的样本数据，重新对相关被解释变量(TaxStru01、VATStru、BTStru)进行回归分析，所得出的结果与全样本(2001—2015 年)状态下基本一致[②]，这进一步说明相关结论是较为可信的。

综上所述，关于经济开放的税收结构效应，可得出如下推论：(1)经济开放不会使得中国税收结构在中央级税收收入和地方级税收收入之间更倾向于某一方，这说明中央税税基和地方税税基对经济开放的反应不具有明显的差异性；(2)经济开放会使得中国税收结构在流转税和所得税之间更倾向于所得税，这说明所得税税基对经济开放的反应强度要明显大于流转税，经济开放将逐渐改变中国流转税规模大于所得税规模的税制格局，推动中国税制结构进一步向“双主体”转变；(3)经济开放不会使得中国税收结构在涉外税收和非涉外税收之间更倾向于某一方，这说明不论是在国内环节还是在进出口环节，涉外税基和非涉外税基对经济开放的反应均不具有明显的差异性；(4)在经济开放的

① 限于篇幅，这里并未报告稳健性检验的实证结果。

② 限于篇幅，这里并未报告稳健性检验的实证结果。

影响下，增值税、消费税、企业所得税内部的涉外—非涉外税收结构不会产生明显变化，但是营业税、个人所得税内部的涉外税收占比会显著提高。

第七节　主要结论与政策启示

本章在 RCK 模型的框架下分析了经济开放的税收效应，然后利用 2001—2015 年 31 个省级面板数据进行实证检验，结果发现：(1)经济开放将显著扩大中国的税收收入规模，这不仅体现在进出口环节流转税和国内环节非涉外税收的增加，还体现在增值税、营业税、企业所得税、个人所得税等具体税种收入规模的增加，说明经济开放整体上扩大了税基，对税收收入产生了显著的正向影响；(2)经济开放不会显著改变中央—地方税收收入结构，这说明经济开放在显著扩大税收收入的同时，不会使中国税收收入在中央级税收收入和地方级税收收入之间更倾向于某一方，从而造成中央—地方财政能力的扭曲；(3)经济开放将显著改变流转税—所得税税收结构，使中国税收收入在流转税和所得税之间更倾向于所得税，这说明经济开放正在逐渐改变中国流转税规模大于所得税规模的格局，使中国的税收结构进一步向"双主体"转变；(4)经济开放虽然会使营业税、个人所得税总收入中的涉外税收占比上升，但是却无法显著影响涉外税收的整体规模，也无法显著提高涉外税收在税收总收入当中的比重，这说明虽然经济开放能显著增强服务业的涉外税基和外籍个人对中国个人所得税的贡献程度，但是这一影响并不能引起涉外税收整体规模的变化，外国资本、外籍个人在中国的税收贡献程度整体处于一种较为稳定的状态；(5)经济开放不会显著影响政府性基金收入的规模，这说明经济开放不会导致政府通过加征"专款专用"的"杂税"来筹集收入、用于特定用途。

综上所述，经济开放促进了中国税收收入的增长、推动了中国税收结构的优化改善，整体上产生了积极有效的税收效应。基于此，本章提出如下政策建议：

一方面，应坚定不移地走开放发展的道路，进一步增大经济开放程度。具体而言，应坚持打开国门搞建设，积极推动"一带一路"倡议，大力加强自由贸易试验区建设，实行高水平的贸易和投资自由化便利化政策，大幅度放宽市场准入水平、扩大服务业对外开放程度、保护外商投资合法权益，从贸易和资本两个层面同时扩大开放水平，从而丰富经济开放的内涵、开创开放发展的新局面。

另一方面，应积极参与国际税收协调与合作，与世界主要国家共同打击扰乱国际税收秩序的现象。目前，虽然经济开放并未给中国带来明显的负向税收效应，但是也应未雨绸缪，积极防范开放发展过程中所可能遇到的损害本国税收利益的现象。具体而言，应积极参与 BEPS 行动计划，与世界主要国家加强税收情报交换、共同提高税收透明度，共同遏制滥用税收协定等税基侵蚀与利润转移现象，从而维护国际税收秩序，确保本国税收收入的稳步增长。

本章参考文献

白景明,2015.经济增长、产业结构调整与税收增长[J].财经问题研究(8):56-61.

高凌云,毛日昇,2011.贸易开放、引致性就业调整与我国地方政府实际支出规模变动[J].经济研究(1):2-56.

高翔,黄建忠,2016.贸易开放、要素禀赋与中国省际政府规模:1997-2013[J].国际贸易问题(5):164-176.

何杨,徐润,2016.税收情报交换,双边税收协定与国际避税:来自全球离岸证券投资的证据[J].财贸经济(6):35-50.

胡兵,陈少林,乔晶,2013.贸易开放对地方政府支出规模影响的实证研究[J].国际贸易问题(8):38-50.

胡文骏,2017.区域间财富逆向流动与区域收入差距[J].财经论丛(9):19-29.

刘怡,耿纯,赵仲匡,2017.出口退税政府间分担对产品出口的影响[J].经济学(季刊),16(3):1011-1030.

龙小宁,朱艳丽,蔡伟贤,李少民,2014.基于空间计量模型的中国县级政府间税收竞争的实证分析[J].经济研究(8):41-53.

毛捷,管汉晖,林智贤,2015.经济开放与政府规模:来自历史的新发现(1850—2009)[J].经济研究(7):87-101.

梅冬州,龚六堂,2012.开放真的导致政府规模扩大吗?:基于跨国面板数据的研究[J].经济学(季刊),12(1):243-264.

王智烜,王雪,邓力平,2017.自由贸易试验区税收效应评析:以福建为例[J].税务研究(9):58-63.

杨斌,2011.税收学[M].2版.北京:科学出版社.

杨灿明,孙群力,2008.外部风险对中国地方政府规模的影响[J].经济研究(9):115-121.

张馨,2001."税收价格论":理念更新与现实意义[J].税务研究,(6):39-41.

ALESINA A,PEROTTI R,1997.The welfare state and competitiveness[J].American economic review,87(5):921-939.

ANDERSEN T M,S RENSEN A,2012.Globalization, tax distortions, and public-sector retrenchment[J].The scandinavian journal of economics,114(2):409-439.

ARRO R J,1990.Government spending in a simple model of endogenous growth[J].Journal of political economy,98(5): 103-125.

AZEMAR C,CORCOS G,2007. Multinational firms' heterogeneity in tax responsiveness: the role of transfer pricing[J]. The world economy,32(9):1291-1318.

BARRO R J,SALA-I-MARTIN X,1992. Public finance in models of economic growth [J].The review of economic studies,59(4):645-661.

BAUNSGAARD T,Keen M,2010.Tax revenue and (or?) trade liberalization[J].Journal of public economics,94(9-10): 563-577.

BENARROCH M, PANDEY M, 2012. The relationship between trade openness and government size: does disaggregating government expenditure matter[J].Journal of macroeconomics, 34(1):239-252.

CHANDRA P,LONG C,2013. VAT rebates and export performance in China: firm-level evidence[J].Journal of public economics, 102(1):13-22.

EDMISTON K, MUDD S, VALEV N, 2003. Tax structures and FDI: the deterrent effects of complexity and uncertainty[J].Fiscal studies,24(3):341-359.

EGGER P, SEIDELY T, 2011. Tax competition, trade liberalization, and imperfect labour markets[J].Oxford economic papers, 63(4):722-739.

EXBRAYAT N,2017.Does trade liberalisation trigger tax competition? Theory and evidence from OECD countries[J].The world economy,40(1):88-115.

JETTER M,PARMETER C F,2015.Trade openness and bigger governments: the role of country size revisited[J].European journal of political economy,37:49-63.

KARIMI M,KALIAPPAN S R,ISMAIL N W,HAMZAH H Z,2016.The impact of trade liberalization on tax structure in developing countries[J].Procedia economics and finance,36: 274-282.

KLASSEN K J,LISOWSKY P,MESCALL D,2017.Transfer pricing: strategies, practices,and tax minimization[J].Contemporary Accounting research,34(1):455-493.

KRAUTHEIM S, SCHMIDT-EISENLOHR T, 2011. Heterogeneous firms, 'profit shifting' FDI and international tax competition[J].Journal of public economics,95(1-2):122-133.

LINDAHL E,1958.Just taxation-a positive solution[M]// MUSGRAVE R A, PEACOCK A T.(Eds). Classics in the theory of public finance. ST. Martin's Press: 168-176.

NEUMANN R,HOLMAN J, ALM J,2009.Globalization and tax policy[J].North American journal of economics and finance, 20(2):193-211.

ONARAN O,BOESCH V,LEIBRECHT M,2012.How does globalization affect the implicit tax rates on labor income, capital income, and consumption in the european union[J].Economic inquiry,50(4):880-904.

RAM R,2009.Openness, country size, and government size: additional evidence from a large cross-country panel[J].Journal of public economics,93(1):213-218.

RODRIK D,1998.Why do more open economies have bigger governments[J].Journal of political economy,106(5):997-1032.

ROMER D,2012. Advanced macroeconomics[M].Fourth Edition. New York: McGraw-Hill.

WICKSELL K,1958.A new principle of just taxation[M]// MUSGRAVE R A, PEACOCK A T.(Eds).Classics in the theory of public finance. ST. Martin's Press: 72-118.

第十三章　农产品关税减让、进口价格变动与农户福利*

刘杜若　邓　明**

第一节　引言与文献综述

自 2001 年加入 WTO 以来，中国认真履行入世的关税减让承诺，关税水平不断降低，进口也持续增长。具体在农产品方面，2001—2011 年，中国农产品平均关税率从 21%下降至 15.6%。进口关税的大幅度减让，使得中国农产品市场对外开放程度不断加深；伴随着农产品市场对外开放度的提高，国际农产品市场价格波动对中国国内消费价格所产生的冲击不断加强。在这一过程中，农民作为农产品的生产经营主体之一，其收入不可避免地受到一定的冲击。同时，农民不仅是农产品的生产者，还是农产品的消费者，农民对农产品的消费支出也会随着消费价格的变化而产生变动。上述两种作用叠加后，农民在贸易自由化进程中的真实收入和福利水平究竟是提升还是降低，很难从直观上加以判断。

虽然近年来中国的城镇化水平不断提升，但中国依然是一个农业大国。国家统计局发布的《2017 年国民经济和社会发展统计公报》显示，2017 年末，全国常住人口城镇化率为 58.52%，户籍人口城镇化率为 42.35%。党的十九大报告明确指出，农业农村农民问题是关系国计民生的根本性问题，必须始终把解决好"三农"问题作为全党工作重中之重。而解决"三农"问题的最终目标，是要提高农民的幸福感和获得感，也就是说要提高农民的福利水平。在中国不断加大开放力度、提升农业对外开放层次和水平的现实背景下，农产品进口关税减让以及农产品进口价格冲击如何影响中国农村居民家庭消费、收入以及福利水平？影响有多大？该如何加以准确评估？对这些问题的回答具有十分重要的理论与现实意义。

在学界，农产品关税减让、进口价格变动对农村居民家庭福利水平的冲击一直是研究者关注的焦点之一。农产品关税减让和进口价格变动会通过影响国内消费价格，对农

---

* 本章写作时间为 2020 年，故本章表述以 2020 年为时间节点。

** 刘杜若，副教授，贵州省社会科学院对外经济研究所；邓明，教授，博士生导师，厦门大学经济学院。

村家庭福利产生作用,影响渠道主要有两个:一是影响农村家庭的农产品消费支出;二是影响农村家庭的生产经营收入,包括农产品经营收入和工资收入两部分。围绕这样的机制,现有文献展开了大量研究。Minot 和 Goletti(2000)研究了贸易自由化对越南大米种植户贫困度的影响。越南贸易自由化进程提升了国内大米价格,从而对农村家庭收入有利好作用,轻微降低了农村家庭贫困率;Minot 和 Daniels(2010)测算了由全球化所引致的贝宁棉花价格下降对国内农村家庭贫困程度的冲击,发现棉花价格下降 40%将导致农村家庭收入降低 21%,贫困率从 37%上升至 59%。Nicita(2009)研究了关税减让对墨西哥居民家庭福利的影响,发现 20 世纪 90 年代墨西哥的关税减让通过收入效应和支出效应两个途径显著提高了墨西哥居民家庭的福利水平,而且,高收入家庭在这一过程中获益更大。Nicita 等(2014)研究了撒哈拉以南非洲国家的贸易开放政策对不同收入阶层家庭福利水平的影响,其研究认为这些国家的贸易政策对低收入家庭福利水平的提升要高于高收入家庭,从而认为这些国家的贸易政策是亲贫困(pro-poor)的。Badolo 和 Traore(2015)测算了大米国际市场价格上涨对布基纳法索贫困率的冲击程度,发现在大米净消费者比例高的地区,大米国际市场价格上涨显著降低了该地区家庭的收入,拉高了贫困率。Chakravorty 等(2018)测算了国际市场上大米、小麦和玉米等农产品价格变动对印度国内家庭消费和工资的影响程度,发现印度贫困家庭消费支出和工资收入同时上升,二者结合后扩大了印度的贫困率。

与国外相关研究成果较为丰富相比,国内类似研究为数很少。罗知和郭熙保(2010)最先就进口价格变动对中国城镇居民消费支出的冲击进行了评估,发现进口食品价格上涨会导致国内消费价格下降,进而影响居民食品消费支出。王军英和朱晶(2011)发现贸易开放通过价格传导机制降低了国内农村家庭消费支出。朱晶等(2016)发现中国关税减让使得国内农产品消费价格明显增加,最终提升了农村家庭福利水平。Han 等(2016)利用中国城镇住户调查数据(UHS)研究了贸易自由化对中国城镇居民家庭福利水平的影响,其研究表明,加入 WTO 后,中国城镇居民的福利水平平均提高了 7.3 个百分点。施炳展和张夏(2017)利用中国家庭收入调查(CHIP)数据研究了中国加入 WTO 之后关税减让对中国家庭福利水平的影响,他们发现,关税减让平均而言将中国家庭的福利水平提高了 29.3 个百分点,其中支出效应和收入效应提高分别为 11.8 和 17.5 个百分点,而且他们还发现关税减让对低收入家庭的福利提升要高于对高收入家庭的福利提升。上述研究对相关领域做出了重要的推进,但也存在着缺憾:由于中国家庭微观调查数据的可获得性不足,已有研究大多采用宏观层面统计数据进行测算,从而无法区分农村家庭在农产品生产和消费上的异质性,测算结果在精准性上可能存在一定的改进空间。近年来,得益于微观数据的可获得性的提高,一些研究也开始尝试基于微观数据的研究,但这些研究没有针对中国福利水平较低的农村居民家庭进行研究。其次,国内已有研究多从农村家庭消费支出角度研究关税减让、进口价格变动的影响,同时把农村家庭生产收入

也纳入考虑的研究十分少见。这与国外相关研究已取得的进展相比存在一定差距。最重要的是，我国农产品关税减让和进口价格变动对国内农村家庭福利的影响方向到底如何，目前尚未得到一致性结论，相关研究亟待进一步丰富。

基于此，本章使用来自于中国健康与营养调查数据库（CHNS）的家庭微观数据以及与之相匹配的省际面板数据，借鉴 Singh 等（1986）和 Deaton 等（1989）提出的农村家庭模型，研究中国农产品关税减让、进口价格变动对农村家庭消费支出、生产经营收入的影响，在此基础评估农产品关税减让和农产品进口价格变动对农村家庭福利的影响。

与已有研究相比，本章可能的边际贡献在于：第一，充分利用家庭微观调查数据的特点，解决了已有研究采用宏观加总数据无法获取微观家庭农业生产和消费情况、研究结论不能精准到户的问题，使结论更加深入、可靠；第二，细分了农产品种类，按蔬菜水果、粮食烟草、肉禽蛋和水产品四个大类[①]分别研究关税减让、进口价格变动对我国农村家庭福利的影响，以往国内研究均将农产品视为一个整体；第三，不仅研究了关税减让对农村居民家庭福利的影响，还研究了农产品进口价格对农村居民家庭福利的影响；第四，研究了农产品关税减让、进口价格变动对我国不同地区、不同收入水平农村家庭福利的差异化影响。本章余下内容安排如下：第二部分介绍本章的研究方法，第三部分为实证研究结果，最后为本章的研究结论与启示。

第二节　研究方法

由于农村居民家庭既是农产品的消费者，又是农产品的生产者，因此农产品贸易自由化以及农产品进口价格变动所导致的国内农产品消费价格对农村居民家庭福利的影响途径有两个：一个途径是通过国内农产品消费价格直接影响农村居民家庭福利；二是通过影响劳动力市场对农村居民家庭的工资收入（非农收入）产生作用而影响农村居民福利。因此，评估农产品关税减让和农产品进口价格变动对农村家庭福利效应的影响可以分三个步骤来实现：第一，评估农产品关税减让和农产进口价格变动对国内农产品消费价格的影响；第二，评估国内农产品消费变动对农村居民家庭工资收入的影响；第三，评估因农产品关税减让和农产进口价格变动导致的国内农产品消费价格变动以及农村居民家庭收入变动对农村家庭福利的影响。

（一）农产品价格变动的福利效应分析

我们首先讨论农产品消费价格变动对农村家庭福利的影响。现有文献测算农产品价格变动对居民家庭福利的方法主要有补偿变量法、等价收入法和成本函数法。其中，

① CHNS2006 年调查问卷将农村家庭生产经营情况按蔬菜水果、粮食烟草、肉禽蛋和水产品四个大类进行细分，本章依照这一分类进行相关数据的处理。

补偿变量法是最为常用的一种方法，因此，本章也使用补偿变量法来度量农产品价格变动对农村家庭福利的影响。补偿变量是指当农产品价格变动后，为了保证家庭原有福利水平不变而需要支付的货币补偿，如果该补偿值为正，说明该家庭需要一笔正的货币补偿来抵消由价格冲击导致的福利变动，也就是说价格变动导致了福利受损；如果该补偿值为负，说明为维持价格冲击前的福利水平，家庭仅需支付更少的货币量，也就是说价格变动提高了家庭福利水平。由于农村居民家庭同时具备农产品生产者与消费者两种身份，因此我们还需要区分价格传导对生产经营收入和消费支出的不同影响。借鉴 Singh 等和 Deaton(1989)建立的农村家庭模型，我们构建如下的补偿变量 CV(compensating variations)：

$$CV = e(p_1, u_0)(p_1, u_0) - e(p_0, u_0) + \pi(p_0, w_1) - \pi(p_1, w_0) \tag{13-1}$$

其中，e(・)为支出函数，p 和 w 分别表示最终品消费价格和中间品价格，u 为家庭效用，π(・)为家庭生产活动的利润函数。下标 0 和 1 分别表征价格冲击前后。

我们假定短期内农村家庭收入结构、消费结构不发生变化。因此，对式(13-1)做一阶泰勒展开可得：

$$CV = \sum_{i=1}^{N} \frac{\partial e(p_{i0}, u_0)}{\partial p_i} \cdot (p_{i1} - p_{i0}) - \sum_{i=1}^{N} \frac{\partial \pi(p_{i0}, w_{i0})}{\partial p_i} \cdot (p_{i1} - p_{i0}) - \sum_{i=1}^{N} \frac{\partial \pi(p_{i0}, w_{i0})}{\partial w_i} \cdot (w_{i1} - w_{i0}) \tag{13-2}$$

式(13-2)右边的三项分别描述了消费价格变化对农村家庭消费支出、农村家庭生产收入和劳动力等中间品投入的影响。由式(13-2)可得：

$$CV = \sum_{i=1}^{N} Q_{i0}(p_{i1} - p_{i0}) - \sum_{i=1}^{N} S_{i0}(p_{i1} - p_{i0}) - \sum_{i=1}^{N} X_{i0}(w_{i1} - w_{i0}) \tag{13-3}$$

其中，Q_{i0} 、S_{i0} 和 X_{i0} 分别表示价格冲击前家庭中产品 i 的消费量、生产量和中间品投入量。将式(13-3)两边同时除以家庭初期收入 Y_0，可以得到用百分比表示家庭福利水平变化情况：

$$\frac{CV}{Y_0} = \sum_{i=1}^{N} q_{i0}\hat{p}_i - \sum_{i=1}^{N} s_{i0}\hat{p}_i - \sum_{i=1}^{N} x_{i0}\hat{w}_i \tag{13-4}$$

其中，q_{i0} 、s_{i0} 和 x_{i0} 分别表示价格冲击前家庭中产品 i 的消费支出、生产收入和中间品投入占家庭收入的比例。符号^表示用百分比表示的冲击前后的价格变化。因此，式(13-4)给出了由价格冲击所引致的家庭福利水平百分比变化的计算公式。

(二)关税减让与进口价格波动对国内农产品消费价格的影响

接下来，我们讨论如何测算因关税减让和农产品进口价格波动导致的国内农产品消费价格变动。由于农户既是农产品的消费者，也是农产品的生产者，因此，关税减让和农产品价格变动对农产品消费价格的作用是两个方面的：首先，进口农产品价格变动会直接影响最终的农产品消费价格；其次，进口农产品价格变动会影响国内农产品的生产活动以

及定价能力,从而间接影响最终的农产品消费价格。因此,类似于 Nicita(2014)、朱晶等(2016)的设定方式,假定在只存在进口关税贸易壁垒,我们将国内农产品消费价格设定为:

$$PD_{it} = PP_{it}^{\alpha}[PF_{it}E_t(1+Tariff_{it})]^{1-\alpha} \tag{13-5}$$

其中,PD 为国内消费价格,PP 为国内生产价格,PF 为进口价格,E 为本币名义汇率,Tariff 为进口关税税率。上标 α 和 $1-\alpha$ 分别表示国内农产品生产价格和完税进口价格对最终消费价格的影响程度。下标 i 和 t 分别表示农产品种类与年份。式(5)两边取自然对数可得:

$$\ln PD_{it} = \alpha \ln PP_{it} + (1-\alpha)\ln PF_{it} + (1-\alpha)\ln E_t + (1-\alpha)\ln(1+Tariff_{it}) \tag{13-6}$$

前文已指出,α 和 $1-\alpha$ 分别表示国内农产品生产价格和完税进口价格对最终消费价格的影响程度,因此,当 $\alpha=0$ 时,表明进口农产品的完税进口价格对国内农产品价格的影响是完全的,完税进口价格的变动会全部传导给国内消费者;当 $\alpha=1$ 时,表明农产品的消费价格完全由国内生产价格决定。类似于经典的价格传导机制研究文献中所设定的那样,我们放松式(13-6)中右边不同影响因素前面的系数 $1-\alpha$ 不变的设定,构建如下方程:

$$\ln PD_{it} = \beta_1 \ln PP_{it} + \beta_2 \ln PF_{it} + \beta_3 \ln E_t + \beta_4 \ln(1+Tariff_{it}) \tag{13-7}$$

此外,Nicita(2014)认为,开放条件下的国内消费品价格还会受到贸易成本的影响,罗知和郭熙保(2010)也认为,中国省际层面的贸易成本会影响进口价格对消费价格的作用程度。因此,我们还考虑贸易成本通过影响进口关税对国内农产品消费价格产生作用,在式(13-7)中引入贸易成本变量与进口价格、进口关税的交互项来表征进口贸易对农产品消费价格的影响。由于中国是一个地区差异的大国,各地区的要素价格和地理条件均存在巨大差异,因此我们在实证分析中使用了省际层面的面板数据,以控制住地区异质性。最后,构建如下实证方程用以估算关税以及进口产品价格对国内消费价格的影响:

$$\begin{aligned} \ln PD_{irt} = &\beta_0 + \beta_1 \ln PP_{irt} + \beta_2 \ln E_t + \beta_3 \ln PF_{it} + \beta_4 \ln(1+Tariff_{it}) + \\ &\beta_5 Cost_r \ln PF_{it} + \beta_6 Cost_r \ln(1+Tariff_{it}) + \beta_7 Cost_r + \varepsilon_{irt} \end{aligned} \tag{13-8}$$

其中,下标 r 表示地区,β 为各变量的估计系数,ε_{irt} 为随机扰动项。基于式(13-8),我们可以得到国内农产品消费价格对关税和进口农产品价格的反应弹性分别为:

$$\frac{\partial \ln PD_{irt}}{\partial \ln(1+Tariff_{it})} = \hat{\beta}_4 + \hat{\beta}_6 Cost_r \tag{13-9}$$

$$\frac{\partial \ln PD_{irt}}{\partial \ln PF_{it}} = \hat{\beta}_3 + \hat{\beta}_5 Cost_r \tag{13-10}$$

(三)农产品消费价格对家庭工资收入的影响

由进口贸易所引致的农产品国内消费价格变化,不仅对家庭售卖所得产生影响,还通过影响劳动力市场对劳动力的工资收入产生作用。因此,需就国内消费价格变化对家庭成员工资收入的影响进行评估。在明瑟经典工资方程基础上,引入农产品消费价格,实证方程设定如下:

$$\ln Wage_{ir}=\beta_0+\beta_1 PD_{1r}+\beta_2 PD_{2r}+\beta_3 PD_{3r}+\beta_4 PD_{4r}+\beta_5 Edu_{ir}+\beta_6 Gender_i+\beta_7 Age_i+\beta_8 Age_i^{\ 2}+\beta_9 Com_i+\beta_{10} Career_i+\varepsilon_{ir} \quad (13\text{-}11)$$

其中，Wage 为劳动力月工资金额对数，下标 i、r 代表个人和省份；PD 为国内农产品消费价格，下标数字 1～4 分别代表蔬菜水果、粮食烟草、畜禽蛋和水产品四个大类农产品；Edu 为受教育年限；Gender 为性别虚拟变量，男性为 0，女性为 1；Age 和 Age^2 为劳动力年龄及其平方。回归同时还控制住劳动力的所在单位性质（Com）与职业特征（Career）。ε_{ir} 为随机扰动项。将式（13-9）和（13-10）计算得到的国内农产品消费价格对关税和进口农产品价格的反应弹性与式（13-11）结合起来，即可得到关税变动和进口产品价格变动引致的工资水平变动。

因此，我们的评估过程为：首先，利用宏观层面的数据、基于式（13-8）估算农产品关税减让和进口农产品价格变动对国内农产品消费价格的传导系数及其程度，进而分析其对消费支出的影响；然后，结合宏观数据和家庭微观数据、结合式（13-9）、（13-10）和（13-11）估算出农产品关税减让和进口农产品价格变动对农村居民家庭工资收入的影响；最后，利用家庭微观数据、基于式（13-4）测算因农产品关税减让和进口农产品价格变动引致的消费支出变动和收入变动对家庭福利的影响。

第三节　数据来源与实证结果

（一）数据来源

根据前文的分析可知，我们的实证分析过程既需要国家层面的关税数据，也需要地区层面的价格指数和贸易条件等数据，同时也需要家庭收入、支出和消费等个体数据。我们所考虑的地区范畴为省级地区，各地区农产品消费价格分类指数、农产品消费支出、居民消费价格指数、人民币汇率数据来自历年《中国统计年鉴》；各地区农产品产量、农产品集贸市场价格和农产品生产价格分类指数来自历年《中国农产品价格调查年鉴》；历年农产品进口额、农产品进口关税数据分别来自联合国 COMTRADE 数据库和世界银行 WITS 数据库；贸易成本变量用各省会城市到最近港口的距离表示；进口关税采用 MFN 实施关税税率中的税目简单平均数据。

家庭微观数据则来源于中国健康与营养调查（CHNS）。CHNS 是由中国疾病预防控制中心营养与食品安全所与美国北卡罗来纳大学人口中心合作发起的追踪调查项目。该调查是目前针对中国的极少数的微观调查中，调查年份最多并同时对家庭和个体进行连续观测的数据样本。被调查家庭样本来自辽宁、黑龙江、江苏、山东、河南、湖北、湖南、广西、贵州 9 个省份。该调查目前已结在 1989 年、1991 年、1993 年、1997 年、2002 年、

2004 年、2006 年、2009 年和 2011 年进行了 9 轮。由于中国是在 2001 年 12 月 11 日加入 WTO,但中国的关税减让并非在加入 WTO 之日立即大幅度减让,而是逐渐减让的,2001—2005 年是中国承诺的履行减税期,这期间中国关税减让幅度显著,因此我们使用的是 2005 年之后关税有了大幅度减让之后的数据。但由于 2008—2009 年中国农产品进口关税减让幅度微弱,因此,我们没有使用 2009 年的数据。此外,2011 年的 CHNS 调查中食品代码发生了改变,目前尚未见到权威的代码识别资料,因此我们也没有使用 2011 年数据,最后,我们使用的是 2006 年的 CHNS 调查数据①。CHNS2006 包括住户调查、个人调查和膳食调查,分别提供了本章所需的家庭农产品生产收入、家庭成员工资收入和家庭农产品消费等数据。按照 CHNS2006 年调查中家庭农产品生产种类分组的数据特征,本章将农产品分为蔬菜水果、粮食烟草、畜禽蛋和水产品四个大类。CHNS2006 将劳动力所在单位的性质区分为国企、外企、私企和集体企业四种,在式(13-11)的回归中,用变量 Com 控制劳动力所在单位的性质②;此外,CHNS2006 中职业类型共有 13 类,因此,在式(13-11)的回归中,用变量 Career 控制劳动力职业类型③。

根据前文可知,我们需要使用地区层面的宏观数据来估算关税减让、农产品进口价格对国内农产品消费价格的影响,同时还需要估计工资的价格弹性。在这个估计中,我们使用的是中国省际层面的面板数据,由于我们所使用的微观数据是 2006 年的微观数据,为了使微观数据同省际层面的面板数据相匹配,我们在选择省际数据的年份时遵循如下原则:第一,宏观数据的年份应当将 2006 年包含在内;第二,省际层面的样本数据距离 2006 年时间间隔不宜太长。考虑到 2003 年的农产品细分价格数据不可得,我们最终使用的是 2004—2009 年的省际层面面板数据。我们采用 2003 年各大类农产品集贸市场价格数据表征基期消费价格。由于中国地区层面农产品生产价格数据不可得,借鉴已有研究做法,我们假设 2003 年生产价格为同年消费价格的 1/2。2004 年起各年份消费价格和生产价格数据分别由基期消费价格和生产价格数据乘以消费价格分类指数和生产价格分类指数得到。在加总四大类农产品消费价格、生产价格和进口价格过程中,分别利用各农产品的家庭消费支出占比、地区生产量乘以生产价格所得到的生产额占比、进口额占比为相应权数,求出四大类农产品的加权消费价格、生产价格与进口价格。所有价格均通过消费者价格指数平减为 2003 年不变价。

(二)农产品关税减让、进口价格变动对国内消费价格的传导

由于农产品生产价格和农产品消费价格同属省份层面数据,因此,在估计式(13-8)中

---

① 我们也采用 CHNS2009 数据进行了实证研究,但由于 2008—2009 年我国农产品进口关税减让幅度微弱,导致相应结果接近于 0,分析的意义与价值不大,因此最终用于分析的数据是 2006 年的数据。

② 由于劳动力所在单位属性共有四类,因此我们使用了三个虚拟变量用以控制单位属性。

③ 这 13 种职业分别是高级专业技术工作者、一般专业技术工作者、管理者/行政官员/经理、办公室一般工作人员、农民/渔民/猎人、技术工人或熟练工人、军官与警官、士兵与警察、司机、服务行业人员、运动员/演员/演奏员、其他,因此我们使用了 12 个虚拟变量用以控制劳动者的职业属性。

的解释变量系数时可能存在反向因果联系。本章参照已有研究做法,采用工具变量法来提高估计精确性,将农产品生产价格的滞后 1 期作为该变量的工具变量。表 13-1 给出了工具变量的检验结果。DWH 检验原假设为解释变量是外生的,若拒绝原假设说明解释变量不是外生,回归应采用工具变量法。检验发现除水产品的生产价格不存在内生性问题外,其他三大类农产品的模型估计均需采用工具变量法。KP rk LM 检验原假设为工具变量识别不足,若拒绝原假设说明不存在工具变量识别不足问题;KP rk Wald 检验原假设为工具变量弱识别,若 F 值大于 Stock-Yogo 检验临界值则拒绝原假设,说明不存在工具变量弱识别问题。Kleibergen-Paap rk LM 检验和 Kleibergen-Paap rk Wald F 检验结果显示,本章选取的工具变量是有效的,不存在无法识别和弱工具变量问题。

表 13-1　工具变量的检验结果

变量	蔬菜水果	粮食烟草	肉禽蛋	水产品
生产价格	0.8168*** (14.9872)	0.7927*** (7.6125)	0.7440*** (5.8978)	0.9301*** (13.3510)
汇率	−1.0941 (−1.2074)	1.2258*** (2.8982)	−0.3948 (−0.9869)	−0.0340 (−0.0704)
贸易成本	−0.0111 (−0.6688)	−0.0006 (−1.3586)	0.0019(0.5552)	−0.0041*** (−2.6990)
进口价格	0.3595 (0.8064)	0.1447 (1.1710)	0.0114 (0.1435)	−1.3850 (−0.8893)
进口关税	−55.7007 (−0.5299)	−1.0849 (−0.6901)	2.6074 (0.1269)	−12.9688 (−0.6591)
进口关税×贸易成本	0.0769 (0.6257)	0.0015 (0.7679)	−0.0147 (−0.5468)	0.0285 (1.5638)
进口价格×贸易成本	−0.0012* (−1.8741)	−0.0001 (−0.3416)	−0.0000 (−0.3540)	0.0025 (1.2814)
常数项	10.8191 (0.8229)	−1.0928 (−1.1257)	1.6937 (0.8370)	2.8611** (2.4306)
样本数	54	54	54	54
DWH 检验	7.2422 [0.0071]	4.1447 [0.0418]	6.4735 [0.0109]	1.8950 [0.1686]
Kleibergen-Paaprk LM 检验	10.369 [0.0013]	27.184 [0.0000]	17.606 [0.0000]	14.550 [0.0001]
Kleibergen-Paaprk Wald F 检验	287.655 {16.38}	114.231 {16.38}	181.407 {16.38}	539.824 {16.38}

注:(1)回归采用稳健标准误;(2)小括号内为 t 值、中括号内为 p 值、大括号内为 10%显著性水平上的 Stock-Yogo 检验临界值;(3) *、** 和 *** 分别代表在 10%、5%和 1%的水平上显著。

基于表 13-1 的结果，采用面板数据模型与工具变量法对式(13-8)进行估计。联合 F 检验原假设为使用混合回归，若拒绝原假设说明固定效应优于混合回归；Breusch-Pagan LM 检验原假设为使用混合回归，若拒绝原假设说明随机效应优于混合回归；Hausman 检验原假设为使用随机效应。根据联合 F 检验、Breusch-Pagan LM 检验和 Hausman 检验的结果，对面板数据模型的混合效应、固定效应与随机效应进行选取。表 13-2 报告了各大类农产品实证过程的相应检验结果与模型选取后的估计结果。其中，蔬菜水果类和水产品类由于采用固定效应模型，地区贸易成本变量在回归中被省略。

表 13-2　进口贸易对农产品消费价格的影响

变量	蔬菜水果	粮食烟草	肉禽蛋	水产品
生产价格	0.0147 (0.0663)	0.4233*** (3.2426)	0.1929 (1.0801)	0.2753** (2.4819)
汇率	−1.6799*** (−4.4473)	0.6858*** (2.7935)	−1.5488*** (−3.8273)	−0.4688** (−2.1621)
贸易成本	—	−0.0005 (−1.4325)	0.0016 (1.0429)	—
进口价格	−0.5246* (−1.6902)	0.1064** (2.0137)	−0.0869* (−1.8282)	0.4435 (0.5718)
进口关税	−94.1549** (−2.3841)	−0.8286 (−0.9837)	8.3983 (0.8096)	−16.9410* (−1.7860)
进口价格×贸易成本	−0.0004 (−0.9781)	−0.0001 (−0.8736)	−0.0000 (−0.2435)	−0.0002 (−0.1576)
进口关税×贸易成本	0.0291 (0.6149)	0.0012 (0.9692)	−0.0143 (−1.1389)	0.0287*** (2.7685)
常数项	14.4303*** (3.5644)	0.0413 (0.0714)	4.6245*** (3.1688)	2.4083*** (5.1786)
样本数	54	54	54	54
联合 F 检验	28.76 [0.0000]	64.05 [0.0000]	37.43 [0.0000]	42.17 [0.0000]
Breusch-Pagan LM 检验	11.49 [0.0004]	74.73 [0.0000]	82.11 [0.0000]	80.22 [0.0000]
Hausman 检验	23.52 [0.0000]	5.36 [0.1474]	3.29 [0.3495]	6.59 [0.0863]

注：(1)回归采用聚类稳健标准误纠正省份层面误差的相关性；(2)小括号内为 t 值、中括号内为 p 值；(3) *、** 和 *** 分别代表在 10%、5%和 1%的水平上显著。

表 13-2 的结果显示，蔬菜水果类进口价格变量符号显著为负，说明当该类进口农产品价格上升时，国内消费价格会下降。这意味着，当蔬菜水果类农产品进口价格上涨时，

由于国内同类产品价格较低，具有一定比较优势，消费者会转而选择国内同类产品，替代了对进口农产品的需求，从而拉低了国内消费价格。这一发现与罗知和郭熙保(2010)的发现类似。粮食烟草类农产品的进口价格变量符号为正，说明进口价格的上升或下降会传导至国内消费市场，并导致国内消费价格的同方向变动。可能的原因在于，一方面，烟草类产品作为致瘾性商品，其需求价格弹性较低，因此进口价格变动对消费需求影响不大；另一方面，国内粮食质量安全问题越来越受到人们关注，与进口粮食价格变动相比，人们更关心的是食品安全问题，即使在进口粮食价格上涨的情况下仍然会购买，从而导致粮食国内消费价格与进口价格之间的同方向变动。这一发现与王孝松和谢申祥(2012)的结论一致。畜禽蛋类进口价格变量显著为负，说明国内消费者对该类进口产品的需求与国产产品之间的替代性较强。这和蔬菜水果类产品情形类似，说明中国蔬菜水果及畜禽蛋类产品具有一定的竞争力。进口价格对水产品的影响不显著。进口价格与贸易成本交互项均不显著，说明农产品进口价格对国内消费价格的影响不存在地区层面的差异。

进口关税主要对蔬菜水果和水产品类的农产品产生显著影响。对蔬菜水果类而言，进口关税变量对国内消费价格的影响为负，说明关税减让会促使国内进口更多蔬菜水果类农产品。由于此类产品进口价格较高，因此拉升了该类农产品的国内消费价格；对水产品而言，进口关税与贸易成本交互项的符号为正，说明进口关税减让会通过降低价格加成，使国内水产品的消费价格下降，且这一影响存在着地区层面的差异。进口关税减让对粮食烟草、畜禽蛋类农产品的影响并不显著，可能的原因在于，本章样本区间处于中国入世的“过渡期”及以后，农产品关税减让的承诺已充分履行，因此进口关税对部分农产品国内消费价格的影响已不再显著[①]。

从控制变量结果看，国内生产价格对各大类农产品国内消费价格的影响均为正，这意味着二者之间有正向传导机制，与王军英和朱晶(2011)的结论一致。汇率上升代表本国货币贬值，从而对进口商品价格有抬升作用，不利于进口。实证结果显示，汇率对粮食烟草类产品国内消费价格的影响显著为正，对其他三类农产品国内消费价格的影响显著为负。这意味着，当中国货币贬值时，尽管进口价格有所提升，但中国消费者仍然会保持对粮食烟草类进口品的需求，从而对国内消费价格产生了拉升效果；而在其他三类农产品方面，中国消费者会转而选取国内较低价格的同类产品进行替代，从而对国内消费价格产生下降作用。这一发现与前文实证结论是一致的。

(三)国内农产品消费价格对劳动力工资的影响

家庭工资与消费价格之间同样可能存在的反向因果问题，因此在估计式(13-11)时我们同样选取四大类农产品消费价格的滞后 1 期作为相应的农产品消费价格的工具变量。

① 还需注意的是，本章所采用的是简单平均关税率，未考虑配额外关税等对农产品价格的影响。

进一步地，已有研究结论显示，进口贸易对中国技能劳动力与非技能劳动力工资的影响存在差异，因此，我们认为农产品消费价格对不同技能水平的劳动力的影响可能存在异质性。基于国际上对技能分类的通用标准，我们采用职业类型对不同技能劳动力进行分组，并做分组回归。具体而言，根据 CHNS2006 中的职业分类，我们将高级专业技术工作者、一般专业技术工作者、管理者/行政官员/经理、技术工人或熟练工人四类职业的就业者归为技能劳动力，其他九类职业的就业者归为非技能劳动力。具体的回归结果如表 13-3 所示。

表 13-3　农产品消费价格对劳动力工资的影响

变量	全体劳动力	技能劳动力	非技能劳动力
蔬菜水果价格	0.2757** (2.1270)	0.1848 (0.9199)	0.3698** (2.2096)
粮食烟草价格	0.4306*** (3.1533)	0.4042* (1.8019)	0.4941*** (2.9044)
畜禽蛋价格	−0.4655*** (−2.9789)	−0.3281 (−1.1122)	−0.4778*** (−2.6445)
水产品价格	−0.0510 (−0.4342)	−0.1866 (−0.8841)	−0.0278 (−0.2069)
受教育年限	0.0286*** (9.1038)	0.0401*** (5.8111)	0.0205*** (6.5084)
性别	−0.2051*** (−7.6806)	−0.1587*** (−3.8355)	−0.2470*** (−7.0334)
年龄	0.0246*** (2.8855)	0.0194 (1.2524)	0.0344*** (3.3850)
年龄平方	−0.0002** (−2.2598)	−0.0001 (−0.6068)	−0.0004*** (−3.2083)
单位性质	控制	控制	控制
职业类型	控制	控制	控制
常数项	6.3557*** (13.5347)	6.1255*** (7.4024)	6.3489*** (11.2216)
样本数	2052	866	1186
DWH 检验	37.1378 [0.0000]	26.9217 [0.0000]	16.5447 [0.0024]
Kleibergen-Paaprk LM 检验	404.178 [0.0000]	219.265 [0.0000]	183.377 [0.0000]
弱 IV 检验 p 值	0.0000	0.0000	0.0000

注：(1)回归采用稳健标准误；(2)小括号内为 t 值、中括号内为 p 值；(3) *、** 和 *** 分别代表在 10%、5%和 1%的水平上显著；(4)非技能劳动力回归中的职业类型共使用了八个虚拟变量，技能劳动力回归中的职业类型共使用了三个虚拟变量。

表13-3的工具变量检验结果显示,工具变量是有效的,不存在不可识别和弱工具变量问题。DWH检验 p 值均小于0.01,说明拒绝变量是外生的原假设,需要采用工具变量法。从回归结果上看,消费价格对劳动力工资产生影响的农产品主要集中在蔬菜水果、粮食烟草和畜禽蛋三大类上,水产品消费价格对劳动力工资影响不显著。其中,蔬菜水果、粮食烟草消费价格的上升会显著提升全体劳动力工资水平,而畜禽蛋消费价格的工资效应则相反。在对劳动力进行技能分组后,蔬菜水果消费价格的上升显著提升了非技能劳动力工资水平。由于中国蔬菜水果类农产品的生产主要以非技能劳动力为主,当产品市场价格上涨时,雇主出于扩大生产的需要,会雇用更多的非技能劳动力,从而对其工资有提升作用。粮食烟草消费价格上升同时提升了非技能劳动力和技能劳动力工资水平,意味着这类农产品生产对劳动力的技能水平没有明显偏好。畜禽蛋消费价格上涨则对非技能劳动力工资产生负向作用。可能的原因在于,与其他类农产品生产相比,此类农产品生产机械化程度较高,当市场价格提升时,雇主更倾向于购置新的机械设备用于扩大生产,从而替代了非技能劳动力的生产参与。

在控制变量中,受教育年限系数显著为正,说明教育对工人工资报酬有显著提升作用。年龄对工人工资的作用呈现出倒U形机制,说明随着劳动力年龄增长,劳动力市场对其需求会呈现出先增加后下降的趋势。此外,女性工人面临着显著的性别歧视,因性别不同而导致的同工不同酬现象明显存在。

(四)农产品关税减让、进口价格变动对农村家庭福利的影响

对中国农产品关税减让、进口价格变动的农村家庭福利效应测算需要家庭层面的生产收入、消费支出及工资收入等数据。我们首先对CHNS数据进行如下处理:(1)根据家庭住户编码变量合并住户调查表、膳食调查表及个人调查表;(2)剔除缺失值与异常值;(3)加总家庭在蔬菜水果、粮食烟草、畜禽蛋及水产品四大类农产品销售收入及成员工资收入作为家庭总收入;(4)根据《2002年中国食物成分表》,按食品代码变量将家庭的农产品消费量归类至四大类,导入农产品消费价格数据,求得家庭在四大类农产品上的消费支出;(5)分别用农产品销售收入、家庭成员工资收入和消费支出除以家庭总收入,得到生产销售比例、工资比例及消费支出比例数据①,该结果如表13-4所示。基于表13-4,我们可以看出,中国农村家庭收入的最主要来源是粮食烟草类农产品生产收入,其比例高达64.09%,其次分别是畜禽蛋、蔬菜水果和水产品。由于中国农村家庭成员结构以非技能劳动力为主,因此非技能劳动力工资占家庭收入比例高于技能劳动力工资占比。在消费方面,蔬菜水果、畜禽蛋和粮食烟草类农产品是农村家庭最主要的消费支出对象。

① CHNS调查问卷没有报告家庭农业生产的中间投入情况,因此无法直接测算包括劳动力在内的中间品投入受到的关税减让及进口价格冲击。本章基于地区内劳动力自由流动的假设,测得了家庭成员工资所受的关税减让及进口价格冲击。未来若有更详细的家庭微观调查数据,可就家庭农业生产的中间投入如种子、化肥等展开,从而得到更加精确的结果。

表 13-4　2005 年农村家庭农产品消费支出、生产收入与工资收入占比

变量	消费比例/%	生产比例/%	技能劳动力工资比例/%	非技能劳动力工资比例/%
蔬菜水果	19.08	8.78	4.06	10.47
粮食烟草	17.16	64.09		
畜禽蛋	17.98	11.10		
水产品	3.25	1.50		

将上文求得的农产品关税减让、进口价格变动对消费价格的传导系数、工资的消费价格弹性和表 13-4 结果代入式(13-4),即可测得农产品进口贸易所引致的家庭福利水平变化率,结果如表 13-5 所示。

表 13-5　2005 年农产品关税减让、进口价格变动对农村家庭福利的影响

变量	消费支出/%	生产收入/%	工资/%		家庭福利补偿变量/%
			技能	非技能	
蔬菜水果	0.76	0.35	—	0.15	0.26
粮食烟草	0.60	2.24	0.06	0.18	−1.88
畜禽蛋	−0.38	−0.24	—	0.11	−0.25
水产品	−0.10	−0.05	—	—	−0.05
加总	0.88	2.31	0.06	0.44	−1.93

注:对式(13-4)测算需要结合上文实证系数的显著性。

从加总结果看,2005 年农产品关税减让、进口价格变动使得农村家庭消费支出增加了 0.88%,但同时使生产收入、技能工资和非技能工资分别增加了 2.31%、0.06%和 0.44%,家庭福利补偿变量为−1.93%,说明农村家庭为维持关税减让、进口价格变动价格冲击之前的福利水平,仅需支付较低的货币量,家庭福利有所改善。这一结果与朱晶等(2016)结果类似。从分项上看,蔬菜水果类农产品关税减让、进口价格变动对农村家庭消费支出的增加程度大于对家庭收入的提升程度,导致农村家庭福利受损;粮食烟草类农产品关税减让、进口价格变动对农村家庭消费支出的增加程度低于对家庭收入的提升程度,改善了农村家庭福利;畜禽蛋和水产品两大类农产品的关税减让和进口价格变动则使得农村家庭消费支出与生产收入双双下降。由于前者下降幅度高于后者,农村家庭净支出下降,福利有所上升。

进一步地,按照农产品四大类细分讨论农产品关税减让、进口价格变动对中国农村家庭福利的影响:

对于蔬菜水果类而言,2005 年进口价格下降使得国内消费者扩大了进口蔬菜水果的购买比例。由于进口蔬菜水果价格高于国内同类产品价格,因此对该类农产品的国内消费价格有提升作用。关税减让也扩大了消费者对高价格进口蔬菜水果的需求,进一步促进了国内消费价格的上涨。最终,该类农产品国内消费价格的上涨使得中国农村家庭对该类农产品消费支出上升了 0.76%,生产收入和工资收入分别上升了 0.35%和 0.15%,家庭福利补偿变量为 0.26%。这一结果说明,当蔬菜水果类农产品进口价格下降时,中国农村家庭要获取一笔正的收入才能保持之前的真实收入水平,家庭福利受到损害。

中国农村家庭粮食烟草类生产比例远高于消费比例,是净生产者,因此该类农产品进口价格变动方向与农村家庭福利变动方向一致。2005 年粮食烟草类进口价格上升,使得国内农村家庭生产和工资收入分别增加 2.24%和 0.24%,大于消费支出增加比例 0.6%,家庭福利补偿变量为−1.88%,说明家庭福利得到改善。此处值得引起我们重视的是,在粮食烟草类进口价格向下波动的其他年份,中国农村家庭生产收入下降大于消费支出下降,将导致家庭福利受损。考虑到国内外粮食价格长期倒挂的现实,我们必须关注由国外粮食价格波动所引致的国内农村家庭福利损失问题。

畜禽蛋进口价格上升,消费者转向国内较低价格的同类产品消费,导致国内消费价格下降。由于中国农村家庭畜禽蛋生产比例低于消费支出比例,是该类农产品的净消费者,在消费支出下降 0.38%的同时,农村家庭生产收入下降 0.24%,工资收入上升0.11%,家庭福利补偿变量为−0.25%。这说明,当中国畜禽蛋类农产品进口价格上升时,国内农村家庭为维持冲击前的真实收入水平,净支出有所减少,家庭福利得到改善。结合当下社会舆论关注的进口牛肉、鸡蛋等农产品是否对国内造成冲击等热点问题,我们的发现从农村家庭微观层面提供了一种可能性答案。

水产品关税减让通过减少进口价格加成,使国内消费价格有所下降。由于农村家庭是水产品的净消费者,消费支出下降程度高于生产收入下降程度,农村家庭福利最终得到改善。

我们还关注由农产品关税减让和进口价格变动对不同收入层次农村家庭福利的差异化影响。按照收入水平 25%、50%、75%分位数对农村家庭进行分组测算,表 13-6 报告了测算结果。农产品关税减让、进口价格变动提高了所有分位数水平上农村家庭的福利水平。有两点结论值得注意:一是 2005 年农产品关税减让、进口价格变动对 25%分位数以下群体的福利水平有改善的作用。考虑到这一收入水平及以下的农村家庭绝大多数属于贫困群体,这说明中国贸易自由化进程对农村家庭具有减贫的作用,这与林文和邓明(2014)的结论一致。二是收入越高的家庭,其福利水平改善程度越大,这一发现与朱晶等(2016)类似。造成这一现象的原因有二:一是蔬菜水果类农产品对于收入在中位数及以上水平的农村家庭福利补偿变量影响为负,说明这部分农村家庭仅需支付较冲击前更少的货币量就可以维持福利水平不变,福利水平得到改善;二是关税减让、进口价格变动显著提高了非技能劳动力工资和农村家庭收入,促使同时提供农产品和劳动力的这

部分高收入农村家庭获益更多。需要重视的是，考虑到家庭福利补偿变量采用占收入百分比形式，农产品关税减让、进口价格变动对较高收入农村家庭福利的绝对增加量大于对较低收入家庭福利的绝对增加量，不同收入水平农村家庭福利水平绝对值之间的差距被拉大。

表 13-6　2005 年农产品关税减让、进口价格变动对不同收入水平农村家庭福利的影响

单位：%

变量	分位数			
	0～25	25～50	50～75	75～100
蔬菜水果	1.14	0.47	−0.04	−0.58
粮食烟草	−1.69	−2.11	−2.02	−1.69
畜禽蛋	−0.42	−0.24	−0.17	−0.16
水产品	−0.16	−0.07	−0.01	0.04
加总	−1.14	−1.95	−2.25	−2.40

表 13-7 报告了农产品关税减让、进口价格变动对不同地区农村家庭福利水平的差异化影响。辽宁、黑龙江、江苏、山东、河南等产粮大省的农村家庭福利水平增加率明显高于其他省份的农村家庭福利水平增加率。此外，广西、湖南等农业大省的家庭福利水平改善程度也较大。由此可以看出，中国农产品关税减让、进口价格变动的地区间农村家庭福利效应随各地农业生产结构差异而有所不同。

表 13-7　2005 年农产品关税减让、进口价格变动对不同地区农村家庭福利水平的影响

单位：%

变量	地区								
	辽宁	黑龙江	江苏	山东	河南	湖北	湖南	广西	贵州
蔬菜水果	−0.11	0.43	0.10	−0.02	0.85	0.33	0.14	−0.04	0.27
粮食烟草	−1.97	−2.43	−2.15	−2.14	−2.31	−1.61	−1.21	−1.41	−1.27
畜禽蛋	−0.40	−0.22	−0.37	−0.25	−0.19	−0.21	−0.21	−0.39	−0.09
水产品	−0.05	−0.10	−0.07	−0.11	−0.02	0.01	−0.03	−0.08	−0.02
加总	−2.53	−2.32	−2.50	−2.51	−1.67	−1.47	−1.31	−1.93	−1.11

第四节　研究结论与启示

通过上述研究，本章得到以下基本结论：第一，关税减让、进口价格变动对国内农产品消费价格有显著的传递效应，且随农产品不同种类有所不同；第二，这一作用通过农村家庭生产收入、消费支出渠道,从而对农村家庭真实收入与福利水平产生了明显影响;第三,关税减让和进口价格变动对中国农村家庭福利的影响存在家庭收入和所处地区方面的差异性。

本章研究结论的意义是深远的。随着中国开放水平和开放层次的不断加深,国际市场上的农产品价格波动不可避免地对中国农户福利产生了显著影响。例如,当进口价格上涨时,国内较低价格的蔬菜水果、畜禽蛋类农产品与同类进口品相比具有一定的比较优势与替代性,从而对农村家庭福利水平有利好作用;但是,当进口价格下跌时,国内消费者会转而选择更具有相对价格优势的进口蔬菜水果、畜禽蛋类农产品,从而对农村家庭福利水平有负向影响。而国内粮食烟草类农产品因为竞争力不足,面对进口价格冲击,国内价格只能"随波逐流",极其不利于国内粮食安全与农户福利稳定。因此,在对外开放水平不断提高的时代背景下,必须下功夫大力培养中国农产品在质量、品牌、信誉等方面的竞争优势,从而加强中国农业、农村和农民面对国际市场价格波动时的风险抵御能力。这不仅是深化中国农业供给侧结构性改革、促进农业现代化建设的重要抓手,更对中国农村家庭福利水平的提升、"三农"问题的解决和乡村振兴战略的顺利实施具有深远的影响。

此外,国家还应加强对中国不同地区、不同收入水平农村家庭生产、消费情况的大数据监测、公布和应用工作。这将有助于相关学者就国际农产品市场价格波动对中国农村家庭支出、收入、福利和贫困的冲击问题及时进行评估与研究,从而为提高相关产业政策与扶持、救助政策的精准性、有效性提供基础研究支撑。

本章参考文献

葛玉好,曾湘泉,2011.市场歧视对城镇地区性别工资差距的影响[J].经济研究(6):45-56.

何秀荣,2003.我国农产品国际贸易研究方面的问题及建议[J].农业经济问题(2):23-25.

黄季焜,马恒运,2000.价格差异:我国主要农产品价格国际比较[J].国际贸易(10):20-24.

李实,杨修娜,2010.农民工工资的性别差异及其影响因素[J].经济社会体制比较(5):82-89.

林文,邓明,2014.贸易开放度是否影响了我国农村贫困脆弱性:基于CHNS微观数据的经验分析[J].国际贸易问题(6):23-32.

路子显,2011.粮食重金属污染对粮食安全、人体健康的影响[J].粮食科技与经济(4):14-17.

罗知,郭熙保,2010.进口商品价格波动对城镇居民消费支出的影响[J].经济研究(12):111-124.

施炳展,张夏,2017.中国贸易自由化的消费者福利分布效应[J].经济学(季刊)(4):

1421-1448.

田志宏,2009.2008 年 12 月农业模式草案对中国的影响[R].ICTSD 农业贸易和可持续发展项目.

王军英,朱晶,2011.贸易开放、价格传导与农户消费[J].农业技术经济(1):111-120.

王琦,2014.中国农产品关税水平及结构分析[J].世界农业(1):100-106.

王孝松,谢申祥,2012.国际农产品价格如何影响了中国农产品价格?[J].经济研究(3):141-153.

张明志,刘杜若,邓明,2015.贸易开放对技能溢价的影响:理论机制与中国实证[J].财贸经济(4):85-95.

张品一,2017.食品价格上涨对我国农村异质性家庭福利的影响:基于 CHNS 数据的实证研究[J].中国经济问题(1):99-110.

朱晶,张腾飞,李天祥,2016.关税减让、汇率升值与农户福利:基于价格传导视角[J].农业技术经济(7):4-18.

BADOLO F,TRAORE F,2015.Impact of rising world rice prices on poverty and inequality in Burkina Faso[J].Development Policy Review,33(2):2.

BANKS J,BLUNDELL R,LEWBEL A,1996.Tax reform and welfare measurement:do we need demand system estimation? [J]. Economic journal,106(438).

CAMPA J M,GOLDBERG L S,2002.Exchange rate pass-through into import prices: a macro or micro phenomenon? [R].NBER working paper.

CHAKRAVORTY U,HUBERT,MARIE-HéLèNE,MARCHAND B U,2018.Food for fuel: the effect of the US biofuel mandate on poverty in India[R].TSE Working papers.

DEATON A. Rice prices and income distribution in Thailand: a non-parametric analysis [J].Economic journal,1989, 99(395):1-37.

GOLDBERG P K,KNETTER M M,1997.Goods prices and axchange rates: what have we learned[J].Journal of economic literature,35(3):1243-1272.

HAN J, et al,2016. Market structure, imperfect tariff pass-through, and household welfare in urban China[R].Working papers,100:220-232.

KING M A,2012. Welfare analysis of tax reforms using household data[J].Journal of public economics,21(2):183-214.

MINCER J, 1974. Schooling, experience, and earnings[J]. NBER books, 29(1): 218-223.

MINOT N,GOLETTI F,2000.Rice market liberalization and poverty in Viet Nam[R]. IFPRI report.

MINOT N,DANIELS L,2010.Impact of global cotton markets on rural poverty in benin [J].Agricultural economics,33(S3): 453-466.

NICITA A, 2009. The price effect of tariff liberalization: measuring the impact on household welfare[J].Journal of development economics,89(1).

NICITA A,OLARREAGA M,PORTO G G,2014.Pro-poor trade policy in sub-saharan Africa[J].Journal of international economics, 92(2):252-265.

PORTO G G,2006.Using survey data to assess the distributional effects of trade policy [J].Journal of international economics,70(1):140-160.

SINGH I,SQUIRE L,STRAUSS J,1986.Agricultural household models:extensions,applications,and policy[R].Washington DC:World Bank.

SLAUGHTER M J.What are the results of product-price studies and what can we learn from their differences? [R].NBER working papers.

WINTERS L,MCCULLOCH N,MCKAY A,2004.Trade liberalization and poverty: the evidence so far[J].Journal of economic literature,42(1):72-115.

第十四章　提高排污费能促进企业创新吗?
——兼论对我国环保税开征的启示*

牛美晨　刘　晔**

第一节　引言与文献综述

近年来,在绿色发展理念指引下,我国加快建立各项节能减排和清洁生产的法律法规。由此,《环境保护税法》及其实施条例于 2018 年起在我国正式施行,这标志着我国有了首个独立型的环境税税种。但是在实施创新驱动发展战略的新时期,我国环境政策的目标不仅仅限于改善环境,更期望能实现绿色发展与创新发展间的协同发展。

经济学界长期关注环境规制政策对技术创新的微观效应。传统的新古典理论认为环境规制政策会给企业造成额外的减排和治污成本,从而对企业技术创新及生产率产生抑制作用(Jaffe and Stavins,1995)。其主要原因在于两点:一是在环境规制强度提高的情况下,企业需增加额外投资用于减排治污,由此企业用于研发创新活动的资金可能会被用于环保的投资所挤占;二是由于受到严格的环境规制,成本的增加将会削弱企业在市场中原有的竞争力,导致企业可能会选择向规制水平较为宽松的地区进行产业迁移,从而减少其创新投入份额。但与此不同的是,Porter 和 Linde(1995)通过理论分析和案例研究,提出了著名的"波特假说",即更加严格但设计合理的环境政策能够激励创新,通过创新补偿效应能够部分甚至完全弥补政策的遵循成本,使企业获得更强的竞争力。而 Jaffe 和 Plamer(1997)进一步区分了三种类型的波特假说。基于此,国内外学者对"波特假说"进行了大量的实证研究,大致形成了四种不同的观点。

"促进论"认为环境规制能够激励企业技术创新,从而支持"波特假说"。如 Meier 和 Cohen(2003)对美国制造业的研究、Berman 和 Bui(2001)对洛杉矶地区石油冶炼业的研究、Hamamoto(2006)对日本制造业的研究等,都表明环境规制可激励企业创新以提高其生产率。在以我国为研究对象的文献中,沈能(2012)基于我国工业二位数行业的数据,

* 本章写作时间为 2021 年,故本章论述以 2021 年为时间节点。

** 牛美晨,浙江省发展规划研究院经济师,厦门大学经济学院硕士研究生;刘晔,教授,博士生导师,厦门大学经济学院财政系。

在考虑环境污染因素后通过计算各行业的环境效率来检验我国环境规制强度与环境效率之间的关系;陈诗一(2010)对我国 38 个二位数行业的工业全要素生产率的估算;张同斌(2017)采用 1995—2013 年的省级面板数据,以各地区排污费收入与污染排放总量的比值衡量环境规制强度,来研究其对污染累积与发展的作用效果,都证实了"波特假说"的成立。

"抑制论"认为环境规制会对企业创新产生阻碍作用,从而否定"波特假说"。Wagner(2007)以德国制造业为研究对象,发现更加严格的环境规制会减少企业的专利申请量。徐彦坤和祁毓(2017)研究表明 2003 年实施的限期达标政策抑制了企业的创新能力、增加了中间成本。张彩云和吕越(2018)运用 2001—2007 年中国工业企业数据进行实证研究,发现绿色生产规制对企业研发创新产生抑制作用。

"不确定论"认为环境规制与企业创新或经济绩效之间没有明显的关联。Boyd 和 McClelland(1999)研究发现,环境规制导致产业产出减少与产出增加可同时存在,因此其结果是不确定的。Alpay 等(2002)在分别以美国和墨西哥为对象研究环境规制对本国食品加工企业影响时,得出了完全相反的结论。Domazlicky 和 Weber(2004)研究美国化工行业,发现并没有证据表明环境规制一定会导致产业生产率增长的上升或下降。

"拐点论"张成等(2011)在测算我国 30 个省份工业部门生产技术进步率的基础上,研究发现至少在东中部地区,企业技术进步随环境规制强度而表现为"U"形关系。李玲和陶峰(2012)的研究则表明,环境规制强度与企业绿色 TFP 间的关系在不同污染程度行业间存在异质性,随着行业污染程度的上升,两者间的关系会经历由"U 形"到"倒 U 形"的变化。蒋伏心等(2013)基于江苏省制造业行业面板数据,采用对环境规制强度设置二次项的方法,发现企业技术创新水平随着规制强度增大呈"U"形动态变化。

综上,对环境规制与企业创新关系的研究并未取得一致结论,且很多研究未能有效地处理研究中的内生性问题。同时,尽管目前国内有较多相关研究,但大多是基于对作为命令控制型的环境规制政策的创新效应进行评估,而尚未对作为市场激励型政策的环境税政策进行"波特效应"的检验。其原因在于我国环保税 2018 年才开征,目前还缺乏足够的经验数据来做实证研究,而针对我国环保税创新效应的研究则更是空白。那么,作为基于市场激励型的一种重要环境政策,2018 年首征的我国环保税能否有效激励企业进行技术创新? 是否能实现"波特效应"? 这依然还是一个有待检验的命题。考虑到 2018 年开始实施的环保税制度在纳税人、应税污染物、计税依据、税目税额表上都是采取原排污费的相应设定[①],而环保税实施后,大部分省份基本上是按"税负平移"原则将排污费"费改税"而来,检验排污费制度的"波特效应"将有助于环保税政策的优化和完善。因此,本章以 2007 年国务院《关于印发节能减排综合性工作方案的通知》(国发〔2007〕15 号

---

① 可参见《中华人民共和国环境保护税法》及其《实施条例》中的相关规定。

文,本章简称《通知》)出台后,各省市陆续调整排污费征收标准为准实验[①],来验证排污费标准提高是否能够促进企业创新,进而得出对完善环保税政策的启示和建议。

本章主要贡献有:首先,本章利用在外生政策冲击下各省市相继进行排污费调整作为准实验,采用 DID 方法来考察我国提高排污费能否实现"波特效应",与现有文献直接用排污费总量来衡量地区环境规制强度(李永友、沈坤荣,2008)或对面板数据简单采取多元回归方法(李香菊、贺娜,2018)的研究相比,本章在一定程度上克服了内生性问题;其次,本章虽然检验的是提高排污费的技术创新效应,但由于我国开征的环保税采取了"税负平移"的原则,基本上类似于原有的排污费制度,所以本章基于排污费技术创新效应得出的研究结论,能对我国环保税政策完善和政策效应研究起到相应的启示作用;最后,本章分样本考察了企业的地区结构、所有制结构、行业结构等对企业技术创新效应的异质性影响,从而能更有针对性地提出政策建议。

第二节　制度背景与研究假说

(一)制度背景

在我国,与排污费有关的行政法规最早产生于 1982 年,但其征收标准一直低于治污成本。2003 年国务院通过《排污费征收使用管理条例》,对排污费制度进行了重大改革,但我国排污费征收标准仍然偏低。直到 2007 年,国务院发布了《通知》并在第 36 条明确规定,以成本补偿为原则,将 SO_2 排污费由目前的每公斤 0.63 元分三年提高到每公斤 1.26 元。同时《通知》第 38 条中还首次明确"研究开征环境税"。其后,各地区陆续开始对 SO_2 排污费征收标准进行调整。我国通过收集各地区公布的具体文件后发现,到 2014 年底,共有 16 个省(区、市)完成了排污费提标任务。从各省级地区排污费调整的具体时间可以看出,排污费征收标准的调整在全国范围内是逐步推开的,这也为本章采用 DID 模型来评估排污费提高带来的技术创新效应提供了可能。同时,根据我国排污费征收标准的调整幅度,以及 2018 年环保税税率的设置,可以看出大部分地区环保税税率与原排污费征收标准是一致的[②],由此研究排污费征收标准的提高,可为我国开征环保税的企业创新效应研究提供相应的经验证据和政策启示。

(二)研究假说

根据"庇古税"基本原理,对企业征收排污费会直接增加企业成本。因此,对企业而言有两种可能的选择:其一,继续保持现有的生产技术和污染排放水平不变,并由此缴纳

① 因篇幅所限,各地区排污费调整文件及时间以附表 14-1 展示,见《统计研究》网站所列附件。下同。

② 从 2018 年后各地区所公布的环保税税额标准来看,共有 19 个省(区、市)采取了完全"税负平移"的改革模式。

更多的排污费,从而可能挤占原本应用于研发创新的投入,进而抑制企业技术创新;其二,为了少缴纳排污费,企业着力进行技术创新,通过清洁生产来实现减排降污。对此,本章通过数理模型予以分析比较并提出本章的研究假设。

首先,本章假设所研究的市场为垄断竞争市场,即存在数量众多的消费者和生产者,产品是有差别的,同时消费者也存在异质性偏好,由此我们设定经济体内部存在 i 种产品, C_{it} 为产品 i 在 t 时间的消费量, σ 为各产品间的替代弹性($\sigma > 1$,且为常数), P_{it} 为产品 i 在 t 时间的销售价格。消费者的预算约束为 E ,则在 t 时间消费者最大化其消费水平的 C.E.S 函数为:

$$\max\left[C_t = \left(\int_0^1 C_{it}^{\frac{\sigma-1}{\sigma}} \mathrm{d}i\right)^{\frac{\sigma}{\sigma-1}}\right] \tag{14-1}$$

$$\text{s.t.} \quad P_t C_t = \int_0^1 P_{it} C_{it} \mathrm{d}i = E \tag{14-2}$$

$$P_t = \left(\int_0^1 P_{it}^{1-\sigma} \mathrm{d}i\right)^{\frac{1}{1-\sigma}} \qquad \forall\, i \in [0,1] \tag{14-3}$$

求解上述方程(14-1)～(14-3),可得产品 i 在 t 时间的消费量为:

$$C_{it} = E\,\frac{P_{it}^{-\sigma}}{\int_0^1 P_{it}^{1-\sigma} \mathrm{d}i} \tag{14-4}$$

作为接近于完全竞争的垄断竞争市场结构,假定存在市场出清,那么各产品的消费量等于其生产量。为了简化起见,假设市场上只存在 L 和 H 两种产品。其中,用低技术生产的产品为 L,其单位产量污染排放量为 W ;用高技术生产的产品为 H,其不排放污染物。同时按生产技术水平的差异,将企业分为低生产技术水平和高生产技术水平两种类型,分别生产产品 L 和 H,在此简单假设通过技术创新,企业就能生产更清洁的产品,从而降低单位产量的污染物排放量。假设 α 比例($\alpha < 1$)的企业已完成了企业生产技术的创新改进,则

$$\int_0^1 P_{it}^{1-\sigma} \mathrm{d}i = [(1-\alpha)P_L^{1-\sigma} + \alpha P_H^{1-\sigma}] \tag{14-5}$$

其中, P_L 为低生产技术水平企业的产品价格, P_H 为高生产技术水平企业的产品价格。在不考虑征收排污费的情况下,两种产品的边际生产成本分别为 MC_L 和 MC_H,且 $\mathrm{MC}_L > \mathrm{MC}_H$。假设每单位污染排放物的排污费标准为 μ ,在垄断竞争市场中,企业按边际成本加成定价原则确定产品价格,则:

$$P_L = \frac{\sigma}{\sigma-1}(\mathrm{MC}_L + W\mu),\ P_H = \frac{\sigma}{\sigma-1}\mathrm{MC}_H \tag{14-6}$$

在不考虑企业进行技术创新产生的成本时,两种企业的利润函数分别为:

$$\pi_L = \frac{\left[\frac{\sigma}{\sigma-1}(\mathrm{MC}_L + W\mu)\right]^{1-\sigma} E}{\int_0^1 P_{it}^{1-\sigma} \mathrm{d}i} - F,\ \pi_H = \frac{\left(\frac{\sigma}{\sigma-1}\mathrm{MC}_H\right)^{1-\sigma} E}{\int_0^1 P_{it}^{1-\sigma} \mathrm{d}i} - F \tag{14-7}$$

其中，F 为固定成本。企业可选择进行研发创新投资，通过清洁生产来减少环境规制所导致的遵循成本。假设企业进行研发创新的成本为 $D(t)$ ，且 $D'(t) < 0 < D''(t)$ 。且假设企业在 $t=0$ 时进入行业开始生产产品，拥有低生产技术水平，只生产产品 L ，在 t_1 时间采用创新后的高技术水平生产更清洁的产品 H，那么在整个生命周期中该企业的利润总现值为：

$$\prod = \int_0^{t1} e^{-\beta t} \pi_L \mathrm{d}t + \int_{t1}^{\infty} e^{-\beta t} \pi_H \mathrm{d}t - e^{-\beta t1} D(t_1) \tag{14-8}$$

其中，β 为折现率。基于利润最大化目标，企业将选择最适时间进行创新以获取新技术，通过式(14-8)对时间 t_1 求一阶导数可得企业选择最优创新时间的边际条件：

$$\frac{E[\mathrm{MC}_H^{1-\sigma} - (\mathrm{MC}_L + W\mu)^{1-\sigma}]}{(1-\alpha)(\mathrm{MC}_L + W\mu)^{1-\sigma} + \alpha\ \mathrm{MC}_H^{1-\sigma}} = \beta D(t_1) - D'(t_1) \tag{14-9}$$

其中，

$$\pi_H - \pi_L = \frac{E[\mathrm{MC}_H^{1-\sigma} - (\mathrm{MC}_L + W\mu)^{1-\sigma}]}{(1-\alpha)(\mathrm{MC}_L + W\mu)^{1-\sigma} + \alpha\ \mathrm{MC}_H^{1-\sigma}} \tag{14-10}$$

式(14-9)右侧为企业选择技术创新而导致的边际减排成本，左侧为企业选择技术创新所获利润 π_H 与不选择技术创新所获利润 π_L 之差，即技术创新带来的边际收益。显然，排污费标准 μ 会对企业是否选择创新以及何时选择创新产生影响，进一步对式(14-9)左侧在排污费 μ 上求一阶导数可得：

$$\frac{EW(\sigma-1)(\mathrm{MC}_L + W\mu)^{-\sigma}\ \mathrm{MC}_H^{1-\sigma}}{[(1-\alpha)(\mathrm{MC}_L + W\mu)^{1-\sigma} + \alpha\ \mathrm{MC}_H^{1-\sigma}]^2} > 0 \tag{14-11}$$

由前设的 $\sigma > 1$ 以及 $\alpha < 1$ 条件可知，式(14-11)必然大于 0，即企业技术创新的边际收益是排污费 μ 的单调递增函数。由此意味着给定其他条件相同，随着排污费 μ 的提高，企业技术创新的边际收益递增。为更具体阐明排污费标准提高与企业选择技术创新之间的关系，本章分以下两种情形做进一步的讨论。

当式(14-9)的右侧值大于左侧值时，即企业选择技术创新的边际减排成本大于其边际收益，此时尽管提高排污费但对企业技术创新难以形成有效激励，反而由于提高排污费而抬高了企业生产成本，在其他条件相同的情况下将相应挤出企业的创新投入，进而抑制创新产出水平，即提高排污费的政策不利于企业进行研发创新。

当式(14-9)的右侧值小于左侧值时，即随排污费提高到一定程度，使企业选择技术创新的边际减排成本小于或等于其边际收益时，排污费将对企业选择技术创新产生正向激励，由此促进企业研发创新。

根据上述分析，在此提出两个有待检验的相反的研究假设：

假设 14-1：提高排污费以后，选择技术创新的边际减排成本低于边际收益，由此提高排污费促进了企业技术创新。

假设 14-2：提高排污费后，其不足以激励企业进行技术创新，企业由于遵从成本的提高而相应挤出研发资金,从而不利于企业技术创新。

第三节　模型构建与数据来源

(一)模型设定

根据本章第二部分对制度背景的介绍,由于各省(区、市)是分步实施该政策的,由此本章选择双重差分方法(DID)来评估 2007 年《通知》下发后各省排污费调整对企业创新水平的影响。由于该政策的发布对企业而言具有相当的外生性,而政策在各省间又是分步实施的,且各省的政策实施时间也相对分散。到 2014 年底共有 16 个省(区、市)先后调整提高了排污费标准,而其他省级地区则在 2015 年后才开始实施。由此,根据 2007 年以后各省(区、市)提高排污费的具体时间表,本章以 2014 年前调高排污费标准地区中的企业为处理组,以到 2014 年底尚未实施政策调整地区中的企业为控制组。由此设定本章作为基准回归的 DID 模型:

$$Y_{i,p,t}=\alpha_p+\beta_0\,\mathrm{Treat}_p\mathrm{Post}_t+\sum_m\theta_m\,\mathrm{Controls}_{i,p,t}+\alpha_p+\tau_t+\varphi_j+\varepsilon_{i,p,t} \tag{14-12}$$

其,下标 i 、p 、t 和 j 分别代表企业、省份、年份与行业。因变量 $Y_{i,p,t}$ 代表企业创新水平。Treat 为实验组和控制组的哑变量,在 2014 年及 2014 年前提高排污费的省级地区,其区域内的企业为实验组,Treat 取 1;在 2014 年以后调整排污费的省级地区,其区域内的企业为控制组,则 Treat 为 0。Post 则为政策实施前后的时间哑变量,提高排污费的年份之前取值为 0,当年及其后年份取 1。需要说明的是,对政策实施时间点发生在上半年的年份,本章将当年认定为政策处理的初始年份;对政策实施时间点发生在下半年的年份,则将下一年度认定为政策处理的初始年份。由此,$\mathrm{Treat}_p\mathrm{Post}_t$ 的系数 β_0 则为待估的政策效应参数。为了消除企业个体特征可能对创新水平的影响,本章设置了企业层面的一系列控制变量,用 Controls 来表示。并通过设置 α_p 和 τ_t 来分别控制地区固定效应和年份固定效应。此外,考虑到行业间企业创新能力的差异,设置 φ_j 来控制行业固定效应。$\varepsilon_{i,p,t}$ 则为随机误差项。

(二)变量定义[①]

1.被解释变量

现有研究文献中代表企业创新水平的变量主要有创新投入或创新产出。创新投入目前普遍使用企业研发支出(R&D)指标来度量,由于上市公司 R&D 的披露最早起于 2007 年,且 2007—2011 年企业披露的 R&D 也不完整。所以本章考虑选择以企业专利数据来度量的创新产出指标代表企业创新水平。现有文献普遍认为(Dang and Mo-

① 因篇幅有限,各变量的具体定义详以附表 14-2 展示。

tohashi,2015),与企业 R&D 数据相比,专利数是衡量企业创新水平的更好指标。而企业专利数据又分为申请数和授权数两种,由于专利从申请到授权需要一段时间,因此用专利申请年份可更准确地定位企业研发创新产出的具体时间。鉴于此,本章参考相关文献做法(孔东民 等,2017),以专利申请数来度量企业创新产出水平。考虑到有些企业专利申请数为零,所以对全部专利申请总数加 1 取对数(Lnpatent),同时以专利三种类型即发明专利、实用新型专利和外观设计专利的各自申请数量来做异质性分析,其指标分别以 Lnpatent1、Lnpatent2 与 Lnpatent3 来表示。此外,本章另以企业研发支出加 1 取对数(LnRD)、企业研发密度(RD_density)及是否进行研发投入(RD_dummy)为创新水平的其他衡量指标,用于本章的稳健性检验。同时,考虑到企业可能并不是依靠研发来实现技术创新,而是通过购买新治污设备、生产设备等进行设备创新从而降低排污量,本章还从固定资产和设备类固定资产两个角度,选取新增固定资产投资率(FA)和新增设备类固定资产投资率(EFA)作为衡量企业设备创新水平的指标,来进行稳健性检验。

2.企业层面控制变量

参考现有文献的做法(龙小宁、万威,2017;张璇 等,2017),本章选取企业规模(Size)、负债水平(Lev)、盈利能力(Roa)、公司成长性(Growth)、资产周转率(Turnover)、企业年龄(Age)、市场实力(Marketpower)、政府补助(Subsity)、独立董事占比(Indratio)作为主要控制变量。

(三)样本选择与数据来源

本章初始样本来自于深沪股市 A 股上市公司,但考虑到 SO_2 排污费的实际征税对象只是部分高污染行业且其行业集中度较高,因此本章根据《上市公司环保核查行业分类管理名录》(环保部 2008 年印发)及 SO_2 排放量的行业综合排名,选取 SO_2 排放前二十大重污染行业的上市公司为研究样本①。鉴于 2004 年和 2005 年曾两次小幅提高排污费征收标准,而所有省(区、市)于 2015 年后已基本调整完毕,因此样本区间最终确定为 2005—2014 年。本章最终选取的研究样本为 531 家上市公司的平衡面板数据②。各变量的数据主要来源于 CSMAR 与 Wind 数据库。此外,本章对连续变量进行上下 1%的缩尾处理③。

---

① 因篇幅有限,具体行业及对应的上市公司行业编码以附表 14-3 展示。

② 即剔除了 2005 年后上市的企业样本以及关键变量数据严重缺失的样本而得到的平衡面板数据。

③ 同时为尽量保留更多的研究样本,对控制变量存在个别数据缺失值的企业,采用前后两年的均值进行替代。因篇幅有限,各主要变量的描述性统计以附表 14-4 展示。

第四节　实证结果分析

(一)基准回归结果

基准回归结果如表14-1所示。

表14-1　提高排污费对企业创新水平的影响

变量	被解释变量:Ln(1+专利申请量)				
	(1)	(2)	(3)	(4)	(5)
Treat×Post	−0.162** (0.064)	−0.161*** (0.062)	−0.158*** (0.061)	−0.142** (0.062)	
Treat×Post×QT					−0.164*** (0.063)
Treat×Post×BJ					0.551 (0.348)
Treat×Post×TJ					−1.326*** (0.352)
Size		0.422*** (0.038)	0.371*** (0.050)	0.422*** (0.038)	0.421*** (0.038)
Lev		−0.344*** (0.128)	0.101 (0.128)	−0.345*** (0.128)	−0.345*** (0.128)
Roa		0.077 (0.285)	−0.205 (0.208)	0.074 (0.286)	0.085 (0.285)
Growth		−0.032** (0.013)	−0.027** (0.011)	−0.032** (0.013)	−0.032** (0.013)
Age		0.001 (0.126)	0.601 (0.372)	0.000 (0.126)	−0.001 (0.126)
Turnover		0.200* (0.106)	0.031 (0.089)	0.200* (0.106)	0.203* (0.106)
Marketpower		0.171** (0.071)	0.010 (0.061)	0.171** (0.071)	0.169** (0.071)
Subsidy		0.057*** (0.014)	0.043*** (0.010)	0.057*** (0.014)	0.058*** (0.014)
Indratio		0.567 (0.438)	−0.373 (0.315)	0.562 (0.437)	0.571 (0.437)
地区固定效应	是	是	否	是	是
年份固定效应	是	是	是	是	是
行业固定效应	是	是	否	是	是

续表

变量	被解释变量:Ln(1+专利申请量)				
	(1)	(2)	(3)	(4)	(5)
企业固定效应	否	否	是	否	否
处理组的时间趋势	否	否	否	是	否
观测值	5310	5310	5310	5310	5310
R^2	0.274	0.396	0.727	0.396	0.398

注:采取聚类到企业层面的标准误。

其中,第(1)列是在未加控制变量,仅控制各项固定效应基础上的回归结果。结果可见,交叉项 Treat×Post 的系数在 5%的水平上显著为负;第(2)列在加入企业层面的各项控制变量后,结果仍然一致而且显著性更高。可见,此次提高排污费显著抑制了企业创新水平。同时从估计系数来看,重污染行业上市公司的创新水平平均下降了 16.1%。单纯从这一结果看,此次排污费政策调整构成对环境规制"抑制论"的实证支持;从表 14-1 第(3)列来看,在控制企业层面的固定效应以后,政策效应依然不变且同样通过了 1%的显著性检验。此外,本章在表 14-1 第(4)列加入了处理组的时间趋势项①,结果显示,政策系数在 5%显著性水平下仍然为负。综上,本章认为此次提高排污费标准的政策抑制了企业的创新水平,由此验证了本章假说 2。其可能的原因在于,排污费的提高增加了企业的遵循成本,并相应挤出企业的技术创新资金投入。尽管在排污成本提高的形势下,理论上企业也有可能通过技术创新来进行清洁生产,从而通过少缴排污费来降低单位生产成本,但是需要建立在创新补偿效应足够高并超过企业遵循成本的基础上,并由此对企业技术创新产生足够的激励。但本章基准回归的估计结果表明,就总体政策效应而言,缴纳排污费比进行技术创新对企业而言更为优选,其原因在于尽管政策提高了企业排污费标准,但如本章假说 2 所表明的,由于企业选择技术创新的边际减排成本可能还高于其边际收益,因此不足以对企业技术创新形成充分的激励。在此,本章拟通过简单考察京津两直辖市间是否存在差异来给予比较验证。

截至 2014 年底,在所有省级单位中,北京和天津这两个直辖市的排污费征收标准提高幅度最大,分别为原标准的 17 倍和 10 倍,而其他地区大致只提高到原标准的 2 倍左右。更高的排污费调整幅度意味着更强的环境规制力度。那么,企业由此会选择缴纳排污费来继续原来的生产还是选择技术创新来清洁生产?本章将研究对象分为北京、天津与其他地区(省、直辖市、自治区)共三类,并分别设置虚拟变量与 Treat×Post 进行交乘,

① 因为考虑到处理组与对照组之间的时间趋势可能不一致,仅控制时间固定效应可能并不能消除处理组和对照组之间的趋势差异。

来考察环境规制力度的差异是否对企业创新水平产生差异性影响①,其结果见表 14-1 第(5)列。从中可以发现,天津和我国其他地区的排污费提高政策都对企业创新水平产生显著的负面影响。但与此不同的是北京的政策实施效果,如回归结果所示,Treat×Post×BJ 的系数已转为正值(但其尚不显著),即意味着政策对企业创新已开始具有促进作用。可能的原因在于,作为排污费标准最高且提高幅度最大的北京市,可能使得现有企业选择技术创新的边际收益超过了边际减排成本,由此企业只能通过技术创新来少缴排污费而降低遵循成本。

从表 14-1 各项回归结果看,在 2007 年《通知》出台后,各地先后提高 SO_2 排污费的政策效果在总体上抑制了企业创新水平。在除北京之外的其他地区,其排污费调整强度都尚不足以促进其区域内企业通过技术创新来降低遵循成本。我们预计,因此在 2018 年环保税改革中,完全采取"税负平移"来实现"费改税"的 19 个省(区、市),可能也仍然难以对企业研发创新产生正向影响。

符合平行趋势假设是双重差分估计量一致性的前提条件。此外,一些相关研究也表明,环境规制政策对企业创新的效果如何,不能只关注其现时效应,而需要同时考察其长期效应(李阳 等,2014)。因此,为了检验政策实施前处理组和对照组是否具有相同的时间趋势,同时也为了进一步考察该排污费调整政策在时间上的延续性,本章通过建立式(14-13)来进行平行趋势检验及政策实施长期效应的估计:

$$Y_{i,p,t}=\alpha+\sum_{k\geqslant -3}^{5+}\beta_k D_{t_{p0}+k}+\sum_{m}\theta_m \text{Controls}_{i,p,t}+\alpha_p+\tau_t+\varphi_j+\varepsilon_{i,p,t} \quad (14\text{-}13)$$

其中,t_{p0} 表示省级层面各地区提高 SO_2 排污费标准的年度;$D_{t_{p0}+k}$ 分别表示省级层面各地区实施该政策的以前年度、当年度及以后年度的哑变量,即当 $t-t_{p0}=k$ 时($k=-3,-2,-1,0,1,2,3,4,5$),$D_{t_{p0}+k}=1$,否则 $D_{t_{p0}+k}=0$;因模型没有 $k\leqslant -4$ 的年度范围,因此 $D_{t_{p0}+k}$ 的估计系数表示的是与政策实施前 4 年所进行的对比。通过式(14-13)的估计系数 β_k 的显著性可以判断该政策实施前是否存在平行趋势及实施后是否具有长期效应。结果如表 14-2 第(1)列所表明的,在政策实施前处理组和对照组间符合平行趋势假设②。而政策实施后各年度的估计系数显示,其都是显著为负的(尽管各年度间显著性程度有所差异)。由此还表明排污费调整政策对企业创新水平的抑制性作用具有长期效应。为了保证这一结论的稳健性,本章在表 14-2 第(2)列中控制企业层面的固定效应,但仍然得到同样的结果。

① 表 14-1 中,Treat×Post×BJ、Treat×Post×TJ、Treat×Post×QT 分别表示北京、天津和其他地区提高排污费标准对当地企业创新水平的影响。

② 即在同时控制地区、时间和行业固定效应后,表 14-2 第(1)列估计系数在政策实施前都不显著。

表 14-2 平行趋势检验和长期效应估计

变量	(1)	(2)
提高排污费前 3 年	−0.112 (0.083)	−0.117 (0.081)
提高排污费前 2 年	−0.093 (0.077)	−0.097 (0.075)
提高排污费前 1 年	−0.055 (0.066)	−0.060 (0.065)
提高排污费第 1 年	−0.211** (0.094)	−0.220** (0.092)
提高排污费第 2 年	−0.317*** (0.102)	−0.313*** (0.101)
提高排污费第 3 年	−0.235* (0.120)	−0.233* (0.118)
提高排污费第 4 年	−0.267** (0.132)	−0.263** (0.130)
提高排污费第 5 年及其后	−0.247* (0.147)	−0.250* (0.143)
控制变量	是	是
地区固定效应	是	否
时间固定效应	是	是
行业固定效应	是	否
企业固定效应	否	是
观测值	5310	5310
R^2	0.396	0.727

(二)稳健性检验

1.衡量创新水平的投入指标替换

前文对企业创新水平的度量是以企业专利申请量为指标的。参考相关做法，本章另从企业创新投入的角度，即以企业研究开发支出(R&D)为创新水平衡量指标来检验排污费标准的调整对企业创新投入的政策效应。并分别以研发支出加 1 取对数(LnRD)、研发支出密度(RD_density)及企业是否进行研发创新(RD_dummy)作为衡量企业创新投入的指标。其中，由于 RD_dummy 是虚拟变量，所以本章以 Probit 模型来进行估计。结果均表明，排污费征收标准的提高会显著减少企业研发投入①。由此表明，即使从投入角

① 因篇幅所限，估计结果以附表 14-5 展示，在以 LnRD、RD_density 及 RD_dummy 为创新投入所度量的第(1)～(3)列中，交叉项 Treat×Post 的系数均显著为负。

度来衡量企业创新水平，此次排污费标准调整政策也显著抑制了企业创新水平，其结论具有相应的稳健性。

2. 从设备更新角度衡量创新水平

Jaffe 和 Stavins(1995)提出不同的环境规制方式会对特定类型的企业创新产生影响。排污费调整也可能促使企业通过购买新生产设备、治污设备等进行过程创新，而非进行研发创新。因此，本章以新增固定资产投资和新增设备类固定资产投资为被解释变量，来检验排污费调整是否激励企业购买新设备。本章分别以新增固定资产投资率(FA)和新增设备类固定资产投资率(EFA)作为衡量企业创新的指标进行检验。回归结果显示，交叉项 Treat×Post 的系数均为负，但并不显著[①]，说明排污费调整并没有促进企业通过升级设备来进行创新。因此，不论从研发的角度还是购买新设备的角度来看，此次排污费调整均对企业创新产生抑制作用，进一步证明了基准回归结果的稳健性。

3. 消除样本选择性偏差

各地区排污费标准的调整是否与该地区的企业创新水平相关？假如某地区在决定是否调整以及何时调整排污费标准时，会考虑到该地区某些经济社会因素[②]，而这些因素如果又或多或少地影响当地企业整体创新水平，那就有可能导致前文的基准回归结果并不完全代表该政策的技术创新效应，而有可能是该政策的实施与地区总体创新水平因共同受到省级层面因素影响而表现出的相关性。由此，本章拟先考察可能影响实施排污费调整政策的地区因素[③]，并将其作为解释变量[④]，以识别可能影响各地排污费调整时间的地区因素[⑤]。结果显示，排污费调整政策的地区影响因素包括当地的经济发展水平、环境规制强度、外商直接投资。其中，前两者与地区提高排污费的可能性间正相关，而后者与地区提高排污费收费的可能性呈负相关。基于此，为能有效避免上述三个省级层面地区因素的影响，本章将这三个变量作为控制变量纳入原基准回归模型中，并进行重新估计，而作为政策效应项的 Treat×Post 系数变得更大且仍在 1%水平上负向显著，表明此次提高排污费确实会抑制企业技术创新水平。此外，本章在此基础上添加更多省级层面控制变量，以及加入各地区的时间趋势项，发现上述结论均未发生改变。

4. 其他稳健性检验

在估计方法方面：(1)采用 Tobit 估计。鉴于在专利申请数方面，前文所采用的上市

---

① 因篇幅所限，估计结果以附表 14-6 展示。

② 例如经济发展水平、财政压力、人口规模等因素。

③ 本章选择经济发展水平(LnGDP)、产业结构(Second)、外商直接投资(LnFDI)、贸易开放度(Open)、人口规模(LnPopu)、财政压力(Fispressure)及环境规制强度(ERI)。

④ 各指标的构建方式如下：经济发展水平：采用地区 GDP 的对数值表示；产业结构：采用第二产业总产值占 GDP 的比重表示；外商直接投资水平：采用地区外商直接投资额的对数值表示；贸易开放程度：采用进出口总额占 GDP 的比重表示；人口规模：采用地区常住人口的对数值表示；财政压力：采用(预算内财政支出－预算外财政收入)/预算内财政收入表示；环境规制强度：采用污染治理投资额占 GDP 的比重表示。

⑤ 因篇幅所限，回归结果以附表 14-7 展示。

公司样本有相当数量的零值,由此使得样本数据呈左断尾分布,所以本章另采用 Tobit 估计方法对式(12)做重新估计。其模型交叉项系数的符号与线性双重差分模型中交叉项符号具有相同的意义(Puhani,2012)。(2)采用泊松回归。鉴于专利申请数为计数型的数据,从而样本数据是非线性面板数据,本章对此采用泊松回归方法。(3)采用负二项回归方法。鉴于有不少企业专利申请数为零,被解释变量可能存在分布过度离散的情形,因此本章也另采用负二项回归方法进行检验。从上述估计方法结果来看,政策估计系数依然都在 1%水平下显著为负①。由此可见本章研究结论的稳健性。

在样本量方面:(1)改变原采用平衡面板数据的做法,补充在 2005 年后新上市的相关企业,得到共 9520 个观测值重新进行回归;(2)鉴于 2013 年为全国两会换届时点,本章将样本区间重设为 2005—2012 年;(3)拉长样本区间,将本章研究样本区间扩大为 2003—2014 年;(4)考虑到直辖市的特殊性可能会对企业创新产生影响,剔除京津沪渝样本后重新检验;(5)采取省级层面的聚类标准误。但上述各项检验结果显示,政策估计参数都在 5%的水平下显著为负,再次证明了结果的稳健性②。

第五节　异质性分析

(一)地区异质性分析

考虑到我国地区间经济社会发展不平衡的现实,而地区间的某些差异可能对相同的环境规制水平下的企业产生不同的创新效应。鉴于此,本章将 30 个省级区域的企业样本分为东、中、西三个组,通过三组的分样本回归来检验该政策的企业创新效应是否存在区域异质性③。结果显示,该政策只显著抑制了东部和中部地区的企业创新水平,对于西部地区虽然政策效应也为负,但并不显著。此外,鉴于京津两市排污费标准远高于其他地区,本章也在东部地区样本中剔除了京津两市企业样本而单独再检验,但东部地区的交叉项系数仍显著为负。至于西部地区并不显著的负向政策效应,说明这次提高排污费政策对西部地区企业创新效应还相对微弱。其原因可能在于,相对而言,西部地区还处在资本驱动发展的阶段,因此地方政府更有可能采取更为宽松的环境规制政策来招商引资,而不是通过技术创新来促进经济发展。

(二)所有制结构的异质性分析

相比于非国有企业,国有企业所受融资约束程度更小,更易获得银行贷款(刘瑞明,2011),因此可以合理推断,虽然提高排污费会相应挤出企业资金,国企依然能通过银行

---

① 因篇幅所限,上述三项估计结果以附表 14-8 展示。

② 因篇幅所限,各检验结果参以附表 14-9 展示。

③ 因篇幅所限,分样本回归结果以附表 14-10 展示。

贷款来缓解资金紧张对创新投入的影响,所以可预期排污费对国企创新的影响相对较小。由此,本章通过区分国企和非国企的子样本分组进行回归[①]。结果显示,排污费调整政策从总体上对国企和非国企的创新水平均产生了显著的负面作用,但是对非国企创新的抑制效果更为显著,这与预期结果一致。本章进一步将调整幅度不同的地区单独设置政策变量后,发现:在北京,该政策的实施在10%的水平上促进当地国有企业创新,但在1%的水平上显著抑制了非国有企业创新;在天津,该政策均在1%的水平上阻碍了当地企业进行创新;在其他地区,该政策在5%的水平上抑制了企业创新。综上可见,排污费标准的提高在总体上对国企和非国企的创新水平均会产生显著的抑制作用,但对国企创新的抑制作用相对较小。同时随着排污费提高幅度的加大,则可能会率先促进国有企业进行创新。产生这一结果的原因可能是我国银行信贷方面存在较为严重的所有制偏向,国有银行更倾向于贷款给国企。非国企则受到更强的融资约束,导致其在遵循成本增加的情况下很难通过金融市场融资来进行研发创新。

(三)行业竞争程度的异质性分析

考虑到垄断性行业的企业更容易实现税负转嫁,拥有更大的规模经济效应,更有能力获取更多的资源和要素。因此,竞争性程度不同的行业中的企业应对更加严格的环境规制的能力和措施就可能存在差异。为此,本章根据行业的性质,将开采业(B06、B07、B08、B09)和电力、热力生产和供应业(D44)的企业样本界定为垄断性行业的企业,而将制造业中的污染型企业界定为竞争性行业的企业,通过划分两个子样本分别进行回归。结果表明,排污费调整政策的实施在1%水平上显著抑制了竞争性行业中的企业创新,而对垄断性行业中的企业创新并没有显著的影响[②]。可见,处于竞争性行业的企业在面对更强的环境规制时,其创新水平会受到更大的抑制。

第六节　结论与政策建议

(一)结论与启示

随着绿色发展和创新发展理念的倡导和实施,如何促进环境保护与技术创新协同发展已成为我国新时代的重要课题。本章以《通知》中对排污费征收标准进行调整作为准自然实验,以2005—2014年我国重污染行业上市公司作为研究样本,采用双重差分方法来验证提高排污费征收标准是否能够促进企业进行技术创新,进而为2018年我国开征环保税的创新效应提供相应的启示。本章结论及其启示如下。

---

① 因篇幅所限,子样本分组回归结果以附表14-11展示。

② 因篇幅所限,回归结果以附表14-12展示。第(2)和第(4)列是进一步按不同调整幅度区分为北京、天津和其他地区的结果。

(1)不论从研发投入、研发产出还是设备升级的角度,排污费的提高均显著抑制了企业的创新水平,同时这种抑制还具有长期效应。该结论还具有很强的稳健性,即环境污染的治理尚需以企业增加遵循成本、减少研发创新为代价。由此推测在 2018 年环境税改革中,对于直接将现行排污费"平移"为环保税税额的地区,其环保税的开征很可能会对当期企业创新产生同样的负面影响。此外,对于提高幅度最大的北京,其排污费调整政策则提高了当地企业的创新水平。

(2)尽管以排污费提高为准实验的研究结论表明,其并未实现技术创新效应,但这并不等于"波特假说"就一定不成立。"波特假说"原意是"更加严格但设计恰当的环境规制能够激励创新",由此其对我国环保税改革的启示在于,现有的环保税政策需要进一步改革完善并出台相应的配套政策。单就税率而言,综合本章及前人研究结论,我们可以合理推断,当环保税税额提高到一定程度,且超过企业的边际减排成本时,环保税的征收可望促进企业进行技术创新以寻求补偿效应来弥补遵循成本的增加。

(3)异质性分析发现,提高排污费征收标准对不同地区、不同所有制结构、不同行业的企业创新的作用效果均存在差异。排污费征收标准的提高对中部地区产生的影响更大,东部次之,西部并没有产生抑制作用;相比于国有企业,对非国有企业产生的影响更大;相比于垄断性行业,对竞争性行业的企业的创新抑制效果更为显著。由于排污费收费标准的提高,通过增加企业遵循成本,进而挤占企业用于技术创新的资金,从而抑制了企业研发创新。因此,对于金融发展水平较低的中部地区,融资约束较强的非国有企业以及成本较难转嫁的竞争性企业,提高排污费对企业创新的负面影响更大。

(二)政策建议

基于上述结论,本章建议对 2018 年开始实施的环保税制度应继续予以调整和完善,在达到更严格的环境规制强度的同时,通过相应的配套政策,激发企业技术创新的积极性,以同时实现创新发展和绿色发展。具体建议如下:

(1)各地区应根据本地企业减排情况确立合适的环保税税额,使其超过企业自身边际减排成本并随之进行动态调整,进而促进企业通过技术创新生产更为环保清洁的产品来获取利润;

(2)进一步完善环境监测制度,严格审查所有企业的污染排放情况,以保证环保税足额征收以发挥对企业的硬约束作用;

(3)必须辅之以严格的环境管制政策,由此为环境税的减排激励作用的发挥提供保证,一方面保证环境红利的实现,另一方面倒逼企业技术革新;

(4)进一步纠正银行信贷方面的所有制偏向和歧视问题,深化金融市场改革,逐步破解民营企业融资约束,避免由于环保税实施对民营企业创新投入的挤出;

(5)在环境税政策实施的同时,政府应当对企业节能减排技术研发和应用给予相应的技术补贴，尤其对竞争性行业、小规模企业、资源和要素相对有限的制造业企业，应加大创新补贴力度。

（三）本研究的局限性

（1）由于数据可得性原因，本章仅以2005—2014年重污染行业上市公司为样本进行研究，因此本章研究结论仅是建立在相关行业上市公司样本数据基础上的。其具有多大的普适性则取决于现有样本的代表性。

（2）由于2018年我国开征的环保税是由排污费“税负平移”改制而成，因此本章以排污费调整政策对企业创新的影响来引证对环保税政策的启示。但考虑到费改税后，随着税收执法的强制性和规范性的增强，税费间在收入刚性程度及其相应经济效应上也会有些差异。因此环保税真实的创新效应，还留待以后随着环保税经验数据的完善来做进一步检验。

本章参考文献

陈诗一，2010.中国的绿色工业革命：基于环境全要素生产率视角的解释（1980—2008）[J].经济研究（11）：21-34.

蒋伏心，王竹君，白俊红，2013.环境规制对技术创新影响的双重效应[J].中国工业经济（7）：44-55.

孔东民，徐茗丽，孔高文，2017.企业内部薪酬差距与创新[J].经济研究（10）：144-157.

李玲，陶峰，2012.中国制造业最优环境规制强度的选择[J].中国工业经济（5）：70-82.

李香菊，贺娜，2018.地区竞争下环保税对企业绿色技术创新的影响研究[J].中国人口·资源与环境，28（29）：73-81.

李阳，党兴华，韩先锋，等，2014.环境规制对技术创新长短期影响的异质性效应[J].科学学研究，32（6）：937-949.

李永友，沈坤荣，2008.中国污染控制政策的减排效果[J].管理世界（7）：7-17.

刘瑞明，2011.金融压抑、所有制歧视与增长拖累[J].经济学（季刊）（2）：603-618.

龙小宁，万威，2017.环境规制、企业利润率与合规成本规模异质性[J].中国工业经济（6）：155-174.

潘越，潘健平，戴亦一，2015.公司诉讼风险、司法地方保护主义与企业创新[J].经济研究（3）：131-145.

沈能，2012.环境效率、行业异质性与最优规制强度：中国工业行业面板数据的非线性检验[J].中国工业经济（3）：56-68.

徐彦坤，祁毓，2017.环境规制对企业生产率影响再评估及机制检验[J].财贸经济（6）：147-161.

张彩云，吕越，2018.绿色生产规制与企业研发创新：影响及机制研究[J].经济管理(1)：73-93.

张成，陆旸，郭路，等，2011.环境规制强度和生产技术进步[J].经济研究(2)：113-124.

张同斌，2017.提高环境规制强度能否"利当前"并"惠长远"[J].财贸经济，38(3)：116-130.

张璇，刘贝贝，汪婷，等，2017.信贷寻租，融资约束与企业创新[J].经济研究(5)：161-174.

ALPAY E，BUCCOLA S，KERKVLIE J，2002.Productivity growth and environmental regulation in mexican and U. S. food manufacturing [J]. American journal of agricultural economics，84(4)：887-901.

Berman E，Bui L T，2001.Environmental Regulation and productivity：evidence from oil refineries [J]. The review of economics and statistic，88(3)：498-510.

BOYD G A，MCCLELLAND J D，1999.The impact of environmental constraints on productivity improvement in integrated paper plants[J].Journal of environmental economics and management，38(2)：121-142.

DANG J，K MOTOHSHI，2015. Patent statistics：a good indicator for innovation in China? Patent subsidy program impacts on patent quality[J].China economic review，35：137-155.

DOMAZLICKY B R，WEBER W L，2004.Does environmental protection lead to slower productivity growth in the chemical industry[J].Environmental and resource economics，28：301-324.

HAMAMOTO M，2006. Environmental regulation and the productivity of Japanese manufacturing industries[J].Resource & energy economics，28(4)：299-312.

JAFFE A B，PALMER K，1997.Environmental regulation and innovation：a panel data study[J].Review of economics & statistics，79(4)：610-619.

JAFFE A B，STAVINS R N，1995.Dynamic incentives of environmental regulations：the effects of alternative policy instruments on technology diffusion[J].Journal of environmental economics & management，29(3)：S43-S63.

MEIER B，COHEN M A，2003.Determinants of environmental innovation in U.S. manufacturing industries[J].Journal of environmental economics and management，45(2)：278-293.

PORTER M E，LINDE C VAN DER，1995.Toward a new conception of the environment—competitiveness relationship[J].Journal of economic perspectives，9(4)：97-118.

PUHANI P A，2012.The treatment effect，the cross difference，and the interaction term in nonlinear 'difference-in-differences' models[J].Social science electronic publishing，115(1)：85-87.

WAGNER M, 2007. On the relationship between environmental management environmental innovation and patenting: evidence from German manufacturing firms[J]. Research policy (10): 1587-1602.

附表 14-1　各地区排污费征收标准调整情况

地区	文件号	调整时间	二氧化硫的调整幅度（元/污染当量）
北京	京发改〔2013〕2657 号	2014 年 1 月 1 日	0.6→10
天津	津价管〔2010〕210 号、津发改价管〔2014〕272 号	2010 年 12 月 2 日、2014 年 7 月 1 日	0.6→1.2→6
河北	冀价经费〔2008〕36 号	2008 年 7 月 1 日、2009 年 7 月 11 日	0.6→0.96→1.2
山西	晋价行字〔008〕66 号	2007 年 7 月 1 日	0.63→1.2
内蒙古	内发改价费字〔2008〕1543 号	2008 年 7 月 10 日、2009 年 1 月 11 日	0.6→0.9→1.2
辽宁	辽价发〔2015〕30 号	2015 年 7 月 1 日	0.6→1.2
吉林	吉省价收〔2015〕105 号	2015 年 7 年 1 日	0.6→1.2
黑龙江	黑价联〔2012〕64 号	2012 年 8 月 1 日、2013 年 8 月 11 日	0.6→0.9→1.2
上海	沪价费〔2008〕008 号、沪发改价费〔2014〕5 号	2009 年 1 月、2015 年 1 月 11 日	0.6→1.2→3.6
江苏	苏价费〔2007〕206 号、苏财综〔2007〕40 号	2007 年 7 月 1 日	0.6→1.2
浙江	浙价资〔2014〕36 号	2014 年 4 月 1 日	0.6→1.2
安徽	发改价格〔2014〕2008 号	2015 年 7 月 1 日	0.6→1.2
福建	闽价费〔2014〕397 号	2015 年 1 月 1 日	0.6→1.2
江西	赣发改收费〔2015〕1205 号	2015 年 6 月底前	0.6→1.2
山东	鲁价费发〔2008〕105 号	2008 年 7 月 1 日	0.6→1.2
河南	豫环文〔2009〕11 号	2009 年 7 月 1 日、2010 年 7 月 11 日	0.6→0.9→1.2
湖北	发改价格〔2014〕2008 号	2015 年 7 月 1 日	0.6→1.2
湖南	湘发改价费〔2015〕306 号	2015 年 7 月 1 日	0.6→1.2
广东	粤价〔2010〕77 号	2010 年 4 月 1 日	0.6→1.2
广西	桂价费〔2009〕22 号	2009 年 1 月 1 日、2010 年 1 月 1 日	0.6→0.9→1.2
海南	琼价费〔2015〕149 号	2015 年 7 月 1 日	0.6→1.2

续表

地区	文件号	调整时间	二氧化硫的调整幅度（元/污染当量）
重庆	渝价〔2015〕41 号	2015 年 2 月	0.6→1.2
四川	川发改价格〔2015〕363 号	2015 年 7 月 1 日	0.6→1.2
贵州	黔发改价费〔2015〕1019 号	2016 年 1 月 1 日	0.6→1.2
云南	云发改价格〔2008〕2514 号	2009 年 1 月 1 日、2010 年 1 月 1 日	0.6→0.9→1.2
西藏	发改价格〔2014〕2008 号	2015 年 7 月 1 日	0.6→1.2
陕西	陕价费发〔2015〕58 号	2015 年 7 月 1 日	0.6→1.2
甘肃	甘发改服务〔2015〕705 号	2015 年 7 月 1 日	0.6→1.2
青海	青发改价格〔2015〕379 号	2015 年 7 月 1 日	0.6→1.2
宁夏	宁价商发〔2014〕12 号	2014 年 3 月 1 日	0.6→1.2
新疆	新发改收费〔2012〕1919	2012 年 8 月 1 日	0.6→1.2

附表 14-2　各变量定义汇总表

变量类型	变量符号	变量描述
被解释变量	Lnpatent	所有专利申请量加 1 取对数
	Lnpatent1	发明专利申请数加 1 取对数
	Lnpatent2	实用新型专利申请数加 1 取对数
	Lnpatent3	外观设计专利申请数加 1 取对数
	LnRD	研究开发支出加 1 取对数
	RD_density	研发支出/营业收入
	RD_dummy	若企业进行研发投入，取值为 1；否则，取值为 0
	FA	新增固定资产/上年年末总资产
	EFA	新增设备类固定资产/上年年末总资产
控制变量	Size	企业总资产取对数
	Lev	总负债/总资产
	Roa	净利润/总资产
	Growth	（当年营业总收入－上年营业总收入）/上年营业总收入
	Age	从公司成立至样本年度的年数
	Turnover	营业总收入/年末总资产
	Marketpower	营业收入/营业成本
	Subsidy	营业外收入取对数
	Indratio	独立董事人数与董事会规模的比例

附表 14-3　样本企业所属行业代码、名称

重污染行业类别	证监会行业大类名称(代码)
火电	电力、热力生产和供应业(D44)
钢铁	黑色金属冶炼及压延加工业(C31)
水泥	非金属矿物制品业(C30)
煤炭	煤炭开采和洗选业(B06)
冶金	有色金属冶炼和压延加工业(C32)、金属制品业(C33)
建材	非金属矿物制品业(C30)
采矿	黑色金属矿采选业(B08)、有色金属矿采选业(B09)
化工(酿造、造纸、发酵)	化学原料及化学制品制造业(C26)、橡胶和塑料制品业(C29)
石化	石油加工、炼焦及核燃料加工业(C25)
制药	医药制造业(C27)
轻工	农副食品加工业(C13)、木材加工及木、竹、藤、棕、草制品业(C20)、食品制造业(C14)、造纸及纸制品业(C22)、酒、饮料和精制茶制造业(C15)
纺织	化学纤维制造业(C28)、纺织业(C17)

资料来源：《上市公司环保核查行业分类管理名录》。

附表 14-4　主要变量的描述性统计

变量	样本数	均值	标准差	最小值	P25	P50	P75	最大值
Lnpatent	5310	1.357	1.506	0	0	1.099	2.485	7.152
Lnpatent1	5310	0.948	1.231	0	0	0	1.792	6.529
Lnpatent2	5310	0.704	1.177	0	0	0	1.099	6.619
Lnpatent3	5310	0.314	0.840	0	0	0	0	4.934
LnRD	4248	5.604	8.130	0	0	0	16.09	20.29
RD_density	4241	0.007	0.016	0	0	0	0.004	0.083
RD_dummy	4248	0.326	0.469	0	0	0	1	1
FA	5309	0.0898	0.143	0.00007	0.0154	0.0440	0.104	1.020
EFA	5309	0.0524	0.0922	0	0.00547	0.0202	0.0587	0.626
Size	5310	21.820	1.301	18.780	20.910	21.710	22.620	25.340
Lev	5310	0.536	0.245	0.081	0.381	0.532	0.666	1.696
Growth	5310	0.258	1.247	−0.973	−0.073	0.095	0.263	10.080
Roa	5310	0.028	0.084	−0.378	0.006	0.026	0.061	0.270
Age	5310	2.688	0.355	1.386	2.485	2.708	2.890	4.277

续表

变量	样本数	均值	标准差	最小值	P25	P50	P75	最大值
Turnover	5310	0.710	0.477	0.058	0.391	0.604	0.889	2.756
Marketpower	5310	1.413	0.561	0.894	1.119	1.232	1.455	4.374
Subsidy	5310	16.06	2.163	1.396	14.92	16.25	17.46	23.07
Indratio	5310	0.356	0.061	0	0.333	0.333	0.375	0.667

附表 14-5 二氧化硫排污费调整政策对企业创新投入的影响

变量	(1)	(2)	(3)
Treat×Post	−1.159*** (0.404)	−0.002** (0.001)	−0.824*** (0.200)
Size	0.838*** (0.147)	−0.000 (0.000)	0.388*** (0.082)
Lev	−1.610*** (0.595)	−0.006*** (0.002)	−1.281*** (0.372)
Roa	−3.346** (1.597)	−0.002 (0.004)	−1.903** (0.957)
Growth	−0.206** (0.085)	0.001*** (0.000)	−0.082* (0.048)
Age	−1.576*** (0.560)	−0.006*** (0.002)	−0.920*** (0.337)
Turnover	0.489 (0.318)	−0.003*** (0.001)	0.237 (0.178)
Marketpower	0.588* (0.331)	0.004*** (0.001)	0.268 (0.169)
Subsidy	0.283*** (0.069)	0.000** (0.000)	0.142*** (0.043)
Indratio	−0.697 (1.825)	−0.002 (0.004)	−0.348 (1.134)
地区固定效应	是	是	是
年份固定效应	是	是	是
行业固定效应	是	是	是
观测值	4248	4241	4248
R^2	0.507	0.323	0.471

附表 14-6　二氧化硫排污费调整政策对企业升级设备的影响

变量	(1)	(2)
Treat×Post	−0.008 (0.007)	−0.005 (0.004)
Size	0.022*** (0.002)	0.015*** (0.001)
Lev	0.012 (0.009)	0.010* (0.006)
Roa	0.031 (0.023)	0.030* (0.015)
Growth	0.046*** (0.004)	0.027*** (0.002)
Age	−0.015** (0.007)	−0.007 (0.006)
Turnover	−0.030*** (0.005)	−0.016*** (0.003)
Marketpower	0.005 (0.005)	−0.001 (0.003)
Subsidy	0.001 (0.001)	−0.000 (0.001)
Indratio	−0.022 (0.037)	−0.012 (0.022)
地区固定效应	是	是
年份固定效应	是	是
行业固定效应	是	是
观测值	5309	5309
R^2	0.258	0.241

附表 14-7　控制样本选择性偏差

变量	Treat×Post	Ln(1+专利申请量)		
	(1)	(2)	(3)	(4)
Treat×Post		−0.168*** (0.064)	−0.183*** (0.063)	−0.145** (0.059)
LnGDP	3.121*** (0.735)	0.228 (0.352)	−0.025 (0.526)	0.717 (0.581)
Second	4.161 (3.166)		0.278 (1.057)	0.878 (1.156)

续表

变量	Treat×Post	Ln(1+专利申请量)		
	(1)	(2)	(3)	(4)
LnFDI	−0.899*** (0.296)	−0.097* (0.055)	−0.105* (0.059)	−0.070 (0.056)
Open	−0.000 (0.000)		−0.000* (0.000)	−0.000 (0.000)
LnPopu	−0.455 (0.678)		−1.190 (0.970)	−1.322 (1.890)
Fispressure	−0.241 (0.490)		0.135* (0.079)	0.003 (0.067)
ERI	0.002*** (0.001)	0.000 (0.000)	0.000 (0.000)	0.000 (0.000)
企业层面控制变量	否	是	是	是
地区固定效应	否	是	是	是
年份固定效应	否	是	是	是
行业固定效应	否	是	是	是
省份时间趋势	否	否	否	是
观测值	310	5180	5180	5180
R^2	0.363	0.396	0.398	0.407

附表 14-8　其他回归方法的稳健性检验

变量	Tobit 回归	泊松回归	负二项回归
	(1)	(2)	(3)
Treat×Post	−0.370*** (0.100)	−0.213*** (0.047)	−0.213*** (0.047)
Size	0.723*** (0.062)	0.330*** (0.030)	0.330*** (0.030)
Lev	−0.972*** (0.265)	−0.487*** (0.136)	−0.487*** (0.136)
Roa	0.447 (0.580)	0.462 (0.301)	0.462 (0.301)
Growth	−0.039* (0.023)	−0.009 (0.011)	−0.009 (0.011)
Age	−0.028 (0.203)	−0.014 (0.096)	−0.014 (0.096)
Turnover	0.288* (0.153)	0.140** (0.068)	0.140** (0.068)
Marketpower	0.200* (0.110)	0.074 (0.048)	0.074 (0.048)

续表

变量	Tobit 回归	泊松回归	负二项回归
	(1)	(2)	(3)
Subsidy	0.089*** (0.027)	0.039*** (0.014)	0.039*** (0.014)
Indratio	0.132 (0.727)	0.127 (0.318)	0.127 (0.318)
地区固定效应	是	是	是
年份固定效应	是	是	是
行业固定效应	是	是	是
观测值	5310	5310	5310

附表 14-9 其他稳健性检验

变量	被解释变量：Ln(1+专利申请量)				
	(1)	(2)	(3)	(4)	(5)
Treat×Post	−0.123** (0.054)	−0.168** (0.065)	−0.148** (0.069)	−0.166** (0.067)	−0.161** (0.078)
Size	0.440*** (0.031)	0.387*** (0.040)	0.426*** (0.039)	0.422*** (0.041)	0.422*** (0.041)
Lev	−0.569*** (0.118)	−0.400*** (0.125)	−0.389*** (0.129)	−0.319** (0.134)	−0.344** (0.131)
Roa	−0.039 (0.290)	0.007 (0.291)	−0.159 (0.286)	0.141 (0.293)	0.077 (0.256)
Growth	−0.031* (0.016)	−0.031** (0.014)	−0.032* (0.018)	−0.031** (0.014)	−0.032** (0.013)
Age	−0.094 (0.080)	0.009 (0.123)	0.075 (0.121)	0.053 (0.128)	0.001 (0.123)
Turnover	0.207** (0.082)	0.209* (0.113)	0.156 (0.108)	0.246** (0.113)	0.200** (0.090)
Marketpower	0.075 (0.055)	0.170** (0.081)	0.184** (0.075)	0.140* (0.075)	0.171** (0.073)
Subsidy	0.067*** (0.012)	0.050*** (0.015)	0.049*** (0.013)	0.048*** (0.014)	0.057*** (0.017)
Indratio	0.582* (0.341)	0.596 (0.433)	0.789* (0.437)	0.302 (0.442)	0.567 (0.512)
地区固定效应	是	是	是	是	是
年份固定效应	是	是	是	是	是
行业固定效应	是	是	是	是	是
观测值	9520	4248	5736	4650	5310
R^2	0.375	0.369	0.380	0.406	0.396

附表 14-10 地区异质性分析

变量	东部地区		中部地区	西部地区
	所有东部地区	不含北京、天津		
	(1)	(2)	(3)	(4)
Treat×Post	−0.151* (0.080)	−0.169** (0.082)	−0.521*** (0.122)	−0.043 (0.138)
Size	0.501*** (0.059)	0.520*** (0.061)	0.419*** (0.072)	0.325*** (0.059)
Lev	−0.677*** (0.240)	−0.681*** (0.243)	−0.073 (0.238)	−0.234 (0.174)
Roa	0.215 (0.489)	0.022 (0.480)	0.382 (0.549)	−0.574 (0.418)
Growth	−0.014 (0.019)	0.001 (0.020)	−0.032 (0.022)	−0.046** (0.021)
Age	−0.011 (0.182)	−0.010 (0.179)	−0.319 (0.234)	0.324 (0.241)
Turnover	−0.018 (0.146)	0.027 (0.149)	0.185 (0.171)	0.535*** (0.201)
Marketpower	0.213* (0.126)	0.303** (0.146)	0.055 (0.145)	0.073 (0.116)
Subsidy	0.091*** (0.024)	0.101*** (0.023)	0.007 (0.026)	0.035 (0.021)
Indratio	1.991*** (0.611)	2.164*** (0.651)	−0.823 (0.615)	−0.462 (0.789)
地区固定效应	是	是	是	是
年份固定效应	是	是	是	是
行业固定效应	是	是	是	是
观测值	2480	2240	1400	1430
R^2	0.442	0.469	0.374	0.453

附表 14-11 企业所有制结构异质性分析

变量	被解释变量:Ln(1+专利申请量)			
	国有企业		非国有企业	
	(1)	(2)	(3)	(4)
Treat×Post	−0.132* (0.078)		−0.227** (0.102)	
Treat×Post×QT		−0.144* (0.080)		−0.208** (0.103)
Treat×Post×BJ		0.588* (0.352)		−1.152*** (0.174)

续表

变量	被解释变量:Ln(1+专利申请量)			
	国有企业		非国有企业	
	(1)	(2)	(3)	(4)
Treat×Post×TJ		−1.279*** (0.469)		−1.544*** (0.093)
Size	0.359*** (0.054)	0.357*** (0.054)	0.514*** (0.056)	0.515*** (0.056)
Lev	−0.411* (0.228)	−0.412* (0.227)	−0.259 (0.162)	−0.252 (0.162)
Roa	0.443 (0.494)	0.458 (0.492)	−0.387 (0.311)	−0.369 (0.311)
Growth	−0.019 (0.017)	−0.019 (0.017)	−0.039** (0.019)	−0.039** (0.019)
Age	0.067 (0.158)	0.065 (0.158)	−0.028 (0.189)	−0.024 (0.189)
Turnover	−0.023 (0.147)	−0.019 (0.147)	0.418*** (0.111)	0.421*** (0.111)
Marketpower	0.204* (0.115)	0.200* (0.114)	0.113 (0.093)	0.115 (0.092)
Subsidy	0.070*** (0.019)	0.070*** (0.019)	0.028 (0.019)	0.028 (0.019)
Indratio	0.721 (0.507)	0.724 (0.507)	−0.231 (0.702)	−0.205 (0.703)
地区固定效应	是	是	是	是
年份固定效应	是	是	是	是
行业固定效应	是	是	是	是
观测值	3480	3480	1830	1830
R^2	0.396	0.398	0.506	0.507

附表 14-12　垄断性和竞争性行业异质性分析

变量	被解释变量:Ln(1+专利申请量)			
	垄断性行业		竞争性行业	
	(1)	(2)	(3)	(4)
Treat×Post	0.048 (0.116)		−0.219*** (0.070)	
Treat×Post×QT		−0.040 (0.124)		−0.206*** (0.071)
Treat×Post×BJ		1.618*** (0.431)		0.142 (0.447)

续表

变量	被解释变量：Ln(1+专利申请量)			
	垄断性行业		竞争性行业	
	(1)	(2)	(3)	(4)
Treat×Post×TJ		−0.463*** (0.124)		−1.639*** (0.377)
Size	0.256*** (0.073)	0.254*** (0.073)	0.483*** (0.045)	0.482*** (0.045)
Lev	0.008 (0.184)	−0.004 (0.184)	−0.422*** (0.152)	−0.422*** (0.151)
Roa	−0.401 (0.341)	−0.418 (0.339)	0.308 (0.323)	0.324 (0.324)
Growth	−0.027 (0.017)	−0.027 (0.017)	−0.029* (0.015)	−0.029* (0.015)
Age	0.003 (0.205)	−0.007 (0.205)	−0.005 (0.138)	−0.005 (0.138)
Turnover	−0.101 (0.141)	−0.106 (0.141)	0.226** (0.114)	0.230** (0.114)
Marketpower	−0.040 (0.071)	−0.058 (0.073)	0.193** (0.082)	0.191** (0.082)
Subsidy	0.046*** (0.016)	0.045*** (0.015)	0.050*** (0.017)	0.050*** (0.017)
Indratio	−0.835 (0.536)	−0.868 (0.524)	0.822 (0.523)	0.832 (0.522)
地区固定效应	是	是	是	是
年份固定效应	是	是	是	是
行业固定效应	是	是	是	是
观测值	980	980	4330	4330
R^2	0.352	0.366	0.389	0.391

第十五章　交通改善、企业贸易与区域市场整合

——基于增值税发票的经验研究*

梁若冰　汤　韵**

第一节　引　言

理论上，交通设施建设通过降低运输成本来推动商品以及劳动力、原材料、中间产品等生产要素在地区间的流动，促进地区性乃至全国性市场整合。因此，准确评估交通基础设施建设的贸易影响就成为指导未来相关政策的重点，也是使经济结构更具竞争力的关键。目前，围绕交通成本对贸易影响的研究主要集中在国际贸易领域。经验研究大多发现国内交通改善能够通过降低运输成本而促进国际贸易的增长(Martincus and Blyde，2013；Donaldson，2018；Coşar and Fajgelbaum，2016)，而对于交通改善如何影响国内贸易则讨论不多。即便是有所涉及，此类研究也大多基于加总贸易数据进行，主要集中在对区域间贸易的分析上，包括利用交通货运量考察省际或州际贸易(刘生龙、胡鞍钢，2011；徐现祥、李郇，2012；Duranton et al.，2014)，或是利用增值税发票数据作为省际贸易的代理变量(行伟波、李善同，2009)。

不过，由于缺乏企业微观数据，加总贸易研究难以对企业在原材料、中间品与产成品上的贸易进行分析。一般来说，加总研究存在三类缺陷：第一，不考虑企业的具体地理位置而对同一行政区内的企业进行加总，这在考察基础设施的贸易影响时，如果行政区面积较大，将导致因测量误差产生的估计偏误：位于相邻行政区边界处的企业间距离可能小于同一行政区内企业距离；第二，基础设施对企业的处理效应存在区位与行业异质性，而加总分析难以对此进行考察；第三，加总分析可能会受到反向因果问题的困扰，即总贸易量较大地区可能影响交通设施的兴建。利用企业微观数据来考察基础设施的贸易效应，可以较好解决上述问题：第一，根据企业的具体地理区位，而非行政区划来测量企业距离；第二，可以利用企业区位与高速公路入口区位来测算企业与高速公路的距离；第

* 本章写作时间为2021年，故本章表述以2021年为时间节点。

** 梁若冰，教授、博士生导师，厦门大学经济学院财政系；汤韵，教授，集美大学工商管理学院。

三,利用微观数据可更好地控制企业层面的相关变量与固定效应,有利于降低实施因果识别时产生的估计偏误;第四,微观数据不仅能用于分析企业异地销售与本地销售,还可用于区分贸易的集约边际与扩展边际。

本章在实证部分主要回答了下面两个主要问题:第一,交通改善是创造还是转移了企业销售?第二,对企业在不同地区的销售,交通改善在扩展边际与集约边际上有怎样的影响?在稳健性检验部分,本章也针对同时实施的其他政策变动或相关影响因素,包括营业税改增值税、福建自贸区设立以及企业区位自选择效应进行分析,并针对可能存在的双向因果与遗漏变量导致的内生性问题进行了识别与检验。实证研究结果发现:第一,交通改善并未从总体上促进企业销售,而是显著促进了通过高速公路进行的异地销售并降低了本地销售,从而展示出明显的贸易转移而非创造效应;第二,交通改善对于企业高速公路贸易的促进是从集约边际和扩展边际两方面同时进行的。

本章的主要贡献包括:第一,基于 Chaney(2008)、Melitz 和 Redding(2015)的理论框架,我们考察了交通改善的本地销售效应,并推导出集约边际与扩展边际的具体形式;第二,在实证分析中,本章利用企业增值税发票数据构造了企业销售变量,解决了对国内贸易研究的微观数据可得性困境,并将国际贸易理论分析框架用于对国内贸易现象的分析中;第三,采用探索性空间分析工具对企业及高速公路的空间特征与网络特征进行分析,避免了此类研究中因变量设定过于简化而导致的测量误差问题;第四,对企业与高速公路入口的距离效应及产业集聚的异质性影响进行了考察;第五,探讨了交通设施对不同两位数行业的异质性贸易效应。上述几项实证工作并未出现在当前国内外研究中,本章对其进行了全方位考察。

第二节　文献综述与理论分析

随着交通技术进步与基础设施的日益完善,运输成本的大幅度降低促进了国家间与地区间贸易的快速增长。据估算,贸易成本每上升 10 个百分点,贸易量将下降 20%(Liamo and Venables,2001)。在国际贸易领域的研究中,关于贸易成本的影响主要围绕贸易量、社会福利与企业经营绩效等方面内容展开分析。近年来,随着 Melitz(2003)开创的异质性企业贸易理论发展日益成熟,相关的理论与实证研究也大量涌现。基于其良好的现实基础与可扩展性,本章也将沿用该分析框架考察交通改善引发的贸易成本下降对企业间贸易的影响。当然,本章与传统理论模型侧重的问题存在一定差异,我们更关心的是:交通改善在促进企业跨地区贸易的同时,对本地贸易的影响是什么?

区别于传统的贸易理论,Melitz(2003)将企业的生产率异质性纳入理论分析中,并提出企业进入国际贸易的依据是其生产率能否高于特定生产率门槛。基于这一前提,该文分析了贸易伙伴与贸易成本变化对生产率门槛、企业生产率以及社会福利的影响,从而不仅使理论分析可在更微观的层面展开，而且也可作为理论基础指导相关经验研究。根据该理论，当外贸成本下降时，一部分从事本地贸易的高效率企业进入外贸市场，并减少本地贸易比重，而另一部分低效率本地贸易企业则退出市场，停止生产活动。在新的均衡状态，不仅市场中的企业平均生产率高于初始状态，而且总的社会福利实现了上升。Chaney(2008)基于上述框架，利用比较静态方法进一步考察了贸易成本对企业贸易中的集约边际与扩展边际的影响。该研究发现，针对特定企业生产率分布形式，可变贸易成本对企业总贸易的影响只与刻画企业生产率分布的帕累托函数的形状参数 γ 相关，其中的集约边际只与效用函数中的产品替代弹性 σ 相关，而扩展边际也只与 γ 和 σ 相关。

在经验研究方面，关于贸易成本下降对贸易影响的研究大多集中在国际贸易领域，而对国内贸易的影响，也多集中于地区间贸易。例如，在关于美国的研究中，Duranton 等(2014)发现城市间高速公路距离每下降 1%，市际贸易额与贸易量将分别上升 1.4%和 1.9%，同时高速公路对重量较大商品的贸易影响较大，并促进了后者生产的专业化；Michaels(2008)发现美国的州际高速公路促使农村物流、零售等贸易相关行业人均产出增长达 7～10 个百分点。此外，Donaldson(2018)在分析印度在殖民地时期兴建铁路对贸易的影响时，也发现了交通改善直接促进了区域间贸易与国际贸易水平的证据。不过，上述研究主要关注地区间贸易，均未讨论交通对地区内部贸易的影响。尽管我们并未找到研究地区内部贸易的实证文献，但有一支文献与这一问题相关，即交通改善可能导致地区差距拉大，从而形成“极化”现象。Faber(2014)实证分析了中国国家高速公路干道系统(NTHS)对地区经济发展的影响，发现地区间发展越不均衡，运输成本下降越容易导致落后地区的工业产出下降；Roberts 等(2012)构建虚拟反事实评估了 NTHS 的经济效应，发现其不仅无法降低地区间收入差距，也无法降低城乡收入差距；而 Baum-Snow 等(2017)进一步发现 NTHS 具有产业转移效应，具有区位优势的地区更容易出现二、三产业专业化，内陆地区则更容易出现农业专业化。

对于本章的研究而言，我们更关注贸易成本下降在促进企业跨区贸易的同时是否对本地贸易产生了极化效应？此处的“极化效应”包括两层含义：一是成本降低在促进跨区贸易的同时降低了本地贸易，二是从事跨区贸易的企业生产率门槛有所下降，而从事区内贸易企业的生产率门槛有所上升，由于前者高于后者，因而交通改善将导致当地从事生产的企业数量减少，而平均生产率水平增加。这在客观上将造成本地低生产率企业被赶出市场，从而在改善资源配置效率的同时，也导致低效率企业较多的地区出现产业外移。尽管 Melitz 和 Redding(2015)与 Arkolakis 等(2012)在理论分析中对此都有所涉及，但他们更关注企业进入或退出本地与出口市场行为的福利影响。不仅如此，由于缺乏基于企业层面微观数据的研究，目前的文献罕有讨论交通改善对企业的异地与本地销售在集约边际与扩展边际上的表现，更无法探讨该效应的距离异质性、产业异质性等。

基于 Krugman(1980)、Chaney(2008)、Melitz 和 Redding(2015)的分析框架，本章分

析了运输成本对高速公路贸易与地区内部贸易的影响，并进一步讨论这种效应在集约边际与扩展边际上的分配。针对具有如下效用的地区 j 的代表性消费者：

$$U_j = \left[\sum_{i\in S}\int_{\Omega_{ij}} (q_{ij}(\omega)\frac{\sigma}{\sigma-1}\mathrm{d}\omega\right]\frac{\sigma}{\sigma-1} \tag{15-1}$$

根据 Chaney(2008)，我们可以求出可变成本的贸易弹性为：

$$\frac{\partial \ln X_{ij}}{\partial \ln \tau_{ij}} = \frac{\int_{\varphi_{ij}^*}^{\infty}\frac{\partial}{\partial \tau_{ij}}x_{ij}(\varphi)\tau_{ij}\mathrm{d}G_i(\varphi)}{\int_{\varphi_{ij}^*}^{\infty}x_{ij}(\varphi)\mathrm{d}G_i(\varphi)} - \frac{x_{ij}(\varphi_{ij}^*)\tau_{ij}\frac{\partial \varphi_{ij}^*}{\partial \tau_{ij}}\mathrm{d}G_i(\varphi_{ij}^*)}{\int_{\varphi_{ij}^*}^{\infty}x_{ij}(\varphi)\mathrm{d}G_i(\varphi)}$$

$$=\underbrace{(1-\sigma)}_{\text{集约边际}<0}+\underbrace{(\sigma-\gamma-1)}_{\text{扩展边际}<0}=-\gamma<0 \tag{15-2}$$

同时，我们还推导出本地贸易的可变成本弹性公式，表示为式(15-3)：

$$\frac{\partial \ln X_{ii}}{\partial \ln \tau_{ij}} = \frac{\partial \ln(X_i - X_{ij})}{\partial \ln \tau_{ij}} = -\frac{\int_{\varphi_{ii}^*}^{\infty}\frac{\partial}{\partial \tau_{ij}}x_{ij}(\varphi)\tau_{ij}\mathrm{d}G_i(\varphi)}{\int_{\varphi_{ii}^*}^{\infty}x_{ii}(\varphi)\mathrm{d}G_i(\varphi)} - \frac{x_{ii}(\varphi_{ii}^*)\tau_{ij}\frac{\partial \varphi_{ii}^*}{\partial \tau_{ij}}\mathrm{d}G_i(\varphi_{ii}^*)}{\int_{\varphi_{ii}^*}^{\infty}x_{ii}(\varphi)\mathrm{d}G_i(\varphi)}$$

$$=\underbrace{\frac{\sigma-1}{\tau_{ij}^{\sigma-1}}}_{\text{集约边际}>0}+\underbrace{\frac{\left(\frac{f_{ij}}{f_{ii}}\right)-\gamma(\sigma-\gamma-1)\left[\gamma-\left(\frac{f_{ij}}{f_{ii}}\right)\frac{1}{\sigma-1}(\sigma-\gamma-1)\right]}{\tau_{ij}^{\gamma}(\sigma-\gamma-2)-\left(\frac{f_{ij}}{f_{ii}}\right)1-\gamma\left[\gamma-\left(\frac{f_{ij}}{f_{ii}}\right)\frac{1}{\sigma-1}(\sigma-\gamma-1)\right]}>0}_{\text{扩展边际}>0} \tag{15-3}$$

公式(15-2)中，由于 $\sigma>1$ 且 $\gamma>\sigma-1$，因此很显然区域间贸易的集约边际与扩展边际都为负值，即随着贸易成本的下降，平均贸易额与贸易伙伴数量同时增长。而对于公式(3)来说，集约边际显然为正向，表明随贸易成本的下降，本地贸易额也会出现下降，与区域间贸易存在一定的替代效应；同时，扩展边际的符号也为正号，表明随着贸易成本的下降，本地贸易伙伴的数量也出现了减少，其原因在于贸易成本下降导致本地贸易企业生产率门槛的上升，从而将部分低生产率企业挤出了本地市场。由此可见，运输成本下降将导致企业跨区贸易的集约边际与扩展边际均出现增长，从而导致总贸易额增长；相反地，企业区域内贸易的集约边际与扩展边际均出现下降，从而导致总贸易额下降。比较而言，企业无论异地贸易还是本地贸易，集约边际绝对值均大于扩展边际，不过从总效应方面我们无法直接比较区外销售与本地贸易的大小。根据上述分析，我们可以提出以下两个假设：

假设 15-1：地区间运输成本下降会导致企业的跨区贸易额增长而本地贸易额下降，而且无论跨区贸易还是本地贸易，集约边际均大于扩展边际。

假设 15-2：地区间运输成本下降提高了本地贸易企业的生产率门槛，降低了企业留存概率，但提高了留存企业的平均生产率水平。

第三节　计量模型设定与数据分析

(一)计量模型设定

基于前文的理论分析,我们可以以销售企业 i 为观察对象构造计量模型:

$$\text{lnttradehw}_{it} = \alpha + \beta \text{lndisent}_{it} + \Psi X + \delta_i + \lambda_t + \varepsilon_{c(i)} \times \lambda_t + \theta_{s(i)} \times \lambda_t + \eta_{it} \tag{15-4}$$

式(15-4)估计了交通改善对销售企业的贸易效应,被解释变量为企业 i 在 t 年度通过高速公路的总销售额对数值(lnttradehw_{it});主要的解释变量为企业与高速公路入口距离的对数值(lndisent_{it})。在控制变量向量 X 中,包括了企业销售对象的总资本额(lntcapital_{it})、总就业(lntemploy_{it})、直线距离(lntdist_{jt})、企业与销售对象之间的产业完全消耗系数均值(accc_{it})等变量。固定效应 δ_i、$\varepsilon_{c(i)} \times \lambda_t$ 与 $\theta_{s(i)} \times \lambda_t$ 分别控制了企业的固定效应、所在县区以及所处行业随时间变化的特异性效应;η_{it} 为随机扰动项。对企业跨区贸易进行实证研究会受到要素禀赋、规模经济及商品替代弹性等多重因素影响,因此应该在回归分析中增加对相关变量的控制,从而避免影响计量结果的可靠性(Engel and Rogers,1996)。尽管我们无法直接控制相关变量,但由于要素禀赋和规模经济与企业所在地区相关,商品替代弹性与企业所在行业相关,因此可以通过分别控制企业所在县区、行业固定效应与时间效应的交叉项以及企业固定效应,来控制这些可能遗漏变量的影响,从而提高实证分析结果的准确性。

为获得公式(15-2)中集约边际与扩展边际的估计结果,本章还以企业贸易伙伴数量(lnpairhw_{it})与平均销售额对数值(lnatradehw_{it})作为被解释变量进行了估计。回归式的控制变量与公式(15-4)类似,只是在估计平均销售额时控制变量调整为各变量平均值的对数,包括平均距离对数值(lnadist_{jt})、平均投资额对数值(lnacapital_{it})与平均就业对数值(lnaemploy_{it})。为了分析交通改善对本地贸易的影响,我们还分别以本地销售总额对数值(lnttradeloc_{it})、平均销售额对数值(lnatradeloc_{it})以及本地贸易伙伴数量对数值(lnpairloc_{it})作为被解释变量进行了估计。根据公式(15-2)和(15-3),可以推断出企业通过高速公路的总销售额、平均销售额与贸易伙伴数都与入口距离负相关,而本地销售变量则与之正相关。此外,本章还考察高速公路对企业与贸易伙伴距离的影响,用以考察市场域范围的扩张;并且分析了交通改善对企业全要素生产率的影响,用以验证 Melitz(2003)的主要结论。

在估计企业高速公路贸易与本地销售时,一个关键问题是识别企业是否通过高速进行销售。本章判断高速贸易的标准包括两部分:一是与供、需方企业距离最近的高速公

路入口不相同；二是供需方企业间直线距离大于 50 公里[①]。当然，如果两个企业与最近的高速入口距离都非常远的话，那么这一判断标准将变得不再适用。因此，本章采用了 2016 年的企业与高速入口距离来进行判断，这样可以避免因早期高速未通车导致的误判，即两个实际距离很远的企业，由于与它们最近的高速入口相同而被错误判断为同一地区的企业。

此外，除了企业间销售额相关变量，本章还将进一步考察交通改善对有贸易关系的企业间距离的影响，以此来识别交通改善是否促进企业向更远的地方寻找贸易伙伴。这类距离变量包括异地贸易企业间高速公路平均距离（$lnadisthw_{ijt}$）与平均直线距离（$lnadist_{ijt}$）。其中，企业间高速公路平均距离是指某企业与其高速公路贸易伙伴之间的高速公路距离的平均值，即高速公路距离总和除以贸易伙伴数量；而异地贸易企业间平均直线距离则是该企业与其高速公路贸易伙伴之间的直线距离总和除以高速公路贸易伙伴的数量。从距离指标的构建可以看出，平均距离指标能更准确地体现贸易对象的实际距离是否随交通改善而出现增加。

（二）数据分析

在实证分析中，本章利用中国福建省企业微观数据来识别交通改善对企业贸易的影响。选择福建省作为研究对象基于以下原因：第一，福建省特殊的地理位置与地形特点，基础设施发展较为滞后，但近年来实现快速增长，“十一五”与“十二五”期间累计建设开通高速公路里程达到 3800 公里，2015 年底达到 4600 公里，“十三五”期间新增 1000 公里，总通车里程超过 6000 公里，这与本章样本数据涵盖的时间段十分吻合；第二，福建省地形多为山地与丘陵地区，贸易受交通影响较大，一旦建成连通各个县级地区的高速公路，对于促进企业异地贸易有很大的作用；第三，企业增值税发票数据的可获得性，作为国内贸易研究中最核心的问题，贸易数据的可得往往决定了相关实证研究的可行性，本章使用的福建省企业增值税发票数据为我们顺利实施该项研究工作提供了必要条件。

福建省企业分布与高速公路兴建体现了四个特点：第一，企业主要集中在从福州到漳州的沿海地区，其他地区则大多分散在各县市的周边；第二，2016 年福建省高速公路路网建设基本覆盖了大部分县市，而 2008 年高速公路只有沈海高速福鼎至诏安段、厦蓉高速龙海至龙岩段以及福银高速长乐至泰宁段三段，可见样本覆盖的这 8 年恰好是福建高速公路大发展的时段，通车县市的数量由 27 个增加到 64 个；第三，福建省高速公路规划的最终目标是将所有县级单位联通起来，并形成覆盖全省的高速公路网络系统，而目前仅有明溪、顺昌、古田、光泽等偏远县市还未联通；第四，多个市县成为汇集多条高速公路的枢纽，如福州、漳州、泉州、龙岩等。图 15-1a 为高速建设对企业交通便利性的影响，可

① 此处的设置依据是福建省内只有两个市县与最近市县之间的距离超过 50 公里，分别为建瓯市与屏南县之间的 51.9 公里以及顺昌县与将乐县之间的 50.8 公里，其他县市与最近县市之间的距离都不超过 50 公里，因此将 50 公里设为企业的异地贸易门槛是合理的。

以看出企业与高速公路入口距离随联通高速公路的县市数量的增加而下降。图 15-1b 展示了企业的高速入口距离与其高速公路总销售额的相关性，可知距离越近平均销售额越高。

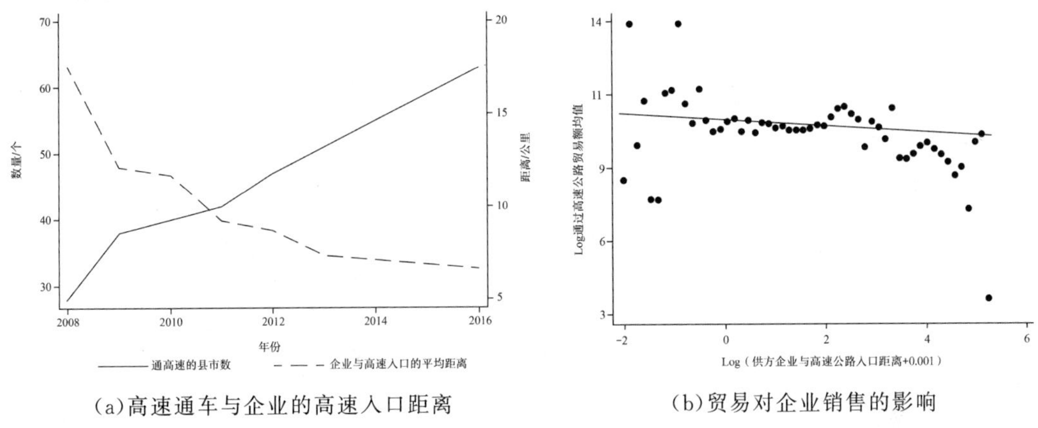

(a)高速通车与企业的高速入口距离　　(b)贸易对企业销售的影响

图 15-1　高速公路与企业间贸易

表 15-1 中列出了本章实证分析的主要变量，相关数据主要包括四个部分：一是与企业相关的信息及贸易数据，来源于福建省企业税收调查数据库，涵盖了省内企业在 2008—2016 年的贸易数据，以及企业相关注册信息，包括投资规模、就业规模、所属行业、所属地区等，同时为进行企业全要素生产率的分析，本章还匹配了中国工业企业数据库 2011—2013 年的数据；二是高速公路兴建数据，包括线路与入口的位置等，来源于 2008—2016 年的《福建省公路运输实用地图册》；三是各两位数行业的投入产出表数据，本章采用的主要为 139 个行业之间的完全消耗系数，来源于 2012 年《福建省投入产出表》；四是企业区位信息以及高速公路定位信息，是作者根据前两类数据来源利用 ArcGIS 系统将企业与高速公路定位到电子地图上，并对相关地理信息进行处理，获得企业间距离、高速公路距离以及与高速公路入口距离等变量，并以此为基础进行探索性空间分析，计算出企业的产业集聚指标以及针对内生性问题设置高速公路兴建的工具变量。

表 15-1　主要变量的描述性统计量与数据来源

变量类型	变量	含义	样本量	均值	标准差	来源
被解释变量	lnttrade	Ln(企业总销售额＋0.001)	323828	12.24	3.77	A
	lnttradehw	Ln(企业高速公路总销售额＋0.001)	323828	10.07	6.73	A、B、C
	lnttradeloc	Ln(企业本地总销售额＋0.001)	323828	3.17	9.61	A、B、C
	lnatradehw	Ln(企业高速公路平均销售额＋0.001)	323828	8.76	6.10	A、B、C
	lnatradeloc	Ln(企业本地平均销售额＋0.001)	323828	2.19	8.68	A、B、C

续表

变量类型	变量	含义	样本量	均值	标准差	来源
被解释变量	lnpairhw	Ln(企业高速公路贸易伙伴数+0.001)	323828	0.38	2.66	A、B、C
	lnpairloc	Ln(企业本地贸易伙伴数+0.001)	323828	−2.65	3.89	A、B、C
	lnadisthw	Ln(企业与贸易伙伴高速公路平均距离+0.001)	321484	2.47	3.38	A、B、C
	lntotsale	Ln(企业总销售额+0.001)	13241	11.58	1.06	D
	tfp_op	利用 OP 法测算的 TFP	12768	9.70	0.93	D
	tfp_lp	利用 LP 法测算的 TFP	12767	6.05	0.76	D
解释变量	lndisent	Ln(企业距离高速公路入口+0.001)	307560	1.93	0.82	A、B、C
控制变量	lntdist	Ln(企业与贸易伙伴距离和+0.001)	323828	4.57	2.31	A、B、C
	lntcapital	Ln(企业贸易伙伴投资和+0.001)	323828	16.86	4.34	A
	lntemploy	Ln(企业贸易伙伴就业和+0.001)	323828	4.91	2.38	A
	lnadist	Ln(企业与贸易伙伴平均距离+0.001)	321484	3.31	1.55	A、B、C
	lnacapital	Ln(企业贸易伙伴平均投资+0.001)	321373	15.72	3.36	A
	lnaemploy	Ln(企业贸易伙伴平均就业+0.001)	321456	3.68	1.54	A
	accc	企业与贸易伙伴平均完全消耗系数	323744	0.04	0.07	A、E
	lntotout	Ln(企业年产值+0.001)	13242	11.60	1.07	D
	lnavemp	Ln(企业年均就业+0.001)	13161	5.71	0.84	D
	lnfixass	Ln(企业固定资产存量+0.001)	12883	9.25	1.82	D

数据来源：A：福建省企业税收调查数据库；B：福建省公路运输实用地图册，2008—2016 年；C：作者利用 ArcGIS10.2 进行空间定位并计算相应数据；D：中国工业企业数据库，2011—2013 年；E：2012 年福建省投入产出表。

具体到各个变量，被解释变量即企业销售数据由增值税发票来表示，其原始数据是每对供、需方企业的年度数据，而本章处理的企业销售数据则是在确定供给方企业的基础上，计算出其对所有贸易伙伴的年度贸易额。作为解释变量，能够代表高速公路影响的变量主要有两类：一是企业与其贸易伙伴间的高速公路距离和($lntdisthw_{ijt}$)与平均距离($lnadisthw_{ijt}$)，二是企业与最近高速入口的距离($lndisent_{it}$)。在构建这两类指标时，作者利用 ArcGIS 中的探索性空间分析工具，根据企业区位测算出供需企业与最近的高速公路入口距离，并以此作为企业之间可能通过高速公路进行贸易的判断依据，并利用网络分析(network analysis)工具测算企业间的高速公路距离。此外，本章在利用工具变量方法进行稳健性检验时，采用了 ArcGIS 工具箱中的空间分析(spatial analysis)工具进行了最小成本路径分析。

第四节 基准结果分析

(一)交通改善与企业销售

在基准回归部分,本章首先利用企业的销售数据,分析了高速公路开通对企业销售的影响。本章主要采用企业与高速公路入口的距离来表示交通改善:高速公路兴建不仅可能联通原来没有联通的企业,而且也缩短了企业与高速入口的距离,从而改善企业向外地贸易的交通条件,降低运输成本。因此,兴建高速公路如果能够促进企业间贸易,那么企业与高速入口距离与企业销售之间应当存在负相关关系。对此,本章利用回归方程(15-4)来分析高速公路对企业销售的真实影响,包括对通过高速公路的总销售额、平均销售额与贸易伙伴数,以及本地总销售额、平均销售额与贸易伙伴数的影响,回归结果列于表 15-2 中。

表 15-2 高速公路对企业销售额影响

变量	总销售额			贸易伙伴数		平均销售额	
	企业总额	高速贸易	本地贸易	高速贸易	本地贸易	高速贸易	本地贸易
	lnttrade	lnttradehw	lnttradeloc	lnpairhw	lnpairloc	lnatradehw	lnatradeloc
	(1)	(2)	(3)	(4)	(5)	(6)	(7)
lndisent	0.0014 (0.0229)	−0.3295*** (0.0355)	0.6630*** (0.0543)	−0.1533*** (0.0108)	0.2870*** (0.0334)	−0.3280*** (0.0350)	0.6220*** (0.0502)
lntdist/lnadist	0.5372*** (0.0049)	2.1261 (0.0168)	−0.1390*** (0.0165)	0.8760*** (0.0066)	−0.0720*** (0.0061)	2.3861*** (0.0180)	−1.0060*** (0.0201)
lntcapital/ lnacapital	0.0769*** (0.0024)	0.0373*** (0.0059)	0.1702*** (0.0076)	0.0079*** (0.0022)	0.0664*** (0.0031)	0.1201*** (0.0061)	0.2161*** (0.0073)
lntemploy/ lnaemploy	0.3062*** (0.0057)	0.1740*** (0.0130)	0.8670*** (0.0188)	0.0861*** (0.0046)	0.3620*** (0.0075)	0.1670*** (0.0151)	0.0880*** (0.0208)
accc	2.8297*** (0.1489)	−0.0880*** (0.0167)	1.0262*** (0.0484)	0.0416*** (0.0055)	0.4583*** (0.0200)	2.6510*** (0.3471)	2.8913*** (0.4833)
企业固定效应	Y	Y	Y	Y	Y	Y	Y
年份效应	Y	Y	Y	Y	Y	Y	Y
行业效应× 年份效应	Y	Y	Y	Y	Y	Y	Y
县市效应× 年份效应	Y	Y	Y	Y	Y	Y	Y
样本量	264147	264155	264155	264155	264155	262239	262239
组内 R^2	0.137	0.336	0.056	0.449	0.066	0.261	0.033

注:表中第(1)、(2)、(4)、(5)、(7)中的距离、资本额和就业数控制变量为加总指标,第(3)和(6)列为平均指标;括号内为企业层面的聚类稳健标准误;*、** 和 *** 分别表示在 10%、5%与 1%水平上显著。

表 15-2 中，第(1)列的企业总销售额估计结果并不显著，交通改善对总销售额的影响并不显著；第(2)、(3)列结果表明高速公路入口对企业通过高速公路进行的异地销售与本地销售均有显著影响，即距离每降低一个百分点，企业的异地总销售额增加 0.33 个百分点，而本地销售额则下降 0.66 个百分点。从第(4)、(5)列中的扩展边际估计可知，无论异地销售还是本地销售，企业均受到交通改善的显著影响，即距离每降低一个百分点，企业的高速公路贸易伙伴与本地贸易伙伴数量分别增加 0.15 和降低 0.28 个百分点。第(6)、(7)列分别展示了集约边际的结果，可知交通改善对异地贸易与本地贸易的平均销售额影响非常接近总销售额的估计值，从而说明交通设施对企业总销售额的影响主要是通过促进平均销售额施加的。因此，我们可以验证假说 1：第一，基础设施对企业产品销售的作用主要是贸易转移效应，而非贸易创造效应；第二，交通改善对于通过高速公路销售的伙伴数以及平均销售额均有显著影响，即高速公路对集约边际与扩展边际均有显著促进作用，而无论高速销售还是本地销售，集约边际均大于扩展边际。

(二)影响途径：销售距离、全要素生产率与退出

基于表 15-2 的发现，我们有必要进一步讨论，运输成本下降如何改变企业的销售行为。首先，从表 15-2 中集约边际与扩展边际的比较可知，高速公路对企业平均销售额的提升作用高于对企业贸易伙伴数量的促进作用，这符合我们的直觉，即高速公路及其引发的运输成本下降主要促进跨区货物运输的增长，而贸易伙伴的增长主要依赖于搜寻成本的下降。其次，我们需要分析交通设施改善对企业与其销售对象地理距离的影响，市场规模在空间范围的扩张意味着区域市场整合的逐步形成。从表 15-3 第(1)、(2)列结果可知，贸易伙伴之间的平均高速公路距离与平均直线距离的估计系数都十分显著，表明企业通过高速公路找到了更远的销售对象，而且这种距离的增加即便不考虑高速通车对企业间高速距离变动的影响，企业之间的平均地理距离也是增加的。根据这一结果，可知高速公路扩大了企业的销售市场域，从而促进了区域市场整合。

表 15-3 交通改善对企业销售距离与全要素生产率的影响

变量	平均高速公路距离	平均直线距离	企业是否留存	全要素生产率(TFP)	
				OP 法	LP 法
	lnadisthw	lnadist	loctrade	tfp_op	tfp_lp
	(1)	(2)	(3)	(4)	(5)
lndisent	−0.1910***	−0.2000***	0.2025***	−0.0289***	−0.0234***
	(0.0161)	(0.0207)	(0.0001)	(0.0085)	(0.0086)
控制变量	Y	Y	Y	Y	Y
企业固定效应	Y	Y	Y	Y	Y
年份效应	Y	Y	Y	Y	Y

续表

变量	平均高速公路距离	平均直线距离	企业是否留存	全要素生产率(TFP)	
				OP 法	LP 法
	lnadisthw	lnadist	loctrade	tfp_op	tfp_lp
	(1)	(2)	(3)	(4)	(5)
行业效应×年份效应	Y	Y	Y	Y	Y
县市效应×年份效应	Y	Y	Y	Y	Y
样本量	262480	263733	548874	12105	12104
组内 R^2	0.450	0.001	0.970	0.908	0.823

注:第(1)列的控制变量同表 15-2,第(2)列控制变量为表 15-2 中不包括距离变量的其他变量;第(3)列控制变量为企业总固定资产与年均就业量,第(4)、(5)列的控制变量为企业总产值;括号内为企业层面的聚类稳健标准误;* 、** 和 *** 分别表示在 10%、5%与 1%水平上显著。

最后,我们还需要了解企业为什么舍近求远,放弃本地销售伙伴而向更远地区寻找市场。显然,对于企业而言,在扩大的市场中实施贸易转移能够获取更大收益,即跨区贸易带来的边际收益大于边际成本。但是,市场域的扩大加剧了企业之间的竞争,从而使更具竞争力的企业留存下来:Melitz(2003)认为可变贸易成本下降将导致国内贸易生产率门槛上升,从而通过将部分企业从市场中挤出,来提升市场中企业的平均生产率。本部分主要讨论上述两个论断:一是将注册企业中没有销售信息的识别为退出市场,考察高速公路对其的影响;二是利用中国工业企业数据库中的数据进行匹配,并检验运输成本下降对企业平均生产率与销售额的影响。由于工业企业数据库入库标准由 2011 年之前的年销售额 500 万提升到 2000 万元,为了保持标准统一,我们仅匹配了其中 2011—2013 年的福建省数据,每年的企业数分别为 4480、4466 和 4418 家,总样本数为 13364。表 15-3 第(3)列结果表明,随着企业与高速公路入口距离的缩短,企业留存概率也出现显著下降,表明贸易成本下降会提高企业退出市场的概率。第(4)、(5)列分别呈现了利用两种方法测算的企业全要素生产率的估计结果,包括常用的 OP 法与 LP 法。从回归结果可知,交通改善确实显著促进了企业平均生产率的提升,这与 Melitz(2003)及其后续研究得到的结论相符。当然,这一结果并非说明交通改善提升了贸易企业的生产率,而是通过提高本地贸易企业的生产率门槛,将生产率较低的企业从市场中淘汰出去,从而客观形成了平均生产率提升的结果,因此验证了假说 2。

第五节　稳健性检验

(一)替代样本估计

在表 15-2 中,我们发现交通改善对企业异地销售有显著的促进作用,但这一结果可

能受潜在干扰因素的影响而不够稳健。首先,由于我国在 2016 年全面实施营业税改增值税政策(营改增),导致当年交易笔数骤增,出现了平均销售额明显下降的情况,因而本章采取剔除 2016 年数据样本的做法。其次,高速公路建设可能对企业选址有一定的影响,会导致新建企业选择在高速入口附近设厂,或者企业从其他地区搬迁至高速邻近地区,为解决由企业选址自选择(self-selection)造成的偏误,本章只采用 2008 年已经存在贸易的企业样本进行估计,将其他可能是新建或搬迁企业的样本予以剔除。再次,从 2012 年 11 月 1 日开始,福建省成为营改增的试点省份,初期涉及的行业包括交通运输业与现代服务业,即"6+1",其后又在 2013 年和 2014 年将广播影视业与铁路运输业及邮政服务业纳入,并最终在 2016 年 5 月 1 日全面推广至建筑业、房地产、金融业和生活服务业,由于本章的样本包括上述可能受该政策影响的行业,因而我们也剔除相关行业。最后,2014 年 12 月 26 日,中国(福建)自贸区的设立可能会影响到高速公路的贸易效应,因而本章将相关区域内的企业从考察样本中剔除。

表 15-4 替代样本估计

变量	2008 年已有企业		剔除 2016 年样本		剔除自贸区样本		剔除营改增样本	
	高速公路总销售额	本地总销售额	高速公路总销售额	本地总销售额	高速公路总销售额	本地总销售额	高速公路总销售额	本地总销售额
	(1)	(2)	(3)	(4)	(5)	(6)	(7)	(8)
lndisent	−0.3920*** (0.0541)	0.6240*** (0.0669)	−0.3070*** (0.0380)	0.5720*** (0.0573)	−0.3510*** (0.0393)	0.7350*** (0.0579)	−0.3470*** (0.0365)	0.7310*** (0.0560)
控制变量	Y	Y	Y	Y	Y	Y	Y	Y
企业固定效应	Y	Y	Y	Y	Y	Y	Y	Y
年份效应	Y	Y	Y	Y	Y	Y	Y	Y
行业效应×年份效应	Y	Y	Y	Y	Y	Y	Y	Y
县市效应×年份效应	Y	Y	Y	Y	Y	Y	Y	Y
样本量	112278	111931	229907	228455	225587	223780	246203	245205
组内 R^2	0.193	0.007	0.331	0.037	0.339	0.027	0.338	0.027

注:控制变量同表 15-2;括号内为企业层面的聚类稳健标准误;*、** 和 *** 分别表示在 10%、5% 与 1%水平上显著。

表 15-4 为本章利用四组替代样本进行估计的结果,从中可知所有替代样本分组估计的系数与基准回归结果相差不大,表明表 15-2 中第(1)、(4)列的估计结果是稳健的。除了上述问题之外,另一个可能引起估计偏误的问题是替代性公路交通的影响,如省道与国道的影响。不过,考虑到省道、国道出行是福建省在修建高速公路之前的主要公路交

通方式，因此在兴建高速公路时省道、国道原有路网已经完成，且在高速联通后也未有较大变动，因此对高速公路贸易效应的影响不是很大。当然，由于高速公路会面临收费与拥堵，因此省道或国道对其可能存在一定的替代效应，从而导致本章的回归结果出现低估。事实上，这种情况的出现为我们的估计设置了一个下限，即如果存在低估的情况下，高速公路仍然对企业的贸易有显著效应，那么真实的影响应该比这一效应更大。

(二)高铁与出口的影响

值得注意的是，福建省在兴建高速公路的同时也建造并开通了 7 条高速铁路[①]，尽管省内贸易主要通过高速公路进行运输，而高铁以人员运输为主，但部分高铁线路(如向莆铁路)承载着货运任务，而且根据 Bernard 等(2018)对日本新干线通车影响的研究，尽管高铁无法直接降低货物运输成本，但能有效降低信息沟通成本，从而最终降低贸易成本。本章此处考察高铁的影响，主要也是试图检验高速公路通车变量是否捕获了高铁通车的影响，而高估高速公路的影响。对于高铁的作用，本章的处理方式分为两种类型：一是测出企业与高铁车站间的距离，并以此为解释变量替代高速公路入口距离，估计其对贸易的影响；二是将企业与高铁车站距离作为控制变量加入估计模型，观察其是否对高速入口距离产生显著影响。此外，由于福建省众多企业以外贸为主，因此可能受到高速公路的影响，同时也会对省内企业间贸易产生影响。本章利用海关数据库中企业名单与本章中的增值税发票数据库相匹配，从而获得各企业的出口额，并以此作为解释变量分析高速公路估计系数的稳健性。

表 15-5　高铁与出口的影响

变量	高铁的影响				出口的影响		
	高速公路总销售额	本地总销售额	高速公路总销售额	本地总销售额	企业出口额	高速公路总销售额	本地总销售额
	(1)	(2)	(3)	(4)	(5)	(6)	(7)
高速入口距离		−0.4760***	0.9660*** (0.0446)	−0.0699** (0.0686)	−0.3290*** (0.0311)	0.6810*** (0.0355)	(0.0541)
高铁站距离	0.1040* (0.0605)	−0.1620* (0.0931)	0.1010 (0.0622)	−0.1010 (0.0956)			
企业出口额						0.0057** (0.0025)	0.0523*** (0.0038)
控制变量	Y	Y	Y	Y	Y	Y	Y
企业固定效应	Y	Y	Y	Y	Y	Y	Y

① 分别为温福线、福厦线、龙厦线、向莆线、厦深线、合福线以及赣瑞龙线。

续表

变量	高铁的影响				出口的影响		
	高速公路总销售额	本地总销售额	高速公路总销售额	本地总销售额	企业出口额	高速公路总销售额	本地总销售额
	(1)	(2)	(3)	(4)	(5)	(6)	(7)
年份效应	Y	Y	Y	Y	Y	Y	Y
行业效应×年份效应	Y	Y	Y	Y	Y	Y	Y
县市效应×年份效应	Y	Y	Y	Y	Y	Y	Y
样本量	228963	228963	218820	218820	264276	264276	264276
组内 R^2	0.332	0.0528	0.333	0.0537	0.0099	0.336	0.0565

注:控制变量同表 15-2;括号内为企业层面的聚类稳健标准误;*、** 和 *** 分别表示在 10%、5% 与 1% 水平上显著。

表 15-5 显示了高铁开通对企业销售的影响,从第(1)、(2)列结果可知高铁开通对企业通过高速公路的销售额存在较显著的遏制作用,而对本地贸易则有所促进,这说明高速公路联通并未捕获高铁开通的影响,某种程度上两者还存在一定的互补。同时,从第(3)、(4)列的估计结果可知,在控制了企业与高铁站的距离之后,企业与高速公路入口的距离对企业的高速公路贸易及本地贸易的估计系数均未出现大幅度变化。不仅如此,企业高速入口距离估计系数的绝对值大多出现了上升,表明高铁可能在一定程度上补充而非替代了高速公路的影响。这一结果恰好从侧面印证了 Bernard 等(2018)的结论,后者认为高铁联通主要是降低了企业的搜寻成本,从而在运输成本降低的时候能够提供补充作用。第(5)列展示了交通改善对企业出口的影响,结果表明高速兴建显著促进了企业的国际贸易。第(6)、(7)列分别为在控制企业出口规模后,高速公路对企业跨区贸易和本地贸易的影响,回归系数符号、显著性与系数值均未发生大幅变化,表明表 15-2 中的基准结果是稳健的。

(三)内生性问题

高速公路线路及入口位置对企业与高速距离变量具有决定性影响,而高速路线规划可能因三方面原因而存在内生性:一是路线受企业所在城市的影响,当该城市经济规模或人口规模较大时,这种情况较为严重;二是路线受企业位置的影响,当某企业规模较大或处于产业集聚地时,规划路线可能为服务这些企业而就近选址;三是路线设计可能受未观察到的遗漏变量的影响,而该变量同时与企业的贸易规模显著相关。当然,对于本章而言,第一个反向因果造成的内生性问题应当不会特别严重,原因在于:第一,本章采用的变量是企业与高速入口的距离,即便处于同一城市,该变量在企业之间的差异仍可很好地捕获高速公路的影响,而且福建省高速公路规划的目标就是要联通所有的县级单位,因而由于县市重要性导致的高速公路内生性的问题并不严重;第二,对于单个企业而言,影响交通路线规划的可能性较小,不过为了避免该因素的影响,我们可以通过剔除规模在前1%的企业的方式来进行处理;第三,对于遗漏变量问题,既可能是无法观察到的已知变量,也可能是隐藏变量(hidden variables),因此只能利用工具变量法与随机抽样方法予以处理。

就目前来看,我们可以采用三种交通线路工具变量:一是起点与终点间的直线连接线(梁若冰,2015);二是最小成本路线(Faber, 2014);三是规划路径(Donaldson, 2018)。其中,前两种路线均直接体现了道路修建成本,具有最强的外生性。因此,本章在工具变量路线的选择上分别采用两种类型:一是直接联接线,即在各县市之间构造欧几里得距离联接路径;二是构造县市间的最小成本路线,即考虑地理地形因素的影响,利用随机生成树的算法估计出的交通设施施工成本最小路线。除了这两种路线,我们实际上还参考了第三种规划路线:本章只采用了规划建设时间,而未采用其具体路线,这样一方面能够体现面板数据的时间变化,另一方面可以避免在规划施工路线时存在的内生性因素的影响。最后,本章以企业与工具变量路线的直线距离作为企业与高速入口距离的工具变量,这也体现了成本最小的原则。

表 15-6 工具变量估计

变量	欧几里得距离			最小成本路径			排他性分析
	第一阶段	第二阶段		第一阶段	第二阶段		
	高速入口距离	高速公路总销售额	本地总销售额	高速入口距离	高速公路总销售额	本地总销售额	高速公路总销售额
	(1)	(2)	(3)	(4)	(5)	(6)	(7)
工具变量	0.2320*** (0.0015)			0.1632*** (0.0017)			
高速入口距离		−0.4470*** (0.1090)	0.8310*** (0.1660)		−0.2780 (0.1720)	1.6470*** (0.2630)	−0.3977*** (0.0551)
高速入口距离×崎岖度							0.1254 (0.0773)
控制变量	Y	Y	Y	Y	Y	Y	Y
企业固定效应	Y	Y	Y	Y	Y	Y	Y
年份效应	Y	Y	Y	Y	Y	Y	Y
行业效应×年份效应	Y	Y	Y	Y	Y	Y	Y
县市效应×年份效应	Y	Y	Y	Y	Y	Y	Y
K-P rk Wald F 统计量	1967.07***			735.83***			
样本量	263933	263933	263933	263933	263933	263933	264068

注:控制变量同表15-2;括号内为企业层面的聚类稳健标准误;*、**和***分别表示在10%、5%与1%水平上显著。

表 15-6 为两阶段最小二乘(2SLS)估计结果,其中第(1)～(3)与(4)～(6)列分别利用各县之间的直线连接线与最小成本路径连接线作为高速公路的替代,并以企业与这两条线的直线距离作为企业高速入口距离的工具变量。这在检验是否存在弱工具变量的上也能够体现出来。从第(1)、(4)的 2SLS 第一阶段估计结果可知,工具变量能较好地拟合企业与高速入口距离变量,而且 Kleibergen-Papp F 统计量也表明不存在弱工具变量问题。从第(2)、(3)和(5)、(6)列的估计结果,可知在考虑高速公路修建的内生性之后,交通改善仍然对多数企业销售变量有显著影响,且影响的程度与方向与基准回归相近。其中,除了(5)列中的高速公路销售额估计结果不显著之外,其他结果仍然保持不低于5%的显著性水平。对于上述工具变量估计而言,若地理地形因素在影响高速公路兴建成本的同时,还通过影响地区产业结构与市场规模对企业跨区贸易产生影响,那么该估计就可能不满足排他性条件。为此,本章引入新的变量,即高速公路入口距离与县区崎岖度的交叉项来分析这一可能性,结果列于表 15-6 第(7)列中。从交叉项估计结果可知,崎岖度对于企业的跨区贸易没有显著影响,即便在交通改善之后也并未产生显著的边际效应。

第六节　异质性分析

(一)距离衰减分析

由于本章关注的关键变量是交通改善,即兴建高速公路之后企业与高速入口距离逐渐缩短,因此我们有必要考察这种对高速公路贸易的促进效应是否存在异质性,这可以分析交通改善对企业异地及本地销售效应的距离敏感性。为此,本章选择企业与高速公路入口距离的均值作为门槛,并分别对小于门槛值的每公里范围内企业与门槛距离外企业取虚拟变量的 1 和 0。具体而言,样本中企业高速入口平均距离为 10 公里,因而我们选择 10 公里作为门槛,对 1～10 公里内的企业分别根据距离范围分组设置虚拟变量,并以 10 公里外企业作为控制组进行分组回归,得到 1～10 公里范围内企业相对于 10 公里外企业销售的估计系数差。换言之,我们将与高速入口距离在每个门槛之内的企业作为处理组,超过 10 公里之外的企业作为控制组,因而处理组样本随门槛提高而增加,控制组企业样本则不变。

图 15-2 为高速公路对企业总销售额的距离效应,横轴上方为企业与高速公路入口距离对通过高速公路的异地销售的估计系数,下方为对本地销售的估计系数。从图中可以看出,无论异地还是本地销售,高速公路入口距离的贸易效应都存在较为明显的下降趋势,即距离高速入口越近对高速贸易的促进作用越大,而对本地销售的遏制作用越大。比较两类效应的绝对值,本地销售系数大于异地销售,而且其显著性水平均超过了 5%。

从上述估计结果可知，交通改善对企业通过高速公路销售的影响下降幅度小于本地销售，但总体上在小于10公里范围内影响都是非常显著的。究其原因，可能与本章采用的高速公路销售数据低估了企业对外销售总额，即没有包括出口贸易与对省外地区的贸易，因此可能产生了低估，这与表15-2基准回归的估计结果相类似。

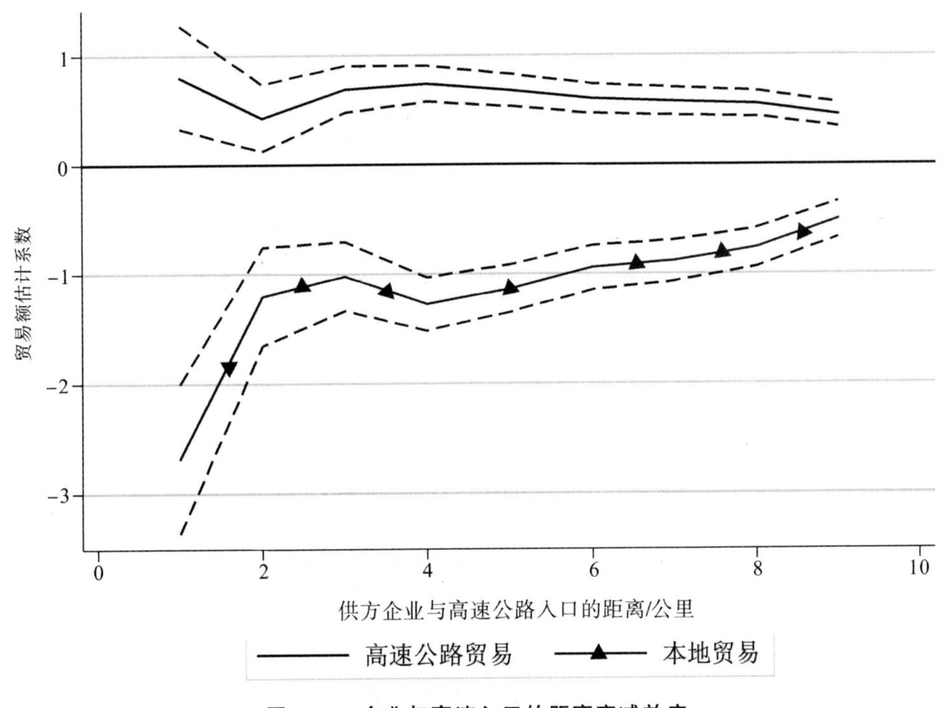

图 15-2　企业与高速入口的距离衰减效应

(二)高速公路贸易效应的行业异质性

由于不同行业对交通设施的依赖存在着显著差异，因而高速公路对企业的贸易效应有明显的行业异质性。本章逐一利用回归方程分析了高速公路对95个两位数行业中的企业异地销售的影响，剔除样本量过少或无法获得估计值的行业，将估计结果绘制于图15-3。从图中可知，高速公路开通对大多数采矿业和制造业部门的企业销售都有显著的促进作用，而对农业则无显著影响。对服务业部门而言，除了与贸易密切相关的批发业与零售业，只有软件信息服务业与科技推广服务业有显著促进作用，其他大多影响不显著。上述结论与Duranton等(2014)与Michaels(2008)的结论相吻合，即从交通改善中获益的主要是相对重量较大的产品以及交通运输相关的行业，而大多数服务业部门则难以从中直接获益。

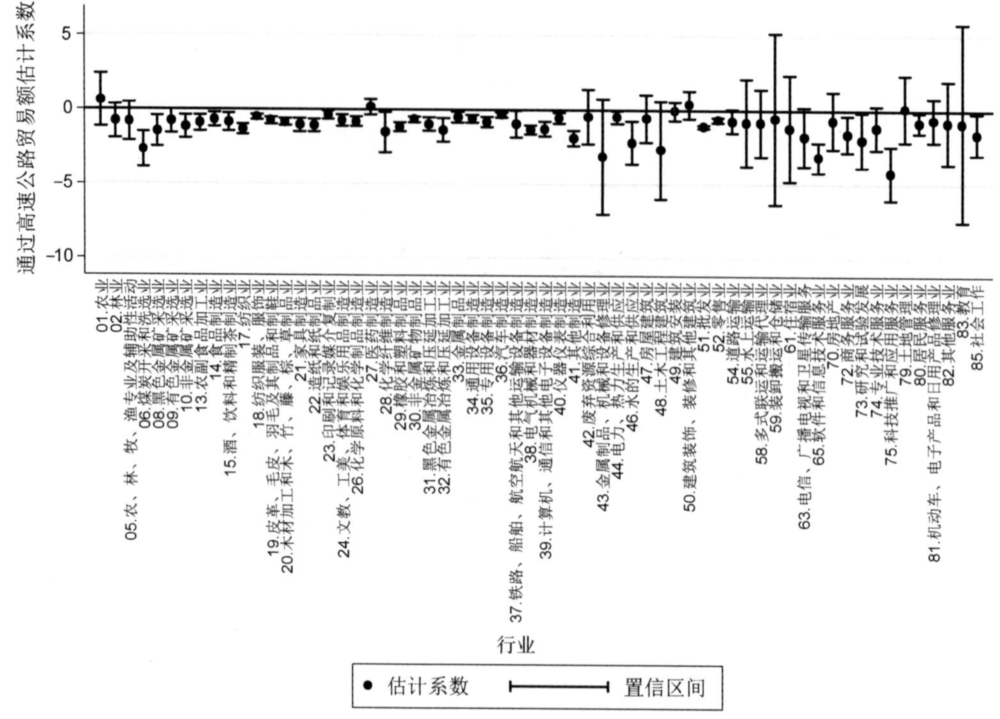

图 15-3 交通改善对企业高速公路销售影响的行业差异

第七节 结 论

众多研究发现,交通改善能够通过降低可变贸易成本促进企业间贸易,从而有利于区域市场整合。本章首先通过理论模型分析了可变贸易成本的下降对企业异地销售与本地销售的影响,包括总销售额、集约边际与扩展边际三个方面。结果发现在特定的企业生产率分布条件下,异地销售的集约边际与扩展边际均呈现随成本下降而增加的趋势,而本地销售则恰好相反。基于这一分析框架,本章利用福建省企业增值税发票数据,考察了 2008—2016 年高速公路建设对企业间贸易的影响。基准回归结果显示,交通改善对企业销售存在显著的贸易转移效应,即高速公路显著促进了异地销售而降低了本地销售,而且这种促进不仅表现在集约边际上,也体现在扩展边际上。同时,交通改善促使企业向更远处搜寻贸易伙伴,扩大的市场域也增强了企业之间的竞争,从而使全要素生产率较高的企业留存下来。

在稳健性检验部分,本章首先利用替代样本分别考察了高速公路是否捕获了营改增与自贸区政策的影响,并考察了企业选址上可能存在的自选择行为的作用,发现估计结果是稳健的。其次,本章还分析了同时开通的高铁以及企业出口的影响,结果发现高速联通不仅未捕获高铁的影响,而且两者还存在一定程度的互补效应,企业出口也未改变基准回归结果。最后,本章处理了可能存在的内生性问题,分别利用福建省各县市之间的欧几里得距离与最小成本路径构建工具变量,并以此对高速公路的贸易效应进行2SLS估计,结果表明工具变量是有效的,而估计结果也是基本稳健的。最后,本章考察了交通改善的距离异质性与产业异质性影响,发现交通改善的影响随企业与高速入口距离增大而存在明显的衰减趋势,且对本地销售的影响幅度大于异地销售。同时,交通改善对采矿、制造业等两位数部门企业的影响较为显著,而农业与服务业企业则大多不显著。

本章参考文献

行伟波,李善同,2009.本地偏好、边界效应与市场一体化[J].经济学(季刊)(4).

金祥荣,陶永亮,朱希伟,2012.基础设施、产业集聚与区域协调[J].浙江大学学报(人文社会科学版)(2).

梁若冰,2015.铁路、口岸与中国近代工业化[J].经济研究(4).

刘生龙,胡鞍钢,2011.交通基础设施与中国区域经济一体化[J].经济研究(3).

徐现祥,李郇,2012.中国的省际贸易:1985—2010——以铁路货运量为例[J].世界经济(9).

ARKOLAKIS C, COSTINOT A, RODR GUEZ-CLARE A, 2012. New trade models, same old gains? [J]. American economic review, 102(1): 94-130.

BAUM-SNOW N, HENDERSON J V, TURNER M A, et al., 2017. Highway, market access, and urban growth in China[J]. Mimeo.

BERNARD A B, MOXNES A, SAITO Y U, 2018. Production networks, geography and firm performance[J]. Journal of political economy, 127(2): 639-688.

CHANEY T, 2008. Distorted gravity: the intensive and extensive margins of international trade[J]. American economic review, 98(4): 1707-1721.

COŞAR A K, FAJGELBAUM P D, 2016. Internal geography, international trade, and regional specialization[J]. American economic journal: microeconomics, 8(1): 24-56.

DONALDSON D, 2018. Railroads of the RAJ: estimating the impact of transportation infrastructure[J]. American economic review, 108(4-5): 899-934.

DURANTON G, MORROW P M, TURNER M A, 2014. Roads and trade: evidence from the U.S.[J]. Review of economic studies, 81(2): 681-724.

ENGEL C, ROGERS J H, 1996. How wide is the border[J]. American economic review, 86(5): 1112-1125.

FABER B, 2014. Trade Integration, market size, and industrialization: evidence from

China's national trunk highway system [J]. Review of economic studies, 81 (3): 1046-1070.

KRUGMAN P,1980.Scale economies, product differentiation, and the pattern of trade [J].American economic review,70(5): 950-959.

LIMAO N,VENABLES A J,2001.Infrastructure,geographical disadvantage,transport costs,and trade[J].World bank economic review,15(3):451-479.

MARTINCUS C V,BLYDE J,2013.Shaky roads and trembling exports: assessing the trade effects of domestic infrastructure using a natural experiment[J].Journal of international economics,90(1):148-161.

MELITZ M J,2003.The impact of trade on intra-industry reallocations and aggregate industry productivity[J].Econometrica,71(6):1695-1725.

MELITZ M J,REDDINGS S J,2015.New trade models,new welfare implications[J].American economic review,105(3):1105-1146.

MICHAELS G,2008.The effect of trade on the demand for skill: evidence from the interstate highway system[J].Review of economics and statistics,90(4):683-701.

ROBERTS M,DEICHMANN U,FINGLETON B,SHI T,2012.Evaluating China's road to prosperity:a new economic geography approach[J].Regional science and urban economics,42(4): 580-594.

第三部分
税收征管篇

第十六章　税收征管、税收压力与企业社保遵从*

蔡伟贤　李炳财**

第一节　引　言

在新的经济形势下，中国社会保险基金的可持续发展面临着巨大的挑战。随着劳动年龄人口的持续下降、老龄化程度的持续加深，养老保险基金的支出压力不断增大。根据中国社科院发布的《中国养老金精算报告2019—2050》，养老保险基金累计结余预计将在2035年彻底耗尽，届时养老保险基金将面临收不抵支的风险。同时，随着医疗费用的快速上涨，中国医疗保险基金的收支压力也与日俱增，部分地区长期入不敷出。社会保险基金的平稳运行关系到社会的和谐与稳定，如何促进社保基金可持续发展是亟待解决的一个重要问题。《中共中央关于制定国民经济和社会发展第十四个五年规划和二〇三五年远景目标的建议》中明确指出，要健全覆盖全民、统筹城乡、公平统一、可持续的多层次社会保障体系。

在中国现行的社会保险制度中，企业是社会保险费的缴纳主体，社会保险基金的可持续发展依赖于企业合规地缴纳社保。然而，中国企业的社保遵从度仍然处于较低水平，企业少缴、迟缴社保费的情况十分普遍，(Nyland et al.，2006；封进，2013；赵静 等，2016；赵绍阳、杨豪，2016；赵绍阳 等，2020)[①]。更令人担忧的是，近些年来企业的社保合规程度甚至出现了下降。《中国企业社保白皮书2018》的调查数据显示，2018年社保基数合规企业的比例仅为27%，与2015年相比降低了11.34个百分点。在社保缴纳及时性方面，26.90%的企业未及时给员工缴纳社保，与2015年相比上升了9.11个百分点。公司层面的数据也显示企业的社保遵从度出现了下降[②]。如图16-1、图16-2所示，企业养老保险、医疗保险实际缴费率从2012年起逐渐下滑。其中，养老保险名义缴费率和实

---

* 本章写作时间为2021年，故本章论述以2021年为时间节点。

** 蔡伟贤，教授，博士生导师，厦门大学经济学院财政系；李炳财，博士研究生，厦门大学经济学院财政系。

① 本章的社保遵从指的是社会保险缴费单位、缴费义务人依照有关法律、行政法规，按时足额缴纳社会保险费的行为。

② 彭浩然等(2018)的研究也发现，中国养老保险实际缴费率从2005年的17.0%下降到2015年的14.2%。

际缴费率的差距不断扩大,表明企业的社保逃费现象持续增加。企业社保逃费现象损害了劳动者的长期福利,同时也对社保基金的可持续发展带来了挑战。

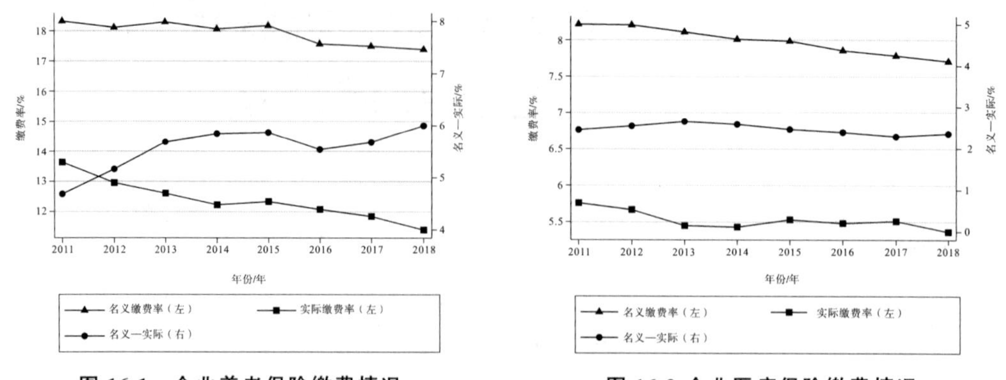

图 16-1　企业养老保险缴费情况　　**图 16-2 企业医疗保险缴费情况**

注:图中为 **2011—2018** 年中国 **A** 股上市公司社会保险名义缴费率和实际缴费率的均值,指标构建详见下文。

为何企业的社保遵从度长期处于低位,近年来甚至出现下降的趋势?赵耀辉和徐建国(2001)指出养老保险缴费大多用于再分配,而且个人账户收益率过低,这降低了企业和员工的参保积极性。然而,在社会保险制度总体没有发生较大变化的背景下,激励机制难以解释企业社保遵从度的下降。在制度设计上,社会保险名义缴费率偏高被认为是企业社保逃费的重要原因(Feldstein and Liebman,2008)。封进(2013)和赵静等(2016)考察了社保名义缴费率对企业社保逃费的影响,发现较高的名义缴费率降低了企业缴纳社保的积极性,加剧了企业社保逃费。但是,上述发现无法解释为何在名义缴费率逐渐走低的同时,企业社保逃费程度却不降反升。彭宅文(2010)和鲁於等(2019)从财政分权的角度出发,认为地方政府为了实现经济增长会放松对企业社保费的征缴。但随着近年来社保基金收支压力的增大,地方政府放松社保费征缴的空间受到压缩,因此地区间竞争也难以解释企业社保遵从度的持续降低。除了上述原因外,部分文献从企业特征、国企改革、劳动力成本等角度考察企业社保逃费的成因(张立光、邱长溶,2003;Nyland et al.,2006;Nyland et al.,2011;赵绍阳、杨豪,2016;刘子兰 等,2020;赵绍阳 等,2020)。但这些文献的研究背景大多在 2007 年以前,结论不一定适用于当下的社会经济环境。综合以上文献可以发现,学界对企业社保逃费的原因进行了广泛探讨,取得了丰富的研究成果,但已有研究仍然不能很好地解释 2012 年以来企业社保遵从度普遍下降的现象。

在众多影响企业社保遵从度的因素中,税收是一个长期被忽视的重要因素。特别是 2012 年以来,随着以金税工程三期为代表的税收信息化建设的推进,税务机关的征管能力得到了较大的提升。"大数据""云计算"等现代信息技术的应用极大提高了税务部门对企业涉税信息的监管能力,有效遏制了企业偷、逃税款的行为(张克中 等,2020)。外部税收征管强度的提高压缩了企业的逃税空间，加大了企业面临的税收压力（吉赟、王贞，2019；唐博、张凌枫，2019）。税和费是企业的两项重要支出，在税收压力增大并且逃税更加困难的情况下，企业有动机通过少缴社会保险费来减轻整体税费负担。那么，税收征管的加强能否解释企业社保遵从程度的下降？企业是否存在策略性逃费的行为？社保征收体制改革会对企业社保遵从产生怎样的影响？本章试图对以上问题进行回答，以期为规范企业社保缴费行为、促进社会保险制度可持续发展提供借鉴。

本章首先构建理论模型论证税收征管可能通过“现金流效应”和“成本效应”降低企业的社保遵从程度，然后利用金税工程三期项目实施这一政策冲击检验税收征管能力提高对企业社保遵从行为的影响。研究发现，金税三期实施后企业逃税程度降低，但社保逃费行为却大幅增加，税、费间存在明显的“跷跷板”效应。政策实施后企业的养老保险实际缴费率降低了 0.69 个百分点，医疗保险实际缴费率降低了 0.35 个百分点。平均每个企业少缴养老保险 218.04 万元，少缴医疗保险 110.60 万元。税收征管的加强减少了企业的现金流，降低了企业的盈利能力，促使企业通过社保逃费来转移税收压力。对于名义税率较高、税收征管力度较弱以及社保负担较重的企业，金税三期对社保遵从的负面影响更大。进一步研究表明，税、费征管机构的分离是促使企业策略性逃费的重要原因，将社保移交税务部门征收能够有效消除企业的策略性逃费行为。此外，企业策略性逃费还受到员工议价能力的制约，加强劳动者保护能够提高企业的社保遵从度。

本章的研究与 Li 等（2020）相关，他们也考察了税收征管对企业社保逃费的影响，但他们并没有对税收征管与社保逃费之间的理论逻辑进行深入梳理，在度量企业社保逃费时也未考虑名义缴费率变动这一重要因素。本章较好地克服了这些问题，并且从税、费征收机构改革和劳动保护的角度对税收征管与企业社保逃费的联系做了进一步的讨论，有助于我们更好地理解企业的策略性逃费行为。

本章的贡献体现在三个方面：第一，在税收信息化建设的背景下研究了税收征管对企业社保遵从的影响。已有文献更多地讨论社会保险制度本身如何影响企业参保积极性，忽视了外部税收环境的变化对企业社保缴费行为的潜在影响。本章通过理论推导和经验检验丰富了相关文献，为近些年来企业社保遵从度不升反降的现象提供了一个合理的解释。第二，拓展了税收信息化建设对企业行为的影响研究。已有文献侧重研究以金税工程为代表的征管技术提升对企业逃税行为的影响（Fan et al.，2018；吉赟、王贞，2019；唐博、张凌枫，2019；张克中 等，2020；樊勇、李昊楠，2020）。本章进一步将研究视角拓展到企业的社保遵从行为。研究发现税收征管技术提升在有效遏制企业逃税的同时也导致企业进行策略性逃费，这为政府更好地权衡征管力度和企业实际税费负担提供了参考，也为政府巩固减税降费成效提供了启示。第三，丰富了研究社保征收机构改革的文献。已有文献研究了税务部门和社保经办部门对社会保险费的征收效果（董树奎，2001；郑秉文、房连泉，2007；刘军强，2011；郑春荣、王聪，2014；彭雪梅 等，2015）。近期的

文献关注了社保征管机构改革对社保基金收入以及企业社保缴费的影响(唐珏、封进,2019;沈永建 等,2020)。本章的研究将税、费纳入统一的分析框架,发现税、费征管机构的统一能够减少企业的策略性逃费行为,在对已有文献形成补充的同时也为社保划归税务部门征管的必要性提供了新的依据。

第二节　政策背景和理论分析

(一)政策背景

金税工程项目是中国税收信息化建设的重要组成部分,根据发展阶段的不同,可以分为一期、二期和三期。

1994 年中国财税体制进行了重大改革,其中一项重要的改革内容是构建以增值税为核心的流转税税制,增值税的征收和管理采取了凭票抵扣的办法。然而,由于当时税务机关缺乏对增值税专用发票的监管手段,不法企业伪造、出售、虚开、代开增值税发票的现象十分猖獗,因此中央决心利用现代化信息技术构建一套适合中国国情的增值税监管体系,即金税工程项目。1994—1998 年金税一期项目首先在 50 个大中城市试点,这一时期的试点范围较小,而且增值税发票信息由人工录入电脑,存在大量的人为差错,金税一期并没有达到预期的效果。随后,金税二期正式立项,并在 2001 年开始投入运行。金税二期由增值税防伪税控开票、认证、计算机稽核、发票协查四个子系统组成,构建了覆盖全国的四级计算机网络。金税二期系统极大地提高了税务机关对企业增值税的征收和管理能力。数据显示,金税二期实施后,增值税的征收率从 2000 年的 52.6%提高到 2007 年的 83.83%(许善达,2009)。金税二期在增值税征收管理方面取得了巨大成功,但税收信息化建设还未全面完成。

为此,金税工程三期的建设开始提上日程。金税三期可以概括为一个平台、两级处理、三个覆盖、四类系统(许善达,2009)。其主要内容是构建统一的、覆盖所有税种、各项税收工作和各级部门的税收征管平台,实现税务信息的集中处理。依托“大数据”“云计算”等信息技术,税务信息的集中处理能够极大地提高税务部门对企业纳税信息的监管能力。例如利用大数据分析技术,通过对地区间、行业间、产业链上下游企业间的经营数据进行交叉比对,能够准确识别出异常申报的企业,并将其纳入重点监控范围。覆盖面的扩大意味着税务部门能够将先进的信息化技术应用到对企业所有税种的征管上,而涉税信息的互联互通也有效地解决了部门间的“信息孤岛”问题。在金税三期系统的辅助下,税务部门的税收征管能力实现了质的飞跃。

金税三期的建设经历了从试点到逐步推开的过程。2013 年 2 月金税三期正式在重庆市上线,当年 10 月山东、山西省也正式上线金税三期系统,2015 年 1 月,经过优化的系统在广东(不包括深圳市)、河南、内蒙古等国税和地税系统成功实现单轨上线运行,其余省市分批次在2015和2016年内相继上线金税三期系统。

(二)理论分析

中国企业的逃税和社保逃费的现象普遍存在(Nyland et al.,2006;Cai and Liu,2009)。税和社会保险费是企业的两项重要支出,如果其中一项支出负担加重,企业可能采取策略性行为来减轻支出压力。随着金税三期工程的全面推进,税务部门的征管能力进一步提高,企业逃税行为得到极大的遏制(吉赟和王贞,2019;唐博和张凌枫,2019;张克中 等,2020)。在征管能力不断提高、税收压力增大的情况下,企业有动机加大社保逃费以转移支出压力。

税收和社会保险费征收机构的分离是企业能够策略性逃费的重要原因。2019年起社会保险费统一由税务部门负责征收。在此次改革之前,有近一半的地区由社保经办部门征收社保费。在部分由税务部门征收社保费的地区中,具体征收计划仍然由社保部门制定(刘军强,2011;沈永建 等,2020)。由于部门利益的存在,社保经办部门和税务部门之间的协作受到一定的限制,不同部门间的信息不对称给企业策略性逃费的行为提供了空间。

理论上,税收征管加强可能从"现金流效应"和"成本效应"两个渠道降低企业的社保遵从度。

(三)"现金流效应"

纳税和缴费行为都会影响企业现金流,税收征管的加强使得企业逃税行为得到遏制,不可避免地导致更多的支出。为了满足经营需要,企业有强烈的动机通过社保逃费节约内部现金流。上述效应可以在成本—收益分析框架下进行论证。主要的逻辑在于,在税收征管加强之前,企业的逃税和逃费决策都会到达边际成本等于边际收益的最优点。税收征管加强后,企业逃税减少,由于现金流对企业而言是边际收益递减的,此时逃费的边际收益提高。在逃费的边际成本不变的情况下,企业的最优逃费规模将会增加,从而出现税、费间的"跷跷板"效应。

企业逃税和逃费决策中的利润函数 π 为:

$$\pi = y + \tau X + \theta Z + R(\tau X, \theta Z) - G(X, p) - C(Z, q) \tag{16-1}$$

其中 y 是企业的其他收入。τ 为名义税率, X 为逃税所低报的收入(或者高报的成本), τX 为逃税带来的直接利润的增加。θ 为名义社保缴费率, Z 为低报的社保缴费基数, θZ 为逃费带来的直接利润的增加。$R(\tau X, \theta Z)$ 是企业逃税和逃费节约的现金流收益。假设 $R(\tau X, \theta Z)$ 在定义域上是二阶连续可导的。逃税或者逃费均能够节约企业现金流,增加企业收益,有 $R'_X(\tau X, \theta Z) > 0$, $R'_Z(\tau X, \theta Z) > 0$。进一步地,假设现金流收益函数 $R(\tau X, \theta Z)$ 是边际收益递减的,有 $R''_{XX}(\tau X, \theta Z) < 0$, $R''_{ZZ}(\tau X, \theta Z) < 0$,

$R''_{XZ}(\tau X,\theta Z)<0$，$R''_{ZX}(\tau X,\theta Z)<0$。这一假设具有合理性，当企业现金流十分紧缺时，逃税或逃费每节约一单位现金流带来的边际收益较高。

$G(X,p)$ 是企业逃税行为的成本函数，在定义域上是二阶连续可导的。p 表示税务部门的征管强度。对于企业来说，低报的收入（或高报的成本）越多，隐瞒的成本越高，有 $G'_X(X,p)>0$。并且低报金额较大时更容易被税务机关发现，因此随着低报金额的增多，企业少报一单位收入的隐瞒成本也会增加，有 $G''_{XX}(X,p)>0$。税务部门的征管强度 p 会影响企业的逃税成本，当税收征管加强时，企业的隐瞒成本增加，并且每低报一单位收入的成本也会增加，有 $G'_p(X,p)>0$，$G''_{Xp}(X,p)>0$。

类似地，$C(Z,q)$ 是企业逃费的成本函数，q 表示社保部门的征管强度。有 $C'_Z(Z,q)>0$，$C''_{ZZ}(Z,q)>0$，$C'_q(Z,q)>0$，$C''_{Zq}(Z,q)>0$。

企业进行如下利润最大化决策来选择最优的逃税和逃费规模：

$$\frac{\partial\pi}{\partial X}=\tau+R'_X(\tau X,\theta Z)-G'_X(X,p)=0 \tag{16-2}$$

$$\frac{\partial\pi}{\partial Z}=\theta+R'_Z(\tau X,\theta Z)-C'_Z(Z,q)=0 \tag{16-3}$$

根据式(16-2)，利用隐函数求导法则，可以考察企业逃税金额 X 和税收征管强度 p 的关系：

$$\frac{\partial X}{\partial p}=\frac{G''_{Xp}(X,p)}{R''_{XX}(\tau X,\theta Z)-G''_{XX}(X,p)}<0$$

即随着税收征管强度 p 的提高，企业的逃税金额会减少。

根据式(16-3)，利用隐函数求导法则，可以考察企业逃费金额 Z 和逃税金额 X 的关系：

$$\frac{\partial Z}{\partial X}=-\frac{R''_{ZX}(\tau X,\theta Z)}{R''_{ZZ}(\tau X,\theta Z)-C''_{ZZ}(Z,q)}<0$$

即随着企业逃税金额的减少，企业逃费的金额会增加。

金税工程三期的实施加强了税务部门对企业涉税信息的监管，外生地提高了企业面临的税收征管强度。根据以上模型可以推断，企业的逃税程度降低，社保逃费程度增加。

（四）"成本效应"

税和社会保险费是企业重要的两项成本，对企业的净利润有着直接的影响。在市场充分竞争的条件下，企业难以将税收成本转嫁给客户。税费支出的增加减少了企业最终得到的经营收益，在短期内损害了企业的盈利能力。当外部税收征管力度提高，逃税更加困难时，企业有动机通过社保逃费来减少企业损失。上述效应可以在行为经济学的分析框架下进行论证。主要逻辑在于，当企业以成功逃税获得的收益为参考点时，税收征管加强后企业税收成本上升，逃税收益减少，风险偏好增加，为了弥补损失可能会采取更加激进的逃费行为。我们参考 Bernasconi 和 Zanardi(2004)的思路进行建模[①]。

价值函数 $v(x)$ 在定义域上连续，且分为两个区间，当 $x \geqslant 0$ 时属于收益区间，$x < 0$ 时属于损失区间。价值函数有以下两个特性：(1)敏感性递减。个体收益越大，得到的价值越高，即价值函数的一阶导数 $v'(\cdot) > 0$。并且个体在收益区间是风险规避的，在损失区间是风险偏好的，即对于 $x \geqslant 0$，价值函数的二阶导数 $v''(x) < 0$，对于 $x < 0$，有 $v''(x) > 0$。(2)损失厌恶。相对于参考点，相同大小的损失带来的痛苦大于相同收益带来的满足。对于价值函数而言则体现为，对于任意的 $x > 0$，有 $|v(-x)| > |v(x)|$。

在不考虑参考点时，企业逃费的收益如下：

$$Y_{na} = I(1-t) + t(I-X) - \theta W + \theta(W-D)$$

$$Y_{as} = I(1-t) + t(I-X) - \theta W - s\theta(W-D)$$

Y_{na} 表示企业逃费未被发现的总收益，Y_{as} 表示企业逃费被发现的总收益。其中，I 表示企业缴纳税费前的真实总收入，t 表示税率。X 表示企业报告的收入，假定企业存在逃税行为，$0 < X < I$，则 $t(I-X)$ 为企业逃税获得的收益。W 表示企业真实的社会保险缴费基数，θ 表示社会保险费率。D 表示企业报告的社保缴费基数，有 $0 \leqslant D \leqslant W$，则 $\theta(W-D)$ 为企业逃费获得的收益。如果企业逃费被社保征管部门发现，则企业需补缴社保费并根据逃费金额的大小缴纳罚款。s 表示企业逃费被发现后的补缴比例，有 $s > 1$，$s\theta(W-D)$ 表示企业逃费被发现后的损失。

在行为经济学框架下，企业在进行逃费决策时受参考点的影响。假定企业以税收征管加强之前的逃税水平作为参考点，即参考点 F 为：

$$F = I(1-t) + t(I-X) - \theta W$$

相对于参考点，企业逃费未被发现时获得 $\theta(W-D)$ 的收益，被发现时承受 $-s\theta(W-D)$ 的损失。在税收征管加强后，企业逃税行为减少，相对于参考点的损失增加。L 表示企业因逃税行为减少带来的损失，$L > 0$。此时相对于参考点，企业逃费决策的收益和损失体现为：

$$y_{na} = \theta(W-D) - L$$

$$y_{as} = -s\theta(W-D) - L$$

假定企业逃费有概率 p 被社保征管部门稽查，$0 < p < 1$。一旦被社保征管部门稽查，企业的逃费行为会被发现。企业逃费的价值函数为：

$$V(D) = (1-p) \cdot v(y_{na}) + p \cdot v(y_{as}) \tag{16-4}$$

在价值最大化决策下，存在内部解的一阶、二阶条件分别为：

$$\text{FOC} = V'(D) = \theta[-(1-p) \cdot v'(y_{na}) + sp \cdot v'(y_{as})] = 0 \tag{16-5}$$

---

① Bernasconi 和 Zanardi(2004)研究了在不同参考点下，税率、惩罚比例、稽查概率等参数对企业逃税的影响。我们借鉴其分析思路，研究当参考点给定为某一逃税水平时，税收征管加强导致的损失如何影响企业社保逃费行为。

$$SOC = V''(D) = \theta^2[(1-p) \cdot v''(y_{na}) + s^2 p \cdot v''(y_{as})] = 0 \tag{16-6}$$

当企业逃费被社保征管部门稽查时，企业的价值函数总是处于损失区间，即 $y_{as} < 0$ 恒成立。而当企业逃费未被稽查时，企业的价值函数既可能处于收益区间也可能处于损失区间，即 y_{na} 符号不确定，取决于损失 L 的大小。令 $y_{na} = \theta(W - D^1) - L = 0$，则 D^1 为临界点，$D^1 = (\theta W - L)/\theta$ 。

给定 $\theta W > L$ ，对于 $D \in [0, D^1]$ ，总有 $y_{na} \geq 0$，$y_{as} < 0$。当 $V''(D) < 0$、$V'(0) > 0$、$V'(D^1) < 0$ 时，存在唯一的内部解 $D^* = D^{in}$ 。根据一阶、二阶条件(5)(6)式，可以考察企业最优逃费程度与损失 L 的关系：

$$\frac{\partial D}{\partial L} = -\frac{1}{\Omega} \cdot \theta \left\{ (1-p) \cdot v''[\theta(W-D)-L] - sp \cdot v''[-s\theta(W-D)-L] \right\}$$

其中 $\Omega = V''(D) < 0$，$v''[\theta(W-D)-L] < 0$，$v''[-s\theta(W-D)-L] > 0$，有$\partial D/\partial L < 0$。即当 L 增加时，企业报告的社保缴费基数 D 会减少。其经济含义在于，当企业以成功逃税获得的收益为参考点时，税收征管加强导致企业的损失增加，风险偏好上升，为了弥补损失，企业会提高逃费程度进行应对，从而出现税、费间的“跷跷板”效应。

第三节　研究设计

(一)模型

本章利用金税工程三期项目的上线作为外生的政策冲击，考察税收征管的加强如何影响企业的社保遵从行为。金税三期项目经历了从部分省份试点到全国推开的过程。政策的渐进式试点为本章考察税收征管对企业社保缴费行为的影响提供了一个准自然实验。本章构建了以下模型进行计量分析：

$$Y_{ist} = \alpha + \beta D_{st} + \gamma X_{ist} + \tau_i + \varphi_t + \varepsilon_{st} \tag{16-7}$$

其中，Y_{ist} 表示 s 省份 i 企业 t 年的社保遵从指标；D_{st} 是度量省市金税工程三期实施的变量，即在 s 省金税工程三期实施的当年及之后年份，赋值为 1，否则为 0，当金税工程三期上线时间在 7 月以及之后月份时，以下一年为政策实施年份；X_{ist} 表示控制变量的集合，τ_i 表示企业固定效应，φ_t 表示年份固定效应，ε_{st} 是模型的扰动项。回归标准误聚类到省份乘以年份层面。

(二)数据

本章采用 2011—2018 年中国 A 股上市公司数据进行计量分析。2011 年起《社会保险法》正式实施，从法律层面上明确了企业为职工缴纳社会保险的义务以及违反法规应承担的法律责任。《社会保险法》的实施改变了企业面临的外部法律环境，对企业的社保遵从行为产生了重大影响(许红梅和李春涛，2020)。为此，我们将样本起始区间设定为

2011 年。在数据处理过程中，我们删除了金融业、被 ST、所在省份发生改变以及控制变量缺失的样本。上市公司数据来自国泰安(CSMAR)和万得(Wind)数据库，地区宏观数据来自 CEIC 数据库，地区社会保险基金收支情况和劳动力市场指标来自《中国劳动统计年鉴》。地区养老保险和医疗保险名义缴费率数据通过查阅各地区人民政府网站、人社局网站、北大法宝、劳动法宝网及其他公开资料手动整理得到。

(三)变量

本章的被解释变量是企业的社会保险遵从指标，借鉴已有文献(封进，2013；刘子兰等，2020)，我们用社会保险实际缴费率来衡量企业的社保遵从程度。在企业为职工缴纳的各项社会保险费中，养老保险和医疗保险是占比最大也是最主要的部分。为此，我们构造了企业社会保险实际缴费率指标，等于企业当年职工养老保险费和医疗保险费实际支出额的合计值除以上年度企业工资薪金总额并乘以 100。同时，我们也分别构造了企业养老保险实际缴费率、医疗保险实际缴费率这两个细分指标。此外，我们还构造了相对缴费率指标，即企业社保名义缴费率和实际缴费率的差额，作为企业社保遵从度的替代指标。在具体数据来源方面，企业各项社会保险缴费支出数据从上市公司财务报表附注中应付职工薪酬项目下披露的子科目整理得到。

本章的控制变量包括企业和地区两个层面。企业层面的特征包括：企业年龄，用样本年份减去企业成立年份；企业规模，用资产总额的对数值表示；资产负债率，用总负债除以总资产表示；固定资产密集度，用固定资产占总资产的比例表示；独立董事占比，用独立董事人数除以董事会总人数表示；是否两职合一，用董事长和总经理是否由同一人担任表示。参考张克中等(2020)的研究，地区层面的特征包括：经济发展水平，用国内生产总值(GDP)的对数表示；地区产业结构，分别用第二、第三产业产值占 GDP 的比重表示；财政自给率，用地区财政收入除以财政支出表示。此外，地方政府对社会保险费的征缴力度会影响企业实际的社保缴费率。社保征缴力度和地区社会保险基金的收支情况紧密相关，当社保基金收支压力较大时，地方政府可能会加强对企业社保费用的征缴。为此，我们构造并控制了地区层面养老保险和医疗保险基金的收支压力指标，分别等于地区城镇职工养老保险基金收入除以基金支出、城镇职工医疗保险基金收入除以基金支出。

(四)描述性统计

经过处理后的数据样本数量为 16331。为了排除异常值对结果的干扰，我们对连续变量做了上下 1%分位数的缩尾处理。变量的描述性统计见表 16-1。可以看出，养老保险实际缴费率、医疗保险实际缴费率均值分别在 12.28%、5.52%左右，地区养老保险、医疗保险名义缴费率均值分别为 17.88%、7.95%。企业的实际缴费率均值普遍低于名义费率均值，表明企业的社保逃费现象普遍存在。

表 16-1　描述性统计

变量名称	样本量	均值	最小值	最大值	标准差
企业社会保险缴费率	16331	17.807	3.554	52.274	8.566
企业养老保险缴费率	16331	12.280	2.294	37.830	6.107
企业医疗保险缴费率	16331	5.517	0.687	17.393	2.903
地区养老保险名义费率	16331	17.879	10.000	22.000	2.940
地区医疗保险名义费率	16331	7.948	2.300	12.000	1.765
企业社会保险相对缴费率	16331	8.042	−22.274	22.929	7.740
企业养老保险相对缴费率	16331	5.613	−16.830	16.298	5.487
企业医疗保险相对缴费率	16331	2.443	−7.995	8.275	2.824
企业年龄	16331	16.611	3.000	30.000	5.472
企业规模	16331	22.146	19.568	26.004	1.225
资产负债率	16331	0.425	0.051	0.897	0.207
固定资产密集度	16331	0.217	0.002	0.716	0.164
独立董事占比	16331	0.374	0.308	0.571	0.054
是否两职合一	16331	1.738	1.000	2.000	0.440
经济发展水平	16331	28.811	26.179	29.933	0.718
第二产业占比	16331	0.426	0.165	0.568	0.092
第三产业占比	16331	0.506	0.320	0.831	0.119
财政自给率	16331	0.657	0.231	0.931	0.189
养老保险收支压力	16331	1.287	0.863	1.866	0.268
医疗保险收支压力	16331	1.264	0.994	2.020	0.146
现金流	16327	0.048	−0.170	0.241	0.071
盈利能力	16331	0.044	−0.203	0.197	0.055
企业实际所得税率	14546	18.862	−21.492	77.358	13.627
企业逃税程度	14546	−0.223	−55.575	41.181	12.972

第四节　计量分析结果

(一)金税三期与企业逃税

本章将金税三期的实施作为外生政策冲击,研究税收征管加强对企业社保遵从行为的影响。已有研究发现,金税三期的实施提高了税务部门的征管能力,降低了企业的逃税程度(吉赟、王贞,2019;唐博、张凌枫,2019;张克中 等,2020),我们也对这一结论进行了检验。为此，我们构造了企业实际所得税率，等于所得税费用除以企业税前会计利润并乘以100[①]。此外，我们还构造了企业逃税程度指标，等于名义所得税率减去实际所得税率。表16-2回归显示，金税三期的实施提高了企业的实际所得税率、降低了企业的逃税程度，说明金税三期的实施确实提高了税务部门的征管能力，使得税务部门加强了对企业纳税行为的征管力度。

表16-2 金税三期与企业逃税

变量	(1)	(2)	(3)	(4)
	实际所得税率	企业逃税程度	实际所得税率	企业逃税程度
金税三期	0.975**	−0.971**	0.961**	−0.962**
	(0.455)	(0.470)	(0.430)	(0.445)
控制变量	未控制	未控制	控制	控制
固定效应	控制	控制	控制	控制
样本量	14546	14546	14546	14546
R^2	0.479	0.422	0.483	0.426

说明：*、** 和 *** 分别表示在10%、5%和1%的水平上显著，括号内为省份—年份层面的聚类稳健标准误，固定效应包括企业和年份固定效应，下表同。除地区养老保险名义缴费率、医疗保险名义缴费率和基金收支压力指标未加入回归之外，其余控制变量均与下文基准回归相同。

在金税三期与企业逃税的分析中，表16-2第(3)列显示，金税三期使得企业实际所得税率提高了约0.96个百分点。样本企业平均利润总额约为5.15亿元，由此估算金税三期使得平均每个企业多缴纳约494.40万元的税款(5.15亿×0.96%)，这一结果具有经济显著性。

(二)基准回归：金税三期与企业社保遵从

外部税收征管加强带来的税务合规压力是否会影响企业的社保遵从度？表16-3的基准回归对上述问题进行了计量分析。第(1)～(3)列的被解释变量分别为企业实际社会保险缴费率、养老保险缴费率和医疗保险缴费率，结果显示税收征管的加强显著降低了企业的社保遵从程度。具体地，企业的社会保险缴费率下降1.03个百分点，养老保险缴费率下降0.69个百分点，医疗保险缴费率下降0.35个百分点。以养老保险、医疗保险为例，样本企业上年度工资薪金总额均值为3.16亿元，税收征管加强后，平均每个企业少缴养老保险218.04万元(3.16亿×0.69%)，少缴医疗保险110.60万元(3.16亿×0.35%)。

表16-3第(4)～(6)列将被解释变量替换为相对缴费率，即企业社保名义缴费率与实际缴费率的差值，差值越大表明企业的社保遵从度越低。回归结果显示，税收征管的加

① 当企业税前会计利润为负时，实际所得税率指标失去意义，因此我们在计算企业实际所得税率时删去了亏损企业的样本。

强显著拉大了企业社保名义缴费率与实际缴费率的差距，表明企业的社保逃费更加严重。这一结果支持本章的基本假说，即税收征管加强时企业会策略性地降低社保遵从程度来减轻税费负担。

表 16-3　金税三期与企业社保遵从

变量	(1)	(2)	(3)	(4)	(5)	(6)
	社会保险缴费率	养老保险缴费率	医疗保险缴费率	社会保险相对缴费率	养老保险相对缴费率	医疗保险相对缴费率
金税三期	−1.026*** (0.232)	−0.685*** (0.183)	−0.345*** (0.068)	1.021*** (0.219)	0.684*** (0.173)	0.329*** (0.063)
控制变量	控制	控制	控制	控制	控制	控制
固定效应	控制	控制	控制	控制	控制	控制
样本量	16331	16331	16331	16331	16331	16331
R^2	0.690	0.679	0.678	0.647	0.627	0.692

为了更好地对比金税三期实施后企业逃税和逃费的具体数额，我们采用表 16-2 中的样本重复基准回归，发现企业养老保险、医疗保险实际缴费率分别降低了约 0.66 和 0.32 个百分点。表 16-2 中样本企业上年度工资薪金总额约为 3.19 亿元。可以估算，金税三期实施后平均每个企业少缴纳养老保险约 210.54 万元(3.19 亿×0.66%)，少缴纳医疗保险约 102.08 万元(3.19 亿×0.32%)。上文对表 16-2 的分析显示，金税三期使得平均每个企业多缴纳约 494.40 万元的税款。因此，企业少缴的社会保险费小于因税收征管加强多缴纳的税款，企业的策略性逃费行为没有完全地转移税收压力。其中的原因可能在于：一方面企业社会保险缴费具有连续性，若短期内大量地逃费可能引起社保征管部门的关注；另一方面，因为员工议价能力的影响(见下文中的讨论)，企业的策略性逃费行为也会受到员工的制约。

(三)平行趋势检验

应用双重差分法进行政策评估的一个基本前提是处理组和控制组在政策实施前满足平行变动的趋势。金税三期是先在部分省份试点然后渐次推开的政策改革，不同省份政策干预时点存在差异。借鉴 Beck 等(2010)的研究，我们采用类似事件研究的方法构造以下模型检验平行趋势假设：

$$Y_{ist} = \alpha + \sum_{-2}^{-5}\beta_j D_{st}^{-j} + \sum_{0}^{3}\beta_k D_{st}^{k} + \tau_i + \varphi_t + \varepsilon_{st} \tag{16-8}$$

我们将每个省份开始试点金税三期项目的当年设定为事件发生年份，即第 0 年。计算每个样本所处的相对事件年份。D_{st}^{-j} 是表示事件年份的虚拟变量，如果 s 省属于政策实施前的第 j 年则赋值为 1，否则为 0。类似地，D_{st}^{k} 是表示政策实施后第 k 年的虚拟变量。

部分省份金税三期项目实施年份较晚(较早),导致政策实施的后几年(前几年)没有足够的样本。我们把政策实施的后3年以上的年份统一赋值为第3年 D_{st}^{3} ,政策实施前5年以上的年份统一赋值为第5年 D_{st}^{-5} 。我们以每个省份政策实施的前1年为基准,对式(8)进行回归。各个年份虚拟变量的回归系数如图16-3所示。可以发现,在政策干预前的第5到第2年,相对年份虚拟变量回归系数都不显著,满足平行趋势假设。在政策实施的当年和实施后的第1年,回归系数均显著或接近显著为负,表明金税三期的实施在短期内确实降低了企业的社保遵从度。当税收征管力度加强,税收负担加重时,企业能够迅速地通过控制社保费支出增长幅度甚至降低社保费支出来减轻企业总的税费负担。政策实施后的第2~3年,企业的社保遵从度仍然出现了下降,但由于更长年份样本数量较少,回归系数还未达到显著。

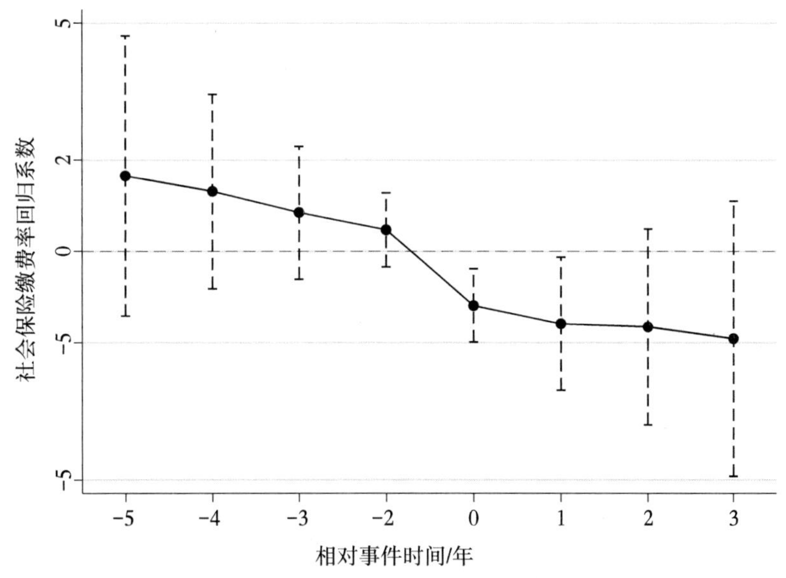

图16-3 平行趋势检验

注:横轴表示政策实施的相对事件时间,纵轴表示企业社会保险实际缴费率的回归系数,虚线表示95%的置信区间。以相对缴费率作为被解释变量时,平行趋势假设同样满足,结果省略备索。

(四)稳健性检验

1.金税三期与社保费的征缴

本章的逻辑在于征管能力提高引致的税收压力会降低企业的社保遵从度。那么金税三期是否会直接影响政府对企业社保费的征缴能力,从而影响本章的结论呢?我们认为,在本章考察的样本期内,许多省份的社保仍然由地方社保部门征收。对于这些省份来说,金税三期并不会直接影响社保部门对企业社保费的征收。对于那些原本就由税务部门征缴社保费的省份,我们认为样本期间金税三期同样不会对社保征缴行为产生直接

影响,因为金税三期实施的早期目标是加强税务部门对各项税收收入的征管,较少直接涉及社会保险费的征缴行为。退一步来说,即使金税三期系统上线后,部分由税务部门征收社保费的地区可能强化了对企业社保费的征缴,也只会导致本章的基准回归结果出现低估而非失效。因此,我们认为本章的基准回归结果是可信的。

2.排除竞争性假说

企业是地区的市场主体,金税三期的实施加重了企业的税收负担,可能降低企业的经营能力,从而影响地区的经济发展活力。推动地区经济增长是地方政府的重要职责之一,同时也是地方官员晋升的重要考核条件(周黎安,2007)。那么,在企业税收负担加重的情况下,地方政府是否会降低对企业社保缴费的征缴力度以减轻企业总体税费负担呢?如果上述假说成立,我们会观察到企业实际缴费率的下降是地区放松社保征缴导致的,而非企业策略性逃费的结果。为了排除上述竞争性假说,我们首先计算各省份 2010 年社保基金收支压力指标,等于企业职工养老保险和医疗保险基金总收入/企业职工养老保险和医疗保险基金总支出。该指标越小,表明地区社保基金收支压力越大,征缴压力越大,地区主动放松社保费征管的可能性越低。我们根据计算得到的指标,以中位数为标准将省份划分为社保费征缴压力较大和征缴压力较小的两组。对于社保基金收支压力较大的地区,地方政府主动降低征缴力度的可能性很低。表 16-4 第(1)列显示,在社保费征缴压力较大的地区,我们仍然能观察到税收征管力度提高后,企业社保遵从程度出现了显著下降。这一结果可以排除地方政府预期到企业的税负增加从而主动降低社保征缴力度这一竞争性假说。

表 16-4　稳健性检验

变量	(1)	(2)	(3)	(4)
社会保险缴费率	基金收支 压力大	控制行业—年份 固定效应	“营改增”	控制省级 统收统支
金税三期	-0.971^{***} (0.324)	-0.860^{***} (0.209)	-0.727^{***} (0.258)	-1.036^{***} (0.228)
控制变量	控制	控制	控制	控制
固定效应	控制	控制	控制	控制
样本量	7797	16324	10536	16331
R^2	0.659	0.706	0.700	0.690

3.控制更多固定效应

本章的基准回归控制了企业和年份固定效应,为了排除行业层面随时间变化的混杂因素对回归结果的干扰,我们进一步控制了行业和年份的交互固定效应。表 16-4 第(2)列显示回归结果基本不变。

4.排除“营改增”的干扰

“营改增”从试点到全面推开在时间上与金税三期存在部分重叠，可能会对本章的回归分析产生干扰。受“营改增”影响最大的是服务行业，为了排除“营改增”可能带来的影响，我们仅对制造业企业进行回归分析，得到的结果如表 16-4 第(3)列所示，与基准回归保持一致。

5.控制养老保险省级统筹进展

赵仁杰和范子英(2020)研究发现养老保险统筹程度的提高强化了地方政府放松社保费征管参与经济竞争的动机。尽管各省在 2011 年以前基本完成了养老保险省级统筹改革，但绝大多数省份仅仅实现了名义上的省级统筹，即省内调剂制度，并未真正实现省级的统收统支(彭宅文，2006；董登新，2018)。实现省级统收统支是企业职工养老保险省级统筹的核心内容，在本章的样本区间(2011—2018 年)存在部分省份进一步实施省级统收统支改革的情况。我们生成省级统收统支变量，将样本区间内各省份实施省级统收统支当年及之后年份标记为 1，否则为 0。表 16-4 第(4)列显示，控制养老保险省级统筹进展后，企业的策略性逃费行为仍然存在，表明基准回归结果是稳健的。

(五)机制分析

税收征管的加强如何使得企业降低社保遵从？从“现金流效应”来说，税收负担增加导致企业现金流出，现金流的减少可能对企业的投资与经营行为产生负面影响，企业有动机通过降低社保遵从度节约内部现金流。我们首先考察税收征管力度的加强是否会影响企业的现金流。为此，我们构造了企业的现金流量指标，等于剔除当期社会保险费支出后经营现金流量净额/总资产。表 16-5 第(1)、(2)列显示，金税三期的实施显著降低了企业的经营现金流。

表 16-5 机制分析

变量	(1)	(2)	(3)	(4)
	现金流量	现金流量	盈利能力	盈利能力
金税三期	−0.004* (0.002)	−0.004** (0.002)	−0.003* (0.002)	−0.003** (0.002)
控制变量	未控制	控制	未控制	控制
固定效应	控制	控制	控制	控制
样本量	16327	16327	16331	16331
R^2	0.484	0.492	0.544	0.596

除此之外，税收压力的增加也会通过“成本效应”影响企业的社保遵从度。税收成本的上升降低了企业的盈利能力，使得企业有动机通过压缩社保费支出来削减成本。为了考察“成本效应”是否存在，我们检验了税收征管加强对企业盈利能力的影响。为此，我们构造了

企业的盈利能力指标,等于剔除当期社会保险费支出后企业的净利润/总资产。表 16-5 第(3)、(4)列表明,金税三期的实施显著降低了企业的净资产回报率,影响了企业的盈利能力。

以上结果支持了上文成本—收益框架和行为经济学框架下的理论分析。金税三期的实施降低了企业的现金流,增加了企业税收成本,促使企业从逃税转向逃费,从而出现税、费间的“跷跷板”效应。

(六)异质性讨论

在基准回归中,我们验证了税收征管的加强促使企业通过降低社保遵从来减轻税费负担。对于不同特征的企业,上述效果可能存在差异。

1.税收负担

中国的税收法规中存在大量的税收优惠政策,企业的税收负担存在较大差异。以企业所得税为例,法定税率为 25%,优惠税率为 15%。对于享受优惠税率的企业,其税收负担不高,进行逃税的动机也较低。加之税务部门出于涉税风险控制的需要,对享受优惠税率企业的税收管理更加严格,因此享受优惠税率企业的纳税遵从度也更高。可以预期,金税三期对享受优惠税率企业的影响相对较小,因而这些企业策略性逃费的行为也会较少。对此,我们根据名义所得税率是否大于 15%将企业划分为高、低税率组进行考察。表 16-6 第(1)、(2)列显示,对于高税率企业,金税三期对企业社保遵从度的负面影响更大,与预期相符。

表 16-6　异质性分析

变量	(1)	(2)	(3)	(4)	(5)	(6)	(7)	(8)
社会保险缴费率	高税率	低税率	地税征管	国税征管	高缴费率	低缴费率	劳动密集型	资本密集型
金税三期	−1.663*** (0.412)	−0.668** (0.260)	−1.186*** (0.299)	−0.713** (0.314)	−1.326*** (0.400)	−0.889*** (0.251)	−1.117*** (0.312)	−0.987** (0.430)
控制变量	控制	控制	控制	控制	控制	控制	控制	控制
固定效应	控制	控制	控制	控制	控制	控制	控制	控制
样本量	6546	9592	10 304	6027	8117	8159	5910	6035
R^2	0.666	0.738	0.676	0.719	0.659	0.696	0.751	0.608

2.税收征管机构

理论上,地区间横向税收竞争的存在使得地方政府有较大的动机降低实际税率以吸引资本流入。与国税局相比,地税局受地方政府直接领导,会更多地放松对辖区企业的征管(范子英、田彬彬,2013;谢贞发、范子英,2015)。金税三期实现了税务信息在总局和省局的集中处理,在国税、地税间实现了信息共享,客观上压缩了地税局放松征管的操作空间(张克中 等,2020)。可以预期,金税三期实施后,由地税局负责征管的企业受到的税收征管效应更强，企业策略性逃费的行为也会更加突出。我们根据企业成立时间和是否为中央国有企业，将样本划分为由地税局征管和由国税局征管的两组。表16-6第(3)、(4)列显示，金税三期实施后，由地税局征管的企业策略性逃费程度更高，与预期相符。

3.社会保险费负担

企业社保遵从度不高的很大一部分原因是社会保险名义缴费率较高，企业的社保费负担较重。社会保险名义缴费率较高的企业更可能通过隐瞒员工人数或者低报基数等手段减轻社保费负担。我们根据企业面临的社会保险名义缴费率的大小，以中位数为标准将样本划分为高缴费率企业和低缴费率企业进行分析。表16-6第(5)、(6)列回归结果表明，名义缴费率较高的企业在金税三期实施后社保遵从度下降得较多。这能够从另一个侧面说明社会保险名义缴费率过高会对企业的社保遵从产生负面影响，这一发现与封进(2013)和赵静等(2016)的研究结论相符。

4.社保支出压力

不同企业面临的社会保险费支出压力存在较大差异(许红梅、李春涛，2020；魏志华、夏太彪，2020)。对于劳动密集型企业，劳动力成本占经营成本的比重较高，而社保费支出是劳动力成本的重要组成部分，因此劳动密集型企业面临更大的社保费支出压力，在税收征管加强时，更有动机降低社保遵从以减轻企业现金流压力和成本控制压力。参考卢闯等(2015)的研究，我们根据样本企业2010年员工数量和营业收入的比值，以中位数为标准来划分劳动密集型企业和资本密集型企业。表16-6第(7)、(8)列回归结果显示，金税三期对劳动密集型企业社保逃费的影响更加明显，与预期保持一致。

第五节 进一步分析

(一)社保征管机构改革对企业策略性逃费的影响

企业能够通过社保逃费来转移税收压力的一个重要原因是社会保险征缴机构和税收征管机构并不统一。截至2018年，全国仍有14个省市的社会保险费由社保经办部门征收(刘军强，2011；沈永建 等，2020)。不同部门间的信息不对称为企业策略性逃费行为提供了空间。对于由税务部门负责征收社会保险费的地区，税、费的征收主体实现了统一。尽管企业的税、费征收主体也存在国税、地税的差异，但征收主体都归属于税务系统，信息不对称程度相对较低。因此可以预期，与由税务部门征收的地区相比，由社保经办部门征收社保费的地区企业的策略性逃费行为将会更加严重。

我们根据金税三期项目实施前各地区社会保险费征缴机构的差异，将样本划分为社保费由税务部门征收和由社保部门征收两组，考察金税三期对企业社保遵从的不同影响。表16-7回归结果显示，企业策略性逃费的情况主要发生在由社保部门负责征收社保费的地区，这些地区企业的养老保险实际缴费率下降 1.14 个百分点，医疗保险实际缴费率下降 0.52 个百分点。对于税务部门负责征收社保费的地区，金税三期对企业的社保遵从度的影响程度较小，并且在统计意义上大多不显著。这说明统一税、费的征收机构能够有效减少企业策略性逃费的行为。值得注意的是，尽管 2018 年《国税地税征管体制改革方案》已经印发，但出于稳定企业预期、降低企业税费负担的考虑，企业社保划归税务征收目前仍未完全完成。长远来看，统一税、费征管主体对规范企业社保缴费行为、实现应收尽收具有重要意义。

表 16-7　社保征管机构改革对企业策略性逃费的影响

变量	(1)	(2)	(3)	(4)	(5)	(6)
	税务部门征收			社保部门征收		
	社会保险缴费率	养老保险缴费率	医疗保险缴费率	社会保险缴费率	养老保险缴费率	医疗保险缴费率
金税三期	−0.470 (0.339)	−0.233 (0.272)	−0.162* (0.092)	−1.573*** (0.278)	−1.137*** (0.213)	−0.516*** (0.081)
控制变量	控制	控制	控制	控制	控制	控制
固定效应	控制	控制	控制	控制	控制	控制
样本量	8887	8887	8887	7444	7444	7444
R^2	0.683	0.681	0.650	0.693	0.670	0.705

(二)员工议价能力对企业策略性逃费的影响

企业为员工缴纳社会保险既是法律规定的责任，也是员工劳动报酬的重要组成部分。企业不缴纳或者少缴纳社会保险费会对员工的社会保险待遇产生负面影响，企业少缴养老保险会影响员工退休后拿到的退休金，少缴纳医疗保险费同样会影响员工看病的实际花费。企业少缴社保费在一定程度上损害了员工的利益，因此可能会受到员工议价能力的制约。当员工议价能力较强时，企业不缴或者少缴社保的行为会遭到员工的反对，企业策略性逃费的程度也会降低。反之，当员工议价能力较弱时，企业在劳动关系中处于优势地位，更有可能通过减少社保费支出或者控制社保费增长幅度来减轻税收压力。

为了考察员工议价能力对企业策略性逃费的影响，我们从劳动力市场竞争程度和劳动者维权意识两个方面进行考察。参考李树和陈刚(2015)的研究，我们用地区城镇职工登记失业率来衡量地区就业形势。当失业率较高时，表明劳动力市场买方占据优势，员工的议价能力较低。具体地，我们以 2010 年各个省份城镇职工登记失业率的中位数为标准，划分为失业率高和失业率低的两组地区，并分别使用两组地区的企业样本进行回归分析。表 16-8 第(1)、(2)列回归结果表明，在员工议价能力较强的地区，企业策略性逃费的程度较低。此外，员工的维权意识是议价能力的另一个方面。当员工维权意识较强时，企业损害员工利益的行为也会较少。参考沈永建等(2017)的研究，我们用地区每万人劳动争议案件受理数量来衡量员工的维权意识，每万人劳动争议案件受理数越高，表明员工的维权意识越强。我们根据2010年各个省份每万人劳动争议案件受理数的大小，以中位数为标准，将地区划分为高维权意识和低维权意识两组，并分别使用两组地区的企业样本进行回归分析。表16-8第(3)、(4)列的回归结果表明，在员工维权意识较强的地区，企业社保遵从程度降低得较少。上述结果表明，员工的议价能力确实能够在一定程度上减少企业社保逃费的行为。因此，进一步完善劳动者权益保护机制建设，加强社会保险政策宣传提高劳动者维权意识能够有效制约企业的社保逃费行为。

表16-8　员工议价能力对企业社保遵从的影响

变量	(1)	(2)	(3)	(4)
社会保险缴费率	失业率低	失业率高	高维权意识	低维权意识
金税三期	−0.929*** (0.233)	−1.206** (0.506)	−0.587*** (0.216)	−2.135*** (0.501)
控制变量	控制	控制	控制	控制
固定效应	控制	控制	控制	控制
样本量	11117	5214	12187	4144
R^2	0.710	0.637	0.702	0.654

第六节　结论和政策建议

社会保险是保障劳动者基本生活、使广大劳动人民共享发展成果、促进社会和谐和国家长治久安的重要制度安排。随着劳动年龄人口的减少和老龄化问题的加剧，社会保险基金的收支压力与日俱增。与此同时，企业的社保逃费行为也越加严重。为何企业的社保遵从度长期处于低位，近年来甚至不升反降？探究影响企业社保遵从行为的潜在因素能够更好地规范企业社保缴费行为，促进社保基金可持续发展。

本章从理论上分析了税收征管与企业社保遵从之间的关系，并以2011—2018年中国A股上市公司数据为基础，利用金税三期实施的外生政策冲击检验了税收征管加强对企业社保遵从的影响。研究发现，金税三期的实施有效地减少了企业的逃税行为，但企业的社保遵从度却出现了明显的下降。在作用机制方面，税收征管力度的提高通过"现金流效应"和"成本效应"，促使企业进行社保逃费以减轻税费压力。税费负担较重的企业策略性逃费的行为更加突出。进一步分析发现，企业策略性逃费的行为主要发生在由社保经办部门负责征收社会保险费的地区，而且企业策略性逃费行为还受到劳动者议价能力的影响。

基于以上结论,本章提出以下政策建议。第一,巩固减税降费成效,切实减轻企业税费负担。在新冠肺炎疫情发生之前,政府出台了多项制度性减税降费政策,这些政策在稳定企业预期、激发企业经营活力方面发挥了重要作用。在后续政策实施中应当权衡信息技术带来的征管能力提升与企业实际的税费感知,确保制度性减税降费政策的连续性和稳定性,巩固减税降费成果。第二,继续推进社会保险征收体制改革,适当降低社会保险名义缴费率。税收和社会保险费征收机构的分离在客观上给企业策略性逃费留下了空间。未来应当继续完成社保征收机构的划转,理顺税、费征收和管理体制,确保税收和社会保险费应收尽收。政府在加强征管的同时,可以根据企业实际税费负担情况,适当降低社会保险名义缴费率。第三,积极开展社会保险政策宣传,加强劳动者权益保护。社保征收部门应当加强对企业的宣传教育,强化企业的责任意识,同时充分利用互联网平台的信息传播能力向广大劳动者普及社会保险政策,引导劳动者加强权益保护意识。此外,政府应当加强劳动者权益保护机制建设,不断拓宽劳动者维权渠道,强化劳动保障监察执法,维护劳动关系的和谐和稳定。

本章参考文献

董登新,2018.尽快实现养老保险全国统筹[J].中国社会保障(1).

董树奎,2001.对我国社会保险费征收管理体制的分析[J].税务研究(11).

樊勇,李昊楠,2020.税收征管、纳税遵从与税收优惠:对金税三期工程的政策效应评估[J].财贸经济(5).

范子英,田彬彬,2013.税收竞争、税收执法与企业避税[J].经济研究(9).

封进,2013.中国城镇职工社会保险制度的参与激励[J].经济研究(7).

吉赟,王贞,2019.税收负担会阻碍企业创新吗?:来自"金税工程三期"的证据[J].南方经济(3).

李树,陈刚,2015.幸福的就业效应:对幸福感,就业和隐性再就业的经验研究[J].经济研究(3).

刘军强,2011.资源、激励与部门利益:中国社会保险征缴体制的纵贯研究(1999—2008)[J].中国社会科学(3).

刘子兰,刘辉,杨汝岱,2020.最低工资制度对企业社会保险参保积极性的影响:基于中国工业企业数据库的分析[J].经济学(季刊)(4).

卢闯,唐斯圆,廖冠民,2015.劳动保护、劳动密集度与企业投资效率[J].会计研究(6).

鲁於,冀云阳,杨翠迎,2019.企业社会保险为何存在缴费不实:基于财政分权视角的解释[J].财贸经济(9).

彭浩然,岳经纶,李晨烽,2018.中国地方政府养老保险征缴是否存在逐底竞争?[J].管理世界(2).
彭雪梅,刘阳,林辉,2015.征收机构是否会影响社会保险费的征收效果?:基于社保经办和地方税务征收效果的实证研究[J].管理世界(6).
彭宅文,2006.中国农民工社会保障发展缓慢的原因分析[J].云南社会科学(1).
彭宅文,2010.财政分权、转移支付与地方政府养老保险逃费治理的激励[J].社会保障研究(1).
沈永建,范从来,陈冬华,等,2017.显性契约、职工维权与劳动力成本上升:劳动合同法的作用[J].中国工业经济(2).
沈永建,梁方志,蒋德权,等,2020.社会保险征缴机构转换改革,企业养老支出与企业价值[J].中国工业经济(2).
唐博,张凌枫,2019.税收信息化建设对企业纳税遵从度的影响研究[J].税务研究(7).
唐珏,封进,2019.社会保险征收体制改革与社会保险基金收入:基于企业缴费行为的研究[J].经济学(季刊)(3).
魏志华,夏太彪,2020.社会保险缴费负担、财务压力与企业避税[J].中国工业经济(7).
谢贞发,范子英,2015.中国式分税制、中央税收征管权集中与税收竞争[J].经济研究(4).
许红梅,李春涛,2020.社保费征管与企业避税:来自《社会保险法》实施的准自然实验证据[J].经济研究(6).
许善达,2009.中国税务信息化回顾与展望[J].电子政务(10).
张克中,欧阳洁,李文健,2020.缘何“减税难降负”:信息技术,征税能力与企业逃税[J].经济研究(3).
张立光,邱长溶,2003.我国养老社会保险逃费行为的成因及对策研究[J].财贸经济(9).
赵静,毛捷,张磊,2016.社会保险缴费率、参保概率与缴费水平:对职工和企业逃避费行为的经验研究[J].经济学(季刊)(1).
赵仁杰,范子英,2020.养老金统筹改革、征管激励与企业缴费率[J].中国工业经济(9).
赵绍阳,杨豪,2016.我国企业社会保险逃费现象的实证检验[J].统计研究(1).
赵绍阳,周博,佘楷文,2020.社保政策缴费率与企业实际参保状况:以养老保险为例[J].经济科学(4).
赵耀辉,徐建国,2001.我国城镇养老保险体制改革中的激励机制问题[J].经济学(季刊)(1).
郑秉文,房连泉,2007.社会保障供款征缴体制国际比较与中国的抉择[J].公共管理学报(4).
郑春荣,王聪,2014.我国社会保险费的征管机构选择:基于地税部门行政成本的视角[J].财经研究(7).
周黎安,2007.中国地方官员的晋升锦标赛模式研究[J].经济研究(7).

BECK T, LEVINE R, LEVKOV A, 2010. Big bad banks? The winners and losers from bank deregulation in the united states[J]. The journal of finance, 65(5): 1637-1667.

BERNASCONI M, ZANARDI A, 2004. Tax evasion, tax rates, and reference dependence [J]. Finanzarchiv/public finance analysis, 60(3).

CAI H, LIU Q, 2009. Competition and corporate tax avoidance: evidence from Chinese industrial firms[J]. The economic journal, 119(537): 764-795.

FAN H, LIU Y, QIAN N, WEN J, 2018. The dynamic effects of computerized vat invoices on Chinese manufacturing firms[J]. National bureau of economic research.

FELDSTEIN M, LIEBMAN J, 2006. Realizing the potential of China's social security pension system[J]. Public finance in China: reform and growth for a harmonious society: 309-316.

HANLON M, SLEMROD J, 2009. What does tax aggressiveness signal? Evidence from stock price reactions to news about tax shelter involvement[J]. Journal of public economics, 93(1-2): 126-141.

LI L, LIU K Z, NIE Z, XI T. Evading by any means? VAT enforcement and payroll tax evasion in China[J]. Journal of economic behavior & organization, 2020, prepublish.

NYLAND C, SMYTH R, ZHU C J, 2006. What determines the extent to which employers will comply with their social security obligations? Evidence from Chinese firm-level data[J]. Social policy & administration, 40(2): 196-214.

NYLAND C, THOMSON S B, ZHU C J, 2011. Employer attitudes towards social insurance compliance in Shanghai, China[J]. International social security review, 64(4): 73-98.

第十七章　税收竞争、征税努力与企业税负黏性*

魏志华　卢　沛**

第一节　引　言

企业成本是管理会计学研究的主要内容。在传统的成本行为模型中，可变成本随产量成比例变化(Noreen，1991)，这意味着成本的变化幅度仅取决于产出水平的变化，而与产出的变化方向无关(Anderson et al.，2003)。然而，也有部分学者如 Noreen 和 Soderstrom(1997)提出，成本随产出增加的幅度可能会大于其随产出减少幅度的观点。随后，Anderson 等(2003)使用美国上市公司财务数据进行实证检验，研究发现销售、一般及管理费用(selling，general and administrative，简称 SG&A 成本)确实存在随收入变化方向的差异而产生"非对称性"变化的特征，即相对销售收入减少 1%，销售收入增加 1%时的 SG&A 成本增加的幅度更大。该文将这种现象定义为"黏性"，并从管理层对未来需求不确定性的判断、调整成本等企业管理决策的视角分析其成因。自此，企业财务活动中的黏性特征受到国内外学者的广泛关注，并产生了一系列丰富的研究成果。

近年来，中国持续推进减税降费政策，企业税负的黏性特征也引起了许多学者的研究兴趣。党的十八大之后，中国经济发展进入新常态，经济增长趋于放缓。为了激发市场活力，应对经济新常态带来的机遇和挑战，党中央于 2015 年 11 月提出供给侧结构性改革，开始实施以"结构性减税"为标志的减税降费政策(邓力平，2019)。与此同时，关于中国企业税负过高的舆论争议却屡见不鲜，引发了社会各界关于减税降费与企业获得感不强二者矛盾的广泛讨论。为此，社会各界包括学术界都在积极探究引发企业产生税负痛感的根本性原因，意在为减税降费政策的有效实施提供重要借鉴。部分学者研究发现，中国企业税负存在黏性特征，开辟了基于税负黏性分析企业税负痛感渊源的研究视角。与成本费用黏性类似，税负黏性表现为同等比例增加或减少企业的应税收入，税收支出增加幅度大于税收支出减少幅度的现象。税收支出变化随税基变化的"非对称性"

* 本章写作时间为 2021 年，故本章表述以 2021 年为时间节点。

** 魏志华，教授、博士生导师，厦门大学经济学院财政系；卢沛，博士研究生，厦门大学经济学院财政系。

特征使得企业在经营状况不佳时，承担了相对较高的税收支出负担，这种税负压力可谓“雪上加霜”，无疑增加了企业的税负痛感。然而，与成本费用黏性的成因不同，企业作为营利主体，其主动增加税收支出降低自身盈余水平的做法显然不符合经济学中“理性人”的前提假设，因此税负黏性的产生具有被动性特征（王百强 等，2018）。现有文献亦从税收征管、税制结构等企业外部视角分析税负黏性的成因（丛屹、周怡君，2017；王百强 等，2018）。此外，鉴于税负黏性会给企业的经济绩效以及地区发展带来不利影响（王百强 等，2018；胡洪曙、武锶芪，2020），为激发市场活力，促进地区经济高质量发展，深入研究税负黏性的影响因素，探寻缓解企业税负黏性的有效途径，无论对地方政府还是企业来讲都尤为重要。

作为地方竞争的一个重要手段，税收竞争会对企业税收支出产生直接或间接的影响，进而可能会影响企业税负黏性。尽管如此，鲜有文献关注地方税收竞争对企业微观层面税负黏性的作用。鉴于此，本章在提出企业层面税负黏性指标度量方法的基础上，实证研究税收竞争对企业税负黏性的影响效果及其作用机制。本章首先借鉴 Anderson 等（2003）提出的黏性指标度量模型，然后利用对企业季度财务数据进行滚动回归的办法，得到企业层面税负黏性的有效测度指标。在此基础上，本章研究地方政府税收竞争对企业税负黏性的影响效果及其作用机制。众所周知，税收的属地管辖权原则使得辖区间政府为争夺流动性税基展开竞争，通过降低企业实际税率的方式来避免本地资本外流以及吸引外部流动性资本。对企业而言，地方政府的税收竞争行为会产生节税和避税两种效应，成为除应税收入之外影响企业税收支出变化的重要因素。当地方政府随企业经营状况的差异给予不同幅度税收优惠，或者企业随经营状况的不同而对地方政府的税收竞争行为做出不同程度的避税决策时，地方政府税收竞争行为便会对企业税负黏性产生影响。此外，大量研究表明，中国的税收立法权是高度集权和统一的，地方政府无法直接改变法定税率，但分税制改革形成的财政分权体制给地方政府提供了通过改变税收征管力度影响企业实际税率的灵活性（Cai and Liu，2009），这被地方政府广泛采用。为此，本章主要从征税努力的渠道分析税收竞争影响企业税负黏性的作用机制。最后，考虑到随产权性质及企业行业属性的不同，税收竞争对企业税负黏性的影响可能存在横截面差异，本章从上市公司是否为国企和是否属于制造业企业两个方面研究税收竞争影响企业税负黏性的异质性。

相比已有文献，本章可能的贡献在于：第一，构建了企业层面的税负黏性测度指标。本章首次提出通过对企业季度财务数据进行滚动回归从而计算企业层面税负黏性的测度方法。该方法一方面弥补了现有各类黏性度量方法往往只能获得诸如地区等宏观层面而非企业层面黏性指标的缺憾，另一方面也为更全面、深入地研究企业税负黏性影响因素及后果等重要问题奠定了基础。第二，从税收竞争角度研究企业税负黏性的宏观影响因素，并探究了其作用机制。现有关于税负黏性的研究侧重于对其成因进行规范性分析，缺乏对缓解税负黏性影响因素的实证研究。然而，对企业而言，税负黏性增加了企业特别是经营状况不好企业的经营负担，不利于公司未来的经营发展（王百强 等，2018），因此探究缓解企业税负黏性的因素具有重要现实意义。第三，为税收竞争"有益"抑或"有害"的影响后果研究提供了新的分析视角。关于税收竞争的影响后果，现有文献已积累了丰富的成果，然而研究结论莫衷一是。本章从税负黏性视角为税收竞争存在"有益性"影响后果的观点提供了实证支持，丰富了相关研究文献。此外，本章的研究也具有重要的现实意义。在当前中国经济增速回落、经济发展进入新常态的背景下，如何在保障政府财政收入水平的前提下有效实施减税降费政策助推企业发展显得尤为重要。本章的研究有助于政府和企业从税负黏性视角去思考和理解如何才能更有效地让企业拥有减税降费的"获得感"，以激发企业发展活力，促进地区经济的高质量发展。

第二节 文献综述、理论分析与研究假设

（一）文献综述

1.税收竞争相关文献

在经济学研究中，地方政府的税收竞争行为一直是一个经典而重要的研究话题。税收竞争产生的根源在于，税收的属地管辖权原则使得地方政府具有强烈的动机争夺流动性税基，进而引发了地方政府间税收竞争的策略互动行为（马恩涛 等，2018）。理论上，税收优惠和降低征税努力是中国地方政府实施税收竞争的两种主要方式（范子英、田彬彬，2013；刘骏、刘峰，2014）。不过，由于中国的税收立法权高度集权和统一，地方政府无法直接改变法定税率，而分税制改革形成的财政分权体制却给地方政府提供了通过改变税收征管力度影响企业实际税率的灵活性（Cai and Liu，2009）。因此在现实中，中国的许多地方政府往往主要通过放松税收征管而非提供更多税收优惠的方式来开展税收竞争。综观相关国内外文献，学者们从微观和宏观两个层面对税收竞争的影响后果进行了深入研究。从微观层面影响后果来看，研究发现税收竞争通过节税效应增加了企业投资、异地并购行为，提高了企业投资效率（王凤荣、苗妙，2015；Ferrett et al.，2019）。此外，还有研究发现税收竞争会降低地方税务局的税收执法力度，引发民营企业大范围的避税（范子英、田彬彬，2013），即税收竞争亦会产生避税效应。从宏观层面经济后果来看，研究结论莫衷一是。Zodrow and Mieszkowski（1986）构建了一个税收竞争博弈理论模型，纳什均衡解结果显示，税收竞争会导致低税率和低水平的公共品供给，降低社会福利。然而，Chirinko and Wilson（2017）研究发现美国各州资本税之间并非"竞相逐底"，而是在"玩跷跷板"，因此税收竞争也可能导致地方公共产品供应的增加。在国内研究文献中，李涛等（2011）研究表明税收竞争具有促进经济增长的作用，且不论是增值税、所得税还是地方

费率收入的竞争，均对经济增长发挥了正向影响；但也有文献研究发现税收竞争抑制了产业结构转型升级（肖叶、刘小兵，2018），对地区发展产生了不利影响。

2.税负黏性相关文献

近年来，随着中国减税降费力度不断加大与企业获得感不强并存矛盾的出现，国内学者在探究企业税负痛感根源的过程中发现，中国企业无论是所得税税负（王百强 等，2018；胡洪曙、武锶芪，2020）、增值税税负（刘骏 等，2019）抑或企业总体税负（丛屹、周怡君，2017；Yang et al.，2019）均存在黏性特征，开辟了从税负黏性分析企业税负痛感来源的研究视角。相关文献对企业税负黏性的成因进行了深入探索，研究发现税收征管、税制结构等企业外部环境（丛屹、周怡君，2017；王百强 等，2018）以及企业产权性质、税收激进度等企业内部特征（胡洪曙、武锶芪，2020）均会对企业税负黏性产生不可忽视的影响。

研究企业税负黏性要解决的一个关键问题就在于，如何有效衡量税负黏性。综观现有文献，学者们主要借鉴成本费用类黏性的研究文献构建企业税负黏性的度量指标，形成间接和直接两类度量方法，并以间接度量方法为主。其中，间接度量方法指利用回归模型来测度税负黏性的方法。该类方法以 Anderson 等（2003）一文为主要参考文献，通过在回归模型中添加区分销售收入变化方向的虚拟变量，利用回归系数捕捉随销售收入变化方向的不同，SG&A 成本所呈现的非对称性变化程度，该系数即为企业费用黏性水平。Anderson 等（2003）的黏性度量模型能够很好地揭示企业的费用黏性特征，受到学者们的广泛认可，现有关于税负黏性指标度量亦主要采用该模型。值得注意的是，已有使用间接度量方法测度的税负黏性指标均非企业层面指标。如王百强等（2018）使用该模型得到省份—年度层面税负黏性指标，胡洪曙、武锶芪（2020）利用该模型得到区域—年份层面的税负黏性指标。使用非企业层面税负黏性指标进行相关研究，缺陷在于无法有效捕捉异质性企业的税负黏性特性，不可避免地存在难以深入、细致地考察企业层面黏性的局限性。此后，为了获取企业层面的黏性指标，Weiss（2010）提出了测度成本黏性的直接度量方法。具体而言，作者首先计算企业某一年最近销售额下降季度相应的成本减少率，然后计算同一年份最近销售额上升季度相应的成本增加率，两者之间的差额如果为负数则表示存在成本黏性，且差额绝对值越大，意味着黏性水平越高。尽管现有文献提出的黏性直接度量方法可得到企业层面黏性指标，然而正如 Weiss（2010）在文章中所指出的，这类测度黏性的直接度量方法可能存在潜在的测量误差。一方面，使用公式法直接度量黏性无法保证黏性度量的研究前提，即销售额（业绩）向上或向下变化幅度的一致性；另一方面，使用公式计算结果作为黏性指标，未考虑指标在统计上的显著性，使得该指标作为黏性度量指标的有效性有待商榷。

综上，已有研究在以下方面仍有待改进：首先，亟待探寻更为有效、可靠的企业层面税负黏性指标度量方法。现有文献主要借鉴 Anderson 等（2003）提出的成本费用黏性度量方法测度税负黏性，但遗憾的是，该度量方法无法得到企业层面的税负黏性指标。而

Weiss(2010)对税负黏性的直接度量方法虽然可以得到企业层面黏性指标，却不可避免地存在测量误差。其次，现有文献对于如何缓解企业税负黏性、降低企业税负痛感鲜有涉及。不论使用上市公司制造业分样本还是总样本数据，现有文献均发现中国上市公司税负存在不同程度的黏性特征，这意味着税负黏性作为加重企业税负痛感的主要因素之一在上市公司中普遍存在，但相关研究并不多见。最后，在对税收竞争微观层面影响效果的研究中，学者们侧重于考察税收竞争对企业投资类决策的影响，研究视野相对狭窄。税收竞争作为地方政府间主要的策略互动行为，对其微观影响后果进行更为全面、充分的研究，有助于地方政府全面了解税收竞争的策略效果，具有重要的现实意义。为此，本章创新性地提出构建企业层面的税负黏性指标的方法，并在此基础上研究地方政府税收竞争对企业税负黏性的影响效果及其渠道，以弥补已有文献的上述研究缺憾。

(二)理论分析与研究假说

1.地方政府税收竞争行为对上市公司税负黏性的影响

中国的政府组织结构表现出在统一领导下以地区为基础的竞争性组织结构特征，即“M”形组织结构(Qian and Xu, 1993)。在该组织构架下，地方政府想要从“M”形等级结构中脱颖而出，获得晋升资本，就必须在有限的任期内做出较为突出的经济贡献。显然，地方政府税收竞争是政府在“M”形组织框架下获取竞争优势的一种重要途径。尽管税收竞争会带来“公共品弱化”的副效应，但税收竞争在招商引资、避免本地区资本外流、促进就业等方面的作用不容忽视。

在实践中，税收优惠和宽松的税收征管是地方政府实施税收竞争两种主要方式(范子英、田彬彬, 2013; 刘骏、刘峰, 2014)，可以对辖区内企业产生节税和避税两种效应。一方面，当地方政府实施税收优惠的竞争策略时，税收竞争对企业而言会产生直接的节税效应。中国目前税制结构中税率优惠和税额优惠是最为常见的税收优惠方式(王延明, 2003)。从理论上说，税率优惠方式下企业税收支出随税率变化呈比例变化，企业税负受应税收入变动方向的影响相对较小，因此税率优惠的税收竞争方式对企业税负黏性影响不大。税额优惠主要表现为地方政府的税收返还(刘骏、刘峰, 2014)。上市公司作为地方发展的重要引擎，在带动上下游公司发展、招商引资、激发本地经济活力等方面具有重要作用，对于业绩不佳的上市公司，地方政府有动力给予财政支持，帮助其“渡过”难关。此时，税收竞争通过节税效应降低了经营状况不佳企业的税收支出水平，起到了缓解企业税负黏性的作用。另一方面，当地方政府通过降低征税努力程度实施税收竞争策略时，税收竞争对企业而言会同时产生节税效应和避税效应。从节税效应来看，在我国“以计划为中心”的税收征管体制下，税务部门基于“税收计划”压力或者政治晋升考核激励，具有采用税收超收等激进的税收征收方式去完成或者超额完成税收计划的动力。地方政府税收竞争策略会在一定程度上遏制税务部门的税收超收行为，减少除企业自身经

营之外其他外部因素对企业税负支出的干扰，税负黏性下降。从避税效应来看，税收竞争可能会增加经营状况不佳的企业避税的概率。经营状况不佳的企业通常面临较高的融资约束，企业财务压力较大。宽松的税收征管会降低企业接受税务稽查的概率，企业避税的机会成本下降，此时避税将成为企业尤其是业绩不佳的企业缓解内部资金不足的一个重要选择。事实上，不少研究发现融资约束与企业避税程度呈正相关关系（Law and Mills，2015；Richardson et al.，2015），而宽松的税收征管恰恰为企业避税提供了可乘之机。因此，税收竞争也可能使得经营状况不佳的企业增加避税，避税效应降低了企业特别是经营状况不佳企业的实际税率，企业税负黏性下降。综上，在中国现行组织结构下，地方政府有动力开展税收竞争策略以实现促进本地区经济发展的目标，而税收竞争会通过节税效应和避税效应影响企业税负黏性，缓解企业税负痛感。基于上述分析，本章提出如下研究假设：

假设 17-1：在其他因素不变的条件下，地方政府税收竞争程度越高，企业税负黏性越低。

2. 税收竞争、征税努力与企业税负黏性

税收竞争通过何种途径影响企业税负黏性，是另外一个重要的研究问题。理论上，税收优惠和降低征税努力是地方政府实施税收竞争策略的主要手段，且二者均可以通过降低企业实际税率达到向下调整企业税负黏性的作用。然而，考虑到降低征税努力的税收竞争手段更为隐蔽，难以被上级政府监督，在实践中更常被地方政府采用（范子英、田彬彬，2013），本章主要从征税努力的渠道分析税收竞争影响企业税负黏性的作用机制。在中国以“以计划为中心”的税收征管体制下，税收计划一旦制订，就必须不折不扣地完成（高培勇，2006）。此外，中国地方税收征管存在很大的自由裁量空间，这为地方税务部门通过调整征税努力程度确保税收计划的完成提供了可能。然而，税收计划是上级税务部门结合本地区经济增长计划与财政预算制订的，存在与实际税源偏离的风险（白云霞等，2019），因此税务部门完成税收任务的难易度受辖区内企业经营状况的影响。当辖区内企业经营状况不佳而产生与计划税源偏离的风险时，税务部门为确保税收计划按时完成，就会通过自由裁量权相机增加征税努力程度。征税努力程度越高，企业税负黏性越大。

根据边际效用理论，相较于征税努力程度较低的地区，高征税努力程度地区存在更大的税收调节空间，税收竞争对企业税负黏性的抑制作用也会更大。从税务部门征税努力的调节空间来看，征税努力程度较高的地区，税务部门征税努力下调空间越大。当该地区的地方政府通过降低征税努力实施税收竞争策略时，税务部门在保证其税收计划的前提下可下调的税收征管空间更灵活，对本地区企业税负黏性的影响也更大。从企业避税的调节空间来看，相较于征税努力程度较低地区的企业，高征税努力程度地区的企业具有更高的避税调节空间。企业避税是管理层对其成本收益进行综合权衡后的结果，较高的征税努力意味着较强的税务稽核力度，而税务稽核力度的提高会增加企业避税的机会成本，降低企业执行避税决策的概率。因此，若征税努力程度较高地区的地方政府实施税收竞争策略，降低地方征税努力程度，企业可以用来避税的空间被更多地释放，对企业税负黏性的影响更大。基于上述分析，本章提出如下研究假设：

假设 17-2：在其他因素不变的条件下，地方征税努力程度越高，税收竞争对企业税负黏性的抑制作用越大。

3.税收竞争对税负黏性的异质性分析

税收竞争对企业税负黏性可能存在异质性影响，对此，本章试图基于企业产权性质以及行业特征两个重要视角进行考察。第一，企业产权性质的异质性。税收竞争以吸引流动性税基为目的，由于国有企业与政府之间存在天然的紧密联系，政府通过税收竞争吸引异地国有企业到本地投资的动力相对不足。这是因为，其一，国企高管通常由上级政府主管部门任命或委派，地方政府对本地国有企业的管理者存在行政上的"超强控制"(何浚，1998)。其二，政府作为实际控制人对国有企业具有天然的"父爱主义"，国有企业离开本地，可能会丧失地方政府给予的保护和支持。因此，国有控股公司大规模地将投资迁出本地的动机较小(刘慧龙、吴联生，2014)。可见，地方政府实施税收竞争策略主要是为了吸引非国企类流动资本。此外，与非国企高管以股东利益最大化的经营目标不同，国企高管倾向于迎合经济增长、上缴利税等官员晋升评价体系(刘骏、刘峰，2014)，因此地方政府税收竞争激励对国有企业的影响较小，且对其税收支出影响也不大。基于此，理论上可以预期，相较于国有企业，税收竞争对税负黏性的抑制作用在非国有企业样本中更显著。第二，行业特征的异质性。制造业作为工业的主要组成部分，在促进就业、增加财政收入及社会稳定方面具有重要作用。近年来，关于制造业企业税负过高的报道屡见不鲜，如 2016 年底"玻璃大王"曹德旺指出"中国制造业的综合税负比美国高 35%"，甚至有学者提出中国企业面临"死亡税率"的说法等等。此外，现有部分研究仅以制造业企业为样本，发现制造业企业确实存在税负黏性特征(丛屹、周怡君，2017)。可见，制造业企业具有较高的税负痛感。因此理论上可以预期，相较于非制造业企业，制造业企业具有更大的税收调节空间，税收竞争对制造业企业税负黏性的抑制作用更显著。基于上述分析，本章提出如下研究假设：

假设 17-3a：在其他因素不变的条件下，相较于国有企业，税收竞争对企业税负黏性的抑制作用在非国有企业中更显著。

假设 17-3b：在其他因素不变的条件下，相较于其他行业，税收竞争对企业税负黏性的抑制作用在制造业行业中更显著。

第三节　研究设计

(一)模型设定

1.地方政府税收竞争与税负黏性

为检验地方政府税收竞争是否会影响上市公司税负黏性,本章构造了实证回归模型(17-1):

$$\text{Sticky}_{i,t}=\alpha_0+\alpha_1\text{Taxcomp}_{i,t}+\sum\alpha_i\text{Controls}_{i,t}+\mu_{\text{year}}+\mu_{\text{ind}}+\mu_{\text{region}}+\varepsilon_{i,t}\quad(17\text{-}1)$$

其中,被解释变量 $\text{Sticky}_{i,t}$ 表示企业 i 在年份 t 的税负黏性水平;解释变量 $\text{Taxcomp}_{i,t}$ 表示上市公司注册地地方政府的税收竞争水平;$\text{Controls}_{i,t}$ 为其他控制变量;μ_{year}、μ_{ind}、μ_{region} 分别代表年份、行业、地区固定效应;$\varepsilon_{i,t}$ 为残差项。

2.征税努力的调节效应

为检验征税努力在地方政府税收竞争与上市公司税负黏性二者关系之间所发挥的调节作用,本章构造了实证回归模型(17-2):

$$\begin{aligned}\text{Sticky}_{i,t}=&\beta_0+\beta_1\text{Taxcomp}_{i,t}+\beta_2\text{TE}_{i,t}+\\&\beta_3\text{TE}_{i,t}\times\text{Taxcomp}_{i,t}+\mu_{\text{year}}+\mu_{\text{ind}}+\mu_{\text{region}}+\\&\sum\beta_i\text{Controls}_{i,t}+\varepsilon_{i,t}\end{aligned}\quad(17\text{-}2)$$

$\text{TE}_{i,t}$ 表示企业 i 注册地地方政府第 t 年的征税努力程度,其他变量的定义与前文一致。

此外,根据本章对企业税负黏性指标的选取办法,黏性指标具有大量 0 值堆积与连续正值共存的特征,属于归并数据(censored data),故本章的实证检验使用 Tobit 模型进行回归。进一步地,为缓解组内自相关问题,与已有相关文献的做法一致,本章在实证检验中对回归模型的标准误采用了地级市层面的聚类(cluster)处理。

(二)变量定义

1.税负黏性

借鉴 Anderson 等(2003)的研究,假定税收支出是营业收入的线性函数,且企业税率不随年份发生变化,本章使用模型(3)测度企业的税负黏性[①]水平(Sticky)。首先,在模型(17-3)中,我们使用企业支付的各项税费(Tax)作为上市公司税收支出的代理变量;选用企业当期营业收入(Revenue)作为企业经营状况的代理变量[②],定义 D_t 为上市公司营业收入是否下降的虚拟指标,相对于第 $t-1$ 期,若第 t 期营业收入下降,取值为 1,否则取

① 区别于西方国家税制,中国税制结构以间接税为主,只考虑所得税的企业税负测度会增加估计误差(Plesko,2003),不能有效反映企业的实际税负,故本章度量企业总体税负黏性。

② 对正常经营的企业来说,企业缴纳税费的主要经济来源是营业收入(刘骏 等,2019)。

值为 0。当 D_t 取 0 时,模型(17-3)中回归系数 δ_1 反映了相较于第 $t-1$ 期,企业第 t 期营业收入增加时,税收支出随之增加的幅度。当 D_t 取 1 时,模型(3)中的回归系数 $\delta_1+\delta_2$ 表示相较于第 $t-1$ 期,企业第 t 期营业收入减少相同单位时,税收支出随之减少的幅度。两者之差即回归系数 δ_2 则体现了受营业收入变化方向的影响,企业税费支出变化的"非对称性"程度,即企业的税负黏性。其次,我们使用每一个企业的季度财务数据,通过滚动回归得到企业层面的税负黏性结果。Anderson 等(2003)使用企业的年份时间序列数据计算企业横截面费用黏性指标时,为确保回归结果的无偏性,要求每个企业至少有 10 年以上的有效观测值且至少有三个年份的销售收入变动情况为负。本章在借鉴 Anderson 等(2003)研究思路的基础上,运用上市公司季度财务数据进行研究,要求每个企业至少应包括 20 个以上有效观测值并对季度数据进行滚动回归。相比 Anderson 等(2003),本章增加了有效观测样本量并采用时间序列方法进行回归,可以进一步增强回归结果的无偏性。最后,为避免实证回归结果受滚动回归中选取的样本年份跨度不同而出现差异的影响,在数据允许的范围内,本章分别计算了时间跨度为六年(24 个季度观测样本)、八年(32 个季度观测样本)和十年(40 个季度观测样本)的税负黏性度量指标。综合考虑到数据缺失情况以及为保证每个企业有 20 个以上有效观测值进入回归,本章在正文部分使用以八年季度数据进行回归得到的企业税负黏性指标进行实证研究,而将六年、十年季度数据进行回归得到的企业税负黏性指标作为稳健性检验。

具体而言,本章使用上市公司 2003—2018 年[①]营业收入和企业税负支出季度数据,运用模型(17-3)对每个上市公司当年及前七年(共八年)的季度数据进行滚动回归,并定义回归系数 δ_2 为上市公司当年的黏性水平。回归过程中对时间序列数据进行了序列相关性检验,对存在序列相关的观测数据进行 FGLS(广义可行最小二乘法)估计,以确保 OLS 回归结果的有效性。进一步地,与 Anderson 等(2003)类似,根据税负黏性的定义,当回归系数 δ_1 大于 0,回归系数 δ_2 为负数且显著时,意味着当营业收入下降时,企业税收支出减少幅度低于同等比例的营业收入上升所增加的幅度,且该差异具有统计上的显著性,此时 δ_2 的值真实反映了企业税负黏性水平。若回归系数 δ_1 大于 0,且回归系数 δ_2 不显著,意味着随营业收入方向变化,税收支出变化并没有显著性差异,此时企业不存在税负黏性,则税负黏性取值为 0。此外,为便于分析,本章使用取绝对值的黏性结果作为企业税负黏性的度量指标,该值越大,意味着企业税负黏性越高。

$$\log\frac{\text{Tax}_t}{\text{Tax}_{t-1}}=\delta_0+\delta_1\log\frac{\text{Revenue}_t}{\text{Revenue}_{t-1}}+\delta_2 D_t\times\log\frac{\text{Revenue}_t}{\text{Revenue}_{t-1}}+\varepsilon_t \tag{17-3}$$

2.税收竞争水平

借鉴肖叶和刘小兵(2018),本章使用省级层面与地级市层面实际税率的比值度量地

① 之所以从 2003 年开始,是因为上市公司完整的季度财务数据从 2003 年开始可得。

级市政府的税收竞争程度(Taxcomp)。此外,在度量实际税率时,考虑到自 2006 年全面取消农业税,第一产业基本不再产生税收收入,本章使用第二、第三产业增加值替代 GDP 指标。具体如式(17-4)所示。

$$\text{Taxcomp}_{i,t} = \frac{\text{TAX}_{j,t} / \text{STA}_{j,t}}{\text{TAX}_{i,t} / \text{STA}_{i,t}} \tag{17-4}$$

其中,$\text{Taxcomp}_{i,t}$ 表示第 i 个地级市 t 年的税收竞争水平;分子上的比值表示第 i 个地级市所在省份 j 第 t 年的实际税率;分母上的比值表示地级市 i 第 t 年的实际税率。Taxcomp 值越大,表示该地级市实际税率在所属省份中处于较低水平,意味着税收竞争水平越高。

3.征税努力

借鉴储德银等(2019)的研究,本章使用实际税收收入与潜在税收收入的比值作为征税努力的代理变量。潜在税收收入采用“税柄法”进行测算。具体计算方式,使用地级市实际税收收入比(实际税收收入/GDP)、经济发展水平(各地区人均 GDP)、对外开放度(进出口总额/GDP)、人口密度(各地常住人口/土地面积)、第二产业占比(第二产业增加值/GDP)、第三产业占比(第三产业增加值/GDP)、城镇化率(城镇人口数/总人口)进行回归得到潜在的税收收入比(潜在税收收入/GDP)。利用实际税收收入与潜在税收收入比作为征税努力指标时,该值越大,意味着征税努力程度越高。

4.控制变量

借鉴王百强等(2018)、刘行和赵晓阳(2019)等研究企业税负黏性以及企业避税的文献中选取相关控制变量的做法,本章使用的控制变量包含企业特征和地区特征两类。其中,企业层面控制变量包括公司规模(Size,年末总资产的自然对数);负债水平(Lev,年末总负债与总资产之比);资本密集度(CAPINT,固定资产净额与总资产之比);盈利能力(ROA,年末净利润与总资产之比);投资收益率(ROI,年末投资收益与总资产之比);市场价值(TQ,年末市值与总资产之比);股权集中度(First,上市公司第一大股东持股比例);盈余管理程度(DA,修正 Jones 模型计算得到的操纵性应计利润取绝对值)。在地区层面控制变量的选取上,考虑到地区财政创收压力可能使得税收官员在企业利润下降的情况下设法增加税收(王百强 等,2018),故本章对地方财政创收压力(Fisc)水平进行了控制,使用地级市上一年财政收入增长率进行度量;此外,考虑到地区人口(Population)、产业要素密集度(FIntensity)对地区经济发展及税收收入的影响,亦对该特征变量进行了控制,地区人口使用各地级市以万为单位人口数量取自然对数进行度量,借鉴赵秋银和余升国(2020),使用区位熵的方法计算地区第二产业要素集聚度作为产业密集度代理变量。最后,本章还控制了年份固定效应、行业固定效应和省份固定效应。

(三)样本选择和数据来源

在对黏性指标进行度量的过程中,本章使用了 2003—2018 年沪深 A 股上市公司的季度财务数据。在剔除相关指标缺失观测数据后,本章得到了 2415 家公司共 112012 个观测值,利用剩余样本数据计算企业税负黏性指标。具体数据筛选过程如表 17-1 所示。

表 17-1　样本筛选过程

筛选步骤	观测样本数	观测公司数
非金融行业初始观测样本	138024	3578
剔除:		
当期税费支出、营业收入为非正样本	2978	0
关键变量缺失样本	13661	57
单个公司总样本量观测小于 20	9373	1106
剩余样本量	112012	2415

数据来源:根据数据处理过程由作者手动整理。

本章研究税收竞争对税负黏性影响的实证回归样本为 2008—2018 年中国沪深 A 股上市公司相关数据。其中上市公司财务数据均来自 CSMAR 数据库,政府层面数据来源于 CEIC 数据库、中国城市经济统计年鉴和中国财政年鉴。为提高样本数据的有效性,本章按照以下标准进行样本筛选:(1)剔除金融类上市公司;(2)剔除当期和滞后一期上市公司税费支付、营业收入为负值的样本;(3)剔除关键变量缺失的样本;(4)为避免极端值对回归结果的干扰,对连续变量在 1%～99%分位数上进行了缩尾处理。

(四)描述性统计

1.税负黏性指标统计

表 17-2 报告了分别使用 6 年、8 年和 10 年的季度数据通过循环回归方法获得的回归系数统计结果。参照 Anderson(2003)对黏性的定义,$\beta_1>0$ 是判断回归结果是否具有黏性的前提条件,因此本章主要研究当期税费变化与同期营业收入变化方向一致的观测结果。根据本章的统计,在分别使用 6 年、8 年和 10 年的季度数据通过循环回归方法获得的企业税负黏性结果中,当期税费支出变化方向与营业收入变化方向一致($\beta_1>0$),即营业收入增加(减少)的同期税费支出也增加(减少)的样本量分别是 68.8%、71.8%和 74.7%。在 $\beta_1>0$ 的样本中,存在税负黏性的观测样本占比分别约为 15.2%、16.0%和 16.3%,反黏性样本(即利润减少时,所得税的减少额高于利润增加时所得税的增加额)占比约为 1%。

表 17-2　企业税负黏性系数统计

Panel A:企业税负黏性系数统计(6 年跨度)			
	$\beta_1>0$	$\beta_1<0$	合计
$\beta_2<0$ 且统计上显著	1883	21	1904
$\beta_2>0$ 且统计上显著	127	686	813
β_2 统计上不显著	10415	4919	15334
合计	12425	5626	18051
Panel B:企业税负黏性系数统计(8 年跨度)			
	$\beta_1>0$	$\beta_1<0$	合计
$\beta_2<0$ 且统计上显著	1526	20	1546
$\beta_2>0$ 且统计上显著	99	454	553
β_2 统计上不显著	7913	3265	11178
合计	9538	3739	13277
Panel C:企业税负黏性系数统计(10 年跨度)			
	$\beta_1>0$	$\beta_1<0$	合计
$\beta_2<0$ 且统计上显著	1131	15	1146
$\beta_2>0$ 且统计上显著	90	278	368
β_2 统计上不显著	5730	2064	7794
合计	6951	2357	9308

数据来源:作者根据本章黏性回归结果统计所得。

从整体上看,随着税负黏性度量模型样本量的增加,税负黏性度量结果的拟合程度相对更好。然而,度量精度的提高以损失税负黏性样本量为代价,表 17-3 显示税负黏性有效观测样本由 12425(6 年)减少到 6951(10 年)个,同时,税负黏性指标所涉及的年份也不断减少,从 2008—2018(6 年)缩短到 2012—2018(10 年)。鉴于企业税负存在"反黏性"的观测样本量较少,为避免其对本章研究结论的干扰,本章剔除了这类样本①。同时,为增强回归结果的可靠性,借鉴 Anderson(2003)的做法,本章剔除单个回归模型中观测值少于 10 的税负黏性样本。按照上述条件对黏性结果进行剔除后,企业税负黏性样本观测量依次为 12252、9419、6860 个。我们对企业税负黏性进行重新统计发现,存在企业税负黏性的样本占比略有增加但增幅不大,整体仍维持在 16%左右,这说明根据本章研究方法取得的企业税负黏性度量结果相当稳健。

① 使用不剔除"反黏性"的样本,未报告的 OLS 回归结果显示本章主要研究结论依然稳健。

2.主要变量的描述性统计

本章主要变量的描述性统计如表 17-3 所示。企业税负黏性(Sticky)的最大值为 6.689,但均值仅为 0.457,标准误为 1.225,这显示出不同企业的税负黏性差异较大。此外,地级市税收竞争变量(Taxcomp)最小值为 0.589,最大值为 2.880,可见不同地区税收竞争程度存在较大差异。税收征管(TE)的均值和中位数均约为 1,意味着从平均水平来看,样本企业所在地征税机构基本实现了税收的应收尽收,然而不同地区税收征管仍然存在较大差异(征管力度最高地区约是最低地区的 4.5 倍之多)。此外,在本章研究样本中,国有企业约占 60%左右,制造业企业约占 54.1%。其他变量统计结果与已有文献相类似,此处不再赘述。

表 17-3 主要变量的描述性统计

变量	样本量	均值	最小值	中位数	最大值	标准差
Sticky	6730	0.457	0.000	0.000	6.689	1.225
Taxcomp	6730	1.204	0.589	1.050	2.880	0.414
TE	5108	1.100	0.451	1.088	2.047	0.281
State	6730	0.614	0.000	1.000	1.000	0.487
Manu	6730	0.541	0.000	1.000	1.000	0.498
Size	6730	22.520	19.070	22.410	26.150	1.382
Lev	6730	0.514	0.078	0.521	1.050	0.209
CAPINT	6730	0.238	0.001	0.196	0.756	0.186
ROA	6730	0.037	−0.343	0.035	0.252	0.073
ROI	6730	0.010	−0.010	0.002	0.138	0.022
TQ	6730	2.094	0.865	1.551	12.630	1.688
DA	6730	0.081	0.001	0.052	0.592	0.093
First	6730	35.120	8.110	32.890	74.970	15.640
Fisc	6730	0.147	−0.245	0.130	0.632	0.109
FIntensity	6730	1.068	0.287	1.000	4.102	0.366
Population	6730	13.620	11.330	13.630	14.920	0.791

第四节　实证分析及稳健性检验

(一)多元回归分析

1.政府税收竞争与上市公司税负黏性

表 17-4 检验了地方政府税收竞争行为与上市公司税负黏性间的关系。回归结果显示,无论是否添加控制变量,税收竞争(Taxcomp)的回归系数都至少在 5%水平上显著降低了企业税负黏性,因此本章的假设 17-1 得到了实证支持。具体来看,表 17-4 第(1)列是在不控制企业特征及地区特征变量情况下的回归结果。实证结果显示,与理论预期一致,税收竞争(Taxcomp)的回归系数在 5%水平上显著为负,这表明企业的税负黏性随地方政府税收竞争程度的提高而降低。进一步地,表 17-4 第(2)列还控制了企业特征及地区特征的相关变量,税收竞争对企业税负黏性的影响在 1%水平上显著为负,这意味着税收竞争确实对企业税负黏性具有抑制作用。此外,由于 Tobit 模型是非线性模型,故估计系数无法直接作为被解释变量的边际效用,但是经变换可求得税收竞争对税负黏性的平均边际效应为−0.168,即税收竞争程度每增加一个单位,将使得上市公司税负黏性水平减少 0.168 个单位。可以说,地方政府在利用税收竞争吸引流动性税基以实现促进地区经济发展目标的同时,降低了辖区内企业的税负黏性,在一定程度上能够缓解企业税负痛感,为企业发展提供了积极支持。

表 17-4　税收竞争与企业税负黏性

变量	企业税负黏性(Sticky)	
	(1)	(2)
Taxcomp	−0.749** (−2.081)	−0.996*** (−2.747)
Size		0.079 (0.601)
Lev		0.439 (0.523)
CAPINT		−1.925** (−2.296)
ROA		1.328 (0.719)
ROI		−1.382 (−0.292)
TQ		−0.163** (−1.984)

续表

变量	企业税负黏性(Sticky)	
	(1)	(2)
DA		−1.266 (−1.211)
First		−0.001 (−0.093)
Fisc		0.168 (0.140)
FIntensity		−0.338 (−1.137)
Population		−0.504* (−1.937)
年份、行业、省份固定效应	Yes	Yes
R^2_p	0.034	0.037
观测值	6730	6730

注：***、**、*分别表示在1%、5%、10%水平上显著；括号内为 t 值，标准误进行地级市层面聚类(cluster)调整，以下各表同。此外，除非特别说明，以下所有表格控制变量均与表17-4保持一致。

2.税收竞争、征税努力与企业税负黏性

表17-5从征税努力的角度检验了税收竞争影响企业税负黏性的机理。表17-5第(1)列的回归结果显示，在没有添加控制变量的情况下，税收竞争与征税努力交乘项(Taxcomp×TE)的回归系数在1%水平上显著为负，这意味着税收竞争对企业税负黏性的抑制作用随地区征税努力水平的增加而加强。进一步地，表17-5第(2)列在第(1)列基础上还控制了企业特征及地区特征的相关变量。结果显示，在不存在税收竞争的情况下(即税收竞争水平取值为0)，征税努力(TE)的回归系数在5%水平上显著为正，这意味着企业税负黏性随征税努力水平的提高而增加。同时，税收竞争与征税努力交乘项(Taxcomp×TE)的回归系数则在1%水平上显著为负，这说明税收竞争对企业税负黏性的抑制作用在征税努力水平更高的地区更为明显。可见，表17-5的实证结果支持了本章的假设17-2。从经济意义来看，Taxcomp×TE的回归系数为−3.904，经变换求得交乘项的平均边际效应为−0.668，即征税努力程度每提高一个单位，税收竞争对企业税负黏性的抑制作用增加0.668个单位，可见征税努力的调节作用也具有经济显著性。综上，随着地方政府征税努力水平的提高，税收竞争对辖区内上市公司税负黏性的抑制作用增大，征税努力作为税收竞争影响企业税负黏性的渠道的观点得到了实证支持。

表 17-5　税收竞争、征税努力与企业税负黏性

变量	企业税负黏性(Sticky)	
	(1)	(2)
Taxcomp×TE	−3.446*** (−2.966)	−3.904*** (−3.223)
Taxcomp	1.623* (1.803)	1.516* (1.744)
TE	3.228** (2.262)	3.201** (2.316)
Controls	Yes	Yes
年份、行业、省份固定效应	Yes	Yes
R^2_p	0.043	0.047
观测值	5108	5108

3.税收竞争对企业税负黏性的异质性分析

表 17-6 报告了税收竞争影响企业税负黏性的异质性分析结果。其中,表 17-6 第(1)、(2)列回归结果显示,非国有企业样本中税收竞争(Taxcomp)的回归系数在 1%水平上显著为负,而国有企业样本中税收竞争对企业税负黏性并没有显著影响。该结果说明税收竞争对税负黏性的作用随产权性质的不同而存在明显差异,地方政府税收竞争对辖区内国有企业的税负黏性影响较小,因此本章的假设 17-3a 得到了实证支持。同时,表 17-6 第(3)、(4)列的回归结果显示,制造业企业样本中税收竞争(Taxcomp)的回归系数在 1%水平上显著为负,而非制造业企业中税收竞争对企业税负黏性并没有显著影响。该结果意味着地方政府税收竞争更有助于降低税负较高的制造业企业的税负黏性,因此本章的假设 17-3b 也得到了实证支持。综合来看,地方政府税收竞争对企业税负黏性的负向影响确实存在异质性特征,在非国有企业以及制造业企业中,地方政府税收竞争更有助于降低企业税负黏性,减轻企业税负痛感。

表 17-6　税收竞争与企业税负黏性(横截面分析)

变量	是否国有企业		是否制造业企业	
	非国有企业	国有企业	非制造业企业	制造业企业
	(1)	(2)	(3)	(4)
Taxcomp	−2.012*** (−3.305)	−0.223 (−0.352)	0.358 (0.591)	−1.992*** (−4.239)
Controls	Yes	Yes	Yes	Yes
年份、行业、省份固定效应	Yes	Yes	Yes	Yes
R^2_p	0.070	0.048	0.044	0.051
观测值	2598	4132	3092	3638

(二)稳健性检验

1.替换关键变量的度量

如前文所述,为降低滚动回归中选取的年份跨度不同对研究结论可能产生的干扰,本章还分别对年份跨度为 6 年、10 年的季度财务数据进行滚动回归以获取新的企业税负黏性指标,进而进行稳健性检验。此外,本章亦使用现金流量表中支付的各项税费减去收到的税费返还得到企业税费净支出作为税负黏性指标回归模型中的被解释变量,重新回归得到企业税负黏性指标。稳健性检验的实证回归结果如表 17-7 所示,表明无论使用 6 年(PanelA)还是 10 年(PanelB)季度财务数据度量的税负黏性指标进行实证检验,抑或使用企业税费支出净值作为被解释变量度量的税负黏性指标(PanelC)进行实证检验,前文的研究结论保持稳健。

表 17-7　稳健性检验:改变税负黏性度量的 Tobit 回归结果

PanelA:使用 6 年财务数据进行滚动回归取得税负黏性指标

变量	主效应	调节效应	是否国有企业		是否制造业企业	
	总样本	总样本	非国有	国有	非制造业	制造业
	(1)	(2)	(3)	(4)	(5)	(6)
Taxcomp×TE		−4.912*** (−3.390)				
Taxcomp	−0.698* (−1.931)	2.592** (2.298)	−1.303** (−2.417)	0.097 (0.143)	0.263 (0.445)	−1.379*** (−2.607)
TE		4.589*** (2.768)				
观测值	8676	6328	3702	4974	3895	4781

PanelB:使用 10 年财务数据进行滚动回归取得税负黏性指标

变量	主效应	调节效应	是否国有企业		是否制造业企业	
	总样本	总样本	非国有	国有	非制造业	制造业
	(1)	(2)	(3)	(4)	(5)	(6)
Taxcomp×TE		−3.957*** (−3.084)				
Taxcomp	−1.079*** (−2.870)	1.441 (1.636)	−2.695*** (−4.692)	−0.586 (−1.150)	−0.033 (−0.050)	−1.765*** (−3.614)
TE		3.150** (2.305)				
观测值	4694	3579	1669	3025	2218	2476

续表

PanelC:使用税负支付净额作为被解释变量度量税负黏性指标						
变量	主效应	调节效应	是否国有企业		是否制造业企业	
	总样本	总样本	非国有	国有	非制造业	制造业
	(1)	(2)	(3)	(4)	(5)	(6)
Taxcomp×TE		−3.904*** (−3.223)				
Taxcomp	−0.996*** (−2.747)	1.516* (1.744)	−2.012*** (−3.305)	−0.223 (−0.352)	0.358 (0.591)	−1.992*** (−4.239)
TE		3.201** (2.316)				
观测值	6730	5108	2598	4132	3092	3638

注:未特别说明,稳健性检验部分控制变量均与表 17-4 保持一致,同时控制了年份、行业和省份固定效应。

2.考虑公司层面个体固定效应

为了进一步消除不可观测因素对本章研究结论的干扰,缓解遗漏变量带来的内生性问题,本章还使用个体固定效应的 Tobit 模型进行稳健性检验。本章使用 Honoré(1992)提出的修正最小绝对偏差(Trimmed Least Absolute Deviation, TLAD)方法估计个体固定效应的 Tobit 模型。表 17-8 的回归结果显示,税收竞争(Taxcomp)对企业税负黏性的影响依然在 5%的水平上显著为负,这再次支持了前文的基准回归结果。

表 17-8　稳健性检验:固定效应 Tobit 模型

变量	企业税负黏性(Sticky)
Taxcomp	−1.547** (−2.025)
年份、个体固定效应	Yes
观测值	6750

3.模型变换

鉴于税负黏性结果数据分布是有偏的,为增强回归结果的稳健性,考虑使用上市公司是否具有黏性作为被解释变量,并使用 logit 模型进行回归。稳健性检验结果报告于表 17-9,实证结果与前文基本一致,这进一步验证了前文研究结论的稳健性。

表 17-9　稳健性检验:税负黏性虚拟变量的 Logit 回归结果

变量	主效应	调节效应	是否国有企业		是否制造业企业	
	总样本	总样本	非国有	国有	非制造业	制造业
	(1)	(2)	(3)	(4)	(5)	(6)
Taxcomp×TE		−1.324*** (−2.917)				
Taxcomp	−0.375** (−2.406)	0.459 (1.371)	−0.916*** (−3.126)	0.023 (0.087)	−0.028 (−0.104)	−0.644*** (−3.190)
TE		1.071** (2.079)				
观测值	6690	5070	2500	4060	3022	3553

4.使用母公司报表数据及企业办公地税收竞争度量进行稳健性检验

考虑到异地子公司的绝大部分税额主要在异地(非母公司注册地)缴纳,此时本地(母公司注册地)税收竞争对异地子公司的税负水平影响有限,为此本章还尝试使用母公司报表样本数据进行稳健性检验。此外,为缓解注册地与经营地差异产生度量误差可能引发的内生性问题,本章借鉴刘行和赵晓阳(2019)的做法使用企业办公地的税收竞争水平作为地方政府税收竞争的度量指标。稳健性检验结果报告于表 17-10,稳健性检验结果进一步支持了本章主假设研究结论的稳健性。

表 17-10　稳健性检验:母公司报表数据及企业办公地税收竞争度量

变量	母公司报表数据	上市公司办公地数据
	Sticky	Sticky
Taxcomp	−1.387* (−1.653)	−0.996*** (−2.747)
观测值	4125	6730

5.工具变量法

为进一步缓解本章可能存在的内生性问题,本章还采用了工具变量法进行稳健性检验。本章使用滞后两期的税收竞争变量作为税收竞争的工具变量,利用面板工具变量法进行重新估计。工具变量回归结果如表 17-11 所示,第一阶段回归结果显示,工具变量($Taxcomp_{t-2}$)在 1%的水平上显著为正,意味着工具变量相关性的前提条件满足,工具变量是有效的,第二阶段回归结果显示,税收竞争仍对企业税负黏性的影响仍在 1%的水平上显著的负,即使用工具变量的实证结果依然支持本章的基本分析结果。

表 17-11　稳健性检验:工具变量回归

变量	第一阶段	IV Tobit 模型回归结果
IV(Taxcomp)		-1.226^{***} (−2.641)
$Taxcomp_{t-2}$	0.899^{***} (129.990)	
观测值	3595	3595

第五节　进一步分析

(一)分税种研究:区分所得税和非所得税样本

地方政府的税收竞争对企业不同税种的税负水平往往有所差异,进而可能对企业税负黏性产生异质性影响。考虑到上市公司季度财务报表中披露的企业所得税数据比较完整,而其他分税种的季度财务数据披露不足,故本章无法直接计算除所得税税外其他每一类税种的税负黏性。基于此,本章把企业总税负划分为所得税税负和其他税负两类分别度量其税负黏性,并进行实证检验。此外,鉴于 2002 年所得税改革之后,新设企业的所得税全部由国税局负责征管,已有企业的所得税征管机关不作变动。为避免税收征管部门差异对本章实证结果的影响,我们分别使用包含 2002 年之后成立的上市公司样本数据和不包含 2002 年之后成立的上市公司样本数据进行实证检验。与此同时,使用不包含 2002 年之后成立的上市公司的样本数据,亦排除了 2008 年 12 月国家税务局对新增企业所得税征管范围进行调整可能对本章实证结果的干扰。

表 17-12 第(1)、(2)列回归结果显示,不论是否包含 2002 年之后成立的上市公司样本,税收竞争的回归系数均在 10%水平上显著为负,这意味着地方政府税收竞争显著降低了企业所得税的税负黏性。表 17-12 第(3)列回归结果显示,税收竞争的回归系数同样显著为负,即地方政府税收竞争对以流转税为主要税种的税负黏性也具有显著的抑制作用。同时,表 17-12 实证结果也印证了以往关于非地税局征收的税种亦存在税收竞争的研究发现,进一步支持了前文的研究结论。

表 17-12　税收竞争与企业税负黏性(分税种检验)

变量	所得税税负黏性(EITS)		企业支付的除所得税外的税负黏性(OTS)
	(1)	(2)	(3)
Taxcomp	-0.657^{*} (−1.698)	-0.675^{*} (−1.674)	-1.349^{*} (−1.759)

续表

变量	所得税税负黏性(EITS)		企业支付的除所得税外的税负黏性(OTS)
	(1)	(2)	(3)
Controls	Yes	Yes	Yes
年份、行业、省份固定效应	Yes	Yes	Yes
是否有2002年之后成立企业	Yes	No	Yes
R^2_p	0.053	0.060	0.023
观测值	6148	5815	4904

注:使用除所得税外其他税负黏性指标进行实证检验时,添加行业固定效应MLS估计不收敛,故没有控制。

(二)影响后果分析

1.基于企业层面的影响后果研究

对企业而言,税负黏性的存在使得企业承担了相对更多的税收支出负担,会对企业的生产、投资行为产生直接影响。一方面,税负黏性会影响企业的生产经营决策。税负黏性使得经营状况不佳的企业承担了更高的税收支出负担,企业财务压力增加,管理者为控制成本会调整企业的生产经营决策,缩小企业生产经营规模,企业对劳动力要素的需求随之下降,劳动雇佣减少。另一方面,税负黏性会影响企业的投资决策。税负黏性在增加经营状况不佳企业财务负担的同时,提高了企业的资本成本。作为企业投资决策的一部分,资本成本的增加会对企业投资产生抑制作用(Jorgenson,1963)。综上,税负黏性会降低企业的劳动力雇佣需求,并对企业投资产生不利影响。然而,对企业而言,无论是基于税收优惠产生的节税效应还是基于宽松的税收征管产生的避税效应,地方政府的税收竞争均会在一定程度上降低税负黏性的负面影响,缓解其对劳动力雇佣、企业投资的不利影响。为检验地方政府税收竞争是否具有缓解税负黏性对企业投资、劳动需求的不利影响的作用,本章使用上市公司员工总人数取对数作为企业雇佣需求的代理变量,使用固定资产净增加额作为企业投资的代理变量,进行实证检验。此外,考虑到税收竞争与企业税负黏性的相互作用对企业经营投资的影响可能存在时滞性,本章主要研究税收竞争与税负黏性交乘项对企业未来就业及投资(包括未来一期和未来二期)的影响。

表17-13　企业层面影响后果回归结果

变量	Employeet+1	Employeet+2	Investt+1	Investt+2
	(1)	(2)	(3)	(4)
Taxcomp×Sticky	0.045	0.075*	0.003	0.010**
	(1.449)	(1.849)	(1.017)	(2.093)

续表

变量	Employeet+1	Employeet+2	Investt+1	Investt+2
	(1)	(2)	(3)	(4)
Sticky	−0.009	−0.040	−0.003	−0.008
	(−0.205)	(−0.851)	(−0.684)	(−1.556)
Taxcomp	−0.065	−0.060	−0.001	−0.001
	(−0.945)	(−0.801)	(−0.222)	(−0.184)
R^2_a	0.664	0.645	0.054	0.064
观测值	5355	4359	5355	4358

注:因被解释变量观测值数量的差异导致研究样本量略有不同。此外,表 17-13 控制变量与表 17-4 一致,因篇幅所限,未列出。

表 17-13 报告了税收竞争与税负黏性对微观企业影响的实证检验结果。表 17-13 第(1)、(2)列回归结果显示,随着地方政府税收竞争程度的提高,税负黏性对企业劳动力需求的抑制作用减弱,不过税收竞争的正向效应在未来第二期才具有显著性。此外,从其对企业投资(Invest)的影响结果来看,与对企业劳动力需求的影响一致,税收竞争的正向效应也在未来第二期才对企业投资具有显著的促进效果。综上,税收竞争对企业税负黏性的抑制作用在短期内效果不显著,而从更长时间来看税收竞争可以起到缓解税负黏性对企业劳动力雇佣、企业投资不利影响的作用,在一定程度上有益于企业未来发展。

2.基于地区层面的影响后果分析

关于税收竞争是否有助于促进地区经济发展,现有研究并未得到一致的结论。税收竞争以低有效税率为主要手段吸引流动性税基,其对地方财政收入的影响具有两面性。一方面,低有效税率可以降低企业税收支出负担,但也会直接降低辖区内政府财政收入。另一方面,税收竞争以吸引流动性税基为目的,税基扩大效应也有助于增加地方政府财政收入。因此,税收竞争对地方财政收入具有何种影响并不确定。此外,促进地区经济发展是地方政府实施税收竞争的目标之一。税收竞争的公共品弱化效应理论认为,税收竞争会减少地区公共品的供给,对企业发展产生消极作用。因此,税收竞争对地区经济增长的作用取决于低税率对企业的积极作用与公共品弱化对企业消极作用的比较。如果积极作用大于消极作用,则税收竞争将促进地区经济增长,反之则相反。企业税负黏性的存在增加了企业税收支出负担,抽取了企业用于发展和创新的资源(胡洪曙、武锶芪, 2020),不利于企业扩大生产发展。那么,在企业税负黏性较高的地区,地方政府税收竞争的积极作用是否更为凸显,能够达到缓解地方财政压力和促进地区经济发展的目的呢?为此,本章使用财政缺口率作为地方政府财政压力①的代理变量,使用地级市生产总

① 具体而言,财政缺口率=(财政支出−财政收入)/财政收入。

值增长率作为衡量地区经济增长的代理变量，对上述问题进行实证检验。最后，考虑到税收竞争对企业税负黏性的影响存在时滞性，本章主要研究税收竞争与税负黏性交乘项对地区未来(包括未来一期和未来二期)财政压力及经济增长率的影响。

表 17-14 报告了税收竞争与税负黏性对地区层面影响的实证结果。表 17-14 第(1)、(2)列的回归结果显示，税收竞争(Taxcomp)的回归系数显著为正，而其与税负黏性的交乘项(Taxcomp×Sticky)回归系数并不显著，这意味着税收竞争显著增加了地区财政压力，而这种负向影响在企业税负黏性不同时并没有明显区别。表 17-14 第(3)、(4)列的回归结果显示，税收竞争(Taxcomp)的回归系数显著为负，而其与税负黏性的交乘项(Taxcomp×Sticky)回归系数并不显著，这意味着税收竞争显著降低了地区经济增长率，而这种负向影响在企业税负黏性不同时并没有明显区别。可见，从地区发展来看，税收竞争本身对于缓解地方财政压力、促进地区经济增长不利，这体现出税收竞争不足的一面，而且这种负向影响不随企业税负黏性的高低而变化。

表 17-14　地区层面影响后果回归结果

变量	Pressuret+1	Pressuret+2	Growtht+1	Growtht+2
	(1)	(2)	(3)	(4)
Taxcomp×Sticky	0.022	0.034	−0.001	0.000
	(0.963)	(1.396)	(−0.880)	(0.210)
Sticky	−0.033	−0.047	0.001	0.000
	(−1.139)	(−1.481)	(1.091)	(0.035)
Taxcomp	1.014***	1.065***	−0.017***	−0.021***
	(7.306)	(8.855)	(−5.747)	(−6.805)
R^2_a	0.733	0.744	0.654	0.425
观测值	5114	4170	5357	4359

第六节　研究结论与启示

近年来，企业税负的黏性特征受到学者们的广泛关注，税负黏性的存在使得企业在经营状况不佳时反而承担了相对较高水平的税收负担，增加了企业的税负痛感。对企业税负黏性影响因素的探究为寻找企业税负痛感根源，进而有效缓解企业税负痛感提供了一条重要路径。本章创新性地提出了企业层面税负黏性指标的度量方法，弥补了以往研究无法有效度量企业层面税负黏性的不足。在此基础上，本章研究了地方政府税收竞争行为如何影响企业税负黏性及其作用机制。研究发现：地方政府的税收竞争行为发挥了降低了企业税负黏性的作用,有助于缓解企业税负痛感,且该负向作用随着地方征税努力程度的增加而增大。异质性分析则发现,在非国有企业、制造业企业中,税收竞争对税负黏性的抑制作用更显著。进一步研究表明,地方政府税收竞争对企业所得税税负黏性、非所得税税负黏性都具有显著抑制作用。最后,本章从企业和地区两个层面考察了税收竞争与企业税负黏性相互作用的经济后果。从企业层面来看,税收竞争对企业税负黏性的抑制作用在短期内效果不显著,而从更长时间来看,税收竞争有助于缓解税负黏性对企业劳动力雇佣及投资的不利影响,在一定程度上有益于企业未来发展。从地区发展来看,税收竞争对企业税负黏性的抑制作用并未表现出缓解地方财政压力、促进地区经济增长的积极作用,体现出税收竞争不足的一面。

本章的研究发现在当前减税降费背景下具有重要的现实意义。尽管近年来减税降费力度逐渐加大,但企业税负过高的呼声仍然不绝于耳。税负黏性作为企业财务支出活动的一种特殊现象,不对称的税收支出变化从结构上增加了企业的税收支出负担,成为企业税负痛感的直接诱因之一。本章对企业税负黏性的研究,可以为评价相关财税政策绩效提供思路。在进行政策评价时,不仅要关注总量,也要重视结构,避免“按下葫芦浮起瓢”现象的发生。此外,从地方政府征税努力的机制效果来看,地方政府在实施减税降费政策时,要充分考虑地方税收征管的实际情况,以确保减税降费政策的有效性。此外,本章研究发现地方政府的税收竞争既有积极的一面,亦存在消极的影响。因此,在对地方政府税收竞争进行评价时,既要充分肯定其在微观层面上对企业减税降负、助力企业发展的积极作用,也要在宏观层面上认识到它可能对地方财政、积极增长方面产生的消极影响,掌握好税收竞争的“度”,为实现经济高质量健康发展保驾护航。

应当承认,本章的研究仍存在一定的局限。第一,从度量精度来看,本章提出的企业税负黏性度量方法仍存在一定局限性。尽管本章提出的税负黏性测度方法对现有税负黏性度量指标进行了改进与优化,且从黏性指标统计数据来看,度量结果相对比较稳健。但从指标测算来看,本章使用包含了当年及之前年份的样本数据进行回归得到的税负黏性结果可能与企业实际税负黏性水平存在一定偏差,估计精度也可能会受到影响。但本章在控制内生性问题以及进行一系列稳健性检验后,实证结果依然稳健,研究结论总体上可信度较高。第二,囿于数据可获得性,本章对分税种税负黏性的检验与分析不够翔实。分税种对税负黏性进行考察有助于深刻揭示企业各类税负的黏性特征及其经济影响。由于上市公司季度财务报表中披露的企业所得税数据比较完整,而对其他分税种翔实的季度数据披露不足,故本章仅仅探讨了所得税和非所得税的税负黏性。未来的研究还可以进一步完善企业层面的税负黏性测度方法,更深入地探讨各类税种的税负黏性特征及其经济影响,从而推进企业税负黏性的相关研究。

本章参考文献

白云霞,唐伟正,刘刚,2019.税收计划与企业税负[J].经济研究(5).

丛屹,周怡君,2017.当前我国税制的"税负刚性"特征、效应及政策建议:基于2013—2016年制造业上市公司数据的实证分析[J].南方经济(6).

储德银,邵娇,迟淑娴,2019.财政体制失衡抑制了地方政府税收努力吗?[J].经济研究(10).

邓力平,2019.中国特色的减税降费观[J].当代财经(6).

范子英,田彬彬,2013.税收竞争、税收执法与企业避税[J].经济研究(9).

高培勇,2006.中国税收持续高速增长之谜[J].经济研究(12).

何浚,1998.上市公司治理结构的实证分析[J].经济研究(5).

胡洪曙,武锶芪,2020.企业所得税税负粘性的成因及其对地方产业结构升级的影响[J].财政研究(7).

李涛,黄纯纯,周业安,2011.税收、税收竞争与中国经济增长[J].世界经济(4).

刘慧龙,吴联生,2014.制度环境、所有权性质与企业实际税率[J].管理世界(4).

刘骏,刘峰,2014.财政集权、政府控制与企业税负:来自中国的证据[J].会计研究(1).

刘行,赵晓阳,2019.最低工资标准的上涨是否会加剧企业避税?[J].经济研究(10).

刘骏,薛伟,刘峰,2019.税负刚性:计划型税收征管模式下的中国企业税负特征[J].当代会计评论(1).

马恩涛,吕函枰,陈媛媛,2018.横向和纵向税收外部性研究:一个综述[J].经济学(季刊)(1).

王延明,2003.上市公司所得税负担研究:来自规模,地区和行业的经验证据[J].管理世界(1).

王凤荣,苗妙,2015.税收竞争、区域环境与资本跨区流动:基于企业异地并购视角的实证研究[J].经济研究(2).

王百强,等,2018.企业纳税支出粘性研究:基于政府税收征管的视角[J].会计研究(5).

肖叶,刘小兵,2018.税收竞争促进了产业结构转型升级吗?:基于总量与结构双重视角[J].财政研究(5).

ANDERSON M C,et al.,2003.Are selling, general, and administrative costs 'sticky'?[J].Journal of accounting research,41(1):47-63.

CAI H,LIU Q,2009.Competition and corporate tax avoidance:evidence from Chinese industrial firms[J].Economic journal,119 (537):764-795.

CHIRINKOA R S, WILSON D J,2017.Tax competition among U.S.:racing to the bottom or riding on a seesaw? [J].Journal of public economics,155(8):147-163.

FERRETT B, et al, 2019. Does tax competition make mobile firms more footloose?

[J].Canadian journal of economics 52(1):379-402.

HONORé B E,1992.Trimmed LAD and least squares estimation of truncated and censored regression models with fixed effects[J].Econometric,60 (3):533-565.

JORGENSON D,1963.Capital theory and investment behavior[J].American economic review,53(2):247-259.

LAW K K F, MILLS L F, 2015. Taxes and financial constraints: evidence from linguistic cues[J].Journal of accounting research,53(4):777-819.

NOREEN E,1991.Conditions under which activity-based cost systems provide relevant costs[J].Journal of management accounting research,3(1):159-168.

NOREEN E, SODERSTROM N S,1997.The accuracy of proportional cost models:evidence from hospital service departments[J]. Review of accounting studies, 2(1): 89-114.

PLESKO G A,2003.An evaluation of alternative measures of corporate tax rates[J]. Journal of accounting and economics,35(2):201-226.

QIAN Y Y, XU C G,1993.M-form hierarchy and China's economic reform[J].European economic review,37(2-3):541-548.

RICHARDSON G,et al.,2015.Financial distress,outside directors and corporate tax aggressiveness spanning the global financial crisis: an empirical analysis[J].Journal of banking and finance,52(3):112-129.

SAMPAT B N, WILLIAMS H,2019.How do patents affect follow-on innovation? Evidence from the human genome[J].American economic review,109(1): 203-236.

WEISS D,2010.Cost behavior and analysts' earnings forecasts[J].Accounting review,85(4): 1441-1471.

YANG W,et al.,2019.Does the tax stickiness exist? [J].International conference on management science and engineering management working paper(10).

ZODROW G R, MIESZKOWSKI P,1986.Pigou, Tiebout, property taxation,and the underprovision of local public goods[J].Journal of urban economics,19(3):356-370.

第十八章 遵循普遍合意法则的有限理性消费行为选择:税负感知度与“替代转移效应”视角*

张海峰 林细细 梁若冰**

第一节 引 言

我国经济已由高速增长阶段转向高质量发展阶段,供给端和需求端的一系列改革则是推进经济高质量发展的双翼。需求端的改革尤以消费需求升级为甚,强调消费结构升级,以高质量消费助推高质量发展。消费结构升级是我国持续平稳运行的“顶梁柱”、高质量发展的“助推器”,更是满足人民美好生活需求的直接体现。近年来,政府大力深化财税体制改革,推行与落实“减税降费”政策,以税收政策引导消费需求升级,拉动经济增长。所以,在运用政策工具之前,充分了解税收政策如何影响居民消费行为和引导消费结构升级,以及如何通过矫正正负外部性来实现效应最大化是非常重要的(贾康、张晓云,2014)。消费者对税收政策调整做何反应,不同消费群体的反应是否不同,而又是何种原因导致了这种不同,只有对这些行为表现的内在机理进行深入研究,才能避免因税收工具的选择偏误造成调节功能的削弱或丧失,规避一些负面问题的产生;才能因势利导灵活运用税收理论,增强税收调节经济高质量发展的作用。为此,本章从行为经济学角度研究税收政策调整如何影响个体消费者的需求行为。

消费税和所得税都是税收调节消费的有效工具,消费税调节消费结构升级更具靶向性和针对性。消费税通过价格机制影响消费者的行为选择,而价格机制通过两种效应发挥其作用——收入效应和替代效应。消费税的收入效应和所得税一样,都是调整行为人的购买能力,但形式有所不同,所得税是“一刀切”式的收入效应,消费税的收入效应则更加靶向性,只影响消费税调整的商品购买力,对消费结构调节的精准度高。另一个不同在于消费税会产生商品的替代效应,在面临价格上涨时选择可替代消费品,但这同样会

* 本章写作时间为2021年,故本章表述以2021年为时间节点。

** 张海峰,南京财经大学财政与税务学院;林细细,副教授,厦门大学经济学院财政系;梁若冰,教授,博士生导师,厦门大学经济学院财政系。

面临一个消费行为选择的问题——当征税商品无可替代商品时(诸如烟酒、汽油),价格调节机制就不能通过替代效应起作用了吗?所以,消费行为选择理论构成了本研究的重要理论基础。

传统税收认知理论建立在"理性经济人"假设基础上,即个体在掌握完全税收信息的情况下对税收引起的经济效应作出最优的行为决策(Atkinson and Stiglitiz,1976;Mirrless,1971)。但 Simon(1956)提出"有限理性"(bounded rationality)假说,认为行为人在作出经济决策时,由于经济环境的复杂多样和认知能力的限制,表现出的行为往往非完全理性。映射到税收效应方面,因个体不能完全察觉和理解全部税收变动信息(李春根、徐建斌,2015;陈力朋 等,2016;樊勇 等,2018),从而作出的税收反应可能非最优。Chetty 等(2009)将行为经济学中的"有限理性"引入税收认知理论分析中,首次提出"税收凸显性"(tax salience)概念,即税收变动相对于价格变动的显著(凸显)程度(樊勇 等,2018)。之后一些学者从税种、税率、征收方式等方面对税收认知理论进行拓展研究,普遍认为税收凸显性会通过行为人对税负的察觉与感知程度影响其经济行为,税收凸显性越高,税收变动对行为人的作用程度越大,反之则越小(Saez,2009;Schenk,2011;Finkelstein,2009;Cabral and Hoxby,2012)。Goldin 和 Homonoff(2013)进一步论证了税收凸显性的个体差异性问题,通过税负分布的差异引起税收凸显性的不同,导致不同收入群体的消费行为产生差异。但国内相关研究起步较晚,童锦治和周竺竺(2011)最早对国外关于税收认知理论与税收显著性的研究成果进行了归纳总结。而在实证检验与运用方面,国内仅有几篇文献涉及:刘华等(2015)以个人所得税和消费税两种税种研究税收凸显性对居民消费行为的影响,发现个人所得税税收凸显性较高,对居民的消费行为有显著负效应,而消费税凸显性较低,对消费行为影响不显著;陈力朋等(2016)采用情景模拟法实证检验了消费税凸显性对居民的消费行为具有重要的影响;陈力朋等(2017)利用税收凸显性理论分析税负感知度、税收负担与政府规模偏好三者之间的逻辑联系,但忽略了微观调查当中主观评价指标极易造成的内生性问题。樊勇等(2018)从心理账户理论角度解释税收凸显性问题,通过考察企业固定资产投资行为发现企业增值税税负的税收凸显性显著高于企业所得税税负的税收凸显性。此外,关于税收引起的替代效应在之前的文献中已有大量研究,但都局限于商品间的外部替代效应(席鹏辉、梁若冰,2015),忽视了商品内部存在的替代效应,而这种内部替代效应往往对税收调节经济结构转型的作用产生更大冲击。

通过对国内外相关文献的整理发现,之前研究较少关注实证策略的内生性问题,尤其是国内研究多侧重税收认知理论的检验,在实证过程中往往忽视了明显存在的内生性,将会严重影响结果的准确性[①]。其次,研究多集中于比较不同税种、不同税收征收方法产生的税收认知问题,较少涉及同税收同征收方式情况下不同消费群体的税收认知差异,而这会影响不同群体的消费行为以及税收调节合理消费和矫正正负外部性的根本性差异。最后,之前相关文献没有将内部替代效应与税负感知度纳入一个理论分析框架中,而二者往往是共生存在的,尤其是在消费税改革过程中,忽略内部替代效应可能会严重影响到税负感知度研究的准确性。

根据“有限理性”(Chetty et al.,2009)的税收认知理论,认知能力的有限使得个人在面临税率调整时对税负的感知程度存在一定的差异,而税负感知度的差异会影响税收的调节功能,形成分层式的调节效果,即层级间的需求调节作用有大小之分。同时,税率调整的价格机制除会引起传统意义上外部商品的替代效应外,还可能会在部分行业内部形成内部商品的替代效应,这种内部替代效应同样会导致税收调节功能的分层式差异。在政府尝试通过税制改革引导消费结构升级的过程中,这种分层式的调节差异可能会导致消费结构的偏移,更有甚者会出现横向失衡现象(不同群体间的升级失衡),尤其是对于具有负向外部效应商品的税收调节。所以,本章的研究宗旨在于将“有限理性”的税收认知理论应用到税收调节机制中,探究如何对这种分层式的调节效果因势利导,规避消费升级的横向失衡,引导消费结构合理、平稳升级,以消费的高质量均衡发展助推经济的高质量均衡发展。

为了检验税负感知度与内部替代效应对税收调节机制的分层式影响,及可能会引发的价格调节机制横向失衡的问题,本章尝试选择以烟草作为典型案例进行实证剖析[②]。首先,从烟草消费的商品特征来看,(1)烟草是一种成瘾性商品,比一般性商品具有更强的消费依赖性,需求价格弹性较小,能够进行最低程度的保守估计,避免造成高估的可能性偏误[③]。同时,消费的成瘾性使得烟草具有较少的外部替代品,能够削弱外部替代效应带来的混杂作用,便于研究商品内部替代效应对税收调节机制的纯净影响。(2)引导消费结构升级最需解决的便是产生显著外部性商品的消费问题,通过税制改革矫正正负外部性,实现消费升级和社会福利效用最大化,而烟草商品具有典型的外部性,在消费过程

---

① 以消费税为例,税收凸显性的强弱与收入水平相关(Goldin and Homonoff,2013),而收入水平直接影响消费者的消费行为;税收凸显性可能与消费者的消费习惯、消费理念相关,而消费习惯与消费理念很难直接进入回归方程,这样就造成遗漏变量的内生性问题;还可能存在反向因果的问题,税收凸显性影响消费需求,而本身需求水平的高低也会影响税收凸显性表现出的强弱程度。本章尝试利用政策冲击作为工具变量降低这些内生性影响。

② 我国烟草消费税和其他一般消费税一样都采用比例税率,而本章出发点也是认为比例税率会带来不同消费层次的人群对税收调节的不同感知程度。所以,从税制设计层面来看,将烟草消费税作为研究对象还是具有比较好的一般性。同时,“替代转移效应”是从价格调节的“替代效应”拓展而来,一般性商品的可选择性也比较多,不同层级的消费群体都能满足,其内部同样有明显的“替代转移”存在。

③ 因为税率调整引起商品需求的变化实际上受到商品的需求价格弹性和个人税负变动感知度的共同作用,且商品的需求价格弹性对税负变动的感知程度有直接增强作用,所以一般商品的估计结果会因需求价格弹性的干扰要比实际结果更大,这在微观实证检验中是非常忌讳的。选择烟草商品进行研究能够最大程度削弱价格弹性的影响,对税负感知度进行最为保守估计。

中产生较为严重的负向外部效应，对国民健康水平与人力资本产生重要影响①。其次，从烟草消费的行业特征来看，(1)其行业的垄断性质使得税收调整对商品价格作用机制明显，尤其是在销售环节的垄断，税率调整带来的税负变化绝大部分转嫁到消费者身上，从而更易实现以税制改革引导消费结构升级的目标；(2)烟草行业虽是国家垄断的，但烟草产品种类较多，且价位分布跨度较大，从几元到上百元不等，这使得消费者的选择空间较大，极易在商品内部产生替代效应。综上所述，烟草商品与其行业的特殊性蕴藏着其他商品与行业的普遍规律(需求价格弹性、外部性、垄断性与可选择性)，同时其普遍性之中的特殊性(成瘾性的替代问题)又便于研究的开展，据此本章认为选择烟草作为税收消费调节机制的研究对象是比较稳妥的。

本章以卷烟消费税为例研究有限理性的税收认知理论与居民消费行为的关系。首先从理论层面分析税负感知度与商品内部的消费替代效应如何影响税收的调节功能。实证检验方面，以 2015 年卷烟消费税调整为切入点，将税负感知度与内部替代效应纳入一个理论框架中，利用中国劳动力动态调查(CLDS)2014、2016 两期平衡面板数据，从宏微观层面考察面临税率调整这一外生冲击情况下消费者需求行为的真实反应。与以往的研究相比，本章的边际贡献主要体现在以下几方面：(1)首次采用准自然实验方式，从微观个体角度探究税收认知理论的微观效应，在消除内生性影响后，检验税负感知度对消费需求的影响，考察在税负感知度影响下，税率调整对消费调节的真实效果；(2)利用宏微观数据论证商品内部存在消费替代效应，并尝试将这种内部替代效应与税负感知度纳入一个分析框架中，综合考察税收政策对需求调节的分层式效果；(3)也可作为政策评估性文献，从消费者层面评估 2015 年卷烟消费税政策调整的有效性，对不同年龄、烟龄、收入消费群体进行异质性分析，得出更为真实的卷烟需求价格弹性系数，为烟草税收制度的决策者提供很好的设计指引；(4)本章指出利用税收政策引导消费结构升级的大方向是明朗的，能够较好地引导合理消费，但受分层式效果的作用，也产生了一些隐忧，特别是价格调节机制的横向失衡问题，以卷烟消费为例，低收入群体税收调节效果较差，可能会加剧群体内部的健康不平等。

第二节 制度背景与理论假设

(一)制度背景介绍

目前我国实行的烟草专卖制度，由国家烟草专卖局对全国烟草行业实行统一领导、

① 针对外部性可能影响结论的一般化讨论。卷烟商品的负向外部性并不是其独有的，其外部性更多地与政府进行征税的动因相关，与税负感知度和替代转移消费联系不明显。而且作为独立效用个体的消费者，其理性的行为决策是消费该商品给自身带来的效用最优化，较少会秉持上帝视角，从整体福利效用出发将消费的外部效用考虑在内。

垂直管理、专卖专营,所得税利上缴国库管理,早在2014年烟草利税收入已过万亿,2018年烟草实现税利总额已达11556亿元,其中上缴国家财政总额达1000.8亿元,约占当年税收收入的6.8%(国家烟草专卖总局,2019)。虽然烟草在17世纪初就通过菲律宾传入中国,但中国卷烟近代工业化生产开始于20世纪初,而在商业化发展进程中不得不提的便是国际烟草托拉斯——英美烟公司。19世纪前后,国际烟草市场被主要的几个烟草托拉斯所垄断,资本垄断或专营化是当时西方国家烟草市场的共性,但也有一些国家施行国家烟草专卖制度(如日本)。1902年英美烟公司进入中国后,中国的卷烟市场逐渐被外国垄断资本集团和买办集团牢牢把控近半个世纪。新中国成立后,中国烟草市场摆脱了受西方资本主义垄断剥削的局面,开始实施国家烟草专卖制度,逐渐走向正确与规范的发展道路。

随着社会发展和科学进步,人们逐渐认识到吸烟带来的诸多负面影响,烟草业成为首要可预防死因(Cawley and Ruhm,2011)。世界卫生组织估计,每年全世界有超过700万人死于烟草(WHO,2017)。中国是烟草生产和消费的超级大国,烟草种植、烟草制品生产、烟草消费和吸烟人数均居世界第一(高松 等,2010)。根据中国卫生部发布的《2010年中国控制吸烟报告》,我国吸烟人数超过3亿,每年死于吸烟相关疾病的人数超过100万,大约每分钟就有2人死于吸烟,超过因艾滋病、结核、交通事故以及自杀死亡人数的总和。中国疾病防控中心最新公布的《2015年中国成人烟草调查报告》显示,吸烟人数比五年前增长了1500万,已达3.16亿。吸烟者每天平均吸烟15.2支,与五年前相比,增加了1支。从经济成本来看,根据李玲等(2008)的估算,2005年中国死于吸烟相关疾病的人数为140万人,造成直接经济损失为1665.6亿元,非直接经济损失861.11亿～1205.01亿元,各种损失加起来远超烟草行业所创造的政府税收收入。

近年来,世界各国不断加强对烟草消费的控制,我国于2003年加入《世界卫生组织烟草控制框架公约》(FCTC),2011年开始全面实施。尽管政府一直采用积极的政策措施控制吸烟,取得了一些成效,但控烟形势依然非常严峻。提高烟草税普遍被视为减少吸烟最有效的策略(Fuchs et al.,2018),法国烟税比重高达80%,英国和德国分别为77%和74%,即便是泰国、孟加拉国等发展中国家也有67%,而中国烟税比重只有46%(郑榕 等,2013),世界卫生组织曾提建议中国将烟草税提高至卷烟零售价格的70%(WHO,2014)。我国政府在2009年对卷烟消费税进行调整,但只是针对烟草企业的“利改税”措施,并未涉及烟草批发和零售价格的调整,该调整被认为是中国政府运用“以税控烟”政策的一次失败的尝试(郑榕 等,2013)。因此,2015年国务院批准,卷烟批发环节从价税税率由5%提高至11%,并按0.005元/支加征从量税(如表18-1所示),传递到零售环节价格上涨10%左右(郑榕 等,2016),通过提高税率和价格来抑制烟草消费。从图18-1也可

看出,2015 年烟草消费价格指数陡然上升,从上一年的 105.1 上升到 109.6,增幅接近 4.3%[①],烟草价格骤涨带来当年卷烟销量的下降,当年烟草税利总额也随之降低[②]。从宏观层面初步来看,"以税控烟"成效较为显著,但卷烟消费税政策调整的微观效应又将如何?

表 18-1　烟类产品税目税率

每包调拨价/元	分类(税)	分类(价格)	从量税/(元/包)				从价税/%			
			生产环节		批发环节		生产环节		批发环节	
			2014	2015	2014	2015	2014	2015	2014	2015
≥10	甲	一	0.06	0.06	0	0.005	56	56	5	11
[7,10)		二	0.06	0.06	0	0.005	56	56	5	11
[3,7)	乙	三	0.06	0.06	0	0.005	36	36	5	11
[1.65,3)		四	0.06	0.06	0	0.005	36	36	5	11
(0,1.65)		五	0.06	0.06	0	0.005	36	36	5	11

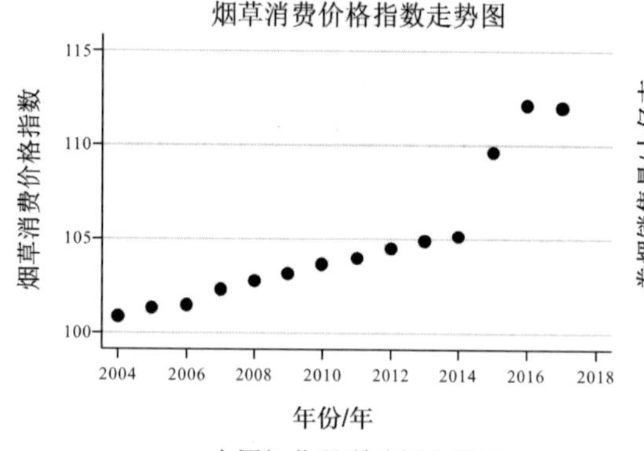

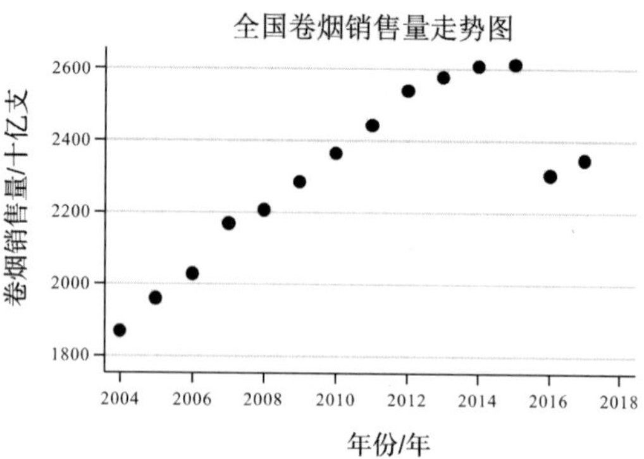

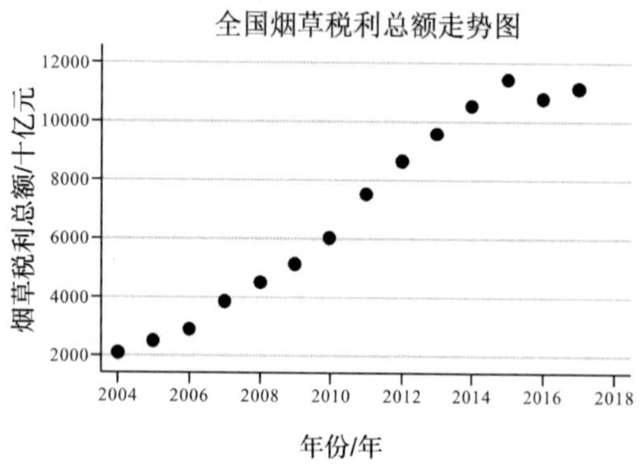

数据来源:《中国统计年鉴》《中国烟草年鉴》。

图 18-1　2004—2017 年我国烟草消费价格指数、卷烟销售量及烟草税利总额走势图

---

① 居民烟草消费价格指数选择以 2003 年为基期,2004—2017 年进行了平滑处理。

② 从历年烟草税利走势来看,烟草上缴利税增速整体也放缓,这与逐年消耗完往年的利润留成有着密切关联。

针对我国近年来相关烟草税制的改革,已有一些学者进行了相应研究,但多集中在烟草需求的价格弹性估算上。Mao 等(2003)估计了总的价格弹性(－0.513)和各收入阶层的价格弹性(贫困阶层－1.906、低收入阶层－0.774、高收入阶层－0.507)。Mao 等(2005)使用对数线性模型和两部分模型来评估卷烟的需求。根据全国综合数据和全国烟草消费调查的个人数据,他们发现需求价格弹性为－0.154,并发现较高的价格弹性与低收入群体相关。Bishop 等(2007)估计了 1995 年中国城市居民的卷烟价格和收入弹性,发现卷烟总体价格弹性为－0.5。Chen 和 Xing(2011)利用两部分模型,估计总体价格弹性为－0.82,剔除烟草需要的质量效应后,标准价格弹性为－0.7～－0.35。高松等(2010)利用理性成瘾模型估计出我国烟民的烟草需求弹性,不同社会经济地位的子群体的需求弹性不同,并测量出 2009 年烟草税调整对抑制消费没有影响,他们也是首次尝试使用滞后一期的烟草价格作为工具变量进行内生性问题的处理。针对 2009 年烟草税调整未成功的原因,尹唯佳等(2012)认为是烟草价税不联动、加税不加价所致。另外,卷烟消费税的税制设计也是研究的重点问题,石坚等(2010)利用之前相关文献的价格弹性,模拟出烟草从量消费税的提高对消费者卷烟需求的影响,明确了采用从量税的优势。郑榕等(2013,2016)认为需要大幅提高从量税的比重,同时在提税的基础上将两档从价税率统一为单一税率,进一步增加烟草税负。

总的来说,目前在实证方面关于通过烟草税发挥的价格机制实现控烟的效果缺乏更为直接的证据,虽有一些文献开始关注估算过程中的内生性,但确实仍有商榷余地,通过税收改革引导“以税控烟”的政策效果评估多停留在预估与推算层面,尤其是 2015 年的税制改革到底带来怎样的影响还没有研究涉及。当然这与我国实行烟草专卖体制有一定关系,烟草供给量由国家烟草专卖局在当年制定,而不是根据市场需求进行生产,同时卷烟的价格也是由国家烟草专卖局会同物价部门制定,实行全国统一价,所以很难通过市场价格波动来反映烟草消费水平。但正是这种管制体制为本章研究税收政策对居民消费行为的影响提供了很好的“试验田”,因为在卷烟价格管制的背景下,居民消费行为的变化只受到税收政策调整的冲击,而撇除了因市场供需机制调整可能造成的影响。因此,本章认为选择以卷烟消费税为切入点,研究税负感知度与内部替代效应对居民理性消费的影响是非常合适的。

(二)理论假设

我国烟草税较为复杂,在生产和批发环节分别征税。从生产环节来看,采用从价税和从量税组合形式,但以从价税为主,从量税比重非常低(石坚 等,2010);从批发环节来看,在 2015 年前采用单一从价税率,2015 年首次加入 0.005 元/包的从量税,但影响甚微(郑榕 等,2016)。总体来看,我国现行的烟草税仍以从价税为主。2015 年卷烟消费税改革对卷烟价格上涨起到立竿见影的效果,本章将行为经济学纳入税收认知理论研究当中,从从价税引发的税负感知度差异与内部替代效应角度,探究税率调整如何影响居民

的消费行为及所产生的差异性反映。

1.从价税与税负感知度

为了分析税负感知度对个体消费行为的影响,本章借鉴 Chetty 等(2009)税收凸显性的理论模型。需要注意的是,由于本章选择的研究对象是"成瘾性商品",而根据理论成瘾理论(Becker and Murphy,1988)观点,时间偏好性可能会影响到个体的消费决策行为。同时,个体的时间偏好性与成瘾程度有着直接的联系,所以成瘾程度也可能会影响消费行为。为避免成瘾性不同所带来的混杂干扰,本章假定个人成瘾程度为给定外生的,并进一步假设消费商品的价格与个体收入水平相对应,即高收入群体消费高价商品,低收入群体消费低价商品(至少不会出现低收入群体消费高价商品的情况)。考虑到消费偏好不变(至少短期内习惯改变概率较小),经济体中消费者在考察期均购买两种商品 x 和 y,其中商品 y 价格标准化为 1,定义商品 x 的税前价格为 p。假设商品 y 不纳税,商品 x 受到从价税率 τ 的约束。商品 x 总价格由商品价格(p)和税负(τp)两部分构成,即 $q=(1+\tau)p$ 。在标准模型中,商品 x 和 y 的需求对应于解决消费者福利最大化问题:$\mathrm{Max}_{x,y}U(x,y)\quad \text{s.t.}\quad y+(1+\tau p)x\leqslant M$,其中,M 为消费者个人的收入水平,令 CES 型的目标函数为 $U(x,y)=(ax^{\rho}+by^{\rho})1/\rho,(a+b)=1$,(Goldin and Homonoff,2013)。同类商品 x 有高价(p_1)和低价(p_2)之分,分析框架内高收入群体(c_1)消费价格为 p_1 的商品,低收入群体(c_2)消费价格为 p_2 的商品,从而确保不同收入群体的消费水平相当 $\left(\frac{q_1}{c_1}=\frac{q_2}{c_2}\right)$。采用从价税方式征收的特点在于公平性,即不同消费群体的效用变化一致 $\left(\frac{p_1}{c_1}=\frac{p_2}{c_2}\right)$,所以当从价税率上调后,两类收入群体消费水平变化应该等同,即 $\frac{\Delta q_1}{c_1}=\frac{\Delta\tau p_1}{c_1}=\frac{\Delta q_2}{c_2}=\frac{\Delta\tau p_2}{c_2}$ 。从价税率体现的是税收负担率的一致性,但消费者在购买商品时更关注或直观感受到的是税负总额的变化,往往对税收负担率不敏感,例如在同样增加 10%从价税率的情况下,50 元/包的卷烟价格上涨 5 元,而 10 元/包的卷烟价格上涨 1 元,使得不同消费群体在面临相同从价税率时感受到的税负变化是不同的,也即税负感知程度不同①。当从价税率变动后,消费高价商品的高收入群体的税负感知度更强,而消费低价商品的低收入群体的税负感知度较弱。由于税负感知程度的不同($\Delta q_1=\Delta\tau p_1>\Delta q_2=\Delta\tau p_2$),可能会导致在税率上调后不同收入群体消费行为的差异性。

令 $x(p,\tau)$ 表示包含税前价格和从价税率的商品需求函数。在新古典完全优化模型中,商品需求取决于税后总价格:$x(p,\tau)=x((1+\tau)p,0)$,将需求函数 $x(p,\tau)$ 对数线

① 为了更直观地说明该问题,本章附表 18-1 中对市面上常见的各价位香烟调整前后批发价进行汇总整理,可以看出每条香烟的价格上涨幅度非常大,从最高将近 50 元到最低 1 元,消费者税负感受差距明显(虽是相同税率),而这还只是批发价上涨的情况,具体零售价上涨程度只多不少。

性化，得到以下估算方程：

$$\log x(p,\tau)=\alpha+\beta\log p+\theta_{\tau}\beta\log(1+\tau) \tag{18-1}$$

该方程中，参数 θ_{τ} 衡量的是行为人对税收变化的反应程度（$0\leqslant\theta_{\tau}\leqslant 1$），参数 β 衡量的是商品的价格弹性（$\beta<0$）。参照 Chetty 等（2009）、Goldin（2015）对税收凸显性的定义，θ_{τ} 实际上是税收需求弹性（$\varepsilon_{x,1+\tau}=-\theta_{\tau}\beta$）与价格需求弹性（$\varepsilon_{x,p}=-\beta$）的比率：

$$\theta_{\tau}=\frac{\partial\log x}{\partial\log(1+\tau)}\Big/\frac{\partial\log x}{\partial\log p}=\frac{\varepsilon_{x,1+\tau}}{\varepsilon_{x,p}} \tag{18-2}$$

上述提及不同价位商品的需求者在面临相同从价税率变动时的税负感知程度不同，即税收需求弹性不同，高价商品的税负变动感知程度要大于低价商品（$\varepsilon^{1}_{x,1+\tau}>\varepsilon^{2}_{x,1+\tau}$），在价格需求弹性相同的情况下，推导出需求高价商品的高收入群体的税负感知度要强于需求低价商品的低收入群体（$\theta^{1}_{\tau}>\theta^{2}_{\tau}$）。对估算方程关于从价税率求一阶导得：$\frac{\partial\log x(p,\tau)}{\partial\log(1+\tau)}=\theta_{\tau}\beta$。由于 $\beta<0$，所以 θ_{τ} 越大，税率变动带来的需求量变动越大，即相较于低价位商品，高价位商品在税率上调后需求量下降的程度应该更大。根据上述理论推导，本章得出以下假设：

假设 18-1：不同消费群体对税率变动的感知度不同，表现出的需求行为也不同，形成分层式的税收调节效果，税负感知度越高调节效果越大。

2.价格调节机制与“替代转移效应”

税率调整会通过价格调节机制影响消费者的需求行为，税率上调引起商品价格上涨，在购买力不变的情况下，消费者的需求量必然下降，反之亦然。这是新古典经济理论认为政府可以通过税收手段作用市场供需、调节经济发展的内在逻辑。根据消费者行为理论，商品的价格发生变化后，将同时对商品的需求量发生两种影响：一种是因该商品价格发生变化，导致消费者购买的商品组合中，该商品与其他商品之间的替代，即“替代效应”（substitution effect）；另一种是在收入不变的条件下，商品价格变动，导致消费者实际收入变化，消费者所购商品总量随即发生变化，即“收入效应”（income effect）。政府通过上调卷烟消费税引起卷烟价格上涨，实际上消费者的反应同时受类似两种效应共同影响。之前国内外相关文献研究烟草需求的价格弹性系数均建立在烟草价格变动不会引起“替代效应”，即假设烟草需求没有替代品的情况下（Selvaraj et al.，2015；Fuchs and Meneses，2017；Mao et al.，2005；Bishop et al.，2007；Chen and Xing，2011）。诚然，卷烟是成瘾性商品，缺乏替代商品，但卷烟存在内部可替代性，不同价位的卷烟品种繁多，价位等级制使得消费者在购买时的选择性更多。所以，当卷烟价格上涨时，消费者需求量的变化同时受到两种效应的影响：一种是“收入效应”，即消费者实际收入下降，导致其购买能力下降，需求量减少；一种是“替代转移效应”（为了区别于传统的“替代效应”），即由于消费惯性作用，在保持效用不变的情况下，选择消费等量的低价位卷烟。“替代转移效

应”的存在会直接影响到税收手段对市场供需的调节作用,但之前相关研究忽略了这一效应的存在。

为了便于分析,将卷烟消费支出单位化为1,简化市场只存在高价位卷烟(价格为 P_1)和低价位卷烟(价格为 P_2)两种,卷烟的预算方程为:$P_1Q_1=1$ 和 $P_2Q_2=1$,其中 $P_1>P_2$,$Q_1<Q_2$,假设现对两类卷烟征收从价税率为 τ 的税。现就是否存在替代转移效应对卷烟价格由 P_1 上涨到 $(P_1+\tau)$,消费高价卷烟群体需求量的变化情况,在没有替代转移效应的情况下,需求量变化为 ΔT_1。考虑到替代转移效应存在,令替代转移程度(或概率)为 $q(0\leqslant q\leqslant 1)$,征税后需求量为 $q\cdot\frac{1}{P_2+\tau}+(1-q)\frac{1}{P_1+\tau}$,需求量变化为 ΔT_2。

$$\begin{cases}\Delta T_1=\dfrac{1}{P_1+\tau}-\dfrac{1}{P_1} & \text{如果没有替代转移效应}\\ \Delta T_2=\left[q\cdot\dfrac{1}{P_2+\tau}+(1-q)\dfrac{1}{P_1+\tau}\right]-\dfrac{1}{P_1} & \text{如果有替代转移效应}\end{cases}\tag{18-3}$$

替代转移效应等于两种情况需求量变化量之差,即为:

$$\Delta T_2-\Delta T_1=q\left(\frac{1}{p_2+\tau}-\frac{1}{p_1+\tau}\right)\tag{18-4}$$

其中,$p_2+\tau<p_1+\tau$,所以 $\Delta T_2-\Delta T_1>0$。进一步将 ΔT_2 变形为

$$\Delta T_2=q\left(\frac{1}{p_2+\tau}-\frac{1}{p_1+\tau}\right)+\left(\frac{1}{P_1+\tau}-\frac{1}{P_1}\right)\tag{18-5}$$

当 $q=0$ 时,即没有替代转移效应时,$\Delta T_2=\Delta T_1$;当 $0<q<1$ 时,由于 $\Delta T_1<0$,而 $q\left(\frac{1}{p_2+\tau}-\frac{1}{p_1+\tau}\right)>0$,所以 $\Delta T_2>\Delta T_1$,也就是说当考虑替代转移效应后,价格上涨后对卷烟需求量的冲击作用会变低,税收的价格调节功能削弱。而且存在替代转移效应后需求量变动方向也是未知的,便于解释假设 $q=1$ 即完全替代转移,$\Delta T_2=\frac{1}{p_2+\tau}-\frac{1}{P_1}$,$\Delta T_2$ 取值正负取决于 $(p_2+\tau)$ 和 P_1 的大小。根据上述理论推导,本章得出以下假设:

假设18-2:由于消费惯性的作用,同类商品不同价位间存在需求的“替代转移效应”,而这种与个人购买能力直接相关的替代效应会削弱税收的价格调节功能。

第三节　模型设定与数据来源

(一)模型设定

世界各国普遍采用对烟制品征收重税的手段实现有效控烟,其内在的机理是运用税

收的调节作用,通过上调烟草税率,促使烟制品的价格上涨,引导消费者理性消费。我国实行烟草专卖体制,烟草供给量由国家烟草专卖局在当年制定,并不根据市场需求进行生产,而卷烟的价格也是由国家烟草专卖局会同物价部门制定全国统一价,所以很难通过市场价格波动来反映烟草消费水平。2015 年的卷烟消费税调整为我们提供了很好的准自然实验,从微观个体角度研究不同消费群体在面对烟价上涨时的不同反应,以此来论证税负感知度和消费的“替代转移效应”如何作用于个人的消费行为。为了确保研究的准确性,本章控制了消费者个体基本特征和地区效应。两期平衡面板随机效应模型设定如下①:

$$\text{Smoke}_{ijt} = \beta_0 + \beta_1 \text{Price}_{jt} + \beta_2 X_{it} + \alpha_i + \lambda_j + \varepsilon_{it} \tag{18-6}$$

其中, i 表示调查个体, t 表示调查年份;smoke_{it} 为被解释变量,表示调查个体 i 在 t 年每天吸烟的数量;price_{jt} 为解释变量,表示调查个体 i 所在省份 j 在 t 年的居民烟草消费价格指数,本章基准检验利用 2015 年卷烟消费税调整对解释变量 price_{jt} 的冲击作为工具变量; X_{it} 为调查个体一系列特征控制变量:烟龄、性别、年龄、民族、婚姻状况、政治面貌、户口类型、受教育水平、是否有工作、自评健康状况、个人年收入对数、收入与年龄和教育水平交互项(进一步控制消费偏好的变化)②;同时,控制与个人卷烟消费关联度较大的地区特征信息:经济发展程度(以 2013 年为基期的人均实际 GDP)、市场化程度(市场化指数,王小鲁等著《中国分省份市场化指数报告(2018)》)和对外开放程度(进出口占 GDP 比重,用于反映个人接触国外香烟与电子烟等卷烟商品的程度)③,具体见描述性统计部分; α_i 为个体效应, λ_j 为地区效应, ε_{ij} 为不可观测的误差项。本章假定个体效应 α_i 是随机的,直观上与 price_{jt}(省级层面)没有直接相关性,较为适合使用随机效应模型。

(二)数据来源

本章个体微观数据来源于中山大学社会科学调查中心的中国劳动力动态调查数据(CLDS)。该调查数据从 2012 年进行全国基线调查后,每两年一次对中国城市和农村的劳动力进行追踪调查,调查范围涉及 29 个省、119 个地级市。考虑到利用 2015 年卷烟消费税调整作为外生冲击进行研究,我们选择 2014 年和 2016 年追踪调查数据,构成两期平衡面板。对两期样本进行追踪筛选,剔除问题性样本(追踪调查对象在两期个人固定特殊发生变化,例如性别、民族等),最终得到 5743 个个体两期平衡面板样本,4169 个家庭两期平衡面板样本。为了便于分析价格冲击对个体卷烟消费的影响,进一步将在 2015

---

① 个体随机抽样调查样本采用随机效应模型较为合适,能够很好地反映随机抽样问题,同时能够捕捉到个体特征信息变化所带来的影响(Wooldridge,2003)。另外,我们也用固定效应模型回归比较,发现 R^2 显著小于随机效应,表明随机效应模型更具说服性。

② 将交互项作为“消费习惯”的代理变量予以控制,从而满足偏好不易改变(偏好不变)的假设。

③ 虽然本章控制住了地区效应,但 2015 年除了对烟草消费价格指数,还有可能对其他地区特征产生冲击,而一旦这些其他特征与个人消费卷烟存在直接联系,就会使得估计结果产生偏误。为此,进一步控制了与个人卷烟消费关联度比较大的地区经济发展程度、市场化程度和对外开放程度。

年卷烟消费税调整前已经戒烟的样本剔除，剩余 1397 个吸烟样本。省级层面的居民烟草消费价格指数、人均 GDP、15 岁以上人口数、男性占比、城镇化水平、教育水平大专及以上比重数据来源于历年各省统计年鉴，五类卷烟历年销售量来自 2011—2017 年《中国烟草年鉴》。各指标具体的描述性统计如表 18-2 所示。

表 18-2　变量的描述性统计

变量	样本容量	均值	方差	最小值	最大值
日吸烟量	2794	18.762	11.062	0	80
烟草消费价格指数	2794	103.155	3.196	99.5	110.453
烟龄	2794	25.920	12.711	1	62
性别	2794	0.971	0.167	0	1
年龄	2794	50.112	11.280	15	77
年龄平方	2794	2638.379	1071.565	225	5929
民族	2792	0.910	0.287	0	1
婚姻状况	2794	0.897	0.305	0	1
政治面貌	2771	0.118	0.322	0	1
户口类型	2788	0.174	0.379	0	1
教育水平	2791	8.565	3.061	0	19
是否工作	2396	0.955	0.207	0	1
自评健康状况	2794	2.421	0.995	1	5
收入（对数）	2300	9.791	1.139	5.991	14.221
经济发展程度	2794	10.864	0.379	10.203	11.748
市场化程度	2794	7.329	1.860	2.530	9.970
对外开放程度	2794	0.349	0.355	0.013	1.180
BMI	2794	22.855	3.292	11.694	38.287
总销售增长率	186	0.005	0.042	−0.136	0.149
一类卷烟销售增长率	186	0.158	0.255	−0.485	2.593
二类卷烟销售增长率	186	0.244	0.271	−0.309	1.753
三类卷烟销售增长率	186	0.078	0.192	−0.235	1.179
四类卷烟销售增长率	186	−0.106	0.167	−0.706	0.797

续表

变量	样本容量	均值	方差	最小值	最大值
五类卷烟销售增长率	186	−0.154	0.372	−0.799	3.418
烟草消费价格指数	186	103.431	3.275	98.775	113.532
人均 GDP 增长率	186	0.054	0.131	−0.893	0.190
15 岁以上人口增长率	186	−0.006	0.032	−0.149	0.049
男性占比变化率	186	−0.001	0.036	−0.137	0.200
城镇化水平	186	55.015	13.544	22.71	89.6
大专及以上占比变化率	186	0.077	0.216	−0.437	1.732
对外开放程度变化率	186	−0.039	0.164	−0.717	0.621
市场化程度	186	6.234	2.132	−0.23	10

第四节　卷烟消费税调整的实证研究

(一)基准回归结果

首先通过两期平衡面板随机效应模型分析卷烟价格变动对烟民日消费量的影响,模型 1 仅考虑卷烟价格指数变动对卷烟消费量的作用,显示有显著负向影响;模型 2 在模型 1 的基础上加入烟民个人信息和地区特征,结果依然保持稳健;模型 3 进一步控制了地区效应,得出烟草消费价格指数上升 10 个点,烟民平均每天约少消费 1.8 支烟。接着,利用 2015 年卷烟消费税调整对烟草消费价格的外生冲击,进行工具变量估计,具体结果如模型 4 所示。从一阶段回归来看,卷烟消费税的调整明显导致烟草消费价格指数上升,与前文讨论的结论一致;从二阶段回归来看,回归结果与模型 3 高度一致,烟草消费价格指数上升十个点,烟民平均每天少消费 1.76 支烟。面板回归和工具变量回归结论均肯定了卷烟消费税的调整在一定程度上抑制了烟民的消费,达到了有效控烟的目的,税收的价格调节作用较为明显。

如表 18-3 所示,从各控制变量来看,实际烟龄长短反映出吸烟者对卷烟商品的依赖性(即成瘾程度),本章也利用烟龄作为成瘾程度的衡量指标,用以控制成瘾性所带来的影响。烟龄越长体现了消费者对卷烟商品的较强依赖,其成瘾程度往往较大,在回归结果中,实际烟龄长短与卷烟的日消费量存在显著的正向关系,烟龄越长对卷烟的消费需求越大。其他控制变量影响:男性对卷烟的消费比女性更多;随着年龄的增长,对卷烟的消费量也增多,但这种影响效应逐渐呈下降趋势,说明在人的一生中消费偏好很难改变(偏好不变);相对于城镇消费者,农村消费者对卷烟的需求量更大;随着教育水平提升,收入增长对卷烟需求的影响效应呈下降趋势;其他烟民个人特征影响系数在统计水平不显著。

表 18-3 卷烟价格变动对消费量的影响

	烟草消费价格指数			
一阶段回归	模型 1	模型 2	模型 3	模型 4(IV)
烟草税调整				6.7277*** (0.0603)
二阶段回归	卷烟消费量			
烟草消费价格指数	−0.1241*** (0.0432)	−0.1742*** (0.0574)	−0.1791** (0.0835)	−0.1756** (0.0873)
烟龄		0.2566*** (0.0319)	0.2590*** (0.0327)	0.2590*** (0.0327)
性别		5.6327*** (1.6307)	6.2738*** (1.7309)	6.2771*** (1.5884)
年龄		0.6925** (0.3846)	0.7847** (0.3763)	0.7839** (0.4465)
年龄平方		−0.0093*** (0.0021)	−0.0102*** (0.0020)	−0.0102*** (0.0023)
民族		−0.3377 (0.9317)	1.0678 (1.11266)	1.0695 (1.0810)
婚姻状况		−1.1043 (0.8779)	−1.2893 (0.8717)	−1.2958 (1.0739)
政治面貌		0.6559 (0.8880)	0.7748 (0.8980)	0.7781 (0.9749)
户口类型		−2.7268*** (0.7050)	−2.7906*** (0.7534)	−2.7909*** (0.7320)
教育水平		−0.1710 (0.1645)	−0.1156 (0.1652)	−0.1151 (0.1710)
是否工作		0.2321 (1.0428)	0.2715 (1.0503)	0.2755 (1.2651)
自评健康状况		0.2257 (0.2473)	0.1176 (0.2543)	0.1175 (0.2227)
收入(对数)		0.1164 (1.3282)	0.1470 (1.3037)	0.1437 (1.5710)

续表

	烟草消费价格指数			
收入×年龄		0.0074 (0.0247)	0.0067 (0.0243)	0.0068 (0.0299)
收入×教育水平		−0.0538** (0.0251)	−0.0428* (0.0257)	−0.0428* (0.0257)
经济发展程度		0.0846 (1.4438)	2.6612 (3.6955)	2.5642 (3.5719)
市场化程度		0.1930 (0.3268)	−0.0013 (0.9382)	−0.0128 (0.9981)
对外开放程度		−0.1931 (1.1804)	2.2734 (3.5155)	2.2540 (4.1804)
_cons	31.5638*** (4.4735)	8.6151 (20.7425)	−29.0358 (43.8470)	−28.1351 (45.8214)
地区效应	No	No	Yes	Yes
样本容量	2794	2274	2274	2274
R^2	0.0069	0.1176	0.1445	0.1446

注:括号中为 bootstrap 标准差(bootstrap standard error,BSE);*** 表示在1%的置信水平下显著,** 表示在5%的置信水平下显著,* 表示在10%的置信水平下显著。

(二)稳健性检验

为了确保实证结果的稳健性与可信性,本章进行了以下努力:

(1)工具变量作用路径的排他性检验。本章工具变量的构建是通过虚拟变量来识别是否受政策冲击,其逻辑是认为政策冲击会通过作用于烟草消费价格水平影响居民消费行为,但这样设定也可能反映是其他因素的变动导致居民消费行为发生变化,虽然我们已控制了大多数重要的影响因素,但仍有遗漏或无法量化的因素存在。也就是说产生上述质疑的观点认为工具变量可能不是通过或仅仅通过影响烟草价格水平作用居民消费行为。为了解决这种质疑,本章借鉴 Chen 等(2017)利用排他性检验工具变量选择合理的方法,对 2015 年政策冲击工具变量的作用路径进行排他性检验。其内在逻辑是,先直接用工具变量对居民卷烟消费进行回归分析,结果如表 18-4 第二列所示影响系数是显著的,这是因为工具变量是作为烟草税调整冲击对烟草消费价格水平产生影响进而传导作用于居民消费,而如果工具变量存在其他路径作用居民消费行为,那么有理由相信,在掐断烟草消费价格这条作用路径后,工具变量对居民卷烟消费的影响应该依然显著。但事实相反,当控制住烟草消费价格指数后,工具变量(政策冲击)对居民卷烟消费影响变得不显著(见表 18-4 第三列),这就说明工具变量的选取并不存在(除烟草消费价格)通过其他显著因素的变化作用于居民卷烟消费。此时烟草消费价格指数影响不显著(依然为负,且 P 值也是较低的)是因为控制住政策冲击后,截面年份内省份之间的消费价格指数

差距比较小，较难识别所致。

表 18-4 稳健性检验

变量	工具变量路径检验	安慰剂检验		去除反腐影响
政策冲击	0.2421 (2.1658)		0.2754 (0.8888)	
烟草消费价格指数	−0.2119 (0.3088)	−1.8133 (8.1540)		−0.1518** (0.0749)
控制变量	Yes	Yes	Yes	Yes
地区效应	Yes	Yes	Yes	Yes
样本容量	2274	3138	3138	2200
R^2	0.1446	0.1613	0.1626	0.1493

注：括号中为 bootstrap 标准差；*** 表示在 1%的置信水平下显著，** 表示在 5%的置信水平下显著，* 表示在 10%的置信水平下显著。为了控制篇幅，第三、第五列只报告工具变量的二阶段回归结果。

（2）安慰剂检验。考虑到消费者前后需求行为的变化可能是由其个人内在因素变化规律所导致的，而非同时期烟草消费税调整所带来的冲击作用，也就是说时间节点的选择具有任意性。为了消除这种顾虑，本章尝试进行安慰剂检验。利用同样的处理方式，将 2012 年和 2014 年 CLDS 调查数据构成二期平衡面板，并假定烟草消费税改革是于 2013 年推行，重复进行实证检验。其内在逻辑是，如果将时间节点设置在 2013 年，出现与真实冲击一样的结果，那么就能说明冲击节点的选择是任意，其行为变化是内在因素变化规律所致。相反，如果没有出现一样结果，则说明的确是政策冲击所产生的作用。从表 18-4 第四、五列可知，无论是工具变量法还是直接差分法，消费者需求行为均未发现显著变化，没有出现如基准回归一样的结论。

（3）去除反腐行动的影响。随着党的十八大以来反腐倡廉的建设，政府对公务廉洁管理力度加大，特别是 2012 年提出的“中央八项规定”精神，严格整顿政府工作人员的工作作风、生活作风，这可能会影响高端卷烟的消费。本章研究的样本期正处于受“中央八项规定”影响的范围内，反腐倡廉建设可能会导致政府工作人员对卷烟消费的变化，从而造成估计结果的偏误。政府体制人员对卷烟的需求不仅受到税率上调的影响，还受到反腐倡廉建设的影响，而在双重作用下的需求变动可能会更大。为此，本章根据调查问卷将从事于“国家机关、党政机关和社会团体”样本予以剔除，回归结果报告于表 18-4 第二列。剔除受反腐倡廉直接影响的样本后，税率上调对卷烟消费需求依然存在显著抑制作用，且影响系数下降到 0.1518，说明政府体制人员在双重作用力下需求下降的程度的确更大。

(三)异质性分析

根据假设18-1的理论推断,收入高低与消费卷烟的价位是对应关系,不同消费群体对税负变动的感知程度不同,映射到收入层面,就是不同收入阶层对卷烟税率上调的行为反应不同。当面临从价税率的统一上调,由于低收入阶层对税负变动的感知度弱于高收入阶层,导致其受到税收调整的影响程度应该更低、更不明显。为了印证这一观点,本章进一步按被调查者基期收入划分五个阶层,分析烟草消费价格上涨对不同收入阶层烟民消费量的异质性影响,具体结果如表18-5所示。二阶段回归结果显示,烟草消费价格上涨对低收入人群卷烟消费量的负向影响在统计水平不显著;对中低收入人群卷烟消费量的抑制作用虽然在统计水平上不显著,但其 P 值也比较接近10%的置信水平(0.137)。但对中等收入、中高等收入以及高等收入群体来说,税率上调对其消费需求的冲击是比较显著的。具体来看,烟草消费价格指数上涨十个点,会使中等收入人群每天卷烟消费量下降2.32支、中高等收入人群下降1.65支、高等收入人群下降2.46支,且均在5%置信水平上显著。总的来说,政府通过卷烟消费税调整促使烟价上涨,调节卷烟消费的机制对于中高收入人群作用显著,而对低收入人群作用不显著。所以,税负感知度的差异会影响税收的调节功能,形成分层式的调节效果。最后需要注意的是,虽然总体上收入较高人群受到的消费冲击较大,但从异质性影响的系数来看,没有出现严格的消费调节效果随收入上升而增强的理论逻辑(中高收入影响系数大于中等收入),这不禁令作者深思是否还有其他作用力的存在,本章后续将对其作进一步探究。

表18-5　不同收入阶层卷烟消费税的价格调节作用

变量	低收入人群	中低收入人群	中等收入人群	中高收入人群	高收入人群
烟草消费价格指数	−0.0031 (0.2383)	−0.1544 (0.1038)	−0.2315** (0.0915)	−0.1650** (0.0819)	−0.2459** (0.1121)
控制变量	Yes	Yes	Yes	Yes	Yes
地区效应	Yes	Yes	Yes	Yes	Yes
样本容量	407	446	407	490	379
R^2	0.2671	0.1594	0.2852	0.3333	0.3178

注:括号中为bootstrap标准差;***表示在1%的置信水平下显著,**表示在5%的置信水平下显著,*表示在10%的置信水平下显著。为了控制篇幅,只报告了工具变量的二阶段回归结果。

此外,烟瘾程度直接影响烟民的价格弹性,不同烟瘾的烟民对于烟价的变动反应也不尽相同,进而产生异质性的税收调节效果。烟瘾程度一般可以通过烟龄反映,本章针对不同年龄段和吸烟历史长短进行异质性分析,具体回归结果如表18-6所示。二阶段结果显示,低龄人群和中龄人群对卷烟的消费,随着价格的上涨而显著下降;而高龄人群受

卷烟价格的调节作用在统计水平上并不显著。从吸烟的烟龄长短来看,卷烟消费税的价格调节机制对烟龄短、中的人群影响较为明显,但对烟龄长的人群影响并不明显。综合表 18-6 的回归结果可知,税率调整的价格调节机制对烟瘾较低的人群作用显著,控烟效果更好,而对烟瘾较大的人群,其效果将大打折扣。也就是说,消费者个体特征的不同也会造成异质性的调节效果。

表 18-6　个体特征的异质性分析

	低龄人群	中龄人群	高龄人群	烟龄短	烟龄居中	烟龄长
烟草消费价格指数	−0.1528** (0.0627)	−0.2587*** (0.0912)	−0.0537 (0.0785)	−0.1644** (0.0705)	−0.1648* (0.1045)	−0.1170 (0.1028)
控制变量	Yes	Yes	Yes	Yes	Yes	Yes
地区效应	Yes	Yes	Yes	Yes	Yes	Yes
样本容量	825	857	592	1074	648	552
R^2	0.2034	0.1875	0.1398	0.1301	0.1851	0.1507

注:括号中为 bootstrap 标准差;*** 表示在 1%的置信水平下显著,** 表示在 5%的置信水平下显著,* 表示在 10%的置信水平下显著。为了控制篇幅,只报告了工具变量的二阶段回归结果。

第五节　税率调整与“替代转移效应”

(一)税率调整的“替代转移效应”

我国卷烟消费税征收环节分为生产环节和批发环节,在生产环节实行累进制税率形式,甲类卷烟和乙类卷烟按不同从价税税率征收,而在批发环节从价税税率是统一标准。2015 年卷烟消费税调整在于卷烟批发环节从价税率由 5%提高到 11%,同时按 0.005 元/支加征从量税,税收改革力度较大。大幅上调税率对甲类卷烟(一、二类卷烟)销售影响更大,以零售价 300 元/条的甲类卷烟为例,税率调整后价格为 330 元/条,平均每包烟上涨 3 元(零售价格上涨 10%);对于零售价 100 元/条的乙类卷烟而言,调整后价格为 110 元/条,每包烟上涨 1 元,消费者更容易接受。从图 18-1 也可观察出一类、二类卷烟销售增长率在税率调整后下降明显,幅度也较大,价格的调节效果较为明显。

但需注意的是,批发环节的统一税率上调可能会引起消费者的规避行为,即在保持卷烟需求量不变的情况下,选择稍低价位的卷烟替代,而且这种替代转移行为与消费者的购买能力直接相关。收入水平与消费水平一致,购买能力较低的低收入群体,其对价格上涨作出的消费转移的动机更强,再加上甲类卷烟和乙类卷烟品质差异很大,抽惯高价位卷烟的消费者短时间内出现这种替代行为的可能性偏低,低价位群卷烟品质、口感差异较小，使得消费低价位卷烟群体的"替代转移效应"可能更明显。从低价位卷烟总销售情况来看，由于价格上涨价额较小，税负感知度较弱，对销售量的抑制作用不明显，加上高一价位卷烟消费者的"替代转移效应"的促进作用，这两股正负作用力可能会导致低价位卷烟销售情况并不明朗。图 18-2 的观察可知，在卷烟消费税率上调后，总卷烟销售增长率明显下降，一类、二类、三类卷烟销售增长率均有不同程度的下降，但五类卷烟销售增长率则呈上升趋势，这可能是五类卷烟处于低价位卷烟的末端，没有更低价位卷烟可替代所致。

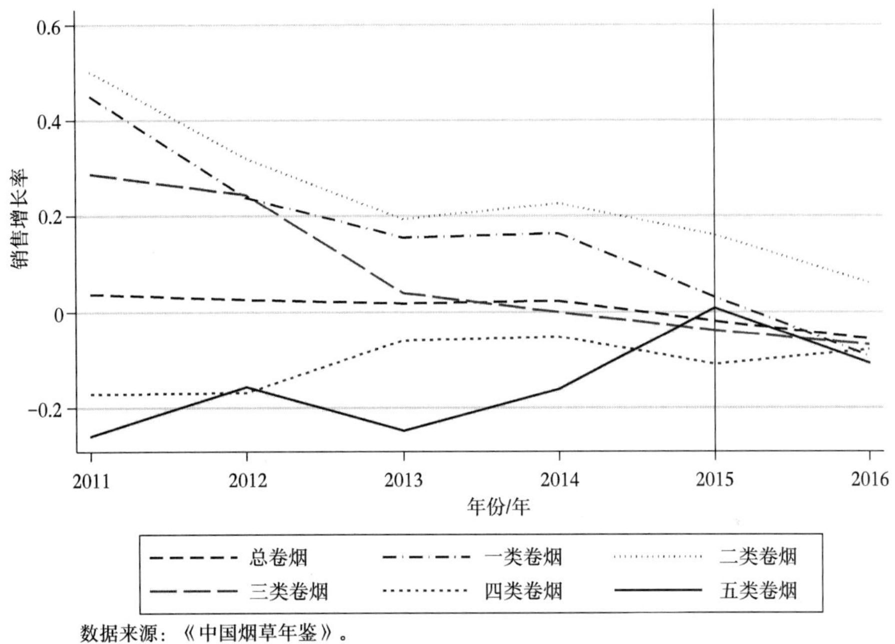

数据来源：《中国烟草年鉴》。

图 18-2　2011—2016 年全国各类卷烟年销售增长情况

需要指出的是，上述推论是建立在个人收入水平与消费卷烟价位相一致的基础之上的，消费者根据自身收入状况选择消费相应价位卷烟。本章利用省级层面数据，构建烟草消费价格指数上涨对各类卷烟销售增长率的影响，面板模型设定如下：

$$\text{Sales}_{it} = \beta_0 + \beta_1 \text{Price}_{it} + \beta_2 X_{it} + \alpha_i + \lambda_t + \varepsilon_{it} \tag{18-7}$$

其中，i 和 t 表示调查省份和调查年份；Sales_{it} 表示各类卷烟销售增长率；price_{it} 表示省份 i 在 t 年烟草消费价格指数的增长率；X_{it} 是省份的一系列控制因素，包括：实际人均 GDP 增长率、15 岁以上人口增长率、男性占比变化率、城镇化水平、教育水平大专及以上占比变化率、对外开放程度变化率和市场化程度；α_i 为个体固定效应，λ_t 为年份固定效应，ε_{it} 为不可观测的误差项。以上数据均来源于历年各省统计年鉴和《中国烟草年鉴》，具体面板回归结果列于表 18-7 中。总的来看，卷烟消费税上调对卷烟消费增长率有显著抑制作用，对一类、二类、三类卷烟的抑制作用较为明显，且影响程度随卷烟类别增加而

增加;对四类卷烟消费增长率在统计水平没有显著影响;而对五类卷烟消费增长率则有显著促进作用。

表 18-7　各省烟草消费价格指数对卷烟销售量的影响

变量	总销售增长率	一类烟	二类烟	三类烟	四类烟	五类烟
烟草消费价格指数增长率	−0.0131*** (0.0042)	−0.0633*** (0.0104)	−0.0579** (0.0297)	−0.0476*** (0.0067)	0.0148 (0.0135)	0.0358** (0.0155)
当年效应	−0.0539*** (0.0157)	−0.3227*** (0.0875)	−0.3067** (0.1524)	−0.3361*** (0.0543)	0.0713 (0.0972)	0.3387* (0.2026)
一年后效应	−0.0957*** (0.0234)	−0.4629*** (0.1071)	−0.4232** (0.1729)	−0.3477*** (0.0513)	0.1079 (0.1086)	0.2616** (0.1218)
控制变量	Yes	Yes	Yes	Yes	Yes	Yes
个体效应	Yes	Yes	Yes	Yes	Yes	Yes
年份效应	Yes	Yes	Yes	Yes	Yes	Yes
样本容量	186	186	186	186	186	186

注:括号中为 bootstrap 标准差;*** 表示在 1%的置信水平下显著,** 表示在 5%的置信水平下显著,* 表示在 10%的置信水平下显著。为了控制篇幅,只报告了工具变量的二阶段回归结果。

之所以没有出现与消费者个体需求行为研究一样的结果(税负感知度的结果),主要是“替代转移效应”所致,根据假设 18-2 的推理“替代转移效应”对税收的价格调节功能有削弱影响,而根据表 18-7 回归结果显示,削弱效应的程度随着不同价位也有所不同。在假设 18-2 的理论推导部分强调“替代转移效应” ΔT_2 取值符号是未知的,正负取决于不同价位差与税率之间的大小,这就导致对不同类卷烟销量增长率回归结果的差异。一、二、三类卷烟消费增长率下降与微观研究结论一致,但四、五类末端价位的卷烟面临价格上涨的反应或不显著或正向作用,结合表 18-5 的结论(较低收入群体消费抑制作用不显著),一定程度上反映了“替代转移效应”的存在。这是因为,对于四类卷烟而言,消费这类烟的较低收入群体的消费水平没有显著下降,同时存在向更低价烟消费转移的情况,而综合来自高价位卷烟消费转移的促进作用,可能使得销售增长率变为正,但显著性不够;对于五类卷烟而言,同样存在来自自身消费群体抑制作用不明显和更高价位卷烟消费转移,所不同的是没有再向下的消费转移,这可能最终导致这类卷烟销售增长率显著为正。

为了进一步分析税率冲击的动态效应,本章参考 Galiani 等(2019)直接用税收政策对各类卷烟消费增长率作双向固定面板模型回归(二阶段回归无法识别政策冲击的动态效应),分别研究税率上调当年带来的调节效应和上调后一年带来的调节效应,具体结果如表 18-7 下半部分所示。具体来看,卷烟总销售增长率在当年和一年后的抑制效应均存在，且一年后的抑制程度比调整当年更大；一类、二类和三类卷烟销售增长率的动态效应相同，两年均有显著抑制作用，且一年后的抑制作用有所加强；四类卷烟销售增长率在两年的冲击中均无显著影响；五类卷烟的冲击效应有所不同，两年均有显著促进作用，但一年后的促进作用有所减弱。虽然两年的动态效应分析无法准确地得出卷烟消费税上调带来的长期影响（目前只能获取到 2016 年的数据），但仍有一定的预示作用。

（二）收入阶层与消费“替代转移效应”

本章认为税率调整对消费需求形成分层式、不均衡的调节效果，是税负感知度和消费“替代转移效应”共同作用的结果。从税负感知程度来看，低收入群体对税负感知的程度较弱，导致在面临价格上调时的反应不够敏感；从消费的“替代转移效应”来看，在购买能力一定的情况下，当烟价上涨后，为了确保消费需求和消费支出不发生大变化，消费者选择更低价位卷烟的可能性更大，而且这种“替代转移效应”很可能与个人收入水平直接挂钩，随着收入水平的上升，这种效应的作用力逐渐降低。所以，为了印证在消费卷烟过程中的确存在“替代转移效应”，本章进一步研究五个不同收入阶层在 2015 年烟草消费税调整前后家庭消费支出变化的情况。由于 CLDS 问卷在个人和家庭消费支出结构中没有单列出卷烟消费支出，只将其作为副食品归于食品消费支出内。本章将家庭食品消费支出作为被解释变量，同时控制住家庭收入水平，并对两者进行 Winsorize 缩尾处理，其他保持与基准模型一致，具体回归结果如表 18-8 所示。

表 18-8　卷烟消费税调整对家庭食品消费支出的影响

变量	全样本	低收入人群	中低收入人群	中等收入人群	中高收入人群	高收入人群
烟草消费价格指数	228.6474** (98.3208)	169.9907 (244.6819)	703.2419*** (148.9926)	279.3151* (161.5710)	283.9827 (233.8437)	−82.1137 (270.2534)
控制变量	Yes	Yes	Yes	Yes	Yes	Yes
地区效应	Yes	Yes	Yes	Yes	Yes	Yes
样本容量	2233	405	436	403	479	370
R^2	0.4550	0.4173	0.3458	0.4984	0.3903	0.4307

注：括号中为稳健标准差；*** 表示在 1%的置信水平下显著，** 表示在 5%的置信水平下显著，* 表示在 10%的置信水平下显著。为了控制篇幅，只报告了工具变量的二阶段回归结果。

整体来看，卷烟消费税上调显著增加了家庭食品消费支出。从收入阶层来看，卷烟消费税上调对低收入人群的家庭食品消费支出没有显著影响；对中低收入和中等收入人群的家庭食品消费支出有显著正向影响，烟草消费价格上升 10 个点，使得中低收入的家庭食品消费支出增加约 703.24 元，中等收入的家庭食品消费支出增加约 279.32 元；对中

高收入和高收入人群的家庭食品消费支出均没有显著影响,同时对高收入人群的影响系数变为负。结合表 18-5 的结果分析发现,低收入人群的家庭食品消费支出不变,同时消费卷烟量也不变,说明的确存在消费"替代转移效应"(即选择较低价位卷烟消费),且对调节功能的削弱程度较强[①];中低收入人群的家庭食品消费支出显著增加,而消费卷烟量也未显著降低,说明该人群的消费"替代转移效应"有所减弱,家庭支出增加额大于转移消费下降额;中等收入的家庭食品消费支出增加,且消费卷烟量也有所下降,说明消费"替代转移效应"进一步减弱;中高收入的家庭食品消费支出未有显著增加,在消费卷烟量明显下降的情况下,说明消费"替代转移效应"更弱,消费下降额抵消了家庭支出增加额;而对于高收入人群,在消费"替代转移效应"更为减弱后,消费卷烟量下降的程度进一步增加,最终使得消费下降额超过家庭支出增加额。据此,本章推断出"替代转移效应"在卷烟消费过程中的确存在,且这种转移效应在不同收入阶层表现出的强度可能也不同[②]。

(三)价格调节机制失衡与健康不平等

不同收入阶层受到税率上调影响的反应程度不同,较低收入群体在税负感知度和"替代转移效应"作用下,价格上涨对其消费量影响不显著;而中高收入群体都在一定程度上降低对卷烟的消费,从而引发价格调节机制的横向失衡,这可能会进一步导致不同收入群体健康状况的不同变化。卷烟消费显著下降的群体,其健康状况可能会有所改善(至少不会恶化),反之卷烟消费量没有明显下降的群体,其健康状况可能会进一步恶化,最终会导致不同群体间的健康不平等。本章进一步考察卷烟消费税上调对不同收入人群健康状况的影响。世界卫生组织(WTO)通常采用 BMI(Body Mass Index,身体质量指数),即通过人体肥胖程度来反映相关疾病发病的危险性作为衡量个人健康状况的重要标准,我国给出的参考标准是在 18.5～23.9 时属正常,低于或超过该范围个人患相关疾病的危险性大大提升。本章使用调查个体的 BMI 指数衡量不同收入阶层健康状况的变化情况,进行 Winsorize 缩尾处理后将其作为被解释变量,实证方法与基准模型一致,具体回归结果如表 18-9 所示。

---

① 虽然即便是四、五类低价卷烟内部仍有可选择空间(见附表 18-1,单条 60 元以下),但在低收入群体中可能仍存在这样一类消费者,即在税率调整前就已消费最低档烟,没有再向下选择的空间。这类低收入人群在税率上调后只面临两种选择,一种是降低消费量平衡支出,一种则是保持消费量增加支出,但税负感知度较低往往令这类消费者采取后一种决策行为。我们从表 18-5 和表 18-8 回归系数的正负反映出的确存在这类消费者,在表 18-5 中低收入人群的消费水平没有显著变化,而表 18-8 显示,低收入人群家庭食品消费支出系数的确是呈增加趋势,只是在统计水平上不够显著。另外还有一种可能性,那就是在卷烟价格上调后,这类低收入者转而消费手卷烟和水烟等类似烟制品(购买廉价烟丝即可)。

② 本章同样对五类收入群体的其他类型家庭消费支出进行了分析,结果并没有出现与食品消费支出一样的结果。

表 18-9　卷烟消费税调整对不同收入阶层消费人群健康状况的影响

变量	低收入人群	中低收入人群	中等收入人群	中高收入人群	高收入人群
烟草消费价格指数	0.1195*** (0.0464)	0.0578* (0.0358)	0.0322 (0.0498)	0.0297 (0.0310)	−0.0120 (0.0684)
控制变量	Yes	Yes	Yes	Yes	Yes
地区效应	Yes	Yes	Yes	Yes	Yes
样本容量	407	446	407	490	379
R^2	0.0596	0.1472	0.1823	0.1948	0.2277

注：括号中为 bootstrap 标准差；*** 表示在 1%的置信水平下显著，** 表示在 5%的置信水平下显著，* 表示在 10%的置信水平下显著。为了控制篇幅，只报告了工具变量的二阶段回归结果。

从实证结果来看，烟草消费价格上涨显著提高了低收入人群和中低收入人群的 BMI 值，低收入和中低收入人群的 BMI 均值分别为 21.72 和 22.48，随着两组人群 BMI 值的进一步接近临近值，其患病风险大大提升，身体健康状况变差。而烟草消费价格上涨对中等收入、中高收入和高等收入人群的 BMI 值则没有产生显著影响，表明税率上调对这三类群体的健康状况无显著影响。结合表 18-5 的估计结果，推断出可能的原因是卷烟消费税上调对较低收入人群消费量没有显著影响，而对中高收入人群有显著抑制作用，导致低收入人群健康持续显著下降，而中高收入人群则有所缓解。据此，本章推断由于税负感知度和消费“替代转移效应”的共同作用，卷烟消费税上调对较低收入人群控烟效果有限，且可能会使其健康状况下降，更有可能造成不同人群人力资本差距进一步拉大，引发价格调节机制的横向失衡问题。

第六节　结论与启示

(一)主要结论

本章使用 CLDS 两期平衡面板，利用 2015 年卷烟消费税调整作为准自然实验，研究在税收政策调整过程中，税负感知度和消费“替代转移效应”如何影响消费者的需求行为，并借以评估“以税控烟”的政策效果。我们利用工具变量法估计出总体消费价格弹性系数，即消费价格指数上升 10 个点，消费者平均每天少消费 1.756 支烟，肯定了通过价格调节机制，卷烟消费税上调能够实现“以税控烟”。在对收入阶层的异质性分析中，可看出不同消费群体对税负变动的感知程度不同，表现出的需求行为也不同，税负感知度越高受影响越大。接着，从宏微观层面论证消费者在应对税率上调时存在消费的“替代转移效应”，即出于保持消费惯性而转移消费较低价位卷烟，而这种效应会削弱税收的价格调节功能。最后，整合税负感知度和消费“替代转移效应”两条路径机制解释为什么“以

税控烟”在较低收入消费人群中作用并不明显，并以此延伸出可能会导致消费结构升级的偏移、价格调节机制的横向失衡问题。此外，本章指出由于现行卷烟消费税调整对较低收入消费人群的控烟效果不明显，可能会导致这类人群的健康水平进一步下降，加剧人口健康不平等，拉大人力资本差距，这也是消费结构升级偏移、调节效果不均衡导致的结果。

本章的研究结论表明，在政府采用从价税率进行价格调节时，消费个体的税负感知度不足会弱化税收调节机制的作用，税负感知度越不敏感，对调节机制的弱化作用越强。同时，当行业产品可供选择的种类与价格类型较多时，价格调节还会引发商品内部的消费“替代转移效应”，该效应同样会弱化税收的调节机制，且效应越强对税收调节机制的弱化作用越大。而当税负感知度与内部消费的“替代转移效应”共同作用时，可能会造成税收对需求作用的调节机制失效。税收调节机制的失效使得无法矫正消费外部性，诱发居民消费需求的扭曲，形成似是而非的“理性消费”，即消费者从理性角度出发而作出非理性消费行为。更为重要的是，税收调节机制的弱化可能会影响以税收政策引导消费结构升级战略决策的实现高度，造成结构升级的偏移，尤其是在政府积极推行“减税降费”政策，引导消费结构升级，以高质量消费助推高质量发展的背景下。所以，在深化财税体制改革进程中，需高度重视并积极规避因税收认知不足与商品内部“替代转移效应”而带来的弱化效应，根据不同行业类型与产品特性相机抉择地调整税制结构设计，发挥税收认知理论的因势利导作用。

（二）启示

在政府积极推行与落实“减税降费”政策措施的背景下，本章的研究内容具有重要的靶向性和指导性价值。本章强调政府在推行积极“减税降费”过程中需要注意不同受惠个体和企业的不同反应，重视受惠对象的异质性影响，避免因政策导向而造成的不平等、不均衡问题，形成制约经济与社会发展的不稳定因素。政府需要充分运用税收认知理论，选择合理有效的计税方法，发挥税负感知度与消费“替代转移效应”的因势利导作用。

一是，根据税收认知理论，因势利导进行税制改革，引导消费结构升级，以高质量消费助推高质量发展。根据本章的研究结论，从价税率的调整使得消费低价位商品的消费者的税负感知度较弱，也就是说单一从价税率的设计会自发导致消费结构层级之间的税负感知度差异，形成分层式的调节效果。诚然，这种单一从价税率的税收政策不宜运用到类似于烟草、白酒、成品油与能源消费等有着较大负向外部效应的行业消费中，因为税负感知度差异导致的分层式的弱化作用会削弱税收对消费质量的调节功能。但政府在进行税收改革时可以对税负感知度的弱化效应因势利导，利用这种分层式的调节效果，在抑制高档商品消费需求的同时弱化对同类低价商品的影响，保护低收入群体的消费福利。

同时，当行业商品可供选择消费的价格种类较多时，还会产生内部消费的“替代转移效应”,且这种替代效应与消费者购买能力直接挂钩,购买能力较强的消费群体,其替代效应较弱,相反购买能力较弱的消费群体,其替代效应较强,故可针对不同消费群体的内部替代程度差异,因势利导地制度相关税收政策,将税收的调节功能最大化。政府在通过税收改革引导消费结构升级的过程中,需将消费的“替代转移效应”纳入政策制定的考虑范围内,因为一旦忽视内部消费“替代转移效应”的存在,可能会导致低收入群体的消费结构升级不充分,最终造成消费结构升级的不均衡、不平等问题。所以,如何通过税制设计弱化低购买能力群体的内部替代效应,在保障低收入群体的消费福利的同时实现整体升级是消费结构升级亟待解决的问题。总而言之,政府在进行税制改革时,可利用税收认知理论的因势利导作用,引导消费结构合理、平稳升级,以消费的高质量均衡化、平等化发展助推经济的高质量均衡化、平等化发展。

二是,深化财税体制改革,需注重税制结构性调整,多种税计形式并用,避免“一刀切”。单一式的从价税率固然会通过较低的税负感知度保护低收入群体的消费福利,但对于具有负向外部性的消费商品来说并不适合,正如本章针对烟草消费的税率调整研究,这种单一从价税率的上调看似保护了低收入群体的消费福利,实则加剧了健康不平等,造成以税收调节引导理性消费者作出非理性行为。所以,在深化财税体制改革的过程中,需要重视税制的结构性调整,针对不同消费商品的属性相机抉择地选择与之适应的税制体系,通过不同商品税制的结构性调整,矫正或因势利导发挥税收调节功能,促进消费结构升级。在对税收制度进行结构性调整的同时,加强多种计税方式的组合使用,虽然 2015 年卷烟消费税率调整首次在批发环节采用从价税与从量税组合形式,但其单支加征的 0.005 元从量税影响甚微,需进一步加大从量税比重,在从价税率调节高消费的同时,以从量税引导低收入群体理性消费。应积极避免因“一刀切”的税率而引发消费结构升级的失衡,打好税计形式的组合拳,对税收体制进行结构性调整。

三是,税制设计需与行业规划及产品结构特性相统一。当行业产品可供选择的价格种类较多时,税收调节容易引发商品消费的内部“替代转移效应”,从而弱化对购买能力较低人群的调节作用,但同样我们也指出可以对这种内部替代效应因势利导,达到保护低收入人群消费福利的目的。所以,税制设计需结合行业规划及产品结构特性,通过不同产品的结构属性,以税制设计指导行业规划,以行业规划配合税制改革,两者相得益彰,发挥内部替代效应的因势利导作用,实现税收调节功能的最优化。对那些民众消费的必需品可扩大供给的价格选择范围,使得具有较高“替代转移效应”的消费者在面临税率调整时有更多选择,从而保持其福利水平。相反,对于有较强负向外部性或享受型商品(例如烟草),需调整行业规划和产品结构,缩小可供选择的产品类型,侧重产品质量提升,控制产品供给,减少“替代转移效应”对税收调节效果的稀释作用。

四是,计税方式的设计需进一步细化到行业类别,与国家战略目标相适应。在深化税制改革的过程中,从价税与从量税、单一税率与多档税率、累进税率与累退税率等这些

计税方式的设计需细化到行业或产业层面，而且要与国家实时及未来发展战略目标相一致。税制结构性调整还涉及计税方式的调整，从国家发展战略的大局出发，将税收的计税方式精准到行业层面，针对不同行业的战略定位与发展目标制定与之相对应的计税方式。例如在加入《世界卫生组织烟草控制框架公约》后，国家积极落实控烟政策，而根据世界卫生组织的建议，从量税对低价烟的提价效果更明显，且征收管理较从价税更为简便，对控制烟草消费更为显著，推荐其成员国更多地采用从量税，所以从公共健康和控烟的角度来看，未来我国卷烟消费税制改革需大幅提高从量税(郑榕 等，2013，2016)。更为重要的是，在深化财税体制改革进程中，通过对产业计税方式进行合理设计，充分发挥“减税降费”政策的调节功能，实现以最优的税制姿态助推经济高质量发展。

本章参考文献

陈翰笙，1984.帝国主义工业资本与中国农民[M].复旦大学出版社.

陈力朋，刘华，徐建斌，2017.税收感知度、税收负担与居民政府规模偏好[J].财政研究，000(003)：97-110.

陈力朋，郑玉洁，徐建斌，2016.消费税凸显性对居民消费行为的影响——基于情景模拟的一项实证研究[J].财贸经济，37(7)：34-49.

樊勇，李昊楠，蒋玉杰，2018.企业税负、税收凸显性与企业固定资产投资[J].财贸经济，39(12)：49-61.

高松，刘宏，孟祥轶，2010.烟草需求、烟草税及其在中国的影响：基于烟草成瘾模型的经验研究[J].世界经济(10)：98-119.

贾康，张晓云，2014.中国消费税的三大功能：效果评价与政策调整[J].当代财经(4)：24-34.

李春根，徐建斌，2015.税制结构、税收价格与居民的再分配需求[J].财贸经济(11)：27-39.

李玲，陈秋霖，贾瑞雪，等，2008.我国的吸烟模式和烟草使用的疾病负担研究[J].中国卫生经济，27(1)：26-30.

刘华，陈力朋，徐建斌，2015.税收凸显性对居民消费行为的影响：以个人所得税、消费税为例的经验分析[J].税务研究(3)：22-27.

石坚，胡德伟，毛正中，等，2010.提高中国烟草税税负的经济影响分析[J].财贸经济(2)：57-63.

童锦治，周竺竺，2011.基于启发式认知偏向的税收显著性研究评述[J].厦门大学学报：哲学社会科学版，24(3)：9-15.

席鹏辉，梁若冰，2015.油价变动对空气污染的影响：以机动车使用为传导途径[J].中国工业经济(10)：100-114.

杨功焕,2010.全球成人烟草调查中国报告[M].北京:中国三峡出版社.

尹唯佳,王燕,高尧,2012.烟草价税联动对实现控烟目标的影响研究[J].财政研究(9):21-25.

郑榕,高松,胡德伟,2013.烟草税与烟草控制:全球经验及在中国的应用[J].财贸经济,34(3):44-53.

郑榕,王洋,胡筱,2016.烟草税:理论、制度设计与政策实践[J].财经智库(6):5-30.

ATKINSON A B ,STIGLITZ J E , 1976.The design of tax structure: direct versus indirect taxation[J].Journal of public economics, 6(1-2):0-75.

BECKER G S , MURPHY K M , 1988. A theory of rational addiction[J]. Journal of political economy, 96(4):675-700.

BISHOP J A, LIU H, MENG Q, 2007. Are Chinese smokers sensitive to price?[J]. China economic review, 18(2):113-121.

CABRAL M, HOXBY C, 2012. The hated property tax: salience, tax rates, and tax revolts[R]. National bureau of economic research.

CAWLEY J , RUHM C J , 2011. The economics of risky health behaviors[R]. Iza Discussion Papers.

CHEN Y, XING W, 2011. Quantity, quality, and regional price variation of cigarettes: demand analysis based on a household survey in China[J]. China economic review, 22(2):221-232.

CHEN, TING, JAMES KAI-SING KUNG, CHICHENG MA,2017. Long live Keju! The persistent effects of China's imperial examination system[R]. The persistent effects of China's imperial examination system.

CHETTY R , LOONEY A , KROFT K,2009 . Salience and taxation: theory and evidence[J].American economic review, 99(4):1145-1177.

FINKELSTEIN A, 2009. E-ztax: tax salience and tax rates[J]. The quarterly journal of economics, 124(3): 969-1010.

FUCHS A, CARMEN G D, MUKONG A K, 2018. Long-run impacts of increasing tobacco taxes: evidence from South Africa[J]. Alfred Mukong.

FUCHS A, MENESES F J, 2017. Regressive or progressive? The effect of tobacco taxes in ukraine[J]. Social science electronic publishing.

GALIANI S,LONG C,NAVAJAS AHUMADA C,et al.,2019.Horizontal and vertical conflict:experimental evidence[J]. Kyklos,72(2):239-269.

GOLDIN J,2015.Optimal tax salience[J].Journal of public economics,131:115-123.

GOLDIN J, HOMONOFF T,2013. Smoke gets in your eyes: cigarette tax salience and regressivity[J].American economic journal: economic policy,5(1):302-336.

JEFFREY, M, WOOLDRIDGE,2003.Cluster-sample methods in applied econometrics [J].American economic review,93(2):133-138.

MAO Z Z,YANG G H,JI-MIN M A,et al.,2003.Adults' demand of cigarettes and its influencing factors in China[J].Soft science of health,17(2),19-22.

MAO Z,HU D,YANG G,2005.New evaluating of the demand for cigarettes from Chinese residents[J].Chinese health economics,25(5),45-47.

MIRRLEES J A,1971.An exploration in the theory of optimum income taxation[J]. Review of economic studies, 38(2):175-208.

SAEZ E,2009. Do tax filers bunch at kink points? Evidence, elasticity estimation, and salience effects[R]. University of California at Berkeley. Mimeo.

SCHENK D H,2011.Exploiting the salience bias in designing taxes[J]. Yale J. on Reg., 28: 253.

SELVARAJ S,SRIVASTAVA S, KARAN A,2015. Price elasticity of tobacco products among economic classes in India, 2011—2012[J].Bmj open,5(12).

SIMON H A,1956.Rational choice and the structure of the environment[J]. Psychological review, 63(2):129-138.

WHO (WORLD HEALTH ORGANIZATION), 2017. WHO tobacco fact sheet [R]. Geneva:WHO.

WHO (WORLD HEALTH ORGANIZATION).WHO report on the global tobacco epidemic 2015: raising Taxes on Tobacco[R]. Geneva: WHO.

WHO (WORLD HEALTH ORGANIZATION).WHO report on the Global Tobacco epidemic 2014: raising taxes on tobacco[R]. Geneva: WHO.

WORLD BANK,1999.Curbing the epidemic: governments and the economics of tobacco control[M]. Report 19638 (May), Development in Practice Series, World Bank, Washington, DC.

附表 18-1 调整前后市场常见香烟批发价格比较

序号	规格名称	调整前统一 批发价格/(元/条)	调整后统一 批发价格/(元/条)	价格上涨/元
1	南京(九五)	830	879.8	49.8
2	中华(大中华)	800	848	48
3	苏烟(金砂2)	700	742	42
4	利群(休闲)	680	720.8	40.8

续表

序号	规格名称	调整前统一批发价格/(元/条)	调整后统一批发价格/(元/条)	价格上涨/元
5	黄金叶(天叶)	640	678.4	38.4
6	黄鹤楼(硬漫天游)	630	667.8	37.8
7	中华(软)	550	583	33
8	云烟(印象)	530	561.8	31.8
9	玉溪(软小庄园)	520	551.2	31.2
10	芙蓉王(软蓝)	500	530	30
11	南京(雨花石)	430	455.8	25.8
12	利群(阳光)	400	424	24
13	钻石(硬红 120)	380	402.8	22.8
14	娇子(软黄天子)	370	392.2	22.2
15	中华(硬)	360	381.6	21.6
16	芙蓉王(硬君信)	340	360.4	20.4
17	黄鹤楼(硬珍品)	320	339.2	19.2
18	利群(软长嘴)	300	318	18
19	牡丹(软蓝)	260	275.6	15.6
20	云烟(软珍品)	230	243.8	13.8
21	娇子(龙韵)	225	238.5	13.5
22	利群(硬)	216	228.96	12.96
23	芙蓉王(硬)	206	218.36	12.36
24	玉溪(软)	190	201.4	11.4
25	利群(长嘴)	180	190.8	10.8
26	红双喜(硬晶派)	178	188.68	10.68
27	中南海(领越)	175	185.5	10.5
28	双喜(盛世)	170	180.2	10.2
29	黄鹤楼(软蓝)	155	164.3	9.3
30	兰州(硬珍品)	144	152.6	8.6
31	黄山(大黄山)	132	139.92	7.92
32	555(金)	130	137.8	7.8
33	泰山(青秀)	115	121.9	6.9
34	南京(红)	97	102.82	5.82

续表

序号	规格名称	调整前统一批发价格/(元/条)	调整后统一批发价格/(元/条)	价格上涨/元
35	大红鹰(软蓝)	88	93.28	5.28
36	红塔山(硬经典)	83	87.98	4.98
37	中南海(5mg)	80	84.8	4.8
38	云烟(双龙)	72	76.32	4.32
39	红河(小熊猫清和风)	63	66.78	3.78
40	泰山(红将军)	54	57.2	3.2
41	红旗渠(银河之光)	45	47.7	2.7
42	哈德门(精品)	36	38.16	2.16
43	红金龙(硬虹之彩)	27	28.62	1.62
44	红双喜(硬)	22.5	23.85	1.35
45	雄狮(红)	18	19.08	1.08

注:根据中国香烟网公布(https://www.cnxiangyan.com/)的数据收集整理。

第十九章　纳税信用评级制度对企业技术创新的影响*

孙红莉　雷根强**

第一节　引　言

当前,中国已经步入经济新常态,传统竞争优势不断减弱。技术进步和创新是提升经济实力和培育竞争新优势的重要引擎。党的十七大报告指出,提升国家自主创新能力是提高综合国力的关键,建设创新型国家是国家发展战略的核心。在众多创新主体中,企业是最主要的微观创新主体,企业家及其创新创业精神是推动经济发展和国家持久繁荣的重要力量。十九大报告指出,我国要构建以企业为主体的技术创新体系。因此,引导社会资本流向企业创新活动对提高创新水平具有重要意义。

现代市场经济本质上是信用经济,且信用是影响社会资本的重要因素(王书斌、徐盈之,2016)。在国务院于 2014 年 7 月印发出台了《社会信用体系建设规划纲要》之后,信用日益成为引导社会资本流向的重要经济要素。经济学家熊彼特指出,守信用的企业家关系到创新体系的构建。依法诚信纳税是企业信用的最好体现,国家税务部门出具的企业纳税信用结果是企业依法诚信纳税的鉴定凭证。治理理念下,柔性监管是政府执政理念改革与发展的方向。国家税务总局实施的基于企业涉税申报信息、缴纳税(费)款信息、纳税评估、税务审计、反避税调查信息和税务稽查信息等纳税信用信息对企业进行纳税信用评价、并按照守信激励、失信惩戒的原则对不同等级纳税人进行差别管理的纳税信用评级制度就体现了我国税务部门的柔性监管特征。其中,2003 年实施的纳税信用评级管理办法执行效果并不尽如人意,而相对而言,2014 年的纳税信用评级制度奖惩力度更大,影响范围更广,社会各界对此的重视程度更高。随着我国信用体系建设的不断推进,纳税信用已经成为企业参与市场竞争的重要资产。[①]

在中国实施创新驱动发展战略,深化税收制度改革以及加快推进社会信用体系建设

* 本章写作时间为 2019 年,故本章表述以 2019 年为时间节点。

** 孙红莉,博士研究生,厦门大学经济学院;雷根强,教授,博士生导师,厦门大学经济学院财政系。

① 不同纳税等级企业在经营、投融资、取得政府供应土地、进出口、出入境、注册新公司、工程招投标、政府采购、获得荣誉、安全许可、从业任职资格、资质审核等方面享受不同待遇。

的多重背景下,研究纳税信用评级制度对企业技术创新的影响具有很强的现实意义。具体而言,本章以2014—2016年沪深A股上市公司为研究样本考察国家税务总局于2014年实施的纳税信用评级制度对企业技术创新的影响。本章的主要贡献有:(1)丰富了影响企业技术创新的税收因素研究。现有研究已经证实了税收负担、税收优惠、税收竞争和强制性税收征管等税收因素对企业技术创新的影响(林志帆、刘诗源,2017;肖叶、贾鸿,2016;李彬 等,2017)。与已有文献不同的是,本章从柔性税收监管的角度研究了纳税信用评级制度对企业技术创新的影响和具体机制,丰富了企业技术创新影响因素的研究。(2)为有效缓解本章原始数据可能面临的内生性问题,本章进一步采用倾向得分匹配法和工具变量法进行实证研究。此外,为保证基础实证结果的可信度,本章还进行了一系列稳健性检验,包括Placebo检验、改变研究样本、纳税信用评级结果和技术创新衡量指标等。(3)通过引入机制变量检验纳税信用评级制度作用于企业技术创新的具体路径。理论和实证检验均表明,纳税信用评级制度可以通过外源融资机制、营销机制和公司治理机制发挥促进企业技术创新的效应。

第二节 理论分析与研究假说

(一)融资机制

创新活动的外部性、不可分割性以及创新结果的不确定性等特征决定了企业研发活动需要大量、稳定的资金投入(Brown and Petersen,2011)。其中,内源融资是企业研发资金的重要来源(解维敏、方红星,2011)。但由于税收是政府对企业利润的强制性分享,税收征管力度提高会降低企业避税程度(范子英、田彬彬,2013),减少企业税后现金流(Goh et al.,2016),减少企业内源融资(于文超 等,2018)。此外,不规范的税收征管会提高企业的交易成本和资金成本,造成企业的行政负担,提高企业主观税负,增加非正规活动支出,进一步压缩企业内源融资空间(于文超 等,2018)。进一步地,企业研发创新活动的巨额前期投入和沉淀成本等特点决定了仅仅依靠内源资金难以维系企业的创新活动(张杰 等,2012),外源融资逐渐成为企业研发创新的重要资金来源,并成为支撑企业创新的关键(Czarnitzki and Hottenrott,2011)。由于并不直接参与企业的经营管理,外部投资者与企业之间存在信息不对称,且处于信息不对称的劣势一方,而创新活动的保密性会加剧信息不对称程度,增加企业的外源融资难度(郭玥,2018)。此外,债权人与股东之间的风险—收益结构不对称性(Stiglitz,1985),会进一步增加企业研发创新的外源融资难度(林志帆、龙晓旋,2015)。而税收征管的信息中介特征能够降低融资活动信息不对称程度(Guedhami and Pittman,2008),且税收征管核实债务人清偿能力的特征会提高债权人出让资金和承担风险的意愿,提升企业外源融资能力(潘越 等,2013)。

具体到本章的逻辑:进行纳税信用评级时,税务机关会通过纳税人信用历史信息、税务内部信息、外部信息等信息渠道对企业账目进行详细检查,且会对纳税人的纳税信用级别实行动态调整。相较于一般的税务检查,纳税信用评级中的税收征管力度显然更大。就其对内源融资的影响而言:较高的税收征管力度可能规范企业纳税行为,提高企业逃、避税行为被发现的概率,降低企业逃、避税行为。此外,反避税调查信息也是纳税信用评级的指标之一,出于获得更高纳税信用评级得分的动机,企业会主动减少逃、避税行为。就其对外源融资的影响而言:税务机关在纳税信用评级的过程中详细检查企业账目信息的行为以及国家税务机关会主动披露纳税信用评级为 A 的企业名单的行为,不仅能够降低企业的信息不对称程度,对该类企业的高信息质量起到鉴定作用,还能够提升企业的声誉,并提高债权人对企业信息质量的信任度。此外,2016 年国家发展改革委、国家税务总局联合中国人民银行、中央文明办等 29 部门签署的《关于对纳税信用 A 级纳税人实施联合激励措施的合作备忘录》中规定:企业纳税信用状况可以作为实施财政性资金项目安排的参考条件,也可以作为银行授信融资的重要参考条件。基于上述分析,本章认为,纳税信用评级制度一方面可能增加企业税收负担,压缩企业的内源性融资空间,不利于企业技术创新(林志帆、刘诗源,2017);另一方面,则可能通过降低企业的信息不对称程度,提高外源融资可得性,促进企业创新。纳税信用评级制度的融资机制对企业创新影响的方向取决于二者相对效应的大小。

(二)营销机制

充足的现金流与留存收益不仅是企业研发创新活动的内源性融资基础,还是研发失败时的风险准备金(Manso,2011)。充裕的资金可使遭受失败的企业得以维系生存并开展“干中学”的后续研发。而企业绩效提高有利于企业内部资金积累,增加企业可用的研发资金,最终促进企业研发投入(余学斌、李媛渊,2015)。具体到本章的研究:依法诚信纳税是企业诚信行为的重要体现,企业纳税信用评级结果为 A 表明企业纳税行为的诚信度较高。公司品牌形象会影响消费者对企业产品质量的评价(王海忠 等,2006),而诚信是公司品牌形象的构成因素之一(王海忠、赵平,2008)。公司的诚信水平不仅会影响消费者对产品的评价和购买意向(Gürhan and Batra,2004),还会提高经销商对企业的满意度,强化与经销商的关系(王海忠、赵平,2008)。此外,纳税信用评价指标体系不仅包括税务信息指标,还包括纳税人在工商、质检、环保、银行等部门的信用记录等信息。不完善的市场机制下,买方与卖方在产品质量上存在信息不对称,而质量认证能够作为一种信号传递机制发挥治理柠檬市场问题的作用(陈艳莹、李鹏升,2017)。企业的优良质检信用记录以及国家税务总局主动公布纳税评级为 A 的企业名单这一行为能够向外界释放出产品质量良好的积极信号,提高企业声誉(孙雪娇 等,2019),帮助企业获得更高的销售价格(Shapiro,1983)。基于上述分析,本章认为,纳税信用评级结果为 A 能够增加消费者和经销商对该企业产品的认可程度,提高企业营业收入和营业绩效,进而有利于企业创新。

(三)公司治理机制

现有文献表明,代理问题是上市企业普遍存在的问题,创新活动的专业性、技术性和保密性使得研发活动往往是企业代理问题的重灾区(孙俊杰、张云,2019)。创新决策需要更高的失败容忍度和更大的决策空间(周铭山、张倩倩,2016)。而第一类代理问题导致经营者主要关心个人财富、职位安全、权力威望以及个人效用最大化等管理层短视问题(Wright et al.,1996),且管理层短视是上市企业普遍存在的问题(Stein,1988)。相较于其他公司决策,企业创新活动具有探索性、长期性、高风险性,创新活动失败会对短期盈利能力造成较大冲击(袁建国 等,2015)。当股东与管理层之间存在代理冲突时,为了改善短期经营绩效,经营者更可能削减企业研发支出(Graham et al.,2005),严重削弱企业研发创新动力(Wright et al.,1996)。此外,企业管理层可能通过滥用资源、转移资产、窃取资源等手段侵占股东利益(Jensen and Meckling,1976),进一步减少企业可用于研发创新的资源。在中国等新兴市场,企业普遍面临第二类代理问题。在所有权结构高度集中的中国企业,控股股东经常会通过占用上市公司资金、关联交易的方式侵占小股东的利益(姜国华、岳衡,2005),完成其掏空行为(Johnson et al.,2000)。由于企业研发活动需要长期持续的研发投入,控股股东的掏空行为可能减少企业用于研发创新的资源并恶化公司盈余的持续性(窦欢、陆正飞,2017),导致存在第二类代理问题的企业往往缺乏进行持续高水平创新投资的动力(左晶晶 等,2013),不利于企业技术创新(唐跃军、左晶晶,2014)。由于税收是政府对企业创造收益的强制性分享,政府可被视作一种特殊类型的股东(Desai et al.,2007),政府税务部门不仅有着更强的监督能力,也因为较少的搭便车考虑而有着更为强烈的监督意愿。现有研究表明,税收征管能够降低两类代理成本(曾亚敏、张俊生,2009),抑制管理层的私有收益(Desaia et al.,2007),有效遏制企业管理层与控股股东对公司利益的侵占,提高企业委托人与代理人目标的一致性。此外,在有限理性和存在交易成本的情况下,诚信也可以作为约束参与者行为的隐性制度安排(陈汉文 等,2005)。

具体到本章的研究:首先,在进行纳税信用评级的过程中,税务机关会对企业账簿信息、反避税调查信息和税务审计信息等在内的财务信息进行稽查,从而监管企业关联交易、转移定价等行为。因此,纳税信用评级制度可以作为一种税收征管制度发挥公司治理作用。其次,纳税信用评级制度的目标之一是促进纳税人诚信自律。评价年度之前的优良信用记录、不良信用记录以及是否诚信纳税等记录均被纳入评价体系。纳税信用评级结果为 A 能在一定程度上体现企业较高的信用水平。因此,纳税信用评级制度还可以作为诚信制度发挥公司治理作用。

综合以上分析,本章提出如下两个竞争性的研究假设:

假设 19-1:纳税信用评级制度会抑制企业技术创新;

假设 19-2:纳税信用评级制度会促进企业技术创新。

纳税信用评级制度对企业技术创新影响的逻辑机理如图 19-1 所示。

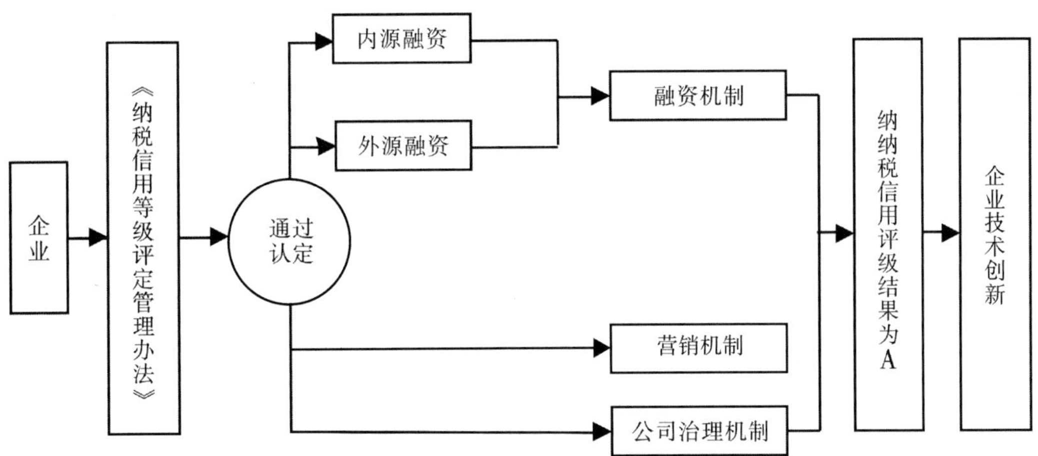

图 19-1　纳税信用评级制度对企业技术创新影响的逻辑机理

资料来源：作者绘制。

第三节　数据、变量与实证模型

(一)计量模型设定与变量定义

基于上述理论分析，为考察纳税信用评级制度对微观企业技术创新的影响效应，参考张杰等(2017)和虞义华等(2018)的研究设计，本章构建如下基本计量模型(19-1)：

$$y_{it+1}=\beta_0+\beta_1 A_{it}+\beta_2 \mathrm{Control}_{it}+\beta_3 \mathrm{Fe}+\varepsilon_{it} \tag{19-1}$$

其中，i 代表个体，t 代表年份，y 代表企业技术创新水平。现有衡量企业技术创新水平的指标有研发投入和创新产出两个维度。但研发投入的增加并不必然带来创新产出和创新效率的提高，无法体现出企业的创新质量和创新效率(虞义华 等，2018)。参考黎文靖和郑曼妮(2016)的做法，本章以专利申请数量作为企业技术创新水平代理变量，并以专利申请总数量、发明专利申请数量和非发明专利申请数量衡量企业总体创新水平、实质性创新水平和策略性创新水平。考虑到企业技术创新从研发投入到创新产出存在一定时滞，本章参考已有文献的做法，将技术创新变量做推后一期处理。具体地，分别用 $\mathrm{lnpatent}_{t+1}$、$\mathrm{lnpatenti}_{t+1}$ 和 $\mathrm{lnpatentud}_{t+1}$ 表示推后一期企业总体创新水平、实质性创新水平和策略性创新水平。

模型核心解释变量为企业纳税信用评级结果虚拟变量，用 A 表示。本章按照如下方法检索纳税信用评级结果：以上市公司统一社会信用代码作为检索依据，将其与国家税务总局官方网站披露的纳税信用评级为 A 的企业进行匹配，为防止可能出现的检索遗漏问题，进一步以上市公司名称作为检索依据进行检索。如果纳税信用评级结果披露当

年,该上市公司纳税信用评级结果为 A,则 A 取值为 1,否则为 0。

control 表示影响企业技术创新的其他控制变量,主要包括企业规模(size,总资产对数)、资产负债率(lev,总负债/总资产)、企业年龄(age,企业自成立当年起的年数)、成长性(growth,营业收入增长率)、经营活动净现金流比例(cf,经营活动中产生的现金流/总资产)、市场势力(market,营业收入与营业成本之比取对数)、固定资产比例(ppe,固定资产净额/总资产)、资本支出比例(capital,资本支出/总资产)、薪酬激励(bsmsalary,董事、监事及高管年薪总额对数)、股权集中度(first,第一大股东持股比例)和股权激励(bstock,董事、监事及高管持股比例)等变量。为控制行业、年份以及地区可能影响纳税信用评级制度对企业技术创新的影响,本章在回归模型中控制行业固定效应、年份固定效应和省份固定效应,固定效应用 Fe 表示。此外,为了消除潜在的残差组内相关性与异方差对估计系数显著性推断的影响,本章将回归标准误聚类到企业层面上。

(二)数据来源与描述性统计分析

由于《纳税信用管理办法(试行)》自 2014 年 10 月 1 日起开始施行,本章研究需要用到推后一期技术创新数据,本章以 2014—2016 年沪深 A 股上市公司作为研究样本考察纳税信用评级制度对企业技术创新的具体影响。数据主要来源于 CSMAR 数据库和 Wind 资讯数据库。参照现有研究企业创新文献的通行做法,本章对原始数据进行以下处理:(1)为避免异常值的影响,剔除样本期内的 ST、* ST 和 PT 等状态异常的企业;(2)剔除银行、证券、保险等金融行业企业的样本;(3)剔除资产负债率大于 1 或者小于 0 等财务指标明显异常的样本;(4)剔除主要解释变量和被解释变量取值上存在缺失的样本和被解释变量。最终,本章得到的研究样本包含 2608 家上市公司、6316 个观测值。

表 19-1 报告了样本中主要解释变量和被解释变量的描述性统计分析结果。可以看到,专利申请总量均值为 1.7583;分创新种类来说,实质性创新变量的均值和标准差均小于策略性创新变量,表明我国上市企业的专利产出更多的是策略性创新,且企业间实质性创新数量的差异更小。两种专利申请指标数据的中位数都远远小于均值,可见中国大多数企业专利申请数量都低于平均值,拥有较高专利申请数量的企业比例并不高。变量 A 的均值表明有将近一半的上市公司在纳税信用评级中被评为 A,表明我国企业纳税信用水平还有待提高。

表 19-1 变量描述统计

变量符号	观测值	均值	标准差	最小值	中位数	最大值
lnpatent_{t+1}	6316	1.7583	1.6781	0.0000	1.6094	8.8642
lnpatenti_{t+1}	6316	1.2390	1.4030	0.0000	0.6931	8.3916
lnpatentud_{t+1}	6316	1.2672	1.5073	0.0000	0.6931	8.3018

续表

变量符号	观测值	均值	标准差	最小值	中位数	最大值
A	6316	0.4864	0.4999	0.0000	0.0000	1.0000
growth	6316	0.6815	24.3947	−0.9183	0.0879	1878.3720
lev	6316	0.4178	0.2050	0.0091	0.4032	0.9957
cf	6316	0.0435	0.0782	−1.9377	0.0427	0.6837
market	6316	1.6072	1.5335	0.6802	1.3454	59.8075
ppe	6316	0.2216	0.1589	0.0000	0.1892	0.9005
size	6316	22.1456	1.2612	17.6413	21.9805	28.5087
age	6316	17.5739	4.9277	4.0000	17.0000	66.0000
capital	6316	0.0458	0.0444	0.0000	0.0331	0.6419
bsmsalary	6316	15.2262	0.7060	10.7790	15.1908	18.2714
first	6316	34.0281	14.7286	0.2900	31.9650	89.9900
bstock	6316	0.2117	0.3152	0.0000	0.0122	1.6199

第四节　实证分析

(一)基础实证结果

本章采用最小二乘估计方法对基准模型进行实证回归,回归结果列示在表 19-2。可以看出,无论是否加入控制变量,纳税信用评级结果虚拟变量 A 的回归系数均在 1%水平上显著为正,即纳税信用评级结果为 A 与企业专利申请数量之间存在显著的正相关关系,纳税信用评级制度能够显著促进企业技术创新,本章的研究假说 2 得以验证。对此可能的解释是,虽然纳税信用评级制度产生的征税效应会减少企业内源融资,但其缓解信息不对称作用能够提高企业外源融资可得性,且相对而言,外源融资对企业创新的促进效应更大(李汇东 等,2013)。此外,纳税信用评级结果为 A 的营销机制和公司治理机制对企业创新的影响方向也为正。就纳税信用评级制度对企业技术创新的具体影响而言,纳税信用评级结果为 A 对企业专利申请总数量、发明专利申请量、非发明专利申请量的估计系数分别为 0.4928、0.3581 和 0.3443,且在 1%水平上显著,意味着纳税信用评级为 A 使得企业下一年专利申请总量、发明专利申请量、非发明专利申请量分别平均增加约 49.28%、35.81%和 34.43%。

表 19-2 纳税信用评级制度与企业技术创新

变量	(1)	(2)	(3)	(4)	(5)	(6)
	$lnpatent_{t+1}$	$lnpatenti_{t+1}$	$lnpatentud_{t+1}$	$lnpatent_{t+1}$	$lnpatenti_{t+1}$	$lnpatentud_{t+1}$
A	0.6117***	0.4561***	0.4383***	0.4928***	0.3581***	0.3443***
	(0.0000)	(0.0000)	(0.0000)	(0.0000)	(0.0000)	(0.0000)
控制变量	no	no	no	yes	yes	yes
常数项	2.4053***	1.7986***	2.0592***	−7.9731***	−7.9330***	−6.2654***
	(0.0000)	(0.0000)	(0.0000)	(0.0000)	(0.0000)	(0.0000)
观测值	6316	6316	6316	6316	6316	6316
R^2	0.2077	0.1610	0.1660	0.2874	0.2543	0.2334
Fe	yes	yes	yes	yes	yes	yes

注:括号中为 p 值,其中 *、**、*** 分别代表在 10%、5%、1%的水平上显著,下同。"yes(no)"表示控制(未控制)相关变量,Fe 表示行业固定效应、年份固定效应和省份固定效应,下同。

(二)稳健性检验

1.Placebo 检验

本章参考孙雪娇等(2019)的做法,将纳税信用评级为 A 这一结果随机分配给上市公司,采用基础实证模型对新生成的处理组和控制组进行 500 次重复回归,并对相关回归结果进行统计分析(见图 19-2 和表 19-3)。[①] 回归结果统计分析结果显示,A 的系数不显著为 0 的情况占比相对较小,意味着本章构造的虚拟处理效应并不存在,即企业技术创新水平提高确实是由纳税信用评级结果为 A 这一行为所致,而不是由其他偶然因素或噪音所导致的。

表 19-3 虚拟处理效应回归结果的统计分布(专利申请总量)

方法	变量	均值	5%分位	1/4 分位	中位数	3/4 分位	95%分位	标准差	N
OLS 回归	系数	0.0019	−0.0601	−0.0226	0.0024	0.0284	0.0636	0.0383	500
	t 值	0.0505	−1.6017	−0.6005	0.0634	0.7472	1.6405	1.0066	500

资料来源:作者计算。

2.改变研究样本的稳健性检验

首先,由于纳税信用评级制度于 2014 年 10 月 1 日开始实施,距离 2014 年结束仅有 3 个月时间,2014 年的政策效应可能难以充分体现。为避免这一时间因素可能影响纳税

① 由于篇幅限制,这里仅列出了因变量为专利申请总量的回归结果,因变量为发明专利申请数量和非发明专利申请数量的结果留存备索。

信用评级制度对企业技术创新的效应，本章删除 2014 年的企业样本，基于 2015—2016 年样本进行稳健性检验。其次，不同城市层级的公共管理服务可能有所不同，例如北上广深等一线城市的基础公共设施可能优于其他城市，位于这些城市的企业的技术创新水平可能天然优于其他地区的企业，从而影响本章的实证结果。为避免企业所处城市这一因素可能影响纳税信用评级制度对企业技术创新的微观效应，本章剔除四大一线城市(北京、上海、广州、深圳)的企业样本进行实证分析。表 19-4 的实证结果显示，相较于基础实证结果，纳税信用评级结果 A 的系数均显著有所增加，证实了 2014 年样本和一线城市样本可能低估纳税信用评级制度对企业技术创新的促进效应。

表 19-4 稳健性检验 1——改变研究样本

变量	(1)	(2)	(3)	(4)	(5)	(6)
	$lnpatent_{t+1}$	$lnpatenti_{t+1}$	$lnpatentud_{t+1}$	$lnpatent_{t+1}$	$lnpatenti_{t+1}$	$lnpatentud_{t+1}$
A	0.6122***	0.4155***	0.4320***	0.5422***	0.3743***	0.4113***
	(0.0000)	(0.0000)	(0.0000)	(0.0000)	(0.0000)	(0.0000)
控制变量	yes	yes	yes	yes	yes	yes
常数项	−8.2826***	−8.1860***	−6.5933***	−7.4927***	−7.3523***	−5.9424***
	(0.0000)	(0.0000)	(0.0000)	(0.0000)	(0.0000)	(0.0000)
观测值	4103	4103	4103	4667	4667	4667
R^2	0.2662	0.2267	0.2277	0.2901	0.2580	0.2298
Fe	yes	yes	yes	yes	yes	yes

3.改变纳税信用评级结果的稳健性检验

首先，考虑到上市公司子公司的纳税信用评级结果可能会对上市公司本身声誉、融资行为等影响企业技术创新的因素产生影响，稳健性考虑，本章在确认上市公司纳税信用评级结果时将上市公司子公司纳税评级结果纳入考虑范围。若上市公司本身或其子公司的纳税信用评级结果为 A，则纳税信用评级结果虚拟变量 *A* 取值为 1，否则为 0，在此基础上，再次重复模型(1)的基础实证分析。具体的实证结果列示在表 19-5 列(1)～列(3)，*A* 的系数显著为正，且数值略高于基础实证结果，表明子公司在纳税信用评级结果中被评为 A 也能够促进企业技术创新水平。其次，考虑到税务机关对纳税人的纳税信用级别会实行动态调整，税务机关可能调整企业以前年度纳税信用评价结果和记录，造成企业纳税信用评级结果的不稳定性，进而影响本章的实证结果。为保证实证结果的稳健性，本章选取 2014 年初次在纳税信用评级中被评为 A 且在样本期间内未中断的企业作为处理组进行稳健性检验。基于新样本的实证结果(表 19-5 列(4)～列(6))显示，变量 *A* 的系数依然显著为正，再次证实了本章实证结果的稳健性。

表 19-5　稳健性检验 2——改变纳税信用评级结果

变量	(1)	(2)	(3)	(4)	(5)	(6)
	lnpatent_{t+1}	lnpatenti_{t+1}	lnpatentud_{t+1}	lnpatent_{t+1}	lnpatenti_{t+1}	lnpatentud_{t+1}
A	0.6497***	0.4347***	0.4768***	0.6100***	0.4459***	0.4489***
	(0.0000)	(0.0000)	(0.0000)	(0.0000)	(0.0000)	(0.0000)
控制变量	yes	yes	yes	yes	yes	yes
常数项	−8.1632***	−8.1115***	−6.4903***	−7.8237***	−7.8219***	−6.1385***
	(0.0000)	(0.0000)	(0.0000)	(0.0000)	(0.0000)	(0.0000)
观测值	4103	4103	4103	6316	6316	6316
R^2	0.2700	0.2285	0.2317	0.2887	0.2555	0.2355
Fe	yes	yes	yes	yes	yes	yes

4.改变被解释变量度量指标

除了创新产出之外，创新效率也能体现企业的研发创新水平。借鉴 Hirshleifer 等(2013)和虞义华等(2018)的做法，本章基于单位研发支出转化的专利申请数量，按照如下模型构建企业创新效率度量指标：

$$\text{efficiency04}=\frac{\text{innovation}_{it+1}}{\text{RD}_{it}+0.8\times\text{RD}_{it-1}+0.6\times\text{RD}_{it-2}+0.4\times\text{RD}_{it-3}+0.2\times\text{RD}_{it-4}} \tag{19-2}$$

其中，efficiency04 表示本章使用当期及滞后 1 到 4 期研发费用数据构建创新效率指标，innovation_{it+1}表示企业在第 $t+1$ 年专利申请数量，RD 为企业研发费用(亿元)。企业研发创新效率反映企业在一定的研发投入下能够产生多少专利申请总数量(efficiency_1)、发明专利申请数量(efficiency_2)和非发明专利申请数量(efficiency_3)。研发创新效率越高，表明同样的研发投入产出的专利申请数量越多。表 19-6 列(1)～列(3)的实证结果表明，纳税信用评级结果为 A 显著提高了企业的创新效率，即在相同的研发投入条件下，若企业在纳税信用评级中并被评为 A，企业在下一期所获得的专利申请数量更多。

表 19-6　稳健性检验 3(改变被解释变量度量指标)和地区税收征管环境的调节作用

变量	(1)	(2)	(3)	(4)	(5)	(6)
	efficiency1	efficiency2	efficiency3	lnpatent_{t+1}	lnpatenti_{t+1}	lnpatentud_{t+1}
A	0.4313**	0.1555*	0.2759*	1.0908***	0.7316***	0.8864***
	(0.0446)	(0.0703)	(0.0734)	(0.0013)	(0.0086)	(0.0046)
ATE				−0.6807**	−0.4550*	−0.6062**
				(0.0427)	(0.0981)	(0.0491)

续表

变量	(1)	(2)	(3)	(4)	(5)	(6)
	efficiency1	efficiency2	efficiency3	$lnpatent_{t+1}$	$lnpatenti_{t+1}$	$lnpatentud_{t+1}$
TE				0.3517 (0.2364)	0.0073 (0.9762)	0.7079** (0.0103)
控制变量	yes	yes	yes	yes	yes	yes
常数项	4.6745 (0.1615)	0.9773 (0.4788)	3.6972 (0.1318)	−8.0771*** (0.0000)	−7.4182*** (0.0000)	−6.4247*** (0.0000)
观测值	2290	2290	2290	4180	4180	4180
R^2	0.0755	0.0788	0.0639	0.2689	0.2218	0.2266
Fe	yes	yes	yes	yes	yes	yes

(三)地区税收征管环境的调节作用

现有文献表明,强制性税收征管往往是通过强制性手段规范企业纳税活动(陈晓光,2016),而纳税信用评级制度则主要通过实施“扬善”性质的激励措施发挥规范企业纳税的作用,具有柔性税收征管性质(孙雪娇 等,2019)。由于二者对微观企业的作用机制不同,地区强制性税收征管可能影响纳税信用评级制度对企业创新的影响效应。为了检验地方税收征管强度对纳税信用评级制度与企业技术创新行为之间关系的影响,本章引入地区税收征管强度与企业纳税信用评级结果的交互项对企业技术创新行为进行分析。参考曾亚敏和张俊生(2009)等文献的做法,本章以企业所处地区税收努力程度衡量地区强制性税收征管力度(TE)。税收努力程度越高,各地区税收负担比率实际值与预测值越接近,表明企业面临的强制性税收征管力度也越强。

表 19-6 列(4)~列(6)的回归结果显示,控制企业所在地区强制性税收征管强度及其与纳税信用评级结果交互项(ATE)后,纳税信用评级结果回归系数仍然显著为正,即考虑地区税收征管环境后,本章的基础实证结论依然不变。地区税收征管强度与纳税信用评级结果交互项回归系数显著为负,这意味着纳税信用评级为 A 对企业创新产出的促进效应在强制性税收征管力度较弱的地区更加明显。可能的原因是,强制性税收征管和纳税信用评级制度的主要作用均是促进企业合理纳税,但纳税信用评级制度具有柔性税收征管性质,可以在一定程度上弥补地区强制性税收征管环境的不足。因而,在促进企业技术创新方面,纳税信用评级制度能够发挥对强制性税收征管的补充效应。

(四)内生性处理

事实上,企业纳税信用评级结果是否为 A 可能并不是随机的。一方面,纳税信用评级结果为 A 和不为 A 的企业之间存在很多可观测和不可观测的特征差异,很可能是这些差异性特征导致评级结果不同的企业之间的技术创新水平差异。如果不排除这些因

素的影响，估计结果可能会产生偏误。另一方面，纳税信用评级在制度安排上设计了有效的纳税人参与机制。研发强度高的企业为了提高其产品市场竞争力，会采用更多手段实现产品差异化并维护企业品牌形象。诚信是公司品牌形象的构成因素之一（王海忠、赵平，2008）。由于纳税信用评级为 A 能够向外界传递其诚信的信息，自身研发创新水平就较高的企业可能更有动机主动参与纳税信用评级申请。为了更好地解决可能存在的内生性问题，本章接下来通过倾向得分匹配方法和工具变量方法两种实证策略再次进行实证分析。

1.倾向得分匹配估计(PSM)

根据企业在纳税信用评级中是否被评为 A，本章采用倾向得分匹配方法（简称 PSM）估计纳税信用评级制度对企业技术创新的平均处理效应。参考孙雪娇等（2019）的做法，本章选取公司规模、负债能力、经营活动现金流、成长性、上市时间和避税程度以及行业哑变量作为协变量，将纳税信用评级结果为 A 的样本作为处理组，没有被评为 A 的样本作为对照组进行匹配。平衡性检验结果表明，对比匹配前的结果，所有变量的标准化偏差均大幅缩小，说明所有协变量都通过了平衡性检验。① 表 19-7 列(1)～列(7)分别报告的是采用一对一匹配、邻近匹配、卡尺匹配、半径匹配、核匹配、局部线性回归匹配以及马氏匹配方法后估计的纳税信用评级制度对企业专利申请数量的平均处理效应。估计结果表明，所有匹配结果均在 1%水平上显著为正，进一步验证了本章结论，即纳税信用评级制度能够显著提高企业创新产出水平。与基准模型估计结果相比，倾向得分匹配估计结果略低，证实了本章存在内生性问题高估了纳税信用评级为 A 对企业研发创新的促进效应。

表 19-7　倾向得分匹配回归估计结果

变量	(1)	(2)	(3)	(4)	(5)	(6)	(7)
	1 对 1 匹配	邻近匹配	卡尺匹配	半径匹配	核匹配	局部线性回归匹配	马氏匹配
	$\mathrm{lnpatent}_{t+1}$						
ATT	0.3695***	0.4261***	0.4286***	0.4249***	0.4199***	0.4327***	0.4925***
	(0.0724)	(0.0627)	(0.0576)	(0.0447)	(0.0444)	(0.0475)	(0.0452)
观测值	6312	6312	6312	6312	6312	6312	6312
	$\mathrm{lnpatenti}_{t+1}$						
ATT	0.2587***	0.3049***	0.3074***	0.2979***	0.2973***	0.3007***	0.3555***
	(0.0599)	(0.0488)	(0.0516)	(0.0374)	(0.0376)	(0.0415)	(0.0392)
观测值	6312	6312	6312	6312	6312	6312	6312

① 篇幅限制本章并未列出平衡性检验结果，留存备索。

续表

变量	(1)	(2)	(3)	(4)	(5)	(6)	(7)
	1对1匹配	邻近匹配	卡尺匹配	半径匹配	核匹配	局部线性回归匹配	马氏匹配
	$lnpatentud_{t+1}$						
ATT	0.2606***	0.3132***	0.3140***	0.3079***	0.3008***	0.3166***	0.3622***
	(0.0678)	(0.0545)	(0.0556)	(0.0430)	(0.0423)	(0.0461)	(0.0422)
观测值	6312	6312	6312	6312	6312	6312	6312

注：括号内为标准差，且除列(7)中的马氏匹配以外，其他标准差皆通过自助法得到。

2.工具变量回归

参考于文超等(2018)的做法，本章使用同一城市其他样本企业在纳税信用评级中被评为A的平均值作为企业纳税信用评级结果虚拟变量A的工具变量A_iv。表19-8报告了相应的两阶段最小二乘估计(2SLS)结果。有效的工具变量需满足相关性和外生性两个条件：就相关性而言，列(1)汇报的第一阶段估计结果显示，工具变量A_iv系数在1%水平上显著为正，即同一城市其他企业在纳税信用评级结果中被评为A的数量越多，企业被评为A的概率越高，工具变量的相关性得到满足。就外生性而言，工具变量与被解释变量处于不同的层面上，加总层面上企业纳税信用评级结果平均值不可能对微观层面上单个企业的技术创新水平产生直接的影响，因此外生性也可以得到满足。同时，本章选取的工具变量也通过了弱工具变量检验。列(2)～列(4)中的第二阶段回归结果显示，变量A系数的显著性有所下降，但依然通过了至少10%的显著性检验，可见，即使考虑了可能存在的内生性偏误，纳税信用评级结果为A依然会促进企业创新产出。

表19-8　工具变量回归估计结果

变量	第一阶段	第二阶段		
	(1)	(2)	(3)	(4)
	A	$lnpatent_{t+1}$	$lnpatenti_{t+1}$	$lnpatentud_{t+1}$
A_iv	0.5378***			
	(0.0000)			
A		0.7359**	0.4177*	0.5052*
		(0.0110)	(0.0866)	(0.0652)
控制变量	yes	yes	yes	yes
常数项	−1.1008***	−7.7191***	−7.8647***	−6.0930***
	(0.0000)	(0.0000)	(0.0000)	(0.0000)
观测值	6288	6288	6288	6288

续表

变量	第一阶段	第二阶段		
	(1)	(2)	(3)	(4)
	A	$\ln patent_{t+1}$	$\ln patenti_{t+1}$	$\ln patentud_{t+1}$
R^2	0.0842	0.2810	0.2526	0.2293
Fe	yes	yes	yes	yes
弱工具变量检验		215.16	215.16	215.16

第五节　影响机制检验

前文的实证分析表明，纳税信用评级结果为 A 对企业技术创新的影响为促进效应。为探讨其中具体的影响机制，本章借鉴李建军等(2019)的做法，通过检验纳税信用评级制度是否显著影响机制变量——验证理论分析中提出的正向影响机制，如表 19-9 所示。

表 19-9　影响机制检验

变量	外源融资机制		营销机制		公司治理机制	
	(1)	(2)	(3)	(4)	(5)	(6)
	$credit_t$	SA_t	$\ln sales_t$	roa_t	$msac1_t$	$msac2_t$
A	0.0033*	−0.0126***	0.0522***	0.0042***	−0.0086***	−0.0024***
	(0.0740)	(0.0009)	(0.0031)	(0.0027)	(0.0066)	(0.0007)
控制变量	yes	yes	yes	yes	yes	yes
常数项	0.0512*	−3.4002***	−2.1235***	−0.2071***	0.6312***	0.0748***
	(0.0990)	(0.0000)	(0.0000)	(0.0000)	(0.0000)	(0.0000)
观测值	6312	6316	6316	6316	6316	6315
R^2	0.3435	0.7761	0.8517	0.0935	0.1748	0.1055
Fe	yes	yes	yes	yes	yes	yes

注：由于机制变量 credit 和 msac2 存在缺失值，列(1)和列(6)中观测值小于基础样本个数 6316。

(一)外源融资机制

企业的外源融资包括由银行信贷主导的正规金融和以商业信用为代表的非正规金融。相对而言，商业信用能够实现比银行贷款更大的规模效率(石晓军、张顺明，2010)，且企业创新活动的风险与收益不对称问题会抑制银行支持企业创新的积极性(徐飞，2019)。因此，本章采用商业信用融资衡量企业外源融资，检验纳税信用评级制度的外源融资机制。借鉴石晓军和张顺明(2010)的做法，本章采用应付账款/总资产(credit)这一指标衡量企业商业信用融资。商业信用融资能在一定程度上代表企业外源融资，外源融资越高，企业研发创新面临的融资约束程度越低。为进一步验证企业融资机制，本章进一步引入融资约束变量。借鉴鞠晓生等(2013)、孙雪娇等(2019)的做法，本章以SA指数衡量企业面临的融资约束程度。表19-9列(1)和列(2)的估计结果表明，纳税信用评级结果为A能够显著提高企业的商业信用融资规模，降低企业融资约束，这一实证结果印证了理论分析中提出的外源融资机制。

(二)营销机制

前文的理论分析表明，纳税信用评级制度可能通过提高消费者和经销商对企业的认可程度两条渠道发挥营销机制作用。营销机制作用最直接的表现为企业营业收入增加，最终表现为企业资产收益率增加。具体地，本章引入营业收入对数(lnsales)和总资产收益率(roa)(杜兴强 等，2009)变量检验营销机制。表19-9列(3)和列(4)的实证结果表明，纳税信用评级结果为A显著提高了企业的营业收入和资产收益率，印证了理论分析中提出的营销机制。

(三)公司治理机制

为检验纳税信用评级制度促进企业创新的公司治理机制，借鉴姜付秀等(2009)、严若森和叶云龙(2017)的做法，本章引入企业管理费用率(msac1，管理费用/主营业务收入)衡量第一类代理成本和其他应收款比例(msac2，其他应收款/总资产)衡量第二类代理成本。表19-9列(5)和列(6)的实证结果表明，纳税信用评级结果为A显著降低企业的两类代理成本，印证了理论分析中提出的公司治理机制。

第六节　研究结论与政策建议

本章从纳税信用评级制度这一独特视角出发，研究了具有柔性特征的税收征管对企业技术创新的影响。理论分析表明，纳税信用评级制度可能通过外源融资机制、营销机制和公司治理机制促进企业技术创新。在理论分析的基础上，本章以2014—2016年沪深A股上市公司作为研究样本，利用2014年国家税务总局和相关部门联合实施的纳税信用评级制度作为自然实验，考察纳税信用评级制度对企业技术创新的具体影响，并进一步分析了其中的作用机理。本章主要结论如下：纳税信用评级制度能够显著提高企业的专利申请数量，而地区税收征管强度会弱化这一正向影响，发挥对纳税信用评级制度的互补效应；一系列的稳健性检验和内生性问题实证分析均证明本章的实证结果是可信的；机制检验表明纳税信用评级制度能够显著提高企业的商业信用融资，缓解企业融资约束；提高企业的营业收入和资产收益率；降低企业两类代理成本，即证实了理论分析中的外源融资机制、营销机制和公司治理机制。

十九大报告指出，为增强中国经济创新力和竞争力，需要着力构建市场机制有效、微观主体有活力、宏观调控有度的经济体制，即同时发挥企业和政府的作用。基于本章研究结论，本章提出如下政策建议：(1)国家应进一步发挥政府整合社会资源的作用。实施创新驱动发展战略不仅要注重发挥市场资源配置的决定性作用，也要重视政府在引导社会资源流向企业创新活动中的重要作用。本章的实证分析表明，纳税信用评级制度在融资和营销方面具有显著的诱导效应，证实了政府在引导社会资源流向技术创新活动中能够起到积极作用。因此，为建设创新型国家，成功实施国家创新驱动发展战略，政府应着力发挥其社会资源整合作用。(2)创新政府对微观企业的管理方式。本章的研究表明，纳税信用评级制度这一具有扬善性质的管理方式对企业技术创新有显著的激励作用，且能够发挥对强制性税收征管的互补效应。未来，地方政府可以尝试更多地采用扬善与惩恶相结合的模式治理微观企业。(3)政府应该更加注重增强税收征管的治理职能作用。在实现国家治理体系和治理能力现代化改革目标的过程中，税收征管在国家治理能力和治理水平中扮演了重要角色(谷成、于杨，2018)。本章的研究表明，具有柔性税收征管性质的纳税信用评级制度能够通过降低两类代理成本发挥其促进企业技术创新的效应。本章的研究对于国家更好地发挥政府税收征管的治理作用具有重要的借鉴意义。为早日实现国家治理体系和治理能力现代化，在未来的税收征管工作中，税务部门应注重发挥税收征管的治理作用。

本章参考文献

曾亚敏，张俊生，2009.税收征管能够发挥公司治理功用吗？[J].管理世界(3)：143-151.

陈汉文，刘启亮，余劲松，2005.国家，股权结构、诚信与公司治理：以宏智科技为例[J].管理世界(8)：134-142.

陈晓光，2016.财政压力、税收征管与地区不平等[J].中国社会科学(4)：53-70.

陈艳莹，李鹏升，2017.认证机制对“柠檬市场”的治理效果：基于淘宝网金牌卖家认证的经验研究[J].中国工业经济(9)：137-155.

窦欢，陆正飞，2017.大股东代理问题与上市公司的盈余持续性[J].会计研究(5)：34-41.

杜兴强，郭剑花，雷宇，2009.政治联系方式与民营上市公司业绩：“政府干预”抑或“关系”？[J].金融研究(11)：162-177.

范子英，田彬彬，2013.税收竞争、税收执法与企业避税[J].经济研究，48(9)：99-111.

谷成，于杨，2018.税收征管、遵从意愿与现代国家治理[J].财经问题研究(9)：99-106.

郭玥，2018.政府创新补助的信号传递机制与企业创新[J].中国工业经济(9)：98-116.

姜付秀，黄磊，张敏，2009.产品市场竞争、公司治理与代理成本[J].世界经济(10)：46-59.

姜国华，岳衡，2005.大股东占用上市公司资金与上市公司股票回报率关系的研究[J].管理世界(9):119-126.

解维敏,方红星,2011.金融发展、融资约束与企业研发投入[J].金融研究(5):171-183.

鞠晓生,卢荻,虞义华,2013.融资约束、营运资本管理与企业创新可持续性[J].经济研究,48(1):4-16.

黎文靖,郑曼妮,2016.实质性创新还是策略性创新?:宏观产业政策对微观企业创新的影响[J].经济研究,51(4):60-73.

李彬,郑雯,马晨,2017.税收征管对企业研发投入的影响:抑制还是激励? [J].经济管理(4):22-38.

李汇东,唐跃军,左晶晶,2013.用自己的钱还是用别人的钱创新?:基于中国上市公司融资结构与公司创新的研究[J].金融研究(2):170-183.

李建军,刘元生,王冰洁,2019.税收负担与企业产能过剩:基于世界银行调查数据的经验证据[J].财政研究(1):103-115.

林志帆,刘诗源,2017.税收负担与企业研发创新:来自世界银行中国企业调查数据的经验证据[J].财政研究(2):98-112.

林志帆,龙晓旋,2015.金融结构与发展中国家的技术进步:基于新结构经济学视角的实证研究[J].经济学动态(12):57-68.

潘越,王宇光,戴亦一,2013.税收征管、政企关系与上市公司债务融资[J].中国工业经济(8):109-121.

石晓军,张顺明,2010.商业信用、融资约束及效率影响[J].经济研究,45(1):102-114.

孙俊杰,张云,2019.金融发展、代理成本与企业创新策略[J].财经问题研究(3):50-59.

孙雪娇,翟淑萍,于苏,2019.柔性税收征管能否缓解企业融资约束:来自纳税信用评级披露制度自然实验的证据[J].中国工业经济(3):81-99.

唐跃军,左晶晶,2014.所有权性质、大股东治理与公司创新[J].金融研究(6):177-192.

王海忠,于春玲,赵平,2006.品牌资产的消费者模式与产品市场产出模式的关系[J].管理世界(1):106-119.

王海忠,赵平,2008.公司品牌形象对经销商关系导向的影响:基于主导地位制造商的中国实证[J].中国工业经济(3):93-100.

王书斌,徐盈之,2016.信任、初创期企业扩张与市场退出风险[J].财贸经济,37(4):58-70.

肖叶,贾鸿,2016.我国地方政府间税收竞争对企业技术创新能力的影响探索[J].财会月刊(35):71-75.

徐飞,2019.银行信贷与企业创新困境[J].中国工业经济(1):119-136.

严若森,叶云龙,2017.证券分析师跟踪与企业双重代理成本:基于中国A股上市公司的经验证据[J].中国软科学(10):173-183.

于文超,殷华,梁平汉,2018.税收征管、财政压力与企业融资约束[J].中国工业经济(1):

100-118.

余学斌,李媛渊,2015.创业板公司创新投入与盈利能力相关性分析[J].财会通讯(33):67-69.

虞义华,赵奇锋,鞠晓生,2018.发明家高管与企业创新[J].中国工业经济(3):136-154.

袁建国,后青松,程晨,2015.企业政治资源的诅咒效应:基于政治关联与企业技术创新的考察[J].管理世界(1):139-155.

张杰,郑文平,新夫,2017.中国的银行管制放松、结构性竞争和企业创新[J].中国工业经济(10):120-138.

张杰,芦哲,郑文平,等,2012.融资约束、融资渠道与企业 R&D 投入[J].世界经济(10):66-90.

周铭山,张倩倩,2016."面子工程"还是"真才实干"?:基于政治晋升激励下的国有企业创新研究[J].管理世界(12):116-132.

左晶晶,唐跃军,眭悦,2013.第二类代理问题、大股东制衡与公司创新投资[J].财经研究(4):38-47.

BROWN J R,PETERSEN B C,2011.Cash holdings and R & D smoothing[J].Journal of corporate finance,17(3):694-709.

CZARNITZKI D,HOTTENROTT H,2011.R&D Investment and financing constraints of small and medium-sized firms[J].Small business economics,36(1):65-83.

DESAI M A,DYCK A,ZINGALES L,2007.Theft and taxes[J].Journal of financial economics,84(3):591-623.

GOH B W,LEE J,LIM C Y,et al.,2013. The effect of corporate tax avoidance on the cost of equity[J].Accounting review,91:1647-1670.

GRAHAM,JOHN R,et al.,2005.The economic implications of corporate financial reporting[J].Journal of accounting and economics,40(3):3-73.

GUEDHAMI O,PITTMAN J,2008.The importance of irs monitoring to debt pricing in private firms[J].Journal of financial economics,90(1):38-58.

GüRHAN-CANLI Z,BATRA R,2004. When corporate image affects product evaluations:the moderating role of perceived risk[J].Journal of marketing research,41(2):197-205.

HIRSHLEIFER D, HSU P, LI D, 2013. Innovative efficiency and stock returns[J].Journal of financialeconomics,107(3):632-654.

JENSEN M, MECKLING W, 1976. Theory of the firm: managerial behavior, agency costs,and ownership structure[J].Journal of financial economics,3(4):305-360.

JOHNSON S,PORTA R L,SILANES F L D,et al.,2000 .Tunneling[J].American economic review,90(2):22-27.

MANSO G,2011. Motivating innovation[J].The journal of finance,66(5):1823-1860.

SHAPIRO C,1983. Premiums for high quality products as returns to reputations[J]. The quarterly journal of economics,98(4):659-680.

STEIN,JEREM C,1988.Takeover threats and managerial myopia[J].Journal of political economy,96(1):61-80.

Stiglitz J E,1985.Credit markets and the control of capital[J].Journal of money credit & banking,17(2):133-152.

WRIGHT P S,FERRIS P,AWASTHI S V,1996. Impact of corporate insider,block holder,and institutional equity ownership on firm risk taking[J]. The academy of management journal,39(2):441-463.

第二十章　自然资源禀赋与地方政府的征税能力建设*

邓　明**

第一节　引　言

近年来,受经济下行和减税降费政策的双重影响,中国财政收支呈现出"紧平衡"。尤其是受新冠疫情影响,财政进一步增支减收,收支矛盾进一步凸显,这一点对于中国的地方政府而言尤为突出。由于当前财政支出具有较大刚性,因此,化解收支矛盾的一个重要手段就是提高政府尤其是地方政府的征税能力。由此引申出来的问题是,如何才能提高地方政府的征税能力?或者说,地方政府的征税能力受到什么因素的影响?显然,对这两个问题的解答对我们推进国家治理能力现代化具有重要意义。

尽管从宪制上看中国是一个单一制国家,但必须认识到,中国是一个疆域辽阔且地区差异显著的大国,为了调动地方政府的积极性,改革开放以来中央政府赋予了省级政府较大的自主权去决定省级政府及其下级政府的财政收支行为。而且,1994 年的分税制改革将征税部门划分成国税部门和地税部分,将一部分税收征收权留给了地方政府。这一系列制度安排使得中国各个地方的征税能力存在较大差异。这种差异一方面导致不同地区的征税能力和公共服务供给存在差异,另一方面也对整个国家的税收能力产生了影响。显然,如同国家能力中的其他能力一样,税收能力不是先天形成的,它类似于资本,本身可通过税收能力建设来形成,如加强征税努力、提高征税人员的人力资本水平、扩大征税机构规模、改变征税流程、改进商业法律和加强对经济活动的监管,以及提高信息技术的运用等(Buehn and Schneider,2012;Robinson and Slemrod,2012)。那么,是什么因素影响了中国地方政府在税收能力建设方面的投入呢?本章的研究视角是从一个地区的自然资源禀赋出发的,试图探讨一个地区的自然资源禀赋是否会对该地区的征税能力建设产生影响。正如 Drelichman 和 Voth(2014)在研究西班牙在 17 世纪的衰落时所言,由于有意外之财(来自美洲的白银收入),西班牙没有在加强税收能力方面作出努

* 本章写作时间为 2020 年,故本章表述以 2020 年为时间节点。

** 邓明,教授,博士生导师,厦门大学经济学院财政系。

力，导致这个曾经的霸主于17世纪逐步衰落。作为可能的“意外之财”，自然资源禀赋是否会对政府的征税能力产生影响？

对这一问题的分析在当下中国经济背景下具有重要意义。第一，十八届三中全会提出：“全面深化改革的总目标是完善和发展中国特色社会主义制度，推进国家治理体系和治理能力现代化。”而财政作为国家治理的基础和支柱，征税能力作为国家能力的核心部分（王绍光、胡鞍钢，1993），地方政府的征税能力建设势必会对地方以及整个国家能力产生重要影响。第二，当前“减税降费”在降低企业税收负担的同时，给地方政府的财政可持续性造成了极大压力，如何提高地方政府的征税能力以缓解地方政府的财政压力，是当下亟须思考的问题。第三，当前防控系统性金融风险的任务依然艰巨，这也需要加强征税能力建设，不仅通过财政政策和公共资源的调整，消解引发系统性金融风险的经济根源，而且要加强财政体系的稳健性建设，增强财政应对不确定和“托底”的能力。第四，当前不少资源型地区面临着资源枯竭和经济转型，这使得过去高度依赖资源产出的地方的财政面临更大压力。

本章余下部分安排如下：第二部分对现有文献进行梳理；第三部分构建一个简单的模型从理论上分析自然资源禀赋对地方政府征税能力建设的影响；第四部分介绍实证研究的模型、样本和数据；第五部分是实证分析结果；最后是本章的结束语。

第二节　文献综述

征税能力（fiscal capacity）也被称为税收能力或财政汲取能力，一直以来就被视为国家能力（state capacity）的核心部分。自Besley和Persson（2008，2009）开创性地把“国家能力”引入经济学之后，国家能力便成为政治经济学和发展经济学领域的热门研究问题之一。从经济学角度看，Besley和Persson（2011）认为国家能力是提取资源的能力和提供公共服务的能力的结合；Acemoglu等（2016）认为国家能力的增进表现为某项新国家功能的出现。由此可见，在西方学界中，尽管国家能力的含义还有些更加细致的发展变化，但都没有突破早期建立的两个维度：一方面是汲取财政资源的能力；另一方面是行政能力。在国内，王绍光和胡鞍钢（1993）最早讨论了国家能力的内涵，他们认为国家能力就是国家将自己的意志变为行动、化为现实的能力。他们把国家能力定义为汲取能力、调控能力、合法化能力和强制能力，其中财政汲取能力也就是征税能力是最主要的国家能力，也是其他国家能力的基础。在后续的研究中，王绍光（2014）进一步将“基础性国家能力”扩展到强制能力、财政汲取能力、濡化能力、国家认证能力、规管能力、统领能力、再分配能力、吸纳与整合能力等八项能力。综上，不论是国内的学者还是国外学者，他们定义的国家能力都包含一个核心要素，即征税能力。在征税能力的概念具体界定方面，龙竹（2002）认为政府为实现社会公共利益，发展社会经济和维持自身存在而必须从社会资

源中汲取财力，这种汲取能力就是征税能力。

学者尤其是经济学者对国家能力的关注，在于国家能力与一个国家的经济发展是高度相关的。O'Brien(2011)的研究发现，1815 年以前，因为英国具有对外维护自身安全、对内维持秩序与产权的国家能力，它得以促进投资与国际贸易，成为第一个工业化国家。Vries(2015)认为，近代早期之所以会出现“东方的衰败”和“西方的繁荣”，其根本原因就“在于国家的重要性、作用和功能上”。王绍光(2011)进一步指出，不仅东西方的分流与国家能力有关，19 世纪的中日分流、二战后东亚经济体的经济快速增长，同样与国家能力的差异高度相关。既然国家能力如此之重要，那么接下来的问题是，国家能力的差异又来自于什么地方呢？尤其是，作为国家能力的核心部分，征税能力的差异来自于什么？

尽管征税能力的提高对于国家能力而言尤为关键，但直到最近十年，经济学界才开始从理论上探讨影响征税能力的因素。以 Besley 和 Persson(2009，2010)、Cárdenas(2010)、Bourguignon 和 Verdier(2009，2010)、Verdier(2011)为代表的研究从新政治经济学视角，将社会分成存在分配冲突的在位集团和非在位集团两大群体，认为在位政府在不确定性情况下可通过对征税能力进行前瞻性的投资来提高未来的征税能力水平。此外，许多研究基于理论研究以及经验研究指出，政治不稳定性、政治不平等、收入不平等等都会抑制政府的征税能力(Acemoglu，2005；Besely 和 Persson，2008，2010；Cárdenas，2010；Cárdenas 和 Tuzemen，2011；Verdier，2011)。

但是，上述因素往往具有较强的内生性，很难说清楚究竟是政治不稳定性、政治不平等、收入不平等影响了政府的财税制度还是财税制度影响了政治不稳定性、政治不平等、收入不平等。Drelichman 和 Voth(2014)研究了意外之财(来自美洲的白银收入)对 17 世纪西班牙政府征税能力的影响，这给我们提供了启示。因此，本章试图研究另一种外生因素——自然资源禀赋——对政府征税能力的影响。事实上，探讨“资源诅咒”命题的文献在研究自然资源禀赋对制度质量的影响时，已经注意到自然资源禀赋对国家能力的影响。例如 Chaudhury(1997)发现，在 20 世纪 70 年代，随着原油价格的上涨，自然资源的收益剧增，然而石油储备丰富的沙特阿拉伯却撤销了对私人部门进行征税的税收机构。Jensen(2011)利用 1992—2005 年 30 个碳氢化合物储量丰富的经济体的面板数据进行的分析表明，当自然资源丰裕度上升 1 个百分点时，征税能力会降低 1.125 个百分点。Besley 和 Persson(2010)进一步指出，自然资源禀赋会抑制一个国家对国家能力的投资。在基于中国省级层面的面板数据的研究中，邓明和魏后凯(2016)指出，自然资源禀赋抑制了中国地方政府的征税强度。

尽管一些文献对自然资源禀赋与国家能力尤其是财政汲取能力的关系进行了探讨，但这一领域的研究尤其是对中国现实情况的研究依然不足。正如前文所言，中国是一个疆域辽阔的大国，中国很多省级地区的人口与面积跟很多国家不相上下；而且，中央政府也赋予了地方政府较大的财政自主权。这为我们研究自然资源禀赋同中国地方政府的征税能力提供了条件,这也是本章研究同现有研究仅关注国别研究的不同之处。而且,如同国家能力中的其他能力一样,税收能力不是先天形成的,它类似于资本,本身可通过税收能力建设来形成。如果将征税能力看成一个存量水平,那征税能力差异的根本原因在于征税能力建设投入的多寡。然而,现有文献更多是研究征税能力差异的原因,而没有更深入地去探讨政府征税能力建设投入存在差异的原因。因此,本章试图从理论和实证两个方面探讨自然资源禀赋对中国地方政府征税能力建设的影响。

第三节 理论模型

本章在 Besley 和 Persson(2009,2010)的基础之上构建本章的理论模型。在本章所考虑的经济中,时期是离散的,且仅包含两期,标记为 $s=1,\ 2$。经济中的总人口标准化为 1,同时,将总人口划分为低收入者和高收入者两个群体,两个群体占总人口的比重分别为 β^L 和 β^H,$\beta^L+\beta^H=1$。低收入群体和高收入群体中代表性个体的收入分别为 Y^L 和 Y^H。假定政府为具有“平均主义”的仁慈政府,具体而言,一方面,政府的目标函数是最大化两个群体的效用总和;另一方面,在加总两个群体的效用时,会给低收入群体赋予更高的权重。

政府对低收入群体和高收入群体征收的税率分别为 t_s^L 和 t_s^H 。政府的征税能力决定了政府可以对居民征税的最大税率,该征税能力取决于政府在税收征管和税收稽查方面的投入,例如在中国,这包括金税三期的建设投入、税务稽查队伍的建设等,因此,如果政府要在第 2 期获得更高的征税能力,就必须在第 1 期的基础上进行征税能力投资,该投资需要非负的资金投入,同时,我们假定政府的征税能力不存在折旧,也就是说,即使不进行额外的征税能力建设,政府的征税能力也不会变弱。假定政府在第 1 期的征税能力 τ_1 是外生给定的①,那么政府的征税能力建设 $\Delta\tau=\tau_2-\tau_1$ 就决定了政府在第 2 期的征税能力,政府在第 2 期的征税能力 τ_2 决定了政府在第 2 期所能征收的最大税率。显然,政府的征税能力建设是需要资金投入的,换而言之,是有成本的,假定征税能力建设 $\Delta\tau$ 的成本函数为 $F(\Delta\tau)$,假定该成本函数单调递增且是严格的凸函数,即 $F_{\tau_2}(\cdot)>0$ 且 $F_{\tau_2\tau_2}(\cdot)>0$,且 $F(0)=F'(0)=0$②。

每一期,政府所辖地区内的自然资源禀赋都能给政府提供数量为 R 的资源租,政府可以利用该资源租提供公共产品 G_S,也可以利用该资源租进行政府的征税能力建设,还可以直接分配给居民,用于居民的私人消费。假定政府税收收入也以同样的方式进行支出。

---

① 不失一般性地,我们可以将 τ_1 视为一个常数。

② 成本函数为严格凸函数是一个非常关键的假定,但是这一假定具有比较明显的事实基础,例如,在任何一个经济中总是存在偷税逃税,征税能力建设的成本就包含对偷税逃税的稽查,严格凸的征税能力建设成本函数意味着随着偷税逃税的不断减少,稽查难度以及边际成本会不断上升。

类似于 Besley 和 Persson(2010),我们假定低收入群体和高收入群体对私人物品的消费都具有线性偏好;但是,我们假定低收入群体和高收入群体对公共物品的消费都具有拟线性偏好。两个群体中代表性个体的间接效用函数分别为:

$$v_s^L(t_s^L,G_s)=\alpha_s V(G_s)+(1-t_s^L)Y^L \text{ , } v_s^H(t_s^H,G_s)=\alpha_s V(G_s)+(1-t_s^H)Y^H \text{ , } s=1,2 \tag{20-1}$$

其中,$V(\cdot)$为严格的凹函数,α_s 为时变且随机的系数,体现了代表性个体对公共物品与私人物品的偏好差异。每一期,政府需要为低收入群体和高收入群体分别设定税率 t_s^L 和 t_s^H ①;同时,需要决定公共产品的供给数量,并决定最优的征税能力建设。在该经济中,政府的目标就是通过上述策略选择来最大化低收入群体效用与高收入群体效用的加权总和。政府在加权低收入群体的效用与高收入群体的效用时,赋予的权重分别为 θ^L 和θ^H。考虑到政府通过设置异质性税率 t_s^L 和 t_s^H 依然无法将低收入群体和高收入群体之间的收入差距完全消除,同时,考虑到政府为仁慈的政府,因此,我们假定政府在加权低收入群体效用与高收入群体效用时,赋予低收入群体的权重会高于高收入群体的权重,即 $\theta^L>1>\theta^H$。

由于我们构建的模型为离散时期的两期模型,因此我们假定时期 1 的一些条件是外生给定的,例如居民在第 1 期对公共物品和私人物品的偏好差异 α_1。同时,我们假定整个经济的资源租 R 也是外生给定。在这样的条件下,在第 1 期,政府通过选择税率 t_s^L 和 t_s^H 、公共品供给 G_1 和征税能力建设 $\Delta\tau$ 来最大化其在时期 1 的效用水平,其决策过程可以表示为:

$$\max_{(G_1,t_1^L,t_1^H,\Delta\tau)} \theta^L\beta^L v_1^L(t_1^L,G_1)+\theta^H\beta^H v_1^H(t_1^H,G_1)+\text{ENP} \tag{20-2}$$

$$\begin{aligned} \text{s.t.}\quad & \beta^L t_1^L Y^L+\beta^H t_1^H Y^H+R=G_1+F(\Delta\tau);\\ & \theta^L\beta^L+\theta^H\beta^H=1;\\ & G_1>0;\tau_1>t_1^L;\tau_1>t_1^H \end{aligned} \tag{20-3}$$

其中式(20-2)是政府在时期 1 的目标函数,右边的 ENP 是指政府在第 1 期时形成的对第 2 期的净期望支付。

在第 2 期,政府面临的优化问题与第 1 期类似,政府面临着外生给定的 α_2 和自然资源禀赋 R;同时,由于 $\tau_2=\tau_1+\Delta\tau$,而 τ_1 和 $\Delta\tau$ 是政府在第 1 期已经做出的选择,因此在第 2 期中,政府的征税能力 τ_2 同样是外生给定的;此外,由于只考虑到两期,因此政府不会在第 2 期进行征税能力建设。基于这样的设定,政府在第 2 期面临的决策过程可以表示为:

$$\max_{(G_2,t_2^L,t_2^H)} \theta^L\beta^L v_2^L(t_2^L,G_2)+\theta^H\beta^H v_2^H(t_2^H,G_2) \tag{20-4}$$

$$\text{s.t.}\quad \beta^L t_2^L Y^L+\beta^H t_2^H Y^H+R=G_2;\theta^L\beta^L+\theta^H\beta^H=1;G_2>0;\tau_2>t_2^L;\tau_2>t_2^H \tag{20-5}$$

---

① 我们允许负税率的存在,负税率意味着政府对居民进行了转移支付。

由于上述两个时期的政府决策过程中的政府目标函数都是政府政策变量的线性函数,因此,可以将政府的最优税收决策、最优公共产品供给决策同政府的最优征税能力建设决策分离开来进行分析。

由于代表性个体对政府提供的公共服务的边际效用为 $\alpha_s V_{G_s}(G_s)$,如果 $\alpha_s V_{G_s}(G_s) > \theta^L$,意味着对于政府而言,将资金用于公共产品的供给而不是转移给居民(即为负的税率)——即使是转移给低收入群体——也能够给政府带来更高的效用水平,因此,政府会在征税能力范围内征收最高的税率来为公共产品的供给融资。假定该情形[即 $\alpha_s V_{G_s}(G_s) > \theta^L$]发生的可能性为外生的概率 p_1,此时政府的最优决策如下所示:

$$G_1 = \tau_1(\beta^L Y^L + \beta^H Y^H) + R - F(\Delta\tau) ;$$
$$G_2 = \tau_2(\beta^L Y^L + \beta^H Y^H) + R ;$$
$$t_1^L = t_1^H = \tau_1 ; t_2^L = t_2^H = \tau_2 \tag{20-6}$$

但如果 $\alpha_s V_{G_s}(G_s) < \theta^H$,意味着对于政府而言,即使将资金转移给高收入群体,其边际效用也要高于将资金用于公共产品的供给所带来的边际效用,在这种情形下,政府的主要工作不是提供公共产品,而是进行再分配以缩小低收入群体与高收入群体之间的收入差距。也就是说,政府会对高收入群体征收最高税率,将这部分税收收入连同资源租,用于对低收入群体的转移支付和征税能力建设。假定该情形发生的可能性为外生的概率 p_2,在该情形下,政府的最优政策为:

$$G_1 = G_2 = 0 ;$$
$$t_1^L = t_2^L = 0 t_1^H = \tau_1 ;$$
$$-\beta^H \tau_1 Y^H - \beta^L t_1^L Y^L = R - F(\Delta\tau) ;$$
$$t_2^H = \tau_2 - \beta^H \tau_1 Y^H - \beta^L t_1^L Y^L = R \tag{20-7}$$

第三种情形下,公共产品的边际效用处于$[\theta^L, \theta^H]$之间,此时,政府一方面会提供一部分公共产品,同时也会向高收入群体征税并转移部分税收收入给低收入群体。在这种情形下,最大的问题是确定政府提供的最优公共产品的数量。在该情形下,政府如果少提供一单位公共产品,那么提供该公共产品的资金就可以转移给低收入群体,因此,政府提供的最优公共产品的数量 G_s^* 是求解 $\alpha_s V_{G_s}(G_s^*) = \theta^L (s = 1,2)$ 得到的,该情形发生的可能性为外生的概率 $1 - p_1 - p_2$。此时,政府的最优政策为:

$$G_1 = G_1^* ; t_1^H = \tau_1 ;$$
$$\beta^H \tau_1 Y^H - \beta^L t_1^L Y^L = R - G_1^* - F(\Delta\tau) ;$$
$$G_2 = G_2^* ; t_1^H = \tau_1 ;$$
$$-\beta^H \tau_2 Y^H - \beta^L t_2^L Y^L = R - G_2^* \tag{20-8}$$

求解上述政府的优化问题需要知道政府对第 2 期的净期望支付 ENP,根据前文的分

析，政府在第 2 期的净期望支付为 $ENP = U_2 - \lambda^* F(\Delta\tau)$，其中，$\lambda^* = \max[\alpha_1 V_{G_1}(G_1), \theta^L]$[①]。

由于政府的征税能力建设投入决策是在第 1 期做出的，因此可得政府通过选择最优征税能力建设来最大化其效用函数的一阶条件为：

$$\lambda^* F_{\tau_2}(\Delta\tau) = p_1\alpha_2 V_{G_2}(\tau_2(\beta^L Y^L + \beta^H Y^H) + R)(\beta^L Y^L + \beta^H Y^H) - p_1(\theta^L\beta^L Y^L + \theta^H\beta^H Y^H) + (1-p_1)(\theta^L - \theta^H)\beta^H Y^H \tag{20-9}$$

式(20-9)表明，政府的最优征税能力建设投入 $\Delta\tau$ 取决于第 2 期中居民对公共产品的评价 α_2、政府对低收入群体的偏袒强度($\theta^L - \theta^H$)以及自然资源禀赋 R。由于 $F_{\tau_2}(\cdot) > 0$，因此，α_2 越大，也就是说在未来，居民对政府提供的公共产品评价越高，政府在当期的征税能力建设投入就越多。显然，如果政府预期到居民在未来对政府提供的公共产品有更高的估值，那么，“平均主义”的政府应当在当期增加征税能力建设投入以提高政府在未来的征税能力，从而使得政府在未来可以有更高的税收收入用于公共产品的供给。例如，如果一国面临的外部环境在恶化，居民预期该国在未来与其他国家发生冲突的概率提高，未来居民对国防的效用评价就会提高。政府预期到居民对国防的效用评价的改变之后，就会在当期加大征税能力建设以便在未来有可能征收更多的税收收入来为国防支出融资。此外，式(9)表明，政府对低收入群体的偏袒强度($\theta^L - \theta^H$)越大，其征税能力建设投入越大。这是因为，($\theta^L - \theta^H$)越大，低收入群体的效用在政府总效用中的权重就越大，政府在低收入群体与高收入群体中进行再分配的动力就越大。政府进行再分配的空间和能力取决于政府的征税能力，政府的征税能力越强，就可以对高收入群体征收等同于政府征税能力的税率，并选择对低收入群体征收相对较低的税率。

虽然本章的理论模型可以给出上述两个结论，但由于上述两个结论中对政府征税能力产生影响的因素是在经验分析中难以测度的主观变量，因此，接下来我们要讨论的是本章最关注的问题，也是可以用经验数据加以检验的问题，即，自然资源禀赋 R 的丰裕程度会对政府的最优征税能力建设投入产生什么样的影响？由于式(20-9)并未提供 τ_2 与 R 之间关系的显函数，因此，利用隐函数理论，我们可以得到：

$$\frac{\partial\tau_2}{\partial R} = \frac{p_1\alpha_2 V_{G_2G_2}(G_2)(\beta^L Y^L + \beta^H Y^H)}{\lambda^* F_{\tau_2\tau_2}(\Delta\tau) - p_1\alpha_2 V_{G_2G_2}(G_2)(\beta^L Y^L + \beta^H Y^H)^2} \tag{20-10}$$

由于 $V_{G_2}(\cdot) > 0$，$V_{G_2G_2}(\cdot) < 0$，$F_{\tau_2}(\cdot) > 0$，$F_{\tau_2\tau_2}(\cdot) > 0$，$\lambda^* = \max[\alpha_1 V_{G_1}(G_1), \theta^L] > 0$，因此有，$\partial\tau_2/\partial R < 0$。由此，我们可以得出上述模型得出的研究命题：

命题 1：政府所获得资源租越多，政府的征税能力建设就越少。

---

① 篇幅所限，具体推导过程略去，备索。

第四节　变量、数据与计量模型

为了检验前文提出的研究命题，我们构建如下的计量模型：

$$\text{fis\_cap}_{it} = \alpha + \beta \text{nature}_{it} + \gamma X_{it} + \varepsilon_{it} \quad (20\text{-}11)$$

其中，fis_cap_{it} 表示地区 i 的地方政府在时期 t 的征税能力建设，natrure_{it} 表示地区 i 在时期 t 的自然资源禀赋，X_{it} 表示对征税能力建设有影响的控制变量集合，ε_{it} 为随机扰动项。本章的研究样本为中国的地级市，这是因为自 1994 年的分税制改革后，地方政府的财权上收，但支出责任依然停留在地方，根据张光(2009)的测算，中国 3/4 的预算内财政资金的使用者是省级以下各级政府，地方政府财权和事权的不匹配使得地方政府尤其是省级以下政府的收支矛盾问题非常突出。基于数据可得性方面的考虑，本章样本的时间范围为 2001—2008 年。由于一些地级市的数据不可得，最后得到的是 177 个地级市共 1416 个样本①。

实证研究面临的第一个问题是如何度量地方政府的征税能力建设。地方政府的征税能力建设就是地方政府为提高征税能力而投入的财力和人力，例如，税务稽查系统的建设、税收执法人员的雇用和培训、税收执法强度以及税收努力程度的改变等。显然，目前没有关于中国地方政府征税能力建设方面的统计数据。本章用控制其他因素之后的征税能力建设的结果来表征征税能力建设的投入，征税能力建设的最直接结果就是政府征税能力的提高。因此，我们用地区 i 的地方政府在时期 $t+1$ 与时期 t 的征税能力之差来度量 fis_cap_{it}。但是，我们同样没有度量中国地方政府征税能力的统计数据，不过可以通过一定方式测算得到。20 世纪 60 年代 IMF 学者首先提出用征税能力(tax effort)来进行国际税收比较，这些文献中，他们认为一个地区的征税能力可以表示为实际税收收入同预期税收收入的比值：

$$\text{taxeff} = \text{tax}/\text{tax}^{*} \quad (20\text{-}12)$$

其中，taxeff 表示征税能力，tax 表示实际税收收入，tax^{*} 表示预期税收收入。也就是说，政府的征税能力定义为实际征收税收除以预期税收收入②。但是，一个地区的税收收入也是一个不可观测的变量，需要进行预测。吕冰洋和郭庆旺(2011)将预期税收收入定义为一国应当能征收上来的税收数额。在进行预期税收收入的估算时，往往由于对税收能力的理解和定义不同而采用不同的测算方法。国际上比较常用的方法有美国政府

① 此处所讲的地级市与后文的城市所指的都是地级行政区。

② 实际上，这个比值是税务部门将全部法定应纳税额征收上来的能力和税收部门征税主观能动性共同作用的结果，前者是狭义上的征税能力，后者是税收努力程度。但是因为税务部门的主观能动性是无法测量的，从而无法将狭义上的征税能力与税收努力分离开来，也使得学术界对征税能力和税收努力有所混用。本章用实际征收税收除以预期税收收入来度量征税能力，实际上包含了税务部门的征税努力程度，可以看成是一种广义的征税能力。

间关系咨询委员会(ACIR17F)的"代表性税制法"(representative tax system,RTS)和国际货币基金组织(IMF)的"基于回归的税收努力指数模型"(regression-based tax effort index model,TE/R)[①]等。本章采用基于回归的方法来测算中国地方政府的预期税收收入。

此外,自 1994 年的分税制改革以来,我国在全国范围内设立了国家税务系统和地方税务系统两套相互独立的税收征管机构,其中国家税务系统主要负责征收中央固定收入和中央地方共享收入,而地方税务系统主要负责征收地方固定收入。两套税收征管机构分别办公,其中各省国家税务局受国家税务总局垂直管理,基本不受地方政府影响;省及省以下地方税务局则主要由省级地方税务局进行管理。因此,要准确、恰当衡量地方政府的征税能力,就应该选取地方政府能够进行征收控制的税种收入进行分析,也就是以地税收入来度量地方政府的征税能力。在目前的税制体系下,地方税务局负责征收的地方税种主要有:营业税、个人所得税、企业所得税[②]、资源税、城市维护建设税、城镇土地使用税和房产税等,因此类似于胡祖铨等(2013)的处理,我们以地税部门的税收收入作为本章研究征税能力的实际税收收入。结合既有研究经验,本章利用如下的线性回归模型来预测一个地区的预期税收收入:

$$tax_{it} = \beta_0 + \beta_1 GDP_{it} + \beta_2 pd_{it} + \beta_3 open_{it} + \beta_4 ind_{it} + \beta_5 inv_{it} + \beta_6 urban_{it} + \varepsilon_{it} \tag{20-13}$$

其中,tax 是各地区营业税、个人所得税、企业所得税、资源税、城市维护建设税、城镇土地使用税和房产税的加总(单位:万元);GDP 为各地区的国内生产总值(单位:亿元);pd 为人口密度(单位:人/平方公里);open 表示对外开放度(单位:万美元),用各地区的进出口总额来度量;ind 表示产业结构,用各地区第三产业产值占 GDP 比重来度量;inv 为各地区的固定资产投资(单位:亿元);urban_pop 表示城市化水平,用各地区的非农业人口占总人口比重来度量。上述变量中,税收数据来自于《全国地市县财政统计资料》;其余数据来自于《中国城市统计年鉴》和 CEIC 中国经济数据库。利用式(20-13),可以得到 tax_{it} 的预测值,然后结合式(20-13)即可得到一个地区 i 在时期 t 的征税能力 $taxeff_{it}$,进一步得到征税能力建设投入指标 $fis\_cap_{it} = taxeff_{it} - taxeff_{it-1}$,单位为%。为了得到 2001—2008 年的征税能力建设投入指标,我们使用了 2000—2008 年的数据来估计式(20-13)。

我们需要解决的第二个问题是如何度量一个地区的自然资源禀赋。正如前文所述,当前对是否存在"资源诅咒"的争议很大一部分来自于解释变量选择上的差异。但是,基

---

① 也称为"税柄法"(tax handles)。

② 在 2002 年的所得税分享改革之前,除中央企业和外资企业所得税外,其他企业的所得税均由地方税务局负责征收,地方税务局征收的企业所得税占全部所得税的 60%以上;2002 年,中央政府将原本属于地方税的企业所得税划为中央和地方共享税,如果某一税种属于中央和地方共享税,那么原则上该税种应当由国家税务局负责征收。所以,在本章样本范围内,依然有一个时间段内,有些企业所得税是由地税部门征收的,因此我们在这里保留的企业所得税。

于数据的可得性，在中国地级市层面，只有采矿业的从业人数数据可得，因此本章与其他研究中国城市层面的文献类似(方颖 等，2011)，本章采用采矿业从业人数占从业总人数比重来对地级市的资源禀赋进行度量。具体的计算公式为：natural＝采矿业就业人数/城镇总就业人口数[①]。根据我国现行的行业统计口径，采矿业包括了煤炭开采和洗选业、石油和天然气开采业、黑色属矿采选业、有色金属矿采选业、非金属矿采选业及其他采矿业，比较全面地涵盖了与自然资源相关的各个初级产业。因此，上述指标能够较好地反映出一个地区就业结构向自然资源型产业的倾斜程度，从而可以从就业的角度对一个地区的资源产业依赖程度予以度量。测算自然资源禀赋的数据来自于《中国城市统计年鉴》。

参照已有研究，我们在控制变量集合 X 中引入如下解释变量：地区经济发展水平(pgdg)、城镇化水平(urban)、对外开放程度(open_GDP)、产业结构(ind)、政府规模(govscale)、税收分享(taxshare)、转移支付(tran)。其中地区经济发展水平用各地区的人均 GDP 来表征；城镇化水平和产业结构的度量如上文；对外地方程度的度量用各地区进出口总额同 GDP 的比值来度量；政府规模用预算内财政支出占 GDP 比重来度量；税收分享用地级市政府的增值税分成同省级政府分成之比来度量，具体计算方法为某一省级地区内所有地市级加总的增值税收入同该省增值税收入的比值，其中地级市层面的增值税来自《全国地市县财政统计资料》，省级层面的增值税数据来自《中国统计年鉴》[②]；转移支付用地级市一般转移性收入与地级市一般预算收入之比来度量。上述变量中地区经济发展水平和产业结构的数据来自《中国城市统计年鉴》，政府规模和转移支付的数据来自《全国地市县财政统计资料》。

第五节　实证研究结果

(一)地方政府征税能力建设的估计结果

首先，基于 2000—2008 年 177 个地级市的面板数据，我们使用固定效应模型对式(20-13)中的参数进行估计[③]，然后利用参数估计结果来拟合各地区在各时期的税收收入 tax^*，将其代入式(20-13)中即可得到 177 个地区在 2000—2008 年的征税能力，进而可以计算出各地区在 2001—2008 年的征税能力建设指标，征税能力建设的分年度描述统计

---

① 当前关于自然资源禀赋的度量有两种度量方式，一种是度量自然资源丰裕度，一种是度量自然资源依赖度，用不同的度量方式在验证“资源诅咒”命题时可能会得出不同结论。但是，现有统计资料只提供了地级市层面采矿业从业人员数量这一指标，因此，尽管从某种意义上而言，采矿业从业人员与总就业人数比重度量的更接近资源依赖度，但在度量中国地级市层面的自然资源禀赋时，还是有大量文献使用了该指标(方颖 等，2011；陈建宝、乔宁宁，2012)。

② 这两者之间的差额就是省本级的增值税分成数量，该计算方法与周黎安和吴敏(2015)计算各级地方政府税收分成的思路是一致的。

③ 篇幅所限，模型(20-13)的估计结果略去，备索。

结果如表20-1所示。从表20-1中可以看出,2002—2004年,在控制住其他因素之后,地级市层面的征税能力的平均水平在下降,征税能力建设是负值,但在其他年份的征税能力建设则是正值①。一个可能的原因是,在这几年中,中国经济出现了普遍过热的情形,地方政府的税基快速增加,导致地方政府的征税主观能动性下降和实际税率下降。

表20-1 征税能力建设的描述统计

单位:%

年份	观测值	均值	标准差	极小值	极大值
2001	177	9.324	11.325	−37.110	43.258
2002	177	13.146	15.430	−38.221	52.970
2003	177	−4.314	14.259	−43.205	39.854
2004	177	−1.288	9.938	−36.818	49.031
2005	177	5.316	12.497	−43.215	57.832
2006	177	14.300	19.983	−37.336	46.008
2007	177	9.586	14.277	−29.256	38.409
2008	177	12.007	20.258	−37.341	30.595

(二)自然资源对征税能力建设作用的估计:基准回归

基于第一部分对征税能力建设的估计结果,利用2001—2008年177个地级市的数据对模型(20-11)进行最小二乘估计,除了前文所介绍的变量之外,还控制了地区固定效应(即个体效应)和时期效应,回归结果如表20-2所示。首先在回归中只引入资源禀赋,发现自然资源禀赋每提高1个单位,地方政府的征税能力建设降低13.443个单位,该回归系数在10%的显著性水平下是显著的;接着,引入全部的控制变量,结果显示,自然资源禀赋对地方政府的征税能力建设依然有显著的抑制作用,自然资源禀赋每提高1个单位,地方政府的征税能力建设降低9.936个单位,该作用在10%的显著性水平下是显著的。

在控制变量中,回归结果表明,地区层面的人均GDP、城市化水平、对外开放程度以及产业结构对地方政府的征税能力建设并没有显著作用;但是,政府规模以及税收分成比例越高,地方政府的征税能力建设越强,上级政府的转移支付越多,地方政府加强征税能力建设的动机就越弱。

① 征税能力建设为负并不说明地方政府对征税建设的投入是负值,而是说明地方政府的财政汲取能力在下降,由于控制了其他因素对财政汲取能力的影响,因此财政汲取能力的下降可理解为征税能力建设的减少。

表 20-2　自然资源禀赋对征税能力建设作用的基准回归结果

变量	(1)	(2)
natural	−15.443* (8.579)	−9.936* (5.582)
pgdp		0.005 (0.007)
urban		−0.145 (0.210)
open_GDP		1.536 (1.094)
ind		−1.549 (0.984)
govscale		1.930* (1.060)
taxshare		14.637* (8.170)
tran		−24.303*** (5.213)
constant	7.295*** (1.104)	10.310*** (2.279)
N	1416	1416
个体效应	Yes	Yes
时期效应	Yes	Yes
R^2	0.084	0.195

注:(1)估计量下方括号中为聚类到地级市层面的稳健标准差,下同;(2) * 、** 和 *** 分别表示在10%、5%和 1%的水平上显著,下同。

(三)内生性的处理

尽管一个地区的自然资源禀赋是由该地区的地质条件决定的,是严格外生的。但由于度量各地区自然资源禀赋的指标是各地区采矿业从业人数与总就业人数的比重,严格来讲,本章所使用的度量自然资源禀赋的指标度量的不是自然资源禀赋本身,而是一个地区的自然资源依赖度,因此,该指标可能会受到一个地区的财政状况的影响,从而存在一定的内生性。同时,我们可能也会遗漏一些与征税能力建设以及自然资源依赖度均相关的变量,也会导致本章使用的自然资源禀赋度量指标在解释征税能力建设时存在内生性。为了解决这种内生性,类似于方颖等(2011)年的处理,我们使用之前年度的自然资源禀赋值的均值(natrue_ave)作为当期的自然资源禀赋的工具变量进行两阶段最小二乘回归。为了考察结果的稳健性,分别使用前 1 年的自然资源禀赋、前 2 年的自然资源禀

赋的均值直至前 5 年的自然资源禀赋的均值共 5 个工具变量。不同工具变量的回归结果如表 20-3 所示，第二阶段回归的回归结果表明，在所有 5 个工具变量的回归中，自然资源禀赋均在 10%的显著性水平下显著抑制了地方政府的征税能力建设。

表 20-3　自然资源禀赋对征税能力建设作用的两阶段最小二乘回归

变量	(1) 前 1 期	(2) 前 2 期均值	(3) 前 3 期均值	(4) 前 4 年均值	(5) 前 5 年均值
第一阶段回归					
nature_ave	0.891*** (0.195)	0.874*** (0.184)	0.830*** (0.188)	0.789*** (0.176)	0.773*** (0.169)
第二阶段回归					
nature*	−7.216* (3.01)	−5.489* (2.999)	−5.008* (2.813)	−6.276* (2.853)	−4.331* (2.420)
N	1400	1288	1144	936	760

注：(1)由于 2001 之前一些地级市的采掘业从业人数缺失，所以不同工具变量回归中的样本容量是不同的；(2)nature* 为第一阶段回归中自然资源禀赋的估计值；(3)本表仅列出了工具变量的估计结果。

(四)稳健性分析

本章实证分析面临的最大问题是没有地方政府税收能力建设的统计数据，因此我们使用地方政府征税能力的估计数据来构建税收能力建设指标。从式(12)可以看出，一个地区的征税能力是该地区实际税收收入与预期税收收入的比值，该比值实际上就是一个地区的实际税率①。因此，我们可以先估算出各地区的实际税率，并通过实际税率的变动来构建征税能力建设指标。

本章参照龙小宁等(2014)，利用来自中国工业企业数据库的微观企业的企业财务信息和纳税信息以及相应的企业地理信息，加总得到中国地级市层面的实际税率。在中国税制中，增值税和企业所得税是收入占比最高的两个税种，而增值税是由国税机关征收的，与地方政府的征税能力建设关系并不大，因此我们主要使用企业所得税的数据加总得到地级市的企业所得税实际税率。具体的加总方法如下：首先，计算出一个地级市范围内企业的所得税纳税总额；然后，计算出该地区内企业的企业利润总额；最后，用企业的所得税纳税总额除以企业利润总额，即为该地级市的企业所得税实际税率。为了不同

① 中国是一个税收立法权高度集中的国家，地方政府并不具有税收立法权，各地方的名义税率是相同的。但是，中国的税收法律体系并没有十分缜密地限定各级政府的税收行为，而是给了地方政府足够大的弹性空间，这使得地方政府在税收政策上有较大的"自由裁量权"。更重要的是，由于中央政府与地方政府的信息不对称，地方政府在征税时，其征税强度存在较大差异，导致各地区的实际税率也存在较大差异，从而出现出现"中央决定名义税率、地方决定实际税率"的现象(安体富，2002)。

来源数据能够相匹配，我们使用的是 2000—2007 年的中国工业企业数据，且只保留前面所使用的地级市样本内的工业企业。基于这 177 个地级市的工业企业的数据，计算地级市层面的企业所得税实际税率，将相邻两年的企业所得税实际税率相减，即可得到 2001—2007 年的地方政府征税能力建设指标。利用这种重新计算得到的征税能力建设指标，我们对模型(11)进行了再估计，估计结果如表 20-4 所示。表 20-4 的结果表明，自然资源禀赋对征税能力建设依然有显著的抑制的作用，从而说明，即使更换了征税能力建设的度量方式，自然资源禀赋对征税能力的作用依然是稳健的。

表 20-4　自然资源禀赋对征税能力建设作用的再估计

变量	(1)	(2)
natural	−15.303** (7.514)	−24.663** (11.993)
N	1239	1239
控制变量	No	Yes
个体固定效应	Yes	Yes
时期固定效应	Yes	Yes
R^2	0.065	0.233

(五)异质性分析

在本章的研究样本中，存在一些特殊的地级市，例如计划单列市、副省级城市和省会城市。计划单列市的财政收入和财政支出直接对接中央财政，因此，其财政收入、财政支出以及转移支付的模式都有别于一般的地级市，这使得计划单列市的征税能力以及征税能力建设也可能会有别于一般的地级市。此外，中国还存在 15 个副省级城市，1993 年 7 月颁布的《关于党政机构改革的方案》和《关于党政机构改革方案的实施意见》规定，除深圳、重庆、大连、青岛、宁波、厦门这 6 个非省会城市仍保留计划单列市外，其余省会城市(剩余 8 个)不再实行计划单列；同时，1994 年 5 月中央机构编制委员会决定将原有的 14 个计划单列市和济南、杭州两市确定为副省级城市，除升级为直辖市的重庆外，现有 15 个副省级城市，其中包括了 5 个仍保留计划单列市地位的地级市。这些副省级城市的财政虽然不是直接对接中央财政，但是，因为其前身为计划单列市，且在党政机关主要领导的行政级别为副省部级，因此，获得的财政资源也要多于一般的地级市。最后，省会城市作为一个省级地区的政治、经济和文化中心，其税基、财政收入和财政支出均与一般的地级市可能存有区别。为了考察这些不同行政地位的地级市的征税能力建设同资源禀赋之间的关系是否存在差异性，我们引入三个虚拟变量 $D1$、$D2$ 和 $D3$。如果一个地级市属于计划单列市，则 $D1$ 取 1，否则取 0；如果一个地级市属于副省级城市，则 $D2$ 取 1，否则

取 0；如果一个地级市属于省会城市，则 $D3$ 取 1，否则取 0。我们分别将上述三个虚拟变量以及该虚拟变量同资源禀赋的交互项引入原回归方程进行回归，回归结果如表 20-5 所示。

表 20-5 异质性分析(1)

变量	(1)	(2)	(3)
natural	−7.326** (3.605)	−9.754* (5.244)	−10.815* (5.910)
$D1$	12.256*** (3.005)		
$D2$		4.311** (2.107)	
$D3$			9.027** (4.447)
$D1$×natural	1.953 (2.007)		
$D2$×natural		1.730 (1.644)	
$D3$×natural			5.116** (2.508)
N	1239	1239	1239
个体效应	No	No	No
时期效应	Yes	Yes	Yes
R^2	0.165	0.154	0.167

注：本表仅列出核心变量的回归结果。

表 20-5 的回归结果表明，计划单列市、副省级城市以及省会城市的征税能力建设都要显著高于一般的地级市。由于自然资源禀赋对征税能力建设的作用显著为负，而省会城市变量 $D3$ 与自然资源禀赋的交互项显著为正，这说明，省会城市的征税能力建设不仅要显著高于非省会城市，而且自然资源禀赋对征税能力建设的抑制作用也要显著低于非省会城市。但是，由于 $D1$ 和 $D2$ 与自然资源禀赋的交互项均并不显著，说明计划单列市以及副省级城市和其他城市间，自然资源禀赋对征税能力建设的影响并没有显著差异。

对于计划单列市与非计划单列市之间的差异，主要是由于计划单列市的财政收入和财政支出是直接对接中央的，减少了计划单列市财政收入上解比例的随意性，使得计划单列市政府提高地方征税能力的积极性；但是，资源禀赋对征税能力建设的作用在计划单列市和非计划单列市之间并没有差异，一个可能的原因是计划单列市样本量不大且资源依赖度均相对较低。至于省会城市，因为省会城市作为一个省级地区的政治、经济和文化中心，财政资源和政治资源均要高于省内其他地级市，这些城市提高征税能力的基础和动力均要高于其他地级市。

上面的异质性分析是从征税能力差异的角度来考虑自然资源禀赋对征税能力建设影响的异质性，接下来从各地区自然资源禀赋差异的角度来考虑自然资源禀赋与征税能力建设之间关系的异质性。中国是一个地区差异巨大的大国，各地区的自然禀赋也存在显著差异，通常而言，中西部地区的矿产等自然资源禀赋的开采量要显著高于东部地区。由于自然资源种类很多，因此很难基于某种资源的数量来判断一个城市的自然资源禀赋大小，因此，使用国务院对资源枯竭型城市的界定来判断一个城市是否是自然资源丰裕的地区。资源枯竭型城市是指资源型城市中矿产资源开发进入后期、晚期或末期阶段，其累计采出储量已达到可采储量的一定比例（通常是 70%）的城市，所以资源枯竭型城市根本上是资源型城市。国务院于 2008 年、2009 年、2011 年分三批确定了 69 个资源枯竭型城市（县、区），其中包括 26 个地级市。我们设定两个虚拟变量 $D4$ 和 $D5$：如果一个地级市属于 26 个资源枯竭型地级市，则 $D4$ 取 1，否则取 0；如果一个地级市本身或者下辖的县、区属于资源枯竭型城市，则 $D5$ 取 1，否则取 0。我们分别将上述两个虚拟变量以及该虚拟变量同资源禀赋的交互项引入原回归方程进行回归，回归结果如表 20-6 所示。

表 20-6　异质性分析(2)

变量	(1)	(2)
natural	−6.259** (3.085)	−8.669** (4.013)
$D4$	−10.155*** (1.127)	
$D5$		−8.297*** (2.416)
$D4\times$natural	−2.863* (1.556)	
$D5\times$natural		−2.164* (1.139)
N	1239	1239
个体效应	No	No
时期效应	Yes	Yes
R^2	0.172	0.169

注：本表仅列出核心变量的回归结果。

表 20-6 的回归结果表明,虚拟变量 $D4$ 和 $D5$ 本身的回归系数均在 1%的显著性水平下显著为负,说明资源型城市的征税能力建设投入要显著小于非资源型城市,这表明资源型城市往往依赖于资源部门的收入而忽视了征税能力的提高;同时,虚拟变量 $D4$ 和 $D5$ 与变量 natural 的交互项在 10%的显著性水平下显著为负,表明资源型城市的征税能力建设投入不仅要低于非资源型城市,而且资源型城市的自然资源禀赋对征税能力建设投入的边际影响更大,资源型城市的征税能力建设对自然资源禀赋的多少更为敏感,这进一步印证了自然资源禀赋对征税能力建设的抑制作用。

第六节　结束语

受外部经济环境以及新冠疫情影响,当前中国正面临经济下行的巨大压力,在此压力下,中央政府实行了大范围的"减税降费"和更加积极的财政政策。在这些财税政策的实施过程中,地方政府的财政收支变动尤为突出,一方面,"减税降费"中地方的税收收入下降比中央政府更突出;另一方面,中央政府要求的更加积极的财政政策也需要地方政府增加财政支出来实现。这使得地方政府的财政可持续性问题变成学术界和政策制定者都非常担忧的问题,而要在经济下行压力变大、税基有所减少的情况下促使地方政府的财政向可持续的方向发展,一个非常重要的途径就是提高政府的征税能力、推进地方政府的征税能力建设。而且,提高征税能力建设不仅仅在于缓解地方财政压力、推进财政可持续性本身,更重要的是,征税能力建设事关国家治理体系和国家治理能力现代化。对于中国这样一个大国而言,征税能力的提高不仅仅要求中央征税能力的提高,更重要的是地方征税能力的提高。在这样的背景下,讨论什么样的因素会制约地方政府的征税能力以及征税能力建设就显得意义重大。

本章从理论上证明,一个地区的经济对自然资源依赖度越高,该地区的征税能力建设就越弱;同时,基于中国地级市层面的面板数据也验证了这一点。基于这样的结论,我们认为,要推进地方政府的征税能力建设,就必须从如下几个方面入手:第一,提高地方政府的财政透明度,降低地方政府尤其是资源型地区的地方政府对资源部门的收入依赖;第二,推进预算改革,将来自自然资源部门的收入由预算外向预算内转变,使得资源型地区在获益于自然资源禀赋的同时,也能加强征税能力建设;第三,鉴于不同行政级别的城市的征税能力建设自身以及资源禀赋对征税能力建设的影响均存在差异,在制定相应财税措施时应当采用差异化措施;第四,从源头上讲,应该进一步推动产业结构升级,降低地区经济对资源产业的依赖。

囿于数据,本章研究还存在一定缺陷。一方面,我们只能利用估算得到的地方政府征税能力的变化来度量地方政府的征税能力建设,尽管我们试图尽可能地控制其他对地方政府征税能力产生影响的因素,但依然会将其他遗漏因素计入征税能力建设中来,如果能够获得地方政府在征税能力建设方面的详细数据，例如税务部门的财政预算、工作人员雇佣量等，可以更好地进行实证研究；另一方面，由于地级市层面只能获得采掘业从业人员的数量，所以在度量资源禀赋这一变量时，仅仅从资源依赖度这个角度进行度量，无法用更多的度量指标来检验结果的稳健性。

本章参考文献

安体富，2002.如何看待近几年我国税收的超常增长和减税的问题[J].税务研究(8)：10-17.

陈建宝，乔宁宁，2016.地方利益主体博弈下的资源禀赋与公共品供给[J]经济学(季刊)(2)：693-722.

邓明，魏后凯，2016.自然资源禀赋与中国地方政府行为[J].经济学动态(1)：15-31.

方颖，纪衎，赵扬，2011.中国是否存在"资源诅咒"[J].世界经济(4)：144-160.

胡祖铨，黄夏岚，刘怡，2013.中央对地方转移支付与地方征税努力：来自中国财政实践的证据[J].经济学(季刊)(2)：799-822.

龙小宁，朱艳丽，蔡伟贤，等，2014.基于空间计量模型的中国县级政府间税收竞争的实证分析[J].北京：经济研究(8)：41-53.

龙竹，2002.关于财政能力若干构成要素的分析[J].财会研究(7)：9-11.

吕冰洋，郭庆旺，2011.中国税收高速增长的源泉：税收能力和税收努力框架下的解释[J].中国社会科学(2)：77-91.

王绍光，胡鞍钢，1993.中国国家能力报告[M].辽宁人民出版社.

王绍光，2014.国家治理与基础性国家能力[J].华中科技大学学报(社会科学版)(3)：8-10.

张光，2009.财政分权省际差异、原因和影响初探[J].公共行政评论(01)：133-158.

周黎安，吴敏，2015.省以下多级政府间的税收分成：特征事实与解释[J].金融研究(10)：64-80.

ACEMOGLU D，MOSCONA J，ROBINSON J A，2016.State capacity and American technology：evidence from the nineteenth century[J].American economic review，106(5)：61-67.

ACEMOGLU D，2005. Politics economics in weak and strong states [J].Journal of monetary economics，52(7)：1199-1226.

BESLEY T，PERSSON T，2011.Pillars of prosperity：the political economics of development clusters[M].Princeton：Princeton University Press.

BESLEY T，PERSSON T，2010.State capacity，conflict，and development[J].Econometrica，78(1)：1-34.

BESLEY T, PERSSON T, 2009. The origins of state capacity: property rights, taxation, and politics[J]. American economic review, 99(4): 1218-1244.

BESLEY T, PERSSON T, 2008. War and state capacity [J]. Journal of the European economic association, 6(2-3): 522-530.

BUEHN A, SCHNEIDER F, 2012. Shadow economies around the world: novel insights, accepted knowledge and new estimates[J]. International tax and public finance, 19(1): 139-171.

CáRDENAS M, TUZEMEN D, 2011. Under-investment in state capacity: the role of inequality and political instability[R]. Working paper.

CáRDENAS M, 2010. State capacity in latin America[J]. Economia, 10(2): 1-45.

CHAUDHURY K A, 1997. The price of wealth: economies and institutions in the Middle East[M]. Cornell University Press.

DRELICHMAN M, VOTH H J, 2014. Lending to the borrower from hell: debt, taxes, and default in the age of Philip Ⅱ[M]. Princeton, NJ: Princeton University Press.

JENSEN A D, 2011. State-building in resource-rich economies [J]. Atlantic economic journal, 39(2): 171-193.

ROBINSON A, SLEMROD F, 2012. Understanding multidimensional tax systems [J]. International tax and public finance, 19(2): 237-267.

VERDIER, 2011. Openness, conflicts and state capacity building: a political economy perspective[R]. Working paper.

VRIES P, 2015. State, economy and the great divergence: Great Britain and China, 1680s—1850s[M]. London: Bloomsbury Academic.

第二十一章　税收分成、财政激励与城市土地配置*

谢贞发　朱恺容　李　培**

第一节　引　言

中国式土地制度的独特安排与变革是中国经济高速增长与结构变革的发动机，形成了具有中国特色的“以地谋发展模式”。但这种模式在创造“中国奇迹”的同时，也造成国民经济运行、财富增长与分配对土地的过度依赖，且土地结构失衡已经成为中国最严重的结构性问题(刘守英，2017)。因此，研究土地配置问题对于认识中国现阶段的经济增长和结构转变轨迹具有重要的现实意义。而土地配置问题的研究离不开对市县级政府①行为的研究，因为现行土地制度赋予了市、县两级政府在土地转用和国有土地一级开发的垄断权，享有利用土地干预资源配置和经济运行的主导权利。1994年以来的分税制改革在重塑中央—地方财政关系的同时，间接影响了地方政府的行为模式，因为不同的财政关系设计会影响地方政府的预算约束，形成不同的财政激励，影响地方政府的行为选择，进而影响它们辖区的经济绩效和结构特征。基于上述认识，本章选取分税制中政府间核心财政分配关系——税收分成制度——与市县级政府的土地配置行为作为研究对象，探讨中国式财政激励与城市土地配置问题，以期更好地理解中国经济增长和结构变化轨迹背后的制度诱因，为未来的财政激励制度改革提供重要的理论和实证参考。

分税制下一系列税制改革②不断凸显了税收分成制度在中国财政体制中的重要地位，也吸引了诸多学者对税收分成问题的关注。周黎安、吴敏(2015)系统研究了分税制改革以来主要税种在省以下各级政府间的税收分成比例变化及影响因素。一些学者则重点研究了税收分成激励对地方政府行为的影响及经济效应，如地方政府土地出让收入和税收分成上升引起地方政府从隐匿到显性化土地收入的行为反应(张清勇，2009)，税收分

* 本章写作时间为2019年，故本章表述以2019年为时间节点。

** 谢贞发，副教授，博士生导师，厦门大学经济学院财政系；朱恺容，厦门市医疗保障局；李培，教授，博士生导师，浙江大学经济学院。

① 包括地市级和县级两级政府，为了简化表述，本章统称“市县级政府”。

② 典型如2002年所得税分享改革及2016年5月1日全面推开营改增改革时的增值税分成改革。

成激励强化了地方政府税收征管行为(吕冰洋,2009;吕冰洋、郭庆旺,2011;吕冰洋 等,2016),税收分成设计解释了转移支付结构对地方政府行为反应的影响(吕冰洋 等,2018),增值税和营业税的分成差异引起了二三产业结构的变化(谢贞发 等,2016),2002年企业所得税分成下降引致的财政压力促使地方政府从促进工业增长转向城镇化(Han and Kung,2015),增值税分成下降引致的财政压力促使地方政府发展产能过剩行业和高污染行业(席鹏辉 等,2017a、2017b)。

中国式分税制与土地制度下的“以地谋发展模式”也吸引了诸多学者的关注。孙秀林和周飞舟(2013)认为,分税制通过改变中央和地方税收分配方案导致地方政府财政收入的“饥饿效应”,这构成土地开发和城市化浪潮的一个核心推动力量。而且分税制带来的集权效应会引起地方政府行为的一系列变化,其中之一即是地方政府开始积极从预算外,尤其是从土地征收中为自己聚集财力(周飞舟,2006)。赵文哲和杨继东(2015)认为,在现行分税体制下,土地出让是地方政府缓解财政缺口压力的重要渠道。卢洪友等(2011)甚至认为分税制后地方政府面临了巨大的财政压力,出让土地获得收入是地方政府的“无奈之举”。但张莉等(2011)、范子英(2015)分析认为,地方政府官员热衷于出让土地是源于“土地引资”或投资冲动,而非简单为了获取土地出让收入的“土地财政”行为。

虽然获取财政收入是地方政府出让土地的重要诱因,但地方政府在不同类型土地上的出让行为却存在着明显差异,低价出让工业用地和高价出让商住用地共存。陶然等(2009)认为,这种看似矛盾的策略行为是地方政府在土地出让与开发中的财政收入激励及其面临的外在约束的理性选择。低价供给工业用地招商引资是为了获取工业发展的增值税等收入,具有“税租合一,以税代租”的特征;而高价供给商住用地是为了获取高额的土地出让收入,具有“租税分离、以租补税”的特征(中国经济增长前沿课题组,2011)。这种差别性出让策略与制造业和服务业尤其是房地产业供给产品的区位流动性差异特征密切相关(陶然 等,2009)。但地方政府来自土地的两种形式财政收入之间可能存在着某种等价甚至替代关系,黄少安等(2012)通过研究房地产发展与政府财政收入之间的关系,发现政府财政收入在长期内满足“租税等价”,在短期内存在“租税替代”关系。

综合已有研究,我们发现,虽然一些学者已经对税收分成制度演变及其对地方政府行为的影响和经济效应进行了一定的研究,且不少文献也关注了地方政府土地行为背后的财政动因,但这些研究没有直接关注税收分成制度与地方政府土地配置行为的关系。而这两者的关系是当前财政体制与土地制度作用的重要表现,也是理解转轨期中国经济增长和结构转变的重要着眼点。因此,本章的研究是对已有研究的一个深化。

作为第二代财政联邦主义理论的代表人物,Weingast(2009)强调了财政激励方法(the fiscal incentives approach)在分析财政制度对地方政府行为及经济绩效影响问题上的重要性。财政激励方法的基本思想是,无论地方政府的目标是什么,它们都更有动机支持那些可以放松它们预算约束的政策，因为更多的财政收入使得它们可以更好地实现自己的目标。因此，不同的财政制度安排直接影响了地方政府行为和政策选择，进而影响了它们辖区的绩效。这一方法为研究中国不断调整的政府间财政关系及多任务和任务跨期变化频繁的地方政府行为提供了重要的理论视角。理论上，税收分成制度的设计不仅仅关乎不同层级政府的财权财力，更是影响政府行为的重要激励制度安排。

2012 年营改增前，从主体税种与土地类型的对应关系来看，增值税主要对应于工业用地，营业税主要对应于商住用地。现有研究(陶然 等，2009；中国经济增长前沿课题组，2011)表明，地方政府在两种类型土地配置上的行为反映了不同的财政动因。工业用地的配置主要是为了工业的招商引资，以获取增值税等税收收入的增长。因此，增值税分成比例变化将引起地方政府来自工业用地配置中的财政利益变化，进而影响地方政府工业用地的配置行为。商住用地配置的财政利益主要包括两部分，一是直接获取土地出让金收益，二是商业服务业以及房地产业开发和销售中产生的营业税等税费收入。相比前者，地方政府来自营业税等税费收入在商住用地配置中的财政利益要小且周期更长，使得营业税分成变化对商住用地的影响效应要弱得多。而且，营业税分成下降引起的财政利益下降和财政压力上升的作用方向相反，使得营业税分成对商住用地的配置影响很小。同时，两个税种都对另一种土地配置产生着交叉效应。营业税分成降低意味着增值税相对分成上升，从而引起工业用地的增长；增值税分成上升会通过工业溢出效应和财政压力转嫁效应引起商住用地配置的上升。基于上述认识，我们认为，增值税与营业税分成变化对地方政府土地配置行为的作用效应是存在差别的，进而影响了不同类型土地配置的规模和结构变化。利用 1999—2011 年全国市县级政府增值税、营业税分成变化与地级市市辖区工业用地和商住用地配置的数据，我们实证检验了税收分成变化对地方政府土地配置行为的影响。结果显示，增值税分成越高，城市工业用地配置越多；而更高的营业税分成比例并没有引起城市商住用地的显著增长。营业税分成变化对工业用地的交叉效应显著为负，而增值税分成变化对居住用地的交叉效应显著为正。同时，增值税和营业税分成变化也引起了两种类型土地配置的结构变化。这些实证结果与理论预测的结论一致。进一步，我们还考察了税收分成变化对土地配置影响的异质性和工业用地的产出效应，结果发现财政自给率更高、财政支出占 GDP 比重更高和工业基础更好的地区，税收分成的土地配置效应更高，而增值税分成上升虽然引致了更多的规模以上工业企业数量，但却降低了单位土地的产出效果，这意味着更大的税收分成激励加剧了土地低效率利用问题。

相比已有研究，本章的核心贡献在于直接将中国式分权下的两个核心制度——税收分成制度与土地制度——联系起来，将地方政府直接的财政激励与其可控的重要工具联系起来，更好地理解了中国经济增长和结构转变的轨迹。虽然谢贞发等(2016)研究了税收分成与产业结构的关系，但产业结构变化是政府干预和配置行为后的结果，而本章则

是直接关注税收分成激励与地方政府的资源配置行为。虽然 Han 和 Kung(2015)研究了 2002 年企业所得税分成改革对地方政府商住用地出让行为的影响,但他们主要是将 2002 年改革作为地方政府财政压力的外生冲击,重点考察的是财政压力对地方政府出让商住用地行为的影响,而不是直接研究税收分成变化对地方政府土地配置行为的影响。本章的研究将有助于更好地理解税收分成激励与地方政府土地配置行为的关联,也为财政激励理论文献补充了来自中国的案例研究。

本章后面内容的结构安排如下:第二部分介绍了中国式税收分成制度和城市土地使用制度的基本背景,并在理论上分析了税收分成激励与地方政府土地配置行为的关联,提出了待检验的几个理论假说。第三部分说明了本章的实证策略与数据选取,第四部分是实证结果及稳健性检验,第五部分是异质性检验和延伸讨论,第六部分是结论及讨论。

第二节　制度背景与理论分析

(一)制度背景

1.中国式税收分成制度

1994 年中国的财政体制从 20 世纪 80 年代推行的“财政包干制”转向“分税制”,通过分税种、分收入、分机构划分了中央和省级政府的财政收入分配关系。但由于各地区经济社会情况错综复杂,中央没有自上而下统一构建省以下财政体制,因此 1994 年分税制改革并未明确规定省以下各层级政府间的收入划分模式。伴随着中央和省级间税收分享体制的确立,各省也根据自身经济社会发展实际,比照中央对省级政府的分税制财政体制,调整了本省内省以下财政体制和各层级政府间的收入划分形式。

2002 年中央主导并推进了所得税收入分享体制改革,使企业所得税和个人所得税由按照行政隶属关系划分收入转变为中央与地方共享收入,并且在 2003 年进一步提高了中央所得税分成比例。这一所得税分享改革给省以下财政体制带来新的冲击和调整压力。中央于 2002 年 12 月印发了《国务院批转财政部关于完善省以下财政管理体制有关问题意见的通知》(国发〔2002〕26 号文),要求各省合理确定各级政府财政收入占全省财政收入的比重,进一步完善省以下财政管理体制。由此大部分省份以中央所得税分享改革为契机,不同程度地调整了增值税、营业税和所得税等税种的收入共享办法和分成比例,以适应新的经济和财税格局。

在税收分成比例上,大多数省份对各市县“一视同仁”,但也有部分省份对不同的市县采取了不同的政策。如甘肃省兰州、嘉峪关、金昌、白银和酒泉五市的增值税收入中市县分成 30%,其他市(州、地)市县分成 80%;海南省海口分成 25%,其他市县分成 75%;四川省各市县的分成比例为 65%,但甘孜、阿坝、凉山州中省暂不参与分成。

大部分省份的税收分成形式是比例分成，容易清楚获知具体数值比例，但也存在一些特殊情形。一是个别省份挑选某些重要行业或重要企业的增值税和营业税等税收收入作为省级固定收入。如内蒙古自治区本级固定收入中包括：内蒙古集通铁路有限责任公司、内蒙古电力(集团)有限责任公司集中缴纳的增值税25%部分和各家银行保险公司在内蒙古所设分支机构集中缴纳的营业税部分。二是个别省份存在“总额分成”或“增收分成”的财政体制。如福建实行的是“总额分成”，将设区市级地方一般预算收入的20%作为省级固定分成收入；江苏和浙江选择的是“增收分成”，如江苏省2001年规定：以2000年为基期年，核定各市地方财政收入基数和税收返还基数，实施增收分成。三是个别省份在分税制中内嵌“财政包干”的内容。如山东规定济南、淄博、烟台、潍坊、济宁、泰安、日照和莱芜等市的递增上解比例为3%。

1994年以来各省省以下税收分成制度的丰富变化，为本章实证检验税收分成激励效应奠定了良好基础。同时，上述各省税收分成制度改革的特征也为我们比较评估现有主流的确定市县级税收分成比例的两种方法(文件提取法和间接计算法)提供了依据[①]。

2.中国式城市土地使用制度

1986年版及之后的历次修正版《土地管理法》和1990年的《城镇国有土地使用权出让和转让暂行条例》等一系列法律法规都明确赋予市县级政府在土地转用和城市建设用地统一供给上的垄断权。由此，国有建设土地的征用和出让成为市县级政府干预地方经济发展的最主要手段。伴随着土地转变用途，市县级政府替代农民集体成为城市土地的经营者，成就了“以地谋发展模式”。

1998年版及之后的《土地管理法》确立了“土地用途管制制度”。国家编制土地利用总体规划，规定土地用途，控制建设用地总量，对年度建设用地指标实行审批。地方各级人民政府编制的土地利用总体规划中的建设用地总量不得超过上一级土地利用总体规划确定的控制指标，耕地保有量不得低于上一级土地利用总体规划确定的控制指标。这一限定在一定程度上约束了地方政府城市土地使用的扩张，但城市土地配置的实际权力仍然在市县级政府手中。即虽然土地调控的闸门在中央和上级，但土地闸门的把手还在地方和市县级政府手中(蒋省三 等，2007)。

对于城市用地分类和规划建设用地标准，原建设部在1990年7月2日批准并于1991年3月1日施行的《城市用地分类与规划建设用地标准GBJ137－90》(以下简称“1990年国标”)作出了相应的规范和要求。“1990年国标”指出，城市用地应按土地使用的主要性质进行划分和归类，分为居住用地、公共设施用地、工业用地、仓储用地、对外交通用地、道路广场用地、市政公用设施用地、绿地和特殊用地九大类用地，不包括水域和其他用地。“1990年国标”要求，地方政府编制和修订城市总体规划时，居住、工业、道路

① 第三部分将详细讨论两种数据方法的优劣势。

广场和绿地四大类主要用地占城市建设用地的比例应符合表 21-1 的规定。“1990 年国标”中没有单列“商业服务业设施用地”，而是把它作为“公共设施用地”的一个中类。伴随着改革开放和经济运行市场化程度的推进，商服用地的重要性日益凸显，由此，住房和城乡建设部在 2011 年修订并于 2012 年 1 月 1 日施行的《城市用地分类与规划建设用地标准 GB50137—2011》(以下简称“2011 年国标”)进行了分化调整，将“公共设施用地”划分为“公共管理与公共服务用地”和“商业服务业设施用地”。同时，“2011 年国标”也要求地方政府在编制和修订城市总体规划时，对居住用地、公共管理与公共服务用地、工业用地、交通设施用地和绿地五大类占城市建设用地的比例作了相应的规定，具体见表 21-2。

表 21-1 “1990 年国标”要求的规划建设用地结构

类别名称	占城市建设用地的比例/%
居住用地	20～32
工业用地	15～25
道路广场用地	8～15
绿地	8～15

表 21-2 “2011 年国标”要求的规划建设用地结构

类别名称	占城市建设用地的比例/%
居住用地	25～40
公共管理与公共服务用地	5～8
工业用地	15～30
交通设施用地	10～30
绿地	10～15

通过以上梳理，我们可以总结出城市土地使用制度的三个基本特征：一是市县级政府拥有城市土地配置的垄断权，二是土地用途管制制度并没有完全限制市县级政府对土地配置的自主权，三是国标中城市建设用地的比例约束具有较大的弹性空间。这三个特征一起赋予了市县级政府在城市土地配置上足够的自由裁量权，也为本章研究地方政府的城市土地配置行为提供了条件。

(二)理论分析

1.税收分成对地方政府土地配置的直接效应

(1)增值税分成变化对工业用地配置的直接影响

工业用地因投资竞争而形成“全国性甚至全球性买方市场”，地方政府在工业用地市场上只是一个竞争性供应者(陶然 等，2009)。由于工业用地配置的主要利益来自工业投资产生的增值税等收入的增加①，所以我们可以设竞争性工业用地市场中一个代表性地方政府来自工业用地配置的增值税财政利益为：

$$T_I = \alpha\tau_I F(L_I) - C(L_I) \tag{21-1}$$

① 虽然出让工业用地可能带来一定的出让收入，但由于引资竞争约束，地方政府往往是低价甚至零地价出让工业用地，所以工业用地的出让收入可以忽略。

其中 α 为地方政府增值税分成比例，τ_I 为增值税实际税率，$F(L_I)$ 为产出函数，L_I 为工业用地配置面积，$C(L_I)$ 泛指政府供给土地所需要花费的各种成本，包括征地和拆迁补偿支出、土地开发支出、补助被征地农民支出、土地出让业务支出等。假设 $f'_L(L_I) > 0$，$F''_L(L_I) < 0$，$C'_L(L_I) > 0$，$C''_L(L_I) > 0$。

可以证明，给定其他条件不变，地方政府为了实现最大化增值税财政利益的工业用地配置量与增值税分成比例有如下关系：$\frac{\partial L_I}{\partial \alpha} > 0$。该式说明，增值税分成比例上升，会激励地方政府增加工业用地的配置，以实现更大的增值税利益。由此，我们得到假设 21-1：

假设 21-1：增值税分成上升将引起地方政府增加工业用地的配置。

(2)营业税分成变化对商住用地配置的直接影响

地方政府来自商住用地的财政利益包括两部分：一是通过高价出让商住用地获取土地出让金收益；二是相关产业发展的营业税等税费收入，如商业服务业以及房地产业开发和销售中的营业税等税费收入。我们用式(21-2)表示地方政府来自商住用地的财政利益：

$$T_R = p_R L_R + \beta \tau_R F(L_R) - C(L_R) \tag{21-2}$$

其中，L_R 为商住用地配置面积，$p_R L_R$ 表示商住用地土地出让金收入，β 表示地方政府营业税分成比例，τ_R 表示营业税实际税率，$F(L_R)$ 表示商住行业产出函数。

相比土地出让金收益，地方政府来自商住用地配置中的营业税等税费收入要少且周期更长，使得营业税分成变化对商住用地的影响效应要弱得多。由于产品的非贸易性特征，地方政府在当地商住用地市场享有卖方垄断地位，因此我们可以用垄断企业模型的思路来分析地方政府在商住用地上的配置行为。当其他条件不变，营业税分成变化会引起地方政府来自商住业营业税收入的变化，进而引起商住用地均衡配置的变化。图 21-1 显示了营业税分成下降所引致的商住用地配置变化情况[①]。在图 21-1(a)中，营业税分成下降引起地方政府来自商住用地的平均财政利益和边际财政利益分别由 AR_1 和 MR_1 下移到 AR_2 和 MR_2，引起均衡的居住用地配置结果由 L_1 减少到 L_2。图 21-1(b)则进一步显示了营业税分成下降引起的财政收入减少所引致的财政压力增加，迫使地方政府通过增加商住用地供给获取更多的土地出让金收入来弥补财政收入减少的冲击，因此，地方政府对商住用地的供给由 MC_1 右移到 MC_2，均衡结果是商住用地配置从 L_2 增加到 L_3。上述两个影响相互抵消，弱化了营业税分成下降对商住用地配置的影响，且影响方向取决于两种力量的综合作用。

---

① 由于本章关注的是各类型用地的数量配置，对应的价格不是我们关注的重点，为了更简洁地显示图形，本章没有标示出各价格结果。

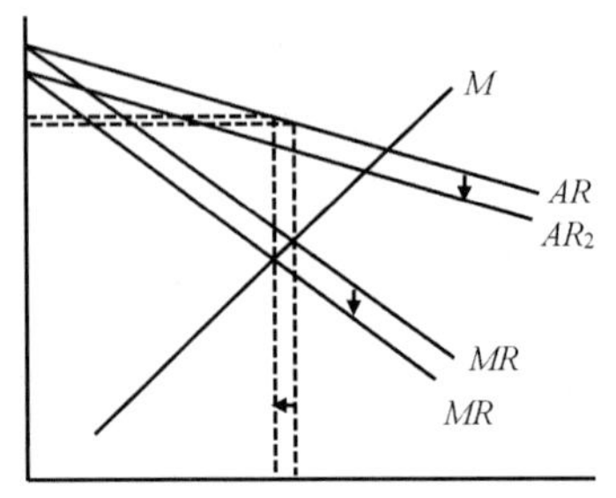

（a） 营业税分成下降引起的财政利益对商住用地配置的影响

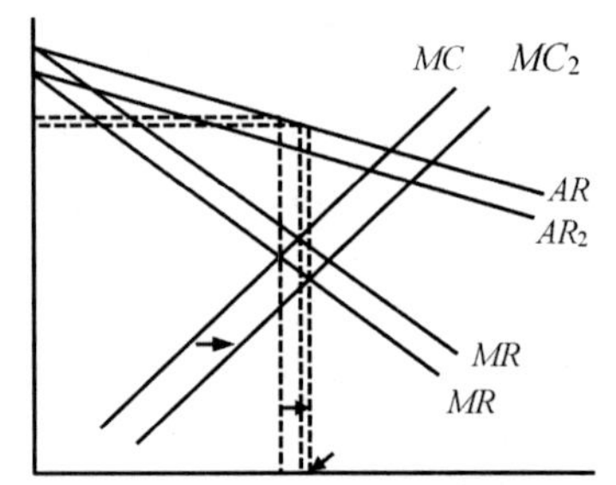

（b） 营业税分成下降引起的财政压力对商住用地配置的影响

图 21-1 营业税分成下降所引致的商住用地配置变化

综合上述分析，我们提出第二个待检验的假设：

假设 21-2：营业税分成变化会引起地方政府来自商住用地的财政利益和财政压力变化，二者对商住用地配置的作用方向相反，从而部分相互抵消，因此营业税分成变化对商住用地配置的影响较弱且方向不确定。

2.税收分成对地方政府土地配置的交叉效应

（1）营业税分成变化对工业用地配置的交叉影响

由于工业用地配置增加的主要目的是带来增值税等税收利益增长。因此，营业税分成变化对工业用地配置的影响主要是通过影响增值税的相对分成变化来体现的。当营业税分成下降时，意味着增值税相对分成上升，从而引起工业用地配置的增长。我们可以用下式来反映上述相对变化的影响。

$$T'_I = \frac{\alpha}{\beta}\tau F(L_I) - c(L_I) \tag{21-3}$$

由此可得最大化财政利益下工业用地配置对相对税收分成比例的比较静态结果：$\frac{\partial L_I}{\partial \frac{\alpha}{\beta}} > 0$。该式表明，即使增值税分成比例没有变化，营业税分成比例变化会引起两个税种分成比例的相对变化，进而影响地方政府在工业用地上的配置行为。

假设 21-3：营业税分成变化通过引起增值税分成的相对变化来影响工业用地的配置。当增值税分成不变，营业税分成上升将引起地方政府减少工业用地的配置。

（2）增值税分成变化对商住用地配置的交叉影响

相对来说，增值税分成变化对地方政府商住用地配置的影响要复杂得多。

首先，跟营业税分成变化的交叉效应类似，增值税分成变化也会通过影响相对分成的变化对商住用地配置产生影响。但由于营业税分成对商住用地配置的直接效应有限且不确定，因此来自增值税分成变化的这种交叉效应也会很小。

其次，工业发展对商住业发展的溢出效应会影响增值税分成变化对地方政府商住用地的配置行为。现有研究(陶然 等,2009;杨继东、杨其静,2016;刘守英,2017)发现,地方政府通过工业用地招商引资,会带来税收增加和人口聚集,带来城市扩张,由此促进商住业发展,并带来商住用地出让收入增加和营业税等税收收入增加。因此,工业发展会对商住业发展产生溢出效应。图 21-2(a)演示了存在工业溢出效应下增值税分成上升对商住用地配置的交叉效应。根据假说 1,增值税分成上升会引起工业用地配置的增加,进而引起工业增长。伴随着工业增长对商住业的溢出效应,地方政府来自商住用地的财政利益也会上升,在图 21-2(a)中显示为由 AR_3 和 MR_3 上移到 AR_4 和 MR_4,商住用地的均衡配置水平从 L_4 上升到 L_5。

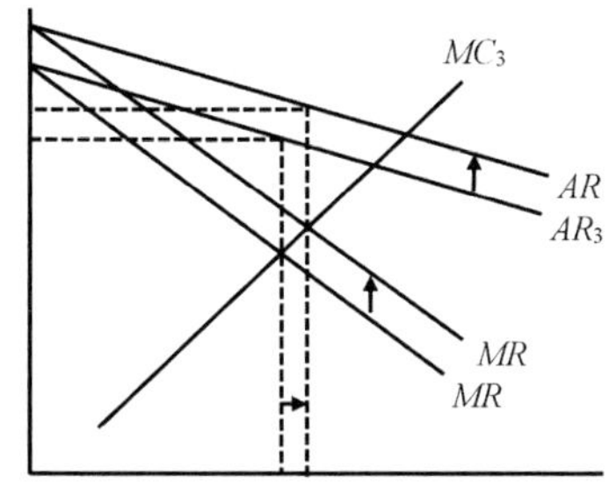

(a)　增值税分成上升引起的工业溢出效应对商住用地配置的交叉效应

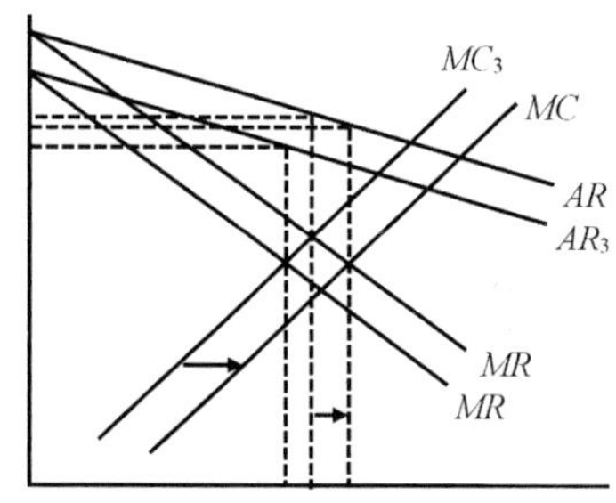

(b)　增值税分成上升引起的财政压力转嫁效应对商住用地配置的交叉效应

图 21-2　增值税分成上升所引致的商住用地配置的交叉效应

最后,低价工业化所带来的财政压力转嫁效应也会影响增值税分成变化对地方政府商住用地的配置行为。现有研究(蒋省三 等,2007;陶然 等,2009)发现,地区之间的低价引资竞争背后是各地政府的财力大比拼,横向补贴低价出让工业用地所带来的亏空是高价出让商住用地的重要诱因之一。而且,由于工业用地出让所带来的财政利益需要一定时期才能实现(陶然 等,2007),而低价工业出让所引致的财政压力是即时的,因此会迫使地方政府通过更多的商住用地供给来缓解低价工业化的财政压力。图 21-2(b)演示了这一作用过程。增值税分成上升引起更多的低价工业用地配置,所产生的财政压力迫使地方政府将商住用地供给从 MC_3 增加到 MC_4,这引起均衡的商住用地配置进一步从 L_5 上升到 L_6。

综合上述交叉效应,我们可得假设 21-4:

假设 21-4:增值税分成上升通过工业溢出效应和财政压力转嫁效应引起地方政府增加商住用地的配置。

第三节　实证策略与数据说明

(一)实证策略

本章的基准实证模型如式(21-4)所示:

$$Y_{it}=\alpha X_{it}+\beta Z_{it}+\mu_i+\lambda_t+\varepsilon_{it} \tag{21-4}$$

其中，Y_{it} 为被解释变量，即第 i 个地区 t 期的各类型土地使用面积的对数或占比；X_{it} 为核心解释变量，即第 i 个地区 t 期的增值税分成率和营业税分成率。Z_{it} 为一组控制变量，以控制其他因素对土地使用类型的影响。同时还控制了个体固定效应 μ_i 和时间固定效应 λ_t，以捕捉不同地区无法观测的异质性因素和共同冲击的影响。ε_{it} 为误差项。

由于一个地区土地资源配置情况还受到诸多因素影响，因此有必要加入一些重要的控制变量：(1)人均实际国内生产总值的自然对数，用于刻画一个地区的经济发展水平。(2)地区生产总值增长率，反映经济波动程度对地方政府行为的影响。(3)第二产业增加值占地区生产总值比重和第三产业增加值占地区生产总值比重，反映各地区的产业结构。(4)财政支出占 GDP 比重，反映地方政府对地区经济的干预程度。(5)财政自给率，即公共财政收入和公共财政支出之比，反映一个地区财政支出在多大程度上依赖于自有财政收入或转移支付资金，它可以反映地区间财政关系对地方政府土地配置行为的影响。(6)人口密度，用二三产业就业除以建成区面积来表示。(7)新增建成区面积，反映一个地区新增土地供给的能力。(8)地区信贷余额占 GDP 比重，反映一个地区的金融深化程度对地方政府土地配置行为的影响。(9)人均道路拥有面积。(10)人均实际利用外资。(11)人均实际固定资产投资。

2012 年开始试行并推广的营改增改革及预期分成调整，会直接冲击两个税种分成安排对地方政府行为的影响，从而带来有偏误的实证结果，所以本章实证研究的样本期是 1999—2011 年。

(二)数据说明

1.土地配置数据

本章研究的是地方政府工业用地和商住用地的配置行为，因此，我们选取《中国城市建设统计年鉴》中各类型建设用地面积作为核心被解释变量[①]。《中国城市建设统计年鉴》公布了 1999 年以来地级市及以上城市市辖区及县级市的各类型城市建设用地的土地数据。本章实证检验的期间刚好对应于“1990 年国标”的实施期间。对于工业用地的数据，我们参考范剑勇等(2015)的做法，将《中国城市建设统计年鉴》中“工业用地”和“仓

① 其他可得土地数据的来源有两个：一是《国土资源统计年鉴》公布的年度土地出让数据。该年鉴在本章样本期内主要公布的是地市层面不同土地出让方式的宗数或面积数据，而由于土地出让制度不断调整以及地方政府的策略性反应，使得土地出让方式难以与土地出让类型相匹配，从而难以满足本章研究需要。二是中国土地市场网(www.landchina.com)公布的每一宗土地出让结果的详细数据。《招标拍卖挂牌出让国有土地使用权规范(试行)》和《协议出让国有土地使用权规范(试行)》(国土资发〔2006〕114 号)要求自 2006 年 8 月 1 日起，市县政府土地主管部门必须在中国土地市场网上事先公布每宗国有土地使用权的出让计划，并在事后公布各宗土地的出让结果。因此，2007 年后中国土地市场网上的土地出让数据相对完整。但遗憾的是，2006 年前的数据缺失严重，我们比较了中国土地市场网和《国土资源统计年鉴》上的土地出让宗数数据，发现 2006 年前土地市场网上的出让宗数仅占《国土资源统计年鉴》公布数据的 25%以下。因此，该数据也无法满足本章样本期的实证研究需要。

储用地”面积加总作为工业用地面积[①]；居住用地面积数据直接采用年鉴中“居住用地”面积。由于“1990 年国标”中没有单列“商业服务业设施用地”，而是把它作为“公共设施用地”的一个中类，因此，为了分析“商服用地”的情况，我们用“公共设施用地”面积作为“商服用地”面积的代理变量。同时，为了保证实证结果的准确性，我们将主要以“居住用地”的实证结果为准，而对“商服用地”和“商住用地”的实证结果则会更加谨慎。实际上，由于这一时期是中国城市化和房地产业高速发展的时期，重点分析税收分成对市县级政府居住用地的配置行为也具有较好的针对性和代表性。

另外，值得注意的是，《中国城市建设统计年鉴》中的土地数据是以城市（市辖区、县级市）为统计单元的，而本章税收分成的对象包括了地市级和县级两个政府层级。由于市辖区是市县同城（同一城市同时包含地市级和县级政府），而县级市仅包括县级政府，因此本章将仅利用市辖区样本，使土地配置数据与市县级税收分成数据在政府层级上保持一致。

2.税收分成数据

为了获取省以下市县级政府的税收分成比例，现有文献主要采取两种方法：文件提取法和数值测算法。文件提取法是直接提取各省财政体制文件中的市县级政府税收分成比例（谢贞发 等，2016；席鹏辉 等，2017a，2017b）。数值测算法是用各省内市县级政府获得的各项税收收入除以该省税务部门组织的该项税收收入计算获得（周黎安、吴敏，2015；吕冰洋 等，2016）。

本质上，两种方法具有一致性，它们都主要刻画了各省财政体制变革中税收分成的变化。周黎安和吴敏（2015）、吕冰洋等（2016）比较了两种方法的结果，均发现两者的主要变化体现在体制发生变化的时间点上。但相比数值测算法，文件提取法具有如下优势：一是文件提取法更为直接地反映了税收分成制度的调整，而数值测算结果则受到诸多非税收分成制度变化因素的干扰。如省市不分成的固定收入增减变化的影响，2004 年中央出口退税负担机制改革对数值测算结果的异常冲击[②]，统计数据质量的影响等。二是文件提取法可以反映各省内市县间不同的税收分成比例，克服了数值测算法假设同一年份各省内所有市县的税收分成比例完全相同的缺陷。三是文件提取法具有更好的外生性特征。中国的政治经济体制决定了中国的财政体制是自上而下确定的。从现实的财政体制变迁历程也可以发现，各省财政体制改革往往是为应对中央与省级财政体制改革的一种被动适应性调整，带有一定的外生性特征（谢贞发 等，2016；席鹏辉 等 2017a，2017b）。这使得文件提取法获取的数据也具有较好的外生性特征。而数值测算法是根

① 我们也利用“工业用地”数据进行了实证检验，结果没有明显差异。

② 为了避免这一冲击的影响，周黎安和吴敏（2015）在研究影响税收分成因素的实证检验中剔除了 2004 年的样本。

据实际实现的税收收入数据来间接测算的，它的部分变化即是税收分成效应的结果，从而存在明显的内生性问题。

虽然大部分省份税收分成采取直接的定比划分，但也有少数省份采取其他分成形式，如福建省的“总额分成”、江苏和浙江省的“增收分成”等。对于这些特殊分成安排，文件提取法难以准确提取出市县级税收分成比例，而数值测算法通过间接估算，可以大致求出这些特殊的分成安排带来的分成比例变化。

通过比较两种方法的优劣势，我们认为，两种方法基本上捕捉到了税收分成制度变革中各省市县级税收分成的主要变异，但相比来说，文件提取法具有更大的优势，因此在后文的实证研究中我们主要使用文件提取法获取的税收分成数据，而把数值测算法得到的数据作为稳健性检验，以观察不同数据方法对结果的影响。

需要说明的是，直辖市与其他地级市的行政级别不同，故删除北京、天津、上海和重庆 4 个城市样本；而计划单列市直接与中央政府进行税收收入划分，故也删除大连、青岛、宁波、厦门和深圳等 5 个计划单列市的样本。

3.控制变量数据来源

控制变量人均实际国内生产总值、地区生产总值增长率、第二产业（第三产业）增加值占地区生产总值比重、财政支出占 GDP 比重、财政自给率、人口密度、新增建成区面积、城市人均道路拥有面积、人均实际利用外资、人均实际固定资产投资的数据均来自“中经网统计数据库”；地区信贷余额来自《中国城市统计年鉴》。数据的描述性统计如表 21-3 所示①。

表 21-3　变量的描述性统计

变量含义	单位	观测值	平均值	标准差	最小值	最大值
工业用地面积	km^2	3483	20.152	28.586	0.03	338.55
居住用地面积	km^2	3501	23.885	31.151	0.01	421.840
商服用地面积	km^2	3493	9.729	12.647	0.02	139.160
商住用地面积	km^2	3493	33.646	42.399	0.11	539.090
工业用地面积占总用地面积比重	—	3483	0.248	0.080	0.019	0.667
居住用地面积占总用地面积比重	—	3501	0.316	0.083	0.049	1.000
商服用地面积占总用地面积比重	—	3493	0.127	0.050	0.004	0.465
商住用地面积占总用地面积比重	—	3493	0.443	0.085	0.150	0.929
规模以上工业企业数量	个	3476	352.298	711.854	3	7807

① 从税收分成的变异性来看，增值税分成和营业税分成均具有较大的数值变异性，且文件提取法和数值测算法得到的税收分成数据在均值、标准差、最值上都保持了基本一致。

续表

变量含义	单位	观测值	平均值	标准差	最小值	最大值
单位面积规模以上工业企业数量	个/km^2	3415	19.413	78.834	0.009	3866.667
单位面积规模以上工业企业总产值	万元	3415	283100	2909539	8.262	18.945
增值税分成(文件提取)	—	3532	0.213	0.049	0.063	0.250
营业税分成(文件提取)	—	3601	0.837	0.189	0.250	1.000
增值税分成(数值测算)	—	3594	0.192	0.043	0.092	0.260
营业税分成(数值测算)	—	3593	0.734	0.156	0.302	1.000
人均实际国内生产总值	元	3471	23997.140	21785.540	1720.349	216454.300
地区生产总值增长率	—	3378	0.131	0.068	−0.565	1.478
第二产业增加值占 GDP 比重	—	3475	0.504	0.129	0.081	0.923
第三产业增加值占 GDP 比重	—	3460	0.409	0.104	0.073	0.810
财政支出占 GDP 比重	—	3476	0.0504	0.032	0.003	0.303
财政自给率	—	3481	0.598	0.243	0.022	2.587
人口密度	人/km^2	3480	1039.160	1044.539	13.000	14052.410
新增建成区面积	km^2	3475	7.106	63.050	0	3338.000
地区信贷余额占 GDP 比重	—	3488	0.767	0.419	0.075	4.763
人均道路拥有面积	m^2	3464	7.914	8.772	0.020	419.100
人均实际利用外资	元	2998	905.706	1663.512	0.369	49066.460
人均实际固定资产投资	元	3477	304.088	354.649	7.912	6347.923

注:人均实际 GDP、人均实际利用外资、人均实际固定资产投资是以 1999 年为基期的实际值。

第四节　实证结果及稳健性检验

(一)基准回归结果

我们在表 21-4 中列出了基准回归的结果①。

列(1)是以工业用地面积的对数作为被解释变量的回归结果。结果显示,增值税分成对工业用地面积的影响系数在 1%的显著性水平上为正,而营业税分成的影响系数在 1%的显著性水平上为负。这些结果表明,市县级政府增值税分成上升,将激励地方政府增加工业用地配置,以实现更大的增值税收益;而市县级营业税分成上升,使增值税分成

① 为了节约篇幅,除表 3 外,后面表格中我们将不再报告控制变量的回归结果,有兴趣的读者可以向作者索取。

相对下降,从而不利于市县工业用地的正向扩张。这些结果与假设 21-1 和假设 21-3 一致。从影响程度来看,增值税分成每上升 0.01,工业用地面积增加约 1.94%;营业税分成每上升 0.01,工业用地面积下降约 0.41%。

表 21-4　增值税分成和营业税分成对城市土地配置的影响

变量	(1)	(2)	(3)	(4)	(5)	(6)	(7)	(8)
	Ln(工业用地面积)	Ln(居住用地面积)	Ln(商服用地面积)	Ln(商住用地面积)	工业用地面积占比	居住用地面积占比	商服用地面积占比	商住用地面积占比
增值税分成	1.943*** (0.486)	1.397*** (0.522)	−0.107 (0.775)	1.108** (0.441)	0.198*** (0.073)	0.083 (0.111)	−0.074 (0.060)	−0.005 (0.112)
营业税分成	−0.408*** (0.152)	−0.260 (0.172)	0.216 (0.263)	−0.147 (0.142)	−0.064*** (0.023)	−0.031 (0.035)	0.027 (0.020)	−0.002 (0.032)
Ln(人均 GDP)	0.115 (0.097)	0.087 (0.099)	0.066 (0.127)	0.083 (0.088)	0.006 (0.011)	−0.007 (0.012)	−0.000 (0.009)	−0.005 (0.011)
GDP 增长率	0.047 (0.181)	−0.285 (0.205)	−0.035 (0.193)	−0.183 (0.172)	0.036* (0.019)	−0.032 (0.028)	0.007 (0.013)	−0.025 (0.029)
第二产业增加值占比	0.384 (0.467)	−0.470 (0.489)	−0.135 (0.570)	−0.153 (0.444)	0.107** (0.054)	−0.097 (0.065)	0.006 (0.041)	−0.098 (0.065)
第三产业增加值占比	0.012 (0.468)	−0.546 (0.468)	−0.235 (0.535)	−0.232 (0.423)	0.093* (0.051)	−0.088 (0.059)	0.022 (0.042)	−0.075 (0.063)
财政支出占比	−0.550 (0.605)	−0.157 (0.670)	−0.411 (1.021)	−0.148 (0.637)	0.032 (0.085)	−0.006 (0.110)	0.012 (0.071)	0.019 (0.110)
财政自给率	0.152** (0.072)	0.081 (0.077)	0.107 (0.076)	0.097 (0.068)	0.013 (0.012)	−0.002 (0.011)	−0.002 (0.006)	−0.003 (0.013)
Ln(人口密度)	−0.074** (0.035)	−0.127** (0.054)	−0.252*** (0.078)	−0.146*** (0.040)	0.008 (0.005)	0.003 (0.012)	−0.014** (0.007)	−0.012 (0.007)
Ln(新增建成区面积)	0.001*** (0.000)	0.001** (0.001)	0.002** (0.001)	0.001** (0.001)	0.000 (0.000)	−0.000 (0.000)	0.000 (0.000)	−0.000 (0.000)
地区信贷余额占比	0.233*** (0.058)	0.114 (0.071)	0.080 (0.126)	0.134** (0.055)	0.013 (0.009)	−0.008 (0.016)	−0.002 (0.008)	−0.009 (0.012)
Ln(人均道路面积)	0.096 (0.064)	0.138* (0.072)	0.108 (0.069)	0.093** (0.046)	−0.005 (0.006)	0.000 (0.006)	−0.002 (0.005)	−0.004 (0.007)
Ln(人均利用外资)	0.015 (0.010)	0.004 (0.008)	−0.021* (0.011)	0.003 (0.008)	0.001 (0.001)	0.002 (0.001)	−0.002** (0.001)	0.000 (0.001)
Ln(人均固定资产投资)	−0.150*** (0.043)	−0.075* (0.043)	−0.028 (0.040)	−0.082** (0.035)	−0.012* (0.006)	−0.001 (0.006)	0.005 (0.004)	0.003 (0.006)
市县固定效应	是	是	是	是	是	是	是	是
年份固定效应	是	是	是	是	是	是	是	是
样本量	2618	2626	2621	2621	2618	2626	2621	2621
调整 R^2	0.898	0.846	0.831	0.892	0.742	0.653	0.698	0.684

注:*、** 和 *** 分别表示 10%、5%和 1%的水平上显著。括号中为市县聚类稳健标准误。

列(2)是以居住用地面积的对数作为被解释变量的回归结果。结果显示,营业税分成的系数不显著,与假设 21-2 的结论一致;而增值税分成对居住用地面积的影响系数在1%的显著性水平上为正,与假设 21-4 的结论一致。从影响程度来看,增值税分成每上升0.01,居住用地面积增加约 1.40%。

列(3)是以"公共设施用地"面积作为"商服用地"面积的代理变量的对数作为被解释变量的回归结果。结果显示,增值税分成和营业税分成的影响系数都不显著,虽然这一结果与居住用地面积的回归结果不完全一致,但并没有产生根本性差别,与假设 21-2 保持了一致,即市县级营业税分成对商服用地的影响不显著。

列(4)是将"居住用地"和"公共设施用地"合并作为"商住用地"的代理变量作为被解释变量的回归结果,以反映增值税和营业税分成对两类用地的综合影响。结果显示,增值税分成对商住用地面积的影响系数在 5%的显著性水平上为正,而营业税分成的影响不显著。这些结果与前面几列的结果以及理论假说保持了一致。

列(5)～(8)是以各类用地面积占总用地面积的比重[①]作为被解释变量的回归结果。结果显示,增值税分成对工业用地面积占比的影响系数在 1%的显著性水平上为正,营业税分成对工业用地面积占比的影响系数则在 1%的显著性水平上为负。从影响程度来看,增值税分成每上升 0.01,工业用地面积占比增加约 0.20;营业税分成每上升 0.01,工业用地面积占比下降约 0.06。而两个税种分成变化对其他占比的影响不显著。这些结果与列(1)～(4)保持了基本一致。

(二)稳健性检验

1.替换税收分成数据

如前所述,基于文件提取法和数值测算法得到的税收分成数据基本一致,但仍存在一定的差异。虽然文件提取结果相对数值测算结果在总体上更具优势,但数值测算法在某些方面有助于弥补文件提取法的不足。为此,我们利用数值测算法的税收分成数据进行稳健性检验。回归结果如表 21-5 所示。从回归结果来看,除了营业税分成对居住用地面积的影响系数在 10%的显著性水平上为正外,其他回归结果与表 21-4 保持了基本一致,虽然系数大小和显著性水平有所变化。这些结果表明,文件提取结果的不足之处并没有对基准回归结果产生重要威胁。

---

① 为简化表述,在各回归结果中我们直接用各类用地面积占比来表示。

表 21-5　增值税分成和营业税分成(数值测算法)对城市土地配置的影响

变量	(1)	(2)	(3)	(4)	(5)	(6)	(7)	(8)
	Ln(工业用地面积)	Ln(居住用地面积)	Ln(商服用地面积)	Ln(商住用地面积)	工业用地面积占比	居住用地面积占比	商服用地面积占比	商住用地面积占比
增值税分成	0.977** (0.462)	0.541** (0.233)	0.120 (0.691)	0.811* (0.477)	0.243*** (0.078)	0.078 (0.092)	0.066 (0.055)	0.020 (0.092)
营业税分成	−0.236* (0.141)	0.240* (0.137)	0.097 (0.184)	0.090 (0.102)	−0.073*** (0.020)	−0.002 (0.026)	−0.006 (0.014)	−0.006 (0.025)
样本量	2662	2670	2665	2665	2662	2670	2665	2665
调整 R^2	0.897	0.847	0.833	0.893	0.738	0.652	0.701	0.683

注：*、** 和 *** 分别表示 10%、5%和 1%的水平上显著。括号中为市县的聚类稳健标准误。回归中控制了与基准回归相同的控制变量、市县固定效应和年份固定效应。

2.工具变量回归

在表 21-5 的基础上,我们还使用工具变量法来同时利用两种方法的优势:文件提取法的强外生性和数值测算法的更大变异性。我们以文件提取法的税收分成数据作为数值测算法的税收分成数据的工具变量进行回归,结果见表 21-6。结果也与表 21-4 保持基本一致。

表 21-6　增值税分成和营业税分成对城市土地配置的影响(工具变量回归)

变量	(1)	(2)	(3)	(4)	(5)	(6)	(7)	(8)
	Ln(工业用地面积)	Ln(居住用地面积)	Ln(商服用地面积)	Ln(商住用地面积)	工业用地面积占比	居住用地面积占比	商服用地面积占比	商住用地面积占比
增值税分成	1.627*** (0.515)	0.980*** (0.316)	0.094 (0.112)	0.977** (0.483)	0.187*** (0.060)	0.043 (0.102)	0.038 (0.057)	0.002 (0.103)
营业税分成	−0.371** (0.180)	−0.207 (0.192)	0.197 (0.163)	−0.105 (0.121)	−0.036** (0.014)	−0.012 (0.024)	0.019 (0.035)	−0.001 (0.044)
样本量	2611	2619	2614	2614	2611	2619	2614	2614
调整 R^2	0.881	0.830	0.832	0.882	0.724	0.644	0.684	0.684
Sargan 检验	0.206	0.313	0.330	0.416	0.171	0.099	0.287	0.369

注：*、** 和 *** 分别表示 10%、5%和 1%的水平上显著。括号中为市县聚类稳健标准误。回归中控制了与基准回归相同的控制变量、市县固定效应和年份固定效应。

3.更换样本期

虽然我们在基准回归中控制了时间固定效应的影响,但 2008 年国际金融危机的冲击及之后的宏观政策变化和房地产市场的繁荣，可能会冲击税收分成变化对地方政府土地配置行为的影响结果。为此，我们将样本期限定在 1999—2007 年，以减少上述冲击的影响，回归结果见表 21-7。从回归结果来看，两个税种分成变化对各类用地面积和占比的影响结果没有发生明显变化，说明样本期选择问题对基准回归结果也没有产生太大的影响。

表 21-7　增值税分成和营业税分成对城市土地配置的影响(1999—2007)

变量	(1)	(2)	(3)	(4)	(5)	(6)	(7)	(8)
	Ln(工业用地面积)	Ln(居住用地面积)	Ln(商服用地面积)	Ln(商住用地面积)	工业用地面积占比	居住用地面积占比	商服用地面积占比	商住用地面积占比
增值税分成	1.630*** (0.502)	1.127** (0.550)	0.464 (0.679)	1.016** (0.420)	0.145*** (0.033)	0.062 (0.097)	0.036 (0.058)	0.010 (0.102)
营业税分成	−0.349** (0.167)	−0.059 (0.194)	0.016 (0.261)	−0.046 (0.150)	−0.063** (0.027)	−0.005 (0.032)	0.005 (0.021)	0.002 (0.031)
样本量	1740	1745	1743	1743	1740	1745	1743	1743
调整 R^2	0.900	0.836	0.875	0.892	0.777	0.722	0.747	0.742

注：*、** 和 *** 分别表示 10%、5%和 1%的水平上显著。括号中为市县聚类稳健标准误。回归中控制了与基准回归相同的控制变量、市县固定效应和年份固定效应。

4.剔除省会城市

本章在基准回归中包含了省会城市的样本，但省会城市的特殊性可能会对结果产生一定的影响：一是在中国独特的政治制度和行政体系中，城市行政级别是直接影响地方政府资源配置行为的重要外在因素(江艇 等，2018)。相对于一个普通的地级市，省会城市可以从上级得到更多的财政资金投入基础设施建设，可以凭借省会城市的行政地位吸引大量外来资本落户，而不必过度依赖土地资源的配置。因此，省会城市的地方政府在土地资源配置中可能受税收分成的影响较小。二是由于特殊的政治、历史等原因，各省的省属企业，以及重点关键领域行业、企业的增值税和营业税收入通常被划为省本级固定收入，而这些企业大多布局于省会城市，这造成省会城市的税收分成难以简单量化。因此，为避免省会城市样本对基准回归结果的干扰，本章剔除省会城市后重新进行了回归，结果见表 21-8。结果显示，剔除省会城市也没有对基准回归结果产生较大冲击。

表 21-8　增值税分成和营业税分成对城市土地配置的影响(剔除省会城市)

变量	(1) Ln(工业用地面积)	(2) Ln(居住用地面积)	(3) Ln(商服用地面积)	(4) Ln(商住用地面积)	(5) 工业用地面积占比	(6) 居住用地面积占比	(7) 商服用地面积占比	(8) 商住用地面积占比
增值税分成	1.845***	1.362**	0.154	1.089**	0.193***	0.101	0.063	0.023
	(0.490)	(0.548)	(0.781)	(0.455)	(0.074)	(0.117)	(0.059)	(0.119)
营业税分成	−0.425***	−0.322	0.210	−0.218	−0.060***	−0.046	0.029	−0.013
	(0.156)	(0.201)	(0.271)	(0.148)	(0.022)	(0.035)	(0.022)	(0.034)
样本量	2351	2358	2353	2353	2351	2358	2353	2353
调整 R^2	0.873	0.790	0.764	0.842	0.746	0.667	0.704	0.691

注：*、** 和 *** 分别表示 10%、5%和 1%的水平上显著。括号中为市县聚类稳健标准误。回归中控制了与基准回归相同的控制变量、市县固定效应和年份固定效应。

5.省层面聚类标准误

考虑到同一省内各市县的增值税和营业税分成大致相同，只有少数省份对省以下不同市县的税收分成作出了特殊安排，因此可以将税收分成大致视为省级层面的变化。当各省在样本期内的随机扰动项存在相关性时，如一省下一年的税收分成可能受到往年税收分成情况的影响，因此有必要进行标准误聚类处理，否则将可能严重低估系数的标准误(Angrist and Pischke，2008)。为此，我们也将基准回归的标准误聚类到省级层面，结果显示显著性水平与表 21-4 保持了基本一致①。

6.控制官员特征的影响②

中国式分权及土地制度、官员晋升激励使得市县级行政主官对土地配置产生重要影响，而不同官员的激励存在着差别。杨其静、彭艳琼(2015)研究发现，市委书记的来源、年龄、任职时间不同，城市的工业用地出让行为也有所不同；张莉等(2013)研究发现，本地晋升的市长多出让约 10%的土地。为了控制住市县主官的特征对本章研究结果的冲击，我们在基准回归中加入了市委书记和市长的年龄、年龄平方、任期、任期平方、学历籍贯等变量，回归结果见表 21-9。实证结果与表 21-4 的主要结果保持了基本一致。

表 21-9　增值税分成和营业税分成对城市土地配置的影响(控制市委书记、市长的特征变量)

变量	(1) Ln(工业用地面积)	(2) Ln(居住用地面积)	(3) Ln(商服用地面积)	(4) Ln(商住用地面积)	(5) 工业用地面积占比	(6) 居住用地面积占比	(7) 商服用地面积占比	(8) 商住用地面积占比
增值税分成	2.250***	2.008***	−0.339	1.483***	0.205***	0.158	−0.115*	0.028
	(0.517)	(0.523)	(0.870)	(0.446)	(0.079)	(0.116)	(0.060)	(0.114)

① 有兴趣的读者可以向作者索取。

② 官员特征信息来自 Jiang(2018)。

续表

变量	(1)	(2)	(3)	(4)	(5)	(6)	(7)	(8)
	Ln(工业用地面积)	Ln(居住用地面积)	Ln(商服用地面积)	Ln(商住用地面积)	工业用地面积占比	居住用地面积占比	商服用地面积占比	商住用地面积占比
营业税分成	-0.491^{***} (0.160)	-0.446^{**} (0.177)	0.264 (0.284)	-0.263^{*} (0.141)	-0.065^{***} (0.024)	−0.055 (0.035)	0.036^{*} (0.021)	−0.015 (0.032)
市委书记、市长特征变量	是	是	是	是	是	是	是	是
样本量	2495	2503	2498	2498	2495	2503	2498	2498
调整 R^2	0.912	0.869	0.850	0.905	0.779	0.705	0.735	0.729

注：*、** 和 *** 分别表示 10%、5%和 1%的水平上显著。括号中为市县聚类稳健标准误。回归中控制了与基准回归相同的控制变量、市县固定效应和年份固定效应。

7.税收分成数据的外生性检验

基于文件提取法的市县级税收分成的外生性假设是本章的关键，但存在一种可能的内生性问题是，市县级政府在税收分成确定中可能与省级政府进行讨价还价，具有更多工业投资或工业用地配置比重的城市可能会争取更高的增值税分成比例等。这种可能性的存在会弱化前文实证结论的可靠性。为观察税收分成是否受到市县土地配置情况或其他经济因素的反向决定，本章分别采用模型(21-5)和(21-6)进行检验：

$$\text{vat}_{it} = \gamma_1 y_{it-1} + X\beta + \mu_i + \lambda_t + \varepsilon_{it} \tag{21-5}$$

$$\text{bust}_{it} = \gamma_2 y_{it-1} + X\beta + \mu_i + \lambda_t + \varepsilon_{it} \tag{21-6}$$

其中，y_{it-1} 为上一年度各类用地面积占比，如果当地上年度的土地配置情况能够影响本年度 Vat_{it} 或 bust_{it}，那么 γ_1 或 γ_2 将显著异于 0。同时，省级政府也可能基于各市县工业总产值或经济发展水平来调整市县级政府的税收分成比例，因此，我们分别利用上年度各地的人均实际工业产值对数值和人均实际经济发展水平对数值作为关键变量，分别对增值税分成和营业税分成进行回归。

由于市县级税收分成还可能受到其他因素的影响，因此，除了基准回归中的控制变量外，我们还加入了两个控制变量(周黎安、吴敏，2015)：一是省级政府对企业的控制程度，省级政府控制的企业越多，则越不必通过提高市县级税收分成比例来激励地方政府提高征税努力程度。该指标由省属国有企业工业总产值占本省工业总产值的比重来衡量，我们利用 1998—2011 年工业企业数据库相关数据计算得出[①]；二是省内下辖各地市的经济发展不平衡程度，如果地市之间经济发展的不平衡程度越高，需要来自省级政府的转移支付规模就越大，省级政府需要控制的财力或税收收入也越多，从而导致市县级

① 由于 2007 年后的工业企业数据库缺少工业增加值指标，为了与本章 1998—2011 年样本期保持一致，因此利用工业总产值计算该指标。

税收分成比例下降。该指标利用下辖各地市的 GDP 变异系数来衡量。回归结果如表 21-10 所示，上一年市县工业用地面积占比、居住用地面积占比、商住用地面积占比、产业结构和人均经济发展水平对本年的增值税分成和营业税分成均不产生显著影响，这减弱了税收分成变化内生决定的干扰。

表 21-10　增值税分成和营业税分成的外生性检验

变量	增值税分成						营业税分成					
	(1)	(2)	(3)	(4)	(5)	(6)	(7)	(8)	(9)	(10)	(11)	(12)
L.工业用地面积占比	0.017 (0.014)						−0.047 (0.057)					
L.居住用地面积占比		−0.013 (0.016)						−0.051 (0.064)				
L.商住用地面积占比			−0.013 (0.017)						−0.020 (0.064)			
L.第二产业增加值占比				0.004 (0.022)						−0.122 (0.087)		
L.第三产业增加值占比					−0.023 (0.021)						−0.106 (0.091)	
L.ln(人均实际GDP)						−0.011 (0.010)						−0.059 (0.066)
样本量	2618	2622	2622	2643	2636	2639	2668	2672	2672	2694	2687	2690
调整 R^2	0.785	0.783	0.785	0.787	0.785	0.790	0.831	0.830	0.830	0.831	0.833	0.833

注：① *、** 和 *** 分别表示 10%、5%和 1%的水平上显著。括号中为市县聚类稳健标准误。②在列(4)～(6)、列(10)～(12)中，将产业结构和人均实际 GDP 滞后一期作为核心解释变量时，即期的产业结构和人均实际 GDP 不再作为控制变量。③回归中控制了与基准回归相同的控制变量、省级政府对企业的控制程度、省内下辖各地市的经济发展不平衡程度、市县固定效应和年份固定效应。

第五节　异质性检验和延伸讨论

(一)异质性检验

我们主要关注三方面的异质性：一是财政自给率的异质性效应，主要观察一个地区的财政支出需求更多要由自有财力解决时，其税收分成激励的效应是否更大；二是财政支出占比的异质性效应，主要观察政府经济干预越大的地区，其税收分成激励的效应是否更大；三是工业基础的异质性效应，主要观察税收分成激励的土地配置效应与产业结构之间的关联。我们分别在基准回归中加入两个税种分成与相应变量的交互项，结果见表 21-11。

表 21-11　增值税和营业税分成对城市土地配置的异质性效应

变量	(1)	(2)	(3)	(4)	(5)	(6)	(7)	(8)
	Ln(工业用地面积)	Ln(居住用地面积)	Ln(商服用地面积)	Ln(商住用地面积)	工业用地面积占比	居住用地面积占比	商服用地面积占比	商住用地面积占比
增值税分成×财政自给率占比	2.218** (1.308)	0.929 (1.209)	0.840 (1.370)	1.212 (0.945)	0.286*** (0.098)	0.100 (0.192)	−0.051 (0.089)	0.065 (0.184)
营业税分成×财政自给率占比	−0.655* (0.370)	0.203 (0.389)	0.209 (0.398)	0.006 (0.334)	−0.101* (0.054)	0.089 (0.057)	0.008 (0.026)	0.096 (0.061)
增值税分成×财政支出占比	49.027*** (18.480)	47.922*** (14.045)	15.700 (24.988)	45.171*** (11.741)	2.050** (1.021)	3.538 (2.214)	1.026 (1.111)	2.392 (2.319)
营业税分成×财政支出占比	−10.636** (5.166)	−8.295** (4.127)	−4.723 (4.420)	−7.461** (3.453)	−1.075** (0.522)	−0.587 (0.638)	0.198 (0.319)	−0.291 (0.675)
增值税分成×第二产业增加值占比	9.390** (4.223)	−0.505 (4.836)	7.776 (8.105)	3.685 (3.957)	1.646*** (0.430)	−0.560 (0.676)	0.389 (0.371)	−0.264 (0.633)
营业税分成×第二产业增加值占比	−2.419* (1.394)	−0.353 (1.338)	0.088 (2.281)	−1.027 (1.095)	−0.156** (0.063)	0.196 (0.191)	0.029 (0.108)	0.256 (0.179)

注：*、** 和 *** 分别表示 10%、5%和 1%的水平上显著。括号中为市县聚类稳健标准误。回归中控制了与基准回归相同的控制变量、市县固定效应和年份固定效应。

从财政自给率的异质性效应来看，相比财政自给率更低的城市，财政自给率更高的城市中增值税分成激励对工业用地面积和占比的增长效应更大，相应地，营业税分成对工业用地配置的抑制效应也更大。这些结果表明，财政自给率相对更高的城市，其本级财政支出将更多地依赖本地的税源建设，因此它们对税收分成激励更为敏感，从而更大程度地影响了它们对工业用地的配置行为。而由于商住用地的特殊性，不同财政自给率地区对税收分成的激励效应没有显著差异。

从财政支出的异质性效应来看，财政支出占比越高的地区，其税收分成效应在工业用地和居住用地配置上都显示出显著更大的效应。这一结果表明，政府干预越大的地区，其对税收分成的激励越敏感，更大的税收分成会刺激这些地区更大程度地干预工业用地和居住用地的配置。

从产业结构的异质性效应来看，增值税分成和第二产业占比的交互项对工业用地面积和占比的系数都显著为正，营业税分成和第二产业占比的交互项对工业用地面积和占

比的系数显著为负。这些结果说明，对于工业基础相对坚实的城市来说，一方面是其本级财政对增值税收入倚重程度更高，另一方面是自身已具备吸引工业投资的优势，当增值税相对分成上升时，对应的财政激励也较大，从而会更多地增加工业用地配置，以获得更多的增值税收益。

综合来看，上述三个异质性效应与税收分成对地方政府土地配置行为的财政激励逻辑一致。

（二）延伸讨论

在中国目前土地资源紧缺的情况下，合理利用土地，提高土地的集约利用效率，实现社会经济的可持续发展，是亟待解决的重大难题。税收分成激励作为地方政府土地资源配置行为背后的关键动机所在，其对土地利用效率的影响值得深入研究。由于我们仅能观察到规模以上工业企业的产出变量，所以这里主要考察工业用地配置的工业产出效应。

首先，增值税分成上升是否有助于促进地方招商引资水平？我们用规模以上工业企业数量作为地方政府招商引资成功的代理变量。表 21-12 列(1)的结果显示，增值税分成对规模以上工业企业数量的影响系数在 1%的显著性水平上为正，营业税对其的影响系数则在 5%的显著性水平上为负。这一结果表明，增值税分成上升的确刺激了地方政府对工业企业的招商引资力度，吸引了更多工业企业的进驻。列(2)我们控制了工业用地面积，仍然可以发现增值税分成和营业税分成对规模以上工业企业数量的显著效应，但系数有所下降。

其次，增值税分成上升是否提高了单位土地面积上的企业数量和工业产出？更高的增值税分成激励，会刺激地方政府更多配置工业用地，根据边际报酬递减规律，更多的工业用地配置会带来更低的边际产出，进而降低单位面积的产出水平。表 21-12 列(3)的结果显示，增值税分成上升和营业税分成下降都没有显著增加单位面积规模以上工业企业数量，即使控制了工业用地面积，这些系数也不显著。而从单位面积规模以上工业增加值来看，表 21-12 列(5)的结果显示，增值税分成上升显著降低了单位面积规模以上工业增加值，说明增值税分成上升虽然刺激了地方政府通过多配置工业用地招商引资，但却显著降低了单位面积的产出效率。表 21-12 列(6)在控制了工业用地面积后，增值税分成的产出效应不再显著，显示了工业用地对产出效应的中介效应。这里的实证结果与杨其静等(2014)发现的地方政府在工业用地出让上存在着引资质量底线竞争结果类似，反映了现实中存在的地方政府为实现财政利益，大量廉价供应工业用地，迎合用地企业低成本投资需求，造成工业企业宽打宽用、低效利用等问题，从而降低了土地产出效率。

表 21-12　增值税和营业税分成对城市工业用地配置的产出效应

变量	(1)	(2)	(3)	(4)	(5)	(6)
	Ln(规模以上工业企业数量)		Ln(单位面积规模以上工业企业数量)		Ln(单位面积规模以上工业增加值)	
增值税分成	2.244*** (0.691)	2.160*** (0.704)	0.480 (0.754)	1.290 (0.745)	−1.686*** (0.591)	−0.697 (0.466)
营业税分成	−0.441** (0.213)	−0.410* (0.214)	−0.113 (0.232)	−0.276 (0.241)	0.166 (0.192)	−0.117 (0.168)
Ln(工业用地面积)		0.321*** (0.107)		−0.811 (0.774)		−1.028*** (0.342)
样本量	2640	2613	2613	2613	2610	2610
调整 R^2	0.943	0.943	0.767	0.804	0.836	0.870

注：*、** 和 *** 分别表示 10%、5%和 1%的水平上显著。括号中为市县聚类稳健标准误。回归中控制了与基准回归相同的控制变量、市县固定效应和年份固定效应。

第六节　结论及讨论

税收分成改革不仅关乎各级政府的财权财力配置，更是中国经济转轨和发展的重要激励制度设计，必然对地方政府行为产生重要影响。中国式分税制与土地制度一起，成就了中国式“以地谋发展模式”，影响了中国经济发展和结构变迁的转轨路径。本章将税收分成制度与土地制度联系起来，从财政激励视角出发，研究了增值税分成、营业税分成对地方政府城市工业用地和商住用地配置行为的影响。

理论上，增值税分成上升带来的税收利益诱使地方政府增加工业用地配置，而营业税分成变化通过影响增值税的相对分成变化对工业用地配置产生交叉效应。营业税利益仅占商住用地配置财政利益的一部分，且它的分成变化通过财政利益变化及财政压力变化双向影响了地方政府对商住用地的配置行为，从而弱化了营业税分成变化对商住用地的直接效应。增值税分成变化主要通过工业溢出效应和财政压力转嫁效应影响了商住用地的配置。我们利用 1999—2011 年从各省财政体制文件中提取的市县级政府税收分成数据与《中国城市建设统计年鉴》中地级市市辖区的工业用地和商住用地使用面积数据，实证检验了理论假说。实证结果与理论分析结论保持一致：增值税分成上升会显著促进地方政府增加工业用地的配置，而营业税分成上升会引起地方政府降低工业用地的配置。营业税分成对商住用地的配置效应较弱；而增值税分成上升会显著促进地方政府增加居住用地的配置。这些实证结果在一系列稳健性检验中保持了较好的一致性。而且税收分成激励对工业用地配置的影响在财政自给率更高、政府经济干预更大和工业基础更好的地区显示了更大的效应。这些结果与财政激励理论保持一致。但从工业用

地的产出效应来看，虽然增值税分成上升有助于增加规模以上工业企业数量，但没有显著增加单位面积规模以上工业企业数量，且显著降低了单位面积规模以上工业增加值。这些结果表明，增值税分成上升激励地方政府为了财政利益而更低效地利用了工业用地。

本章的研究结果为认识营改增后增值税分成变化的土地配置效应提供了一定的启示。2016 年 5 月 1 日营改增全面推开后，中央与地方增值税的分享比例由原来的 75∶25 调整为 50∶50。在这一调整基础上，预计各省会相应调高市县级政府的增值税分成比例。相比原来的分成安排，市县级政府原增值税分成比例将会有所上升，而原营业税对应的增值税分成比例将会有所下降。根据本章的研究结果，可以预见，原增值税分成比例的上升，会激励地方政府增加工业用地的配置，而原营业税分成比例的下降，将进一步促使地方政府增加工业用地的配置，从而在结构上有利于工业用地的配置占比。这将对工业行业发展带来促进效应，也面临着更严峻的工业用地集约利用挑战。同时，这一变化并不会减少地方政府对商住用地的配置，一方面原营业税分成下降所产生的财政压力会迫使地方政府增加商住用地的配置，另一方面原增值税分成上升引起的交叉效应也会增加商住用地的配置。综合上述变化效应，可以预期营改增后地方政府对城市工业用地和商住用地的配置需求将会进一步上升，需要更合理地规划和高效率地利用有限的土地资源。

基于本章的研究结论，我们认为，完善政府间税收收入划分的分税制财政体制和城市土地使用制度，是当前及未来体制改革的重心。第一，在税收分成制度设计时，要考虑到其对地方政府行为的影响。从地方政府土地资源配置的角度出发，优化税收分成制度，并辅助其他财税激励制度，激励地方政府从“以地谋发展模式”转向以提高生产率和创新驱动的新增长模式上。同时考虑有差别的政府间税收分成设计，以根据不同地区的区位特征设计切合实际且相对合理的财政激励制度。第二，在不断推进新旧动能转换的过程中，仍需着眼于对土地功能的重新定位，以精心谋划中国未来的土地制度改革。第三，完善地方官员激励约束机制，改变地方政府利用低价供地招商引资的粗放发展方式，鼓励创新，促进工业高质量发展和进一步转型升级，并在工业用地集约利用的基础上，优化工业和商住用地的配置结构，从而实现新型工业化和城镇化的协调发展。

虽然本章在理论部分解析了税收分成对地方政府土地配置行为的作用逻辑，但并没有直接检验这些作用途径。一方面是因为已有部分文献检验了其中一些作用途径，如谢贞发等(2016)考虑了工业发展对第三产业的溢出效应，实证检验了税收分成对产业结构变迁的影响；Han 和 Kung(2015)基于 2002 年企业所得税分成改革实证检验了财政压力对地方政府出让商住用地行为的影响。另一方面是因为这些作用途径的检验难度较大，需要更为系统和细致的检验。这也是未来值得继续研究的方向之一。另一个值得重点研究的方向是中国式税收分成激励与官员晋升激励如何相互作用影响地方政府的土地配置行为。

本章参考文献

范剑勇,莫家伟,张吉鹏,2015.居住模式与中国城镇化:基于土地供给视角的经验研究[J].中国社会科学(4).

范子英,2015.土地财政的根源:财政压力还是投资冲动[J].中国工业经济(6).

黄少安,陈斌开,刘资彤,2012."租税替代",财政收入与政府的房地产政策[J].经济研究(8).

江艇,孙鲲鹏,聂辉华,2018.城市级别,全要素生产率和资源错配[J].管理世界(3).

蒋省三,刘守英,李青,2007.土地制度改革与国民经济成长[J].管理世界(9).

刘守英,2017.中国土地制度改革:上半程及下半程[J].国际经济评论(5).

卢洪友,袁光平,陈思霞,等,2011.土地财政根源:"竞争冲动"还是"无奈之举"?:来自中国地市的经验证据[J].经济社会体制比较(1).

吕冰洋,2009.政府间税收分权的配置选择和财政影响[J].经济研究(6).

吕冰洋,郭庆旺,2011.中国税收高速增长的源泉:税收能力和税收努力框架下的解释[J].中国社会科学(2).

吕冰洋,马光荣,毛捷,2016.分税与税率:从政府到企业[J].经济研究(7).

吕冰洋,毛捷,马光荣,2018.分税与转移支付:专项转移支付为什么越来越多?[J].管理世界(4).

孙秀林,周飞舟,2013.土地财政与分税制:一个实证解释[J].中国社会科学(4).

陶然,陆曦,苏福兵,等,2009.地区竞争格局演变下的中国转轨:财政激励和发展模式反思[J].经济研究(7).

陶然,袁飞,曹广忠,2007.区域竞争,土地出让与地方财政效应:基于1999—2003年中国地级城市面板数据的分析[J].世界经济(10).

席鹏辉,梁若冰,谢贞发,2017.税收分成调整,财政压力与工业污染[J].世界经济(10).

席鹏辉,梁若冰,谢贞发,苏国灿,2017.财政压力,产能过剩与供给侧改革[J].经济研究(9).

谢贞发,席鹏辉,黄思明,2016.中国式税收分成激励的产业效应:基于省以下增值税,营业税分成改革实践的研究[J].财贸经济(6).

杨继东,杨其静,2016.保增长压力,刺激计划与工业用地出让[J].经济研究(1).

杨其静,彭艳琼,2015.晋升竞争与工业用地出让:基于2007—2011年中国城市面板数据的分析[J].经济理论与经济管理(9).

杨其静,卓品,杨继东,2014.工业用地出让与引资质量底线竞争:基于2007—2011年中国地级市面板数据的经验研究[J].管理世界(11).

张莉,高元骅,徐现祥,2013.政企合谋下的土地出让[J].管理世界(12).

张莉,王贤彬,徐现祥,2011.财政激励,晋升激励与地方官员的土地出让行为[J].中国工业经济(4).

张清勇,2009.纵向财政竞争,讨价还价与中央—地方的土地收入分成:对 20 世纪 80 年代以来土地收入的考察[J].制度经济学研究(4).

赵文哲,杨继东,2015.地方政府财政缺口与土地出让方式:基于地方政府与国有企业互利行为的解释[J].管理世界(4).

中国经济增长前沿课题组,2011.城市化,财政扩张与经济增长[J].经济研究(11).

周飞舟,2006.分税制十年:制度及其影响[J].中国社会科学(6).

周黎安,吴敏,2015.省以下多级政府间的税收分成:特征事实与解释[J].金融研究(10).

ANGRIST J D, PISCHKE J S, 2008. Mostly harmless econometrics: an empiricist's companion[M].Princeton University Press.

HAN L,KUNG J K S,2015.Fiscal incentives and policy choices of local governments: evidence from China[J].Journal of development economics,116:89-104.

JIANG J,2018.Making bureaucracy work:patronage networks, performance incentives, and economic development in China[J].American journal of political science(62): 982-999.

WEINGAST B R,2009.Second generation fiscal federalism: the implications of fiscal incentives[J].Journal of urban economics(65):279-293.

第二十二章　税收分成激励与地方公共产品配置
——基于省以下税收分成变化的实证检验*

谢贞发　张佼雨**

第一节　引　言

当前,中国特色社会主义进入新时代,社会主要矛盾已经转化为人民日益增长的美好生活需要和不平衡不充分的发展之间的矛盾。公共产品的配置直接关乎经济发展状况及人民群众幸福指数,其合理配置是缓解社会主要矛盾的重要方面,因此,研究公共产品配置背后的体制机制因素具有重要的现实意义。对于中国这样地域辽阔的国家,中央政府难以掌握当地居民偏好等情况,而地方政府具有信息优势,大量的公共产品配置责任需由地方政府承担,因此有必要实施财政分权体制。相应地,财政分权激励与地方公共产品配置问题也就成为公共经济学和地方财政理论关注的核心议题之一。1994 年实行至今的分税制在政府间财政收入分权方面,日益演变为以税收分成为核心的财政体制,并显著影响了地方政府的行为模式。本章选择中国税收分成制度与地方公共产品配置为研究对象,试图探究地方公共产品配置背后的财政激励机制。

关于财政分权与公共产品配置问题,大量文献集中于财政分权对地方政府财政支出结构偏向问题上,认为中国式财政分权造就了地方政府财政支出“重基建、轻民生”的偏向性问题(乔宝云 等,2005;傅勇、张晏,2007;尹恒、朱虹,2011)。这类研究存在两个局限性:一是专注于地方财政支出而非公共产品配置本身,由于公共产品配置资金来源的多样性,财政支出无法简单与公共产品配置画等号。而一些基于公共产品本身的研究结果与财政支出的研究结果并不一致,如不同于大量研究所发现的财政分权与较低的民生性财政支出相关联,陈硕(2010)却发现较高的公共产品(包括民生类公共产品)供给水平总是和较高的地方财政自主权联系在一起。二是财政分权指标的合理性问题。目前常用的财政收入分权指标、财政支出分权指标、财政自给率以及考虑财政自治度的财政分权

* 本章写作时间为 2021 年,故本章表述以 2021 年为时间节点。

** 谢贞发,副教授,博士生导师,厦门大学经济学院财政系;张佼雨,经济学硕士,中共运城市委政策研究室。

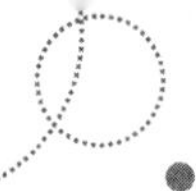

指标，都存在着难以满足“分权逻辑”和“指标逻辑”的缺陷（陈硕、高琳，2012），而且基于不同财政分权指标得到的结论也差异较大。

近年来，伴随着中国分税制改革实践的推进和学术界对中国财政分权指标认识的深化，一些学者认为税收分成是更符合“分权逻辑”和“指标逻辑”的反映政府间财政分权的重要指标（周黎安、吴敏，2015；毛捷 等，2018），而且税收分成制度不仅关乎不同层级政府的财权财力，更是影响政府行为的重要激励制度（谢贞发 等，2019）。因此，越来越多的学者将注意力转向中国式税收分成制度的研究。一些学者研究了省以下税收分成比例变化的特征及其影响因素（周黎安、吴敏，2015；毛捷 等，2018）；一些学者则从不同角度研究了税收分成激励的经济效应，如税收分成激励对税收征管和企业实际税率的影响（吕冰洋 等，2016）、对产业结构和土地配置的影响（Han and Kung，2015；谢贞发 等，2016；2019）及对产能过剩及高污染问题的影响（席鹏辉 等，2017a，2017b）等。

本章重新回到财政分权与公共产品配置的经典问题上，但为了弥补已有研究的缺憾，本章基于财政激励理论，专注于研究税收分成对不同类型公共产品配置的影响，并利用 1997—2011 年市县级政府税收分成数据与地级市市辖区的各类公共产品数据进行实证检验，还验证了税收分成激励的税基增长效应以及各类公共产品对工业产出和房价、地价的资本化效应，并检验了税收分成激励对地方政府各类财政支出的影响。研究结果表明：原增值税分成上升会引起地方交通类基础设施配置的偏向；原营业税分成上升对学校数量的增加有正向激励作用，但没有带来教育质量的提高；原增值税和营业税分成变化都未带来地方政府对文化、医疗卫生等公共产品配置的足够激励。税收分成激励的确产生了显著的产业增长效应，且“税基增进型”公共产品产生了显著的工业产值增长或房价资本化效应。原增值税分成上升会激励地方政府增加基本建设支出，但没有显著影响其他类型财政支出；原营业税分成变化对所有支出类型都没有产生显著影响。

相比已有研究，本章的主要贡献有二：一是丰富了税收分成激励的研究文献，也为国际财政激励理论文献提供了中国的案例研究。二是深化了财政分权与公共产品配置问题的研究，一方面，利用了更为合理的财政分权指标和直接的公共产品配置数据，克服了已有研究的不足；另一方面，在理论和实证上完善了更为自洽的逻辑链条，进一步打开了财政分权影响地方政府公共产品配置行为的“黑箱”。

其余部分的安排如下：第二部分介绍了中国省以下税收分成制度的特征，并从理论上分析了税收分成激励对公共产品配置的影响效应；第三部分介绍了实证策略与变量数据；第四部分报告了基准回归结果及各类稳健性检验；第五部分报告了理论逻辑及作用途径的检验结果；第六部分为结论及讨论。

第二节　制度背景及理论分析

(一)省以下税收分成制度改革

1994 年开始的分税制改革根据事权与财权相适应的原则,将税种划分为中央税、地方税和中央地方共享税,并明确了央地共享收入的分成安排。其中增值税按照 75∶25 分享,除特殊行业及企业外,营业税被划归地方固定收入。由于 1994 年分税制改革的主要目的是解决“两个比重”过低尤其是中央财政拮据的困境,而且不同省份经济社会环境差异较大,“一竿子”到底的财政制度显然不合适,因此 1994 年分税制改革未对省以下财政关系作出统一安排。各省参照中央与省级政府的分税制设计,对本省财政体制进行了一定程度的分税制改造。2002 年中央实施了所得税收入分享改革,给省以下财政体制造成外生冲击,大部分省份由此开启了新一轮的财政体制调整。2012 年起至 2016 年 5 月 1 日,中国推行了营改增改革,并将央地增值税分享比例调整为 50∶50。

由上述分税制财政体制及央地间税收分成制度的改革历程,我们可以得到一个重要的事实性判断:中国自上而下的财政体制改革模式,在一定程度上决定了省以下税收分成制度安排的外生性特征。省以下税收分成调整往往是应央地间财政体制变动,由省级政府所主导的一种被动适应性调整,这极大地降低了市县级政府的议价空间。

从各省历次财政体制改革文件来看,无论是税收分成的形式还是分成比例,都具有较强的地区异质性和时间变异性。一是省际间税收分成制度差异大。1994 年分税制改革以来,中央一直没有明确省以下财政体制的形式和内容,同时赋予各省省级政府相对独立确定本省内财政体制的权力。这种灵活性决定了省际间财政体制和税收分成制度的差异性。二是各省税收分成形式多样复杂。虽然大部分省份主要采取比例分成的形式,但也存在其他特殊的体制设计,如挑选某些重要行业或重点企业的税收收入作为省级固定收入,融合“总额分成”和“增收分成”的方式,在分税制中内嵌“财政包干”的内容等。三是大多数省份对各市县税收分成比例“一视同仁”,但有些省份也存在着地区差异化分成,如甘肃、海南、四川对省内不同市县实施了有差别的税收分成。四是各省在不同时点调整了省以下税收分成制度。典型如,2002 年所得税分享改革后大部分省份调整了省以下财政体制,而各省具体改革时间不同,福建、湖北、山西、河北和海南为 2002 年,辽宁和甘肃为 2003 年,吉林为 2004 年,广西为 2005 年。

1994 年分税制改革以来省以下税收分成制度的丰富变化,为深入研究财政分权激励的经济效应奠定了良好基础。

(二)一个理论框架及研究假设

本章的理论思路与 Jin 等(2005)和谢贞发等(2016、2019)的研究类似,即都是基于财

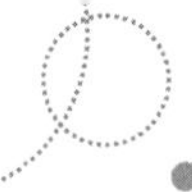

政激励视角,认为更高的税收分成(或财政收入边际留存率)将激励地方政府采取各种努力促进相应税基增长。不同的是,本章拓展研究税收分成激励对地方公共产品配置的影响。为了更清晰地阐述本章的理论逻辑,我们构建了一个简单的模型框架。

考虑一个地区中一个产业的产出或税基为 $Y(\text{pg})$,它是公共产品 pg 的函数。pg 对 Y(pg)的影响特征取决于公共产品的类型。一些公共产品的配置有助于促进相应产业或税基增长,如基础设施类公共产品有助于促进工业产出增长,学校等公共产品配置可资本化到房价中等,我们将这类公共产品称为“税基增进型”公共产品,它们与产出的关系满足 $Y'(\text{pg}) > 0$, $Y''(\text{pg}) < 0$。而另一些公共产品则难以促进相应产业税基增长,我们称之为“非税基增进型”公共产品。

不失一般性,假设某一产业对应税种的税收收入 y 正相关于对应产业的产出或税基 Y ,则由 $y[Y(\text{pg})]$ 的关系意味着税收收入 $y(\text{pg})$ 是公共产品 pg 的函数关系。那么,“税基增进型”公共产品与税收收入的关系满足 $y'(\text{pg}) > 0$, $y''(\text{pg}) < 0$。假设地方政府得到的税收分成比例为 α ,则地方政府从某一产业发展中得到的税收收入为 $\alpha y(\text{pg})$ 。假设公共产品的供给成本为 $C(\text{pg})$,且满足一般成本函数的特征:$C'(\text{pg}) > 0, C''(\text{pg}) > 0$。

Weingast(2009)所倡导的财政激励方法认为,无论地方政府的目标是什么,它们都更偏好那些可以放松它们预算约束的政策,因为更多的财政收入使得它们可以更好地实现自己的目标。为简化分析,我们假设一个地区地方政府以财政收入最大化为目标,则相应的最优化问题为:

$$\max_{\text{PG}} \alpha y(\text{pg}) - C(\text{pg}) \tag{22-1}$$

对于“税基增进型”公共产品,基于 $y(\text{pg})$ 的凹性假设和 $C(\text{pg})$ 的凸性假设,则由(1)式可推导出以下结果:

$$\text{dpg}*/\text{d}\alpha > 0, \text{d}Y(\text{pg}*)/\text{d}\alpha > 0 \tag{22-2}$$

这一结果意味着,一个产业税收分成上升会激励地方政府增加与之对应的“税基增进型”公共产品的配置,进而促进相应税基增长。而对于“非税基增进型”公共产品,地方政府缺乏足够动力配置,且由于一定时期内财政资源的有限性,甚至会降低“非税基增进型”公共产品的配置。由此,我们可得以下一般性结论:

命题 1:一个产业对应的税收分成上升,会激励地方政府增加与该产业对应的“税基增进型”公共产品的配置,而弱化“非税基增进型”公共产品的配置。

基于以上理论框架,我们具体分析原增值税、营业税分成变化、产业发展及不同类型公共产品配置的逻辑关联。

1.原增值税分成变化与地方公共产品配置

从征税范围来看,原增值税税基主要对应于工业,其分成上升会激励地方政府增加工业产值。已有研究发现,对于工业,一些公共产品(如基础设施类)具有明显的生产性,有助于增加工业产值,属于“税基增进型”公共产品;而有些公共产品(如教育、文化、医疗卫生等)属于非生产性公共产品,在短期内难以对工业产生明显的促进作用(张军 等,2007;傅勇、张晏,2007),属于“非税基增进型”公共产品。由此,与命题1对应,我们可得假设22-1:

假设22-1:原增值税分成上升会激励地方政府增加生产性公共产品的配置,而弱化非生产性公共产品的配置。

2.原营业税分成变化与地方公共产品配置

原营业税税基主要包括服务业、房地产业(含建筑业和房地产服务业)。与门类众多的服务业相比,房地产业相对更为集中,其营业税收入占地方营业税收入50%左右。① 更为重要的,地方政府还掌握着发展该行业重要的要素资源——土地。由此,一个合理的判断是,地方政府对于营业税分成激励的效应更多会反映在房地产业上(谢贞发 等,2016、2019)。为此,我们这里集中分析原营业税分成变化与房地产业对应的公共产品的配置关系。

正因为涉及土地要素,使得原营业税分成效应的分析相对更为复杂。一方面,地方政府来自住宅用地的财政利益包括两部分:一是通过高价出让住宅用地获取的土地出让金收益,二是从相关产业发展中得到的原营业税等税费收入。相比土地出让金收益,地方政府来自住宅用地配置中的营业税等税费收入要少②且周期更长,使得地方政府对营业税分成变化的敏感性较弱(谢贞发 等,2019)。另一方面,公共产品资本化到房地产业存在着明显的时序特征(汤玉刚 等,2015)。一些公共产品可资本化到地价中,地方政府可以通过土地出让金捕获这部分土地增值,从而有强动机配置这类公共产品。而原营业税的征收环节主要是土地出让之后的房地产建设—销售—再交易环节。因此,原营业税分成激励对可资本化到地价中的公共产品的配置影响较弱,而对可资本化到房价中的公共产品的配置激励较强。即使有些公共产品既可资本化到地价中,也可资本化到房价中,但由于地方政府可以通过土地出让金一次性地汲取这部分土地增值,从而也会弱化原营业税分成的激励效应。由此,我们提出研究假设22-2:

假设22-2:原营业税分成上升将激励地方政府增加可资本化到房价但难以资本化到地价中的公共产品配置,而弱化不可资本化到房价中的公共产品配置。对既可资本化到房价也可资本化到地价中的公共产品,原营业税分成激励也较弱。

---

① 根据历年《中国税务年鉴》统计数据,2003年以来房地产业营业税收入占地方营业税总收入的比重维持在50%左右。

② 根据历年《中国税务年鉴》中营业税数据与刘守英(2017)统计的政府土地出让收入数据的对比可知,房地产业(含建筑业)营业税收入远低于政府土地出让收入。

第三节　实证策略与数据说明

(一)实证策略

1.基准回归策略

本章的基准回归模型如下：

$$pg_{it} = \alpha + \beta_1 vat_{it} + \beta_2 bust_{it} + \gamma Z_{it} + \mu_i + \lambda_t + \varepsilon_{it} \tag{22-3}$$

其中，pg_{it}为地区i在t期的各类型人均公共产品水平，在回归中均做了取对数处理；vat_{it}和$bust_{it}$分别代表地区i在t期的原增值税和营业税分成率。Z_{it}为各类控制变量：经济发展水平，用人均实际GDP的自然对数表示；产业结构，分别用第二、第三产业增加值占GDP比重表示；人口密度，用总人口与行政面积的比值取自然对数表示；城镇化水平，用非农业人口占总人口的比重表示；财政自给率，用财政收入和财政支出之比表示；固定资产投资水平，用人均实际固定资产投资的自然对数表示；FDI，用人均实际利用外资的自然对数表示。同时还控制了个体固定效应μ_i和时间固定效应λ_t。ε_{it}为误差项。

2.理论逻辑的检验策略

(1)税收分成的税基增长效应

参考谢贞发等(2016)的做法，我们构建了实证模型(22-4)：

$$Y_{it} = \alpha + \beta_1 vat_{it} + \beta_2 bust_{it} + \gamma Z_{it} + \mu_i + \lambda_t + \varepsilon_{it} \tag{22-4}$$

Y_{it}为地区i在t期的产业规模水平：工业产出以规模以上工业企业实际总产值、规模以上工业企业数作为代理变量；房地产业以每万人房地产业从业人员作为代理变量，包括建筑业与房地产业从业人员之和，在回归中均做了取对数处理。其余变量含义与(22-3)式相同。

(2)公共产品的工业产值增长效应

为了实证检验不同类别公共产品对工业产值的影响，同时为了弱化互为因果的内生性问题，我们建立实证模型(22-5)：

$$ind_{it} = \alpha + \beta pg_{it-1} + \gamma Z_{it} + \mu_i + \lambda_t + \varepsilon_{it} \tag{22-5}$$

ind_{it}为地区i在t期的规模以上工业企业实际总产值；pg_{it-1}为地区i在$t-1$期的各类别人均公共产品水平。其余变量含义与(22-3)式相同。

(3)公共产品的房价/地价资本化效应

参考汤玉刚等(2015)的特征价格模型，我们构建了如下两个实证模型：

$$\begin{aligned} lnhouspri_{it} = {} & \alpha_0 + \alpha_1 lnhouspri_{i,t-1} + \sum \beta_k lnpg_{kit} + \gamma_1 lnwage_{it} + \\ & \gamma_2 lnpopden_{it} + \gamma_3 citypro_{it} + \gamma_4 \ln \frac{M_2}{GDP_t} + \mu_i + \varepsilon_{it} \end{aligned} \tag{22-6}$$

$$\ln landpri_{it} = \alpha_0 + \alpha_1 \ln landpri_{i,t-1} + \sum \beta_k \ln pg_{kit} + \gamma_1 \ln wage_{it} + \gamma_2 \ln popden_{it} + \gamma_3 citypro_{it} + \gamma_4 \ln \frac{M_2}{GDP_t} + \mu_i + \varepsilon_{it} \tag{22-7}$$

$houspri_{it}$ 表示城市 i 在 t 期的商品房平均销售价格(房价)，$landpri_{it}$ 表示城市 i 在 t 期的住宅用地年平均出让价格(地价)，考虑到房价以及地价的黏性，加入它们的一阶滞后项。pg_{kit} 表示城市 i 在 t 期的各类公共产品配置水平，$wage_{it}$ 表示在岗职工年平均工资，$popden_{it}$ 表示人口密度，$citypro_{it}$ 表示城镇化水平，全国层面的货币和准货币供应量与 GDP 之比 $\frac{M_2}{GDP_t}$ 反映宏观货币政策冲击。由于模型中存在被解释变量的一阶滞后项，选择 Arellano 和 Bond(1991)提出的差分 GMM 方法处理动态面板问题，同时仅使用被解释变量的 3 个高阶滞后项作为工具变量以防止弱工具变量问题。

3.地方政府作用途径的检验策略

实证模型与基准回归(22-3)式大致相同，只是被解释变量为各类财政支出数据，即地区 i 在 t 期的各类别实际财政支出水平及占比。另外，财政供养人口是影响财政支出的重要因素，因此除(22-3)式的控制变量外，我们还加入了每万人财政供养人口的自然对数。

(二)变量与数据说明

1.公共产品

参考既有文献并结合理论分析，pg_{it} 所包含的公共产品包括：基础设施方面，选择人均铺设道路面积；教育方面，选择每万人拥有中学数、每万人拥有小学数、中学师生比、小学师生比；医疗卫生方面，选择每万人拥有医院数、每万人拥有医生数；文化方面，选择每万人拥有影剧院数、每百人拥有图书馆藏书量。

需要重点说明的是，本章选择市辖区层面数据作为实证检验的样本。一是因为代表基础设施建设水平的人均铺装道路面积仅可搜集到市辖区数据；二是市县级税收分成包括了地市级和县级两个政府层级，而市辖区是市县同城，因此，利用市辖区样本，可以使公共产品数据与市县级税收分成数据在行政层级上保持一致。

其中，人均铺设道路面积数据来自《中国城市建设统计年鉴》，该年鉴公布了 1999 年以来地级市及以上城市市辖区及县级市的各类数据，本章选取市辖区样本；其余公共产品变量数据均来自《中国城市统计年鉴》，综合考虑各变量的数据可得年份及全文实证结果的一致性，教育、文化、医疗卫生的公共产品变量选取了 1997 年以来的市辖区数据。

2.税收分成

目前有关税收分成研究的文献，主要采取两种方法获取地方税收分成数据：一是文件提取法，即从财政体制文件中提取税收分成数据(谢贞发 等，2016，2019；席鹏辉 等，2017a，2017b)；二是数值测算法，即利用财税数据间接测算(周黎安、吴敏，2015；吕冰洋 等，2016；毛捷 等，2018)。谢贞发等(2019)比较了两种方法的优劣，指出两种方法基本上

都捕捉到了各省税收分成制度变革的主要变异;但相比数值测算法,文件提取法受其他非税收分成制度变化的干扰较小、外生性更强以及能够更好地反映各省内市县间不同的税收分成安排。考虑到这些优势,本章选取文件提取法获取的税收分成数据进行实证检验。

因为直辖市及计划单列市在行政层级及财政体制上不同于一般的市县级政府,所以我们剔除了北京、天津、上海和重庆 4 个直辖市以及大连、青岛、宁波、厦门和深圳 5 个计划单列市的样本。

3.税基产出

工业产出选择规模以上工业企业实际总产值、规模以上工业企业数量作为代理变量,数据来自中经网数据库,最早可得年份为 1999 年。房地产业和建筑业缺失市辖区层面的产值数据,我们选择每万人房地产业及建筑业从业人数之和来衡量该产业发展水平,《中国城市统计年鉴》公布了 1997 年以后房地产业和建筑业从业人员数。

4.房价及地价

商品房平均销售价格由当年销售总额除以销售面积计算得到,数据来自《中国区域经济统计年鉴》以及各省、各地市统计年鉴。需要说明的是,由于市辖区层面的房价数据不可得,而各地区房价更多反映的是中心城市的情况,所以用地级市层面的数据代理市辖区的房价数据是合适的(左翔、殷醒民,2013)。住宅用地年平均出让价格数据来自中国城市地价动态监测网站公布的 95 个城市市辖区 2000 年以来的地价数据。

5.财政支出

地方政府财政支出变量选择与公共产品类型相对应:基础设施对应基本建设支出,教育、医疗卫生对应教育支出、医疗卫生支出。由于缺失单独的文化支出数据,支出途径检验中仅包括以上三类。对应的财政支出结构变量等于各类支出占财政总支出的比重。地方政府一般公共预算支出数据来自《中国城市统计年鉴》;各类财政支出数据通过加总《全国地市县财政统计资料》中地级市市辖区所辖各区财政支出数据获得。由于 2007 年推行新的财政支出分类改革导致统计口径发生了较大变化,同时重要的控制变量财政供养人口数据缺失 1997 年以前的数据,因此税收分成激励的财政支出效应的样本期为 1997—2006 年。其中,医疗卫生支出还缺失 1997 年、2001 年、2002 年的数据。

6.控制变量

人均实际 GDP,第二、三产业增加值占 GDP 比重,人口密度,城市化率,财政自给率,人均实际固定资产投资,实际利用外资的数据均来自“中经网统计数据库”;财政供养人口数据来自《全国地市县财政统计资料》;职工年平均工资数据来自《中国城市统计年鉴》;全国层面的货币和准货币供应量数据来自《中国金融年鉴》。

考虑到 2012 年开始试行并逐步推开的营改增改革及可能的税收分成调整预期对实证结果的冲击,同时结合各变量的数据可得性,本章将税收分成变化对人均铺装道路面积的实证研究样本期限定于 1999—2011 年，其他公共产品类型基准回归的样本期均为 1997—2011 年。GDP、地方财政支出水平、规模以上工业企业总产值、固定资产投资等名义变量均以 1997 年的不变价转换为实际值。所有变量的描述性统计如表 22-1 所示。

表 22-1　主要变量的描述性统计

变量名称	单位	样本量	平均值	标准差	最小值	最大值
增值税分成(vat)	—	4031	0.215	0.049	0.0625	0.25
营业税分成(bust)	—	4133	0.847	0.190	0.25	1
人均铺装道路面积	km^2/人	3518	8.021	8.924	0	419.100
每万人普通中学学校数	所/万人	3953	0.613	0.173	0.091	1.489
每万人小学学校数	所/万人	3951	2.143	1.581	0.272	15.275
普通中学师生比	人/万人	3873	636.495	117.287	186.687	1000
小学师生比	人/万人	3966	543.636	116.994	66.247	998.554
每万人拥有影剧院数	个/万人	3870	0.074	0.095	0.000	1.009
每百人公共图书馆藏书	册/百人	3927	64.847	61.226	0.331	576.890
每万人拥有医院数	个/万人	3943	0.702	0.872	0.082	12.888
每万人拥有医生数	人/万人	3944	27.654	13.277	3.332	126.109
规模以上工业企业实际总产值	万元	3322	3922156	6509917	6750.843	52600000
规模以上工业企业数	个	3355	359.122	718.740	3	7807
每万人建筑业从业人数	人/万人	3780	179.794	148.782	6.060	811.355
每万人房地产从业人数	人/万人	3820	21.939	28.759	0.602	544.124
商品房销售额	元/平方米	3387	2175.012	1514.466	127.064	23011.020
住宅用地价格	元/平方米	1112	1747.653	2273.398	131	22827
实际基本建设支出	万元	1844	4084.895	19280.82	59.763	503000.6
实际教育支出	万元	2624	23416.33	40159.44	66.981	536787.3
实际医疗卫生支出	万元	1870	2721.302	6359.008	26.549	106649.7
基本建设支出比重	—	1544	0.021	0.031	0.001	0.388
教育支出比重	—	2628	0.151	0.064	0.002	0.593
医疗卫生支出比重	—	1588	0.017	0.016	0.001	0.145
人均实际 GDP	元/人	3458	23931.960	21758.8	1720.349	216454.3
人口密度	人/km^2	3467	1028.657	974.543	13	11449.3
城市化率	—	3415	0.597	0.243	0.097	1

续表

变量名称	单位	样本量	平均值	标准差	最小值	最大值
人均实际固定资产投资	元/人	3460	12492.780	12511.54	0.036	158874.9
人均实际利用外资水平	元/人	2986	901.311	1660.409	0.369	49066.5
财政自给率	—	3468	0.597	0.243	0.022	1.787
第二产业占比	—	3462	0.503	0.129	0.081	0.923
第三产业占比	—	3857	0.408	0.104	0.073	0.810
每万人财政供养人口	人/万人	2477	225.396	107.172	34.252	1359.947
职工年平均工资	元	3402	18145.64	9945.81	3259	59298.57

第四节　基准回归结果及稳健性检验

(一)基准回归结果

表 22-2 报告了市县级政府税收分成变化对地方不同类别公共产品配置的影响结果。其中,列(1)显示,原增值税分成对人均铺装道路面积的影响系数在 1%的显著性水平上为正,原增值税分成每上升 0.01,人均道路铺装面积增加约 1.18%,即市县级政府原增值税分成上升会激励地方政府加大基础设施投资,目的是推动当地工业发展以实现更大的增值税收益。而原营业税分成的影响系数不显著。后文表 22-7 的检验结果显示,人均道路铺装面积既可资本化到房价中,也可资本化到地价中,根据假设 22-2,对于可资本化到地价中的公共产品,地方政府有强激励通过土地出让金的方式汲取增值收益,从而使得原营业税分成变化的影响效应较弱。

表 22-2 列(2)、(3)显示,原增值税分成上升对每万人小学学校数的影响系数显著为负,表明原增值税分成激励会降低地方政府对教育类公共产品的配置。更为重要的,原营业税分成对学校数的影响系数均在至少 5%的显著性水平上为正,其背后原因可能是中小学校可以资本化到房价中,表 22-7 的实证结果证实了这一点。从影响程度来看,原营业税分成每上升 0.01,每万人拥有普通中学学校数增加约 0.10%,每万人拥有小学学校数增加约 0.42%。表 22-2 列(4)、(5)显示,原营业税分成变动对以师生比表征的教育质量的影响不显著。可能的解释是,相对于"隐性"的师生比指标,"显性"的学校建设更容易引起人们对房屋需求的增加和房价的上涨。

表 22-2 列(6)~(9)显示,原增值税和营业税分成变化对文化、医疗卫生变量均没有显著影响,其原因在于这些公共产品是非生产性的或难以资本化到房价中,表 22-6、表 22-7 证实了这点。

以上结果与假设 22-1 和假设 22-2 一致,即面对税收分成激励,地方政府会显著增加可扩大相应税基的公共产品的配置，却忽视甚至降低了其他难以促进税基增长的公共产品的配置。

表 22-2　原增值税和营业税分成对公共产品供给的影响

变量	(1)	(2)	(3)	(4)	(5)	(6)	(7)	(8)	(9)
	Ln(人均铺装道路面积)	Ln(每万人普通中学学校数)	Ln(每万人小学学校数)	Ln(普通中学师生比)	Ln(小学师生比)	Ln(每万人影剧院数)	Ln(每百人公共图书馆藏书)	Ln(每万人医院数)	Ln(每万人医生数)
增值税分成	1.179*** (0.388)	−0.240 (0.150)	−2.204*** (0.443)	0.273 (0.182)	0.382 (0.268)	−1.406 (1.212)	0.464 (0.970)	0.402 (0.363)	−0.047 (0.361)
营业税分成	−0.205 (0.147)	0.104** (0.048)	0.415*** (0.137)	−0.095 (0.063)	−0.100 (0.072)	−0.128 (0.354)	−0.511 (0.333)	−0.144 (0.104)	−0.020 (0.110)
控制变量	是	是	是	是	是	是	是	是	是
年份固定效应	是	是	是	是	是	是	是	是	是
个体固定效应	是	是	是	是	是	是	是	是	是
样本量	2687	3356	3354	3190	3312	3291	3337	3350	3351
R^2	0.623	0.274	0.576	0.217	0.274	0.242	0.148	0.040	0.216

注：*、** 和 *** 分别表示 10%、5%和 1%的显著性水平。括号中为市县聚类稳健标准误。

（二）稳健性检验

1.剔除省会城市

本章在基准回归中包含了省会城市样本，而省会城市的特殊性可能会对结果产生影响(江艇 等,2018)。中央及省政府会将更多的财政资金给予省会城市，因此省会城市投入公共产品建设的资金来源状况会明显优于普通的地级市；省会城市也更容易吸引大量外来资本投资和外来人口落户，发展工业及房地产业的环境条件也更加优越。上述两点都会使得省会城市的公共产品配置结果受税收分成的影响较小。同时，财政体制中省本级固定收入经常包括重点关键领域行业以及省属企业的增值税和营业税收入，而上述企业多地处省会城市，因此省会城市的税收分成难以简单量化(谢贞发 等,2019)。对此，我们剔除了省会城市样本后重新进行回归，表 22-3 的结果显示，剔除省会城市的结果与基准回归结果一致。

表 22-3　原增值税和营业税分成对公共产品供给的影响(剔除省会城市)

变量	(1)	(2)	(3)	(4)	(5)	(6)	(7)	(8)	(9)
	Ln(人均铺装道路面积)	Ln(每万人普通中学学校数)	Ln(每万人小学学校数)	Ln(普通中学师生比)	Ln(小学师生比)	Ln(每万人影剧院数)	Ln(每百人公共图书馆藏书)	Ln(每万人医院数)	Ln(每万人医生数)
增值税分成	1.126** (0.443)	−0.334 (0.305)	−2.348*** (0.497)	0.323 (0.204)	0.365 (0.301)	−1.079 (1.322)	0.256 (1.032)	0.874 (0.591)	−0.048 (0.390)
营业税分成	−0.177 (0.165)	0.159*** (0.052)	0.438*** (0.154)	−0.093 (0.072)	−0.077 (0.080)	−0.174 (0.386)	−0.490 (0.362)	−0.192 (0.163)	−0.043 (0.121)
控制变量	是	是	是	是	是	是	是	是	是
年份固定效应	是	是	是	是	是	是	是	是	是
个体固定效应	是	是	是	是	是	是	是	是	是
样本量	2413	3003	2996	2991	3342	2941	2987	2999	3000
R^2	0.618	0.571	0.210	0.247	0.235	0.238	0.167	0.027	0.211

注:控制变量与表 22-2 相同。*、** 和 *** 分别表示 10%、5%和 1%的水平上显著。括号中为市县聚类稳健标准误。

2.更换样本期

考虑到 2008 年国际金融危机及之后的宏观政策、房地产市场变化对结果的冲击,我们将样本期限定在 1997—2007 年,表 22-4 显示的回归结果与基准回归结果保持基本一致。

表 22-4　原增值税和营业税分成对公共产品供给的影响(1997—2007)

变量	(1)	(2)	(3)	(4)	(5)	(6)	(7)	(8)	(9)
	Ln(人均铺装道路面积)	Ln(每万人普通中学学校数)	Ln(每万人小学学校数)	Ln(普通中学师生比)	Ln(小学师生比)	Ln(每万人影剧院数)	Ln(每百人公共图书馆藏书)	Ln(每万人医院数)	Ln(每万人医生数)
增值税分成	0.896** (0.436)	−0.324 (0.246)	−2.191*** (0.409)	0.272 (0.171)	0.229 (0.268)	−0.175 (1.280)	0.105 (0.974)	0.664 (0.434)	0.030 (0.361)
营业税分成	−0.065 (0.185)	0.135** (0.055)	0.407*** (0.130)	−0.119* (0.067)	−0.070 (0.071)	−0.469 (0.360)	−0.554 (0.368)	−0.157 (0.122)	−0.069 (0.123)
控制变量	是	是	是	是	是	是	是	是	是
年份固定效应	是	是	是	是	是	是	是	是	是
个体固定效应	是	是	是	是	是	是	是	是	是
样本量	1802	2452	2452	2445	2446	2423	2441	2449	2449
R^2	0.500	0.111	0.472	0.146	0.219	0.213	0.141	0.029	0.188

3.省层面聚类标准误

除了少数几个省份实行了一定程度的差别化分成外，大部分省份对省内各市县的税收分成采取“一视同仁”的政策，因此可以将税收分成大致视为省级层面的变化。当各省在样本期内的随机扰动项存在相关性时，如一省下一年的税收分成可能受到往年税收分成情况的影响，则有必要进行标准误聚类处理，否则可能会低估系数的标准误（Angrist and Pischke，2009）。将标准误聚类到省级层面的结果，除原营业税分成变化对学校数的影响系数显著性水平有所下降外，其他结果与基准回归结果一致。[①]

第五节　理论逻辑及作用途径检验

（一）理论逻辑检验

1.税收分成激励的税基增长效应

表 22-5 列(1)(2)结果显示，原增值税分成对工业总产值的影响系数在 5%的显著性水平上为正，对工业企业数的影响系数在 1%的显著性水平上为正。原增值税分成每上升 0.01，规模以上工业企业实际总产值增加约 1.04%，规模以上工业企业数量增加约 2.85%。

表 22-5 列(3)结果显示，原营业税分成对房地产业的影响在 10%的水平上显著为正，原营业税分成每上升 0.01，每万人中房地产业及建筑业从业人员数量增加约 0.39%。

上述实证结果支持了税收分成上升对相应产业税基增长的激励效应，证实了第二部分理论逻辑的一个关键链条。

表 22-5　原增值税和营业税分成的税基增长效应

变量	(1)	(2)	(3)
	Ln(规模以上工业企业实际总产值)	Ln(规模以上工业企业数)	Ln(每万人房地产业及建筑业从业人员之和)
增值税分成	1.042^{**} (0.520)	2.852^{***} (0.666)	-1.299^{*} (0.727)
营业税分成	−0.231 (0.193)	-0.526^{***} (0.202)	0.389^{*} (0.233)
控制变量	是	是	是
年份固定效应	是	是	是
个体固定效应	是	是	是

① 聚类变化仅影响显著性水平，但不影响系数，所以这里没有报告结果。

续表

变量	(1)	(2)	(3)
	Ln(规模以上工业企业实际总产值)	Ln(规模以上工业企业数)	Ln(每万人房地产业及建筑业从业人员之和)
样本量	2960	2960	3325
R^2	0.893	0.554	0.264

注：*、** 和 *** 分别表示 10%、5%和 1%的水平上显著。括号中为市县聚类稳健标准误。控制变量与基准回归一致。

2.公共产品的工业产值增长效应

表 22-6 列(1)结果显示，以人均铺装道路面积表征的基础设施建设对工业产值的影响系数在 5%的显著性水平上为正，人均铺装道路面积每上升 1%，规模以上工业企业实际总产值增加约 0.07%。列(2)～(9)的回归结果则分别展示了教育、文化、医疗卫生类公共产品对工业产值的影响，结果都不显著。这些结果与理论假设一致。

表 22-6　公共产品的工业产值增长效应

变量	(1)	(2)	(3)	(4)	(5)	(6)	(7)	(8)	(9)
L.Ln(人均铺装道路面积)	0.068** (0.031)								
L.Ln(每万人中学学校数)		−0.018 (0.033)							
L.Ln(每万人小学学校数)			0.014 (0.018)						
L.Ln(中学师生比)				0.386 (0.317)					
L.Ln(小学师生比)					−0.353 (0.233)				
L.Ln(每万人影剧院数)						−0.008 (0.009)			
L.Ln(每百人公共藏书)							−0.004 (0.020)		
L.Ln(每万人医院数)								−0.015 (0.022)	
L.Ln(每万人医生数)									−0.018 (0.027)
控制变量	是	是	是	是	是	是	是	是	是
年份固定效应	是	是	是	是	是	是	是	是	是

续表

变量	(1)	(2)	(3)	(4)	(5)	(6)	(7)	(8)	(9)
个体固定效应	是	是	是	是	是	是	是	是	是
样本量	3009	3115	3116	3112	3113	3033	3069	3091	3082
R^2	0.899	0.913	0.913	0.913	0.913	0.918	0.919	0.916	0.917

注：*、** 和 *** 分别表示 10%、5%和 1%的水平上显著。括号中为市县聚类稳健标准误。控制变量与基准回归一致。

3.公共产品的房价及地价资本化效应

由于教育、文化与医疗卫生三类公共服务同时拥有两个以上的代理变量，而同一类别各代理子变量之间的内部相关性可能带来多重共线性问题，参考梁若冰和汤韵(2008)及汤玉刚等(2015)的做法，我们对教育、文化、医疗卫生类别的代理子变量进行相关性检验，[①]并运用主成分分析法将存在相关性的子变量加权合成一个新变量，最终得到人均铺设道路面积、每万人学校数、师生比、文化产出水平、医疗卫生产出水平[②]五个互不相关的核心解释变量，分别代表交通类基础设施、“显性”教育学校数和“隐性”教育师生比、医疗卫生、文化四类公共产品。

表 22-7 的回归结果显示，代表基础设施建设的人均铺装道路面积可以同时显著资本化到地价和房价中，而学校数可以显著资本化到房价中但没有资本化到地价中，其他公共产品变量都难以显著资本化到房价和地价中。这些实证结果证实了第二部分理论假设的合理性，支持了前文税收分成变化对公共产品配置效应的回归结果。

表 22-7　公共产品的房价/地价资本化效应

变量	(1)	(2)
	Ln(商品房销售价格)	Ln(住宅用地价格)
L. Ln(商品房销售价格)	0.491*** (0.176)	
L. Ln(住宅用地价格)		0.629*** (0.092)
Ln(人均铺装道路面积)	0.680* (0.357)	0.299* (0.160)

---

① 其中，每万人拥有中学数与每万人拥有小学数、中学师生比与小学师生比、文化的两个子变量、医疗卫生的两个子变量间相关性较高，相关性检验限于篇幅不予汇报。

② 经过主成分分析，合成新的各代理变量：学校数＝0.5×人均中学数＋0.5×人均小学数；师生比＝0.5×中学师生比＋0.5×中学师生比；文化产出水平＝0.5×影剧院数＋0.5×藏书数；医疗卫生产出水平＝0.5×医院数＋0.5×医生数。

续表

变量	(1)	(2)
	Ln(商品房销售价格)	Ln(住宅用地价格)
Ln(每万人学校数)	0.679* (0.410)	−0.012 (0.444)
Ln(师生比)	0.133 (0.111)	0.166 (0.978)
Ln(文化产出水平)	0.267 (0.207)	−0.189 (0.245)
Ln(医疗卫生产出水平)	0.183	0.436
控制变量	(0.180) 是	(0.316) 是
样本量	2562	785
工具变量	3 阶被解释变量的滞后值	3 阶被解释变量的滞后值
AR(1)(p 值)	0.001	0.415
AR(2)(p 值)	0.345	0.244
Hansen(p 值)	0.244	0.584

(二)作用途径——税收分成激励的财政支出效应

财政支出是地方政府供给公共产品的重要手段,也是调节资源配置的重要工具,为了检验税收分成激励作用于公共产品配置的途径,我们基于 1997—2006 年的市辖区样本实证检验了税收分成变化对地方政府财政支出行为的影响,结果见表 22-8。

表 22-8 原增值税和营业税分成对财政支出的影响(1997—2006)

变量	(1)	(2)	(3)	(4)	(5)	(6)
	Ln (基本建设支出)	Ln (教育支出)	Ln(医疗 卫生支出)	基本建设 支出占比	教育 支出占比	医疗卫生 支出占比
增值税分成	4.545** (2.229)	0.597 (0.439)	1.636 (1.374)	0.039* (0.021)	−0.094** (0.038)	0.013 (0.014)
营业税分成	−0.123 (0.689)	−0.163 (0.166)	0.334 (0.481)	−0.001 (0.009)	−0.008 (0.016)	0.005 (0.006)
控制变量	是	是	是	是	是	是
年份固定效应	是	是	是	是	是	是
个体固定效应	是	是	是	是	是	是
样本量	1318	1942	1379	1318	1940	1357
R^2	0.434	0.740	0.752	0.080	0.086	0.261

结果显示，原增值税分成变化对基本建设支出水平的影响系数在5%的显著性水平上为正，对其结构占比也在10%的显著性水平为正。这一结果说明原增值税分成比例上升会激励地方政府增加有助于工业税基增长的基础设施类投资支出。原增值税分成上升虽然对教育支出水平没有显著影响，但会降低教育支出的结构占比，对医疗卫生支出规模和结构占比均不产生显著影响。这些结果与前文基于公共产品配置水平的结果保持一致。原营业税分成变化对所有支出类型都没有产生显著影响。其中原营业税分成变化对教育支出的结果似乎与前文的结果不一致，但背后恰恰反映了中国财政制度的历史局限性及政府与市场关系的特殊性：一方面，在2007年实施新的政府收支分类改革之前，教育基建支出是归属于“基本建设支出”的预算科目，而非“教育支出”科目；另一方面，由于学校可资本化到房价中，所以现实中经常会出现房地产开发商配建或赞助中小学校建设的情况，这使得相关支出不直接反映在政府预算支出中。①

第六节　结论及讨论

科学的财政制度设计是实现公共产品优化配置的重要制度保障，税收分成制度作为分税制的核心制度和重要的激励机制，会对地方政府行为产生重要影响，进而影响地方公共产品配置结果。基于这一认识，本章从理论逻辑上论证了税收分成激励对地方各类型公共产品配置的影响，并利用分税制改革以来中国省以下原增值税、营业税分成改革实践，从各省财政体制文件中提取税收分成数据，实证检验了市县级税收分成变化对地方各类公共产品配置的影响，还进一步实证检验了理论逻辑和地方政府财政支出的作用途径。

根据财政激励理论，更高的税收分成比例会激励地方政府发展相应税基。原增值税主要对应于工业，原营业税则主要对应于服务业和房地产业，而不同类型公共产品对各产业税基增长作用不同。对于可促进工业产值增长和资本化到房价的公共产品，地方政府面对更高的税收分成激励时有动机增加这些公共产品的配置，相反，对于其他“非税基增进型”公共产品，地方政府缺乏足够动力配置。基于市县级税收分成数据和各地区市辖区样本的实证结果证实了理论上的推断：原增值税分成上升激励地方政府更多配置可以促进工业产值增长的交通类基础设施；原营业税分成上升对学校数量的增加有正向激励作用，但没有带来教育质量的提高；原增值税和营业税分成变化都未足够激励地方政府对文化、医疗卫生等公共产品的配置。理论逻辑检验结果证实，税收分成激励的确产生了显著的产业增长效应，且“税基增进型”公共产品产生了显著的工业产值增长或资本

① 财政支出结果与公共产品配置结果的不一致本身也说明仅基于财政支出的研究无法真实完整反映公共产品配置情况。

化到房价的效应。从财政支出分类及结构效应来看,原增值税分成比例上升激励地方政府增加有助于工业税基增长的基础设施类投资支出,但没有显著影响其他类型财政支出;原营业税分成变化对所有支出类型都没有产生显著影响。

2016 年 5 月 1 日,原营业税从中国税制舞台上消失,考虑到地方主体税种营业税的取消对地方财力产生的负面冲击,中央政府从弥补地方财力紧缺和调动地方政府积极性角度出发,将营改增后的央地增值税分享比例由 25%上升到 50%,并在过渡期结束后继续保持增值税收入划分“五五分享”比例不变。面对央地间收入调整的外生冲击,可以预期各省将随之相应调高市县级政府的增值税分成比例。相比原来的分成安排,市县级政府原增值税分成比例将会有所上升,而原营业税对应的增值税分成比例将会有所下降。根据本章的研究结果可以预见,这将进一步强化地方政府发展工业的激励,进而固化地方政府生产性支出偏向与“重基建,轻民生”的公共产品配置倾向。而“房住不炒”的定位将会弱化原营业税所对应的增值税分成变化的影响。由此,也意味着现阶段需要重视税收分成激励对地方公共产品配置的影响,持续完善基本民生保障兜底机制,强化教育、医疗卫生等重点民生领域激励机制建设。当然,更深层次的财政制度改革更为关键,我们不仅要关注政府间财政关系“划分”层面的改革,更要重视“各级政府事权、支出责任和财力相适应的”制度构建(楼继伟,2020),从国家治理现代化视域来推进政府间财政关系改革,在清晰政府间职责和权限配置基础上协调政府间财力与支出责任,并辅之以规范适度的转移支付制度(于长革,2020),从而更全面地完善财政激励制度。

本章参考文献

陈硕,高琳,2012.央地关系:财政分权度量及作用机制再评估[J].管理世界(06):43-59.

陈硕,2010.分税制改革、地方财政自主权与公共品供给[J].经济学(季刊),9(04):1427-1446.

傅勇,张晏,2007.中国式分权与财政支出结构偏向:为增长而竞争的代价[J].管理世界(03):4-12.

江艇,孙鲲鹏,聂辉华,2018.城市级别、全要素生产率和资源错配[J].管理世界(03):38-50.

梁若冰,汤韵,2008.地方公共品供给中的 Tiebout 模型:基于中国城市房价的经验研究[J].世界经济(10):71-83.

刘守英,2017.中国土地制度改革:上半程及下半程[J].国际经济评论(05):29-56.

楼继伟,2020.坚持现代财政制度主线 完善中央地方财政关系[J].财政研究(02):3-8.

吕冰洋,马光荣,毛捷,2016.分税与税率:从政府到企业[J].经济研究(07):13-28.

毛捷,吕冰洋,陈佩霞,2018.分税的事实:度量中国县级财政分权的数据基础[J].经济学

(季刊),17(02):499-526.

乔宝云,范剑勇,冯兴元,2005.中国的财政分权与小学义务教育[J].中国社会科学(06):37-46.

汤玉刚,陈强,满利苹,2016.资本化、财政激励与地方公共服务提供:基于中国35个大中城市的实证分析[J].经济学(季刊),15(01):217-240.

席鹏辉,梁若冰,谢贞发,苏国灿,2017b.财政压力、产能过剩与供给侧改革[J].经济研究(09):86-102.

席鹏辉,梁若冰,谢贞发,2017a.税收分成调整、财政压力与工业污染[J].世界经济(10):170-192.

谢贞发,席鹏辉,黄思明,2016.中国式税收分成激励的产业效应:基于省以下增值税、营业税分成改革实践的研究[J].财贸经济(06):18-34.

谢贞发,朱恺容,李培,2019.税收分成、财政激励与城市土地配置[J].经济研究(10):57-73.

尹恒,朱虹,2011.县级财政生产性支出偏向研究[J].中国社会科学(01):88-101.

于长革,2020.国家治理现代化需要加快理顺政府间财政关系[J].财政科学(07):57-65.

张军,高远,傅勇,张弘,2007.中国为什么拥有了良好的基础设施?[J].经济研究(03):4-19.

周黎安,吴敏,2015.省以下多级政府间的税收分成:特征事实与解释[J].金融研究(10):64-80.

左翔,殷醒民,2013.土地一级市场垄断与地方公共品供给[J].经济学(季刊),12(02):693-718.

ANGRIST J D, PISCHKE J S, 2009. Mostly harmless econometrics: an empiricist's companion[M].New Jersey: Princeton UNIVERSITY Press.

ARELLANO M,BOND S,1991.Some tests of specification for panel data: monte carlo evidence and an application to employment equation[J].Review of economic studies (58):277-297.

HAN L,KUNG K S,2015.Fiscal incentives and policy choices of local governments: evidence from China[J].Journal of development economics(116):89-104.

JIN H,QIAN Y,WEINGAST B R,2005.Regional decentralization and fiscal incentives: federalism, Chinese style[J].Journal of public economics,89(9):1719-1742.

WEINGAST B R,2009.Second generation fiscal federalism: the implications of fiscal incentives[J].Journal of urban economics(65):279-293.